La présentation reliée de cet ouvrage
a été réalisée par les Éditions Gallimard
pour la diffusion exclusive en librairie.

ANNUAIRE BERGER-BURR

TOUS LES ULM DU MONDE

ALAIN-YVES BERGER
NORMANN BURR

PREMIÈRE ÉDITION

LES AUTEURS

Remerciements

Les auteurs tiennent à remercier plus particulièrement pour leur contribution :
Graham Andrews
Joss Berger
Glenn Brinks
Marco Broggi
Buzz Chalmers
Hubert de Chevigny
Joachim Fassbender
Valérie Guillierme
Allan K. Hunkin
Ron Maas
Bertrand Piccard
Pierre Schmitt
Alain Vercamen-Grandjean
et les centaines de constructeurs d'ATL et d'ULM dont les réponses ont rendu possible la rédaction du présent ouvrage.

Illustrations

Sauf lorsque leur auteur est mentionné, toutes les illustrations de ce livre ont été fournies par les constructeurs des appareils eux-mêmes ou par les photothèques des revues Flightline (Norman Burr), Glider Rider et UlmMag (Roxane Atlas et Alain-Yves Berger).
La couverture de ce livre représente un Mainair *Rapier* (Grande-Bretagne) ***puis, à droite et de haut en bas :*** Ultraflight Sales *Lazair* (Canada); Aviasud *Sirocco* (France); Micro Biplane Aviation *Super Tiger Cub 440* (Grande-Bretagne); Eurowing *Goldwing* (dessin américain, construction sous licence en Grande-Bretagne); Aerodyne *Vector 600* (USA).

Ce livre est dédié à la mémoire de Glenn Brinks, pilote d'ULM, journaliste, écrivain spécialisé et « a nice guy », — un très chic type.

Editeur : PRODIS, 3 rue du Colonel Moll 75017 Paris.
Composition : Alain LOREILLE, 41 rue Volta 75003 Paris
Photogravure : AZ Graphic, 24 rue André del Sarte 75018 Paris.
Imprimeur : SIP, 22 bis rue de Vigneronde 95100 Argenteuil.

ISBN 2-904265-01-5

Dépôt légal 4e trimestre 1983
Première édition

Alain-Yves Berger

Passionné de la 3e dimension depuis son enfance, il crée en 1973 le mensuel *Pilote Privé* que son sous-titre définit parfaitement comme *La revue des loisirs de l'Air*. Dix ans plus tard, cette publication, démarrée avec en tout et pour tout 5 000 F de mise initiale, est devenue la principale dans son secteur.

L'un des tout premiers à pratiquer ce sport en Europe (il effectua son premier vol en avril 1973 sur le deuxième ou troisième prototype des *Delta Manta* de B. Danis), Alain-Yves Berger donna son nom au Vol libre. *Pilote Privé* fut donc dès cette année-là, le premier magazine à traiter chaque mois de cette discipline en sus de l'aviation de plaisance (Vol moteur, Vol à voile, Construction amateur, aéronefs anciens, hélicoptères, etc) et du parachutisme sportif.

Alain-Yves dut cependant cesser la pratique de ce sport à la suite d'un grave accident, en avril 1976, dû à la rupture en vol de son aile. Néanmoins, dès 1975, il avait pressenti les possibilités qu'offriraient un jour les ultralégers dotés d'un groupe motopropulseur. Ouvrant les colonnes de sa revue à ce qu'il baptisait déjà l'Aviation ultralégère pour la différencier, il a suivi depuis leurs premiers sauts de puce, l'évolution assez surprenante des nouveaux oiseaux. Dès juin 1982, il éditait sous forme d'un numéro spécial de *Pilote Privé* une première nomenclature en français de tous les ULM du Monde, intitulée *Ulm Magazine*. En février 1983, avec l'équipe de *Pilote Privé* et d'autres passionnés de l'ULM, il crée *UlmMag*. Actuellement bimestriel, ce nouveau venu est le seul magazine de langue française à ne traiter que d'ultralégers motorisés.

Alain-Yves, 40 ans, et sa femme Joss, 32 printemps, pratiquent tous les deux assidument l'ULM et ont en commun participé à la rédaction de divers ouvrages : *ULM Tome 1 et Tome 2*, chez Gallimard, éditeur chez qui ils dirigent la collection *Le rêve d'Icare*, et *Les ULM*, chez de Vecchi. Joss est l'une de ces femmes trop rares encore qui pilotent ULM et s'intéresse aussi à leurs mécaniques. Ce qui lui a valu de se retrouver recrutée et promue volontaire d'office pour dresser la nomenclature des moteurs dans le présent ouvrage. Celui-ci a déjà fait l'objet d'une publication en langue anglaise, *Berger-Burr's Ultralight and Microlight Aircraft of the World*, destinée aux pays membres du Commonwealth et aux Etats-Unis et qui parut en juillet 1983. L'édition française dont la parution a du être différée et qui fut victime de divers retards, a été actualisée par rapport à l'édition anglaise.

Alain-Yves — Joss Berger

Norman Burr

Du plus loin qu'il s'en souvienne, Norman Burr, 34 ans, a toujours été fasciné par la mécanique et ses applications directes, l'avion et la voiture. Cette fascination l'a mené en tant qu'apprenti chez Rolls Royce, à Bristol, dans la Division Aero Engines de cette firme (moteurs d'aviation). Parallèlement, Norman poursuivit ses études d'ingénieur à l'université voisine de Bath. D'une part, il y gagna un énorme respect pour Rolls Royce Aero Engines mais, d'autre part, la bureaucratie qui accompagne inévitablement une telle précision et semblable qualité d'exécution lui parut proprement frustrante. C'était particulièrement vrai pour cette firme à la fin des années 60, l'organisation de RR s'avérant plus efficace depuis la refonte de 1971. Plus frustrant encore était le cloisonnement de cette entreprise : un ingénieur pouvait y passer des années à travailler avec toute une équipe sur un projet d'importance comme *Concorde*, sans jamais être amené à piloter la machine qu'il avait contribué à créer; au mieux, il se pouvait qu'il l'utilise comme passager.

Lassé et un rien désillusionné, Norman quitta Rolls Royce pour poursuivre ses études à l'université et perdit ainsi contact avec l'aviation conventionnelle. Il entreprit alors une thèse de maîtrise sur les échappements d'automobiles, répartissant son temps entre cette étude et la remise en état d'une vieille AC qu'au moins il pourrait conduire après l'avoir réparée. Prenant plaisir à rédiger sa thèse, il prit la décision de gagner sa vie en écrivant et obtint une place de secrétaire de rédaction dans une revue de gestion, à Londres. Ce fut le début d'une carrière variée et parfois trépidante dans le journalisme technique et spécialisé, traitant de sujets aussi différents que le génie civil, la technologie textile, le sport motocycliste ou la gestion commerciale.

Il fallut la naissance du mouvement ULM en Grande-Bretagne pour qu'il reprenne contact avec le monde de l'aviation. Il trouvait enfin là un genre d'aéronefs qu'il pouvait piloter et non pas simplement regarder. Avec sa femme, Wendy, Norman se mit à la recherche de tout ce qui existait sur cette nouvelle discipline aérienne, ce qui lui valut d'apprendre que la fédération britannique (British Microlight Aircraft Association) cherchait un rédacteur en chef pour sa revue, *Flightline*. C'était en mars 1982. Il obtint la place.

Habilement secondé par Peter Lovegrove, il a fait de *Flightline* une revue d'une excellente tenue, largement respectée et enviée, quoique d'une présentation modeste si on la compare à d'autres publications à plus grand budget.

Chemin faisant, il est devenu l'auteur britannique le mieux informé en matière d'ultralégers motorisés, correspondant de revues étrangères comme *Glider Rider* aux USA et *UlmMag* que dirige, en France, le co-auteur du présent ouvrage, A.Y. Berger. Norman s'avoue toujours incapable de distinguer un modèle de Cessna d'un autre et ne prétend pas non plus être un pilote expert. Tout juste un pratiquant comme les autres et qui vole avec un *Skyhook* pendulaire, comme il se définit lui-même. Mais le fait est que si un ULM passe dans les parages, il n'échappera pas longtemps à son attention !

SOMMAIRE

POUR VOTRE INFORMATION...

Dans le présent ouvrage, **les divers pays** concernés sont présentés par ordre alphabétique. Pour chaque pays, **les constructeurs** sont aussi classés alphabétiquement. En fin de ce livre, **un index** répertorie ces constructeurs aussi bien que les appareils eux-mêmes, désignés par leur prénom, et renvoie aux pages où ils sont traités.

Chaque appareil est défini par une présentation standard débutant par **sa description** dans l'ordre suivant : définition de base; ailes et empennage; gouvernes et commandes; la voilure (détails); l'atterrisseur; le fuselage ou l'équivalent; la technologie.

Le paragraphe 1 se rapporte à l'historique de l'appareil et précise certains détails techniques ou technologiques. Il s'achève sur les prix et les options lorsque ceux-ci nous ont été communiqués. Ces informations ont été collectées au début de l'été 1983 et sont donc sujettes à variations.

Les paragraphes 2 à 5 exposent et chiffrent, respectivement, les dimensions et surfaces de l'appareil, sa motorisation, ses masses et charges et, enfin, ses performances. Lorsqu'un renseignement a fait défaut, les lettres **N.C.** (non communiqué) viennent à sa place.

AVERTISSEMENT AU LECTEUR

Les auteurs ont fait leur possible pour que les informations regroupées dans le présent ouvrage soient complètes et actualisées à parution. Ils ne prétendent cependant pas être exhaustifs et, d'autre part, attirent l'attention du lecteur sur deux points :

a) La rédaction de ce livre s'est effectuée avec des données essentiellement fournies par les constructeurs d'ATL et d'ULM concernés. En aucun cas l'honnêteté des auteurs ne sauraient être mise en doute si des paramètres cités ne correspondaient pas à la réalité, hors la possibilité d'erreur typographique.

b) Les législations actuellement en vigueur varient d'un pays à l'autre dans leur définition des avions très légers (ATL) et ultralégers motorisés (ULM). Ceci implique qu'un appareil puisse être considéré comme ATL ou ULM dans son pays d'origine, sans pouvoir pour autant être classé comme tel ailleurs.

GLOSSAIRE

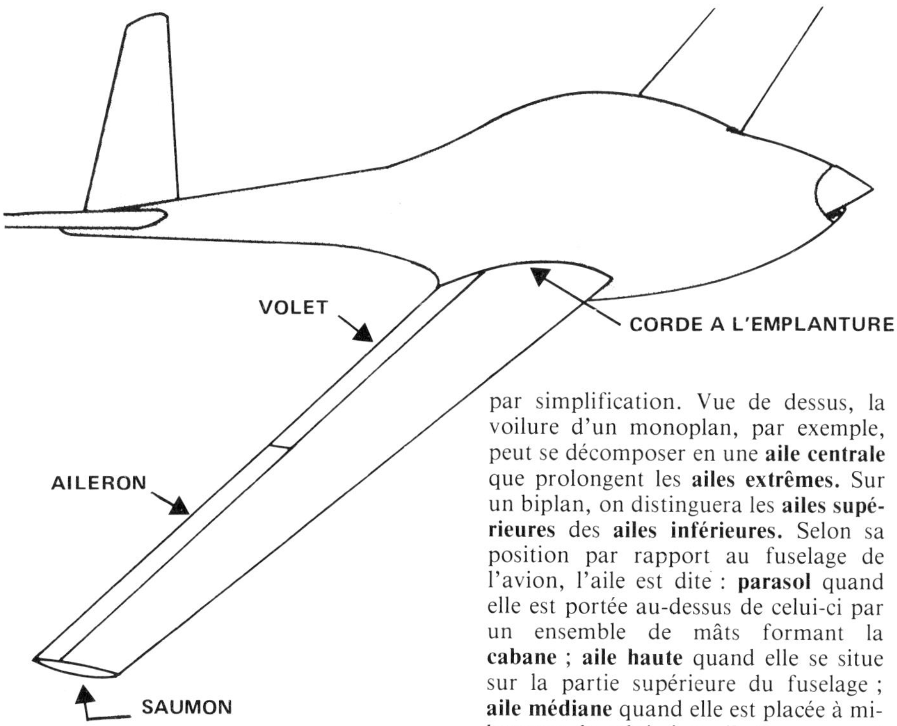

AERODROME : Terrain spécialement aménagé (pistes, hangars, tour de contrôle, etc.) pour le décollage et l'atterrissage des avions ou planeurs. Les ultralégers motorisés s'en dispensent fort bien mais peuvent aussi les utiliser.

AERODYNAMIQUE : La science qui étudie le déplacement d'un corps dans l'air.

AERODYNE : Aéronef plus lourd que l'air (planeur, motoplaneur, avion, etc.).

AEROFREINS : Dispositifs mobiles à la demande pour augmenter la traînée et, partant, le taux de chute d'un appareil. Les **spoilers** sont souvent utilisés de cette manière.

AERONEF : Nom générique de tous les appareils d'aviation, qu'ils soient aérodynes ou aérostats.

AEROSTAT : Aéronef plus léger que l'air : ballon à gaz ou à air chaud (montgolfière).

AILE : L'ensemble des surfaces qui « portent » l'avion. Aussi dénommé voilure, cet ensemble se décompose en deux ou quatre **demi-ailes** suivant que l'avion est monoplan ou biplan. Dans le langage courant, au lieu de parler des demi-ailes, on les désigne commes **ailes,** par simplification. Vue de dessus, la voilure d'un monoplan, par exemple, peut se décomposer en une **aile centrale** que prolongent les **ailes extrêmes.** Sur un biplan, on distinguera les **ailes supérieures** des **ailes inférieures.** Selon sa position par rapport au fuselage de l'avion, l'aile est dite : **parasol** quand elle est portée au-dessus de celui-ci par un ensemble de mâts formant la **cabane** ; **aile haute** quand elle se situe sur la partie supérieure du fuselage ; **aile médiane** quand elle est placée à mi-hauteur de celui-ci et **aile basse** quand elle se raccorde au bas du fuselage.

AILE LIBRE : Aérodyne destiné à la pratique du Vol Libre, désigné aussi comme planeur ultraléger (PUL) dans les textes administratifs. — Alias deltaplane pour le grand public.

AILERONS : Gouvernes placées aux bords de fuite des demi-ailes et agissant différentiellement (l'aileron gauche s'abaisse quand l'aileron droit s'élève) pour commander l'inclinaison de l'aérodyne (rotation sur l'axe de roulis). Le pilote agit sur les ailerons par l'intermédiaire du manche.

AILE ROGALLO : Du nom de son inventeur, type d'aile flexible, formée de deux lobes de Dacron, cousus sur des tubes donnant à l'ensemble vu de dessus, la forme d'un triangle et vue de l'arrière, deux demi-cônes. A l'origine, cette aile a été notamment étudiée comme parachute pilotable pour la récupération des capsules spatiales *Gemini* et *Apollo.*

AILE VOLANTE : Ce pléonasme notoire désigne des avions ou planeurs démunis d'un empennage situé classiquement derrière la voilure, à l'extrémité arrière du fuselage. Est dit aussi : avion sans queue.

ALLONGEMENT : Rapport du carré de l'envergure de l'aile à la surface de celle-ci. Un planeur moderne peut dépasser 20 d'allongement alors qu'un chasseur supersonique peut se situer en dessous de 3. L'allongement d'un ULM de 11 m d'envergure et d'une surface alaire de 13 m^2 sera, donc, de 11 X 11 = 121 : 13 = 9,30. Voir aussi **tourbillons marginaux.**

ALTIMETRE : Instrument de bord servant à mesurer l'altitude ou la hauteur (voir **altitude**) en se basant sur les différences de la pression atmosphérique.

ALTIPORT, ALTISURFACE : Aérodromes de montagne avec ou sans infrastructures au sol, respectivement.

ALTITUDE : Elévation verticale par rapport au niveau de la mer. A ne pas confondre avec **la hauteur** qui est l'élévation verticale par rapport au sol. Si vous calez votre altimètre sur la pression atmosphérique régnant ce jour-là au niveau de la mer, il vous indiquera : au sol, l'altitude du terrain duquel vous décollez ; en vol, votre altitude par rapport au niveau de la mer et, donc, celle à laquelle vous devez voler au cours d'un voyage aérien pour toujours rester au-dessus du relief (indiqué en altitudes sur les cartes routières).

Si vous calez votre altimètre sur la pression atmosphérique régnant ce jour-là au niveau du terrain duquel vous décollerez, il vous indiquera : au sol, 0 m ; en vol, votre hauteur par rapport à ce terrain. La pression atmosphérique du jour au niveau de la mer se nomme le **QNH** : elle peut s'obtenir par téléphone auprès de l'aérodrome ou de la station météo les plus proches. Le **QFE** (Fox-Echo en jargon aéronautique) désigne la pression atmosphérique régnant au sol.

ALUMINIUM : Les alliages prenant pour base ce métal léger sont d'emploi courant en aéronautique. Les dénominations métallurgiques ne sont pas les mêmes en France et aux Etats-Unis. En Aviation ultralégère, les alliages légers les plus employés sont des *duralumins,* à base d'aluminium et de cuivre, principalement les AU4G et AU4G1. Ces dénominations expriment : le métal de base (A : aluminium) ; l'élément d'addition principal et sa proportion (U4 : 4 % de cuivre) ; l'élément secondaire et sa proportion (G1 : 1 % de magnésium). Depuis le 1er janvier 1976, une désignation numérique analogue à celle en usage aux U.S.A., est venue remplacer la précédente, chaque alliage étant désigné par 4 chiffres : le premier indique le groupe auquel appartient la qualité d'aluminium ; le second chiffre identifie les teneurs en impuretés ou des modifications de l'alliage ; les deux derniers chiffres indiquent le pourcentage en aluminium ou servent à identifier l'alliage. Par exemple, 6061 désigne un alliage au magnésium et silicium (6), sans modifications successives (0) et identifié comme 61. Dans les deux dénominations, les mentions additives concernent les traitements subis par les alliages : T4, par exemple, implique un alliage trempé-muri et T6, un trempé-revenu.

AME : La pièce maîtresse du **longeron**, celle qui est destinée à supporter les plus grands efforts. Dans un longeron de coupe en forme de I, par exemple, l'âme sera la barre verticale du I et **les semelles** les deux petites barres horizontales. On peut, pour simplifier la structure d'une demi-aile rigide, la représenter par un longeron perpendiculaire au fuselage de l'avion et sur lequel sont enfilées des **nervures** qui donnent son profil à l'aile. Celles-ci peuvent être de simples tubes cintrés ou des treillis métalliques ou en bois ou bien, encore, des formes en métal ou mousse de Klégécell rigide, par exemple. Si les efforts de torsion, de flexion et de compression sont répartis structuralement sur deux longerons au lieu d'un seul, l'aile est dite **bilongeron.** Le longeron principal peut s'accompagner d'un **faux-longeron** de renfort ou d'un **longeronnet** sur lequel sont montées les articulations qui permettent le débattement des ailerons et volets si l'avion en est doté.

AMPHIBIE : Se dit d'un aéronef dont l'atterrisseur permet le décollage et l'atterrissage aussi bien sur le sol que sur l'eau. L'appareil est doté de roues rétractables et d'une partie inférieure du fuselage formant coque comme pour un bateau. Ses demi-ailes sont munies de petits flotteurs auxiliaires appelés **ballonnets.** Voir **hydravion.**

ANEMOMETRE : Instrument de bord qui mesure la vitesse du vent relatif et indique donc la vitesse de l'aéronef par rapport à l'air dans lequel il se déplace (et non pas par rapport au sol). Est aussi désigné **Badin** en jargon aéronautique (au même titre qu'un réfrigérateur peut être appelé Frigidaire ou un avertisseur sonore, Klaxon, noms de marques déposés).

ANGLE DE BEC : Voir **quille.**

ANGLE DE FLECHE : Voir **flèche.**

ANGLE D'INCIDENCE : Voir **incidence.**

ATL : Avion très léger. N'est déjà plus un ultraléger motorisé au vu de sa masse à vide et des réglementations actuelles mais n'est pas pour autant pleinement assimilable aux avions ou motoplaneurs légers tout court. C'est le cas pour divers biplaces et quelques monoplaces : Robin ATL ou Colomban MC-12 *Cri-cri* en France, Robertson B2-RD aux U.S.A., par exemple, où les ATL sont classés comme aéronefs de construction amateur, en catégorie Experimental Aircraft.

Atterrisseur tricycle

ATTERRISSEUR : L'ensemble des parties structurales servant au roulage, au décollage et à l'atterrissage.
Est dit aussi **train d'atterrissage** ou **train**, tout court, lorsqu'il s'agit d'utiliser des roues. Mais l'atterrisseur peut aussi comporter des skis ou des flotteurs. Un **train tricycle** fait appel à un **train principal** qui comprend les roues montées de part et d'autre du fuselage ou sous la voilure et une roue avant, appelé aussi roue ou roulette de nez. Un **train classique** conjugue son train principal avec une roue placée à l'arrière du fuselage, nommée roue ou roulette de queue ou d'étambot et qui peut être remplacée par un patin ou une lame métallique souple : la béquille de queue (ou d'étambot). Un train est dit **monotrace** lorsque son train principal est constitué d'une seule roue (ou d'un seul ski) sour le fuselage et que la roulette ou la béquille d'étambot sont situées dans le même plan longitudinal : « monotrace » parce que l'atterrisseur ne laisse dans ce cas qu'une seule trace au sol. Les demi-ailes d'un appareil à train monotrace sont généralement munies de **balancines** métalliques souples qui leur évitent les frottements et chocs intempestifs au sol. Un train peut être **fixe** ou **rétractable** selon qu'on peut ou non le rentrer en vol. Les logements du fuselage et de l'aile dans lesquels rentrent les roues d'un train rétractable (dit aussi train rentrant) peuvent être obturés par des **trappes.** Voir aussi **amphibie.**

Atterrisseur classique

AUTONOMIE : Le temps pendant lequel un avion peut voler, en fonction du nombre de litres de carburant qu'il emporte et de sa consommation. Se mesure en heures et minutes. Ne pas confondre avec le **rayon d'action**, distance qui se mesure en kilomètres.

AUTOROTATION : Le terme savant pour désigner ce que tout le monde appelle **la vrille**, ce qu'un bon dictionnaire décrit comme une « figure aérienne dans laquelle l'extrémité des ailes décrit une hélice en descente assez rapide » (sic *Larousse*). Et dans laquelle, ajouterons-nous, il est préférable de ne pas aller se fourrer !

AXES : Les mouvements d'un aérodyne en vol peuvent se décomposer en rotations autour de l'un des trois axes qui passent par son centre de gravité. Sur l'axe de **tangage**, l'avion pique ou monte : ce changement d'assiette est commandé au manche qui agit sur la ou les gouvernes de profondeur. Sur l'axe de **roulis**, on fait varier l'inclinaison par

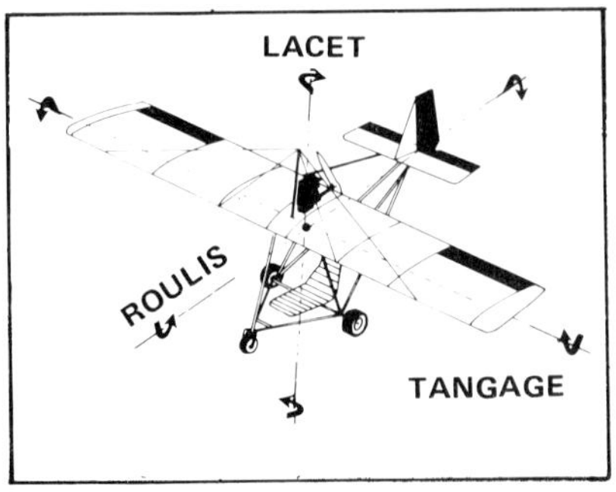

l'action des ailerons, eux aussi commandés au manche. L'inclinaison engage l'appareil en virage qui, pour rester symétrique (sans dérapage ni glissade), doit être assisté parfois d'une rotation sur l'axe de **lacet**. Celle-ci s'obtient par une action sur le ou les gouvernails de direction par l'intermédiaire de deux pédales : le palonnier.
Ces appareils sont appelés 3 axes conventionnels. D'autres, dénommés appareils de pilotage 2 axes, ne possèdent qu'un manche qui rassemble d'une part la commande sur l'axe de lacet et d'autre part la commande sur l'axe de tangage. Ce manche, come pour les 3 axes, agit sur le gouvernail de direction et sur la gouverne de profondeur par l'intermédiaire de câbles ou de tubes rigides. Dans un appareil 2 axes, l'inclinaison latérale (axe de roulis) se fait par effet de *roulis induit* (voir ce mot). D'autres ULM enfin, dits de pilotage de type Vol libre ou *pendulaire* sont d'une conception complètement différente ; ils ne font pas appel à des gouvernes : leur orientation dans l'espace s'effectue par déplacement du centre de gravité par rapport au centre de poussée (voir *pilotage*).

GLOSSAIRE

BADIN : Voir **anémomètre.**

BALANCINES : Voir **atterrisseur.**

BALLONNET : Voir **amphibie.**

BARRE DE CONTRÔLE : Voir **trapèze.**

BEC : Voir **quille.**

BECS DE BORD D'ATTAQUE : Voir **volets.**

BEQUILLE : Voir **atterrisseur.**

BIDERIVE : Voir **dérive.**

BIPLACE : Aérodyne à deux places. Si celles-ci sont disposées l'une derrière l'autre, il s'agit d'un **biplace en tandem** ; si les deux sièges sont placés l'un à côté de l'autre, on parle alors d'un **biplace côte-à-côte.**

BIPLAN : Se dit d'un aérodyne comportant deux ailes (quatre demi-ailes) placées l'une au-dessus de l'autre. Celles-ci peuvent être dans un même plan de symétrie ou légèrement décalées l'une par rapport à l'autre. Mais un appareil doté de deux ailes principales fortement décalées l'une par rapport à l'autre n'est pas un biplan : il est dit alors double monoplan en tandem.

BIPOUTRE : Se dit d'un aérodyne dont la partie arrière du fuselage est constituée de deux poutres principales portant l'empennage.

BORD D'ATTAQUE : Bord avant d'une aile, d'un plan fixe ou d'une gouverne (pour mémoriser, rappellez-vous que ce bord *attaque* l'air).

BORD DE FUITE : Bord arrière d'une aile, d'un plan fixe ou d'une gouverne.

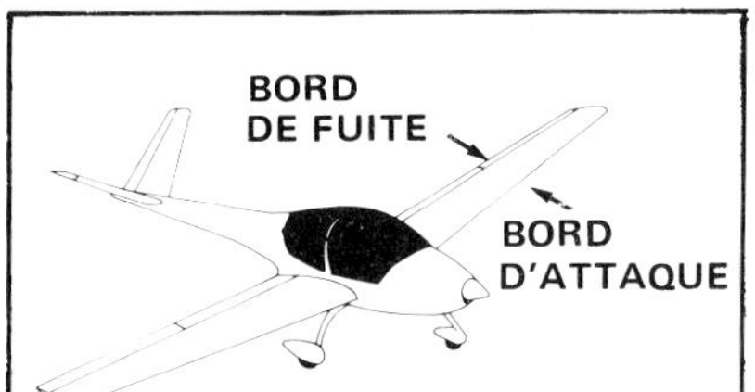

BORDS MARGINAUX : Voir **saumons.**

BOWSPRIT : (BEAUPRE, en français, mais non usité) : Tube se prolongeant vers l'avant et sur lequel sont fixés les haubans partant des bords d'attaque (voir ce mot) d'une voilure flexible pour assurer sa rigidité structurelle.

CABANE : Voir **aile parasol.**

CABLE : Voir **hauban.**

CAGE : Voir **chariot.**

CAISSON : Se dit d'un ensemble structurel formant caisson pour accroître sa résistance. L'exemple donné de longue date par M.J. Lecarme pour expliquer le **longeron-caisson** est d'une rare clarté : sans son couvercle, une boîte à chaussures peut se tordre et se déformer sans difficulté ; fixez-lui son couvercle et vous obtenez un ensemble rigide, plus difficilement déformable.

CANARD : Plan porté devant la voilure principale et faisant office de stabilisateur horizontal tout en créant une portance supplémentaire à celle de l'aile. Un plan canard peut être fixe ou mobile en incidence ou suivi d'une gouverne de profondeur.

CANTILEVER : Se dit d'une voilure en porte-à-faux, c'est-à-dire non soutenue par des haubans ni portée par des mâts.

CARENAGE : Surface profilée aérodynamiquement autour d'un élément de l'aérodyne.

CELLULE : En aéronautique, l'ensemble d'un aéronef hors son ou ses groupes motopropulseurs.

CENTRAGE : Position du centre de gravité qui ne doit pas se trouver hors de certaines limites pour ne pas affecter la stabilité ni la manœuvrabilité de l'avion.

CENTRE DE GRAVITE : Point où s'applique la résultante des forces massiques de l'avion.

CENTRE DE POUSSEE : Point d'application de la résultante aérodynamique de l'avion complet, résultante ayant pour composantes la **portance** et la **traînée** (voir ces mots).

CHARGE ALAIRE : C'est le rapport entre la masse d'un aérodyne et sa surface alaire (ou surface portance. Ce rapport s'exprime en kilogrammes au mètre carré (kg/m^2). Dans les présentations d'ULM et d'ATL de cet ouvrage, nous avons choisi de définir la charge alaire de chaque machine en fonction de sa masse maximale au décollage, ce rapport nous semblant être le plus représentatif.

CHARGE AU CV : C'est le rapport entre la masse maximale au décollage d'un aérodyne et la puissance maximale développable par son ou ses moteurs. S'exprime en kilogrammes au cheval (kg/cv), ou en livres par horse power (lbs/hp) (mesure anglo-saxonne). Notez que plus sa charge au cheval est élevée, plus la vitesse ascensionnelle d'un ULM est faible. Deux machines de semblable conception sur le plan aérodynamique, dotées d'une charge au cheval indentique pourront difficilement avoir des vitesses ascensionnelles différentes. Ce rapport permet de juger de la validité des valeurs données par les constructeurs, notamment en matière de Vz (vitesse ascensionnelle).

CHARGE UTILE : Masse maximale que peut emporter un aéronef en toute sécurité. Cette masse est égale à la différence entre sa masse maximale au décollage et sa masse à vide. La charge utile comprend le poids du pilote, des passagers, le carburant, le lubrifiant, les équipements et le frêt éventuel

CHARIOT : En Aviation ultralégère, nom donné aux ensembles rattachables à une **aile libre** (planeur ultraléger, PUL) formant alors la voilure d'un ULM. Ces chariots sont généralement constitués d'un **cage** tubulaire portant siège (s) et moteur (s) et dotée d'un atterrisseur. Articulés sous leur voilure d'adoption, ils impliquent généralement un pilotage pendulaire (de type Vol Libre) ou hybride si la voilure ou le chariot lui-même sont munis de gouvernes.

CHECK-LIST : Nom donné au document établi à partir du **manuel de vol** (voir de mot) et regroupant toutes les vérifications à effectuer avant, pendant et après le vol.

COMMANDES : Agissent sur les gouvernes. Voir **axes.**

COMPOSITES : Les matériaux de ce nom forment un ensemble homogène à partir d'éléments hétéroclites, comme par exemple un stratifié obtenu avec plusieurs couches de tissu de verre liées par une résine époxy. L'aéronautique fait largement appel à ces composants : fibre de Carbone, Kevlar, etc. Il faut noter que ce terme de *composite* fut employé précédemment pour désigner des ULM de pilotage pendulaire et équipés de gouvernes. Le terme d'**Hybrides** est maintenant employé (voir ce mot) pour désigner ces ULM.

CORDE : Sommairement parlant, si l'on peut dire que l'envergure d'une aile est sa longueur d'une extrémité à l'autre, sa corde est sa largeur comprise entre le bord d'attaque et le bord de fuite, sa **profondeur.** On parle de **corde moyenne** quand l'aile n'est pas d'une forme en plan (vue de dessus) rectangulaire qui implique alors une **corde constante.** Dans le cas d'une aile de forme en plan trapézoïdale, par exemple, avec une corde de 1,20 m à l'emplanture (près du fuselage) et décroissant jusqu'à 0,90 m à l'extrémité de l'aile, la corde moyenne sera de 1,05 m. En multipliant l'envergure de l'aile par sa profondeur, on obtient **la surface alaire.** Corde de profil : voir **incidence.**

GLOSSAIRE

COUPLE DE RENVERSEMENT : Force due à la rotation de l'ensemble arbre moteur-hélice et pouvant se traduire par une tendance de l'ULM à pivoter en sens inverse. Ce couple n'est en fait sensible que sur les appareils à moteur puissant et aux faibles vitesses. Il se fait sentir sur l'axe de roulis, particulièrement au décollage, à la puissance maximale. Il est aussi dénommé couple moteur.

CROISIERE : Partie du vol effectuée entre la montée après décollage et le début de la descente avant l'atterrissage. **Vitesse de croisière :** Vitesse obtenue par vent nul pour un régime donné que peut tenir le moteur sans fatigue excessive, étant entendu que la vitesse maximale en palier (vol horizontal) nécessite d'utiliser ce moteur à sa puissance maximale, régime impossible à maintenir longtemps sous peine de détériorations.

DECROCHAGE : Voir **vitesse de décrochage.**

DELTAPLANE : Les non pratiquants appellent ainsi les **ailes libres**, leur donnant le nom d'un **planeur ultraléger (PUL)** apparu le premier en France en fin 1972 mais qui cessa d'être commercialisé en 1974. Cette utilisation incorrecte d'une marque déposée pour désigner les PUL est aussi choquante pour les spécialistes que l'appellation de Frigidaire ou de Klaxon appliquée à des réfrigérateurs ou des avertisseurs sonores d'une autre marque !

DERIVE : Plan fixe vertical stabilisateur d'un empennage, prolongé par une gouverne mobile, le gouvernail de direction. Sont dits **bidérives** les appareils munis de deux empennages verticaux au lieu d'un seul.

DEVIS DE MASSE (dit aussi, improprement, **devis de poids**) **:** S'établit avant chaque vol en additionnant les diverses masses en cause. Il s'agit d'un bilan à effectuer pour connaître la masse totale de l'aéronef au décollage (masse à vide + carburant et lubrifiant + charge transportée) afin d'éviter de dépasser sa masse maximale autorisée au décollage.

DIAMETRE : Voir **hélice.**

DIEDRE : Angle entre l'horizontale et l'aile en regardant l'avion de face. Le dièdre joue un rôle stabilisateur en vol : positif, il donne de la stabilité. Il est dit négatif lorsque les extrémités des ailes sont plus basses que les emplantures (voir ce mot).

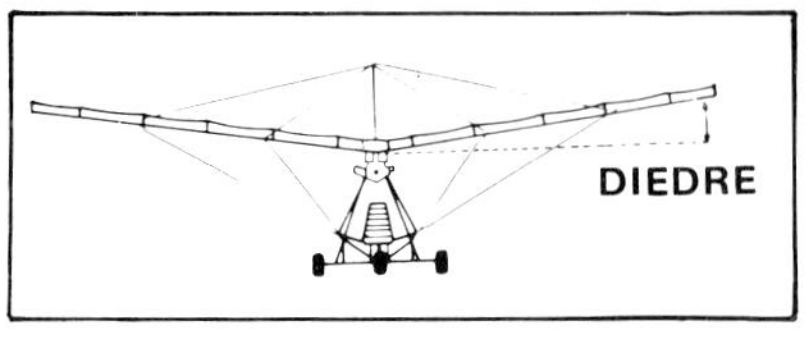

DISTANCE FRANCHISSABLE : La distance maximale que peut franchir en un seul vol un aéronef, en fonction du carburant emporté et de sa consommation. Le **Rayon d'action** implique l'idée de retour au point de départ, donnée utile aux militaires (voir **rayon d'action** ainsi que **autonomie**).

DURALUMIN : Voir **aluminium.**

EFFET DE SOL : Phénomène accroissant la portance à l'atterrissage par formation d'un coussin d'air compressé entre le sol et les surfaces portantes de l'aérodyne.

ELEVONS : Les deux gouvernes d'un empennage en V. Elles jouent le même rôle que le gouvernail de direction et la ou les gouvernes de profondeur de l'empennage classique, agissant sur les axes de lacet et de tangage.

EMPATTEMENT : Distance comprise entre les axes des roues principales et l'axe de la roulette de nez ou de la roulette de queue d'un aéronef.

EMPENNAGES : Ensemble des plans verticaux, horizontaux ou inclinés comportant des parties fixes et mobiles (gouvernes) et porté à l'arrière de l'appareil sauf en ce qui concerne le plan canard. Sauf pour les empennages en V, V inversé ou en X, on distingue l'**empennage vertical** et l'**empennage horizontal.** L'empennage vertical est constitué d'une partie fixe, la **dérive,** sur laquelle s'articule le **gouvernail de direction** ; l'horizontal comporte un ou des plans fixes stabilisateurs sur quoi s'articulent une ou des **gouvernes de profondeur.** Quand un empennage horizontal ou vertical n'est composé que d'une seule gouverne d'un seul tenant et qui n'est pas précédée d'un stabilisateur fixe, il est dit **monobloc.** On distingue plusieurs configurations d'empennages : le plus répandu, **l'empennage classique**, comporte un empennage horizontal à hauteur du fuselage que surmonte l'empennage

Empennage en T

vertical. Dans **l'empennage en T**, l'horizontal est porté au sommet de la dérive du vertical. **L'empennage en croix** ou **cruciforme** voit son empennage vertical réparti au-dessus et au-dessous de l'arrière du fuselage. **L'empennage bidérive** se compose d'un horizontal

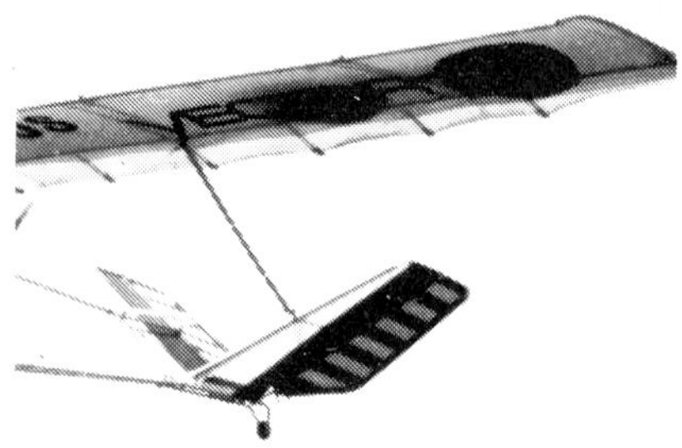

Empennage en V

portant un ensemble vertical à chaque extrémité ; ces deux ensembles peuvent n'être qu'au-dessus de l'empennage horizontal ou bien se prolonger aussi dessous, formant ainsi, vus de face, soit un U sans arrondis soit un H. Très courants en Aviation ultralégère, les **empennages en V** ou **en V inversé** composés de deux plans inclinés se rejoignant à l'arrière du fuselage et portés, respectivement, sur ou sous ce dernier ; leurs gouvernes, monoblocs ou articulées au bord de fuite des stabilisateurs, prennent la dénomination d'**élevons** (voir ce mot).

EMPENNAGE PAPILLON : Voir ci-avant. **Empennage en V.**

EMPLANTURE : Partie du fuselage et de chaque demi-aile où s'effectue leur raccordement.

ENVERGURE : La « longueur » d'une aile, mesurée entre ses deux extrémités perpendiculairement à l'axe longitudinal du fuselage.

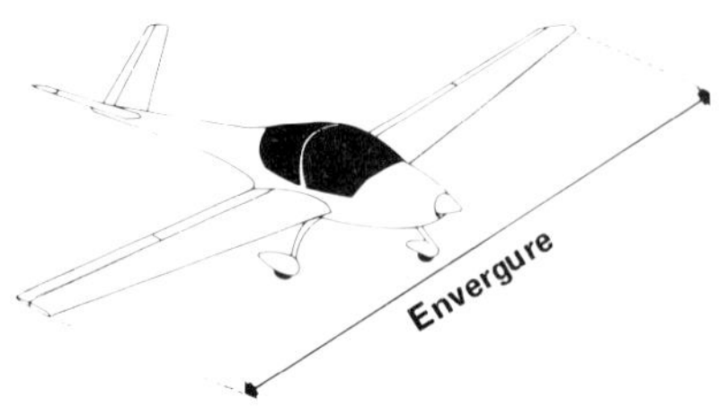

ETAMBOT : Extrémité arrière du fuselage.

EXTRADOS : Surface supérieure d'une aile, d'un plan fixe ou d'une gouverne, horizontaux ou inclinés.

FACTEUR DE CHARGE : Rapport entre le poids réel et le poids apparent d'un aérodyne, ce poids « apparent » étant celui que vous ressentez lors d'un virage à grande inclinaison, sur un brutal changement de trajectoire ou en traversant une forte turbulence en vol, lesquels suscitent une brusque augmentation de pesanteur. Se mesure en **g,** symbole de l'accélération de la pesanteur. Il est évident que des facteurs de charge exagérés entraîneraient une déformation puis une rupture structurale d'un ULM. Les constructeurs indiquent donc des limites à ne pas dépasser en accélération positive ou négative de la pesanteur. Certains ont tendance à surestimer la résistance structurelle de leur appareil, aussi jugeons-nous bon de rappeler que la plupart des avions **légers** tout court peuvent supporter de + 4 à — 2 g de facteurs de charge, sauf ceux certifiés Voltige et dotés d'une structure renforcée qui les autorisent jusqu'à + 8 et — 6 g. Un exemple permet de mieux cerner l'importance de ce rapport en chiffrant l'accélération de la pesanteur et l'accroissement des poids apparents du pilote et de l'ULM à divers degrés d'inclinaison en virage :

Inclinaison	0°	30°	45°	60°
Facteur de charge (g)	1	1,15	1,4	2
Poids du pilote (kg)	80	92	112	160
Poids de l'ULM (kg)	200	230	280	400
Augmentation (%)	0	15	40	100

FAUX-LONGERON : Voir **âme.**

FINESSE : Rapport entre la distance en vol plané que peut parcourir un aérodyne et sa hauteur de départ par vent nul. Se mesure en points de finesse à chaque vitesse. Un ULM donné pour une finesse de 10 pourra en théorie couvrir une distance de 10 000 m s'il entame son plané à 1 000 m du sol. **Finesse maximale** (alias finesse max pour les intimes) : la meilleure finesse obtenue avec un appareil à une vitesse optimale bien précise. Notez que la finesse s'exprime aussi par le rapport $F = \frac{\text{Portance}}{\text{Traînée}}$ (voir ces mots).

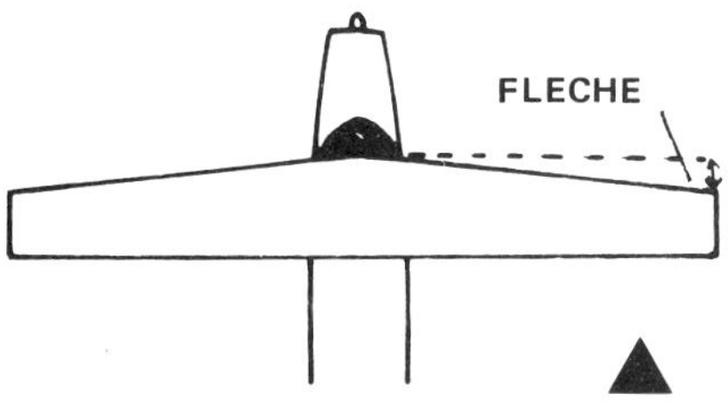

FLECHE : Angle que fait avec une perpendiculaire au plan de symétrie de l'avion, une ligne de référence de l'aile. Cette ligne de référence peut être le bord d'attaque, le longeron ou le bord de fuite. Dans le présent ouvrage, dans les paragraphes donnant les caractéristiques des appareils, nous avons choisi de donner en degrés la flèche au bord d'attaque ou l'angle de bec (voir **quille**) des PUL. La flèche est dite **positive** lorsque l'extrémité de l'aile est en arrière de **l'emplanture** (voir ce mot). Elle est dite **inverse** dans l'autre cas. Une machine tel le ROBIN ATL peut être considérée comme ayant une flèche inverse alors que le bord d'attaque est perpendiculaire au fuselage. Le bord de fuite étant dans ce cas précis pris comme référence. Dans un appareil de pilotage pendulaire à voilure souple la notion de flèche est remplacée par un autre critère : celui d'angle de bec (voir ce mot).

FUSELAGE : Corps d'un ULM sur lequel se rattachent les ailes, l'empennage et l'atterrisseur. En Aviation ultralégère, un fuselage peut être ou non caréné et se résumer, à l'extrême, à une cage, prolongée par une simple poutre tubulaire portant l'empennage.

GAUCHISSEMENT : A l'origine, déformation commandée du profil de la voilure à ses extrémités pour engager l'avion en inclinaison et l'amener à virer. Le terme est tombé en désuétude avec l'apparition des ailerons mais reste employé dans l'expression : travailler en gauchissement, qui signifie agir par l'intermédiaire des ailerons ou spoilers pour obtenir une rotation sur l'axe de roulis (voir **axes**).

GOUVERNAIL DE DIRECTION : Gouverne agissant sur l'axe de lacet (voir **axes**) et commandée au palonnier sur les avions classiques. Certains ULM qualifiés d'**hybrides** associent un gouvernail de direction à un pilotage pendulaire de type Vol Libre.

GOUVERNES : Surfaces mobiles permettant de modifier le positionnement de l'avion sur l'un des trois **axes** (voir ce mot).

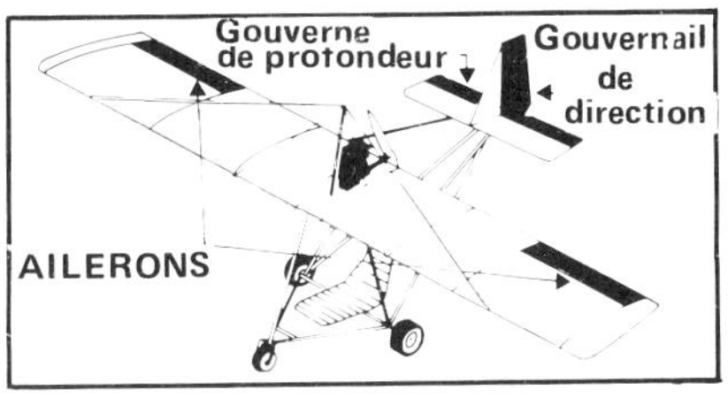

GROUPE MOTOPROPULSEUR : Ensemble comprenant le moteur, ses accessoires (échappement, démarreur, etc.), l'hélice et le réducteur le cas échéant. En abrégé : **GMP.** Il est dit **tractif** lorsque l'hélice « tire » l'ULM et **propulsif** lorsqu'elle le « pousse ».

HAUBAN : Câble servant à la rigidification d'un ensemble. En ce qui concerne les câbles aidant à rigidifier l'aile et l'empennage horizontal, on distingue entre le **haubanage vol** — haubans travaillant sous l'aile en la reliant à la base du fuselage ou de la cage de l'ULM — et le **haubanage sol,** assuré par des haubans partant du sommet d'un mât (le **kingpost**), de plusieurs ou d'une cabane et rejoignant le dessus de l'aile.

HAUTEUR : Ne pas confondre avec **altitude** (voir ce mot).

HELICE : Elle peut être tractive ou propulsive (voir **groupe motopropulseur**), bipale, tripale ou quadripale suivant le nombre de ses pales et elle se définit par sa longueur et, comme une vis, par son **pas.** Sa longueur déterminant un cercle lorsque l'hélice tourne, est donnée comme son **diamètre.**

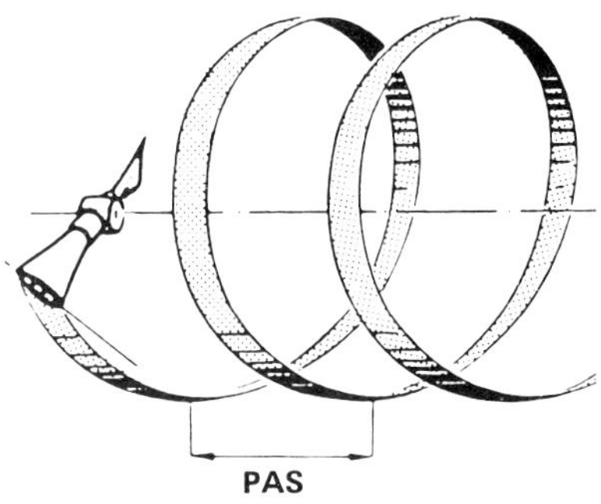

HYBRIDE : Se dit d'un appareil faisant appel à un pilotage de type pendulaire, mais utilisant de surcroît des gouvernes de profondeur ou de direction voire même les deux à la fois.

HYDRAVION : Avion apte à décoller et atterrir sur l'eau, mais sur l'eau seulement. Ne pas confondre avec l'amphibie capable lui aussi de décoller et d'atterrir sur l'eau mais également sur la terre ferme (voir **amphibie**).

HYDROBASE : Etendue d'eau (lac, étang, partie de rivière ou de mer) utilisable comme base pour les hydravions ou amphibies.

HYPERSUSTENTATION : Voir **volets.**

INCIDENCE : Angle formé entre la corde de profil de l'aile et le vent relatif. Cette **corde de profil** est une ligne joignant le bord d'attaque au bord de fuite de l'aile. Le vent relatif est constitué des filets d'air qui baignent l'aile en mouvement.

INCLINAISON : Angle formé entre l'horizontale et la voilure d'un avion sur son axe de roulis (voir **axes**).

INTRADOS : Surface inférieure d'une aile, d'un plan fixe ou d'une gouverne, horizontaux ou inclinés.

KARMAN : Raccords Karman dits karmans par abréviation : profils utilisés pour caréner le raccordement entre une aile et le fuselage à l'emplanture, par exemple, ou un stabilisateur horizontal et le fuselage.

KINGPOST : Mât rigide vertical placé au-dessus et entre les deux demi-ailes, permettant de haubaner sol la voilure. Ce terme anglais est couramment employé en français.

GLOSSAIRE

LACET : Voir **axes.**

LAMINAIRE : Se dit de l'écoulement de l'air lorsque les filets ne sont pas perturbés, turbulents.

LATTE : De deux types, les lattes sont utilisées sur les voilures souples soit pour mettre en forme la toile, soit pour limiter son gonflement tout en conférant un profil à l'aile. Elles sont soit préformées et alors relativement rigides avec une forme fixe, soit flexibles et permettent de ce fait une modification du profil de l'aile sous l'influence de l'écoulement de l'air.

LONGERON, LONGERONNET : Pièce maîtresse de la structure d'une voilure rigide. Voir **âme.**

LONGUEUR : La longueur d'un ULM se mesure hors tout, de l'avant de l'appareil jusqu'à l'extrémité arrière. On ne parle pas de la longueur d'une aile mais de son **envergure** (voir ce mot).

MAITRE-COUPLE : Dans la marine comme dans l'aéronautique les **couples** sont des pièces structurales perpendiculaires à l'axe longitudinal de la coque ou du fuselage, contreventés par des longerons et lisses parallèles à cet axe. Le maître-couple est, comme son nom l'indique, le couple principal d'un fuselage d'avion, situé là où ce fuselage est le plus large. On parle donc de sa **largeur au maître-couple**, de sa longueur et de sa hauteur, lorsque l'on veut chiffrer les dimensions d'un fuselage. Précisons aussi que le maître-couple est la surface de la plus grande section du fuselage perpendiculaire au vent relatif.

MANCHE : Commande la ou les gouvernes de profondeur et le gauchissement (ailerons ou spoilers), sur un appareil conventionnel.

MANCHE A AIR : Tube en toile au sommet d'un mât et qui sert à indiquer la direction du vent. Communément dénommée **la biroute** en argot aéronautique osé !

MANUEL DE VOL : Manuel d'utilisation d'un aéronef établi par son constructeur. Il rassemble diverses rubriques dont : la description dimensionnelle et technique de la machine ; ses limites d'utilisation (vitesse, chargement, etc.) ; les procédures en cas d'urgence : panne moteur, incidents etc. ; les procédures d'utilisations normales (visite prévol, performances, paramètres moteur, etc.) et son entretien courant. A l'image des constructeurs d'avions, les constructeurs d'ULM les plus sérieux en viennent à élaborer eux aussi des documents s'inspirant des manuels de vol en usage dans l'aéronautique générale.

MASSE A VIDE : Masse d'un aéronef vide, c'est à dire sans carburant ni lubrifiant ni autre charge.

MASSE MAXIMALE AU DÉCOLLAGE : Masse maximale à laquelle un aéronef est autorisé à décoller, fonction de divers paramètres parmi lesquels sa résistance structurale.

MASSE TOTALE AU DÉCOLLAGE : Masse à vide d'un aéronef augmentée des différentes charges mobiles emportées au moment du décollage : (pilote, carburant, huile, vêtements, instruments, etc.). En aucun cas cette masse totale ne doit excéder la **masse maximale** autorisée au décollage.

MAT : Tube rigide placé au dessus ou au dessous de la voilure et auquel sont attachés les **haubans** (voir ce mot). Les mâts peuvent affecter plusieurs formes : soit un tube unique placé verticalement, soit un V inversé placé dans le plan de symétrie de la machine, soit un V oblique dont la base est fixée sur le plan de symétrie et les branches servent de support aux ailes, agissant alors en **haubanage vol** et **sol** (voir ces mots).

MÉLANGEUR : Dispositif permettant la commande simultanée de deux gouvernes par le même levier, le tout en équilibrant l'effet de ces deux gouvernes l'une par rapport à l'autre.

MONOBLOC : Se dit d'une gouverne d'une seule pièce, d'un seul tenant (voir **empennages**).

MONOPLAN : Désigne un aéronef avec une seule aile. **Double monoplan en tandem** : voir **biplan.**

MONOTRACE : Voir **atterrisseur.**

MOTOPLANEUR : Appellation officieuse des aéronefs administrativement connus en France comme « planeurs à dispositif d'envol incorporé » — autrement dit : munis d'un groupe motopropulseur. Dans le langage courant, un motoplaneur est un appareil conçu pour planer et qu'on a doté d'un GMP pour lui permettre de reprendre de l'altitude sans devoir compter sur les seuls éléments naturels et, bien sûr, de décoller par ses propres moyens, sans treuil, ni sandows ni avion remorqueur.

NERVURES : Eléments de la structure de l'aile, d'un plan fixe ou d'une gouverne, parallèles à l'axe longitudinal de l'avion. Les nervures d'une aile sont fixées sur le **longeron** (poutre maîtresse perpendiculaire au fuselage) et sur ce squelette est posé le revêtement qui donne ses surfaces (intrados et extrados) à la voilure. L'avant d'une nervure s'appelle **le bec** et sa partie arrière, **la queue.** (Voir aussi **âme**). Dans un voilure souple, les nervures sont remplacées par des **lattes** (voir ce mot).

PALONNIER : Deux pédales qui permettent de commander aux pieds le gouvernail de direction. Une roulette de nez ou d'étambot est dite **conjuguée au palonnier** quand elle est directrice au cours des roulages et se dirige par l'intermédiaire de cette commande.

PAPILLON : Empennage papillon : autre appellation de l'empennage en V (voir **empennage**).

PARE-BRISE : Surface de verre ou matériau plastique transparent protégeant le pilote de l'écoulement de l'air ou des intempéries. Ne pas confondre avec **verrière** (voir ce mot).

PAS : Voir **hélice.**

PENDULAIRE : Voir **pilotage.**

PILOTAGE : En Aviation ultralégère, on distingue entre deux familles principales d'ULM : ceux qui se pilotent par l'intermédiaire de commandes influant sur des gouvernes agissant sur les **axes** (voir ce mot) de lacet, roulis et tangage et ceux dits de **pilotage pendulaire** (ou **de type Vol Libre**), qui se pilotent par déplacement du corps du pilote. Ce déplacement d'une masse entraîne celui du centre de gravité par rapport au centre de poussée. Les premiers sont dits de **pilotage 2 ou 3 axes** selon qu'ils sont munis de gouvernes agissant sur deux axes seulement ou les trois. Enfin, il existe des ULM de pilotage dit **hybride** qui conjuguent le pilotage pendulaire avec l'utilisation de gouvernes sur l'axe de lacet ou de tangage.

PLAFOND : L'altitude maximale que peut atteindre un aéronef. Sommairement expliqué, on désigne comme **plafond théorique** l'altitude maximale que peut atteindre un appareil donné, le **plafond pratique** étant l'altitude qu'il peut atteindre en conservant une certaine marge de performances. Ce terme est aussi employé pour désigner la hauteur de la base de la première couche nuageuse couvrant plus de la moitié du ciel.

PLAN CANARD : Voir **canard.**

PLAN FIXE : Se dit des surfaces fixes d'un empennage qui jouent un rôle de stabilisateur et par opposition aux gouvernes qui sont mobiles (voir **empennage**).

PLANEUR ULTRALÉGER (PUL) : Appellation générique des appareils de Vol libre (non motorisés), à voilure souple ou rigide, de pilotage pendulaire ou hybride. Sont dits aussi **ailes libres** ou **deltaplanes.**

POIDS : Force de gravité.

PORTANCE : Force engendrée par le mouvement de l'air autour de l'aile et qui assure la sustentation de l'avion.

PRÉVOL : Voir **visite prevol.**

PROFIL : Forme en coupe d'une aile dessinée en fonction des qualités qu'on en attend. Certains profils s'avèrent plus porteurs que d'autres aux basses vitesses : d'autres, créant une traînée moindre, autorisent des vitesses maximales plus élevées.

PROFONDEUR : Par abréviation, la ou les gouvernes de profondeur d'un appareil, agissant sur l'axe de tangage (voir **axes**). Désigne aussi la « largeur

d'une aile : voir **corde.**
PROPULSIVE : Voir **hélice.**

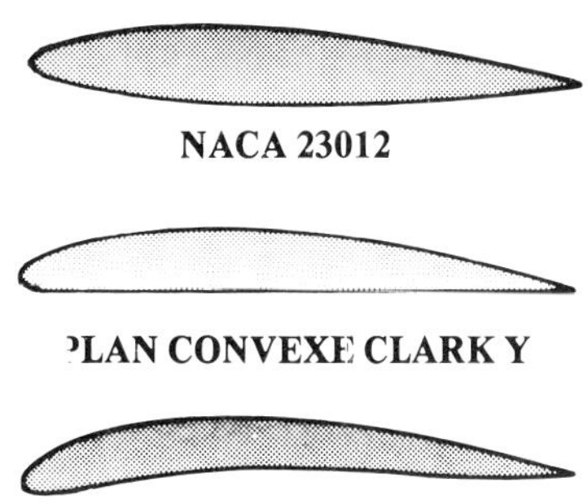

PROFILS

QFE : Pression atmosphérique au sol. Voir **altitude.**

QNH : Pression atmosphérique au niveau de la mer. Voir **altitude.**

QUILLE : Plan fixe placé sous le fuselage d'un avion ou prolongeant sous l'étambot un empennage classique pour conférer une meilleure stabilité. La quille est aussi la poutre maîtresse longitudinale d'un PUL à la pointe de laquelle se rejoignent les deux tubes de bord d'attaque pour former le bec. **L'angle de bec** se mesurant entre ces deux bords d'attaque, devant leur jonction. Dans une voilure souple la **quille** peut aussi être le plan fixe vertical placé au-dessus de l'aile ou dessous, à l'arrière de celle-ci.

RAFALE : Brusque variation du vent en vitesse et en direction.
RAPPORT POIDS/PUISSANCE : Voir **charge au cheval.**
RAYON D'ACTION : Distance maximale parcourable par un aéronef en un seul vol avec retour au point de départ, en fonction du carburant qu'il emporte et de sa consommation en vitesse de croisière à un pourcentage donné de la puissance de son moteur. Se mesure en kilomètres. A ne pas confondre avec **l'autonomie**, mesurée en heures et qui exprime un temps (voir ce mot), ou la **distance franchissable** (voir ce mot).
RÉDUCTEUR : Dispositif s'interposant entre le moteur et l'hélice permettant de réduire la vitesse de rotation de celle-ci par rapport à ce dernier. Son but est d'apporter un meilleur rendement aérodynamique à l'hélice ainsi qu'une diminution du bruit en bout de pales.

RÉDUCTION : Le taux de réduction est le rapport du nombre de tours de l'hélice au nombre de tours du vilebrequin du moteur. Ainsi, pour un moteur tournant à 6 750 tr/mn équipé d'un réducteur 1/2, la rotation hélice sera 3 375 tr/mn.

RÉSULTANTE AÉRODYNAMIQUE : Voir **centre de poussée.**
REVÊTEMENT : Placage de matériaux (Dacron, stratifié, bois, entoilage, métal, etc.) appliqué sur les structures pour former les surfaces extérieures. Est aussi appelé **peau** en jargon aéronautique.
Lorsque la structure d'une voilure souple est recouverte uniquement sur sa face supérieure (extrados) celle-ci est dite à simple revêtement et, sinon, à double entoilage avec l'indication du pourcentage de surface inférieure (intrados) recouverte.
Ainsi un revêtement double surface à 100 % signifie qu'aucune partie de la surface supérieure n'est visible du dessous de l'aile. Les ailes à double surface offrent de plus grandes performances que les mêmes ailes à revêtement simple.
ROGALLO (Francis Melvin) : Ingénieur aéronautique américain, inventeur du type de voilure portant son nom (voir **aile Rogallo**).
ROUE ou ROULETTE D'ETAMBOT, DE QUEUE, DE NEZ : Voir **atterrisseur.**
ROULAGE : Toute manœuvre au sol d'un ULM pour rejoindre la piste ou avant le décollage proprement dit ou entre l'atterrissage et l'immobilisation de l'appareil. A noter que l'aéronautique ne craignant pas les pléonasmes, on y parle courmment de **roulage au sol** pour sérier d'avec le roulage précédant le décollage ou suivant immédiatement l'atterrissage. — Compréhensible, oui, mais essayez donc de roulez en l'air !
ROULIS : Voir **axes.**
ROULIS INDUIT : Rotation autour de l'axe de roulis provoquée par la rotation sur l'axe de lacet. L'aile extérieure au virage ayant une vitesse supérieure à la vitesse de l'aile intérieure, a donc une portance augmentée et se soulève. Cet effet est surtout sensible sur appareils dotés d'une aile de grande envergure.

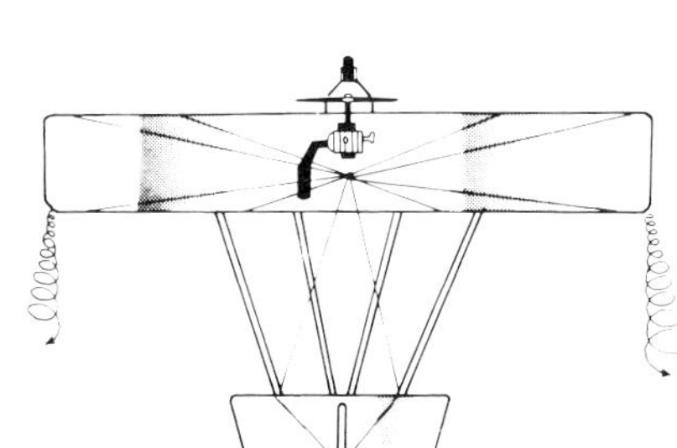

VORTEX

SAUMONS : L'extrémité d'une demi-aile opposée à son emplanture et , donc, vers l'extérieur, est dite **bord marginal.** Les extrémités d'une aile engendrent des perturbations importantes dans l'écoulement de l'air : les **tourbillons marginaux**, que l'on diminue en dotant les bords marginaux de carénages aérodynamiques rapportés sur les nervures extrêmes, les **saumons** d'aile. D'autres plans fixes (dérive, stabilisateur horizontal) voire des gouvernes (profondeur ou gouvernail de direction monoblocs) peuvent aussi en être munis.

SEMELLES : Pièces d'un longeron ou d'une mesure entourant **l'âme (voir ce mot) et sur lesquelles vient s'appliquer le revêtement.**
SPOILERS : Surfaces mobiles débattant à l'extrados ou à l'intrados de l'aile et, commandées différentiellement comme des ailerons, agissant comme gouvernes sur l'axe de roulis. Les spoilers travaillent par destruction de la portance alors que les ailerons créent un accroissement de portance sur la demi-aile qui doit s'élever pour incliner l'avion, parallèlement à une diminution de la portance sur l'autre demi-aile qui doit s'abaisser. Les spoilers utilisés en conjugaison, peuvent aussi faire office d'aérofreins.

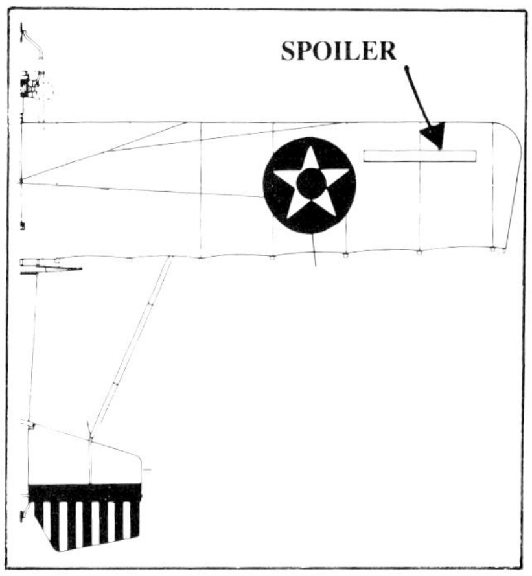

SPOILERONS : Contraction des termes « **spoiler** » et « **ailerons** », les spoilerons sont des gouvernes dont l'utilisation varie d'un constructeur à un autre. En effet une confusion peut naître du fait que certains fabricants utilisent ce terme pour désigner une combinaison de spoilers et d'ailerons, d'autres appellent ainsi des spoilers de taille agrandie et d'autres, enfin, nomment spoilerons des spoilers portés sur des batis articulés qui les hissent au-dessus de l'extrados de l'aile lorsqu'on les actionne.
STABILISATEURS : Voir **empennage.**
STABILATOR : Gouverne agissant à la fois en roulis et en profondeur (voir USA — Mitchell Aircraft — B-10).
SURFACE ALAIRE : La surface d'une aile vue en plan (de dessus).

SURFACE PORTANTE : Bilan des surfaces d'un aérodyne créatrices de portance.

TANDEM (biplace en tandem) : Appareil équipé de deux sièges placés d'un derrière l'autre.

GLOSSAIRE

TANGAGE : L'un des trois **axes** (voir ce mot) autour desquels tourne un avion pour évoluer.

TAUX DE CHUTE : Vitesse **verticale** d'un aéronef en descente. Le taux de chute minimal permet de mesurer l'aptitude d'un aérodyne au vol plané. S'exprime en mètres par seconde (m/s) ou en pieds par minute (ft/mn).

TAUX DE MONTÉE : L'inverse du taux de chute : la vitesse ascensionnelle d'un aéronef. Comme le taux de chute se mesure au **variomètre** (voir ce mot), en mètres par seconde (m/s) ou en pieds par minute (ft/mn).

TOURBILLONS MARGINAUX : Voir **saumons.**

TRACTION : Dans la mécanique du vol, force engendrée par l'hélice, en vol moteur. La **ligne** ou **axe de traction** matérialise la direction de la traction de l'hélice. Dans le cas d'un avion multimoteur, cette ligne est la résultante de chacune des tractions des différents moteurs.

TRACTIVE : Voir **hélice.**

TRAIN : Voir **atterrisseur.**

TRAÎNÉE : Force symbolisant le total des résistances aérodynamiques qui s'opposent à l'avancement de l'aéronef.

TRANSVERSALE : Poutre de la structure de l'aile d'un planeur ultraléger perpendiculaire à sa quille et aux extrémités de laquelle sont raccordées les poutres (ou tubes) des bords d'attaque ; en les maintenant à écartement constant, la transversale donne à ces voilures leur forme en plan triangulaire.

Norman Burr

TRAPÈZE : L'ensemble des tubes haubannés par câbles et fixés rigidement sous la voilure d'un planeur ultraléger pendulaire pour en permettre le pilotage sans l'aide de gouvernes. C'est en prenant appui sur le tube inférieur (horizontal au sol, dit **barre de contrôle,** de ce trapèze que le pilote incline l'ensemble de l'aile latéralement ou modifie son angle d'incidence en le tirant vers lui ou en le repoussant. Ce tube est normalement rectiligne, mais il peut être cintré pour en faciliter l'accés et l'utilisation par le pilote.

TRAPPES : Voir **atterrisseur.**

TRICYCLE : Voir **atterrisseur.**

TURBULENCES : Mouvements verticaux plus ou moins brutaux des masses d'air agité.

ULM : Ultraléger motorisé. — Tout un programme ! La définition législative en varie d'un pays à l'autre : le présent ouvrage en donne un aperçu dans l'introduction préfaçant chaque pays traité. Se dit microlight aircraft en anglais et ultralight aux USA.

UN PLUS UN : Se dit d'un appareil équipé de deux sièges mais dont la charge utile ne permet pas l'emport de deux passagers adultes de taille et de poids normaux (77 kg, suivant les normes de l'OACI (Organisation de l'Aviation Civile Internationale).

VARIOMÈTRE : Instrument de bord servant à mesurer la vitesse verticale positive (taux de montée) ou négative (taux de chute) d'un aéronef. S'exprime en mètres par seconde (m/s) ou en pieds par minute (ft/min). Est communément appelé **le vario** par abréviation.

VENT RELATIF : Voir **vitesses.**

VERRIERE : L'ensemble des parties vitrées ou en matériau transparent (plexiglas, par exemple), d'un habitacle.

V INVERSÉ : Voir **empennage.**

VISITE PREVOL : Par abréviation, la prévol. A effectuer avant chaque vol pour vérifier le bon état de chacune des parties de l'ULM, si le pilote tient à conserver en aussi bon état chacune des siennes !

VITESSES : Le vol d'un aérodyne est une mécanique opposant des forces contraires (la **portance** au **poids** et la **traction** à la **traînée** — voir ces mots) qui impliquent des notions de vitesses liées à celle de l'écoulement de l'air par rapport aux surfaces portantes. **Vitesse d'approche :** celle que doit maintenir un aéronef se préparant à atterrir — pas trop basse pour éviter le décrochage ni trop élevée pour diminuer la longueur du roulage avant l'arrêt au sol. **Vitesse ascensionnelle (Vz) :** la vitesse verticale positive d'un aéronef. **Vitesse de croisière :** voir **croisière. Vitesse de décrochage :** en décrochage, la voilure d'un aérodyne ne le porte plus ; le décrochage n'est pas tant lié à la vitesse seule qu'à l'angle d'incidence que forme une aile avec l'écoulement de l'air, **le vent relatif** qui, lui, reste bien lié à la vitesse ; on situe donc la vitesse de décrochage comme étant celle la plus basse à laquelle, pour un angle d'incidence maximal, les filets d'air se décollent des surfaces de l'aile et la portance « s'annule ». **Vitesse maximale en palier :**obtenue en vol horizontal avec le moteur utilisé à sa puissance maximale.

VNE : abréviation symbolisant la vitesse à ne pas jamais dépasser, limite fixée par la résistance de la structure de l'aéronef. **Vitesse au sol :** la notion de base essentielle de la mécanique du vol reste que l'aéronef se déplace par rapport à l'air qui l'environne et non pas, comme un véhicule terrestre, par rapport au sol.

En effet, si vous volez à 60 km/h dans la même direction qu'un vent se déplaçant lui-même à 30 km/h, votre vitesse sera de 60 km/h par rapport à l'air mais de 60 + 30 = 90 km/h par rapport au sol. Dans le cas contraire, volant face à ce vent, votre vitesse serait toujours de 60 km/h indiquée sur votre **anémomètre** (voir ce mot) mais vous n'évolueriez qu'à 60 — 30 = 30 km/h par rapport au sol.

VOIE : Distance comprise entre les deux roues principales d'un aéronef.

VOILURE : Voir **aile.**

VOILURE SOUPLE : Voilure constituée de deux lobes de Dacron cousus sur des tubes donnant à l'ensemble vu de dessus, la forme d'un triangle plus ou moins étiré ou d'un trapèze. Réservées au ULM pendulaires et hybrides, de pareilles ailes ne reçoivent ni **ailerons** ni **spoilers** (voir ces mots).

VOL LIBRE : Discipline aéronautique utilisant des planeurs ultralégers (non motorisés). Voir aussi **pilotage.**

VOLETS : Pour retarder l'apparition du **décrochage** (voir ce mot) aux basses vitesses, on a recours à des dispositifs dits **hypersustentateurs** parce qu'ils accroissent la portance (et donc la sustentation) de l'aile. Peu employés encore en Aviation ultralégère, **les becs de bord d'attaque** retardent le décrochage en améliorant l'écoulement de l'air sur l'extrados de l'aile. Les dispositifs les plus courants sont les volets hypersustentateurs articulés au bord de fuite de l'aile : en les braquant, on augmente la courbure du profil de l'aile, on le rend plus porteur. Sont dits **volets d'intrados** ceux qui ne modifient le profil que des surfaces inférieures de l'aile sans affecter la forme de l'extrados. **Les volets de courbure** braquent vers le bas toute une partie de la surface de l'aile au bord de fuite. **Les volets Fowler** sont des volets de courbure qui reculent pour augmenter la surface de l'aile avant de s'incliner vers le bas.

VRILLE : Voir **autorotation.**

VZ : Vitesse verticale (voir **vitesse** et **variomètre**).

WINGLET : Nom donné à certains saumons d'aile de forme particulière ; constitués d'un plan oblique ou vertical, ils sont destinés à diminuer l'effet des tourbillons marginaux (voir **saumon**)

SIROCCO

1re traversée « Continent-Corse »
Triple vainqueur
1er Grand Prix de France 1983

AVIASUD
ENGINEERING SARL
Route de la Bouverie
83480 Puget-sur-Argens
Tél. : (94) 40.04.80

Liste de nos distributeurs sur demande
Prix du dossier information : 40 F

ULM MAG
TOUS LES 2 MOIS

Pilote privé
MENSUEL
LA REVUE DES LOISIRS DE L'AIR

tous les moyens sont bons pour s'envoyer en l'Air !

Chez votre libraire ou chez l'éditeur : S.E.E.S., 50 rue de Chabrol, 75010 Paris - Tél. : (1) 770.12.87.

DJINS 300

Un véritable 3 axes

très haut de gamme !

- Conçu pour un travail d'école intensif
- Excellente initiation pour le pilotage avion
- Utilisé par plusieurs aéroclubs (liste sur demande)
- **avant livraison,** chaque appareil est testé en vol par un pilote d'essai
- **Livré avec** carénage de roues, démarreur électrique, volets hyper-sustentateurs conjugués avec ailerons full-span, sièges baquets, etc.

IMPORTATEUR moteur
Bombardier **ROTAX**

S.A.V. moteur assuré
Stock pièces détachées disponible

Prix au 30 novembre 83 : **75 000 F (HT)**

ULM TECHNIC AÉROMARINE - 17, bd Jeanne d'Arc - 93100 Montreuil - Tél. : (1) 858.98.97

AGRi-PLANE

la Culture de l'an 2000 SAE

Groupe Roland PERINET et Cie 86110 MIREBEAU FRANCE - Tél. : (49) 50.44.34 - Télex 790334

**UNE SOLUTION
INESPÉRÉE A VOS
PROBLÈMES IMPORTANTS**

(pulvérisation, micro-traitement, surveillance)

- Au ras de la récolte sans turbulence. Une pulvérisation précise et parfaite.
- A 60 km/ha, 1 hectare en 50 secondes en vol linéaire.
- De 50 à 150 hectares/jour (selon météo et organisation du chantier).
- De 4 à 18 hectares par rotation.
- De 5 à 25 litres de produits/hectare.
- Réserve produit 90 litres - Brassage automatique.

**PLUS UNE RAISON VALABLE
DE VOUS FAIRE PLAISIR.**

Le Premier U.L.M. (Ultra Léger Motorisé) spécialement conçu pour l'Agriculture et Biplace Ecole : Système Breveté. Basse Vitesse / Basse Altitude, à repliage rapide et intégral « AILE et CELLULE » (15 mn).

- Prix d'Achat Minimum - Entretien et Pilotage simplifié.

UNE VERITABLE REMORQUE

pour le transport de votre ULM

Grande facilité de chargement
Excellente tenue de route
Adaptable à tous types
d'appareils

SOCOMAPT - *110, rue du Ponceau - 53004 Laval Cedex - Tél. : (43) 53.67.73*

MULTI AXES

UN ULMODROME
en région Rhône-Alpes

sur terrain privé homologué

PENDULAIRES

à 15 km de Lyon

MONITEURS ET MECANICIENS PROFESSIONNELS

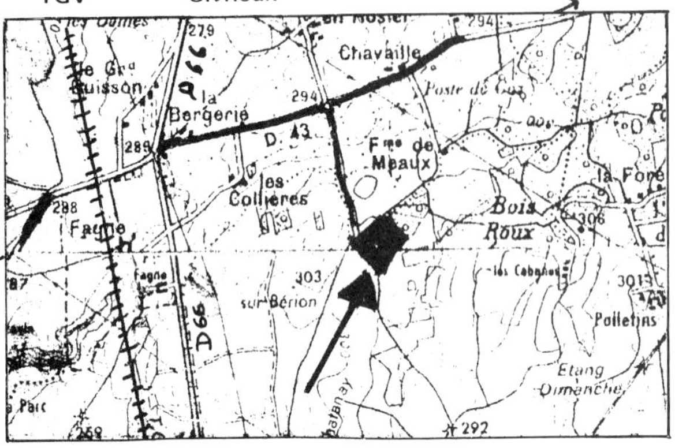

sur commune de Mionnay (01)

- ESSAIS - INITIATION
- ECOLE
  pilotage
  navigation
  mécanique
  adaptation pilotes brevetés
  } stages continus possibles
- PROMENADES
- LOCATION
- VENTE - APRÈS-VENTE
- MAINTENANCE
- ENTRETIEN TTES MARQUES

SUD-EST LOISIRS
Tél. : (78) 24.62.40

OUVERT TOUS LES JOURS

VIRGINIA WINDS

LA MARRE CHAPELLE VOLAND
39140 BLETTERANS FRANCE
TEL. : (84) 48.65.77

L'alternative 4 temps

TRICYCLE Type 18-10
- structure modulaire inox
- empattement arrière de 1,70 m
- démontage rapide de la canne (transport et garage)

GMP Type M28-1
- bicylindre 4 temps flat-twin
- 602 cm^3, 80 kg de poussée
- consommation : 2 l/heure
- option démarreur électrique

VIRGINIA WINDS
c'est aussi
- une remorque spéciale ULM
- des hélices
- des ailes
- des kits de motorisation

Pendulaire
monoplace
TYPE 8-10
Documentation
sur demande

1984 : l'année du biplan 4 temps

La silhouette très particulière du Goldwing

PTERODACTYL

mono ou biplace l'expérience made in U.S.A.

Août 1979 :
Jack Mac Cornack (P.D.G. de Ptérodactyl LTD) relie Watsonville (Californie) à Kitty Hawk (Caroline du Nord) : soit 7800 km.

C'est la première traversée des Etats-Unis en ULM.
Depuis il a battu le record d'altitude en ULM en montant à plus de 6000 m (homologation en cours par la FAI).

Plus de 3000 Ptérodactyl dans le monde.
Depuis, Ptérodactyl a montré ses capacités à produire en série des appareils performants et endurants : plus de 3000 volent actuellement dans le monde.

Les points forts du Ptérodactyl :
- Train d'atterrissage et cellule renforcée pour les arrivées sur terrains difficiles.
- Double surface de voilure pour améliorer la stabilité de l'appareil en vol.
- Configuration anti-vrille et anti décrochage dite "en canard"
- Equipé du nouveau moteur Cuyuna UL II 02
- Nombreuses options et accessoires
- Prix de base : 55.000 F TTC.

Enfin en France

Aujourd'hui Vol au Vent (sarl de 100.000 F), importateur exclusif, commercialise cet appareil, qui est monté et testé en France. Sur simple demande, il est possible d'obtenir l'adresse des centres de formation Ptérodactyl.

VOL AU VENT
Z.I. de Domène
(10 km de Grenoble)
38420 DOMENE
tél. (76) 77.12.91

Bon pour une documentation sur la gamme Ptérodactyl
☐ monoplace
☐ biplace

☐ je souhaite également recevoir la liste des centres de formation

A retourner à l'adresse ci-dessus :
Nom ____________
Prénom ____________
adresse ____________
____
code postal ____________
Tél. domicile ____________

Synthèse eca

PTERODACTYL ANN

LEADER EN AVIATION ULTRALÉGÈRE:
CONCEPTION ET FABRICATION
mainair sports
Shawclough, Rochdale
Lancs, England. OL12 6LN. Tel: 0706 55131
Telex: 635091 MAIN

DE LA "GUEULE"
ET DU SERIEUX !..
MACH 0.1
FRANCE AEROLIGHTS aérodrome de Libourne,
33570 LUSSAC. tél: (57) 84.73.22

3 AXES

Norman Burr

La première question que se pose l'éventuel acquéreur d'un ultraléger motorisé, la plus fondamentale est : « Quel système de commande dois-je choisir — 3 axes, 2 axes, hybride ou pendulaire? » Pour cette raison, ces pages couleurs ne sont pas seulement des illustrations mais, aussi, une présentation des différentes familles d'ULM. Commençons donc avec deux monoplaces 3 axes tubes-toile : l'Ultralight Flight *Mirage* américain (ci-dessus) et le *Mach 01* français ci-dessous. Construit par France Aérolights, le *Mach 01* est l'illustration concrète de l'ULM de nouvelle génération, faisant largement appel aux techniques aéronautiques. Trois axes conventionnel, il comporte une aile rigide avec flaperons, une structure en aluminium soudé, et offre une large gamme de vitesse : 45 à 140 km/h. La version biplace *Mach 20,* entièrement fermée, constituera le premier véritable ULM de voyage.

3 AXES

Continuons notre revue des 3 axes en passant au populaire *Quicksilver MX* de Eipper Aircraft, américain et l'un des plus répandus dans le monde (ci-dessus). Ci-dessous, le *Sherpa II* conçu par le Suisse Hans Gigax est produit en RFA par la firme Ikarus. Deux biplans 3 axes en page opposée : en haut, le *Super Tiger Cub 440* de Micro Biplane Aviation (Grande-Bretagne) et, bas de page, le *Whing Ding II* de Aircraft Specialties Co. (USA) ; celui-ci, construit en France dès 1975 par des amateurs, servit ensuite de banc d'essai volant au prototype du moteur JPX PUL 425.

Alain-Yves Berger

3 AXES

3 AXES

Norman Burr

Ci-dessus, un autre trois axes en matériaux composites, l'*Avionnette* du Français Bela Nogrady (ici le prototype n° 1). Pour terminer notre revue des 3 axes, nous vous présentons ci-dessous l'ULM canadien le plus célèbre : le *Lazair* de Ultraflight Sales.

2 AXES

Bob Adams

2 AXES

Alain-Yves Berger

Les 2 axes vont du plus simple au plus édulcoré. En bas de la page opposée, leur ancêtre fut le *Scout* de Ron Wheeler, un appareil australien de 1976 présenté ici dans sa version Mk2. En haut de la page opposée, un nouveau venu mais qui suit la même philosophie de « l'avion minimal », le *P-Craft* américain de Paup Aircraft. Ci-dessus, l'un des plus vendus dans le monde, l'Aérodyne *Vector 600* et, ci-dessous, le *Hummer* de Maxair Sports. Ce n'est pas une simple coïncidence si ces deux appareils américains utilisent un empennage en V : ils émanent d'études du regretté Klaus Hill.

HYBRIDE

Les ULM hybrides sont surtout d'origine américaine, en voici deux modèles. L'illustration du haut montre le prototype du biplace américain *Eagle 2 Place* d'American Aerolights. Les appareils de série ont par la suite dopté le pilotage 3 axes, abandonnant le contrôle pendulaire en profondeur de celui-ci mais qui reste conservé sur les monoplaces de ce constructeur. Dessous, avec son élégant carénage, le *Kasperning 180 BX* de Cascade Ultralites.

PENDULAIRE

Les pendulaires ont rencontré beaucoup plus de succès en Europe qu'aux Etats-Unis où ils ne constituent plus aujourd'hui qu'une tranche très marginale du marché.

Ci-dessous, le monoplace pendulaire belge Fulmar *Trident*. L'avantage incontestable des pendulaires à l'européenne reste leur simplicité de mise en œuvre et de pilotage et un prix presque toujours inférieur à celui des multi-axes.

Roxane Atlas

PENDULAIRE

PENDULAIRE

Deux pages de contrastes entre les USA et le Royaume-Uni. En haut de la page opposée, un *Trike* avec voilure *X-200* du constructeur américain Delta Wing Kites, sur fond de désert. Dessous, entre deux pluies froides à l'anglaise, une photo historique prise à Wellesbourne, en 1980, du premier chariot pendulaire biplace côte-à-côte britannique avec son concepteur Nick Wrigley et, à sa droite, Dave Jones, aujourd'hui disparu, poussés par Les Ward. Ci-dessus, un autre Delta Wing Kites *Trike* et, ci-dessous, sur fond de coucher de soleil en Ecosse, un Mainair *Tri-Flyer 330* britannique avec une voilure Southdown Sailwings *Lightning*.

Roy Persad

Le Condor d'Agriplane

Pipistrelle d'Aérostructure

Le Dragster 25 de Cosmos ▲

▼ *L'Aérokart 4320 d'Aérokart*

AUSTRALIE

VOLER DE NOS PROPRES AILES

par Ron MAAS - Secrétaire de la MAFA (Minimum Aircraft Flyers Association of Australia).

Bien que d'autres pays l'aient aujourd'hui dépassé en matière de productions, l'Australie peut prétendre à juste titre avoir été une terre de pionniers pour le mouvement ULM. L'histoire a commencé dans les années 70 lorsque certains voulurent voler en se dispensant des infrastructures pesantes de l'Aviation générale. Cette motivation fit se développer le Vol libre en Australie. Mais cette discipline n'est pas non plus sans problèmes : pour voler, il faut d'abord trouver des montagnes puis y grimper pour pouvoir décoller. Pour pallier à ces contraintes, on dota les planeurs ultralégers pendulaires d'un petit moteur. Bien qu'ils ne s'en soient probablement pas rendu compte d'emblée, ces pilotes de PUL motorisés venaient de créer les premiers « avions minimaux » australiens. L'un de ceux-ci s'avéra particulièrement symptomatique de ce qui se ferait ensuite dans ce domaine : le *Scout*. C'était un appareil très marginal, capable d'emporter un pilote de 73 kg et seulement par temps calme, mais il a montré la voie.

Le Department of Aviation fut consulté sur l'utilisation de telles machines et le résultat de ces concertations fut l'Air Navigation Order 95.10, réglementation qui reste toujours en vigueur aujourd'hui. L'essentiel de ce règlement veut qu'une licence de pilote ne soit pas nécessaire pour voler sur un « avion minimal » mais, en contrepartie, pour assurer la sécurité vis-à-vis des autres usagers de l'espace aérien, ce genre d'appareil ne doit pas dépasser les 300 ft (91 m) de hauteur/sol. Un tel « avion minimal » — appellation australienne des ULM — se définit par sa masse maximale au décollage d'au plus 400 lbs (181 kg) et une charge alaire maximale de 4 lbs/ft^2 (19,50 kg/m^2).

En avril 1978, un groupe d'enthousiastes fondait la MAFA qui a aidé le sport à se développer et à atteindre son niveau actuel. Cependant, des constructeurs se dirent qu'il y avait de l'argent à faire dans ce nouveau secteur aéronautique et le résultat fut que le prix de l'ULM moyen commença d'augmenter, jusqu'à devenir hors de portée des possibilités financières de l'Australien moyen. Des pilotes retournèrent à leurs établis et il en sortit quelques excellents ULM, comme vous pouvez le constater dans les pages suivantes. La revue *Contact* de la MAFA publia nombre d'articles signés de particuliers ; les expériences de chacun ainsi mises en commun créèrent des liens solides et permirent de progresser. Les machines devenant plus rapides et plus lourdes, le Department of Aviation fut pressenti dans l'espoir d'obtenir une réglementation moins contraignante. Sa réponse fut que le mouvement ULM devait d'abord se donner lui-même une représentation nationale que n'avait pas la MAFA tout en s'auto-disciplinant. A Pâques 1983 fut donc créée l'Australian Ultralight Federation (AUF) avec des représentants élus dans chaque province. David Betteridge, lui-même avionneur, en est le premier président.

L'une des priorités que s'est fixée l'AUF est de négocier une nouvelle réglementation désignée ANO 95.22, qui permettra de voler avec des biplaces que n'autorisent pas les actuelles limitations de charges. Toutefois, les Australiens essayent de rester raisonnablement libéraux et de se tenir à l'écart d'un règlement ULM tel que celui en vigueur en Grande-Bretagne, considéré comme d'une inacceptable sévérité en Australie.

Après tout, vous pouvez appeler cela comme vous voulez : avion minimal, ultraléger, microléger, ULM ou n'importe quoi d'autre, l'esprit de ce sport est partout le même — l'aviation à des prix raisonnables. Je crois que les diverses organisations qui sont concernées par l'ULM dans le monde entier essayeront de maintenir les coûts aussi bas que possible pour les pratiquants ; elles devront encourager leurs membres à ne pas se contenter d'accepter les prix demandés par les avionneurs pour leurs machines. Si ces prix continuent à grimper d'une façon incontrôlée, ils détruiront à coup sûr ce que nous avons essayé de réaliser initialement.

C'est peut-être notre capacité à respecter chacun ce que fait l'autre qui caractérise au mieux le mouvement ULM. Des talents se sont révélés qui seraient lettre morte sans cela. Et, bien que la majorité de nos vols s'effectuent le week-end ou en période de vacances seulement, nous n'hésitons pas à parcourir de très longues distances pour rejoindre des « fly-ins » (rassemblements) où les pratiquants, la plupart du temps isolés, ont le plaisir de se retrouver entre enthousiastes. Soit dit incidemment, l'ULM n'est déjà plus simplement un loisir en Australie : des fermiers, par exemple, le considère comme un gain de temps considérable lorsqu'il s'agit de retrouver du bétail égaré.

La majorité de nos vols s'est jusqu'ici effectuée par temps calme. Mais l'apparition d'appareils plus rapides, à voilure rigide, nous permet maintenant de voler avec un peu de vent. Ces résultats ont exigé pas mal de courage, d'habileté et de volonté et n'auraient pas été possibles sans les rapports qui se sont établis entre les fanas de l'Aviation ultralégère, tant au plan national qu'international. Ces relations privilégiées entre des pratiquants qu'animent un même idéal ont suscité le changement le plus radical qui se soit vu en matière d'aéronautique depuis le vol du *Flyer* des frères Wright !

N.B. : Pour tout renseignement sur l'Australie : Ron Maas, Bellhaven Caravan Park, Raymond Terrace, NSW 2324. Ou : AUF, c/o Phil Petersen, 64 McKell Avenue, Sunbury, Victoria 3429.

BEDSON

Gordon Bedson & Associates, PO Box 6, Oliver Street, Bundarra, NSW 2359. Tel. Bundarra 12.

Bedson *Resurgam*
(3 axes)

Monoplace monomoteur à aile haute, pilotage 3 axes conventionnel. Voilure sans flèche au bord d'attaque et au bord de fuite, corde constante, empennage classique. Tangage par gouverne de profondeur articulée sur le plan fixe horizontal, lacet par gouvernail de direction articulé sur la dérive, roulis par spoilers sur 58 % de l'envergure de l'aile ou sur option par aileron sur la moitié de l'envergure de l'aile. Commande au manche pour le tangage et le roulis, au palonnier pour le lacet. Voilure portée par des mâts, profil d'aile : 4415 ; à double entoilage (100 %). Atterrisseur tricycle ; suspension de type NC sur la roue avant, et par lame en fibre de verre et bois sur le train principal. Roue avant directrice conjuguée au palonnier. Freins NC. Fuselage en bois et tubes de duralumin, habitacle partiellement fermé. Moteur monté au niveau de l'aile et utilisé en propulsif.

Aussi incroyable que cela puisse paraître, le *Resurgam* a été dessiné dès 1948 pour utiliser le moteur JAP. Avec la recrudescence d'intérêt pour l'aéronautique engendrée par le mouvement ULM, ce monoplace a refait surface et s'avère compétitif malgré son (grand) âge, surtout qu'il est maintenant doté de moteurs 2 temps plus modernes, le choix s'effectuant entre le tricylindre allemande König SC430 de 30 CV ou le bicylindre australien Skylark MkII de 24 CV.

La partie avant du fuselage vient en bois et toile (spruce et contreplaqué) tandis que l'arrière consiste en une triangulation de tubes de duralumin. Celle-ci forme bâti moteur et s'étend vers l'arrière pour porter l'empennage. La partie centrale de la voilure reste inamovible du fuselage mais les demi-ailes sont tenues à ce dernier par six attaches rapides qui permettent un démontage facile. Celui-ci s'opère sans qu'il soit nécessaire de déconnecter aucun câble de commande.

L'aile comporte un longeron en spruce et contreplaqué sur lequel sont collées à l'époxy des nervures en contreplaqué et mousse polyuréthane avec des renforts en fibre de verre. De la mousse est aussi utilisée pour les bords d'attaque et de fuite, le premier étant revêtu de fibre de verre et le second, de contreplaqué. Une particularité du *Resurgam* est d'être conçu pour deux systèmes de gouvernes de gauchissement : des spoilers en version standard ou, sur option, des ailerons ; les deux sont actionnés par l'intermédiaire d'un tube de torsion formant ressort de rappel au neutre.

L'appareil peut être équipé d'une lame de train principal en stratifié frêne/fibre de verre mais une suspension par sandows sur un train en tubes d'acier a aussi été expérimentée.

Norman Burr

le Resurgam qui participa à la première course Londres-Paris 1982 équipé d'un moteur allemand König tricylindre

Engagé dans la première course Londres-Paris en septembre 1982 aux mains de Ray Broome, pilote d'usine de Bedson, le *Resurgam* a apporté la preuve de son efficacité en se classant 1er ex-aequo avec un Huntair *Pathfinder* dans une épreuve de vitesse. Dans les paragraphes 3 à 5 ci-après, nous avons donné les spécifications du *Resurgam* avec moteur Skylark et, entre parenthèses, celles avec le König SC-430.
Il ne nous a pas été communiqué de prix pour cet appareil en kit ou prêt à voler. Mais la liasse des plans de construction est disponible pour **95 Aust. $.** Pour les constructeurs amateurs partant de cette liasse, le coût des matériaux nécessaires est de l'ordre de **1200** à **1400 US $** pour environ 800 h de main-d'œuvre.

2-DIMENSIONS EXTERIEURES ET SURFACES
Envergure (aile) 28 ft, 8,53 m • Corde constante 4 ft, 1,22 m • Flèche 0° • Envergure plan fixe horizontal 8 ft, 2,44 m • Surface alaire totale 112 ft², 10,4 m² • Allongement 7/1 • Diamètre de la roue avant 11 inches, 28 cm • Diamètre des roues principales 11 inches, 28 cm • Autres caractéristiques non communiquées.

3-MOTORISATION
Moteur Skylark MkII (König SC430) • Puissance maximale 24 (30) CV à 4800 (4500) tr/mn • Diamètre et pas de l'hélice 39 (NC) × 15 (NC) inches, 0,99 (NC) × 0,39 (NC) m (tripale) • Sans réducteur (réducteur à courroie, rapport NC) • Poussée statique maximale 135 (NC) lbs, 61 (NC) kg • Rapport puissance/surface alaire 0,21 (0,27) hp/ft², 2,3 (2,9) CV/m² • Carburant emporté 4,8 US gallons, 4 Imp gal. 18,2 litres.

4-MASSES ET CHARGES
Masse à vide 208 (205) lbs, 94 (93) kg • Masse maximale au décollage 400 lbs, 181 kg • Charge utile 192 (195) lbs, 87 (88) kg • Charge alaire maximale 3,57 lbs/ft², 17,4 kg/m² • Rapport poids/puissance 16,7 (13,3) lbs/hp, 7,5 (6) kg/CV • Facteurs de charges calculées NC • + 3,8 g — NC g à rupture.

5-PERFORMANCES*
Vitesse maximale en palier 67 (NC) mph, 108 (NC) km/h • Croisière 45 (NC) mph, 72 (NC) km/h • Vitesse de décrochage 30 (NC) mph, 48 (NC) km/h • Vitesse ascensionnelle (au niveau de la mer) 460 (NC) ft/min, 2,3 (NC) m/s • Roulage au décollage 250 (NC) ft, 75 (NC) m • Autres caractéristiques non communiquées.

*** Mesurées dans les conditions suivantes : Altitude QNH 0 ft, 0 m • Température au sol NC • Vent au sol NC • Poids du pilote 160 lbs, 73 kg. Avec moteur Skylark MkII.**

FREE FLIGHT

Free Flight Aviation Pty Ltd, Lot 3, Kitawah Street, Lonsdale, South Australia 5160 ; tel. (08) 382.04.33

Free Flight *Hornet 130S*
(3 axes)

Monoplace monomoteur à aile basse, pilotage 3 axes conventionnel. Voilure avec flèche au bord d'attaque et au bord de fuite ; corde dégressive ; sans empennage. Tangage et roulis par *« stabilators »*, lacet par gouvernails de direction monoblocs aux extrémités de l'aile. Commande au manche pour le tangage et le roulis, au palonnier pour le lacet. Aile cantilever, profil d'aile NC ; à double entoilage (100 %). Atterrisseur tricycle, suspension de type NC sur la roulette de queue et par caoutchouc sur les roues du train principal. Freins NC. Fuselage en matériaux composites, habitacle fermé. Moteur monté au-dessus de l'aile et utilisé en propulsif.

1-Le *Hornet* dessiné par David Betteridge et qui ne doit pas être confondu avec le constructeur britannique du même nom, est une des conceptions les plus révolutionnaires en provenance d'Australie, et d'autant plus que cet appareil a été créé de 1977. A cette époque, Free Flight était fabricant de planeurs ultralégers, et c'est sur l'instigation de David Betteridge que le projet du *Hornet* fut entamé. La construction de ce qui devait être au départ un PUL à voilure rigide et motorisable fut commencée au début de 1978. Le premier prototype statique fut présenté au Schofields Airshow de Sidney cette même année mais ne décolla pour la première fois que le 8 mars 1979 aux mains de Colin Scott.

A partir de ce prototype le *Hornet 130 S* a évolué en un avion sans queue, en matériaux composites avec une aile à forte flèche et des ailerons qui, de plus, peuvent être utilisés en conjugaison pour agir comme des gouvernes de profondeur, à la manière des *stabilators* des *B-10* de l'Américain Don Mitchell. Comme pour les *B-10,* d'ailleurs, le contrôle du *Hornet* en lacet s'opère par le biais de gouvernails de direction d'extrémités d'ailes.

Pour faciliter le transport, les ailes se replient en pivotant pour s'aligner le long du fuselage, l'encombrement de l'avion se résumant alors à 4,60 × 2,30 m. La structure de la voilure comporte un longeron en tube de duralumin de 114 mm de diamètre renforé par des manchons rivetés sur la partie centrale de l'aile. Des nervures en fibre de verre sont rivetées et reliées sur ce longeron. Le bord d'attaque est constitué par un moulage en U de fibre de verre avec des renforts en spruce. Les ailes sont recouvertes d'une feuille de fibre de verre. Le fuselage est lui aussi principalement en fibre de verre moulée sur des cloisons en cartonnages nids-d'abeille, légers et résistants.

Les précédentes versions du *130 S* utilisaient un 4 temps Lock Laird 0-500-2, bicylindre donné pour 36 CV. Par la suite, Free Flight s'est orientée vers la version à « injection » du tricylindre König couplé sans réducteur à une hélice tripale.

A notre connaissance, cet appareil est disponible prêt à voler ou en kit mais nous restons sans nouvelles précises de son constructeur depuis un certain temps, malgré la présentation inattendue d'un *Hornet* au meeting de La Baule en juin 1983.

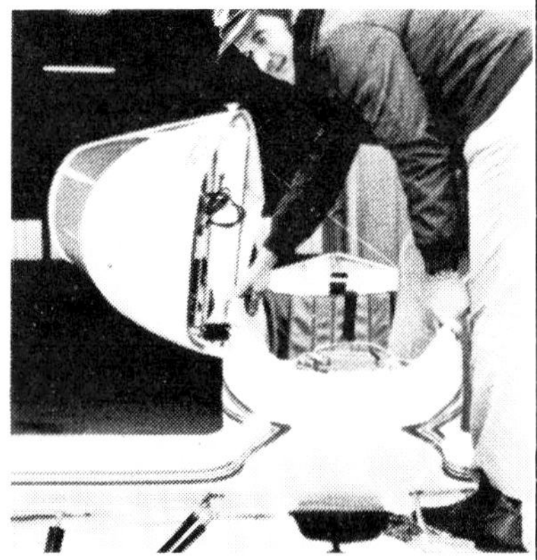

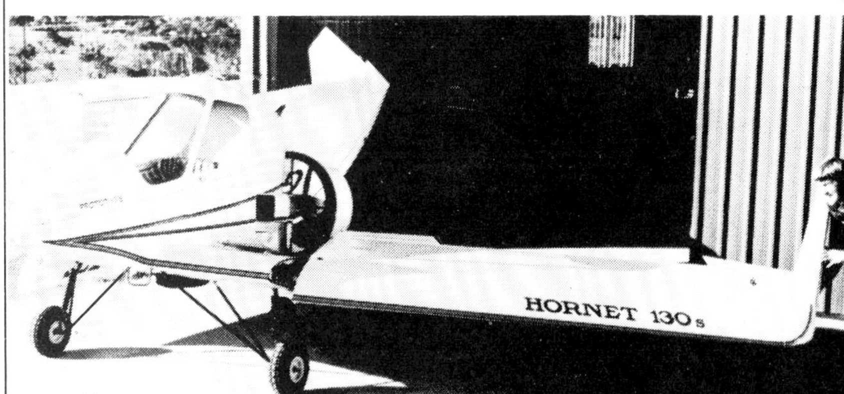

2-DIMENSIONS EXTERIEURES ET SURFACES
Longueur hors tout 9,8 ft, 3 m • Hauteur hors tout 5,6 ft, 1,70 m • Envergure (aile) 25,9 ft, 7,90 m • Corde moyenne 5 ft, 1,52 m • Dièdre 2° • Flèche 18° • Surface alaire totale 129 ft², 12 m² • Allongement 5,2/1 • Autres caractéristiques non communiquées.

3-MOTORISATION
Moteur König SC 430 • Puissance maximale 30 CV à 4500 tr/mn • Sans réducteur • Rapport puissance/surface alaire 0,23 hp/ft², 2,5 CV/m² • Autres caractéristiques non communiquées.

4-MASSES ET CHARGES
Masse à vide 229 lbs, 104 kg • Masse maximale au décollage 397 lbs, 180 kg • Charge utile 168 lbs, 76 kg • Charge alaire maximale 3,08 lbs/ft², 15 kg/m² • Rapport poids/puissance 13,2 lbs/hp, 6 kg/CV • Facteurs de charges + 6,6 g — 3,3 g calculées • + 8 g — NC g à rupture.

5-PERFORMANCES*
Vitesse maximale en palier 127 mph, 204 km/h • Croisière 98 mph, 158 km/h • Vitesse de décrochage 35 mph, 56 km/h • Vitesse ascensionnelle maximale (au niveau de la mer) 790 ft/min, 4 m/s • Finesse maximale 16/1 à vitesse NC • Roulage au décollage 200 ft, 60 m • Roulage à l'atterrissage 350 ft, 105 m • Autres caractéristiques non communiquées.

*** Conditions du test non spécifiées.**

KIMBERLEY

Gary Kimberley, 255 Woniora Road, Blakenhurst, NSW 2221 ; tel. (02) 546.41.43.

AUSTRALIE

Kimberley
Sky Rider
(3 axes)

Monoplace monomoteur à aile haute, pilotage 3 axes conventionnel. Voilure sans flèche au bord d'attaque, avec flèche inverse au bord de fuite ; corde dégressive empennage classique avec volets. Tangage par gouverne de profondeur monobloc, lacet par gouvernail de direction monobloc, roulis par ailerons sur la moitié de l'envergure de l'aile ; commande au manche pour le tangage et le roulis, au palonnier pour le lacet. Voilure haubannée sol et vol par câbles, profil d'aile NC, à simple entoilage. Atterrisseur classique. Suspension NC. Direction par freinage différentiel. Freins sur les roues du train principal. Structure avec tubes de duralumin sans carénage de nez. Moteur monté au niveau de l'aile et utilisé en tractif.

Gary Kimberly procède aux essais de la version la plus récente de son Sky Rider avec moteur Fuji Robin EC 25 PS

1-Le *Sky Rider* de Gary Kimberley est l'un des des ULM de construction amateur les plus connus : ses plans ont été vendus dans quatorze pays différents. Selon les dires de son créateur, le premier *Sky Rider* fut construit comme un prototype expérimental et qui devait rester sans suite ; mais cet « avion minimal » rencontra un beau succès d'intérêt et fut récompensé par un prix décerné par l'EAA en 1978, ce qui incita Gary à le commercialiser.

Au plan conceptuel, il s'agit d'un désormais classique monoplan tubes-toile à voilure haute à simple entoilage (du moins en version standard). Le montage du groupe motopropulseur à l'avant de la poutre principale portant l'aile et l'empennage cruciforme, permet d'équiper le *Sky Rider* de la plupart des moteurs actuellement disponibles. La puissance maximale conseillée est cependant de l'ordre des 50 CV et les mécaniques les plus souvent utilisées sur cet appareil sont les McCulloch MC101, Fuji-Robin EC25PS et Cuyuna 430, avec lesquelles nous en donnons les caractéristiques et performances.

Le détail sans doute le plus original du *Sky Rider* (le baladeur du ciel) est qu'il fait usage de volets hypersustentateurs que l'on découvre, d'ordinaire, sur des aéronefs affichant des vitesses beaucoup plus élevées à l'atterrissage. Ces volets lui confèrent une vitesse de 18 mph (29 km/h) au décrochage.

Au sol, l'appareil se dirige en agissant différentiellement sur les freins des roues du train principal, la roulette de queue étant laissée folle. Bien que nous ne disposions pas d'autres détails sur ces points précis, Gary Kimberley nous a précisé que le *Sky Rider* pouvait être équipé de flotteurs et de skis.

Dans les paragraphes 3 à 5 ci-après, nous donnons les paramètres dans l'ordre suivant : 1) avec le moteur McCulloch MC101 ; 2) avec le Fuji-Robin EC25PS ; 3) avec le Cuyuna 430.

Prix de la liasse des plans : **35 US $ + 4 US $** pour envoi par avion.

2-DIMENSIONS EXTERIEURES ET SURFACES

Longueur hors tout 19 ft, 5,79 m • Hauteur hors tout 7,8 ft, 2,38 m • Envergure (aile) 32,3 ft, 9,85 m • Corde à l'emplanture 5 ft, 1,52 m • Corde aux extrémités 4 ft, 1,22 m • Dièdre 2° • Flèche 0° • Envergure gouverne de profondeur 10,3 ft, 3,14 m • Hauteur gouvernail de direction 5 ft, 1,52 m • Surface alaire totale 144 ft^2, 13,4 m^2 • Surface totale des ailerons 17,5 ft^2, 1,63 m^2 • Surface du gouvernail de direction 9,5 ft^2, 0,88 m^2 • Surface des gouvernes de profondeur 20 ft^2, 1,86 m^2 • Allongement 7,1/1 • Voie du train 4,5 ft, 1,37 m • Empattement 13 ft, 3,96 m • Diamètre de la roulette de queue 4 inches, 10 cm • Diamètre des roues principales 12 inches, 30 cm.

3-MOTORISATION

Moteur McCulloch MC101 (Robin EC25PS) (Cuyuna 430) • Puissance maximale 12 (20) (30) CV à vitesse NC • Diamètre et pas de l'hélice 54 (NC) (NC) × 27 (NC) (NC) inches, 1,37 (NC) (NC) × 0,69 (NC) (NC) m • Réducteur chaine (courroie) (NC) rapport de réduction 4 (2,5) (NC) /1 • Poussée statique maximale NC • Rapport puissance/surface alaire 0,08 (0,14) (0,21) hp/ft^2, 0,9 (1,5) (2,2) CV/m^2 • Carburant emporté 1,2 US gallons, 1 Imp gal. 4,5 litres.

4-MASSES ET CHARGES

Masse à vide 195 (210) (220) lbs, 88 (95) (100) kg • **Masse maximale au décollage 400 lbs, 181 kg • Charge utile 205 (190) (180) lbs, 93 (86) (82) kg • **Charge alaire maximale 2,78 lbs/ft^2, 13,5 kg/m^2 • Rapport poids/puissance 33,3 (20) (13,3) lbs/hp, 15,1 (9,1) (6) kg/CV • Facteurs de charges + 3 g — 1 g calculées • > + 4,5 g — 1 g à rupture.

5-PERFORMANCES*

Vitesse maximale en palier 43 (50) (NC) mph, 69 (80) (NC) km/h • Vne 65 mph, 105 km/h • Croisière 40 (45) (48) mph, 64 (72) (77) km/h • Vitesse de décrochage 20 (21) (NC) mph, 32 (34) NC) km/h • Vitesse ascensionnelle maximale 150 (300) (400) ft/min, 0,8 (1,5) (2) m/s • Taux de chute minimal 300 ft/min à 28 mph, 1,5 m/s à 45 km/h • Finesse maximale 6/1 à 33 mph, 53 km/h • Roulage au décollage 250 (200) (NC) ft, 75 (60) (NC) m • Roulage à l'atterrissage 160 (200) (NC) ft, 50 (60) (NC) m • Plafond pratique 5000 (10000) (NC) ft, 1520 (3050) (NC) m • Distance franchissable maximale 40 (30) (NC) miles, 64 (48) (NC) km.

*** Conditions du test non spéficiées.**
**** Avec réservoir standard - 3,6 US gallons, 3 Imp gal, 13,6 litres - réservoir en option.**

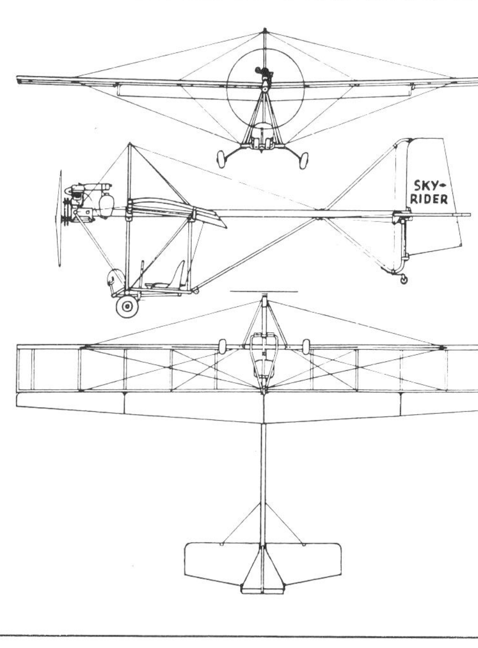

WHEELER AIRCRAFT

Bob Adams

**Ron Wheeler Aircraft Pty Ltd, 152 Bellevue Parade, Carlton, NSW 2218 ; tél. 546.25.01.
Directeur : Ron Wheeler.
Grande-Bretagne : Skycraft Ltd, 79-81 Prestwick Road, Ayr KA88LH ; tél. 0292.82.685.**

Ron Wheeler Aircraft *Scout Mk2* (2 axes)

Monoplace monomoteur à aile haute, pilotage 2 axes. Voilure sans flèche au bord d'attaque et avec flèche inverse au bord de fuite ; corde dégressive ; empennage classique. Tangage par gouverne de profondeur monobloc, lacet par gouvernail de direction monobloc, pas de roulis séparé. Commande au manche pour le tangage et le lacet. Voilure haubanée sol et vol par cables ; profil d'aile NC ; à simple entoilage. Atterrisseur classique ; suspension de type NC pour la roulette de queue et par ressorts pour les roues du train principal. Roue arrière directrice conjuguée au palonnier. Sans freins. Structure en tubes de duralumin sans carénage de nez. Moteur monté au niveau de l'aile et utilisé en tractif. Câbles en acier inoxydable. Aile recouverte de Dacron.

1-Le *Scout* originel de Ron Wheeler, par la suite désigné *Scout Mk1,* a été l'un des tout premiers ULM du monde. Extrapolé en « avion minimal » — suivant l'appellation australienne — à partir d'un PUL pendulaire, il vint en production dès 1976 et reste toujours construit sept annés plus tard !

Entre-temps, il fut assez peu modifié, les principaux changements ayant porté sur le train principal et un siège différent qui donnèrent cours au *Scout Mk2.* Le même moteur Pixie Major 173 cc de 14 CV seulement reste toujours employé et l'appareil est demeuré de pilotage 2 axes au manche seul.

L'emploi de réservoirs de carburant de faible contenance et une vitesse maximale en palier peu élevée font classer le *Scout* comme un appareil pour se distraire par beau temps plutôt que comme ULM de voyage. Néanmoins, l'oiseau s'est fait beaucoup d'amis en sept ans d'existence et a bien gagné sa place dans l'historique de notre sport.

2-DIMENSIONS EXTERIEURES ET SURFACES
Longueur hors tout 17,1 ft, 5,20 m • Hauteur hors tout 6,2 ft, 1,90 m • Envergure (aile) 28,8 ft, 8,77 m • Corde à l'emplanture 6,5 ft, 1,98 m • Corde aux extrémités 1,3 ft, 0,40 m • Flèche 0° • Plan fixe horizontal, envergure 10,5 ft, 3,2 m • Hauteur gouvernail de direction 4,8 ft, 1,47 m • Surface alaire totale 109 ft², 10,1 m² • Surface totale des gouvernes de profondeur 12,5 ft², 1,16 m² • Allongement 3,7/1 • Voie du train 4,5 ft, 1,37 m • Empattement 12,5 ft, 3,80 m • Diamètre de la roulette de queue 4 inches, 10 cm • Diamètre des roues principales 12 inches, 31 cm.

3-MOTORISATION
Moteur Pixie Major • Puissance maximale 14 CV à 6500 tr/mn • Diamètre et pas de l'hélice 48 × NC inches, 1,23 × NC m • Réducteur à courroie en V rapport de réduction 3/1 • Poussée statique maximale 79 lbs, 36 kgp • Rapport puissance/surface alaire 0,13 hp/ft², 1,4 CV/m² • Carburant emporté 0,6 US gallons, 0,5 Imp gal., 2,5 litres.

4-MASSES ET CHARGES
Masse à vide 122 lbs, 55,5 kg • Masse maximale au décollage 297 lbs, 135 kg • Charge utile 175 lbs, 79,5 kg • Charge alaire maximale 2,72 lbs/ft², 13,4 kg/m² • Rapport poids/puissance 21,2 lbs/hp, 9,65 kg/CV • Facteurs de charges calculées NC • + 3 g — 3 g à rupture.

5-PERFORMANCES*
Vitesse maximale en palier 47 mph, 75 km/h • Vne 75 mph, 120 km/h • Croisière (maximale) 40 mph, 65 km/h • Croisière (économique) 40 mph, 65 km/h • Vitesse de décrochage 20 mph, 32 km/h • Vitesse ascensionnelle maximale (au niveau de la mer) 200 ft/min, 1 m/s • Taux de chute minimal 510 ft/min à 40 mph, 2,6 m/s à 65 km/h • Finesse maximale 7/1 à 40 mph, 65 km/h • Roulage au décollage 230 ft, 70 m • Roulage à l'atterrissage 100 ft, 30 m • Plafond pratique 9900 ft, 3000 m • Distance franchissable maximale 28 miles, 45 km.

*** Conditions du test non spéficiées.**

Ron Wheeler Aircraft *Scout Mk3/3/R* (3 axes)

Norman Burr

Monoplace monomoteur à aile haute, pilotage 3 axes conventionnel. Voilure sans flèche au bord d'attaque avec flèche inverse au bord de fuite ; corde dégressive, empennage classique. Tangage par gouverne de profondeur monobloc, lacet par gouvernail de direction monobloc, roulis par gauchissement de l'aile ; commande au manche pour le tangage et le roulis, au palonnier pour le lacet. Voilure haubannée sol et vol par câbles ; profil d'aile NC, avec simple entoilage. Atterrisseur classique ; suspension de type NC sur la roulette de queue, par ressort sur les roues du train principal. Roue arrière directrice conjuguée au palonnier. Sans freins. Structure en tubes de duralumin sans carénage de nez; Moteur monté au niveau de l'aile et utilisé en tractif. Câbles en acier inoxydable. Entoilage de l'aile en Dacron.

1-Introduit sur le marché en 1982 pour répondre à la demande de pilotes souhaitant un monoplace 3 axes, le *Scout MK3/3/R* fait appel au gauchissement de l'aile pour travailler en roulis. Il est doté d'un palonnier conventionnel et qui actionne aussi la roulette de queue. Cependant, sa transformation en 3 axes n'est pas le seul changement par rapport aux modèles précédents : le moteur Pixie Major a cédé la place à un Fuji-Robin EC25PS, ce qu'indique le latéral *R* (pour Robin) de sa dénomination. Celui-ci a été porté à 21 CV de puissance par l'emploi d'un échappement accordé spécialement conçu pour le *Scout Mk3/3/R.*

Il faut noter que le système de gauchissement utilisé a fait ses preuves depuis les tout débuts de l'aéronautique. Mais, dans certaines circonstances, il engendre sur le *Scout Mk3* un lacet inverse qu'un des concessionnaires britanniques de Wheeler Aircraft a su neutraliser en apportant diverses modifications à l'appareil (voir : Grande-Bretagne, Flylite Esat Anglia, *Super Scout).*

2-DIMENSIONS EXTERIEURES ET SURFACES
Voir le *Scout Mk2*.

3-MOTORISATION
Moteur Robin EC25PS • Puissance maximale 21 CV à 6500 tr/mn • Diamètre et pas de l'hélice 48 × NC inches, 1,23 × NC m • Réducteur à courroie en V rapport de réduction 2,2/1 • Poussée statique maximale 130 lbs, 59 kgp • Rapport puissance/surface alaire 0,19 hp/ft², 2,1 CV/m² • Carburant emporté 1,6 US gallons, 1,3 Imp gal., 6 litres.

4-MASSES ET CHARGES
Masse à vide 130 lbs, 59 kg • Masse maximale au décollage 310 lbs, 141 kg • Charge utile 180 lbs, 82 kg • Charge alaire maximale 2,84 lbs/ft², 14 kg/m² • Rapport poids/puissance 14,8 lbs/hp, 6,7 kg/CV • Facteurs de charges calculées NC • + 3 g — 3 g à rupture.

5-PERFORMANCES*
Vitesse maximale en palier 53 mph, 85 km/h • Vne 75 mph, 120 km/h • Croisière (maximale) 47 mph, 75 km/h • Croisière (économique) 47 mph, 75 km/h • Vitesse de décrochage 20 mph, 32 km/h • Vitesse ascensionnelle maximale (au niveau de la mer) 550 ft/min, 2,8 m/s • Taux de chute minimal 470 ft/min à 40 mph, 2,4 m/s à 65 km/h • Finesse maximale 7/1 à 40 mph, 65 km/h • Roulage au décollage 130 ft, 40 m • Roulage à l'atterrissage 100 ft, 30 m • Plafond pratique 9900 ft, 3000 m • Distance franchissable maximale 56 miles, 90 km.

*** Conditions du test non spécifiées.**

WINTON

Winton Aircraft, D4/1, Campbell Parade, Manly Vale, Sydney, NSW 2093. Proprietaire : Col Winton.

Winton *Grasshopper*
(3 axes)

Monoplace monomoteur à aile médiane, pilotage 3 axes conventionnel. Voilure avec flèche au bord d'attaque et au bord de fuite, corde dégressive ; empennage cruciforme. Tangage par gouverne de profondeur monobloc, lacet par gouvernail de direction articulé sur la dérive, roulis NC ; commande au manche pour le tangage et le roulis au palonnier pour le lacet. Voilure haubannée sol et vol par câbles, profil d'aile : Karman ; à double entoilage (100 %). Atterrisseur tricycle. Suspension NC. Roue avant directrice conjuguée au palonnier. Freins NC. Fuselage en tubes de duralumin et fibres de verre, habitacle partiellement fermé. Moteur monté au-dessus de l'aile et utilisé en propulsif.

1-L'élégant *Grasshopper* de Col Winton remporta à Oshkosh, en 1981, le prix du meilleur ultraléger étranger. Cet appareil fut au début motorisé avec un 432 cc 2 temps développant 23 CV, d'origine japonaise. Néanmoins, à la suite de son succès à Oshkosh, la firme américaine Ptérodactyl Ltd accepta de commercialiser l'appareil aux USA en utilisant un Cuyuna 30 CV, tandis que Col Winton lui-même tirait des plans pour remotoriser l'engin avec un Fuji-Robin 440.

Sur le plan de la structure, le *Grasshopper* fait appel à un mélange de matériaux composites et de tubes de duraluminium. A notre connaissance le fuselage est principalement fait de fibre de verre tandis que la voilure vient en tubes avec revêtement Dacron ; les bords d'attaque et les extrémités d'ailes sont en fibre de verre. Les aile peuvent être démontées pour le transport et le stockage. L'atterrisseur comporte une suspension sur les trois roues et, quelquefois, celles-ci sont équipées de carénages. .

Après ce *Grasshopper,* Col Winton a produit un autre appareil, le *Jackeroo,* et il ne nous a pas été précisé si le *Grasshopper* reste encore disponible ou non. Leur concepteur ne nous a pas communiqué beaucoup de renseignements sur ces deux modèles. Màis il s'est dit convaincu que la construction en tubes et Dacron est devenue démodée aussi l'a-t-il complètement abandonnée pour son *Jackeroo.* A la place, la machine a des ailes en matériaux composites et un fuselage basé sur tube rectangulaire de 152 × 102 mm. La version *Mk2* du *Jackeroo* utilise une aile à profil épais avec 20 % de profondeur de corde, solution retenue par Col Winton pour diminuer ses vitesses à l'atterrissage et au décollage. De surcroît, à sa propre surprise, cela a aussi amélioré la vitesse de croisière de cet appareil. Le temps d'assemblage pour le *Mk2 Jackeroo* à partir d'une remorque est de 10 mn et le poids de l'appareil est d'environ 113 kg à vide.

2-DIMENSIONS EXTERIEURES ET SURFACES
Envergure (aile) 27 ft, 8,23 m • Autres caractéristiques NC.

3-MOTORISATION
Moteur type NC 432 cc • Puissance maximale 23 CV • Autres caractéristiques NC.

4-MASSES ET CHARGES
Masse à vide 254 lbs, 115 kg • Autres caractéristiques NC.

5-PERFORMANCES*
Vitesse maximale en palier 75 mph, 120 km/h • Autres caractéristiques NC.

Le Patrilor 3 n^{c} 1 d'Aile ▲

▼ *Le Sirocco d'Aviasud*

BELGIQUE

LE CIEL EST NOTRE SEULE LIMITE

par Alain Vercammen-Grandjean, Président FBAM-BMLF.

Ce Butterfly a terminé deuxième de la course Londre-Paris 1982

La Fédération Belge d'Aviation Microlégère (Belgische Microluchtvaart Federatie) est née en avril 1981. Son premier président fut Hugo Paridaens. La FBAM-BMLF entre dans sa deuxième année de stage à l'Aéroclub royal de Belgique et sera reconnue comme nouvelle fédération avant la fin de 1983. De 26 membres en avril 1982, elle est passée à 87 membres en avril 1983 et à 117 au 1er mai de cette même année. L'annonce du 1er Tour de Belgique en ULM a amené une dizaine de demandes d'information chaque jour à la fédération, recrudescence d'intérêt qui laisse augurer très favorablement de l'avenir de l'Aviation ultralégère dans notre pays.

Le dialogue avec l'Administration de l'Aéronautique est très constructif et une législation mieux adaptée à nos ULM devait être promulguée au cours de l'été 1983. Celle-ci remplacerait la réglementation du 13 août 1982. Sommairement résumée, cette dernière impose l'immatriculation de l'ULM et, pour le pilote, d'être soit détenteur d'une licence de pilote privé Avion, soit d'avoir obtenu une autorisation de pilotage pour le modèle d'avion ultraléger qu'il désire piloter. Cette dernière est délivrée par l'Administration de l'Aéronautique au requérant remplissant les conditions suivantes : être âgé de 16 ans au moins ; avoir satisfait à un examen médical par un médecin porteur d'un certificat de médecine aéronautique; avoir réussi un examen portant sur la législation (notions) et la réglementation aériennes; avoir subi avec succès l'entraînement avec un moniteur d'avion ultraléger suivi d'un vol seul à bord; avoir fait la preuve devant un moniteur, qui le mentionne sur le carnet de vol du pilote, des connaissances techniques et opérationnelles relatives à l'avion ultraléger du modèle qu'il désire piloter. Pour piloter un ULM biplace, en emmenant un passager, il faut avoir effectué au minimum 30 h de vol seul à bord de l'appareil concerné.

Adresses de la FBAM-BMLF : siège social - 143, rue Rodenbach, 1180 Bruxelles; secrétariat : 70, rue du Broeck, 1070 Bruxelles.

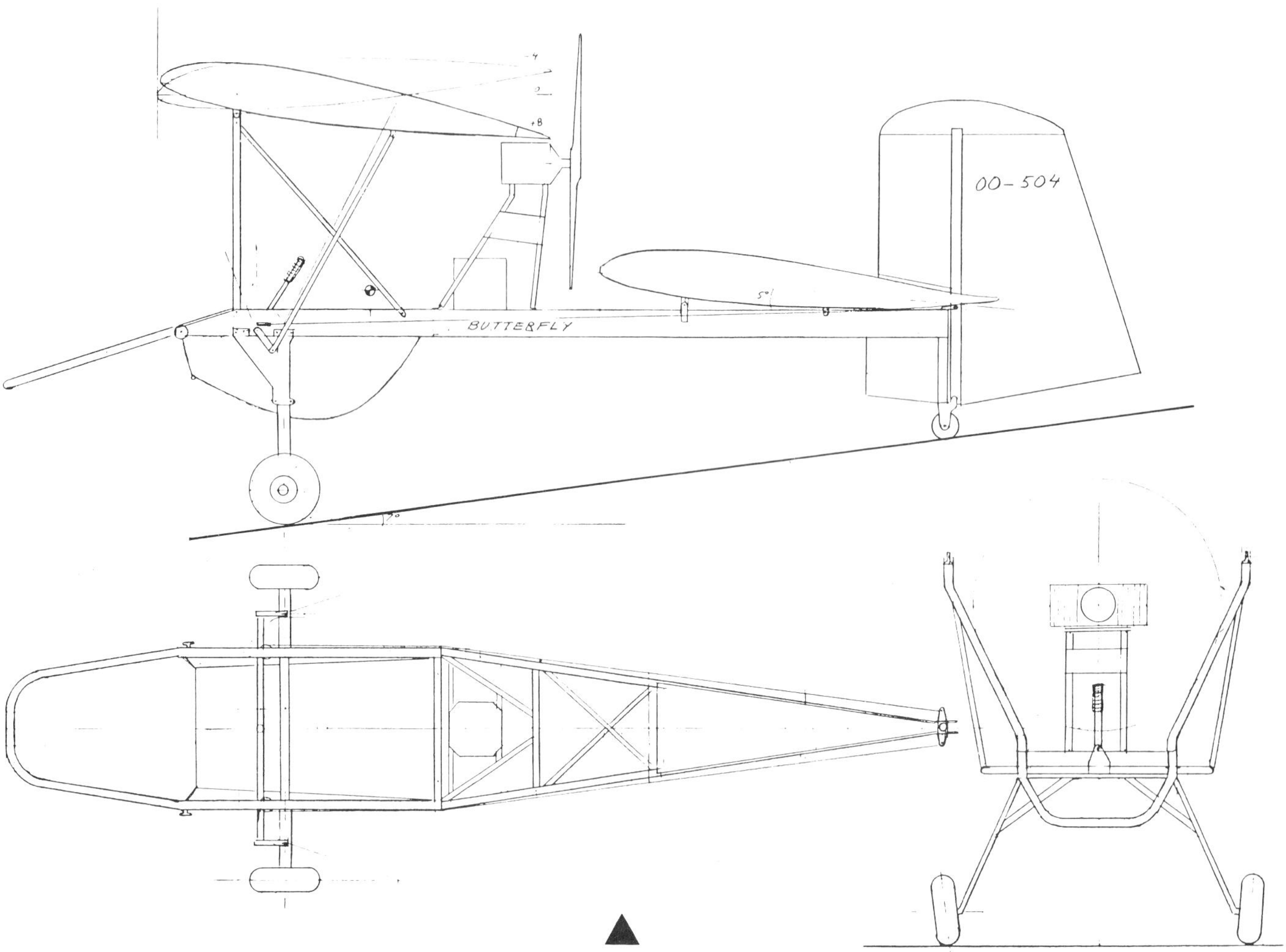

▲

BUTTERFLY COMPANY

Butterfly Company, 2 avenue du Château, 1080 Bruxelles, téléphone : (02) 428.91.66. R. Mossoux et J.C. Vinois.

Butterfly Company *Butterfly* (2 axes)

Monoplace monomoteur double monoplan en tandem. Pilotage 2 axes. Voilure sans flèche au bord d'attaque et au bord de fuite, corde constante, empennage classique. Voir texte ci-après pour les gouvernes. Commande au manche pour le tangage et le roulis. Voilure cantilever, profil d'aile : NACA 23012 à double entoilage. Atterrisseur tricycle et suspension par lame en fibre de verre du train principal. Roue non directrice. Sans freins. Structure en tube de duralumin avec carénage. Moteur utilisé en propulsif.

C'est en 1978 que le premier appareil de G. François et R. Mossoux effectua ses premiers vols sous forme d'un planeur ultraléger de formule Mignet. Ce double monoplan en tandem fut motorisé en début 1979 avec un McCulloch MC-101 monté sur un pylône au-dessus de l'aile arrière et présenté tel dans le n° 79 de *Pilote Privé,* en juillet 1979. Avec cette motorisation et un réservoir de 2 litres (0.5 US gallons, 0.44 Imp. gallons) de carburant, ce prototype était donné pour moins de 40 kg (88 lbs) de masse à vide ! S'associant avec J.-C. Vinoix, R. Mossous poursuivit la mise au point de cette machine originale. L'appareil fut présenté (et très entouré) au rassemblement des constructeurs amateurs européens, à Brienne-le-Château, en juillet 1982, avec une masse à vide de 48 kg (106 lbs) qui le classe incontestablement comme l'ultraléger le plus... ultraléger qui soit actuellement au vol, d'un poids à peine supérieur, moteur compris, à celui d'un planeur de pilotage pendulaire sans motorisation ! Engagé par René Thierry dans la course Londres-Paris de septembre 1982, le *Butterfly* en fut très certainement l'une des machines les plus remarquées du public. Ses qualités de vol (et la maîtrise du pilote) furent particulièrement appréciées à l'occasion de la dernière étape et d'un atterrissage difficile sur le champ de course de Bagatelle, les conditions météorologiques, s'étant dégradées ce jour-là au point que la majorité des concurrents choisit de ne pas participer à cette dernière étape.

Le *Butterfly* fait appel à la configuration du double monoplan en tandem, développée dès le début des années 30 par le Français Henri Mignet et qui connut ses heures de gloire avec les célèbres *Pou-du-Ciel* de 1935 et 1936. L'aile avant est d'envergure plus grande (6,19 m, 20.4 ft) que l'aile arrière (4,36 m, 14.4 ft) et, mobile en incidence de + 8 à - 4°, elle fait aussi office de gouverne de profondeur. Le dièdre, nul pour la partie centrale des deux ailes, est de 4° sur les parties extrêmes. Le *Butterfly* est de pilotage 2 axes par l'intermédiaire d'un manche qui, en plus de l'aile avant, actionne aussi le gouvernail de direction, l'appareil s'inclinant par roulis induit. Toutefois, les modèles 1983 sont maintenant dotés de deux spoilers d'appoint pour accélérer la mise en virage et la tenue par vent de travers ; ces spoilers restent eux aussi commandés au manche. Le moteur est porté par un pylône sous le bord de fuite de l'aile avant et entraîne une hélice bipale propulsive débattant dans un plan situé entre les deux ailes. Ce moteur est un bicylindre flat-twin J-C-V, 2 temps, de 274 cc, délivrant 22 cv à 6 800 tr/mn. Utilisé en prise directe sur le *Butterfly* standard, il peut être sur option muni d'un réducteur 1.8/1 et développe alors 66 kg (146 lbs) de poussée statique maximale.

Le *Butterfly* est actuellement disponible sous forme de kit pour 250 000 FB et diffusé en France pour 40 000 FF. Ce kit complet comporte les tôles prédécoupées, forées et formées, les tubes forés et cintrés, les nervures et bords marginaux des ailes thermoformés et toutes les attaches et pièces usinées. Le train principal comporte une lame en fibre de verre, elle aussi fournie prête à l'assemblage. Le *Bufferfly* est repliable et transportable sur remorque routière.

2-DIMENSIONS EXTERIEURES ET SURFACES

Longueur hors tout 10 ft, 3,05 m • Hauteur hors tout 4,6 ft, 1,36 m • Envergure (aile) 20,4 ft, 6,19 m • Corde constante 3,11 ft, 1,20 m • Dièdre 4° • Flèche 0° • Plan fixe horizontal, envergure 14,4 ft, 4,36 m • Hauteur plan fixe vertical NC • Surface alaire totale 126 ft², 11,70 m² • Surface du plan fixe vertical 10,79 m², 1 m² • Surface du gouvernail de direction 6,47 ft², 0,60 m² • Surface du plan fixe horizontal NC • Allongement 2,43/1 • Voie du train 3,4 ft, 1 m • Empattement 6,7 ft, 2 m • Diamètre de la roulette de queue 3,5 inches, 8 cm • Diamètre des roues principales 8,3 inches, 21 cm.

3-MOTORISATION

Moteur JCV 274 cc • Puissance maximale 22 CV à 6800 tr/mn • Diamètre et pas de l'hélice 30 × 18 inches, 0,77 × 0,45 m • Sans réducteur • Poussée statique maximale 108 lbs, 49 kgp • Rapport puissance/surface alaire 0,17 hp/ft², 1,88 CV/m² • Carburant emporté 2,65 US gallons, 2,2 Imp gal. 10 litres.

4-MASSES ET CHARGES

Masse à vide 110 lbs, 50 kg • Masse maximale au décollage 309 lbs, 140 kg • Charge utile 199 lbs, 90 kg • Charge alaire maximale 26,4 lbs/ft², 11,96 kg/m² • Rapport poids/puissance 14,04 lbs/hp, 6,36 kg/CV • + 6 g, — 6 g rupture.

5-PERFORMANCES*

Vitesse maximale en palier 68 mph, 110 km/h • Vne 75 mph, 120 km/h • Croisière (maximale) 50 mph, 80 km/h • Croisière (économique) 40 mph, 65 km/h • Vitesse de décrochage 22 mph, 35 km/h • Vitesse ascensionnelle maximale (au niveau de la mer) 400 ft/min, 2 m/s • Taux de chute minimal 225 ft/min à 32 mph, 1,20 m/s à 52 km/h • Finesse maximale 12/1 à 32 mph, 52 km/h • Roulage au décollage 98 ft, 30 m • Roulage à l'atterrissage 66 ft, 20 m • Plafond pratique 10,000 ft, 3050 m • Distance franchissable maximale 102,5 miles, 165 km.

* Conditions du test non communiquées

FULMAR

Fulmar Ultralight Diffusion, rue des Palais, 285A, B-1000 Bruxelles, téléphone : (02) 216.79.30. Pierangelo Mezzapesa.

Agent français : Legavia, 15 rue d'Astorg, 75008 Paris, Tél. : (1) 266.11.84. Frédéric Sotteau.

Fulmar *MP-16 Héron*

(2 axes)

Monoplace monomoteur à l'aile haute. Pilotage 2 axes. Voilure sans flèche au bord d'attaque et au bord de fuite, corde constante, empennage cruciforme. Tangage par gouverne de profondeur articulée sur le plan fixe horizontal ; lacet par gouvernail de direction articulé sur la dérive. Commande au manche pour le tangage, le lacet et le roulis. Voilure haubannée portée par des mâts ; profil d'aile NC ; à simple entoilage. Atterrisseur tricycle ; sans suspension sur toutes les roues. Roue avant directrice non conjuguée au palonnier. Frein sur la roue avant (option). Structure en tube de duralumin ; habitacle ouvert. Moteur monté sous l'aile utilisé en propulsif.

Fulmar a vu le jour dès 1978 et fut l'un des premiers constructeurs en Europe à motoriser son planeur ultraléger *Fulmar 1* 17 m² (183 ft²) avec un groupe Soarmaster d'origine américaine. D'artisanale, cette firme fut constituée en SPRL en juillet 1981. Fulmar Ultralight Diffusion fabriquait déjà ses chariots monoplaces et biplaces et les équipait de moteurs Fuji-Robin 244, 333 et 432 cc, sous des voilures de sa conception et de sa fabrication. Parallèlement, cette société assurait la construction des *Weedhopper* (voir : USA-Weedhopper of Utah) pour le compte du dealer européen Media Systems, actuellement en cours de restructuration : 50 appareils furent ainsi assemblés. Fulmar propose aujourd'hui unc gamme très complète d'ultralégers motorisés comportant des monoplaces et biplaces pendulaires et un monoplace de pilotage 2 axes.

Ce dernier, prénommé MP-16 *Héron* a été conçu par Pierangelo, le dynamique animateur de Fulmar, dont c'est la création la plus récente puisque le prototype a effectué son premier vol le 1er février 1983. Il est disponible depuis avril 1983 avec deux motorisations possibles : Sachs 330 cc (voir caractéristiques et performances ci-après) ou Hirth F-263 R, 383 cc, développant à 3 900 tr/mn une puissance équivalente (23 cv) à celle du précédent. Malgré une structure tubulaire imposante de solidité, ce MP-16 *Héron* est repliable pour transport sur remorque routière, son encombrement étant alors de 5 x 1.75 x 1.75 m (16.5 x 5.9 x 5.9 ft). Il est actuellement proposé tout monté pour 204 000 FB, TVA comprise (153 000 FB hors taxes). Une version biplace côte-à-côte en est présentement à l'étude.

2-DIMENSIONS EXTERIEURES ET SURFACES

Longueur hors tout 16,5 ft, 5 m • Hauteur hors tout 6,7 ft, 2 m • Envergure (aile) 32,1 ft, 10 m • Corde constante 4,7 ft, 1,40 m • Dièdre 5° • Flèche 0° • Plan fixe horizontal, envergure 8,2 ft, 2,5 m • Surface alaire totale 151 ft², 14 m² • Surface du plan fixe vertical 5,39 ft², 0,5 m² • Surface du gouvernail de direction 14,2 ft², 1,30 m² • Surface du plan fixe horizontal 13,48 ft², 1,25 m² • Surface totale des gouvernes de profondeur 9,17 ft², 0,85 m² • Allongement 7,14/1 • Voie du train 5,9 ft, 1,75 m • Empattement NC • Diamètre de la roue avant 12 inches, 30 cm • Diamètre des roues principales 16 inches, 40 cm.

Le Trident de Fulmar

3-MOTORISATION
Moteur Sachs SA 340 • Puissance maximale 22 CV à 5250 tr/mn • Diamètre et pas de l'hélice 41 × 18 inches, 1,05 × 0,46 m • Sans réducteur • Poussée statique maximale 155 lbs, 70 kgp • Rapport puissance/surface alaire 0,14 hp/ft², 1,57 CV/m² • Carburant emporté 2,65 US gallons, 2,2 Imp gal. 10 litres dans le réservoir principal • 5,3 US gallons, 4,4 Imp gallons • 20 litres en réservoir supplémentaire.

4-MASSES ET CHARGES
Masse à vide 199 lbs, 90 kg • Masse maximale au décollage 419,9 lbs, 190 kg • Charge utile 220,5 lbs, 100 kg • Charge alaire maximale 2,78 lbs/ft², 13,57 kg/m² • Rapport poids/puissance 19,06 lbs/hp, 8,63 kg/CV • Facteurs de charges + 6 g, — 3 g à rupture • Calculées NC.

5-PERFORMANCES*
Vitesse maximale en palier 44 mph, 70 km/h • Vne 50 mph, 80 km/h • Croisière (maximale) 37 mph, 60 km/h • Croisière (économique) 34 mph, 55 km/h • Vitesse de décrochage 20 mph, 32 km/h • Vitesse ascensionnelle maximale (au niveau de la mer) 300 ft/min, 1.5 m/s • Taux de chute minimal 400 ft/min à 31 mph, 2 m/s à 50 km/h • Finesse maximale 7/1 à 34 mph, 55 km/h • Roulage au décollage 115 ft, 35 m • Roulage à l'atterrissage 66 ft, 20 m • Plafond pratique 6560 ft, 2000 m • Distance franchissable maximale 50 miles, 80 km.

* Conditions du test non communiquées.

Fulmar
Trident
(pendulaire)

Monoplace monomoteur à voilure souple. Pilotage pendulaire. Voilure type Rogallo avec dérive sous l'aile. Le pilote est suspendu sous la voilure dans un siège-harnais et utilise un trapèze de commande (pilotage par déplacement du centre de gravité par rapport au centre de poussée). Voilure haubannée sol et vol par câbles ; transversale flottante avec 50 % double entoilage ; transversale intégrée ; lattes préformées. Atterrisseur tricycle. Sans suspension sur toutes les roues. Roue avant directrice non conjuguée au palonnier. Frein sur la roue avant (option), chariot en tube de duralumin, sans carénage. Moteur monté sous l'aile utilisé en propulsif.

Le chariot monoplace *Trident* avec aile *Rival* 17 m² (183 ft²) est le modèle de base de la gamme actuelle des Fulman. La prestation du *Trident* dans la course Londres-Paris de septembre 1982 compta parmi les plus remarquées. La qualité des pilotes et les performances de la machine y furent sans doute pour beaucoup mais le sponsor du Fulman Team pour autant, ou presque : celui-ci, Dior, avait décoré l'aile gauche du *Trident* d'un « Jules » dessiné en caractères des plus remarquables et qui ont valu à ce monoplace d'être encore connu sous ce surnom machiste dans la moitié de l'Europe. Actuellement proposé tout monté et avec moteur Hirth F-263 R sans réducteur pour 81 331 FB TVA comprise (65 065 FB hors taxes), ce chariot est aussi disponible avec le même moteur équipé d'un réducteur 2.6/1 pour 18 750 FB avec TVA (15 000 FB hors taxes) de supplément.

2-DIMENSIONS EXTERIEURES ET SURFACES
Longueur hors tout 12,6 ft, 3,8 m • Hauteur hors tout 9,2 ft, 2,8 m • Envergure (aile) 34,5 ft, 10,5 m • Angle de bec 130° • Surface alaire totale 183 ft², 17 m² • Allongement 6,5/1 • Voie du train 5,1 ft, 1,80 m • Empattement 5,5 ft, 1,66 m • Diamètre de la roue avant 12 inches, 30 cm • Diamètre des roues principales 12 inches, 30 cm.

3-MOTORISATION
Moteur Hirth 293 cc • Puissance maximale 23 CV à 3800 tr/mn • Diamètre et pas de l'hélice 59 × 22 inches, 1,50 × 0,55 m • Réducteur 3 courroies trapézoïdales rapport de réduction 2,6/1 • Poussée statique maximale 155 lbs, 70 kgp • Rapport puissance/surface alaire 0,125 hp/ft², 1,35 CV/m² • Carburant emporté 2,65 US gallons, 2,2 Imp gal. 10 litres dans le réservoir principal • 4 US gallons, 3,3 Imp gallons • 15 litres en réservoir supplémentaire

4-MASSES ET CHARGES
Masse à vide 243 lbs, 110 kg • Masse maximale au décollage 464 lbs, 210 kg • Charge utile 221 lbs, 100 kg • Charge alaire maximale 2,53 lbs/ft², 12,35 kg/m² • Rapport poids/puissance 20,17 lbs/hp, 9,13 kg/CV • Facteurs de charges — NC

5-PERFORMANCES*
Vitesse maximale en palier 44 mph, 70 km/h • Vne 50 mph, 80 km/h • Croisière (maximale) 37 mph, 60 km/h • Croisière (économique) 32 mph, 52 km/h • Vitesse de décrochage 22 mph, 35 km/h • Vitesse ascensionnelle maximale (au niveau de la mer) 400 ft/min, 2 m/s • Taux de chute minimal 344 ft/min à 30 mph, 1,75 m/s à 48 km/h • Finesse maximale NC • Roulage au décollage 98 ft, 30 m • Roulage à l'atterrissage 66 ft, 20 m • Plafond pratique 6560 ft, 2000 m • Distance franchissable maximale 50 miles, 80 km.

* Conditions du test non communiquées

Fulmar
Jumbo
(pendulaire)

Identique au *Trident* excepté : biplace en tandem, avec 85 % double entoilage, transversale hors entoilage.

Ce biplace était précédemment nommé *Tiger* et utilisable avec deux voilures différentes : l'aile *Bold,* produite depuis 1981, et l'aile *Jumbo,* plus récente. Depuis avril 1983, l'ensemble complet est redésigné *Jumbo* et, bien sûr, équipé avec cette voilure de 19 m² (205 ft) décrite dans le texte qui précède et avec laquelle son concepteur, Pierangelo Mezzapesa, nous a communiqué les performances de ce chariot. L'aile est repliable sous un encombrement de 5 x 0.40 x 0.30 m (16.5 x 1.4 x 1 ft) et le chariot se replie sur 2.10 x 0.70 x 0.70 m (6.11 x 2.4 x 2.4 ft). L'ensemble est commercialisé monté pour 276 250 FB TVA incluse (221 000 FB hors taxes).

2-DIMENSIONS EXTERIFURES ET SURFACES
Longueur hors tout 13,2 ft, 4 m • Hauteur hors tout 9,11 ft, 3 m • Envergure (aile) 34,5 ft, 10,5 m • Angle de nez 130° • Surface alaire totale 205 ft², 19 m² • Allongement 5,8/1 • Empattement 5,11 ft, 1,80 m • Diamètre de la roue avant 12 inches, 30 cm • Diamètre des roues principales 16 inches, 40 cm.

3-MOTORISATION
Moteur Hirth 2701 R • Puissance maximale 43 CV à 6750 tr/mn • Diamètre et pas de l'hélice 59 × 28 inches, 1,5 × 0,7 m • Réducteur à courroie crantée rapport de réduction 2,6/1 • Poussée statique maximale 265 lbs, 120 kgp • Rapport puissance/surface alaire 0,21 hp/ft², 2,26 CV/m² • Carburant emporté 4 US gallons, 3,3 Imp gal. 15 litres dans le réservoir principal • 8 US gallons, 6,6 Imp gallons • 30 litres en réservoir supplémentaire.

4-MASSES ET CHARGES
Masse à vide 287 lbs, 130 kg • Masse maximale au décollage 707 lbs, 320 kg • Charge utile 420 lbs, 190 kg • Charge alaire maximale 3,45 lbs/ft², 16,84 kg/m² • Rapport poids/puissance 16,44 lbs/hp, 7,44 kg/CV • Facteurs de charges NC

5-PERFORMANCES*
Vitesse maximale en palier 50 mph, 80 km/h • Vne 62 mph, 100 km/h • Croisière (maximale) 44 mph, 70 km/h • Croisière (économique) 40 mph, 65 km/h • Vitesse de décrochage 22 mph, 35 km/h • Vitesse ascensionnelle maximale (au niveau de la mer) 500 ft/min, 2,5 m/s • Taux de chute minimal 344 ft/min, 1,75 m/s à vitesse NC • Roulage au décollage 82 ft, 25 m • Roulage à l'atterrissage 66 ft, 20 m • Plafond pratique 6560 ft, 2000 m • Distance franchissable maximale 62 miles, 100 km.

* Conditions du test non communiquées

CANADA

Le Canada et l'ULM : toute une histoire d'amour

par Allan K. Hunkin, président de l'UAAC (Ultralight Aircraft Association of Canada)

Ultravia Le Pelican *prototype.*

Les Canadiens sont passionnés d'aviation. C'est peut-être parce que celle-ci a joué un grand rôle dans le développement de leur pays ou parce que grand nombre de pilotes furent formés au cours des guerres. Mais, quelle qu'en soit la raison, l'Aviation ultralégère a pris un départ au grand galop au Canada très peu de temps après son apparition aux USA. L'un des premiers à entrer dans la course fut le *Lazair,* toujours fabriqué à Port Colbourne (Ontario). Son concepteur, Dale Kramer, partit d'une création de Klaus Hill, le concepteur américain du *Hummer* sur lequel ont été copiés de nombreux ULM. Dave modifia profondément le *Super Floater* initial de Klaus Hill et lui ajouta deux moteurs pour obtenir l'un des ultralégers les plus populaires d'Amérique du Nord. Un autre ultraléger à faire aussi très rapidement son apparition fut un dérivé du *Quicksilver* américain, le *Sky Seeker.* Son constructeur, Adventure Flight Centres Inc., fut l'un des premiers à éditer ses propres manuels d'apprentissage du vol sur ULM et à mettre au point des examens précédant le premier lâcher en solo.

Une firme d'Edmonton (Alberta), Birdman Enterprises, constructeur de planeurs ultralégers depuis 1972, suivit après avec sa propre version du *Sky Seeker,* l'*Atlas.* Cette firme vient récemment d'introduire sur le marché son 3 axes *Chinook,* l'un des appareils les plus novateurs actuellement. D'autres ULM font leur apparition sur le marché canadien, tels le *Beaver* ou le *Zipper.*

L'Aviation ultralégère a été grandement aidée par l'attitude conservatrice du Ministry of Transport (MOT), qui permit au mouvement de prendre son plein essor au Canada avant qu'aucun règlement ne soit venu le brider. Les projets de lois à l'étude furent modifiés à diverses reprises, au fur et à mesure que les ULM eux-mêmes se modifiaient et le MOT fut lent à mettre en vigueur une réglementation jusqu'à ce que les USA s'en soient fixés une.

Actuellement, au Canada, tous les « ultralights » doivent être enregistrés et porter une immatriculation sur l'aile et l'empennage. Cependant, ils ne sont soumis à aucune norme ce qui les dispense des visites périodiques auxquelles sont soumis tous les autres aéronefs. Un ultraléger est autorisé jusqu'à 204 lbs (93 kg) de masse à vide et jusqu'à 286 lbs (130 k) avec le carburant. La charge alaire maximale autorisée est de 3,1 lbs/ft^2 (15,10 kg/m^2). Les biplaces peuvent seulement être utilisés pour l'instruction et sont limités à 330 lbs (150 kg) de masse à vide et 4,1 lbs/ft^2 (20 kg/m^2) de charge alaire.

Un pilote d'ULM doit être détenteur d'une licence délivrée par le MOT et, en outre, ou d'une licence d'élève pilote d'ULM ou d'un brevet de Commercial pilot (l'équivalent du Pilote professionnel français), lequel est exigé pour être instructeur ULM. L'Ultralight Aircraft Association of Canada (UAAC) est l'une des organisations représentative des pilotes et propriétaires d'ULM. On dénombre entre 1000 et 1500 membres appartenant à divers groupements. Pour sa part, l'UAAC édite un mensuel, *Canadian Ultralight News.*

Comme vous pourrez le constater dans les pages suivantes, l'ULM reste encore peu développé au Canada si on le compare avec les Etats-Unis voisins, par exemple. Mais, en matière de qualité des productions, il rivalise avec les meilleurs producteurs. Ses avionneurs et les concessionnaires viennent de se regrouper au sein de la Canadian Ultralight Business Association qui a pour objet l'échange d'idées et la concertation avec les divers services gouvernementaux concernés par les ultralégers.

N.B. : Pour tout renseignement : UAAC, P.O. Box 625, Ottawa, Ontario K1P 5P7.

AERO TECH

Aero Tech Aviation, Box 280, Goderich, Ontario N7A 3Z2 ; tel. (519) 524.8089

Aero Tech *Canadian Skyrider* (hybride)

Monoplace monomoteur à l'aile haute ; pilotage hybride. Voilure à corde constante ; empennage cruciforme. Tangage par déplacement du centre de gravité ; lacet par gouvernail de direction monobloc ; pas de roulis séparé ; commande par déplacement du centre de gravité pour le tangage,le lacet et le roulis. Voilure haubannée sol et vol par câbles ; Profil d'aile NC à simple entoilage. Atterrisseur tricycle, suspension par barre de torsion sur toutes les roues. Roue avant directrice. Sans freins. Structure en tubes de duralumin sans carénage de nez. Moteur monté au-dessus de l'aile, utilisé en propulsif. Technologie : structure tubulaire en duralumin 6061T6 et 2024T3 ; acier qualité aéronautique 4130 ; câbles en acier inoxydable recouverts. Entoilage en Dacron.

1-Le *Canadian Skyrider* est un hybride typiquement nord-américain, il ressemble beaucoup au *Quicksilver E* de Eipper Aircraft. Son pilote utilise le déplacement de son siège (et, donc du centre de gravité) comme principal moyen pour contrôler l'appareil, aidé sur l'axe de lacet par un gouvernail de direction. La motorisation standard est le bicylindre Cuyuna 430R avec double allumage et lanceur à retour automatique permettant de le redémarrer en vol. Le monocylindre Cuyuna 215 cc peut aussi être utilisé. Le temps de construction est estimé à 30 h, une remorque est nécessaire pour le transport.

Bien qu'elle ait produit entre 150 et 200 appareils, l'avenir de cette firme semble actuellement remis en question. A notre connaissance, le *Canadian Skyrider* est encore disponible, mais nous pensons qu'il est significatif qu'il ait été absent de la liste des appareils publiée par *Glider Rider* au printemps 1983 alors qu'il était dans celle de 1982.

Les prix d'octobre 1982 étaient les suivants : appareil en kit avec Cuyuna 430R : **3695 US$** - flotteurs : **750 US$** - skis : **150 US$.** En option : Cuyuna 215, démarreur électrique. Le lecteur notera enfin que le *Canadian Skyrider* n'a rien à voir avec le *Sky Rider* de l'australien Kimberley, ni avec la firme britannique Skyriders.

2-DIMENSIONS EXTERIEURES ET SURFACES
Envergure (aile) 32 ft, 9,75 m • Corde constante 5 ft, 1,52 m • Surface alaire totale 160 ft², 14,9 m² • Allongement 6,4/1 • Diamètre de la roue avant 11 inches, 28 cm • Diamètre des roues principales 11 inches, 28 cm • Autres caractéristiques NC.

3-MOTORISATION
Moteur Cuyuna 430R • Puissance maximale 30 CV à NC tr/mn • Diamètre et pas de l'hélice 48 × 23 inches, 1,22 × 0,58 m • Réducteur type NC rapport de réduction 2/1 • Rapport puissance/surface alaire 0,19 hp/ft², 2 CV/m² • Carburant emporté 3,8 US gallons, 3,2 Imp gal., 14,4 litres.

4-MASSES ET CHARGES
Masse à vide 155 lbs, 70 kg • Masse maximale au décollage 420 lbs, 191 kg • Charge utile 265 lbs, 120 kg • Charge alaire maximale 2,62 lbs/ft², 12,8 kg/m² • Rapport poids/puissance 14 lbs/hp, 6,4 kg/CV • Facteurs de charges NC.

5-PERFORMANCES
Vne 55 mph, 88 km/h • Autres caractéristiques NC.

BIRDMAN

Birdman Enterprises Ltd, 7939 Argyll Road, Edmonton, Alberta T6C 4A9 ; tel. (403) 466.5370.

Birdman *Chinook WT-11* (3 axes)

Monoplace monomoteur à l'aile haute ; pilotage 3 axes conventionnel. Voilure sans flèche au bord d'attaque et au bord de fuite, corde constante ; empennage classique. Tangage par gouverne de profondeur articulée sur le plan fixe horizontal ; lacet par gouvernail de direction monobloc ; roulis par ailerons sur un tiers de l'envergure de l'aile ; commande au manche pour le tangage et le roulis, au palonnier pour le lacet. Voilure contreventée par deux mâts portant chaque demi-aile ; profil d'aile NC à double entoilage. Atterrisseur classique avec béquille arrière ; suspension par sandows de la béquille arrière et du train principal; Sans freins. Structure en tubes de duralumin habitacle fermé. Moteur monté au niveau de l'aile utilisé en propulsif.

1-Birdman Enterprises ne doit pas être confondu avec la compagnie Birdman en Floride avec laquelle elle n'a aucun rapport. Il s'agit ici de l'une des plus anciennes firmes d'ULM au Canada : elle construit des planeurs ultra-légers depuis 1972 et des ULM depuis 1977. Son premier ULM s'appelait l'*Atlas* et était d'une conception similaire au *Quicksilver* de Eipper Aircraft. Comme celui-ci, il existait en deux variantes : l'hybride *Atlas XC* ou le 3 axes *Atlas 3A*. La firme a maintenant abandonné la production des *Atlas* et propose une machine entièrement fermée assez ressemblante en apparence au Teratorn *Tierra* ou au *Hawk* de chez CGS, appelée *Chinook WT-11.*

Il s'agit d'un dessin complètement nouveau, sans aucune relation avec les *Atlas* et doté d'un moteur Rotax 277. Conçu par un constructeur amateur polonais, Vladimir Talanczuk, le *Chinook* a suscité un grand intérêt et nous savons de source sûre que plus de 150 sont déjà commandés et dix, sur le point d'être livrés à l'heure où nous mettons sous presses. Une performance impressionnante est annoncée, à savoir 10 de finesse et un taux de montée de 3,8 m/s (750 t/mn). Une différence évidente apparaît entre les trois rivaux au niveau du train : le *Hawk* emploie un train tricycle et le *Tierra* un classique alors que le *Chinook WT-11* en diffère encore avec une béquille d'étambot au lieu de la roue arrière du précédent.

L'intérêt du *Chinook* est qu'il s'adresse plus particulièrement à des pilotes habitués aux avions légers traditionnels, avec un manche au plancher et un palonnier conventionnels. Un temps de quinze minutes de montage pour deux personnes est annoncé en partant de la remorque.

Prix : **5600 US$.**

2-DIMENSIONS EXTERIEURES ET SURFACES
Longueur hors tout 17,5 ft, 5,33 m • Hauteur hors tout 5,5 ft, 1,68 m • Envergure (aile) 35 ft, 10,67 m • Corde constante 3,9 ft, 1,20 m • Flèche 0° • Surface alaire totale 138 ft², 12,8 m² • Allongement 8,9/1 • Autres caractéristiques non communiquées.

3-MOTORISATION
Moteur Rotax 277 • Puissance maximale 26 CV à 6000 tr/mn • Diamètre et pas de l'hélice 50 × 30 inches, 1,27 × 0,76 m • Réducteur à courroie en V, rapport de réduction 2/1 • Poussée statique maximale 175 lbs, 79 kgp • Rapport puissance/surface alaire 0,20 hp/ft², 2,2 CV/m² • Carburant emporté 5 US gallons, 4,2 Imp gal., 18,9 litres.

CANADA

4-MASSES ET CHARGES

Masse à vide 230 lbs, 104 kg • Masse maximale au décollage 590 lbs, 268 kg • Charge utile 360 lbs, 163 kg • Charge alaire maximale 4,28 lbs/ft^2, 20,9 kg/m^2 • Rapport poids/puissance 21,1 lbs/hp, 9,6 kg/CV • Facteurs de charges calculées NC • > + 5,5 g, >— 2 g à rupture.

5-PERFORMANCES*

Vitesse maximale en palier 63 mph, 101 km/h • Vne 90 mph, 145 km/h • Croisière 55 mph, 88 km/h • Vitesse de décrochage 25 mph, 40 km/h • Vitesse ascensionnelle maximale (au niveau de la mer) 750 ft/min, 3,8 m/s • Finesse maximale 10/1 à vitesse NC • Autres caractéristiques NC.

* Conditions du test non spécifiées.

SKYE TRECK

Skye Treck Adventure Flight Centres Inc., 105 Paramount Road, Winnipeg, Manitoba R2X 2W6 ; tel (204) 632.4200.

Skye Treck
Skyseeker Mk1
(hybride)

Monoplace monomoteur à l'aile haute ; pilotage hybride. Voilure sans flèche au bord d'attaque et au bord de fuite, corde constante ; empennage cruciforme. Tangage par gouverne de profondeur monobloc ; lacet par gouvernail de direction monobloc ; pas de roulis séparé ; commande par déplacement du centre de gravité pour le tangage, le lacet et le roulis, avec action sur les gouvernes de profondeur et de direction, en renfort. Voilure haubannée sol et vol par câbles ; profil d'aile NC avec simple entoilage. Atterrisseur classique avc béquille arrière ; suspension par sandows du train principal. Sans freins. Structure en tubes de duralumin sans carénage de nez. Moteur monté sous l'aile utilisé en propulsif. Technologie : structure tubulaire en duralumin 6061 T6, anodisé. Câbles en acier inoxydable recouverts de vinyl.

1-La firme Skye Treck a été fondée au début de l'année 1979 et est devenue depuis l'un des constructeurs principaux au Canada, avec nombre de représentants dans ce pays et quelques-uns aux Etats-Unis. Son *Skyseeker* (découvreur du ciel) est, comme le *Canadian Skyrider* d'Aéro Tech, manifestement inspiré du *Quicksilver* de Eipper Aircraft (voir ce nom, USA). A première vue, on confond même facilement ces machines, en vol tout du moins. En effet, au sol, une différence d'importance les distingue immédiatement : le *Skyseeker* canadien est doté d'un train classique alors que les *Quick* américains emploient un atterrisseur tricycle.

Le *Skyseeker Mk1* est de pilotage hybride, pendulaire et assisté de gouvernes de profondeur et de direction. Divers moteurs ont été utilisés sur cet appareil qui vient maintenant en version standard avec le Rotax 277, avec lequel nous avons choisi d'en donner les caratéristiques et performances. Cependant, certains sont dotés du Cuyuna 215R de 20 CV ou d'un monocylindre Komet K-55 entraînant une hélice de 48 × 20 inches (1,21 × 0,51 m) avec un réducteur 1/2.

Le *Mk1* est fourni sous forme d'un kit donné pour 25 h de main-d'œuvre. Les options portent sur des flotteurs, des skis et les instruments de bord. De plus, Skye Treck peut, à la demande, convertir un *Skyseeker Mk1* en modèle *Mk2*.

Prix NC

2-DIMENSIONS EXTERIEURES ET SURFACES

Longueur hors tout 12 ft, 3,66 m • Hauteur hors tout 9 ft, 2,74 m • Envergure (aile) 32 ft, 9,75 m • Corde constante 5 ft, 1,52 m • Dièdre 5° • Flèche 0° • Envergure gouvernes de profondeur 9,2 ft, 2,80 m • Hauteur gouvernail de direction 5 ft, 1,52 m • Surface alaire totale 160 ft^2, 14,9 m^2 • Surface totale des gouvernes de profondeur 9,2 ft^2, 2,80 m^2 • Allongement 6,4/1 • Voie du train 4,2 ft, 1,27 m • Diamètre des roues principales 16 inches, 41 cm • Dimensions flotteurs (option) 10 × 2 ft, 3,05 × 0,61 m • Dimensions skis (option) 4 × 10 inches, 1,22 × 0,25 m • Autres caractéristiques NC.

3-MOTORISATION

Moteur Rotax 277 • Puissance maximale 28 CV à 6200 tr/mn • Diamètre et pas de l'hélice 48 × 34 inches, 1,22 × 0,86 m • Réducteur type NC rapport de réduction 2,1/1 • Poussée statique maximale 180 lbs, 82 kgp • Rapport puissance/surface alaire 0,18 hp/ft^2, 1,9 CV/m^2 • Carburant emporté 4,8 US gallons, 4 Imp gal., 18,2 litres.

4-MASSES ET CHARGES

Masse à vide 225 lbs, 102 kg • Masse maximale au décollage 496 lbs, 225 kg • Charge utile 271 lbs, 123 kg • Charge alaire maximale 3,10 lbs/ft^2, 15,1 kg/m^2 • Rapport poids/puissance 17,7 lbs/hp, 8 kg/CV • Facteurs de charges + 4 g — 2 g calculées, à rupture NC.

5-PERFORMANCES*

Vitesse maximale en palier 55 mph, 88 km/h • Vne 65 mph, 105 km/h • Croisière (maximale) 45 mph, 72 km/h • Croisière (économique) 42 mph, 68 km/h • Vitesse de décrochage 19 mph, 31 km/h • Vitesse ascensionnelle maximale (au niveau de la mer) 800 ft/min, 4,1 m/s • Taux de chute minimal 220 ft/min à 32 mph, 1,1 m/s à 51 km/h • Finesse maximale 6/1 à vitesse NC • Roulage au décollage 50 ft, 15 m • Roulage à l'atterrissage 25 ft, 8 m • Plafond pratique 11000 ft, 3350 m • Distance franchissable maximale 180 miles, 290 km.

* Conditions du test non spécifiées.

Skye Treck
Skyseeker MkII
(3 axes)

Biplace côte-à-côte monomoteur à l'aile haute ; pilotage 3 axes conventionnel. Voilure sans flèche au bord d'attaque et au bord de fuite, corde constante ; tangage par gouverne de profondeur monobloc ; lacet par gouvernail de direction monobloc ; roulis par ailerons courant sur la moitié de l'envergure de l'aile ; commande au manche pour le tangage et le roulis, palonnier pour le lacet. Voilure haubannée sol et vol par câbles ; profil d'aile NC ; à simple entoilage. Atterrisseur classique suspension par sandows sur toutes les roues. Roue arrière directrice, conjuguée au palonnier. Sans freins. Structure en tubes de duralumin avec carénage de nez sur option. Moteur monté sous l'aile, utilisé en propulsif. Technologie : structure tubulaire en duralumin 6061 T6. Câbles en acier inoxydable. Entoilage de l'aile en Dacron.

1-Le *Skyseeker MkII* est le biplace de la gamme de Skye Treck. Il est d'un dessin semblable à celui du *MkII.* Mais le pilotage hybride de ce dernier a cédé la place à des gouvernes sur les 3 axes et à des commandes elles aussi conventionnelles, manche et palonnier. Détail d'importance : là où la plupart des ULM 3 axes de sa génération, avec une voilure à simple entoilage, ont opté pour des spoilers, le *Skyseeker MkII* a préféré des ailerons. Chose inhabituelle, ce biplace affecte des caractéristiques et une motorisation équivalentes à celles du *Mk1* monoplace ; les principales différences se résument en fait à l'atterrisseur et à ses roues principales de plus grandes dimensions. Les options sont les mêmes que pour le monoplace.

Prix NC

DIMENSIONS EXTERIEURES ET SURFACES

Voir le *Skyseeker Mk1* sauf : longueur hors tout 12,5 ft, 3,81 m • Surface totale des ailerons 9 ft^2, 0,84 m^2 • Diamètre de la roulette de queue 3 inches, 8 cm • Diamètre des roues principales 20 inches, 51 cm.

3-MOTORISATION
Voir le *Skyseeker MkI.*

4-MASSES ET CHARGES
Masse à vide 255 lbs, 116 kg • Autres caractéristiques NC.

5-PERFORMANCES : NC

Skye Treck
Skyseeker MkIII
(3 axes)

Description semblable au *MkII* dont c'est la version monoplace.

1-Monoplace comme le *MkI,* le *Skyseeker MkIII* est extrapolé du biplace *MkII* et non pas, comme on aurait pu croire, du premier de Skye Treck. En effet, il s'agit d'un appareil de pilotage 3 axes conventionnel, avec des caractéristiques très proches — hormis, bien sûr, la masse à vide — de celles du *MkII.* Le moteur actuellement utilisé pour la version standard est, là encore, le Rotax 277, remplaçable par le Cuyuna 215 R. Mise à part sa configuration de monoplace, la principale différence d'avec le *MkII* réside dans l'emploi de roues de 16 inches (41 cm) au lieu de 20 inches (51 cm), pour le train principal. La mise en œuvre et le démontage du *Skyseeker MkIII* sont donnés pour 30 mn. L'appareil est disponible sous forme d'un kit ne nécessitant que 30 h d'assemblage aux dires de Skye Treck.

Prix (avec Rotax 277) : **5750 Can.$.**

2-DIMENSIONS EXTERIEURES ET SURFACES
Voir le *Skyseeker MkI* sauf : Surface totale des ailerons 9 ft², 0,84 m² • Diamètre de la roulette de queue 3 inches, 8 cm.

3-MOTORISATION
Voir le *Skyseeker MkI.*

4-MASSES ET CHARGES
Masse à vide 245 lbs, 111 kg • Masse maximale au décollage 496 lbs, 225 kg • Charge utile 251 lbs, 114 kg • Charge alaire maximale 3,10 lbs/ft², 15,1 kg/m² • Rapport poids/puissance 17,7 lbs/hp, 8 kg/CV • Facteurs de charges + 4 g — 2 g calculées.

5-PERFORMANCES*
Vitesse maximale en palier 55 mph, 88 km/h • Vne 65 mph, 105 km/h • Croisière (maximale) 45 mph, 72 km/h • Croisière (économique) 42 mph, 68 km/h • Vitesse de décrochage 20 mph, 32 km/h • Vitesse ascensionnelle maximale (au niveau de la mer) 700 ft/min, 3,6 m/s • Taux de chute minimal 250 ft/min à 30 mph, 1,3 m/s à 48 km/h • Finesse maximale 6/1 à vitesse NC • Roulage au décollage 50 ft, 15 m • Roulage à l'atterrissage 25 ft, 8 m • Plafond pratique 10.000 ft, 3050 m • Distance franchissable maximale 180 miles, 290 km.

*** Conditions du test non spécifiées.**

SPECTRUM

Spectrum Aircraft Inc., 3-9531-192nd Street, Surrey, British Columbia V3T 4W2 ; tel (604) 888.2055.

Spectrum
Beaver
(3 axes)

Monoplace monomoteur à l'aile haute ; pilotage 3 axes conventionnel. Voilure avec flèche au bord d'attaque et au bord de fuite, corde constante ; empennage classique. Tangage par gouverne de profondeur articulée sur le plan fixe horizontal ; lacet par gouvernail de direction articulé sur la dérive ; roulis par ailerons sur les 3/4 de l'envergure de l'aile ; commande au manche pour le tangage et le roulis, palonnier pour le lacet. Voilure portée par des mâts ; profil d'aile NC ; à double entoilage. Atterrisseur tricycle et suspensions par sandows sur toutes les roues. Roue avant directrice conjuguée au palonnier. Sans freins. Structure en tubes de duralumin avec carénage sur option ou habitacle fermé. Moteur monté au niveau de l'aile, utilisé en propulsif.

1-Le *Beaver* est l'un des ULM les plus récemment apparus au Canada et il n'existe encore qu'assez peu d'informations divulguées sur cette machine. Les illustrations qui nous sont parvenues montrent le prototype présenté lors d'une exposition statique. Mais les modèles de série en diffèrent considérablement. Ils sont en effet équipés d'ailerons courant sur presque toute l'envergure. De plus, le *Beaver* peut être doté d'un carénage optionnel qui peut lui-même être transformé en habitacle entièrement fermé, dans le genre du Birdman *Chinook,* les rigueurs du climat canadien ayant conditionné à de semblables solutions ces deux avionneurs. Incidemment, les deux ont aussi fait porter leur choix sur le même moteur Rotax 277. Toutefois, contrairement à l'oiseau de Birdman, celui de Spectrum comporte un atterrisseur tricycle.

La firme indique qu'une trentaine d'heures sont nécessaires pour la construction du *Beaver* à partir du kit. Le prix départ usine de celui-ci a été fixé à **4900 US$,** offre valant pour les vingt-cinq premiers appareils de série seulement, sans qu'ait été précisé le prix des suivants.

2-DIMENSIONS EXTERIEURES ET SURFACES
Longueur hors tout 15 ft, 4,57 m • Hauteur hors tout 5,8 ft, 1,75 m • Envergure (aile) 33 ft, 10,06 m • Corde constante 5,3 ft, 1,63 m • Dièdre 2° • Flèche 5° • Plan fixe horizontal, envergure 8 ft, 2,44 m • Hauteur plan fixe vertical 4,8 ft, 1,45 m • Surface alaire totale 158 ft², 14,7 m² • Allongement 6,9/1 • Voie du train 4,7 ft, 1,42 m • Diamètre de la roue avant 11 inches, 27 cm • Diamètre des roues principales 11 inches, 27 cm • Dimensions flotteurs (option) : longueur 10 ft, 3,05 m • Autres caractéristiques non communiquées.

3-MOTORISATION
Moteur Rotax 277 • Puissance maximale 28 CV à NC tr/mn • Diamètre et pas de l'hélice 50 × 28 inches, 1,27 × 0,71 m • Réducteur type NC, rapport de réduction 2/1 • Poussée statique maximale 190 lbs, 86 kgp • Rapport puissance/surface alaire 0,18 hp/ft², 1,9 CV/m² • Carburant emporté 2,8 US gallons, 2,3 Imp gal., 10,4 litres.

4-MASSES ET CHARGES
Masse à vide 232 lbs, 105 kg • Autres caractéristiques NC.

5-PERFORMANCES*
Vitesse maximale en palier 55 mph, 88 km/h • Vne 62 mph, 100 km/h • Croisière (maximale) 55 mph, 88 km/h • Croisière (économique) 30 mph, 48 km/h • Vitesse de décrochage 24 mph, 39 km/h • Vitesse ascensionnelle maximale (au niveau de la mer) 600 ft/min, 3 m/s • Taux de chute minimal 300 ft/min à 30 mph, 1,5 m/s à 48 km/h • Finesse maximale 11/1 à 35 mph, 56 km/h • Roulage au décollage 100 ft, 30 m • Roulage à l'atterrissage 125 ft, 38 m • Plafond pratique 13.000 ft, 3960 m • Distance franchissable maximale 40 miles, 64 km.

*** Conditions du test non spécifiées.**

CANADA

ULTRA-FLIGHT SALES

Ultraflight Sales Ltd, Po Box 370, Port Colborne, Ontario L3K 1B7 ; tel (416) 735-8352, tx 061.5497. President : Dale Kramer.

Ultraflight Sales *Lazair* (3 axes)

Monoplace bimoteur à aile haute, pilotage 3 axes conventionnel (ou non conventionnel sur option). Voilure sans flèche au bord d'attaque et avec flèche inverse sur le bord de fuite ; corde dégressive, empennage en V inversé. Tangage et lacet par élevons, roulis par ailerons sur 40 % de l'envergure de l'aile ; commande au manche pour le tangage et le roulis et au palonnier pour le lacet (sur option tangage, lacet et roulis au manche). Voilure contreventée par des mâts ; profil d'aile : NC ; à double entoilage. Atterrisseur classique avec deux roulettes de queue, sans suspension. Direction par freinage différentiel sur les roues du train principal. Structure en tubes de duralumin sans carénage de nez. Moteurs montés au niveau de l'aile et utilisés en tractif. Technologie : structure tubulaire en duralumin 6061T6 : feuilles et renforts en alliage d'aluminium 2024T3 et 7075T6. Nervures en mousse polyuréthane de haute densité. Revêtement en Tedlar de 2 mm.

1-Sans doute l'ULM canadien le plus célèbre dans le monde de l'Aviation ultralégère, le *Lazair* pourrait presque être considéré aujourd'hui comme une antiquité puisqu'il a été créé dès 1978 par Dale Kramer. Cependant, sa réactualisation continue lui a permis de rester populaire et très compétitif, particulièrement pour les pilotes qui préfèrent ses qualités de planeur à des machines plus puissamment motorisées.

Le dessin de base n'a pas changé et le *Lazair* demeure un ULM à voilure haute au bord d'attaque en alliage d'aluminium et aux nervures en mousse polyuréthane. Son empennage en V inversé et le revêtement transparent des surfaces portantes et de ses gouvernes, permettent de l'identifier au premier coup d'œil. Pourtant, il faut noter que le Mylar utilisé initialement a cédé la place à du Tedlar, plus résistant aux rayons ultra-violets.

Les changements les plus importants entre les premiers *Lazair* et les modèles actuels portent sur la motorisation, l'atterrisseur devenu classique et les commandes. A l'origine, l'appareil était doté d'un manche articulé à hauteur de l'aile, au-dessus du pilote ; un mélangeur répartissait les mouvements de ce manche entre les ailerons et les élevons de l'empennage ; le palonnier était optionnel et pouvait être déconnecté à la demande pour ramener le *Lazair* à un pilotage au manche seul. L'inverse est maintenant proposé avec manche monté conventionnellement et un palonnier, pour les *Lazair* de version standard ; sur option, l'appareil peut être équipé du mélangeur permettant son pilotage au manche seul.

Les moteurs Pioneer 100 cc délivrant 5,5 CV chacun furent remplacés en 1982 par les actuels Rotax 185 de 9,5 CV entraînant les curieuses hélices « biplans » qui caractérisaient aussi cet ULM. Toutefois, en 1983, celles-ci ont cédé la place à des bipales traditionnelles mais fabriquées en matériaux composites injectés et avec un pas réglable au sol. L'augmentation de poussée statique résultante a permis à Ultraflight Sales de doter les *Lazair* 1983 d'un train classique mais avec une plus large voie. Au sol, l'appareil se dirige au moyen des freins agissant différentiellement sur les roues principales, les roulettes de queue étant laissées libres. Les carénages des roues du train principal sont standard, montés de série.

Les options portent sur des flotteurs et des skis en fibre de verre avec renforts en polyester et teintés dans la masse.

Prix : en kit, donné pour 150 h d'assemblage, **6450 Can$** ; prêt à voler **8190 Can$.**

2-DIMENSIONS EXTERIEURES ET SURFACES
Longueur hors tout 14 ft, 4,27 m • Hauteur hors tout 6,3 ft, 1,93 m • Envergure (aile) 36,3 ft, 11,07 m • Corde à l'emplanture 4,8 ft, 1,47 m • Corde aux extrémités 3,1 ft, 0,94 m • Dièdre 2° • Flèche 0° • Plan fixe horizontal, envergure 6,67 ft, 2,03 m • Surface alaire totale 142 ft², 13,2 m² • Surface totale des ailerons 4,8 ft², 0,45 m² • Surface totale des gouvernes de profondeur 8,6 ft², 0,80 m² • Allongement 9,3/1 • Voie du train 3,9 ft, 1,18 m • Empattement 10 ft, 3,05 m • Diamètre de la roulette de queue 4 inches, 10 cm • Diamètre des roues principales 16 inches, 41 cm • Dimensions flotteurs (option) longueur 10 ft, 3,05 m ; largeur 25 inches, 0,65 m ; hauteur 14 inches, 0,36 m • Skis (option) longueur 68 inches, 1,72 m ; largeur 13,5 inches, 0,34 m.

3-MOTORISATION
Moteurs 2 Rotax 185 • Puissance maximale 95 CV chacun à 5800 tr/mn • Diamètre et pas de l'hélice 35 × NC inches, 0,89 × NC m • Sans réducteur • Poussée statique maximale 140 lbs, 64 kgp • Rapport puissance/surface alaire 0,13 hp/ft², 1,4 CV/m² • Carburant emporté 5 US gallons, 4,2 Imp gal., 18,9 litres.

4-MASSES ET CHARGES
Masse à vide 210 lbs, 95 kg • Masse maximale au décollage 530 lbs, 240 kg • Charge utile 320 lbs, 145 kg • Charge alaire maximale 3,73 lbs/ft², 18,2 kg/m² • Rapport poids/puissance 27,9 lbs/hp, 12,6 kg/CV • Facteurs de charges + 4 g — 2 g calculées, à rupture NC.

Steve Thompson

Evolution du Lazair : celui-ci est le modèle de 1982, avec roue avant additionnelle et roulettes fixes sous les élevons de l'empennage.

5-PERFORMANCES*
Vitesse maximale en palier 50 mph, 80 km/h • Vne 55 mph, 88 km/h • Croisière (maximale) 45 mph, 72 km/h • Croisière (économique) 40 mph, 64 km/h • Vitesse de décrochage 20 mph, 32 km/h • Vitesse ascensionnelle maximale (au niveau de la mer) 400 ft/min, 2 m/s • Taux de chute minimal 200 ft/min à 23 mph, 1 m/s à 37 km/h • Finesse maximale 12/1 à vitesse NC •Roulage au décollage 100 ft, 30 m • Roulage à l'atterrissage 75-100 ft, 23-30 m • Distance franchissable maximale 165 miles, 265 km.

*** Conditions du test non spécifiées.**

Ultraflight Sales
Lazair II
(3 axes)

1-A l'heure où nous mettons sous presses, le *Lazair II* biplace reste encore un prototype sur lequel Ultraflight Sales n'a divulgué aucun détail ni même d'illustration. Il semble que cet appareil restera d'une conception très proche de celle du *Lazair* monoplace, avec deux moteurs portés au bord d'attaque de l'aile. Il s'agirait, cependant, de bicylindres à plat WAM WAE-342 de 30 CV chacun, qui confèreraient à l'appareil l'énorme puissance de quelque 60 CV ! Suivant les déclarations de l'avionneur, c'est au retard de la livraison de ces moteurs qu'est directement imputable l'apparition différée de son biplace. Néanmoins, Ultraflight Sales précise que les premiers résultats enregistrés avec ces moteurs justifient cette attente. Le programme des essais en vol du *Lazair II* a été entamé en mars 1983 mais rien n'a encore été avancé en ce qui concerne sa commercialisation.

Norman Burr

Dans le domaine des motorisations originales, ces hélices bipales et «biplans» inhabituelles équipaient les Rotax du Lazair de 1982

ULTRAVIA

Ultravia Inc., 795 L'Assomption, Repentigny, Quebec J6A 5H5 ; tel (514) 581.4986 ou 585.6132. Vice-Presidente : Lorraine Chauvin

Ultravia
Le Pelican
(3 axes)

Monoplace monomoteur à aile haute, pilotage 3 axes conventionnel. Voilure sans flèche au bord d'attaque ni au bord de fuite (corde constante) ; empennage cruciforme. Tangage par gouverne de profondeur articulée sur le plan fixe horizontal ; lacet par gouvernail de direction monobloc ; roulis par ailerons sur 40 % de l'envergure de l'aile ; commande au manche pour le tangage et le roulis, au palonnier pour le lacet. Voilure contreventée par mâts, profil d'aile NC ; double entoilage. Atterrisseur classique, roue arrière directrice conjuguée au palonnier. Suspension sur toutes les roues. Freins sur les roues du train principal (sur option). Structure en tubes de duralumin, fibre de verre ; habitacle partiellement fermé (totalement fermé sur option). Moteur monté sous l'aile et utilisé en tractif. Technologie : entoilage de la structure et de l'aile en Dacron. Nervures en matériaux composites, mousse polyuréthane et duralumin. Structure tubulaire en duralumin de qualité aéronautique.

1-La publicité d'Ultravia décrit *Le Pélican* comme un nouvel ULM respectueux de la tradition aéronautique et, sans aucun doute, cette machine séduira les nostalgiques de l'aviation d'antan. En effet, *Le Pélican* évoque irrésistiblement au premier coup d'œil les avions légers de l'entre-deux guerres (celle de 1914-18 et celle de 39-45, bien sûr). Les spécialistes lui trouveront même un air de famille indéniable avec le monoplace américain *Aeronca C-2*. Mais *Le Pélican* ne s'en tient pas là et s'offre même un authentique bruit d'époque, dû à son moteur 4 temps Briggs & Stratton. Son concepteur, l'ingénieur canadien Jean-René Lepage, s'apercevant que ce moteur était franchement lourd en regard de sa puissance, choisit d'allonger la voilure de l'avion tout en raccourcissant l'avant de son fuselage plutôt que de changer de mécanique. Le prototype a effectué son premier vol le 31 mai 1982.

Cependant, sous le revêtement de cet appareil, les matériaux s'avèrent relativement modernes : *Le Pélican* est un tubes-toile (Dacron) avec une voilure au bord d'attaque en D contreventée par un mât par demi-aile et des nervures en mousse polyuréthane et duralumin. La structure répond aux exigences de la norme FAR Part 23 qu'on est plus accou-

Considérablement modifié par rapport aux précédents, le Lazair 1983 avec le manche monté au plancher, un train à voie plus large et roues carénées, des hélices différentes et les freins des roues principales actionnés en haut des pédales du palonnier.

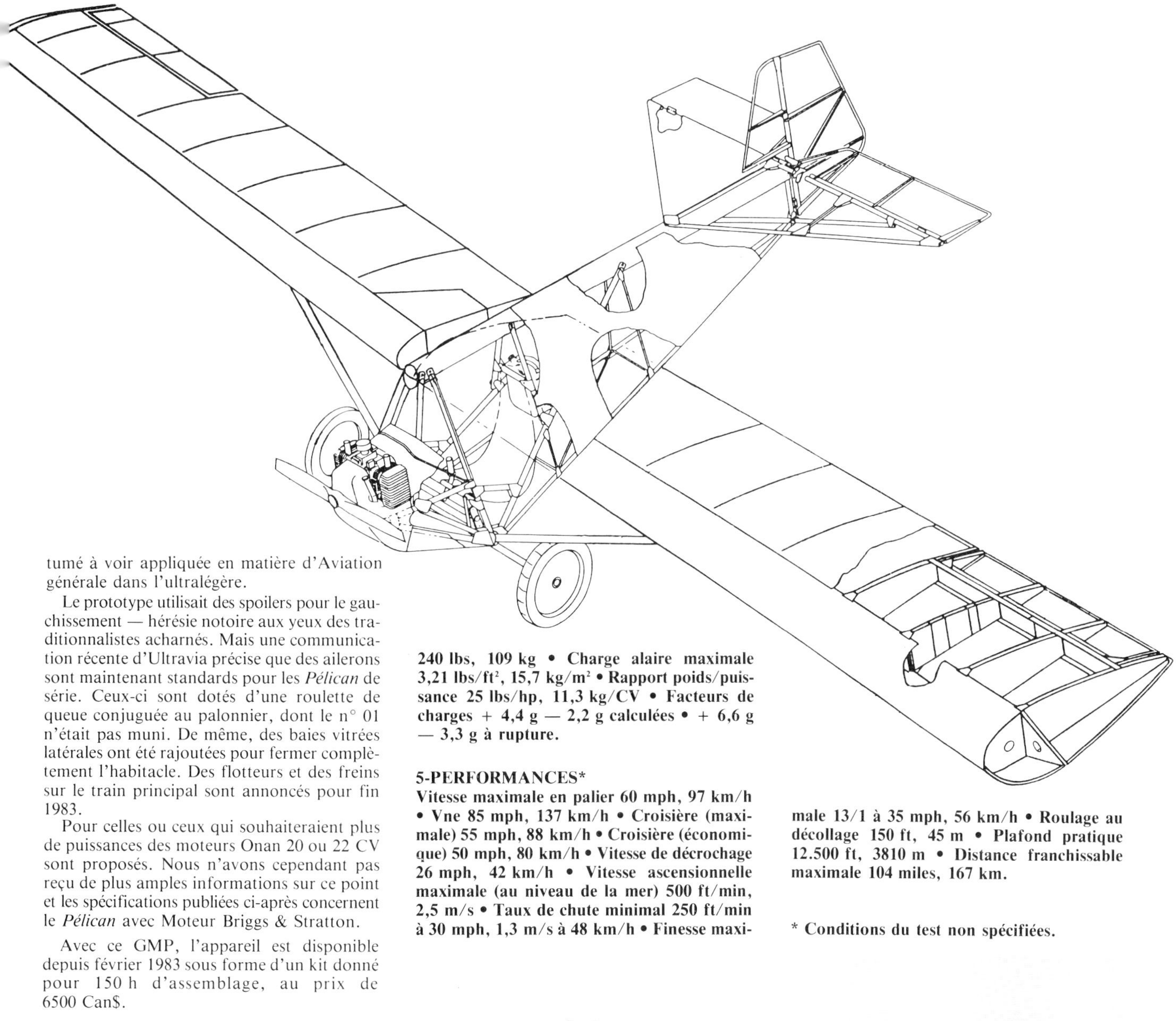

tumé à voir appliquée en matière d'Aviation générale dans l'ultralégère.

Le prototype utilisait des spoilers pour le gauchissement — hérésie notoire aux yeux des traditionnalistes acharnés. Mais une communication récente d'Ultravia précise que des ailerons sont maintenant standards pour les *Pélican* de série. Ceux-ci sont dotés d'une roulette de queue conjuguée au palonnier, dont le n° 01 n'était pas muni. De même, des baies vitrées latérales ont été rajoutées pour fermer complètement l'habitacle. Des flotteurs et des freins sur le train principal sont annoncés pour fin 1983.

Pour celles ou ceux qui souhaiteraient plus de puissances des moteurs Onan 20 ou 22 CV sont proposés. Nous n'avons cependant pas reçu de plus amples informations sur ce point et les spécifications publiées ci-après concernent le *Pélican* avec Moteur Briggs & Stratton.

Avec ce GMP, l'appareil est disponible depuis février 1983 sous forme d'un kit donné pour 150 h d'assemblage, au prix de 6500 Can$.

2-DIMENSIONS EXTERIEURES ET SURFACES
Longueur hors tout 14 ft, 4,27 m • Hauteur hors tout 6 ft, 1,83 m • Envergure (aile) 37 ft, 11,28 m • Corde constante 3,8 ft, 1,17 m • Dièdre 3° • Flèche 0° • Plan fixe horizontal, envergure 8 ft, 2,44 m • Hauteur plan fixe vertical 3,8 ft, 1,14 m • Surface alaire totale 140 ft², 13 m² • Allongement 9,8/1 • Voie du train 6 ft, 1,83 m • Empattement 11 ft, 3,35 m • Diamètre de la roulette de queue 4 inches, 10 cm • Diamètre des roues principales 20 inches, 51 cm • Autres caractéristiques NC.

3-MOTORISATION
Moteur Briggs et Stratton • Puissance maximale 18 CV à 3600 tr/mn • Diamètre et pas de l'hélice 43 × NC inches, 1,09 × NC m • Sans réducteur • Rapport puissance/surface alaire 0,13 hp/ft², 1,4 CV/m² • Carburant emporté 2,5 US gallons, 2,1 Imp gal., 9,5 litres.

4-MASSES ET CHARGES
Masse à vide 210 lbs, 95 kg • Masse maximale au décollage 450 lbs, 204 kg • Charge utile 240 lbs, 109 kg • Charge alaire maximale 3,21 lbs/ft², 15,7 kg/m² • Rapport poids/puissance 25 lbs/hp, 11,3 kg/CV • Facteurs de charges + 4,4 g — 2,2 g calculées • + 6,6 g — 3,3 g à rupture.

5-PERFORMANCES*
Vitesse maximale en palier 60 mph, 97 km/h • Vne 85 mph, 137 km/h • Croisière (maximale) 55 mph, 88 km/h • Croisière (économique) 50 mph, 80 km/h • Vitesse de décrochage 26 mph, 42 km/h • Vitesse ascensionnelle maximale (au niveau de la mer) 500 ft/min, 2,5 m/s • Taux de chute minimal 250 ft/min à 30 mph, 1,3 m/s à 48 km/h • Finesse maximale 13/1 à 35 mph, 56 km/h • Roulage au décollage 150 ft, 45 m • Plafond pratique 12.500 ft, 3810 m • Distance franchissable maximale 104 miles, 167 km.

*** Conditions du test non spécifiées.**

Le Pelican de série, avec les spoilers remplacés par des ailerons et une roulette d'étambot. Comparez-le avec le prototype qui illustre l'introduction au présent chapitre, avec l'ombre des spoilers discernables sur le revêtement de l'aile et sa béquille d'étambot.

ZENAIR

Zenair Ltd, 236 Richmond Street, Richmond Hill, Ontario L4C 3Y8; tel (416) 859.4556. US agents: Zenair Atlanta Inc, Route 12, Box 720, Gainesville, Georgia 30501; Zenair Seattle Inc, 606 SW 302nd Federal Way, Washington 98003.

Zenair *Zipper* (3 axes)

Monoplace monomoteur à aile haute, pilotage 3 axes conventionnel. Voilure sans flèche au bord d'attaque, avec flèche inverse au bord de fuite et corde dégressive; empennage classique. Tangage par gouverne de profondeur monobloc, lacet par gouvernail de direction monobloc, roulis par ailerons sur la moitié de l'envergure de l'aile; commande au manche pour le tangage et le roulis, au palonnier pour le lacet. Voilure portée par des mâts, profil d'aile NC, à double entoilage. Atterrisseur tricycle; suspension par lame en fibres de verre. Roue avant directrice conjuguée au palonnier. Freins NC. Structure en tubes de duralumin et feuilles d'aluminium, avec habitacle fermé sur option. Moteur monté au niveau de l'aile et utilisé en tractif. Technologie : matériaux de qualité aéronautique.

1 - Christophe Heintz est un ingénieur aéronautique d'origine française, connu pour sa participation à la conception des avions légers métalliques de la série HR de la Sté des Avions Pierre Robin, dont le prototype HR 100 effectua son premier vol en avril 1969. Parallèlement, Christ avait dessiné et construit le prototype d'un avion biplace de construction amateur, le ***Zénith,*** qui réalisa ses premiers vols en mars 1970. Il choisit d'émigrer pour le Canada où, tout en ayant travaillé pour le compte de De Havilland Aircraft of Canada Ltd, il constitua la société Zenair Ltd pour la diffusion de ses créations aéronautiques. Cette société semble prospère et comporte maintenant deux implantations aux Etats-Unis, l'une à Seattle et l'autre en Atlanta.

Le *Zipper* est le premier ULM conçu par Christ Heintz et il n'y a rien de surprenant à ce que, connaissant ses références, il s'agisse d'un 3 axes conventionnel, d'un pilotage normal au manche et au palonnier. La technologie non plus, n'étonne guère: le *Zipper* est un tube-toile (Dacron). Mais l'expérience de Christ, se révèle très vite à travers certaines particularités, telle cette poutre principale du fuselage que d'autres se seraient contentés de choisir de section ronde mais qu'il a voulu, lui, former de feuilles d'aluminium pour obtenir une section rectangulaire.

C. Heintz a surtout fait porter ses innovations sur la voilure de son *Zipper* dont la forme, vue de dessus, surprend d'autant plus qu'on la sait repliable et « enroulable » en quelques minutes (2 mn) de part et d'autre du fuselage. L'appareil peut être remorqué derrière une voiture sur les roues du train principal, ce qui évite l'achat d'une remorque pour de courts trajets. Le moteur est le bicylindre français JPX PUL-425 disponible en version standard 22 cv ou porté à 26 cv avec un pot d'échappement accordé. Ce dernier implique un supplément de 225 US $ aux 4850 US $ du kit de base du *Zipper,* donné pour une demi-journée seulement d'assemblage. Les options portent sur des flotteurs (787 US $), des carénages des roues (162 US $). Un cockpit fermé et des skis sont aussi prévus pour cet appareil.

2 - DIMENSIONS EXTERIEURES ET SURFACES

Longueur hors tout 14,5 ft, 4,42 m • Hauteur hors tout 5,5 ft, 1,68 m • Envergure (aile) 28 ft, 8,53 m • Corde moyenne 5 ft, 1,52 m • Flèche 0° • Surface alaire totale 140 ft², 13 m² • Allongement 5,6/1 • Autres caractéristiques NC.

3 - MOTORISATION

Moteur JPX PUL 425.

Puissance maximale 22 CV à 4600 tr/mn • Diamètre et pas de l'hélice 42 × NC inches, 1,07 × NC m • Sans réducteur • Poussée statique maximale 180 lbs, 82 kgp • Rapport puissance/surface alaire 0,16 hp/ft², 1,7 CV/m² • Carburant emporté 6 US gallons 5 Imp gal. 22,7 litres.

4-MASSES ET CHARGES

Masse à vide 180 lbs, 82 kg • Masse maximale au décollage 420 lbs, 191 kg • Charge utile 240 lbs, 109 kg • Charge alaire maximale 3 lbs/ft², 14,7 kg/m² • Rapport poids/puissance 19,1 lbs/hp, 8,7 kg/CV • Facteurs de charges 6 g — 3 g calculées, à rupture NC.

5 - PERFORMANCES*

Vitesse maximale en palier 50 mph, 80 km/h • Vne 80 mph, 129 km/h • Croisière 40 mph, 64 km/h • Vitesse de décrochage 20 mph, 32 km/h • Vitesse ascensionnelle maximale (au niveau de la mer) 700 ft/min, 3,6 m/s • Roulage au décollage 120 ft, 35 m • Roulage à l'atterrissage 80 ft, 25 m • Distance franchissable maximale 100 miles, 161 km.

*** Conditions du test non spécifiées.**

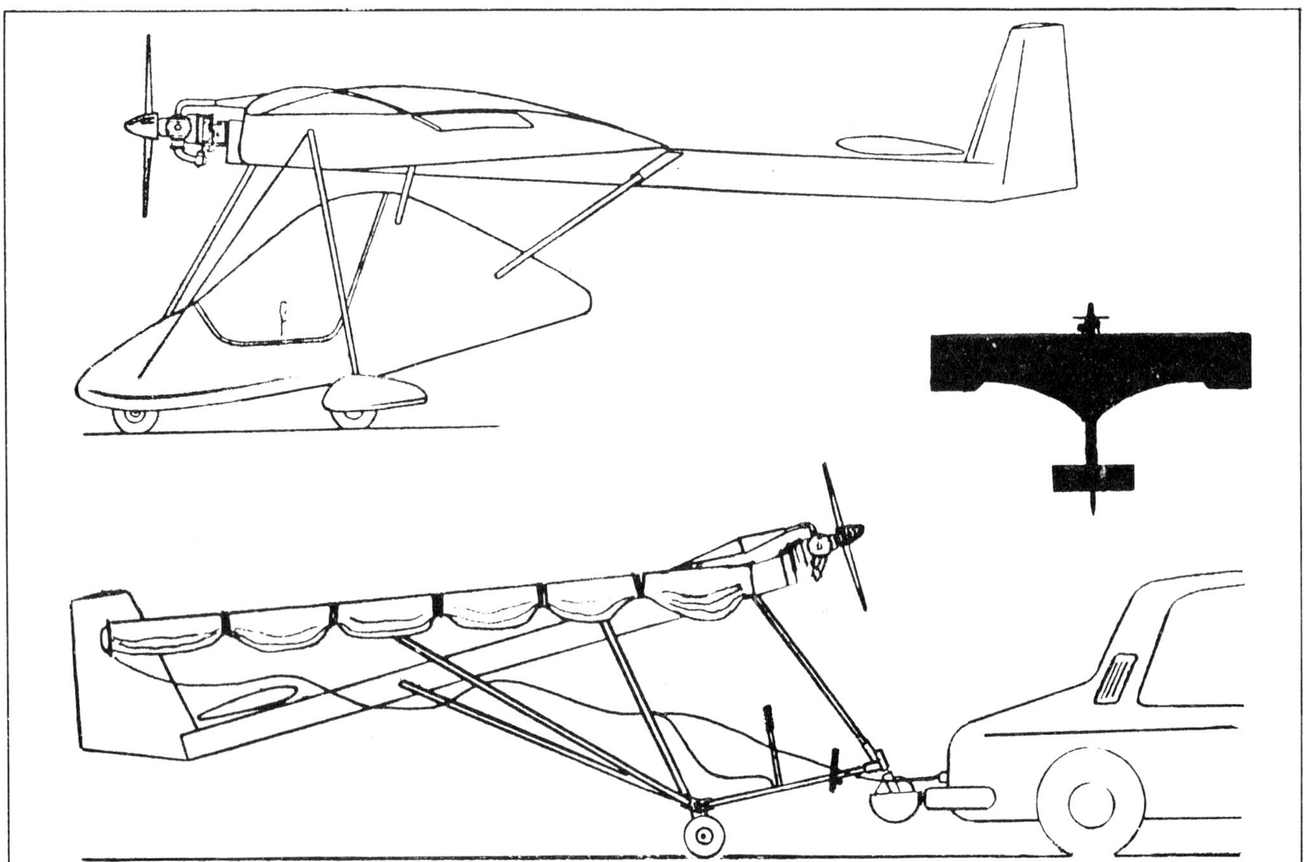

FRANCE

ULTRALÉGÈREMENT VÔTRE...

par Alain-Yves Berger, Directeur de la Rédaction d'UlmMag et Pilote Privé

En France, l'effet de l'actuelle crise économique mondiale a commencé de se faire sentir, dans ses répercussions directes, dès 1974 en ce qui concerne les loisirs de l'Air. Cela s'est traduit au cours des années suivantes par la disparition de certains avionneurs tels Wassmer Aviation, par exemple, des méventes croissantes hormis les marchés d'Etat pour les autres constructeurs d'avions légers et de planeurs classiques. Dans le même temps, les aides de l'Etat décroissaient de 230 millions de francs en 1974 à 100 MF en 1981. Chiffres révélateurs cités par le Sénateur Bernard Parmantier dans son rapport sur l'Aviation légère et sportive établi en décembre 1972, les immatriculations sous Certificat de navigabilité (CdN) normal des avions légers ont décru de 323 en 1974 à 140 en 1981. Cette même année, le parc de l'Aviation générale en France se composait — à titre indicatif — de 5095 avions dont 2039 de construction amateur et 1556 planeurs classiques. Concrètement, l'impact de cette crise économique s'est traduit par une augmentation beaucoup trop importante des coûts de l'heure de vol sur aéronef de plaisance. S'additionnant de contraintes administratives et d'une réglementation difficilement supportables dans le cadre d'un loisir, les tarifs pratiqués par les sociétés ou les clubs ont entraîné une stagnation puis une diminution du nombre des pratiquants, pénalisant particulièrement le recrutement chez les jeunes.

Parallèlement, apparut en 1973 une activité nouvelle, le Vol Libre, dont les pratiquants se sont recrutés en grande majorité hors les milieux de l'aéronautique de loisirs. Les coûts acceptables liés à la pratique de cette discipline et, surtout, une relative absence de contraintes administratives ou de structures vieillies et inadaptées, favorisent aujourd'hui son développement après une stagnation initiale due, principalement, à une mauvaise image de marque implantée dans le grand public par les mass media. Selon la Fédération Française de Vol Libre (FFVL), le nombre des pratiquants croît de 25 % par an depuis ces dernières années. Hors des régions comme le Jura, les Alpes, le Massif Central et les Pyrénées, la France est un pays de faibles reliefs. Cette situation géographique a incité très tôt des pratiquants du Vol libre, contraints à de trop longs déplacements pour rejoindre des sites exploitables, à imaginer divers moyens pour décoller d'un terrain plat. Les décollages à pied d'un planeur ultraléger au moyen d'un treuil ou tracté par une automobile n'ont rencontré que peu de succès, jugés comme trop dangereux.

Les premières motorisations d'ultralégers sont apparues en France dès 1974. Comme aux U.S.A., certains précurseurs choisirent d'adapter un ou deux moteurs à des planeurs de pilotage uniquement pendulaires; d'autres munirent ceux-ci de cages tubulaires inséparables de la voilure, munies d'un atterrisseur avec 2 ou 3 roues et qui portaient le ou les groupes motopropulseurs ainsi que des gouvernes, donnant ainsi cours à des ULM de pilotage hybride. Il fallut attendre, cependant, l'invention du chariot tricycle par Roland Magallon, en 1979, pour qu'apparaissent les premières commercialisations suivies d'ultralégers motorisés en Europe et, partant, une plus grande vulgarisation. Dix constructeurs différents proposent aujourd'hui plus d'une quarantaine de chariots monoplaces ou biplaces en tandem sur le marché national et à l'exportation. Tous ces modèles ont en commun une semblable facilité de transport et de mise en œuvre, sans modification des voilures de planeurs ultralégers auxquels ils s'adaptent sans imposer de modifications autres que des renforts structuraux venus de fabrication. Quoique la tendance actuelle semble être, quantitativement parlant, une orientation vers des ULM munis de gouvernes, les pendulaires restant cependant d'un pilotage plus simple à acquérir, plus rustiques et donc moins coûteux à l'achat, d'une mise en œuvre beaucoup plus simple, sont appelés à un bel avenir et demeurent encore cette année les appareils les plus répandus en France.

Des premières motorisations d'ultralégers à voilures rigides ou semi-ridiges sont apparues dans ce pays dès 1973. Elles restaient le fait de constructeurs amateurs accoutumés au pilotage 2 ou 3 axes conventionnels et aucune n'a débouché sur quelque forme de diffusion que ce fût. Il a fallu attendre l'importation en France des appareils produits aux USA comme les Vector 600, Rotec Rally et Quicksilver, à partir de 1981, pour que se crée l'intérêt pour les ULM munis de gouvernes et se pilotant au manche, avec ou sans palonnier. D'abord larvaire puis s'amplifiant brutalement en 1982 par un impact beaucoup plus profond sur le grand public que celui suscité par les pendulaires, le développement de ce type de machines semble s'intensifier encore avec les premiers mois de 1983. Si l'on en juge quantitativement, par le nombre d'appareils nouveaux de pilotage 2 ou 3 axes conventionnels apparus sur le marché national depuis 1982, leur développement paraît prendre le pas actuellement sur des ULM pendulaires. Leurs pratiquants se sont tout d'abord recrutés parmi les titulaires de Brevets de pilote privé Avion ou Planeur. Mais, et principalement depuis l'impact de la première course Londres-Paris en septembre 1982, outre la création de nombreuses sections ULM dans les aéroclubs classiques, nous assistons aujourd'hui à un afflux de pratiquants nouveaux n'émanant pas du milieu aéronautique.

Cette conjoncture se traduit par un nombre de 18 sociétés ou artisans, d'implantation régionale ou nationale, établis pour la plupart depuis 1982 seulement, et qui proposent près de 25 modèles munis de gouvernes. Toutes les technologies sont actuellement employées par ces avionneurs parmi lesquels on compte maintenant des constructeurs renommés déjà dans d'autres domaines de l'Aéronautique. Quoique maintenant compensées par des exportations françaises de plus en plus importantes, les importations en France d'appareils étrangers ne semblent pas encore avoir diminué pour autant, bien au contraire.

La première réglementation française (circulaire DGAC n°33 du 27 mai 1982) classait « aérodyne ultraléger motorisé dit ULM » les appareils d'au plus 150 kg de masse à vide et d'une charge alaire maximale de 15 kg/m^2 ou capables d'une vitesse minimale d'au plus 40 km/h. Une nouvelle réglementation vient de porter à 175 kg la masse à vide maximale pour les biplaces, les monoplaces restant à 150 kg. De plus, un ULM doit maintenant comporter une voilure d'une surface égale (en m^2) à sa masse à vide (en kg) divisée par 10 et, au moins, supérieure à 10 m^2. Sont institués, aussi, un brevet et une licence de pilote d'ULM dont les conditions d'obtention sont les suivantes : être âgé de 15 ans révolus ; satisfaire à un examen théorique; avoir obtenu une autorisation de voler seul à bord délivrée par un instructeur habilité.

L'organisme le plus représentatif des pratiquants et des associations est la Fédération Française des Planeurs ultralégers motorisés (FFPLUM), chemin de la Sacristie, 84140 Montfavet, Tél. : (90) 32.56.75. Président : Alain Dreyer.

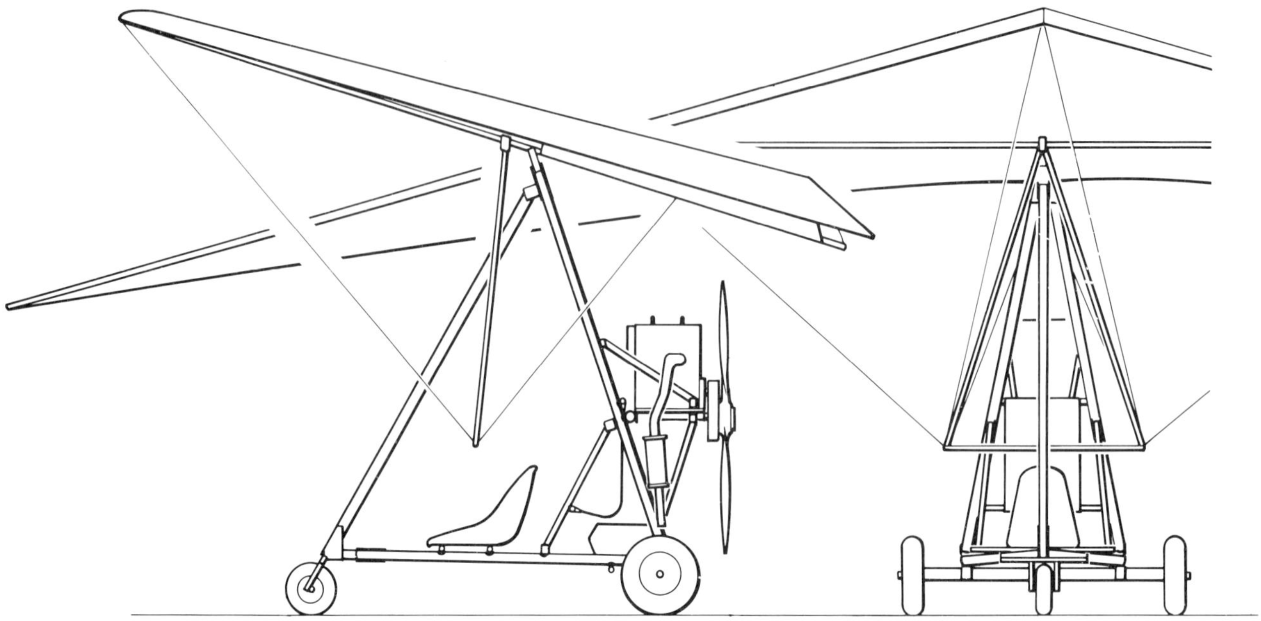

AERO-DELTA SERVICE

Aéro Delta Service, 19 rue Gabriel Péri, 28000 Chartres, téléphone : (37) 21.14.44. Directeur Francis Tempier.

Aéro Delta Service
Hélios
(pendulaire)

Biplace en tandem monomoteur à voilure souple; pilotage pendulaire. Voilure type Rogallo avec dérive sous l'aile. Le pilote est suspendu sous la voilure dans un siège-harnais et utilise un trapèze de commande (pilotage par déplacement du centre de gravité par rapport au centre de poussée). Voilure haubannée sol et vol par câbles; transversale rigide avec double entoilage (33 %) transversale hors entoilage, lattes flexibles. Atterrisseur tricycle. Sans suspension. Roue avant directrice non conjuguée au palonnier. Sans freins. Chariot en tubes de duralumin, sans carénage. Moteur monté sous l'aile, utilisé en propulsif.

Aéro Delta Service a été créé en fin 1982 et a commercialisé ses premiers chariots biplaces en début 1983. Cet artisan ne fabrique pas lui-même actuellement les voilures équipant ses chariots *Hélios,* mais les fournit cependant à la demande de l'acquéreur (aile 23 m^2 (248 ft^2) pour 12 560 FF TTC). Le chariot *Hélios* est fourni soit sous forme d'un kit pour 32 510 FF TTC avec l'aile, soit monté pour 37 560 FF TTC avec l'aile. Repliable, l'ensemble est, comme tous les pendulaires, transportable sur une galerie de voiture.

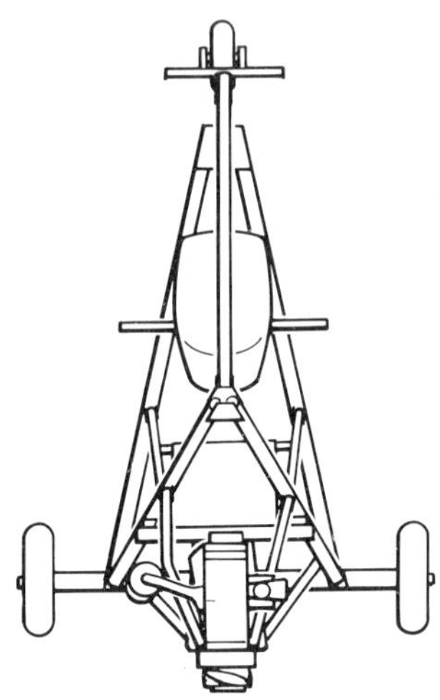

2-DIMENSIONS EXTERIEURES ET SURFACES
***Longueur hors tout 7.1 ft, 2.16 m • ***Hauteur hors tout 7.7 ft, 2.32 m • Envergure (aile) 36.1 ft, 11 m • Surface alaire totale 248 ft^2, 23 m^2 • Allongement 5.3/1 • Voie du train 5 ft, 1.53 m • Diamètre de la roue avant 10 inches, 25 cm • Diamètre des roues principales 16 inch, 40 cm • Autres caractéristiques non communiquées.

3-MOTORISATION
Moteur Hirth 2701R
Puissance maximale 43 cv à 6750 tr/mn • Réducteur à courroie crantée rapport de réduction 2.5/1 • Poussée statique maximale 232 lbs, 105 kgp • Rapport puissance/surface alaire 0.17 hp/ft^2, 1.9 cv/m^2 • Autres caractéristiques non communiquées.

4-MASSES ET CHARGES
Masse à vide 309 lbs, 140 kg • Masse maximale au décollage 706 lbs, 320 kg • Charge utile 397 lbs, 180 kg • Charge alaire maximale 2.84 lbs/ft^2, 13.9 kg/m^2 • Rapport poids/puissance 16.4 lbs/hp, 7.4 kg/cv • **Facteurs de charges calculées NC – + 3 g – NC g à rupture.

5-PERFORMANCES*
Vitesse maximale en palier 40 mph, 65 km/h • Vne 44 mph, 70 km/h • Croisière (maximale) 34 mph, 55 km/h • Croisière (économique) 31 mph, 50 km/h • Vitesse de décrochage 23 mph, 38 km/h • Vitesse ascensionnelle maximale (au niveau de la mer) 500 ft/min, 2.5 m/s • Taux de chute minimal 370 ft/min à 27 mph, 1.9 m/s à 44 km/h • Finesse maximale 6/1 à 30 mph, 48 km/h • Roulage au décollage 100 ft, 30 m • Roulage à l'atterrissage 100 ft, 30 m • Plafond pratique 10 000 ft, 3 050 m • Distance franchissable maximale 75 miles, 120 km.

* Conditions du test non communiquées.
** Avec un poids total de 152 lbs, 335 kg
*** Sans voilure

AERO KART

Aerokart SARL. Siège social : RN 7 Plateau de Louze 38150 Roussillon. Services commerciaux : 9, rue d'Austerlitz 69004 Lyon - Tél. : (7) 828.07.26. Charpenel et R. Feltrin.

Aerokart
Aerokart 3315
et
Aerokart 4315
(3 axes)

Monoplace monomoteur à l'aile haute. Pilotage 3 axes conventionnel. Voilure sans flèche au bord d'attaque et au bord de fuite, corde constante, empennage cruciforme. Tangage par gouverne de profondeur articulée sur le plan fixe horizontal; lacet par gouvernail de direction monobloc; roulis par ailerons sur la moitié de l'envergure de l'aile; commande au manche pour le tangage et le roulis; palonnier pour le lacet. Voilure haubannée sol et vol par câbles.

Profil d'aile NC, à double entoilage. Atterrisseur tricycle. Sans suspension de la roue avant et suspension par sandows du train principal.

Roue avant directrice conjuguée au palonnier.

Structure en tube de duralumin, sans carénage.

Moteur monté sous l'aile, utilisé en propulsif.

FRANCE

L'Aérokart fut d'abord un prototype de biplace en tandem à voilure haute double entoilage et empennage en V, conçu et construit en fin 1981 par Serge Cardot qui fut l'un des premiers pratiquants du Vol libre en France. Connu sous l'appellation de *A-Kart 30,* ce premier appareil n'a débouché sur aucune commercialisation. Il en fut extrapolé deux autres prototypes, l'un biplace en tandem lui aussi et l'autre, monoplace, qui effectuèrent leurs premiers vols au début de l'été 1982. Aérokart poursuivit les essais et le développement de ces appareils et présenta, en septembre, au 1er Salon Européen de l'Aviation ultra-légère, à Lyon-Bron, deux appareils de présérie : le premier monoplace du type *3315* et un *4320* devenu biplace côte-à-côte. La mise au point de ces modèles a débouché sur de premières commercialisation en novembre 1982. La firme axe surtout ses efforts sur l'*Aerokart* biplace. Chez ce constructeur, les deux premiers chiffres du nombre désignant chaque modèle indiquent la puissance maximale du moteur utilisé ; les deux derniers chiffres précisent la surface alaire en m². Le monoplace *3315* utilise un moteur Hirth 260R de 338 cc développant 33 cv à 7 250 tr/mn, avec réducteur 2.5 /1 et hélice bipale de 1.30 m (4.3 ft) de diamètre. Le type *4315* en est une version disposant d'une plus grande puissance, équipée d'un Hirth 270IR de 493 cc développant 43 cv à 6 750 tr/mn. D'une configuration classique, ces appareils se distinguent des autres ULM de même technologie et monoplaces de pilotage 3 axes par l'emploi d'ailerons au lieu de spoilers. En outre, leur moteur est monté culasse en bas devant l'aile, sous le plan du bord d'attaque de celle-ci ; il entraîne par le biais du réducteur un arbre qui traverse la voilure pour actionner une hélice propulsive au bord de fuite de celle-ci. Des paliers souples éliminent les vibrations résultant de l'emploi d'un arbre aussi long, tout en conservant aux *Aérokart* les avantages de gouvernes d'empennage soufflées par l'hélice, et d'un moteur bien refroidi.

Le type *3315* est vendu monté et testé en vol pour 43 400 FF et le type *4315* pour 44 500 FF. Ces prix s'entendent départ usine. Transportable sur remorque routière.

2-DIMENSIONS EXTERIEURES ET SURFACES
Envergure (aile) 34.5 ft, 10.5 m • Corde constante 4.8 ft, 1.43 m • Dièdre 1.5° • Flèche 0° • Plan fixe horizontal, envergure 9,1 ft , 3 m • Surface alaire 161 ft², 15 m² • Surface totale des ailerons 25.9 ft², 2.4 m² • Surface du plan fixe vertical 7.5 ft², 0.70 m² • Surface du gouvernail de direction 12.1 ft², 1.12 m² • Surface du plan fixe horizontal 21.6 ft², 2 m² • Surface totale des gouvernes de profondeur 12.3 ft², 1.14 m² • Allongement 7.35/1 • Voie du train 5.7 ft, 1.70 m • Empattement 5.8 ft, 1.72 m • Diamètre de la roue avant 10 inch, 26 cm • Diamètre des roues principales 16 inch, 40 cm • Autres caractéristiques.

3-MOTORISATION
Moteur Hirth 2701R-03.
Puissance maximale 43 cv à 6750 tr/mn • Diamètre et pas de l'hélice 55 x 32 inch, 1.40 m x 0.80 m • Réducteur à courroie crantée rapport de réduction 2.5/1 • Poussée statique maximale 287 lbs, 130 kgp • Rapport puissance/surface alaire 0.27 hp/ft², 2.9 cv/m² • Carburant emporté 5.3 US gallons, 4.4 Imp gal. 20 litres dans le réservoir principal – 2.6 US gallons 2.2 Imp gallons, 10 litres en réservoir supplémentaire optionnel.

4-MASSES ET CHARGES
Masse à vide 278 lbs, 126 kg • Masse maximale au décollage 497 lbs, 225 kg • Charge utile 219 lbs, 99 kg • Charge alaire maximale 3.07 lbs/ft², 15.0 kg/m² • Rapport poids/puissance 11.6 lbs/hp, 5.2 kg/cv • Facteurs de charges + 5.5 g – 2.5 g calculées – + NC g – NC g à rupture.

5-PERFORMANCES*
Vitesse maximale en palier 65 mph, 105 km/h • Vne 75 mph, 120 km/h • Croisière (maximale) 56 mph, 90 km/h • Croisière (économique) 50 mph, 80 km/h • Vitesse de décrochage 22 mph, 35 km/h • Vitesse ascensionnelle maximale (au niveau de la mer) 600 ft/min, 30 m/s • Taux de chute minimal 430 ft/min à 31 mph, 2.2 m/s à 50 km/h • Finesse maximale 8/1 à 40 mph, 65 km/h • Roulage au décollage 165 ft, 50 m • Roulage à l'atterrissage 82 ft, 25 m • Plafond pratique 10 000 ft, 3050 m • Distance franchissable maximale 186 miles, 300 km.

*** Mesurées dans les conditions suivantes : Altitude QNH 260 ft, 80 m • Température au sol 59° F, 15° C • Vent au sol 0 mph, 0 km/h • Poids du pilote 188 lbs, 85 kg.**
Avec moteur ci-dessus.

Aérokart
Aérokart 4320
(3 axes)

Biplace côte à côte monomoteur à l'aile haute. Pilotage 3 axes conventionnel. Voilure sans flèche au bord d'attaque, flèche inverse au bord de fuite, corde constante ; empennage cruciforme. Tangage par gouverne de profondeur articulée sur le plan fixe horizontal ; lacet par gouvernail de direction monobloc ; roulis par ailerons sur la moitié de l'envergure de l'aile ; commande au manche pour le tangage et le roulis ; palonnier pour le lacet. Voilure haubannée portée par des mâts. Profil d'aile NC, à double entoilage. Atterrisseur tricycle. Sans suspension de la roue avant et suspension par sandows du train principal. Roue avant directrice conjuguée au palonnier. Sans freins. Structure en tubes de duraluminum, sans carénage. Moteur monté sous l'aile, utilisé en propulsif.

Le biplace *Aérokart 4320* a remplacé les haubans sol et vol des monoplaces de cette firme par des mâts portant l'aile. Il en va de même pour le plan fixe horizontal qui, tout en demeurant haubané sol et vol par des câbles, voit les extrémités de son bord d'attaque raccordées par des tubes aux poutres portant l'ensemble de l'empennage. Ces rajouts de tubes inusuels forment une structure qu'on pourrait qualifier de géodésique, unique au monde en son genre sur un ULM de cette catégorie de technologie. L'augmentation de traînée qui en résulte restant négligeable pour ce genre de biplaces, son constructeur a fort évidemment misé sur une plus grande résistance et rigidité structurelle. Comme les monoplaces de cette firme, l'*Aérokart 4320* porte son moteur monté devant l'aile sur silent-blocs pour entraîner une hélice bipale débattant derrière celle-ci. La motorisation standard pour 1983 de cet appareil est le bicylindre en ligne Hirth 2701R de 43 cv muni, comme tous les appareils de ce constructeur, d'un échappement accordé pour chaque cylindre, échappement réalisé par Aérokart. Astuce intéressante, l'air réchauffé par la turbine de refroidissement est dirigé sur le carburateur et le filtre à air par un tôle, amovible lorsque les conditions atmosphériques ne font plus craindre un givrage du carburateur. De même que les autres modèles d'Aérokart, le biplace est livré en version standard avec démarreur électrique, tout en conservant la possibilié du démarrage manuel, ainsi qu'avec un double échappement accordé (un par cylindre). La pompe électrique d'alimentation en carburant, le double entoilage pour l'aile, les ailerons et l'empennage, les jantes des roues du train principal en duralumin, viennent aussi de série sur le *4320*.

Il faut encore noter qu'Aérokart est l'un des rares constructeurs français à offrir actuellement une garantie de 6 mois pièces et main-d'œuvre (avec intervention sur place du service après-vente) pour tous ses modèles. Le biplace *Aérokart 4320* est disponible monté et testé, avec double commande pour 56 000 FF, avec commande unique pour 48 000 FF ou, en kit, pour 44 800 FF (avec double commande). Ces prix s'entendent départ usine. L'appareil est transportable sur remorque routière ; dimensions replié : 5.10 x 1.90 x 1.76 m (16.9 x 6.3 x 5.9 ft).

2-DIMENSIONS EXTERIEURES ET SURFACES

Longueur hors tout 19,0 ft, 5,8 m • Hauteur hors tout 9,8 ft, 2,9 m • Envergure (aile) 34,5 ft, 10,5 m • Corde constante à l'emplanture 6,4 ft, 1,92 m • Corde aux extrémités 6,2 ft, 1,89 m • Dièdre 1,5° • Flèche 0° • Plan fixe horizontal, envergure 9,1 ft, 3,0 m • Surface alaire totale 216 ft², 20 m² • Surface totale des ailerons 12,9 ft², 1,2 m² • Surface du gouvernail de direction 12,1 ft², 1,12 m² • Surface du plan fixe horizontal 21,6 ft², 2,00 m² • Surface totale des gouvernes de profondeur 12,3 ft², 1,14 m² • Allongement 5,4/1 • Voie du train 5,7 ft, 1,70 m • Empattement 5,8 ft, 1,72 m • Diamètre de la roue avant 10 inches, 26 cm • Diamètre des roues principales 16 inches, 40 cm.

3-MOTORISATION

Moteur Hirth 2701 R-03 • Puissance maximale 43 CV à 6750 tr/mn • Diamètre et pas de l'hélice 55 × 32 inches, 1,40 × 0,80 m • Réducteur à courroie crantée rapport de réduction 2,5/1 • Poussée statique maximale 287 lbs, 130 kgp • Rapport puissance/surface alaire 0,19 hp/ft², 2,2 CV/m² • Carburant emporté 5,3 US gallons, 4,4 Imp gal. 20 litres dans le réservoir principal • 7,9 US gallons, 6,6 Imp gallons • 30 litres en réservoir supplémentaire.

4-MASSES ET CHARGES

Masse à vide 322 lbs, 146 kg • Masse maximale au décollage 707 lbs, 320 kg • Charge utile 385 lbs, 174 kg • Charge alaire maximale 3,27 lbs/ft², 16,0 kg/m² • Rapport poids/puissance 16,4 lbs/hp, 7,44 kg/CV • Facteurs de charges + 5,5 g — 2,5 g calculées • A rupture NC

5-PERFORMANCES*

Vitesse maximale en palier 56 mph, 90 km/h • Vne 75 mph, 120 km/h • Croisière (maximale) 50 mph, 80 km/h • Croisière (économique) 40 mph, 65 km/h • Vitesse de décrochage 22 mph, 35 km/h • Vitesse ascensionnelle maximale (au niveau de la mer) 450 ft/min, 2.3 m/s • Taux de chute minimal 430 ft/min à 31 mph, 2,2 m/s à 50 km/h • Finesse maximale 7/1 à 45 mph, 65 km/h • Roulage au décollage 230 ft, 70 m • Roulage à l'atterrissage 98 ft, 30 m • Plafond pratique 10,000 ft, 3050 m • Distance franchissable maximale 186 miles, 300 km.

*** Mesurées dans les conditions suivantes : Altitude QNH 0 ft, 0 m • Température au sol standard • Vent au sol 0 mph, 0 km/h • Poids du pilote 192 lbs, 87 kg • Poids du passager 192 lbs, 87 kg.**
Avec moteur ci-dessus.

AÉROKIT INDUSTRIE

Aérokit Industrie, Rustrel, 84400 Apt, téléphone : (90) 74.54.69. Gérant : Olivier Richard.

Aérokit Industrie
Aérokit
(2 axes)

Biplace côte à côte monomoteur à l'aile haute. Pilotage 3 axes conventionnel. Voilure sans flèche au bord d'attaque et au bord de fuite ; corde constante ; empennage en T. Tangage par gouverne de profondeur articulée sur le plan fixe horizontal ; lacet par gouvernail de direction articulé sur la dérive ; contrôle roulis non séparé (roulis par spoilers sur un tiers de l'envergure de l'aile en option) ; commande au manche pour le tangage et le roulis (en option manche pour le tangage et le roulis et palonnier pour le lacet). Voilure haubannée sol et vol par câbles. Profil d'aile NC, à simple entoilage. Atterrisseur tricycle avec béquille arrière. Sans suspension sur toutes les roues (suspension par barre de tension du train principal en option). Roue non directrice. Frein sur la roue avant en option. Structure en tubes de duraluminium, sans carénage. Moteur monté sous l'aile, utilisé en propulsif.

D'une configuration très proche de celle du *Quicksilver MX II*, cet *Aérokit* n'est encore qu'un prototype en cours de mise au point et dont l'évolution laisse prévoir de premières commercialisations au cours de l'été 1983. Conçu par Olivier Richard et réalisé avec la participation de Hugues Delebard et Christian Risbourg, cet appareil est directement né de l'expérience acquise avec d'autres ULM exploités dans le cadre d'une des premières écoles privées de pilotage apparues en France, le Centre National de Formation ULM de Rustrel, Vaucluse, fondé et dirigé par Serge Pellenc. L'*Aérokit* peut être utilisé soit en pilotage 2 axes, avec gouvernes de profondeur et de direction, soit en pilotage 3 axes conventionnel par l'addition de spoilers, ceux-ci restant optionnels (prix : N.C.). Doté d'un manche central, ce biplace côte-à-côte peut être transformé en monoplace sans difficultés : le système d'attache des sièges par le biais de Velcro permet d'en ôter un et de resituer l'autre en position centrale. L'expérience accumulée en école de pilotage par ce constructeur l'a mené à doter l'*Aérokit* d'un train à large voie et particulièrement renforcé : l'essieu du train principal vient en tube de duralumin de 40 x 2.5 mm (1.6 x 0.09''), manchonné intérieurement et avec des moyeux en bagues de nylon. Sur option, le train principal pourra recevoir une suspension par barre de torsion. L'*Aérokik* est équipé en version standard d'un réservoir de carburant de 10 l. auquel peuvent s'ajouter sur option (prix : N.C.) deux réservoirs supplémentaires de 10 l. chacun, triplant ainsi son rayon d'action. L'appareil n'étant pas encore commercialisé à l'heure de la parution de la présente édition, son prix de vente n'est donc donné qu'à titre indicatif : 39 000 FF. Il est transportable sur remorque routière.

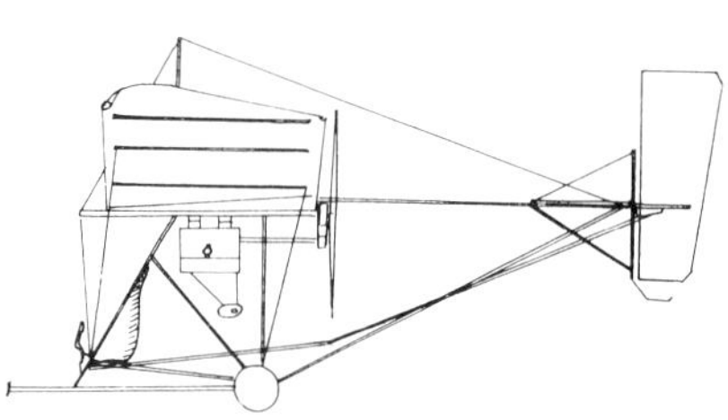

2-DIMENSIONS EXTERIEURES ET SURFACES

Longueur hors tout 14,6 ft, 4,43 m • Hauteur hors tout 9 ft, 2,75 m • Envergure (aile) 32,8 ft, 9,95 m • Corde constante 5,3 ft, 1,6 m • Dièdre 11° • Flèche 0° • Plan fixe horizontal, envergure 9,3 ft, 2,82 m • Hauteur plan fixe vertical 4,3 ft, 1,3 m • Surface alaire totale 172 ft², 16 m² • Surface totale des spoilerons NC • Surface du plan fixe vertical 2,2 ft², 0,2 m² • Surface du gouvernail de direction 10 ft², 0,93 m² • Surface du plan fixe horizontal 23,1 ft², 2,14 m² • Surface totale des gouvernes de profondeur 12,7 ft², 1,18 m² • Allongement 6,18/1 • Voie du train 5,5 ft, 1,65 m • Empattement 5,3 ft, 1,60 m • Diamètre de la roue avant 11 inches, 28 cm • Diamètre des roues principales 16 inches, 40 cm.

3-MOTORISATION

Moteur Hirth 2701 R-03
Puissance maximale 43 CV à 6750 tr/mn • Diamètre et pas de l'hélice 55 × 24 inches, 1,40 × 0,60 m • Réducteur à courroie en V rapport de réduction 2,4/1 • Poussée statique maximale 232 lbs, 105 kgp • Rapport puis-

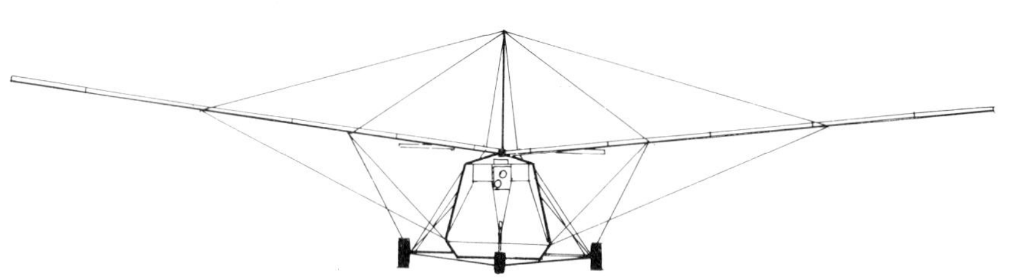

sance/surface alaire 0,25 fh/ft^2, 2,7 CV/m^2 • Carburant emporté 2,6 US gallons, 2,2 Imp gal., 10 litres dans le réservoir principal • 5,3 US gallons, 4,4 Imp gallons, 20 litres en réservoir supplémentaire optionnel.

4-MASSES ET CHARGES
Masse à vide 291 lbs, 132 kg • Masse maximale au décollage 623 lbs, 282 kg • Charge utile 332 lbs, 150 kg • Charge alaire maximale 3,61 lbs/ft^2, 17,8 kg/m^2 • Rapport poids/puissance 14,5 lbs/hp, 6,5 kg/CV • Facteurs de charges + NC g — NC g calculées • + 3,5 g — NC g à rupture.

5-PERFORMANCES*
Vitesse maximale en palier 50 mph, 80 km/h • Vne 56 mph, 90 km/h • Croisière (maximale) 42 mph, 68 km/h • Croisière (économique) 34 mph, 55 km/h • Vitesse de décrochage 23 mph, 38 km/h • Vitesse ascensionnelle maximale (au niveau de la mer) 680 ft/min, 3,5 m/s • Taux de chute minimal 400 ft/min à 37 mph, 2,0 m/s à 60 km/h • Finesse maximale 6/1 à 44 mph, 70 km/h • Roulage au décollage 130 ft, 40 m • Roulage à l'atterrissage 100 ft, 30 m • Plafond pratique 10.000 ft, 3050 m • Distance franchissable maximale 50 miles, 80 km.

* Conditions du test non communiquées.

Norman Burr

Deux Baroudeurs monoplaces avec, au second plan celui de Pierre Lambert rédacteur en chef d'UlmMag

ZENITH AVIATION

Zenith Aviation, 19 rue Lavoisier 92000 Nanterre. Zenith Aviation a passé durant le 2e semestre 83, un contrat de licence avec la société Aéronautic 2000 pour la fabrication et la distribution du Baroudeur. Zenith Aviation fabrique donc maintenant dans ses usines le Baroudeur et en assure la distribution par la mise en place d'un réseau de concessionnaires.

Aéronautic 2000
Baroudeur
(3 axes)

Monoplace monomoteur à l'aile haute. Pilotage 3 axes. Voilure sans flèche au bord d'attaque et au bord de fuite, corde constante, empennage cruciforme. Tangage par gouverne de profondeur articulee sur le plan fixe horizontal ; lacet par gouvernail de direction monobloc ; roulis par ailerons ; commande au manche pour le tangage et le roulis ; palonnier pour le lacet. Voilure haubannée sol et vol par câbles. Profil d'aile NC, à double entoilage. Atterrisseur tricycle avec béquille arrière. Suspension à caoutchouc sur les roues arrière . Roue avant directrice conjuguée au palonnier. Freins sur la roue avant ou arrière (option). Structure en tubes de duraluminium/avec entoilage, habitacle partiellement fermé. Moteur monté sous l'aile utilisé en propulsif.

La société Aéronautique 2000 a été fondée en 1981 par Hubert de Beaufort et Roland Magallon, pour la diffusion du *Baroudeur.* L'un des premiers pratiquants du Vol libre en France et devenu l'un des constructeurs de planeurs ultralégers les plus importants en Europe (voir Véliplane, France), Rolland Magallon, s'était déjà brillamment illustré en étant le premier industriel à produire les chariots tubulaires de motorisation, adaptables sous la voilure d'un PUL sans modification de celui-ci. Avec la commercialisation du *Baroudeur* monoplace dès l'été 1982, il devint le premier constructeur en Europe à offrir une gamme d'appareils complète, allant des ULM de pilotage pendulaire (voir Véliplane) à ceux de pilotage 3 axes conventionnel.

Le prototype n° 01 des *Baroudeur* effectua ses premiers vols en septembre 1981. L'appareil avait été conçu par Philippe Tisserand. Ce premier monoplace couplait une aile vivante mobile sur les 3 axes avec un empennage à plans vertical et horizontal fixes. Il fut suivi d'un n° 02 avec aile déformable et gouverne de profondeur monobloc. Après diverses modifications de ce dernier qui donnèrent cours à un prototype n° 03, apparut un n° 04 avec une aile munie d'ailerons et un empennage classique. La structure de celui-ci fut réutilisée sur un cinquième prototype de semblable configuration et doté d'un manche articulé au-dessus du pilote. Dans le même temps était construit un n° 06 avec manche débattant conventionnellement entre les jambes du pilote. Ces deux derniers firent figure d'avions de présérie ; le n° 05 a fait l'objet d'un essai en vol publié en juin 1982 dans le n° 101 de *Pilote Privé,* sous la signature d'Alain Marchand (qui s'était distingué en passant avec un avion léger *Rallye* 100 cv sous l'Arc de Triomphe de Paris, le 18 octobre 1981, pour manifester contre la situation devenant catastrophique de l'Aviation légère en France).

Conçu pour utiliser de faibles puissances, le *Baroudeur* a tout d'abord été équipé de série avec le bicylindre à plat français JPX PUL-425 développant 26 cv à 4 600 tr/min. Il est aussi proposé aujourd'hui avec moteur Hirth 445 développant 40 cv à 6800 tr/min. Commercialisé depuis février 1982, l'appareil a acquis une sérieuse réputation de robustesse et de facilité d'emploi et de mise en œuvre (il fut étudié pour correspondre à un cahier des charges militaire).
Aéronautic 2 000 le propose tout monté, avec manche au plancher en version standard et testé en vol, pour 44852 FF. Les options portent sur le cockpit (2340 FF), des pod spéciaux (2000 FF), un frein sur la roulette avant (800 FF) et un renfort en résine du bord d'attaque de l'aile (1 100 FF). Le *Baroudeur* est transportable sur remorque routière, voire même sur galerie de voiture : dimensions replié 5 X 0,50 X 0,50 m (16,5 X 1,8 X 1,8 ft).

2-DIMENSIONS EXTERIEURES ET SURFACES
Longueur hors tout 16,5 ft, 5,00 m • Hauteur hors tout 8,2 ft, 2,5 m • Envergure (aile) 29,6 ft, 9 m • Corde constante 5,1 ft, 1,55 m • Dièdre 2° • Flèche 0° • Plan fixe horizontal, envergure 7,9 ft, 2,4 m • Surface alaire totale 151 ft^2, 14,0 m^2 • Surface totale des ailerons 16,2 ft^2, 1,5 m^2 • Surface du gouvernail de direction 7,5 ft^2, 0,70 m^2 • Surface du plan fixe horizontal 16,2 ft^2, 1,50 m^2 • Surface totale des gouvernes de profondeur 9,7 ft^2, 0,90 m^2 • Allongement 5,78/1 • Voie du train 4,9 ft, 1,50 m • Empattement 5,3 ft, 1,60 m • Diamètre de la roue avant 12 inches, 30 cm • Diamètre des roues principales 12 inches, 30 cm.

3-MOTORISATION
Moteur Hirth HL 2701 - RR179 • Puissance maximale 40 CV à 6800 tr/mn • Diamètre et

pas de l'hélice 47 × NC inch, 1,20 × NC m • Réducteur à courroie crantée rapport de réduction 2,1/1 • Poussée statique maximale 199 lbs, 90 kgp • Rapport puissance/surface alaire 0,26 hp/ft², 2,9 CV/m² • Carburant emporté 7,9 US gallons • 6,6 Imp gal., 30 litres dans le réservoir principal • 6,6 US gallons, 5,5 Imp gallons, 25 litres en réservoir supplémentaire.

4-MASSES ET CHARGES
Masse à vide 220 lbs, 100 kg • Masse maximale au décollage 552 lbs, 250 kg • Charge utile 332 lbs, 150 kg • Charge alaire maximale 3,65 lbs/ft², 17,9 kg/m² • Rapport poids/puissance 13,8 lbs/hp, 6,25 kg/CV • Facteurs de charges + NC g — NC g calculées • + 6 g — 2,5 g à rupture.

5-PERFORMANCES*
Vitesse maximale en palier 63 mph, 100 km/h • Vne 71 mph, 115 km/h • Croisière (maximale) 56 mph, 90 km/h • Croisière (économique) 50 mph, 80 km/h • Vitesse de décrochage 22 mph, 35 km/h • Vitesse ascensionnelle maximale (au niveau de la mer) 690 ft/min, 3,5 m/s • Taux de chute minimal 335 ft/min à 37 mph, 1,7 m/s à 60 km/h • Finesse maximale 10/1 à 37 mph, 60 km/h • Roulage au décollage 130 ft, 40 m • Roulage à l'atterrissage 130 ft, 40 m • Plafond pratique 13,120 ft, 4000 m • Distance franchissable maximale 373 miles, 600 km.

*** Conditions de test non communiquées.**

Aéronautic 2000
Barouder biplace
(3 axes)

Biplace côte à côte monomoteur à l'aile haute. Pilotage 3 axes conventionnel. Voilure sans flèche au bord d'attaque et au bord de fuite, corde constante, empennage cruciforme. Tangage par gouverne de profondeur articulée sur le plan fixe horizontal ; lacet par gouvernail de direction articulé sur la dérive ; roulis par ailerons ; commande au manche pour le tangage et le roulis ; palonnier pour le lacet. Voilure haubannée sol et vol par câbles. Profil d'aile NC, à double entoilage. Atterrisseur tricycle avec béquille arrière. Suspension par caoutchouc du train principal. Roue avant directrice conjuguée au palonnier. Freins sur la roue avant ou arrière en option. Structure en tubes de duralumin avec carénage en option. Moteur monté devant l'aile, utilisé en tractif.

Conçue par Philippe Tisserand, la version biplace des *Baroudeur* a effectué ses premiers vols en décembre 1982. Peu de mises au point s'étant avérées nécessaires sur cet appareil directement extrapolé du monoplace, les premières commercialisations sont intervenues en février 1983. Comme son aîné, il est de pilotage 3 axes conventionnel, avec des gouvernes largement dimensionnées. Ce biplace conserve l'avantage d'être repliable sous de faibles dimensions qui permettent son transport sur galerie automobile autant que sur remorque routière ; replié : 5,50 X 0,50 X 0,50 m (16,5 X 1,8 X 1,8 ft). Il est actuellement proposé en version standard avec moteur Hirth 2 701 R de 43 cv ou Rotax 503 de 46 cv. En France, il est disponible

Le prototype des Baroudeur biplaces

monté et testé par le constructeur pour 55800 FF, un carénage partiel de l'habitacle venant sur option pour 4500 FF. Aéronautic 2 000 le propose sous forme de kit complet pour l'étranger uniquement, visant particulièrement le continent américain (pour d'évidentes raisons d'acheminement). Composé d'éléments usinés, préformés, découpés et forés, ce kit est donné pour 100 h d'assemblage (6 195 US $ F.O.B.). Le *Baroudeur* biplace est équipé doubles commandes en version standard.

La fabrication de ces deux machines est assurée en série par Zénith Aviation, filiale du groupe Matra depuis octobre 83.

2-DIMENSIONS EXTERIEURES ET SURFACES
Longueur hors tout 18,1 ft, 5,5 m • Hauteur hors tout 9,2 ft, 2,5 m • Envergure (aile) 29,6 ft, 9 m • Corde constante à l'emplanture 5,1 ft, 1,55 m • Dièdre 2° • Flèche 0° • Plan fixe horizontal, envergure 7,9 ft, 2,4 m • Hauteur plan fixe vertical NC • Surface alaire totale 151 ft², 14 m² • Surface totale des ailerons 16,2 ft², 1,5 m² • Surface du plan fixe vertical 4,3 ft², 0,4 m² • Surface du gouvernail de direction 7,5 ft², 0,40 m² • Surface du plan fixe horizontal 16,2 ft², 1,5 m² • Surface totale des gouvernes de profondeur 9,7 ft², 0,90 m² • Allongement 5,78/1 • Voie du train 4,5 ft, 1,35 m • Empattement 4,9 ft, 1,45 m • Diamètre de la roue avant 12 inches, 30 cm • Diamètre des roues principales 12 inches, 30 cm.

3-MOTORISATION
Moteur Rotax 503 ou Robin EC44PM • Puissance maximale 46 CV à 6500 tr/mn • Diamètre et pas de l'hélice 63 × NC inches, 1,6 × NC m • Réducteur à courroie crantée rapport de réduction 2,5/1 • Poussée statique maximale 287 lbs, 130 kgp • Rapport puissance/surface alaire 0,30 hp/ft², 3,3 CV/m² • Carburant emporté 5,3 US gallons, 4,4 Imp gal. 20 litres dans le réservoir principal • 6,6 US gallons, 5,5 Imp gallons • 25 litres en réservoir supplémentaire optionnel.

4-MASSES ET CHARGES
Masse à vide 287 lbs, 130 kg • Masse maximale au décollage 662 lbs, 300 kg • Charge utile 375 lbs, 170 kg • Charge alaire maximale 4,38 lbs/ft², 19,4 kg/m² • Rapport poids/puissance 14,4 lbs/hp, 6,5 kg/CV • Facteurs de charges + 6 g — 2,5 g calculées • + NC g — NC g à rupture.

5-PERFORMANCES*
Vitesse maximale en palier 62 mph, 100 km/h • Vne 71 mph, 115 km/h • Croisière (maximale) 56 mph, 90 km/h • Croisière (économique) 50 mph, 80 km/h • Vitesse de décrochage 24 mph, 40 km/h • Vitesse ascensionnelle maximale (au niveau de la mer) 600 ft/min, 3 m/s • Taux de chute minimal 350 ft/min à 37 mph, 1,7 m/s à 60 km/h • Finesse maximale 10/1 à 37 mph, 60 km/h • Roulage au décollage 165 ft, 50 m • Roulage à l'atterrissage 165 ft, 50 m • Plafond pratique 10,000 ft, 3050 m • Distance franchissable maximale 186 miles, 300 km.
*** Conditions du test non communiquées.**

AÉRO-STRUCTURE

Aérostructure, Z.I. La Lande, 33450 Saint-Loubes, téléphone : (56) 38.91.74. Robert Jacquet.

Aérostructure
Pipistrelle P2B
(3 axes)

Monoplace monomoteur à l'aile haute. Pilotage 3 axes conventionnel. Voilure sans flèche au bord d'attaque et au bord de fuite, corde constante, empennage en V. Tangage et lacet par élevons ; roulis par ailerons sur la moitié de l'envergure de l'aile ; commande au manche pour le tangage, le roulis et le lacet. Voilure haubannée portée par des mâts. Profil d'aile Worthmann FX.63.137, à double entoilage. Atterrisseur tricycle. Suspension de la roulette de queue NC ; suspension par lames en fibre de verre du train principal. Roue arrière directrice conjuguée au palonnier. Sans freins. Fuselage en fibre de verre, habitacle partiellement fermé. Moteur monté au niveau de l'aile, utilisé en propulsif.

— La *Pipistrelle* a été conçue par Robert Jacquet, ingénieur aéronautique déjà bien connu par les planeurs JP-15/34 et 15/36 à la création desquels il participa dans le cadre de la société CARMAM, à Moulins (Allier). Premier ULM de seconde génération apparu en Europe, le prototype (désigné P2A) accomplit ses premiers vols et son programme d'essais en fin 1981 et les premières commerciali-

Norman Burr

Une Pipistrelle P2B à l'assemblage...

...puis au décollage

sations du modèle de série P2B intervinrent en mars 1982. Réalisé par la société Aérostructure spécialisée dans la sous-traitance aéronautique (aviations civile et militaire), cet appareil fait entièrement appel aux matériaux composites d'emploi courant pour les planeurs modernes, sauf les deux mâts portant l'aile qui viennent en duralumin. Le fuselage est constitué de deux demi-coques en stratifié collées.

Les ailes et l'empennage sont fixés à celui-ci par des biellettes montées sur rotules et roulements étanches. Comme le signalait Bernard Chabbert dans un essai en vol publié dans le n° 100 de *Pilote Privé,* les deux seuls câbles employés sur la *Pipistrelle* sont ceux qui conjuguent la roulette de queue au palonnier.

L'appareil est équipé de série avec le moteur JPX PUL-425 de 26 cv. Il est transportable sur remorque routière et se monte ou se démonte en 20 mn pour deux personnes. Dimensions plié : 5 X 1,20 X 1,60 m (16,8 X 4 X 5,3 ft). En France, actuellement, il est commercialisé sous deux formes : soit tout monté pour 61 672 FF, soit en kit donné pour environ 120 h d'assemblage et 44 949 FF avec la motorisation (35 461 FF sans celle-ci). Signalons que des contacts, actuellement menés entre Aérostructure et la firme britannique Southdown Aéro-Service, sont susceptibles de déboucher prochainement sur une cession de la licence de fabrication de la *Pispistrelle P2B* à cette dernière société.

2-DIMENSIONS EXTERIEURES ET SURFACES
Longueur hors tout 16,5 ft, 5 m • Hauteur hors tout 5,7 ft, 1,7 m • Envergure (aile) 36,7 ft, 11,2 m • Corde constante 3,9 ft, 1,2 m • Dièdre 0,5° • Flèche 1,5° • Plan fixe horizontal, envergure 8,2 ft, 2,5 m • Surface alaire totale 146 ft², 13,5 m² • Surface totale des ailerons 11,9 ft², 1,11 m² • Surface totale des élevons 12,9 ft², 1,20 m² • Allongement 9,3/1 • Voie du train 3,6 ft, 1,07 m • Empattement 10,6 ft, 3,20 m • Diamètre de la roulette de queue 8 inches, 20 cm • Diamètre des roues principales 16 inches, 40 cm.

3-MOTORISATION
Moteur JPX PUL 425 • Puissance maximale 26 CV à 4600 tr/mn • Diamètre et pas de l'hélice 39 × NC inches, 1,00 × NC m • Pas de réducteur • Poussée statique maximale 155 lbs, 70 kgp • Rapport puissance/surface alaire 0,18 hp/ft², 1,9 CV/m² • Carburant emporté 5,3 US gallons, 4,4 Imp gal. 20 litres.

4-MASSES ET CHARGES
Masse à vide 254 lbs, 115 kg • Masse maximale au décollage 192 lbs, 87 kg • Charge utile 446 lbs, 202 kg • Charge alaire maximale 3,06 lbs/ft², 15,0 kg/m² • Rapport poids/puissance 17,2 lbs/hp, 7,8 kg/CV • Facteurs de charges + NC g • NC g calculées • + 6 g • 3 g à rupture.

5-PERFORMANCES*
Vitesse maximale en palier 62 mph, 100 km/h • Vne 75 mph, 120 km/h • Croisière (maximale) 56 mph, 90 km/h • Croisière (économique) 50 mph, 80 km/h • Vitesse de décrochage 24 mph, 40 km/h • Vitesse ascensionnelle maximale (au niveau de la mer) 600 ft/min, 3 m/s • Taux de chute minimal 200 ft/min à 34 mph, 1 m/s à 55 km/h • Finesse maximale 14/1 à 34 mph, 55 km/h • Roulage au décollage 100 ft, 30 m • Roulage à l'atterrissage 82 ft, 25 m • Plafond pratique 10,000 ft, 3050 m • Distance franchissable maximale 155 miles, 250 km.

*** Mesurées dans les conditions suivantes : Altitude QNH 0 ft, 0 m • Température au sol 59 °F, 15 °C • Vent au sol 0 mph, 0 km/h • Poids du pilote 177 lbs, 80 kg.
Avec moteur ci-dessus.**

Aérostructure
PLM 80 Lutin
(3 axes)

Monoplace monomoteur à aile médiane. Pilotage 3 axes conventionnel. Voilure avec flèche inverse au bord d'attaque et au bord de fuite, corde dégressive, empennage en T. Tangage par gouverne de profondeur articulée sur le plan fixe horizontal ; lacet par gouvernail de direction articulé sur la dérive ; roulis par ailerons sur un tiers de l'envergure de l'aile ; commande au manche pour le tangage et le roulis, et palonnier pour le lacet. Ailes cantilever. Profil d'aile Worthann FX.66S.196 V1, à double entoilage.

Atterrisseur monotrace avec roulette de queue, avec balancines et béquille arrière. Sans suspension sur toutes les roues. Roue arrière directrice conjuguée au palonnier. Freins sur les roues du train principal. Fuselage en fibre de verre, habitacle fermé. Moteur monté au-dessus de l'aile, utilisé en propulsif.

— La désignation du PLM 80 situe fort clairement cet appareil comme un Planeur Léger Motorisé et non pas comme un ultraléger. Avec ce prototype qui vient à peine d'effectuer ses premiers vols, Aérostructure propose un motoplaneur qui déborde l'actuelle définition d'un ULM selon les réglementations en vigueur dans les principaux pays concernés. Robert Jacquet nous l'a lui-même parfaitement situé comme ce que nous désignerons un jour comme ATL en France (Avion Très Léger) et Very Light Aircraft dans les pays anglophones, — lorsque nos législateurs se seront enfin rendu compte que le monde de l'Aviation de plaisance s'est contrefichu de leur autorisation préalable pour progresser à tire-d'aile !

Le dernier-né d'Aérostructure est encore un prototype qui vient à peine d'effectuer ses premiers vols et à entamé un programme d'essais en vue d'une certification classique. Considéré en tant qu'ATL motoplaneur, c'est incontestablement l'appareil le plus performant actuellement dans sa catégorie, rendant des points à ses concurrents américains tels le *Monerai P* ou l'*American Eaglet.*

D'une technologie entièrement axée sur le stratifié fibre de verre comme tous les planeurs classiques actuels, le PLM 80 a une aile à profil Worthmann FX 66S 196 V1 avec vrillage de - 2° et calée à 1,5° d'incidence, dont le coefficient de portance maximal ressort à 1,5. Deux autres données pour vous la situer : l'allongement est de 18,9/1 et l'effilement de 0,45. Cette voilure est aussi dotée d'aérofreins totalisant 0,166 M² (1,79 ft²) de surface et braquables entre + 16 et - 21°. L'empennage en T fait appel aux profils Worthmann FK 71 L 150/42,5 pour l'empennage vertical et 150/30 pour l'horizontal, ce dernier calé à - 2,5°. Ce prototype utilise un moteur lui-même prototype, le tricylindre français PAL-640 de JPX présenté en statique en fin juillet 1982 à Brienne-le-Château, à l'occasion du rassemblement annuel des constructeurs amateurs européens, et qui a poursuivi depuis ses essais au banc. Celui-ci entraîne en prise directe une hélice tripale à pas fixe de 0,93 m (3,1 ft) de diamètre.

Il est toujours hasardeux de se risquer à juger des performances d'un prototype n° 01 qui vient à peine de décoller. Nous dirons cependant que, jugeant sur la foi des précédentes créations de Robert Jacquet dans divers domaines aéronautiques, il serait surprenant que le PLM 80 ne tienne pas ses promesses et que les performances calculées que nous en pubions ne s'avèrent pas confirmées in vivo. Aucun prix de vente n'est encore avancé pour cette machine qu'on doit considérer comme l'un des maillons manquants entre l'Aviation ultralégère et l'Aviation légère tout court, ce qui permet de situer ses prix de commercialisation, très empiriquement, entre les hauts de gamme de la première et les bas de gamme de la seconde.

2-DIMENSIONS EXTERIEURES ET SURFACES
Longueur hors tout 16,7 ft, 5,10 m • Hauteur hors tout 3,5 ft, 1,0 m • Envergure (aile) 36,1 ft, 11 m • Corde constante à l'emplanture 2,7 ft, 0,80 m • Corde aux extrémités 1,2 ft, 0,35 m • Dièdre 4° • Flèche 3,5° • Plan fixe horizontal, envergure 5,9 ft, 1,8 m • Hauteur plan fixe vertical 3,4 ft, 1,00 m • Surface alaire totale 69 ft², 6,4 m² • Surface totale des ailerons 9,1 ft², 0,85 m² • Surface du plan fixe vertical 6,5 FT², 0,60 m² • Surface du gouvernail de direction 2,7 ft², 0,25 m² • Surface du plan fixe horizontal 7,8 ft², 0,72 m² • Surface totale des gouvernes de profondeur 2,3 ft², 0,22 m² • Allongement 18,9/1 • Diamètre de la roulette de queue 8 inches, 20 cm • Diamètre des roues principales 12 inches, 30 cm.

3-MOTORISATION
Moteur JPX PAL 640 • Puissance maximale 32 CV à 4600 tr/mn • Diamètre et pas de l'hélice 37 × NC inches, 0,93 × NC m • Pas de réducteur • Rapport puissance/surface alaire 0,46 hp/ft², 5,0 CV/m² • Autres caractéristiques non communiquées.

4-MASSES ET CHARGES
Masse à vide 353 lbs, 160 kg • Masse maximale au décollage 618 lbs, 280 kg • Charge utile 265 lbs, 120 kg • Charge alaire maximale 8,95 lbs/ft², 43,8 kg/m² • Rapport poids/puissance 19,3 lbs/hp, 8,8 kg/CV • Facteurs de charges calculées NC • + 8 g • 4 g à rupture.

5-PERFORMANCES*
Vitesse maximale en palier 137 mph, 220 km/h • Vne 162 mph, 260 km/h • Croisière (maximale) 130 mph, 210 km/h • Croisière (économique) 112 mph, 180 km/h • Vitesse de décrochage 48 mph, 77 km/h • Vitesse ascensionnelle maximale (au niveau de la mer) 890 ft/min, 4.5 m/s • Taux de chute minimal 170 ft/min à 65 mph, 0,85 m/s à 105 km/h • Finesse maximale 30/1 à NC mph, NC km/h • Roulage au décollage 918 ft, 280 m • Roulage à l'atterrissage 328 ft, 100 m • Plafond pratique 19,680 ft, 6000 m • Distance franchissable maximale 435 miles, 700 km.

*** Mesurées dans les conditions suivantes : Altitude QNH 0 ft, 0 m • Température au sol 59 °F, 15 °C • Vent au sol 0 mph, 0 km/h • Poids à la masse maximale 618 lbs, 280 kg. Avec moteur ci-dessus.**

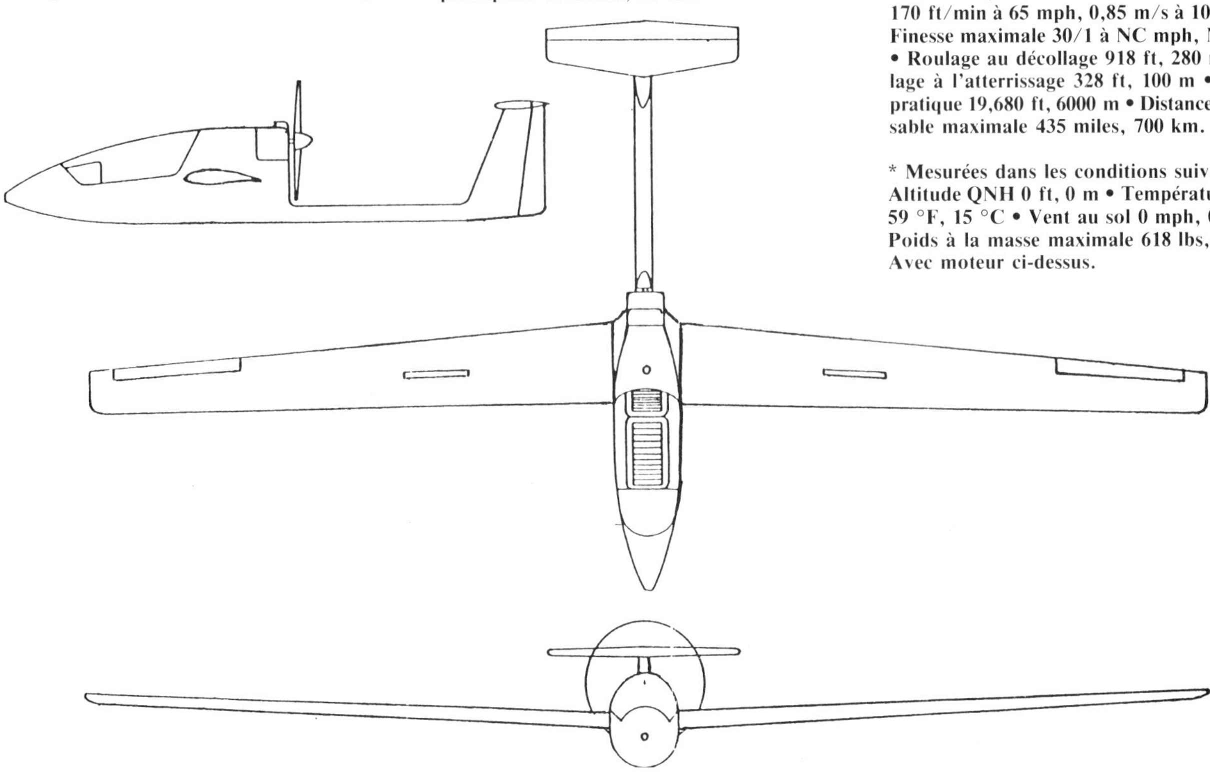

AGRIPLANE

Groupe Roland Périnet et Cie, Département Agriplane, 86110 Mirebeau, téléphone : (49) 50.44.34, télex 790334. Roland Périnet et Patrice Renaud.

Agriplane *Condor 2090*
(pendulaire)

Monoplace et biplace monomoteur à voilure souple. Pilotage pendulaire. Voilure type Rogallo avec dérive sous l'aile. Le pilote est suspendu sous la voilure dans un siège monocoque et utilise un trapèze de commande (pilotage par déplacement du centre de gravité par rapport au centre de poussée). Voilure haubannée sol et vol par câbles, transversale rigide, avec simple entoilage (double entoilage à 33 % en option), transversale hors entoilage, lattes préformées. Atterrisseur tricycle. Suspension par caoutchouc sur toutes les roues. Roue avant directrice avec palonnier. Frein sur la roue avant. Chariot en tubes de duralumin, sans carénage. Moteur monté sous l'aile, utilisé en propulsif.

— Conçu par Roland Perinet et Patrice Renaud, le prototype des Agriplane a effectué ses premiers vols en février 1981, ce qui le situe comme le premier ULM agricole de pilotage pendulaire apparu au monde, utilisant le moteur Hirth de 40 cv avec démarreur électrique. Les essais dans les champs en situation réelle ainsi que les tests de pulvérisation ont été assez longs, ainsi que la préparation pour une construction en série, ce qui explique, pourquoi, présenté au Salon de l'Aéronautique et de l'Espace, au Bourget, dés juin 1981, les premiers Agriplane *Condor* ne furent commercialisés qu'à partir de mars 1982. L'appareil fit l'objet d'articles par Jean-Claude Armaing et Alain-Yves Berger, détaillant son mode d'utilisation en épandage agricole, dans le n° 103 de *Pilote Privé,* en août 1982.

Essentiellement destiné à son emploi d'outil agricole, cet ULM peut néammoins être muni d'un second siège et utilisé en biplace en tandem à doubles commandes, un kit permettant cette adaptation. Le *Condor* est doté d'un astucieux siège en fibre de verre avec habillage en mousse et qui forme réservoir de 90 litres (23,8 US gallons, 19,89 Imp. gallons) pour le produit à pulvériser. Une moto-pompe autonome avec électro-vanne à commande électrique amène ce produit à deux rampes d'épan-

Norman Burr

dage disposées de chaque côté du chariot. Trois longueurs de rampes sont proposées, celles-ci étant rattachées à l'ensemble par des attaches rapides qui permettent leur montage en 3 mn : 6,9 et 12 m (19,8, 26,6 et 39,5 ft). Des atomiseurs interchangeables permettent de varier le débit du produit pulvérisé entre 15 et 30 litres par hectare (3,97-7,95 US gallons, 3,3-6,6 Imp. gallons pour 2,5 acres).

2-DIMENSIONS EXTERIEURES
ET SURFACES

Longueur hors tout 13,1 ft, 4 m • Hauteur hors tout 11,6 ft, 3,5 m • Envergure (aile) 32,8 ft, 10 m • Dièdre 4° • Angle de nez 135° • Surface alaire totale 248 ft², 23 m² • Allongement 4,3/1 • Diamètre de la roue avant 16 inches, 40 cm • Diamètre des roues principales 16 inches, 40 cm • Autres caractéristiques non communiquées.

3-MOTORISATION

Moteur Hirth type NC • Puissance maximale 46 CV à 7800 tr/mn • Réducteur à courroie crantée rapport de réduction NC/1 • Rapport puissance/surface alaire 0,19 hp/ft², 2,0 CV/m² • Carburant emporté 5,8 US gallons, 4,8 Imp gal. 22 litres • Autres caractéristiques non communiquées.

4-MASSES ET CHARGES

Masse à vide 298 lbs, 135 kg • Masse maximale au décollage 696 lbs, 315 kg • Charge utile 398 lbs, 180 kg • Charge alaire maximale 2,80 lbs/ft², 13,7 kg/m² • Rapport poids/puissance 15,1 lbs/hp, 6,8 kg/CV • Facteurs de charges + NC g • NC g calculées • + 5,5 g – 2,8 g à rupture.

5-PERFORMANCES*

Vitesse maximale en palier 47 mph, 75 km/h • Vne 53 mph, 85 km/h • Croisière (maximale) 40 mph, 65 km/h • Croisière (économique) 34 mph, 55 km/h • Vitesse de décrochage 23 mph, 38 km/h • Vitesse ascensionnelle maximale (au niveau de la mer) 600 ft/min, 3 m/s • Finesse maximale 7/1 à 34 mph, 55 km/h • Roulage au décollage 82 ft, 25 m • Roulage à l'atterrissage 50 ft, 15 m • Distance franchissable maximale 68 miles, 110 km • Autres caractéristiques non communiquées.

*** Conditions du test non communiquées.**

AILE S.A.

Aile S.A. (Air Industrie Loisir Engineering), Z.I., 49960 Chatelais, téléphone : (41) 61.01.34. François de Candé et André Gabry.

Aile S.A.
Patrilor 3
(3 axes)

Biplace côte à côte monomoteur à l'aile haute. Pilotage 3 axes conventionnel. Voilure avec flèche au bord d'attaque, flèche inverse au bord de fuite ; corde dégressive ; empennage cruciforme. Tangage par gouverne de profondeur articulée sur le plan fixe horizontal ; lacet par gouvernail de direction monobloc ; roulis par ailerons ; commande au manche pour le tangage et le roulis ; palonnier pour le lacet. Voilure haubannée sol par câbles. Profil d'aile NC, à double entoilage. Atterrisseur tricycle. Sans suspension. Roue avant directrice conjuguée au palonnier. Structure en tubes de duralumin, avec carénage sur option. Moteur monté au-dessus de l'aile, utilisé en tractif.

— Conçu par Patrick Lemonnier, le *Patrilor 3* biplace fut assemblé sans aucun plan tracé au préalable, dans son atelier de mécanique et tôlerie automobile. Pour le dossier de calcul, son prototype étant presque achevé, Patrick fit appel à la compétence de Jean Pottier, ingénieur aéronautique bien connu pour ses réalisations des planeurs JP-15/34 et 15/36 avec Robert Jacquet, dans le cadre de la CARMAM, à Moulins (Allier), ainsi qu'à M. David, constructeur amateur d'un *Raz-Mut* du Canadien Jean Saint-Germain. Ce prototype n° 01 effectua son premier vol en fin mai 1982 et fut présenté en fin juillet à Brienne (Aube), au rassemblement annuel des constructeurs amateurs européens. Un n° 02 ensuite apparu, termina prématurément sa carrière sur un atterrissage scabreux. Il fut suivi d'un n° 03 avec lequel Jacques Toulorge s'engagea dans la première course ULM Londres-Paris et remporta la 1e place dans cette catégorie de machines.

Le *Patrilor 3* est commercialisé depuis novembre 1982 et rencontre un succès assez exceptionnel : c'est actuellement le biplace de pilotage 3 axes le plus vendu en France. Et le fait qu'il fut le premier appareil de conception française apparu dans ce pays n'explique pas à lui seul ce succès : les qualités de vol sécurisantes de cette machine y sont sans doute, aussi, pour quelque chose ! Il a fait l'objet d'un essai en vol par Alain-Yves Berger dans le n° 01 de *UlmMag,* essai mené jusqu'aux configurations de vol inusuelles auxquelles la machine et le pilote ont parfaitement résisté.

2-DIMENSIONS EXTERIEURES ET SURFACES
Longueur hors tout 19,4 ft, 5,9 m • Hauteur hors tout 8 ft, 2,45 m • Envergure (aile) 38,7 ft, 11,75 m • Corde constante à l'emplanture 5,5 ft, 1,64 m • Corde aux extrémités 3,5 ft, 1,05 m • Dièdre 3° • Flèche 8° • Plan fixe horizontal, envergure 11,1 ft, 3,38 m • Surface alaire totale 233 ft², 21,6 m² • Surface totale des ailerons 17,2 ft², 1,6 m² • Surface du gouvernail de direction 8,2 ft², 0,76 m² • Surface du plan fixe horizontal 17,2 ft², 1,60 m² • Surface totale des gouvernes de profondeur 11,8 ft², 1,10 m² • Allongement 6,4/1 • Voie du train 5,6 ft, 1,72 m • Empattement 6,2 ft, 1,88 m • Diamètre de la roue avant 10 inches, 26 cm • Diamètre des roues principales 16 inches, 40 cm.

3-MOTORISATION
Moteur Hirth 2701 R • Puissance maximale 43 CV à 6500 tr/mn • Diamètre et pas de l'hélice 56 × NC inches, 1,42 × NC m • Réducteur à courroie crantée rapport de réduction 2,5/1 • Poussée statique maximale 254 lbs, 115 kgp • Rapport puissance/surface alaire 0,18 hp/ft², 2,0 CV/m² • Carburant emporté 8,5 US gallons, 7,0 Imp gal. 35 litres.

4-MASSES ET CHARGES
Masse à vide 320 lbs, 145 kg • Masse maximale au décollage 707 lbs, 320 kg • Charge utile 387 lbs, 175 kg • Charge alaire maximale 3,03 lbs/ft², 14,8 kg/m² • Rapport poids/puissance 16,4 lbs/hp, 7,44 kg/CV • Facteurs de charges calculées NC • + 4,5 g – 3,8 g à rupture.

5-PERFORMANCES*
Vitesse maximale en palier 56 mph, 90 km/h • Vne 68 mph, 110 km/h • Croisière (maximale) 50 mph, 80 km/h • Croisière (économique) 43 mph, 70 km/h • Vitesse de décrochage 22 mph, 35 km/h • Vitesse ascensionnelle maximale (au niveau de la mer) 500 ft/min, 2.5 m/s • Taux de chute minimal 600 ft/min à 24 mph, 3 m/s à 40 km/h • Finesse maximale 8/1 à 37 mph, 60 km/h • Roulage au décollage 115 ft, 35 m • Roulage à l'atterrissage 115 ft, 35 m • Plafond pratique 10,000 ft, 3050 m • Distance franchissable maximale 125 miles, 200 km.

*** Mesurées dans les conditions suivantes : Altitude QNH 328 ft, 100 m • Température au sol 59 °F, 15 °C • Vent au sol 0 mph, 0 km/h • Poids du pilote 188 lbs, 85 kg • Poids du passager 154 lbs, 70 kg.**
Avec moteur ci-dessus.

Aile S.A.
PX 2000
(3 axes)

Monoplace monomoteur à l'aile haute. Pilotage 3 axes conventionnel. Voilure avec flèche au bord d'attaque et au bord de fuite, corde constante, empennage cruciforme. Tangage par gouverne de profondeur articulée sur le plan fixe horizontal ; lacet par gouvernail de direction articulé sur la dérive ; roulis par ailerons sur toute l'envergure de l'aile ; commande au manche pour le tangage et le roulis ; palonnier pour le lacet. Voilure haubannée sol par câbles et vol par câbles et mâts ; profil d'aile Clark Y, à double entoilage. Atterrisseur tricycle avec béquille arrière. Suspension par caoutchouc de la roue avant et suspension par ressorts du train principal. Roue avant directrice conjuguée au palonnier. Freins sur les roues du train principal en option. Structure en tubes de duraluminium, habitacle partiellement fermé. Moteur monté au-dessus de l'aile, utilisé en tractif.

— Le PX 2 000 est le dernier-né de AILE S.A. qui en a entrepris l'étude en décembre 1982, à partir d'une idée de Patrick Lemonnier. La construction du prototype a été entreprise en février 1983 et celui-ci a effectué son premier vol le 3 avril ; il poursuit actuellement un programme d'essais tant en vol que statiques extrêmement poussé. Ces essais statiques sont, notamment, confiés à Ingénerie Technique Atlantique (ITA), laboratoire spécialisé en aéronautique et marine. A l'heure où nous achevons la rédaction de la présente édition, il nous est communiqué par André Gabry et François de Candé que leur monoplace confirme déjà largement les performances calculées. Celles que nous vous restituons correspondent donc au prototype, actuellement motorisé d'un Fuji-Robin EC 44 PM 2 à lanceur à main et développant 53 cv. Toutefois, ce prototype reste encore démuni de l'habitacle caréné en fibre de verre (avec pare-brise en polycarbonate) et des carénages sur les trois roues dont seront munis les appareils de série. Ceux-ci seront disponibles avec le moteur 53 cv ou le Fuji-Robin EC 34 PM de moindres cylindrée (333 cc) et puissance (32 cv). Les premières commercialisations sont prévues pour juillet 1983. En Europe, où le PX 2 000 est classé ULM, il sera proposé monté, prêt à voler, et entièrement équipé pour un prix de l'ordre de 60 000 F. Aux U.S.A. où sa masse à vide de 140 kg (309 lbs) tout équipé (avec les carénages de cabine et des roues et instrumentation incluse) incite à le classer en *Experimental Aircraft* de construction amateur, il sera très certainement disponible sous forme d'un kit complet et nécessitant un temps d'assemblage minimal.

2-DIMENSIONS EXTERIEURES ET SURFACES
Longueur hors tout 17,5 ft, 5,3 m • Hauteur hors tout 7,9 ft, 2,4 m • Envergure (aile) 29,9 ft, 9,10 m • Corde constante à l'emplanture 4,3 ft, 1,29 m • Corde aux extrémités 2,7 ft, 0,82 m • Dièdre 2° • Flèche 5° • Plan fixe horizontal, envergure 8,7 ft, 2,61 m • Hauteur plan fixe vertical 3,9 ft, 1,2 m • Surface

Le prototype du PX 2000 monoplace de Aile SA

alaire totale 136 ft², 12,6 m² • Surface totale des ailerons 31,5 ft², 2,92 m² • Surface du plan fixe vertical 9,1 ft², 0,85 m² • Surface du gouvernail de direction 7,5 ft², 0,70 m² • Surface du plan fixe horizontal 12,7 ft², 1,18 m² • Surface totale des gouvernes de profondeur 10,3 ft², 0,96 m² • Allongement 6,59/1 • Voie du train 4,7 ft, 1,40 m • Empattement 4,7 ft, 1,40 m • Diamètre de la roue avant 10 inches, 25 cm • Diamètre des roues principales 12 inches, 30 cm.

3-MOTORISATION
Moteur Robin EC44-2PM • Puissance maximale 53 CV à 6750 tr/mn • Diamètre et pas de l'hélice 65 × NC inches, 1,64 × NC m • Réducteur à courroie crantée rapport de réduction 2,5/1 • Poussée statique maximale 309 lbs, 140 kgp • Rapport puissance/surface alaire 0,39 hp/ft², 4,2 CV/m² • Carburant emporté 1,8 US gallons, 6,6 Imp gal. 30 litres.

4-MASSES ET CHARGES
Masse à vide 309 lbs, 140 kg • Masse maximale au décollage 574 lbs, 260 kg • Charge utile 265 lbs, 120 kg • Charge alaire maximale 4,24 lbs/ft², 20,7 kg/m² • Rapport poids/puissance 10,83 lbs/hp, 4,9 kg/CV • Facteurs de charges + NC g • NC g calculées, – + 6 g – 4 g à rupture.

5-PERFORMANCES*
Vitesse maximale en palier 87 mph, 140 km/h • Vne 106 mph, 170 km/h • Croisière (maximale) 81 mph, 130 km/h • Croisière (économique) 65 mph, 105 km/h • Vitesse de décrochage 22 mph, 35 km/h • Vitesse ascensionnelle maximale (au niveau de la mer) 1000 ft/min, 5,1 m/s • Taux de chute minimal 400 ft/min à 34 mph, 2 m/s à 55 km/h • Finesse maximale 10/1 à 37 mph, 60 km/h • Roulage au décollage 115 ft, 35 m • Roulage à l'atterrissage 131 ft, 40 m • Plafond pratique 10000 ft, 3050 m • Distance franchissable maximale 218 miles, 350 km.

* Mesurées dans les conditions suivantes : Altitude QNH 200 ft, 60 m • Température au sol 59 °F, 15 °C • Vent au sol 14 mph, 22 km/h • Poids du pilote 170 lbs, 77 kg. Avec moteur ci-dessus.

AIR CREATION

Air Concept, Zone Industrielle Lavilledieu, 07170 Villeneuve-de-Berg, téléphone : (75) 36.24.10. Gilles Bru.

Air Création
Safari-FR 250/Alpha
(pendulaire)

Monoplace monomoteur à voilure souple ; pilotage pendulaire. Voilure type Rogallo avec dérive sous l'aile. Commande par déplacement du centre de gravité pour le tangage et le roulis. Le pilote est suspendu sous la voilure dans un siège harnais et utilise un trapèze de commande (pilotage par déplacement du centre de gravité par rapport au centre de poussée). Voilure haubannée sol et vol par câbles ; transversale flottante ; avec double entoilage sur la moitié de la corde ; transversale intégrée ; lattes préformées. Atterrisseur tricycle. Sans suspension. Roue avant directrice non conjuguée au palonnier. Frein sur la roue avant en option. Chariot en tubes de duralumin, sans carénage. Moteur monté sous l'aile utilisé en propulsif.

— Air Concept est une entreprise récemment créée, en décembre 1982, par Gilles Bru, très connu chez les pratiquants du Vol libre qui a collaboré pendant cinq années de suite à la fabrication des planeurs ultralégers d'Eole 2 000, société spécialisée dans ce secteur de l'Aviation ultralégère. Ne construisant pas ellemême de chariots actuellement, cette société contribue à la diffusion des produits d'Air Concept. Gilles Bru propose toute une gamme de monoplaces et biplaces pendulaires judicieusement conçus et précise dans ses documentations qu'il s'est donné pour critères de base la sécurité et la robustesse. Il est significatif de remarquer qu'il est l'un des tout premiers constructeurs français à offrir une garantie de 1 an contre tout vice de construction pour les moteurs qui équipent ses divers modèles.

La gamme actuellement offerte par Air Concept peut se présenter, pour une meilleure compréhension, comme comprenant trois types de chariots : le monoplace à structure métallique tubulaire *Safari,* le *Safari GT* monoplace caréné en polyester et les biplaces *Safari Bi.* Avec ces chariots, la firme fabrique aussi des voilures souples monoplaces *Alpha* et *Alpha Racer* et biplaces *Alpha 18, Alpha 20* et *Centaure.* Chaque ensemble est désigné d'un prénom précisant le chariot et l'aile assortie, par exemple *Safari-Alpha* pour le modèle de base que nous présentons tout d'abord ; la mention *FR 250* précise quant à elle le moteur utilisé : Fuji-Robin EC 25 PS, dans le cas présent, le chiffre 250 faisant référence à la cylindrée qu'attribue à ce moteur la grande majorité des pratiquants (alors qu'en fait, le type EC 25 PS comporte une cylindrée de 244 cc).

Ce monoplace *Safari-Alpha FR 250* est commercialisé prêt à voler pour un prix de vente variant (en fonction des options choisies par l'acquéreur) entre 15 000 et 18 000 FF ou, en kit, entre 11 000 et 14 000 FF, l'aile *Alpha 17* de 16,80 m² (181 ft²) étant fournie pour 12 000 FF dans les deux cas. Transportable comme la presque totalité des ULM pendulaires sur galerie de voiture ou remorque routière, ce modèle mesure, replié 6 X 0,30 X 0,30 m (19,8 X 1 X 1 ft).

2-DIMENSIONS EXTERIEURES ET SURFACES
Longueur hors tout 9,8 ft, 3 m • Hauteur hors tout 9,8 ft, 3 m • Envergure (aile) 32,2 ft, 9,8 m • Corde constante à l'emplanture 6,7 ft, 2 m • Corde aux extrémités 2,3 ft, 0,7 m • Dièdre 4° • Angle de nez 122° • Surface alaire totale 181 ft², 16.8 m² • Allongement 5,7/1 • Empattement 5,7 ft, 1,70 m • Diamètre de la roue avant 10 inches, 26 cm • Diamètre des roues principales 12 inches, 30 cm.

3-MOTORISATION
Moteur Robin E C 25 PS • Puissance maximale 18.5 CV à 6000 tr/mn • Diamètre et pas de l'hélice 54 × NC inches, 1,37 × NC m • Réducteur à courroie en V rapport de réduction 2.0/1 • Poussée statique maximale 139 lbs, 63 kgp • Rapport puissance/surface alaire 0,10 hp/ft², 1,1 CV/m² • Carburant emporté 2,6 US gallons, 2,2 Imp gal. 10 litres dans le réservoir principal • 6,1 US gallons, 5,1 Imp gallons • 23 litres en réservoir supplémentaire. optionnel.

4-MASSES ET CHARGES
Masse à vide 170 lbs, 77 kg • Masse maximale au décollage 442 lbs, 200 kg • Charge utile 272 lbs, 123 kg • Charge alaire maximale 2,44 lbs/ft², 11,9 kg/m² • Rapport poids/puissance 23,9 lbs/hp, 11,1 kg/CV • Facteurs de charges calculées NC • + 6 g, – 3 g à rupture.

5-PERFORMANCES*
Vitesse maximale en palier 44 mph, 70 km/h • Vne 56 mph, 90 km/h • Croisière (maximale) 31 mph, 50 km/h • Croisière (économique) 28 mph, 45 km/h • Vitesse de décrochage 17 mph, 28 km/h • Vitesse ascensionnelle maximale (au niveau de la mer) 400 ft/min, 2 m/s • Taux de chute minimal 280 ft/min à 24 mph, 1,4 m/s à 40 km/h • Finesse maximale 8/1 à 27 mph, 43 km/h • Roulage au décollage 65 ft, 20 m • Roulage à l'atterrissage 100 ft, 30 m • Plafond pratique 10000 ft, 3050 m • Distance franchissable maximale 155 miles, 250 km.

* Conditions du test non communiquées.

Air Création
Safari GT-FR 250/Alpha
(pendulaire)

Description identique au *Safari FR 250/Alpha* à l'exception de : sans suspension de la roue avant et suspension par lames en fibre de verre sur les roues du train principal. Chariot en fibre de verre, habitacle partiellement fermé.

— Le chariot tricycle *Safari GT* est entièrement moulé en polyester à l'exception du mât vertical portant l'attache à l'aile et qui vient en duralumin AU 4 GIT 4 en tube de section ronde de 54 X 2 mm (2,2 X 0,08"). Ce carénage s'accompagne d'un pare-brise et présente l'incontestable avantage de protéger son pilote des intempéries. Les pratiquants qui, de plus en plus nombreux, volent en hiver sous des latitudes où le froid et la pluie s'avèrent souvent rédhibitoires, apprécieront à sa juste valeur cette formule. Historiquement parlant, il convient de rappeler que le tricycle caréné est né en France dès 1974 avec le *Motodelta* de J.-M. Geiser mais que celui-ci, utilisant un gouvernail de direction, était en fait de pilotage composite puisque pendulaire en roulis et en tangage. Le seul inconvénient que présente cette formule est d'impliquer forcément une remorque routière pour son transport, le chariot ayant un encombrement sans sa voilure de 2 X 0,50 X 1 m (6,6 X 0,2 X 3,4 ft). L'appareil est aussi proposé en version *Safari GTL,* bénéficiant de toutes les options disponibles pour le type *GT* de base : pièce d'accroche, jam-

FRANCE

De gauche à droite, chariots Safari Bi FR440 et monoplaces Safari FR 250, aile Alpha et monoplace caréné Safari GT FR250

bes du train principal carénées, carénages des roues et cône d'hélice. Le *Safari GT* est livrable monté pour un prix de 14 000 à 17 000 FF, variant en fonction des options, l'aile *Alpha 17* de 16,80 m² (181 ft²) étant vendu 12 000 FF en sus. Le carénage en stratifié avec pare-brise et les trois carénages des roues sont commercialisés séparément par Eole 2 000 pour 3 326 FF.

2-DIMENSIONS EXTERIEURES ET SURFACES
Identiques au *Safari FR 250/Alpha* sauf : empattement 5,3 ft, 1,60 m • Diamètre de la roue avant 12 inch, 30 cm.

3-MOTORISATION
Identique au *Safari FR250/Alpha*.

4-MASSES ET CHARGES
Masse à vide 166 lbs, 75 kg • Masse maximale au décollage 441 lbs, 200 kg • Charge utile 276 lbs, 125 kg • Charge alaire maximale 2,44 lbs/ft² 11,9 kg/m² • Rapport poids/puissance 23,8 lbs/hp, 11,1 kg/cv • Facteurs de charges calculées NC • + 6 g, – 3 g à rupture.

5-PERFORMANCES*
Vitesse maximale en palier 47 mph, 75 km/h • Vne 56 mph, 90 km/h • Croisière (maximale) 34 mph, 55 km/h • Croisière (économique) 28 mph, 45 km/h • Vitesse de décrochage 17 mph, 28 km/h • Vitesse ascensionnelle maximale (au niveau de la mer) 400 ft/min, 2 m/s • Taux de chute minimal 240 ft/min à 24 mph, 1,2 m/s à 40 km/h • Finesse maximale 9/1 à 27 mph, 43 km/h • Roulage au décollage 65 ft, 20 m • Roulage à l'atterrissage 100 ft, 30 m • Plafond pratique 10.000 ft, 3 050 m • Distance franchissable maximale 155 miles, 250 km.

*** Conditions du test non communiquées.**

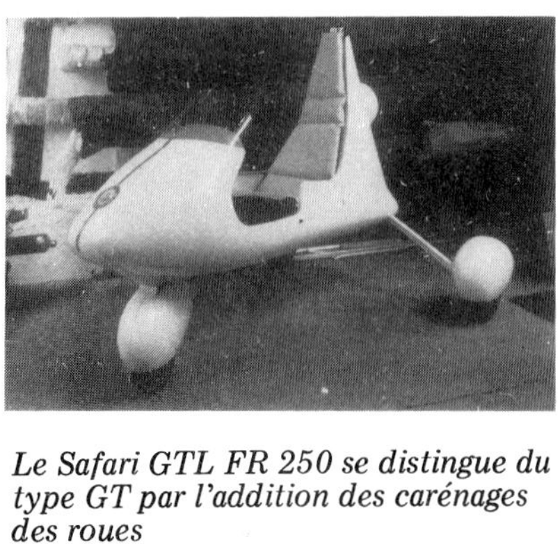

Le Safari GTL FR 250 se distingue du type GT par l'addition des carénages des roues

Air Création
Safari BI-FR 440/Alpha 18
(pendulaire)

Biplace en tandem monomoteur à voilure souple. Pilotage pendulaire. Voilure type Rogallo avec dérive au-dessus de l'aile. Commande par déplacement du centre de gravité pour le tangage et le roulis. Le pilote est suspendu sous la voilure dans un siège-harnais et utilise un trapèze de commande (pilotage par déplacement du centre de gravité par rapport au centre de poussée). Voilure haubannée sol et vol par câbles, transversale flottante, avec double entoilage sur la moitié de la corde; transversale intégrée, lattes préformées. Atterrisseur tricycle. Sans suspension. Roue avant directrice non conjuguée au palonnier. Frein sur la roue avant en option. Chariot en tubes de duralumin, sans carénage. Moteur monté sous l'aile, utilisé en propulsif.

— Les *Safari Bi* sont conçus suivant les mêmes principes que les chariots monoplaces d'Air Concept, utilisant eux aussi des poutres de duralumin 6061 T 5 de section rectangulaire de 60 X 40 mm (2,4 X 1,6"). Les biplaces sont à doubles commandes comme la presque totalité des pendulaires actuels, la barre de contrôle étant manœuvrable aussi bien en place avant qu'en place arrière, la commande des gaz accessible aux deux occupants et celle de la roue avant directrice étant doublées. Le modèle *Alpha 18-Safari Bi* utilise une voilure de 17,60 m² (190 ft²) qui le différencie sur ce plan des deux autres biplaces proposés par cet avionneur. Comme l'indique la mention *FR 440* de son intitulé, il est équipé d'un Fuji-Robin 432 cc (plus connu des pratiquants européens sous l'appellation inexacte de « 440 »), le choix étant offert à l'acquéreur entre les deux types disponibles de ce moteur : EC 44 PM de 50 cv avec démarreur électrique ou EC 44 PM 2 de 53 cv mais avec lanceur à main. Repliés, le chariot mesure 2 X 0,80 X 1 m (6,7 X 2,8 X 3,4ft) et l'aile, 6 X 0,30 m X 0,30 m (19,9 X 1 X 1 ft). Celle-ci est vendue 13 500 FF et le chariot est proposé monté de 28 000 à 30 000 FF en fonction des options ou, sous forme de kit, de 22 000 à 24 000 FF. Ces options portent, outre le choix du type du moteur, sur le frein de la roue avant, un réservoir supplémentaire de carburant et des carénages.

2-DIMENSIONS EXTERIEURES ET SURFACES
Longueur hors tout 9,8 ft, 3,00 m • Hauteur hors tout 9,8 ft, 3 m • Envergure (aile) 32,3 ft, 9,8 m • Corde constante à l'emplanture 8,2 ft, 2,5 m • Corde aux extrémités 3,4 ft, 1,00 m • Dièdre 4° • Angle de nez 122° • Surface alaire totale 190 ft², 17,6 m² • Allongement 5,5/1 • Empattement 5,7 ft, 1,70 m • Diamètre de la roue avant 16 inch, 40 cm • Diamètre des roues principales 16 inch, 40 cm • Autres caractéristiques non communiquées.

3-MOTORISATION
Moteur Robin EC44.
Puissance maximale 50 cv à 6500 tr/mn • Diamètre et pas de l'hélice 54xNC inch 1,38 m x NC m • Réducteur à courroie crantée rapport de réduction 2,2/1 • Poussée statique maximale 261 lbs, 118 kgp • Rapport puissance/surface alaire 0,26 hp/ft2, 2,8 cv/m2 • Carburant emporté 2,6 US gallons 2,2 Imp gal, 10 litres dans le réservoir principal • 6,1 US gallons 5,1 Imp gallons, 23 litres en réservoir supplémentaire

4-MASSES ET CHARGES
Masse à vide 254 lbs, 115 kg • Masse maximale au décollage 773 lbs, 350 kg • Charge utile 519 lbs, 235 kg • Charge alaire maximale 4,07 lbs/ft², 20 kg/m² • Rapport poids/puissance 15,5 lbs/hp, 7 kg/cv • Facteurs de charges calculées NC • + 6 g, – 3 g à rupture.

5-PERFORMANCES*
Vitesse maximale en palier 53 mph, 85 km/h • Vne 56 mph, 90 km/h • Croisière (maximale) 37 mph, 60 km/h • Croisière (économique) 34 mph, 55 km/h • Vitesse de décrochage 23 mph, 38 km/h • Vitesse ascensionnelle maximale (au niveau de la mer) 500 ft/min, 2,5 m/s • Taux de chute minimal 370 ft/min à 28 mph, 1,9 m/s à 45 km/h • Finesse maximale 8/1 à 29 mph, 47 km/h • Roulage au décollage 115 ft, 35 m • Roulage à l'atterrissage 130 ft, 40 m • Plafond pratique 10,000 ft, 3050 m • Distance franchissable maximale 100 miles, 160 km.

*** Conditions du test non communiquées.**

Air Concept
Safari Bi-FR 440/Alpha 20
(pendulaire)

Description identique au *Safari Bi-FR 440/Alpha 18*.

1-Description semblable à celle du chariot biplace *Safari Bi-FR 440* avec mêmes motorisations possibles mais avec l'aile *Alpha 20* de 19,80 m² (214 ft²) du modèle précédent.

Variations sur un même thème mais offrant un excellent choix à la clientèle. Ce dernier modèle est le haut de gamme des biplaces d'Air Concept, commercialisé entre 28 000 et 30 000 FF prêt à voler ou entre 22 000 à 24 000 FF sous forme de kit, l'aile *Alpha 20* étant vendue 14 500 FF.

Les caractéristiques de cette voilure étant détaillées avec le modèle *Alpha 20-Safari Bi-FR 330,* nous ne donnerons que les paramètres spécifiques au présent modèle *FR 440* avec Fuji-Robin EC44PM 432 cc, 50 CV et démarreur électrique, en rappelant toutefois que ce modèle peut aussi recevoir le type EC44PM2 432 cc, 53 CV avec lanceur à main.

2-DIMENSIONS EXTERIEURES ET SURFACES
Identique au *Safari Bi-FR 440/Alpha 18* sauf : Envergure (aile) 32,8 ft, 10 m • Surface alaire totale 214 ft², 19,8 m² • Allongement 5,1/1.

3-MOTORISATION
Identique au *Safari Bi-FR 440/Alpha 18* sauf : Raport puissance/surface alaire 0,23 hp/ft², 2,5 CV/m².

4-MASSES ET CHARGES
Identique au *Safari Bi-FR 440/Alpha 18* sauf : Charge alaire maximale 3,61 lbs/ft², 17,7 kg/m².

5-PERFORMANCES*
Vitesse maximale en palier 47 mph, 75 km/h • Vne 56 mph, 90 km/h • Croisière (maximale) 31 mph, 50 km/h • Croisière (économique) 28 mph, 45 km/h • Vitesse de décrochage 21 mph, 33 km/h • Vitesse ascensionnelle maximale (au niveau de la mar) 500 ft/min, 2,5 m/s • Taux de chute minimal 310 ft/min à 25 mph, 1,6 m/s à 40 km/h • Finesse maximale 8/1 à 27 mph, 44 km/h • Roulage au décollage 100 ft, 30 m • Roulage à l'atterrissage 100 ft, 30 m • Plafond pratique 10,000 ft, 3050 m • Distance franchissable maximale 93 miles, 150 km.

*** Conditions du test non communiquées.**

Air Création
Safari BI-FR 330/Alpha 20
(pendulaire)

Description identique au *Safari BI-FR 440/Alpha 18.*

— La structure de ce chariot biplace est la même que celle du précédent, la changement portant sur la motorisation qui est ici le Fuji-Robin EC 34 PM dit 330 mais qui cube, cette fois, 333 cc et peut être équipé ou non d'un démarreur électrique. Cette puissance plus faible est mariée avec une aile *Alpha 20* de 19,80 m² (214 ft²) avec laquelle le décrochage, à incidence égale, se produit à vitesse plus faible. Comme tous les modèles d'Air Concept, celui-ci est aussi disponible prêt à voler dans une fourchette de prix comprise entre 26 000 et 28 000 FF suivant les options ou, sous forme de kit, entre 20 000 et 22 000 FF ; la voilure vient en sus pour 14 500 FF.

Ces kits comprennent toutes les pièces et accessoires nécessaires à la réalisation du chariot. Il suffit de disposer d'une perceuse et de quelques clés pour les assembler. Toutes les coupes, les cintrages, la confection des câbles et opérations difficilement réalisables par un amateur non averti sont effectués par le constructeur. Des plans détaillés accompagnent chaque kit.

2-DIMENSIONS EXTERIEURES ET SURFACES
Identiques au *Safari BI-FR 440/Alpha 18* sauf: Envergure (aile) 32,8 ft, 10,0 m • Surface alaire totale 214 ft², 19.8 m² • Allongement 5,1/1.

3-MOTORISATION
Moteur Robin EC 34PM • Puissance maximale 32 CV à 6500 tr/mn • Diamètre et pas de l'hélice 54 × NC inches, 1,38 × NC m • Réducteur à courroie crantée rapport de réduction 2,0/1 • Poussée statique maximale 203 lbs, 92 kgp • Rapport puissance/surface alaire 0,15 hp/ft², 1,6 CV/m² • Carburant emporté 2,63 US gallons, 2,2 Imp gal. 10 litres dans le réservoir principal • 6,1 US gallons, 5,1 Imp gallons • 23 litres en réservoir supplémentaire

4-MASSES ET CHARGES
Masse à vide 221 lbs, 100 kg • Masse maximale au décollage 662 lbs, 300 kg • Charge utile 441 lbs, 200 kg • Charge alaire maximale 3,09 lbs/ft², 15,2 kg/m² • Rapport poids/puissance 20,7 lbs/hp, 9,4 kg/CV • Facteurs de charges calculées NC • + 6 g − 3 g à rupture.

5-PERFORMANCES*
Vitesse maximale en palier 44 mph, 70 km/h • Vne 56 mph, 90 km/h • Croisière (maximale) 31 mph, 50 km/h • Croisière (économique) 28 mph, 45 km/h • Vitesse de décrochage 20 mph, 32 km/h • Vitesse ascensionnelle maximale (au niveau de la mer) 300 ft/min, 1.5 m/s • Taux de chute minimal 300 ft/min à 24 mph, 1,5 m/s à 40 km/h • Finesse maximale 8/1 à 28 mph, 45 km/h • Roulage au décollage 100 ft, 30 m • Roulage à l'atterrissage 100 ft, 30 m • Plafond pratique 10,000 ft, 3050 m • Distance franchissable maximale 124 miles, 200 km.

*** Conditions du test non communiquées.**

AVIASUD

Aviasud Engineering S.A.R.L., Domaine de la Suvière, route de la Bouverie, 83480 Puget-sur-Argens, téléphone (94) 40.04.80. François Goethals et Bernard d'Otreppe.

Aviasud
Sirocco
(3 axes)

Monoplace monomoteur à l'aile haute. Pilotage 3 axes conventionnel. Voilure avec flèche au bord d'attaque et au bord de fuite, corde constante, empennage classique. Tangage par gouverne de profondeur monobloc; lacet par gouvernail de direction articulé sur la dérive; roulis par spoilers sur la moitié de l'envergure de l'aile; commande au manche pour le tangage et le roulis; palonnier pour le lacet. Voilure haubannée sol et vol par câbles; profil d'aile TK 7315 Mc Cready modifié, à double entoilage. Atterrisseur tricycle avec béquille arrière. Suspension sur les 3 roues. Roue avant directrice. Frein sur la roue avant. Fuselage en fibre de verre et polyester partiellement fermé. Moteur monté sous l'aile utilisé en propulsif. Bord d'attaque de l'aile formant caisson en stratifié fibre de verre/époxy; empennage en stratifié fibre de verre/polyester, poutre du fuselage en stratifié bidirectionnel.

— La société Aviasud a été fondée par François Goethals et Bernard d'Otreppe pour industrialiser et diffuser le premier modèle du monoplace *Libellule* de pilotage 3 axes conçu par Bernard Broc (voir ce nom). Cette machine fut produite en petites séries (3 par mois) à partir de novembre 1981 et remplacée chez cet avionneur par l'actuel *Sirocco.* Le prototype de celui-ci a effectué son premier vol le 26 juillet 1982 et il est commercialisé depuis janvier 1983. Conçu par F. Goethals et B. d'Otreppe, ingénieurs, et défini avec l'aide d'un ordinateur, ce *Sirocco* quoique issu de l'expérience acquise avec la *Libellule* et d'une configuration assez voisine, reste un appareil totalement nouveau malgré la confusion qu'a pu entraîner sa désignation initiale de *Libellule MII.* De plus, il s'agit là d'un des très rares ULM dans le monde actuel de l'Aviation ultralégère qui ait subi un programme d'essais complet, tant statiques qu'en vol (F. Goethals est spécialiste en mécanique des fluides et B. d'Otreppe dans l'étude des structures composites). Ce programme a notamment permis d'optimiser l'emploi sur le *Sirocco* du profil d'aile TK 7 315 de l'Américain Paul Mc Cready (14% d'épaisseur) et de tester celle-ci à + 6,7 et - 3,6 g à rupture à la masse maximale.

FRANCE

Parmi les originalités de cet appareil des plus intéressants, notons que sa voilure est repliable et peut se résumer en un tube de 5,80 X 0,25 m (19 X 0,1 ft), le fuselage voyant son encombrement ramené à 5,80 X 0,60 X 1,50 m (19 X 2 X 5 ft) et l'appareil directement remorqué sur son seul train d'atterrissage. Doté d'un palonnier réglable en fonction de la taille de son pilote, le *Sirocco* est aussi équipé de série d'un trim sur la gouverne de profondeur monobloc. Ses spoilers s'avèrent particulièrement efficaces, lui conférant un taux de roulis de 45 à 45° en 4 secondes. Le frein agissant sur la roue avant est un frein à tambour et non pas à simple friction comme dans la majorité des cas.

L'appareil est commercialisé prêt à voler pour 69500 FF ttc; les options portent sur les instruments de bord, l'équipement radio VHF ou CB et un parachute à extraction pyrotechnique (12420 FF ttc).

Deux autres motorisations sont égale- en option : le 4 FM 107 ER (équipé support air Grand Prix de France), chacun de ces moteurs ayant une puissance de 25 CV.

Palmarès du *Sirocco :* 1re traversée Continent/Corse - Victoire au Grand Prix de France - a obtenu à Oshkoch aux USA l' « out standig design » - double victoire grande course FF Plum (course de vitesse et d'endurance 850 km sans assistance avec 5 atterrissages en campagne.

2-DIMENSIONS EXTERIEURES ET SURFACES

Longueur hors tout 19,0 ft, 5,8 m • Hauteur hors tout 8,9 ft, 2,7 m • Envergure (aile) 33,2 ft, 10,12 m • Corde constante à l'emplanture 4,6 ft, 1,38 m • Dièdre 1° • Flèche 10° • Plan fixe horizontal, envergure 7.2 ft, 2,2m • Surface alaire totale 151 ft², 14 m² • Surface totale des spoilerons 6,9 ft², 0,64 m² • Surface du plan fixe vertical 4,3 ft², 0,40 m² • Surface du gouvernail de direction 4,1 ft², 0,38 m² • Surface totale des gouvernes de profondeur 15,6 ft², 1,45 m² • Allongement 7,3/1 • Voie du train 5,9 ft, 1,80 m • Empattement 4,7 ft, 1,40 m • Diamètre de la roue avant 12 inches, 30 cm • Diamètre des roues principales 12 inches, 30 cm • Flotteurs 10.2 ft, 3.10 m.

3-MOTORISATION

Moteur JPX PUL 425 • Puissance maximale 26 CV à 4600 tr/mn • Diamètre et pas de l'hélice 39 × 18 inches, 1,00 × 0,45 m • Pas de réducteur • Poussée statique maximale 150 lbs, 68 kgp • Rapport puissance/surface alaire 0,17 hp/ft², 1,9 CV/m² • Carburant emporté 5,3 US gallons, 4,4 Imp gal. 20 litres, 10.6 US gal, 8.8 Imp. gal, 40 litres dans le réservoir supplémentaire.

4-MASSES ET CHARGES

Masse à vide 232 lbs, 105 kg • Masse maximale au décollage 461 lbs, 209 kg • Charge utile 229 lbs, 104 kg • Charge alaire maximale 3,05 lbs/ft², 14,9 kg/m² • Rapport poids/puissance 17,7 lbs/hp, 8,0 kg/CV • Facteurs de charges + 6,7 g − 3,6 g à rupture.

5-PERFORMANCES*

Vitesse maximale en palier 71 mph, 115 km/h • Vne 75 mph, 120 km/h • Croisière (maximale) 65 mph, 105 km/h • Croisière (économique) 53 mph, 85 km/h • Vitesse de décrochage 24 mph, 40 km/h • Vitesse ascensionnelle maximale (au niveau de la mer) 680 ft/min, 3,5 m/s • Taux de chute minimal 240 ft/min à 31 mph, 1,2 m/s à 50 km/h • Finesse maximale 12/1 à 40 mph, 65 km/h • Roulage au décollage 115 ft, 35 m • Roulage à l'atterrissage 165 ft, 50 m • Plafond pratique 10,500 ft, 32,00 m • Distance franchissable maximale 186 miles, 300 km.

*** Mesurées dans les conditions suivantes : Altitude QNH 0 ft, 0 m • Température au sol 59° F, 15° C • Vent au sol 0 mph, 0 km/h • Poids du pilote 192 lbs, 87 kg • Poids du passager 199 lbs, 90 kg.**
Avec moteur ci-dessus.

R. BARDOU

R. Bardou, Bugard, 65220 Trie-sur-Baïse, téléphone (62) 35.54.50.

R. Bardou
Choucas
(pendulaire)

Monoplace ou deux places monomoteur à voilure souple. Pilotage pendulaire. Voilure type Rogallo. Commande par déplacement du centre de gravité pour le tangage et le roulis. Le pilote est suspendu sous la voilure dans un siège-harnais et utilise un trapèze de commande (pilotage par déplacement du centre de gravité par rapport au centre de poussée). Atterrisseur tricycle. Suspension par lames en fibre de verre/fibre de carbone sur toutes les roues. Roue avant directrice non conjuguée au palonnier. Chariot en fibre de verre/Kevlar/fibre de carbone, habitacle partiellement fermé. Moteur monté sous l'aile, utilisé en propulsif. Les autres caractéristiques dépendent de la demande de l'acheteur. Voir le texte.

Chariots tricycles monoplaces ou biplaces adaptables sous tout planeur ultraléger pour sa motorisation (voir ci-après).

— Robert Bardou est un artisan qui s'est spécialisé dans la fabrication à l'unité de chariots tricycles monoplaces ou biplaces adaptables sous planeurs ultralégers sans modification de ceux-ci. Prénommés *Choucas*, ces chariots sont en fait élaborés à la demande et en fonction des desiderata de l'acquéreur. Chaque module est conçu selon la motorisation pour laquelle a opté celui-ci, la quasi totalité des moteurs actuels étant adaptables sur les *Choucas.*

Chaque module est réalisé en stratifié tissu de verre et résine époxy, avec renforts en Kevlar et fibres de carbone unidirectionnelles. Les jambes du train principal et la fourche de la roue avant (directrice et munie d'un frein) viennent aussi en fibres de verre unidirectionnelles contrecroisées avec renfort en carbone. Le bâti moteur est constitué d'inserts en duralumin incorporés au moulage à chaque emplacement ou un boulonnage s'avère nécessaire. D'une remarquable légèreté — environ 20 kg (44 lbs) pour un monoplace — les chariots *Choucas* s'attachent à la voilure choisie par le client au moyen d'une fourche constituée de deux mâts de duralumin formant un V inversé. Chacun de ces tubes est tenu à la coque du chariot par deux boulons prenant sur des renforts ; le démontage des boulons inférieurs permet de replier les deux mâts vers l'avant du chariot pour son transport. Le prix d'un *Choucas* monoplace (chariot complet mais hors voilure et motorisation) est actuellement de l'ordre de 8 000 FF.

B. BROC

M. Bernard Broc, 43350 Borne, téléphone (71) 00.43.21 (le matin seulement).

B. Broc
Libellule Mk III
(3 axes)

Monoplace monomoteur à l'aile haute. Pilotage 3 axes conventionnel. Voilure avec flèche au bord d'attaque et au bord de fuite, corde constante, empennage en T. Tangage par gouverne de profondeur monobloc; lacet par gouvernail de direction articulé sur la dérive; roulis par spoilers sur un tiers de l'envergure de l'aile; commande au manche pour le tangage et le roulis; palonnier pour le lacet. Voilure haubannée sol et vol par câbles. Profil d'aile NC, à double entoilage. Atterrisseur tricycle avec béquille arrière. Suspension par ressorts de la roue avant et suspension par lames en fibre de verre du train principal. Roue avant directrice conjuguée au palonnier. Freins sur la roue avant. Fuselage en fibre de verre, habitacle fermé. Moteur monté sous l'aile, utilisé en propulsif. L'empennage et la poutre portant celui-ci sont aussi en fibre de verre, polyester et époxy.

— Le prototype des *Libellule* a effectué son premier vol en mai 1981. Le 14 juillet (fête nationale en France), Bernard Broc ralliait Paris et Avignon en presque 7 h de vol, couvrant ces 700 km avec le prototype ; cet exploit passa presque inaperçu mais stupéfia le monde de l'Aviation de plaisance d'alors, en France, pour lequel les ULM ne se concevaient encore que sous la forme de planeurs ultralégers issus du Vol libre et vaguement motorisés. Cette première *Libellule* était un appareil de pilotage 2 axes utilisant une voilure *Fledgling* (conçue aux U.S.A. par le génial et regretté Klaus Hill) et une gouverne de profondeur monobloc. Cet empennage horizontal uniquement était relié au fuselage par une poutre de polyester de section cylindrique mais s'amincissant vers l'arrière de 20 à 13 cm (8 à 5") de diamètre. Le carénage du fuselage à cabine ouverte, avec pare-brise largement surfacé intégré dans le profil, venait lui aussi en polyester. L'atterrisseur était tricycle, avec roue avant directrice et suspension du train principal par lame en fibre de verre. Sous cette forme et améliorée en vue de son industrialisation par François Goethal et Bernard d'Otreppe, la *Libellule* fut commercialisée en faibles séries pour Aviasud (voir ce nom).

2-DIMENSIONS EXTERIEURES ET SURFACES
Longueur hors tout 19,8 ft, 6 m • Hauteur hors tout 8,2 ft, 2,5 m • Envergure (aile) 32,9 ft, 10 m • Corde constante 4,1 ft, 1,50 m • Dièdre 10° • Flèche NC° • Plan fixe horizontal, envergure 8,2 ft, 2,50 m • Hauteur plan fixe vertical, envergure 3,9 ft, 1,2 m • Surface alaire totale 161 ft², 15 m² • Surface totale spoilerons 8,6 ft², 0,80 m² • Surface du plan fixe vertical 12,9 ft², 1,20 m² • Surface du gouvernail de direction 6,5 ft², 0,60 m² • Surface totale des gouvernes de profondeur 25,8 ft², 2,40 m² • Allongement 6,6/1 • Voie du train 4.9 ft, 1,50 m • Empattement 4,7 ft, 1,40 m • Diamètre de la roue avant 13 inches, 33 cm • Diamètre des roues principales 16 inches, 40 cm.

3-MOTORISATION
Moteur Kôning SC 430 • Puissance maximale 24 CV à 4200 tr/mn • Diamètre et pas de l'hélice 43 × 24 inches, 1,10 × 0,60 m • Pas de réducteur • Poussée statique maximale NC • Rapport puissance/surface alaire 0,15 hp/ft², 1,6 CV/m² • Carburant emporté 6.6 US gallons, 5,5 Imp gal. 25 litres.

4-MASSES ET CHARGES
Masse à vide 232 lbs, 105 kg • Masse maximale au décollage 552 lbs, 250 kg • Charge utile 320 lbs, 145 kg • Charge alaire maximale 3,40 lbs/ft², 16,7 kg/m² • Rapport poids/puissance 23 lbs/hp, 10,4 kg/CV • Facteurs de charges + NC g, − NC g calculées • + 4,5 g − 2,5 g à rupture.

La Libellule Mk III de B. Broc

Le prototype de l'Epervier en cours d'assemblage, début 1983

5-PERFORMANCES*
Vitesse maximale en palier 56 mph, 90 km/h • Vne 75 mph, 120 km/h • Croisière (maximale) 50 mph, 80 km/h • Croisière (économique) 44 mph, 70 km/h • Vitesse de décrochage 24 mph, 40 km/h • Vitesse ascensionnelle maximale (au niveau de la mer) 300 ft/min, 1.5 m/s • Taux de chute minimal 325 ft/min à 31 mph, 1,6 m/s à 50 km/h • Finesse maximale 14/1 à 34 mph, 55 km/h • Roulage au décollage 165 ft, 50 m • Roulage à l'atterrissage 250 ft, 75 m • Plafond pratique 10,000 ft, 3050 m • Distance franchissable maximale 622 miles, 1000 km.

* Conditions du test non communiquées.

B. Broc
Epervier
(3 axes)

Monoplace bimoteur à aile médiane. Pilotage 3 axes conventionnel. Voilure sans flèche au bord d'attaque et au bord de fuite, corde constante, empennage en T. Tangage par gouverne de profondeur monobloc; lacet par gouvernail de direction articulé sur la dérive; roulis par ailerons sur un tiers de l'envergure de l'aile; commande au manche pour le tangage et le roulis; palonnier pour le lacet. Ailes cantilever; profil d'aile Worthmann FX 63-137, à double entoilage. Atterrisseur monotrace avec roulette de queue, balanciers sous les ailes. Suspension par ressorts de la roulette de queue et suspension oléopneumatique du train principal. Roue avant directrice conjuguée au palonnier. Freins sur les roues du train principal. Fuselage en fibre de verre et Kevlar, habitacle fermé. Moteurs montés au-dessus de l'aile utilisés en tractif et propulsif. L'aile et l'empennage en T sont aussi en fibre de carbone/verre et Kevlar, entoilés Dacron.

— Bimoteur et push-pull comme un Cessna 337, l'*Epervier* dernier-né de Bernard Broc ne manque certes pas d'originalité : il est le seul ULM au monde à utiliser cette formule. Le seul mais non pas le premier, préciserons-nous sur le plan historique : en effet, dès l'été 1977 en France, Camille Lefèvre et Philippe Peauger motorisèrent ainsi un PUL à voilure souple de Rogallo baptisé *Mobiplane ;* sans chariot, atterrissable et décollable à pied, ce monoplace portait un moteur Solo 130 cc 5,5 cv utilisé en tractif devant et au-dessus de l'aile, et un second moteur semblable, utilisé en propulsif sous l'aile et à l'aplomb de son bord de fuite. Présenté dans le n° 47 de *Pilote Privé* par Alain-Yves Berger, en septembre 1977, ce premier push-pull ne déboucha pas sur une commercialisation.

D'une même configuration en ce qui concerne la motorisation, l'*Epervier* de Bernard Broc est un ULM fondamentalement différent, issu en droite ligne de l'expérience acquise par ce créateur avec ses précédentes *Libellule.* Ce prototype des plus intéressants se situe comme un ultraléger de voyage, capable de franchir environ 840 km sur un seul moteur en croisière économique, la consommation du Koenig SC 340 tricylindre ressort à 6 litres à l'heure et l'*Epervier* croisant à 65 km/h (40 mph) dans ce cas. Mais c'est aussi un motoplaneur, avec une finesse de 20/1 à 55 km/h (34 mph).

Le profil Worthmann FX 63-137 de l'aile est assorti avec un profil NACA 0012 pour l'empennage. Outre les ailerons, cette aile est aussi dotée de volets à trois positions, agissant comme hypersustentateurs à 2° et 15° et comme aérofreins à 70° de courbure.

La construction de ce prototype conçu en fin 1981 a débuté au cours de l'été 1982 ; le premier vol vient d'être effectué en mai 1983. Les performances que nous a communiquées Bernard Broc sont donc des paramètres calculés et que restent à confirmer les essais en vol. Bernard ne nous a pas donné de prix pour la commercialisation de son remarquable *Epervier.* Il a tenu cependant à nous préciser qu'il envisageait pour cet appareil une production autre qu'artisanale comme pour ses précédentes *Libellule MKIII.* Lui-même dirigeant sa propre entreprise de travaux publics et n'ayant pas assez de temps à consacrer à la production de ses ULM, serait intéressé par toute proposition émanant d'un industriel susceptible de produire l'*Epervier* en grandes séries pour le commercialiser à un prix raisonnable.

2-DIMENSIONS EXTERIEURES ET SURFACES
Longueur hors tout 16,5 ft, 5 m • Hauteur hors tout 4,9 ft, 1,5 m • Envergure (aile) 27,9 ft, 8,5 m • Corde constante 5,1 ft, 1,55 m • Dièdre 4° • Flèche 0° • Plan fixe horizontal, envergure 8,2 ft, 2,50 m • Hauteur plan fixe vertical 3,9 ft, 1,2 m • Surface alaire totale 129 ft², 12 m² • Surface totale des ailerons 12,9 ft², 1,2 m² • Surface du plan fixe vertical 12,9 ft², 1,20 m² • Surface du gouvernail de direction 6,5 ft², 0,60 m² • Surface totale des gouvernes de profondeur 25,8 ft², 2,40 m² • Allongement 6/1 • Voie du train 10 ft, 3,05 m • Diamètre de la roulette de queue 9 inches, 22 cm • Diamètre des roues principales 13 inches, 34 cm.

3-MOTORISATION
Moteur 2 König SC430 • Puissance maximale 24 CV chacun à 4200 tr/mn • Diamètre et pas de l'hélice à l'avant 43 × 20 inches, 1,10 × 0,50 m, à l'arrière 43 x 24 inch, 1,10 x 0,60 m • Pas de réducteur • Poussée statique maximale 221 lbs, 100 kgp • Rapport puissance/surface alaire 0,37 hp/ft², 4 CV/m² • Carburant emporté 22,3 US gallons, 18,5 Imp gal. 84 litres.

4-MASSES ET CHARGES
Masse à vide 309 lbs, 140 kg • Masse maximale au décollage 707 lbs, 320 kg • Charge utile 398 lbs, 180 kg • Charge alaire maximale 5,48 lbs/ft², 26,7 kg/m² • Rapport poids/puissance 14,7 lbs/hp, 6,7 kg/CV • Facteurs de charges calculées NC • + 5 g − 2,5 g à rupture.

5-PERFORMANCES*
Vitesse maximale en palier 81 mph, 130 km/h • Vne 93 mph, 150 km/h • Croisière (maximale) 75 mph, 120 km/h • Croisière (économique) 43 mph, 70 km/h • Vitesse de décrochage 22 mph, 35 km/h • Vitesse ascensionnelle maximale (au niveau de la mer) 1000 ft/min, 5,1 m/s • Taux de chute minimal 200 ft/min à 28 mph, 1 m/s à 45 km/h • Finesse maximale 20/1 à 34 mph, 55 km/h • Roulage au décollage 100 ft, 30 m • Roulage à l'atterrissage 150 ft, 45 m • Plafond pratique 13,000 ft, 4000 m • Distance franchissable maximale 522 miles, 840 km.

*** Conditions du test non communiquées.**

J. CALVEL

J. Calvel, Plastique Aéronautique, aérodrome de Millau - Larzac, 12230 La Cavalerie.

J Calvel *Zeffir* (3 axes)

Monoplace monomoteur à l'aile haute. Pilotage 3 axes conventionnel. Voilure sans flèche au bord d'attaque et au bord de fuite, corde constante, empennage cruciforme. Tangage par gouverne de profondeur monobloc; lacet par gouvernail de direction articulé sur la dérive; roulis par ailerons sur la moitié de l'envergure de l'aile; commande au manche pour le tangage et le roulis; palonnier pour le lacet. Voilure haubannée portée par des mâts; profil d'aile Worthmann FX 61-168, à double entoilage. Atterrisseur tricycle. Sans suspension de la roulette de queue et suspension par lame en fibre de verre du train principal. Roue non directrice. Freins sur les roues du train principal. Fuselage en fibre de verre, habitacle fermé. Moteur monté au-dessus de l'aile, utilisé en propulsif. Toute la construction composite utilise la fibre de verre, fibre de carbone, le Kevlar, le polyester, le Klegecel et l'époxy.

— A la suite d'une présentation de l'AmEagle *American Eaglet* de Larry Haig dans le n° 49 de *Pilote Privé,* en janvier 1978, par Alain-Yves Berger, le constructeur amateur Jacques Calvel créa sa propre version du même style d'appareil, inspirée de la philosophie du monoplace américain. En juin 1979, au Salon International de l'Aéronautique et de l'Espace au Bourget, il présentait en statique un prototype prénommé *Frelon* équipé d'un moteur Solo 12 cv. L'appareil français différait déjà considérablement de l'américain, les deux n'ayant finalement en commun que l'utilisation de profils d'aile voisins (Worthmann FX 61 184 et FX 61 168 pour le *Frelon*) et d'une voilure haute portée par un mât sous chaque demi-aile. Encore faut-il remarquer que l'aile du *Frelon* fut dès l'origine à corde constante (celle de l'oiseau de Larry Haig est de forme en plan trapézoïdale) et que celui-ci opta d'emblée pour une poutre médiane partant de l'habitacle pour porter un empennage classique, au lieu de la poutre haute avec empennage en V inversé de l'*American Eaglet.* Autre différence disparue par la suite, le prototype de Jacques Calvel fut tout d'abord doté d'un atterrisseur tricyle.

La seconde version de cet appareil, rebaptisée *Zeffir,* fut présentée en septembre 1982, au 1er Salon Européen de l'Aviation ultralégère à Lyon-Bron et rencontra un succès certain. Equipé d'un train classique avec freins à tambour différentiels sur les roues du train principal pour permettre son guidage au sol, ce second prototype présentait un empennage redessiné et une voilure remodelée ; avec des bords marginaux devenus semi-elliptiques, celle-ci comporte des ailerons et des volets hypersustantateurs, chacun sur la moitié de l'envergure et décalés vers le bas par rapport à l'intrados (solution autrefois employée par l'avionneur allemand Junkers dès son G-38 ce de 1930 et qui connut le succès que l'on sait avec les trimoteurs Ju-52/3 m). La motorisation a elle aussi été changée et le *Zeffir* effectua ses premiers vols le 5 octobre 1982 avec un JPX PUL-425. C'est ce dernier, utilisé avec un pot d'échappement accordé et en prise directe, qui équipe le modèle 1983 de l'appareil. Celui-ci est commercialisé prêt à voler pour 65 000 FF, depuis janvier 1983, par J. Calvel. Le *Zeffir* est transportable sur remorque routière (dont les plans sont fournis avec l'appareil), les ailes et l'empennage étant démontables.

2-DIMENSIONS EXTERIEURES ET SURFACES
Longueur hors tout 17,8 ft, 5,4 m • Hauteur hors tout 5,9 ft, 1,8 m • Envergure (aile) 41 ft, 12,5 m • Corde constante 3,1 ft, 0,95 m • Dièdre 3° • Flèche 0° • Plan fixe horizontal, envergure 6,7 ft, 2 m • Surface alaire totale 129 ft², 12 m² • Surface totale des ailerons 8,63 ft², 0,80 m² • Surface du plan fixe vertical 10.8 ft², 1 m² • Surface du gouvernail de direction

Le prototype du Frelon au Bourget en 1979...

...et son successeur, le Zeffir, cassé depuis.

3,8 ft², 0,35 m² • Surface du plan fixe horizontal 12,9 ft², 1,2 m² • Surface totale des gouvernes de profondeur 7,5 ft², 0,70 m² • Allongement 13/1 • Voie du train 5,3 ft, 1,6 m • Diamètre de la roulette de queue 4 inches, 10 cm • Diamètre des roues principales 10 inches, 25 cm • Autres caractéristiques non communiquées.

3-MOTORISATION
Moteur JPX PUL 425 • Puissance maximale 26 CV à 4600 tr/mn • Diamètre et pas de l'hélice 39 × NC inches, 1,00 × NC m • Pas de réducteur • Poussée statique maximale 166 lbs, 75 kgp • Rapport puissance/surface alaire 0,2 hp/ft², 2,2 CV/m² • Carburant emporté 4 US gallons, 3,3 Imp gal. 15 litres.

4-MASSES ET CHARGES
Masse à vide 298 lbs, 135 kg • Masse maximale au décollage 508 lbs, 230 kg • Charge utile 210 lbs, 95 kg • Charge alaire maximale 3,92 lbs/ft², 19,2 kg/m² • Rapport poids/puissance 19,5 lbs/hp, 8,8 kg/CV • Facteurs de charges + 4 g — 2,5 g calculées • à rupture NC.

5-PERFORMANCES*
Vitesse maximale en palier 90 mph, 145 km/h • Vne 93 mph, 150 km/h • Croisière (maximale) 75 mph, 120 km/h • Croisière (économique) 62 mph, 100 km/h • Vitesse de décrochage 24 mph, 40 km/h • Finesse maximale 24/1 à 34 mph, 55 km/h • Roulage au décollage 200 ft, 60 m • Roulage à l'atterrissage 130 ft, 40 m • Plafond pratique 11,480 ft, 3500 m • Autres caractéristiques non communiquées.

* Conditions du test non communiquées.

C.M.V.

Construction de Machines Volantes (C.M.V.), 23, avenue Marceau, 75116 Paris, téléphone (1) 723.42.05. Antoine Modica.

C.M.V. *Eclair V* (pendulaire)

Biplace en tandem monomoteur à voilure souple. Pilotage pendulaire. Voilure type Rogallo avec dérive sous l'aile. Commande par déplacement du centre de gravité pour le tangage et le roulis. Le pilote est suspendu sous la voilure dans un siège harnais et utilise un trapèze de commande (pilotage par déplacement du centre de gravité par rapport au centre de poussée). Voilure haubannée sol et vol par câbles; transversale flottante, avec double entoilage sur la moitié de la corde, transversale intégrée, lattes préformées. Atterrisseur tricycle. Suspension par ressorts de la roue avant et suspension par caoutchouc du train principal. Roue avant non directrice non conjuguée au palonnier. Freins sur la roue avant. Chariot en tubes de duralumin, sans carénage. Moteur monté sous l'aile, utilisé en propulsif.

— Créée en février 1982 par Antoine Modica, C.M.V. a développé simultanément deux prototypes. Fait rarissime chez les constructeurs d'ULM, ces deux créations portaient sur un monoplace de pilotage 2 axes et sur un biplace de pilotage pendulaire. Le premier, baptisé *Stampa,* était en fait une modification du biplan *Easy Riser* du regretté Larry Mauro (voir : USA-UFM of Kentucky, *Aéroplane*). L'appareil avait été muni d'un plan canard mobile en incidence, faisant fonction de gouverne de profondeur, et d'un moteur monté à l'arrière de la cage entraînant une hélice bipale propulsive. Le pilote assis entre les deux ailes commandait au manche seulement les gouvernails de direction, articulés sur le mât d'entreplan arrière des extrémités d'ailes. Le prototype du *Stampa* fut endommagé à l'occasion de son premier vol, le pilote d'essai (Béla Nogrady) s'en tirant sans autre dommages qu'une assez belle peur !

Le second prototype étudié par C.M.V. était un chariot biplace en tandem de pilotage pendulaire, l'*Eclair.* Le *Stampa* ayant été temporairement abandonné, la firme axa alors principalement ses efforts sur ce tricycle pendulaire dont le prototype avait effectué son premier vol en mars 1982 et donnait toute satisfaction. La mise au point fut menée au cours de l'été avec une aile de 23 m² (248 ft²), conservée pour les premières séries d'*Eclair* commercialisées à partir de septembre. Ce modèle utilisait un bicylindre Hirth 270R 438 cc de 40 cv avec réduction 2,4/1 par courroie crantée. En fin 1982, apparut l'*Eclair S,* version dite *Deluxe* de l'appareil, conservant la même motorisation. Depuis mars 1983, ces deux modèles ont cédé la place à l'*Eclair V* qui allie la finition du type *S* à un moteur Fuji-Robin EC 44 PM de 50 cv avec démarreur électrique. Paradoxalement, cette firme exportant l'essentiel de ses productions sur les marchés du Moyen-Orient et du continent africain, celles-ci sont encore assez peu répandues en France. Les *Eclair S* et *V* utilisent actuellement une voilure *Alpha 20* de 19,80 m² (214 ft²) produite par Air Concept (voir ce nom). Avec cette voilure, l'*Eclair V* est commercialisé monté pour 42 814 FF. Un kit complet nécessitant moins de 20 h d'assemblage est prévu pour une diffusion sur le continent nord-américain.

Un prototype, désigné *Eclair 2 000,* est en cours d'achèvement à l'heure où

nous pubions l'édition 1983 du présent annuaire.

Il s'agit d'un chariot pendulaire biplace en tandem, avec une structure composée de deux poutres tubulaires de forte section rectangulaire, et utilisable en monoplace par déplacement de l'attache à sa voilure. Celle-ci sera une voilure flexible avec transversable flottante et intégrée dans le double entoilage, de 20 m² (214 ft²) aussi mais construite par C.M.V. et F.A.A. (Fabrications Aéronautiques ATESMA, firme spécialisée jusqu'ici dans les productions pour l'Aviation civile et militaire). L'*Eclair 2 000* comportera une suspension à lame pour le train principal et un frein à tambour pour la roue avant, ainsi que des pédaliers réglables. A l'exception des sièges baquets, tous les matériaux utilisés à sa fabrication seront certifiés Aviation.

2-DIMENSIONS EXTERIEURES ET SURFACES
Longueur hors tout 9,9 ft, 3 m • Hauteur hors tout 9,9 ft, 3 m • Envergure (aile) 32,9 ft, 10 m • Corde constante à l'emplanture 8,2 ft, 2,5 m • Corde aux extrémités 3,4 ft, 1 m • Dièdre 4° • Angle de nez 122° • Surface alaire totale 214 ft², 19,8 m² • Allongement 5/1 • Voie du train 4,5 ft, 1,35 m • Empattement 4,9 ft, 1,50 m • Diamètre de la roue avant 16 inches, 40 cm • Diamètre des roues principales 16 inches, 30 cm. Autres caractéristiques non communiquées.

3-MOTORISATION
Moteur Robin EC44-PM • Puissance maximale 50 CV à 6500 tr/mn • Diamètre et pas de l'hélice 53 × NC inches, 1,35 × NC m • Réducteur à courroie crantée rapport de réduction 2,5/1 • Poussée statique maximale 260 lbs, 118 kgp • Rapport puissance/surface alaire 0,23 hp/ft², 2,5 CV/m² • Carburant emporté 5,3 US gallons, 4,4 Imp gal. 20 litres.

4-MASSES ET CHARGES
Masse à vide 253 lbs, 114 kg • Masse maximale au décollage 650 lbs, 294 kg • Charge utile 397 lbs, 180 kg • Charge alaire maximale 3,03 lbs/ft², 14,8 kg/m² • Rapport poids/puissance 13 lbs/hp, 5,9 kg/CV • Facteurs de charges + 6 g — 6 g calculées • à rupture NC.

5-PERFORMANCES*
Vitesse maximale en palier 50 mph, 80 km/h • Vne 62 mph, 100 km/h • Croisière (maximale) 44 mph, 70 km/h • Croisière (économique) 31 mph, 50 km/h • Vitesse de décrochage 19 mph, 30 km/h • Vitesse ascensionnelle maximale (au niveau de la mer) 400 ft/min, 2 m/s • Taux de chute minimal 360 ft/min à 28 mph, 1,8 m/s à 45 km/h • Finesse maximale 7/1 à 31 mph, 50 km/h • Roulage au décollage 82 ft, 25 m • Roulage à l'atterrissage 115 ft, 35 m • Plafond pratique 6560 ft, 2000 m • Distance franchissable maximale 174 miles, 280 km.

*** Mesurées dans les conditions suivantes : Altitude QNH 100 ft, 30 m • Température au sol 59 °F, 15 °C • Vent au sol 0 mph, 0 km/h • Poids du pilote 177 lbs, 80 kg.**
Avec moteur ci-dessus.

COLOMBAN

Michel Colomban, 37 bis, rue Lakanal, 92500 Rueil-Malmaison.
Canada: Zenair limited, 236 Richmond Street, Richmond Hill, Ontario L4C 3Y8, téléphone (416) 859-4556.
U.S.A.: Zenair Atlanta, Route 12, Box 720, Gainesville, Georgia 30501. Zenair Seattle, 606 S.W. 302nd, Federal Way, Washington 98003.

Colomban *MC-15 Cri-Cri*
(3 axes)

Monoplace bimoteur à aile basse. Pilotage 3 axes conventionnel. Voilure sans flèche au bord d'attaque et au bord de fuite, corde constante, empennage en T. Tangage par gouverne de profondeur monobloc; lacet par gouvernail de direction articulé sur la dérive; roulis par ailerons sur la moitié de l'envergure de l'aile; commande au manche pour le tangage et le roulis; palonnier pour le lacet. Ailes cantilever; profil d'aile Worthmann modifié, à double entoilage. Atterrisseur tricycle. Suspension NC de la roue avant et suspension par lames en fibre de verre du train principal. Roue avant directrice conjuguée au palonnier. Freins sur les roues du train principal. Fuselage en tubes de duralumin, habitacle fermé. Moteurs montés au-dessus de l'aile utilisés en tractif.

— Dessiné et construit par Michel Colomban, ingénieur aéronautique de la SNIAS Aérospatiale, le prototype du *Cricri* fut présenté pour la première fois au public à l'occasion du rassemblement annuel des Constructeurs Amateurs français de 1973, tenu à Montargis (Loiret). L'expression « ultraléger motorisé » restait encore à inventer, aussi avec ses 63 kg de masse à vide, 170 kg au décollage et ses deux moteurs Stilh 2 X 9 cv issus de tronçonneuses, le *Cricri* fut-il présenté dans les n° 2 et 4 de *Pilote Privé* comme le plus petit bimoteur du monde. Du MC-10 prototype, quelques modifications mineures et la remotorisation avec deux monocylindres deux-temps Valmet SM-160J de 157 cc développant 10 cv à 6 500 tr/min, ont mené aux MC-12. Présentés au rassemblement annuel des Amateurs américains en 1981, le *Cricri* a connu à Oshkosh un succès trop rarement accordé à des appareils en provenance de la vieille Europe !.

Et il est de fait qu'apparu en 1973, le *Cricri* est bel et bien un ultraléger avant la lettre même si M. Colomban ne l'a pas conçu comme tel ni dans l'esprit du mouvement ULM d'aujourd'hui. Considéré comme tel, ce MC-12 serait même, et de loin, le plus performant de tous les ultralégers du Monde : il est capable d'atteindre 220 km/h en palier avec 24 cv seulement et grimpe à 336 m/min sur deux moteurs voire encore à 80 m/min (1,3 m/s) avec un seul moteur (au niveau de la mer). Cependant ni ses performances (décrochage à 72 km/h) ni ses caractéristiques n'autorisent à son classement comme *ultralight* aux regards des réglementations en vigueur dans les principaux pays actuellement concernés. Il faut, surtout, noter que son pilotage exige un entraînement sérieux au pilotage 3 axes conventionnel, compte tenu de sa sensibilité et de ses caractéristiques qui sont celles d'un avion fin, comme le situe lui-même Michel Colomban. Essai en vol par Ivan de Somow dans le n° 108 de *Pilote Privé,* janvier 1983.

Dans sa version la plus récente (1982), ce monoplace est redésigné MC-15, de par l'adoption de deux moteurs français JPX PUL-212, monocylindres 2 temps de 212 cc développant 15 cv à 6 000 tr/min pour un poids en ordre de marche de 7,9 kg (17 lbs) chaque. En France, le *Cricri* n'est constructible pour les amateurs qu'à partir d'une liasse de plans très détaillée commercialisée pour 1 620 FF par Michel Colomban, 310 dossiers de construction ayant été diffusés depuis le 1er avril 1981. Sur le continent nord-américain où il est nommé *Cricket,* le MC-15 est proposé par Zenair et Chris Heintz sous forme de kits complets dont les prix sont détaillés dans un manuel d'information disponible pour 10 $; ces kits comportent, bien sûr, la liasse des plans et le dossier de construction qui peuvent être acquis séparément pour 170 $.

Ses astuces technologiques valent que nous nous y attardions. Sa voilure comporte un longeron avec une âme rivetée

Le Cri-Cri en version MC 12 fabriqué par J.Monlau

FRANCE

sur deux semelles en angles, le tout en duralumin AU4G. Le prolongement de ces semelles permet l'attache de chaque demi-aile en 2 min au fuselage, comme c'est le cas pour les planeurs conventionnels.

Ce longeron porte des nervures en klégécell sur lesquelles est appliquée la peau, tôle mince en AU4G collée sous pression par un procédé artisanal d'une grande simplicité faisant appel à une « poche à vide ». Le bord de fuite s'achève sur toute l'envergure de l'aile par un système analogue à celui utilisé sur les Junkers G-38 ce et Ju-52/3 m : deux ailerons en extrémités d'ailes prolongent deux volets de courbure ; articulé sous le plan de l'aile, l'ensemble agit collectivement comme dispositif hypersustentateur et, différentiellement, comme ailerons, rappelant un peu mais en plus efficace encore les *flaperons* du prototype du CGS Aviation *Hawk.* Le fuselage est constitué d'une simple boîte en feuilles d'AU4G rivetées, l'arrière se composant de quatre triangles et la structure étant en légécell et poutres en AU4G. L'empennage en T comporte une profondeur cantilever monobloc de forme en plan rectangulaire et, comme la dérive et le gouvernail de direction, de même technologie que la voilure.

2-DIMENSIONS EXTERIEURES ET SURFACES
Longueur hors tout 12,8 ft, 3,9 m • Hauteur hors tout 4 ft, 1,2 m • Envergure (aile) 16,1 ft, 4,9 m • Corde constante à l'emplanture 2,1 ft, 0,63 m • Dièdre 4° • Flèche 0° • Plan fixe horizontal, envergure 5,1 ft, 1,55 m • Hauteur plan fixe vertical NC • Surface alaire totale 33,4 ft^2, 3,10 m^2 • Surface totale des ailerons 6,9 ft^2, 0,64 m^2 • Surface du plan fixe vertical 3,8 ft^2, 0,35 m^2 • Surface du gouvernail de direction 1,1 ft^2, 0,10 m^2 • Surface totale des gouvernes de profondeur 6,5 ft^2, 0,60 m^2 • Allongement 7,8/1 • Voie du train 3,7 ft, 1,10 m • Empattement 3,9 ft, 1,15 m • Diamètre de la roue avant ou de la roulette de queue 7,9 inches, 20 cm • Diamètre des roues principales 8,3 inches, 21 cm.

3-MOTORISATION
Moteurs 2 JPX. PUL 212 • Puissance maximale 15 CV chacun à 6000 tr/mn • Diamètre et pas de l'hélice 27 × NC inches, 0,70 × NC m • Pas de réducteur • Poussée statique maximale 66 lbs, 30 kgp • Rapport puissance/surface alaire 0,89 hp/ft^2, 9,7 CV/m^2 • Carburant emporté 6,1 US gallons, 5,1 Imp gal. 23 litres.

4-MASSES ET CHARGES
Masse à vide 166 lbs, 75 kg • Masse maximale au décollage 375 lbs, 170 kg • Charge utile 209 lbs, 95 kg • Charge alaire maximale 11,22 lbs/ft^2, 54,8 kg/m^2 • Rapport poids/puissance 12,5 lbs/hp, 5,7 kg/CV • Facteurs de charges + 9 g — 4,5 g calculées • à rupture NC.

5-PERFORMANCES*
Vitesse maximale en palier 137 mph, 220 km/h • Vne 162 mph, 260 km/h • Croisière (maximale) 124 mph, 200 km/h • Croisière (économique) 93 mph, 150 km/h • Vitesse de décrochage 45 mph, 72 km/h • Vitesse ascensionnelle maximale (au niveau de la mer) 1280 ft/min, 6,5 m/s • Taux de chute minimal 500 ft/min à 68 mph, 2,5 m/s à 110 km/h • Finesse maximale 12/1 à 75 mph, 120 km/h • Roulage au décollage 330 ft, 100 m • Roulage à l'atterrissage 500 ft, 150 m • Plafond pratique 16,400 ft, 5000 m • Distance franchissable maximale 248 miles, 400 km.

*** Mesurées dans les conditions suivantes : Altitude QNH 0 ft, 0 m • Température au sol 59 °F, 15 °C • Vent au sol 0 mph, 0 km/h • Poids du pilote 177 lbs, 70 kg.**
Avec moteur ci-dessus.

COSMOS

Cosmos S.A.R.L., rue du Stade, 21121 Fontaine-lès-Dijon, téléphone : (80) 57.47.47 Renaud Guy, Gérard Thévenot.

Cosmos *Dragster 25*
(Pendulaire)

Monoplace monomoteur à voilure souple. Pilotage pendulaire. Voilure type Rogallo avec dérive sous l'aile. Commande par déplacement du centre de gravité pour le tangage et le roulis. Le pilote est suspendu sous la voilure dans un siège-harnais et utilise un trapèze de commande (pilotage par déplacement du centre de gravité par rapport au centre de poussée). Voilure haubannée sol et vol par câbles) transversale flottante, avec 50 % à double entoilage, transversale intégrée, lattes préformées. Atterrisseur tricycle. Sans suspension de la roue avant et suspension (type NC) du train principal. Roue avant directrice conjuguée au palonnier. Frein sur la roue avant en option. Chariot en tubes de duralumin, avec carénage sur option. Moteur monté sur le chariot utilisé en propulsif.

— Les premiers planeurs ultralégers de Vol libre commercialisés par la société la Mouette l'ont été début 1975. Cette firme créée par les frères Gérard et Jean-Marc Thévenot est devenue depuis l'un des principaux constructeurs français de PUL et ses résultats à l'exportation ont été officiellement récompensés en 1982.

Spécialiste en mécanique des fluides et, de plus champion d'Europe de Vol libre, Gérard Thévenot est le concepteur d'ailes aussi réputées que l'*Atlas* et l'actuel *Azur.*

La Mouette S.A.R.L. est venue au motorisé en important tout d'abord des chariots monoplaces britanniques *Tripacer* qu'elle équipait de ses propres voilures. En 1982, une société sœur fut fondée pour répondre à la demande croissante en matière d'ULM pendulaires, Cosmos S.A.R.L., qu'anime Renaud Guy. Celle-ci produit actuellement deux types de chariots : les monoplaces *Dragster* et biplaces *Bidulm,* équipés des moteurs Fuji-Robin de 18,5, 32, 50 ou 53 cv. Chez ce constructeur, les deux chiffres suivant le prénom de l'appareil font référence au type du moteur utilisé, par exemple : *Dragster 25,* avec Fuji-Robin EC25PS. Les voilures proposées avec ces chariots sont les ailes *Azur 17 B* pour les monoplaces et *Azur 19 B* pour les biplaces.

Les *Dragster* et *Bidulm* se distinguent de leurs concurrents par une structure bipoutre, rigidifiée par les tubes articulés entourant le siège et par un mât profilé à l'avant, remplacé par un câble sur les monoplaces. Outre une plus grande légèreté, cette structure offre l'avantage d'une facilité de pliage exemplaire : ses articulations permettent de rabattre le mât vertical vers l'avant du chariot et les jambes du train principal sous le siège, lui-même souple et pliable. Un *Dragster* replié est d'un encombrement de 2,10 X 0,80 m (6,11 X 2,8 ft) pour une hauteur de 1 m (3,4 ft). Autre détail qui permet de juger de la qualité à laquelle s'attache particulièrement R. Guy : la roue avant est munie d'un frein à tambour actionnée du pied droit, au lieu des freins à friction généralement proposés actuellement (option : 355 FF).

Le prototype des *Dragster* monoplaces a effectué son premier vol en juin 1982 et les appareils de série furent commercialisés dès le mois d'août. Avec Fuji-Robin EC25PS, le *Dragster 25* est vendu prêt à voler pour 19 580 FF ou sous forme de kit pour 17 622 FF. Outre le frein, les options portent sur un caré-

Un Dragster 25 replié se loge facilement dans un break

Un Dragster équipé du carénage optionnel

nage en fibre de verre (2 000 FF) et l'équipement démarreur électrique sur EC 34 et EC 44 (2605 FF). Ailes utilisables : *Azur 17* (13000 FF), *Azur 19* (15400 FF). En RFA où ces voilures sont aussi commercialisées, elles sont testées à + 6 g et — 3 g pour leur homologation. Les caractéristiques et performances ci-après que nous a communiquées Cosmos S.A.R.L. concernent un triangle *Dragster 25* équipé d'une aile la Mouette *Azur 17*.

2-DIMENSIONS EXTERIEURES ET SURFACES
Longueur hors tout 11.6 ft, 3.5m • envergure (aile) 34.9 ft, 10.6m • Corde constante à l'emplanture 8.5 ft, 2.6m • corde aux extrémités 2ft, 0.6m • Dièdre 4 angle de nez 119° • Surface alaire totale 17.8 ft, 16.5m² • Profondeur dérive 1 ft, 0.30m • Surface de la dérive 2.2 ft, 0.20 m² • Allongement 6.8/1 • Voie du train 4.9 ft, 1.50 m • Diamètre de la roue avant 12 inch, 30 cm • Diamètre des roues principales 12 inch, 30 cm.

3. MOTORISATION
Moteur Robin EC 25 PS.
Puissance maximale 18.5 CV à 6 000 tr/mn. Diamètre et pas de l'hélice 54x24 inch 1.37x0.61 m • Réducteur à courroie en V rapport de réduction 2.3 /1 • Poussée statique maximale 148 lbs, 6.7kgp • Rapport puissance/surface alaire 0.10 hà/ft² 1.1 CV/m² • Carburant emporté 2.6 US gallons 2.2 Imp gal. 10 litres dans le réservoir principa • 2.6 US gallons 2.2 Imp gallons 10 litres en réservoir supplémentaire optionnel.

4-MASSES ET CHARGES
Masse à vide 166 lbs, 75 kg • Masse maximale au décollage 375 lbs, 170 kg • Charge utile 209 lbs, 95 kg • Charge alaire maximale 2.10 lbs/ft², 10.3 kg/m² • Rapport poids/puissance 20.3 lbs/hp 9.2 kg/VC • Facteurs de charges + 4.3 g • 2 g calculées – + NC g – NC g à rupture.

5-PERFORMANCES*
Vitesse maximale en palier 47 mph, 75 km/h • Vne NC mph NC km/h • Croisière (maximale) 40 mph, 65 km/h • Croisière (économique) 34 mph, 55 km/h • Vitesse de décrochage 22 mph, 35 km/h • Vitesse ascensionnelle maximale (au niveau de la mer) 500 ft/min, 2.5 m/s • Taux de chute minimal 300 ft/min à 24 mph, 1.5 m/s à 40 km/h • Finesse maximale 7 /1 28 mph, 45 km/h • Roulage au décollage 130 ft, 50 m • Roulage à l'attérissage 100 ft 30 m • Plafond pratique 8 200 ft 2 500 m • Distance franchissable maximale 137 miles 220 km.

*** Conditions du test non communiquées**

Cosmos
Dragster 34
(Pendulaire)

Description semblable à celle du *Dragster 25* à l'exception de la motorisation (voir ci-après)

— Le chariot monoplace *Dragster 34* est doté d'un moteur Fuji-Robin EC34PM, 333 cc, développant 32 CV à 6500 tr/mn. Il est commercialisé monté pour 21125 FF ou sous forme de kit pour 19000 FF. Les options proposées sont les mêmes qu pour le modèle précédent.

2-DIMENSIONS EXTERIEURES ET SURFACES
Identique au *Dragster 25/AZUR 17.*

3-MOTORISATION
Identique au *Dragster 25/AZUR 17* sauf : Moteur Robin EC34PM.
Puissance maximale 32cv à 6 500 tr/mn. Diamètre et pas de l'hélice 54x27 inch 1.37x0.69 m • Poussée statique maximale 188 lbs, 85 kgp. Rapport puissance/surface alaire 0.18 hp/ft² 1.9cv/m² •

4-MASSES ET CHARGES
Masse à vide 188 lbs, 85 kg • Masse maximale au décollage 450 lbs, 204 kg • Charge utile 262 lbs, 119 kg • Charge alaire maximale 2.52 lbs/ft² 12.4 kg/m² • Rapport poids/puissance 14.1 lbs/hp 6.4 kg/cv • Facteurs de charges + NC g • NC g calculées – + 6 g – 3 g à rupture.

5-PERFORMANCES*
Vitesse maximale en palier 53 mph, 85 km/h • Vne NC mph NC km/h. Croissière (maximale) 40 mph, 65 km/h • Croisière (économique) 34 mph, 55 km/h • Vitesse de décrochage 23 mph, 37 km/h • Vitesse ascentionnelle maximale (au niveau de la mer) 800 ft/min, 4.1 m/s • Taux de chute minimal 330 ft/min à 28 mph, 1.7 m/s à 45 km/h • Finesse maximale 7 /1 à 30 mph, 48 km/h • Roulage au décollage 130 ft 40 m • Roulage à l'attérissage 100 ft, 30 m • Plafond plastique 1148 ft, 3500 m • Distance franchissable maximale 62 miles, 100 km.

***Conditions du test non communiquées**

Cosmos
Bidulm 34 et 44
(Pendulaire)

Description identique du *Dragster 25* à l'exception de : biplace en tandem, sans carénage.

— Le prototype des chariots biplaces *Bidulm* de Cosmos S.A.R.L. a effectué ses premiers vols en septembre 1982 et ses premières commercialisations sont intervenues en décembre. Prévu pour une utilisation standard avec l'aile *Azur 19 B* de La Mouette S.A.R.L., ces appareils sont proposés avec moteur Fuji-Robin : type EC34PM, 333 cc, 32 cv pour le *Bidulm 34* et, pour le modèle *Bidulm 44,* soit le type EC44PM, 432 cc, 50 cv avec démarreur électrique, soit le type EC44PM2 de même cylindrée mais développant 53 cv et utilisant un lanceur à main.

Ces chariots biplaces conservent la finition (tubes anodisés or) des *Dragster* monoplaces dont ils sont directement extrapolés, reprenant la même structure bipoutre rigidifiée par un tube profilé à

Le biplace Bidulm 44 de Cosmos

l'avant. Aussi facilement repliables que les monoplaces, les chariots *Bidulm* ont un encombrement réduit à 2,40 X 0,80 m (7,10 X 2,8 ft) pour 1,20 m (4 ft) de hauteur. Ils sont proposés sous forme de kit pour 25 740 FF ou montés pour 28 600 FF. Les options sont les mêmes que celles proposées pour les *Dragster* et une option très spéciale et particulière à - Cosmos est le système de remorquage d'une aile Delta pour 2050 FF.

Les performances et caractéristiques que nous a communiquées Renaud Guy concernent un *Bidulm 44* avec voilure *Azur 19 B.*

2-DIMENSIONS EXTERIEURES ET SURFACES

Longueur hors tout 11.6 ft,3.5 m • Envergure (aile) 34.9 ft, 10.6 m • Corde constante à l'emplanture 9.6 ft, 2.92 m • Corde aux extrémités 2.1 ft, 0.65 m • Dièdre 6 Angle de nez 120° • Hauteur plan fixe vertical 1.0 ft, 0.32 m • Surface alaire totale 205 ft², 19 m² • Surface du plan fixe vertical 2.7 ft², 0.25 m² • Allongement 5.9/1 • Voie du train 6.1 ft, 1.85 m • Diamètre des roues principales 12 inch, 30 cm.

3-MOTORISATION

Identique au *Dragster 25/AZUR 17* sauf : Moteur Robin EC44PM.

Puissance maximale 53 cv à 6 500 tr/mn • Diamètre et pas de l'hélice 60x36 inch, 1.52x0.91 m • Poussée statique maximale 265 lbs, 140 kgp • Rapport puissance/surface alaire 0.26 hp/ft², 2.8 cv/m² •

4-MASSES ET CHARGES

Masse à vide 276 lbs, 125 kg • Masse maximale au décollage 629 lbs, 285 kg • Charge utile 353 lbs, 160 kg • Charge alaire maximale 3.06 lbs/ft², 15 kg/m² • Rappot poids/puissance 11.8 lbs/hp, 5.4 kg/cv • Facteurs de charges + NC g • NC g calculées – + 6 g – 3 g à rupture.

5-PERFORMANCES*

Vitesse maximale en palier 53 mph, 85 km/h • Vne NC mph, NC km/h • Croisière (maximale) 40 mph, 65 km/h • Croisière (économique) 34 mph, 55 km/h • Vitesse de décrochage 24 mph, 39 km/h • Vitesse ascensionnelle maximale (au niveau de la mer) 500 ft/min, 2.5 m/s • Taux de chute minimal 360 ft/min à 34 mph, 1.80 m/s à 56 km/h • Finesse maximale 7 /1 à 34 mph, 55km/h • Roulage au décollage 200 ft, 60 m • Roulage à l'atterrissage 165 ft, 50 m • Plafond pratique 6 560 ft, 2 000 m • Distance franchissable maximale 50 miles, 80 km.

*** Conditions du test non communiquées**

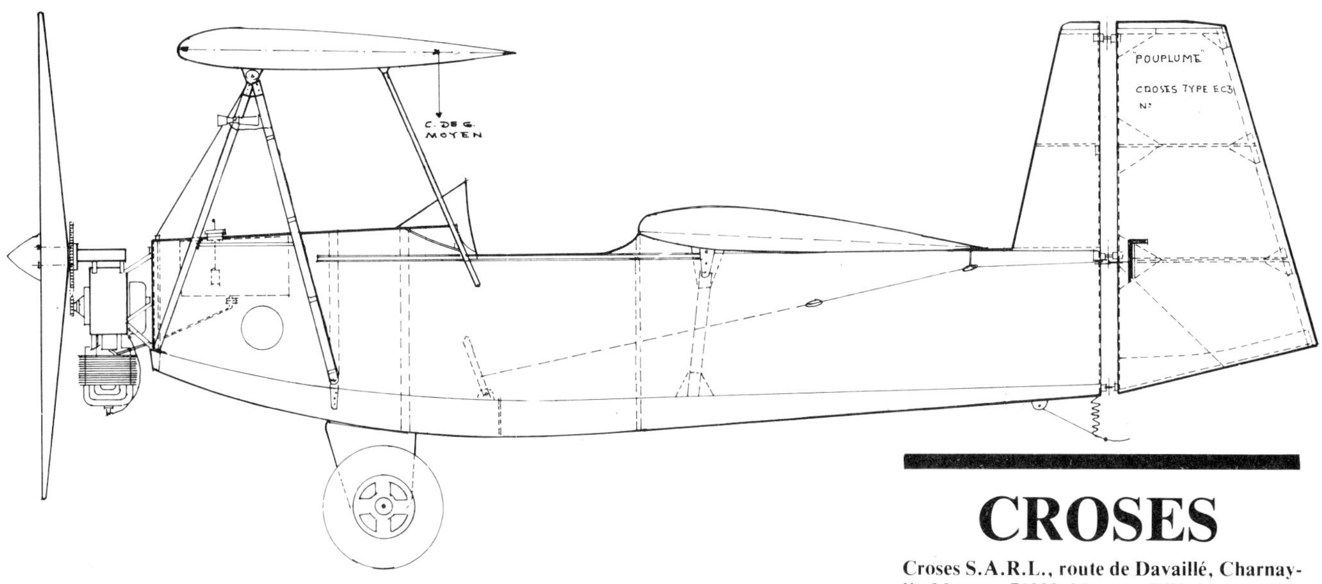

CROSES

Croses S.A.R.L., route de Davaillé, Charnay-lès-Macon, 71000 Macon. Téléphone : (85) 34.16.11.

Croses EAC-3 Pouplume

(2 axes)

Monoplace monomoteur double monoplan en tandem. Pilotage 2 axes. Voilure sans flèche au bord d'attaque et au bord de fuite, corde constante, empennage classique. Tangage par aile avant arrière mobile en incidence, lacet pour gouvernail de direction articulé sur la dérive; contrôle non séparé du roulis; commande au manche pour le tangage et le lacet. Voilure hanbannée portée par des mâts; profil d'aile NACA 23012, à double entoilage. Atterrisseur classique avec béquille arrière. Suspension par lames en fibre de verre sur l'ensemble des roues. Roue non directrice. Freins sur l'ensemble des roues en option. Fuselage en bois avec entoilage, habitacle partiellement fermé. Moteur utilisé en tractif.

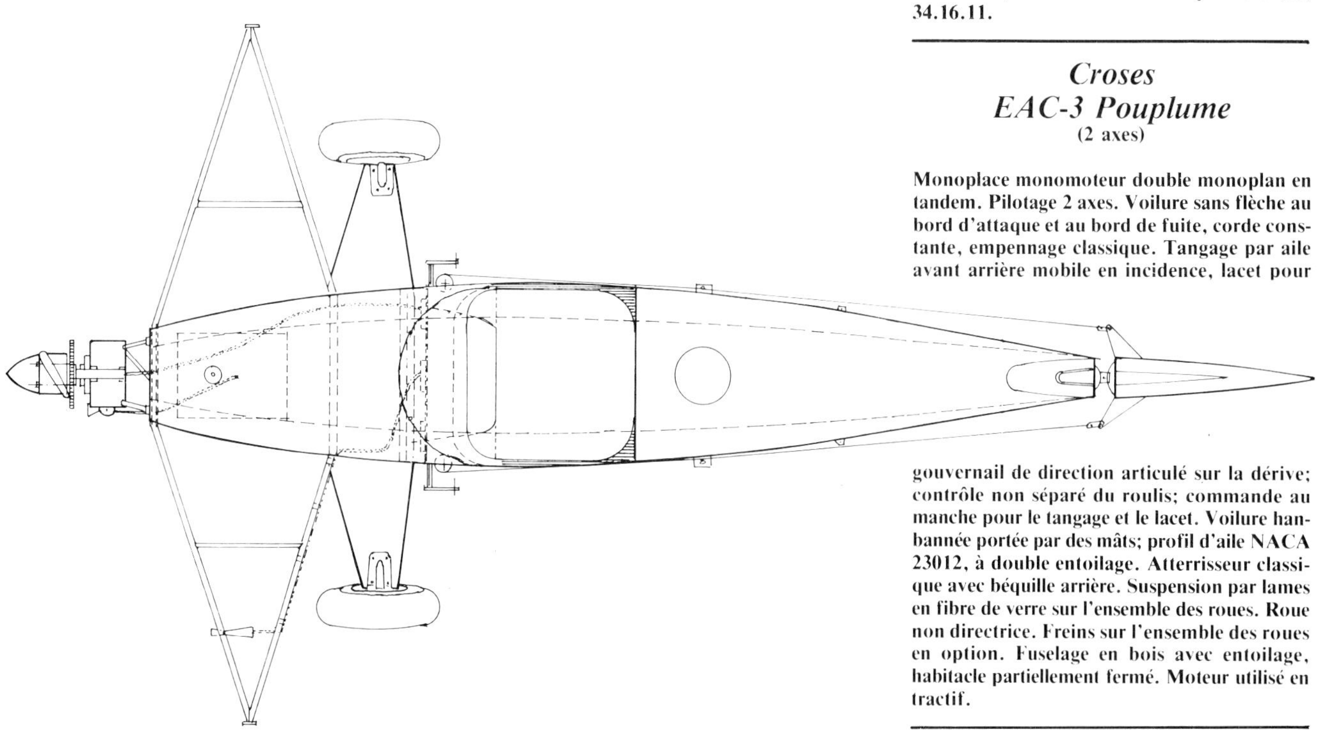

— Emilien Croses a conçu et construit son premier avion d'amateur en 1947. Il a depuis dessiné onze autres appareils, tous extrapolés de la célèbre formule Mignet (les *Pou-du-Ciel*) et qui sont donc de configuration doubles monoplans en tandem. L'aile avant haute est mobile en incidence et fait office de gouverne de profondeur. L'aile arrière médiane, stabilisateur horizontal, a été sur certains modèles d'Emilien Croses munie d'ailerons les transformant en avions de pilotage 3 axes conventionnels, au contraire des *Pou-du-Ciel* originels, de pilotage 2 axes au volant seul. Dans ses recherches, E. Croses est assisté de R. Bujon, A. Laubie, J. Mottez, Alain et Yves Croses.

Le prototype des *Pouplume* est incontestablement l'un des premiers ULM apparus dans le Monde, quoique non conçu ent tant que tel. En effet, lorsqu'il effectua son premier vol en 1961, on ne parlait encore nulle part d'ultralégers dans le monde de l'aéronautique ! L'appareil avait été construit pour participer au Concours international de Bourges qu'il remporta : l'épreuve portait sur une distance de 10 km (6,2 miles) à parcourir en vol en circuit fermé avec un moteur de 175 cc de cylindrée au maximum. Une douzaine de *Pouplume* ont été depuis construits en France par des amateurs, à partir de la liasse des plans fournie par Emilien Croses. Celle-ci est toujours disponible et une version de l'appareil modernisée, avec emploi de fibre de verre et résine époxy pour les coques et lame du train principal, est annoncée comme devant être disponible sous forme de kit dans le courant de l'été 1983 (prix non communiqués).

Un prototype *Airplume* biplace côte-à-côte est présentement en cours d'achèvement, qui est doté d'une même configuration d'ailes et doit recevoir un moteur Hirth 40 cv ou le JPX tricylindre PUL-640. Peu de renseignements nous ont été communiqués à ce jour sur cette intéressante machine (les avions de formule Mignet sont connus pour « parachuter » plus qu'ils ne décrochent). D'une masse à vide de 146 kg (322 lbs) et capable d'emporter jusqu'à 174 kg (384 lbs) de charge, il est donné par E. Croses comme décollant à 35 km/h (22 mph) à pleine charge (320 kg, 706 lbs) et pour une vitesse en croisière de 100 km/h (62 mph). Longueur : 5 m, 16,5 ft ; hauteur 1,80 m, 6 ft ; envergure de l'aile avant 8,20 m, 26,11 ft ; surface alaire totale 19 m^2, 205 ft^2. L'appareil sera transportable sur remorque routière, son encombrement, replié, étant de 4,10 X 1,30 X 1,30 m (13,5 X 4,3 X 4,3 ft).

Les caractéristiques et performances du monoplace *Pouplume* que nous donnons ci-après concernent l'appareil motorisé avec un JPX PUL-425 de 26 cv. Le *Pouplume* peut aussi recevoir un Hirth 40 cv ou toute autre motorisation au choix du constructeur. Il est lui aussi transportable sur remorque routière, son encombrement, replié, étant de 3,90 X 1,30 X 1,30 m (12,10 X 4,3 X 4,3 ft).

2-DIMENSIONS EXTERIEURES ET SURFACES
Longueur hors tout 15.9 ft, 4.8 m • Hauteur hors tout 5.9 ft, 1.8 m • Envergure (aile) 25,7 ft, 7,80 m • Flèche 0° • Surface alaire totale 183 ft^2, 17 m^2 • Autres caractéristiques non communiquées.

3-MOTORISATION
Moteur JPX PUL425.
Puissance maximale 26 cv à 4 600 tr/mn • Pas de réducteur • Rapport puissance/surface alaire 0.14 hp/ft^2, 1.5 cv/m^2 • Carburant emporté 2.6 US gallons 2.2 Imp gal. 10 litres.

4-MASSES ET CHARGES
Masse à vide 287 lbs, 130 kg • Masse maximale au décollage 497 lbs, 225 kg • Charge utile 210 lbs, 95 kg • Charge alaire maximale 2.71 lbs/ft^2, 13.2 kg/m^2 • Rapport poids/puissance 19.1 lbs/hp, 8.7 kg/cv • Facteurs de charges + 4.5 g — NC g calculées — + NC g — NC g à rupture.

5-PERFORMANCES*
Vitesse maximale en palier 75 mph, 120 km/h • Croisière (maximale) 62 mph, 100 km/h • Croisière (économique) 44 mph, 70 km/h • Vitesse de décrochage 16 mph, 25 km/h • Roulage à l'atterrissage 80 ft, 24 m • Autres caractéristiques non communiquées.

*** Conditions du test non communiquées.**

DANIS

Ailes Volantes B. Danis et Fils, 71 rue Roger-François, 94700 Maisons-Alfort, téléphone : (1) 368.22.37. Bernard et Jean-Pierre Danis.

Danis
Faucheux
(Pendulaire)

Monoplace monomoteur à voilure souple. Pilotage pendulaire. Voilure type Rogallo avec dérive sous l'aile. Commande par déplacement du centre de gravité pour le tangage et le roulis. Le pilote est suspendu sous la voilure dans un siège-harnais et utilise un trapèze de commande (pilotage par déplacement du centre de gravité par rapport au centre de poussée). Voilure haubannée sol et vol par câbles, transversale rigide, avec double entoilage à 60 %, transversale intégrée, lattes préformées. Atterrisseur tricycle. Sans suspension de la roue avant et suspension (type NC) du train principal. Roue avant directrice conjuguée au palonnier. Frein sur la roue avant. Chariot en tubes de duralumin, habitacle ouvert. Moteur monté sous l'aile, utilisé en propulsif. Le bord d'attaque est renforcé en Mylar.

— Bernard Danis reste l'un des personnages les plus connus de l'Aviation ultralégère en Europe. Professionnel du ski nautique au début des années 60, Bernard est venu dès 1963 aux cerf-volants tractés par un hors-bord ; avec l'un de ces appareils, il effectue la première traversée de la Manche en 1964 et, en 1968, reprend le record du monde de durée en vol tracté à l'Australien Bill Moyes avec une traversée maritime de 8 h 00 entre le sud de la France et la Corse. En 1969, ce dernier effectuait les premiers vols libres en largant le câble le reliant au hors-bord et rejoignant la planète en vol (plus ou moins) plané ; c'était à Copenhague, au Danemark, où se déroulaient cette année-là les championnats du Monde de ski nautique. Ce furent les débuts du Vol libre. Le premier planeur ultraléger de pilotage pendulaire apparut en France en décembre 1972, rapporté des Etats-Unis par Christian Paul-Depasse qui en débuta la commercialisation sous le nom de *Delta-plane.* Dans le même temps, Bernard Danis produisait ses premiers *Delta-Manta.* Cet appareil devint très vite l'aile Rogallo la plus répandue au cours des premières années du Vol libre en Europe. B. Danis a produit ses premiers chariots de motorisation pour P.U.L. en 1980.

Ce constructeur propose actuellement une gamme d'ULM de pilotage pendulaire alliant des chariots monoplaces *Faucheux* ou biplaces *Mercure* avec différentes motorisations. Ces chariots viennent équipés avec des voilures de surfaces alaires appropriées : aile *Tempête* 16,80 m^2 (181 ft^2) pour les monoplaces et ailes *Tempête* 19,80 m^2 (214 ft^2), *Sabre S* 21,50 m^2 (232 ft^2 et *Sabre* 23 m^2 (248 ft^2) pour les biplaces. Ayant produit lui-même ses propres voilures depuis les débuts du Vol libre en France, Bernard Danis a choisi un temps de

Le chariot prototype des Faucheux essayé par J.P. Danis en octobre 81

sous-traiter cette partie de fabrication et de s'axer principalement sur la construction et la motorisation de ses chariots. Il achetait donc ses voilures chez Eole 2 000 et assurait lui-même diverses modifications dans ses ateliers de Maisons-Alfort, en proche banlieue de Paris. Il vient cependant d'implanter une nouvelle unité de production à Melun, en Seine-et-Marne et, depuis mai 1983, assure à nouveau lui-même la fabrication de ses ailes. Pour une meilleure compréhension, précisons que les modèles *Sabre* et *Sabre S* sont à transversale non intégrée dans la voilure et rigide, tandis que les *Tempête* viennent avec transversale intégrée et flottante. Ces ailes diffèrent aussi entre elles par l'importance de la surface alaire couverte par le double entoilage, que nous détaillons avec chaque modèle.

Le modèle de base de la gamme Danis 1983 est le chariot monoplace *Faucheux* équipé d'une voilure *Tempête 17* de 16,80 m² (181 ft²) avec double entoilage sur 60 % de la corde et bord d'attaque renforcé en mylar. Cet appareil a effectué son premier vol aux mains de Jean-Pierre Danis en octobre 1981 et entra en commercialisation à peine un mois plus tard. Il est motorisé avec un Solo 335 de 19,9 cv ou un Fuji-Robin EC25PS de 18,5 cv. L'ensemble (chariot et voilure) est vendu prêt à voler pour 27 000 FF. Ses caractéristiques et performances sont les suivantes :

2-DIMENSIONS EXTERIEURES ET SURFACES
Hauteur hors tout 10.3 ft, 3.12 m • Envergure (aile) 32.9 ft, 10 m • Corde constante à l'emplanture 8.8 ft, 2.65 m • Corde aux extrémités 3.7 ft, 1,10 m • Dièdre 4 • Angle de nez 122° • Surface alaire totale 181 ft², 16.8 m² • Allongement 5.9/1 • Voie du train 5.3 ft, 1.6 m • Empattement 5.7 ft, 1.7 m • Diamètre de la roue avant 10 inch, 26 cm • Diamètre des roues principales 16 inch, 40 cm.

3-MOTORISATION
Moteur Solo 335.
Puissance maximale 20 cv à 7 000 tr/mn • Diamètre et pas de l'hélice 54xNC inch 1.37xNC m • Réducteur à courroie en V rapport de réduction 2.8 /1 • Poussée statique maximale 150 lbs, 68 kgp • Rapport puissance/surface alaire 0.11 hp/ft², 1.2 cv/m² • Carburant emporté 2.6 US gallons, 2.2 Imp gal. 10 litres dans le réservoir principal • 6.1 US gallons 5.1 Imp gallons 23 litres en réservoir supplémentaire optionnel.

4-MASSES ET CHARGES
Masse à vide 157 lbs, 71 kg • Masse maximale au décollage 397 lbs, 180 kg • Charge utile 240 lbs, 109 kg • Charge alaire maximale 2.19 lbs/ft² 10.7 kg/m² • Rapport poids/puissance 19.9 lbs/hp 9 kg/cv • Facteurs de charges calculées NC • + 3.5 g – 2.3 g rupture.

5-PERFORMANCES*
Vitesse maximale en palier 53 mph 85 km/h • Vne 62 mph 100 km/h • Croisière (maximale) 34 mph 55 km/h • Croisière (économique) 28 mph, 45 km/h • Croisière de décrochage 19 mph, 30 km/h • Vitesse ascensionnelle maximale (au niveau de la mer) 400 ft/min, 2 m/s • Taux de chute minimal 220 ft/min à 28 mph, 1.1 m/s à 45 km/h • Finesse maximale 8 /1 à 28 mph, 45 km/h • Roulage au décollage 65 ft, 20 m • Roulage à l'atterrissage 50 ft, 15 m • Plafond pratique 6 560 ft, 2 000 m • Distance franchissable maximale 75 miles, 120 km.

***Mesurées dans les conditions suivantes : Altitude QNH 164 ft, 50 m • Température au sol 59°F 15° C • Vent au sol 0 mph, 0 km/h • Poids du pilote 188 lbs, 85 kg.**
Avec moteur ci-dessus

Norman Burr

Deux Danis Mercure furent engagés dans la première Londres-Paris et se classèrent 1er des pendulaires. Les carénages des tubes ne sont pas standards

Danis
Mercure-Tempête 20
(Pendulaire)

Description identique au *Faucheux* à l'exception de : biplace en tandem ; double entoilage à 80 %.

— Le prototype des chariots *Mercure* a effectué ses premiers vols en mars 1981 et fut, comme pour le *Faucheux*, commercialisé un mois plus tard. C'est le modèle de base des biplaces de la firme, avec une voilure *Tempête 20* de 19,80 m² (214 ft²) avec double surface sur 80 % de la corde et bord d'attaque renforcé en mylar. Il est doté d'un moteur Cuyuna 430 RR donné pour développer 43 cv à 6 750 tr/min. L'ensemble aile et chariot est vendu prêt à voler pour un prix compris entre 37 000 et 41 000 FF en fonction de l'équipement. Les options portent sur un réservoir supplémentaire de 23 litres (6 US gallons, 5 Imp. gallons) pour 350 FF et sur des sièges baquets avec habillage intérieur en mousse pour 550 FF.

2-DIMENSIONS EXTERIEURES ET SURFACES
Longueur hors tout 13,1 ft, 4 m • Hauteur hors tout 9,6 ft, 2,91 m • Envergure (aile) 34,1 ft, 10,4 m • Corde constante à l'emplanture 9,2 ft, 2,8 m • Corde aux extrémités 1,6 ft, 0,45 m • Dièdre 4° • Angle de nez 130° • Profondeur de la dérive 1,6 ft, 0,45 m • Surface de la dérive 3,6 ft², 0,34 m² • Surface alaire totale 214 ft², 19,8 m² • Allongement 5,5/1 • Voie du train 4,7 ft, 1,40 m • Empattement 6,3 ft, 1,90 m • Diamètre de la roue avant 10 inches, 26 cm • Diamètre des roues principales 16 inches, 40 cm.

3-MOTORISATION
Moteur Cuyuna 430 RR modifié • Puissance maximale 43 CV à 6750 tr/mn • Diamètre et pas de l'hélice 55 × 30 inches, 1,4 × 0,75 m • Réducteur à courroie crantée rapport de réduction 2,5 /1 • Poussée statique maximale 28,7 lbs, 130 kgp • Rapport puissance/surface alaire 0,2 hp/ft², 2,2 CV/m² • Carburant emporté 2,6 US gallons, 2,2 Imp gal., 10 litres dans le réservoir principal • 6,1 US gallons, 5,1 Imp gallons, 2,3 litres en réservoir supplémentaire.

4-MASSES ET CHARGES
Masse à vide 256 lbs, 120 kg • Masse maximale au décollage 640 lbs, 290 kg • Charge utile 375 lbs, 170 kg • Charge alaire maximale 2,99 lbs/ft², 14,6 kg/m² • Rapport poids/puissance 14,9 lbs/hp, 6,7 kg/CV • Facteurs de charges calculées NC • + 3,5 g • 2,3 g à rupture.

5-PERFORMANCES *
Vitesse maximale en palier 68 mph, 110 km/h • Vne 81 mph, 130 km/h • Croisière (maximale) 47 mph, 75 km/h • Croisière (économique) 40 mph, 65 km/h • Vitesse de décrochage 22 mph, 35 km/h • Vitesse ascensionnelle maximale (au niveau de la mer) 500 ft/min, 2,5 m/s • Taux de chute minimal 250 ft/min à 31 mph, 1,3 m/s à 50 km/h • Finesse maximale 8,5/1 à 31 mph, 50 km/h • Roulage au décollage 65 ft, 20 m • Roulage à l'atterrissage 50 ft,15 m • Plafond pratique 9840 ft, 3000 m • Distance franchissable maximale 93 miles, 150 km.

* Mesurées dans les conditions suivantes : Altitude QNH 164 ft, 50 m • Température au sol 59 °F, 15 °C • Vent au sol 0 mph, 0 km/h • Poids du pilote 170 lbs, 77 kg • Poids du passager 143 lbs, 65 kg.
Avec moteur ci-dessus.

Danis
Mercure-Sabre S21
(Pendulaire)

Description identique au *Faucheux* mais biplace en tandem avec moteur Hirth 493cc donné pour 46 cv à 3 600 tr/mn et avec voilure Sabre S21 de 21.50 m² (232 ft²) avec double entoilage sur 45 % de la corde et bord d'attaque renforcé en mylar.

1-Avec une motorisation différente et une aile de surface accrue par rapport au précédent modèle, l'ensemble Mercure. Sabre 21 est vendu pour un prix de 37.000 à 42 000 FF en fonction de son équipement. (Ces prix sont fonction des cours monétaires et peuvent être modifiés)

2-DIMENSIONS EXTERIEURES ET SURFACES
Longueur hors tout 13 ft, 3.95 m • Hauteur hors tout 10.1 ft, 3.07 m • Envergure (aile) 34.9 ft, 10.6 m • Corde constante à l'emplanture 9.9 ft, 3.0 m • Corde aux extrémités 2.9 ft, 0.90 m • Dièdre 4 • Angle de nez 130° • Profondeur de la dérive 2.5 ft, 0.75 m • Surface de la dérive 7.3 ft, 0.68 m • Surface alaire totale 232 ft, 21.5 m • Allongement 5.3/1 • Voie du train 4.7 ft, 1.40 m • Empattement 6.3 ft, 1.90 m • Diamètre de la roue avant 16 inch, 26 cm • Diamètre des roues principales 16 inch, 40 cm.

3-MOTORISATION
Voir *Mercure/Tempête 20* sauf : moteur Hirth 2701R • Puissance maximale 46 cv à 3 600 tr/min • Poussée statique maximale 254 lbs, 115 kgp • Rapport puissance/surface alaire 0.19 hp/ft², 2.1 cv/m².

4-MASSES ET CHARGES
Masse à vide 265 lbs, 120 kg • Masse maximale au décollage 662 lbs, 300 kg • Charge utile 397 lbs, 180 kg • Charge alaire maximale 2.85 lbs/ft², 14 kg/m² • Rapport poids/puissance 14.4 lbs/hp, 6.5 kg/cv • Facteurs de charges calculées NC – + 3.5 g – 2.5 g à rupture.

5-PERFORMANCES*
Vitesse maximale en palier 56 mph, 90 km/h • Vne 68 mph, 110 km/h • Croisière (maximale) 40 mph, 65 km/h • Croisière (économique) 40 mph, 65 km/h • Vitesse de décrochage 22 mph, 35 km/h • Vitesse ascensionnelle maximale (au niveau de la mer) 600 ft/min, 3 m/s • Taux de chute minimal 275 ft/min à 31 mph, 1.4 m/s à 50 km/h • Finesse maximale 6.5 /1 à 31 mph, 50 km/h • Roulage au décollage 65 ft, 20 m • Roulage à l'atterrissage 65 ft, 20 m • Plafond pratique 9840 ft, 3 000 m • Distance franchissable maximale 93 miles, 150 km.

* Mesurées dans les conditions suivantes : Altitude QNH 164 ft, 50 m • Température au sol 59° F, 15° C • Vent au sol 0 mph, 0 km/h • Poids du pilote 170 lbs, 77 kg • Poids du passager 143 lbs, 65 kg.
Avec moteur ci-dessus.

Danis
Mercure-Sabre 23
(Pendulaire)

Description semblable à celle de l'ensemble *Mercure-Tempête 20* mais avec moteur Hirth 276R 438cc de 42 cv et avec voilure Sabre 23 de 23 m² (248 ft²) avec double entoilage sur 30 % de la corde.

— La voilure ne sera pas jugée comme des plus modernes par les spécialistes en la matière : la transversale n'est pas intégrée, elle est fixe et le double entoilage ne porte que sur 30 % de la corde et sans renfort au bord d'attaque. Le moteur est le 438 cc de Hirth qu'on pourrait presque dire « classique » puisque ce fut le fer de lance de ce motoriste en France depuis fin 1981. Cependant, c'est avec cet ensemble *Mercure-Sabre 23* que François Thoveix s'est classé 1er au classement général de la course Londres-Paris, en septembre 1982. C'est aussi avec lui que Jean-Pierre Danis (le « fils » de Ailes Danis et Fils) a terminé 1er à l'indice de consommation lors de la même compétition. Commercialisé depuis novembre 1981 et constamment amélioré depuis, le *Mercure-Sabre 23* reste l'un des ULM pendulaires les plus utilisés en école de pilotage et a contribué à asseoir la réputation de solidité de la gamme de ce constructeur. Comme les autres modèles de la gamme 1983, il n'est disponible que monté, prêt à voler, pour 27 000 FF. Les options sont les mêmes que celles proposées pour les autres ensembles.

2-DIMENSIONS EXTERIEURES ET SURFACES
Voir *Mercure/Sabre S21* sauf : Corde constante à l'emplanture 10.6 ft, 3.2 m • Corde aux extrémités 3.7 ft, 1.10 m • Dièdre 5° Angle de nez 132° • Surface alaire totale 248 ft², 23 m² • Allongement 4.9/1.

3-MOTORISATION
Voir *Mercure/Tempête 20* sauf moteur Hirth 276R.
Puissance maximale 42 cv à 7 000 tr/mn • Rapport de réduction NC /1 • Poussée statique maximale 238 lbs, 108 kgp • Rapport puissance/surface alaire 0.17 hp/ft² 1.8 cv/m².

4-MASSES ET CHARGES
Masse à vide 256 lbs, 116 kg • Masse maximale au décollage 698 lbs, 316 kg • Charge utile 442 lbs, 200 kg • Charge alaire maximale 2.81 lbs/ft², 13.7 kg/m² • Rapport poids/puissance 16.6 lbs/hp, 7.5 kg/cv • Facteurs de charges calculées NC – + 3.5 g – 2,5 g à rupture.

5-PERFORMANCES*
Vitesse maximale en palier 53 mph, 85 km/h • Vne 68 mph, 110 km/h • Croisière (maximale) 34 mph, 55 km/h • Croisière (économique) 28 mph, 45 km/h • Vitesse de décrochage 21 mph, 33 km/h • Vitesse ascensionnelle maximale (au niveau de la mer) 400 ft/min, 2 m/s • Taux de chute minimal 320 ft/min à 28 mph, 1.6 m/s à 45 km/h • Finesse maximale 6 /1 à 28 mph 45 km/h • Roulage au décollage 65 ft, 20 m • Roulage à l'atterrissage 65 ft, 20 m • Plafond pratique 9840 ft, 3000 m • Distance franchissable maximale 93 miles 150 km.

* Mesurées dans les conditions suivantes : Altitude QNH 164 ft, 50 m • Température au sol 59° f, 15° C • Vent au sol 0 mph, 0 km/h • Poids du pilote 170 lbs, 77 kg • Poids du passager 143 lbs, 65 kg.
Avec moteur ci-dessus.

R.DOHET

R. Dohet, 15, rue des Grands-Augustins, 75006 Paris.

R. Dohet
Arthur
(Pendulaire)

Monoplace monomoteur à voilure souple. Pilotage pendulaire. Voilure type Rogallo avec dérive sous l'aile. Commande par déplacement du centre de gravité pour le tangage et le roulis. Le pilote est suspendu sous la voilure dans un siège-harnais et utilise un trapèze de commande (pilotage par déplacement du centre de gravité par rapport au centre de poussée). Voilure haubannée sol et vol par câbles, transversale flottante, à double entoilage (pourcentage NC), transversale hors entoilage, lattes NC. Atterrisseur tricycle. Suspension par caoutchouc sur toutes les roues. Roue avant directrice non conjuguée au palonnier. Freins sur la roue avant. Chariot en tubes de duralimin/tubes d'acier, sans carénage. Moteur monté sous l'aile utilise en propulsif. Les poutres principales sont en duralumin Aviation de section rectangulaire 50x100 mm et de 2,5 mm d'épaisseur.

— Raymond Dohet s'est rendu célèbre (indépendamment de sa carrière politique qui lui vaut d'être adjoint au Maire

Roxanne Atlas

Le moteur Daf tout d'abord utilisé a ensuite été remplacé par un Citroën Visa 4 temps

de Paris) en participant à la course ULM Londres-Paris de septembre 1982 avec un chariot monoplace de sa fabrication. L'engin compta parmi les plus remarqués et sa structure bipoutre massive lui valut dans *Flightline* et dans *Pilote Privé* d'être surnommé *Mad Max II,* irrévérencieusement, par maître Yves de Boismilon. Cet apppareil était effectivement monumental, d'un poids de 149 kg (329 lbs) à vide, battant tous les records en la matière pour un pendulaire monoplace, et équipé d'ailleurs pour voilure d'une aile Véliplane *Samouraï* biplace, dont la surface alaire avait été exceptionnellement portée à 23 m² (248 ft²), au lieu des 21 m² (227 ft²) standards. Il faut savoir que Raymond affiche lui-même une taille qui frôle les 2 m (6,6 ft) et avoue dans les 105 kg (232 lbs) de masse à vide musclée ! Hormis les plaisanteries qu'il suscita, ce premier appareil de construction amateur fut unanimement reconnu comme le chariot monoplace, sans aucun doute, le plus solide qui ait jamais volé et, somme toute, fort bien volé, à quelques égratignures près. Raymond Dohet a d'ailleurs détaillé lui-même ce premier-né dans le n° 1 d'*Ulm-Mag* en février 1983, donnant de précieux conseils aux constructeurs amateurs d'ULM.

Deux autres chariots monoplaces ont suivi depuis le célèbre *Mad Max II.* De construction amateur eux aussi, ils ont été conçus selon la philosophie de leur auteur et avec l'aide de son fils, Jérôme, lui aussi pilote : voler pour le plaisir mais dans des conditions de sécurité maximales. Pour les situer, disons qu'ils ont été désignés par Alain-Yves Berger dans *Pilote Privé* et *UlmMag* comme « des engins blindés, relativement ultra-légers et (sur) motorisés ». Passionné de mécanique et par la fiabilité, Raymond Dohet a été le premier à choisir d'avionner un moteur automobile DAF 850 cc après avoir, dans un premier temps, utilisé un moteur Citroën 3 cv d'automobile lui aussi.

Fort de ses expériences, il a décidé de diffuser ses productions, poussé à cela par de nombreuses demandes de pratiquants séduits par ses chariots robustes, véritablement tout-terrain et d'une longévité prometteuse. Prénommé *Arthur* (pour le distinguer avec beaucoup d'humour des modèles de même catégorie proposés sur le marché), ce chariot monoplace sera vendu sans voilure et tout monté pour 24 000 FF ; sa commercialisation en petite série doit intervenir en septembre 1983. Il est prévu pour être équipé d'une voilure de 23 m² (248 ft²), du type Véliplane *Centaure* ou Danis *Sabre 23.* Le moteur standard sera le Citroën *Visa* de 650 cc. L'appareil est doté d'un siège baquet d'origine automobile et son réservoir en acier est logé sous la poutre horizontale portant ce siège. Les caractéristiques et performances ci-après sont données avec aile *Sabre 23.*

Roxanne Atlas

Raymond Dohet aux commandes de son type III qui fut en fait le prototype du monoplace Arthur

2-DIMENSIONS EXTERIEURES ET SURFACES
Longueur hors tout 13 ft, 3.95 m • Hauteur hors tout 13.1 ft, 4 m • Envergure (aile) 34.9 ft, 10.6 m • Corde constante à l'emplanture 10.6 ft, 3.2 m • Corde aux extrémités 3.7 ft, 1.1 m • Dièdre 5° Angle de nez 132° • Profondeur de la dérive 2.5 ft, 0.75 m • Surface de la dérive 7.3 ft, 0.68 m² • Surface alaire totale 248 ft², 23 m² • Allongement 4.9/1 • Voie du train 5.9 ft, 1.80 m • Empattement 5.7 ft, 1.7 m • Diamètre de la roue avant 16 inch, 40 cm • Diamètre des roues principales 16 inch, 40 cm.

3-MOTORISATION
Moteur Citroën Visa.
Puissance maximale 35 cv à 5 500 tr/mn • Diamètre et pas de l'hélice 47x16 inch, 1.20x0.40 m • Pas de réducteur • Poussée statique maximale 166 lbs, 75 kgp • Rapport puissance/surface alaire 0.14 hp/ft², 1.5 cv/m² • Carburant emporté 5.3 US gallons 4.4 Imp gal. 20 litres.

4-MASSES ET CHARGES
Masse à vide 329 lbs, 149 kg • Masse maximale au décollage 596 lbs, 270 kg • Charge utile 267 lbs, 121 kg • Charge alaire maximale 2.40 lbs/ft², 11.7 kg/m² • Rapport poids/puissance 17 lbs/hp, 7.7 kg/cv • Facteurs de charges + 4.5 g – 3.5 g calculées, à rupture NC.

5-PERFORMANCES
Vitesse maximale en palier 50 mph, 80 km/h • Vne 62 mph, 100 km/h • Croisière (maximale) 47 mph, 75 km/h • Croisière (économique) 40 mph, 65 km/h • Vitesse de décrochage 22 mph, 35 km/h • Vitesse ascensionnelle maximale (au niveau de la mer) 400 ft/min, 2 m/s • Taux de chute minimal 330 ft/min à 30 mph, 1.7 m/s à 48 km/h • Finesse maximale 5 /1 à 28 mph, 45 km/h • Roulage au décollage 50 ft, 15 m • Roulage à l'atterrissage 50 ft, 15 m • Plafond pratique 5 900 ft, 1 800 m • Distance franchissable maximale 134 miles, 215 km.

*** Mesurées dans les conditions suivantes : Altitude QNH 150 ft, 45 m • Température au sol 59° F, 15° C • Vent au sol 0 mph, 0 km/h • Poids du pilote 199 lbs, 90 kg.**
Avec moteur ci-dessus.

FRANCE AEROLIGHTS

France Aérolights S.A., aérodrome de Libourne, 33570 Lussac, Téléphone : (57) 84.73.22. Bruno Ziegler.

France Aerolights
First One
(2 axes)

Monoplace monomoteur à l'aile haute. Pilotage 2 axes (3 axes conventionnel en option). Voilure sans flèche au bord d'attaque, flèche inverse au bord de fuite, corde dégressive, emprennage cruciforme. Tangage par gouverne de profondeur articulée sur le plan fixe horizontal; lacet par gouvernail de direction articulée sur la dérive; roulis par ailerons sur la moitié de l'envergure de l'aile (en option); commande au manche pour le tangage et le lacet, palonnier pourle roulis en option. Voilure haubannée portée par des mâts; profil d'aile NC, à simple entoilage. Atterisseur tricycle avec béquille arrière. Sans suspension de la roue avant et suspension par caoutchouc du train principal. Roue avant directrice conjuguée au palonnier. Structure en tubes de duralumin, avec carénage en option. Moteur monté sous l'aile utilisé en tractif.

— France Aerolights est une société de création récente mais dont les fondateurs, Bruno Ziegler et Jean-Marc Ducournau ont accumulé au cours des dernières années une expérience certaine de l'Aviation ultralégère. Précédemment concessionnaire d'un constructeur américain dont les difficultés actuelles ne sont plus un mystère pour personne, Bruno Ziegler a été à même de mesurer sur le terrain les défauts de jeunesse d'un grand nombre d'ULM aujourd'hui proposés. C'est donc après de sérieuses études de marketing qu'a été fondée France Aerolights. Le fait reste assez rare encore en Europe, actuellement, pour valoir d'être signalé : la plupart des constructeurs d'ULM ont commencé par avoir l'idée d'une machine et ensuite celle de la commercialisation ; chez France Aerolights, on se targue d'avoir procédé à l'inverse, en définissant d'abord quels sont les besoins de la clientèle, ce qu'elle attend d'un ultraléger motorisé et ce qu'elle reproche, à l'usage, à la majorité des machines disponibles. Cette démarche a débouché sur le lancement d'une gamme d'appareils monoplaces ou biplaces, de pilotage 2 ou 3 axes conventionnels et qui, partant de modèles de base, comporte un grand nombre d'équipements optionnels permettant à chaque acheteur d'obtenir l'appareil correspondant le mieux à ses besoins et à ses désirs propres. Nous nous trouvons donc en présence ici de deux séries d'ULM, la série *First* qu'on peut situer comme rustique, visant la robustesse, la facilité de mise en œuvre et des coûts moindres à l'achat tant qu'à l'entretien, et la série *Mach,* d'une conception plus élaborée.

Le modèle de base de la première série est le monoplace *First One* qui a effectué son premier vol en janvier 1983 et est commercialisé depuis le mois de mai. Ce monoplace est disponible avec pilotage 2 axes au manche seul agissant sur des gouvernes de profondeur et un gouvernail de direction, l'appareil virant par roulis induit et ayant été étudié basiquement pour cela. Un kit optionnel permet sa transformation en appareil de pilotage 3 axes conventionnel. Les autres options proposées pour le *First One* portent sur le double entoilage de l'aile (extrados et intrados rapporté), un carénage partiel avec pare-brise de l'habitacle, des carénages des roues, des freins, des flotteurs et un strobe-light. Ces options sont disponibles sous forme de kits mais les prix n'en sont pas encore communiqués. Le First One en version standard est livrable sous forme de kit pour **39000 F** monté, prêt à voler, pour **44000 F.** Il est équipé de série d'un moteur Rotax 377 (37 CV) ou 503 monocarbu (45 CV) sur demande.

Cette société a choisi de faire fabriquer ses appareils en sous-traitance par diverses sociétés spécialisées dans l'aéronautique parmi lesquelles, principalement, les Avions Pierre Robin S.A., à Dijon.

2-DIMENSIONS EXTERIEURES ET SURFACES
Longueur hors tout 19.7 ft, 6 m • Hauteur hors tout 7.9 ft, 2.40 m • Envergure (aile) 30.2 ft, 9.20 m • Corde constante à l'emplanture 8.5 ft, 2.60 m • corde aux extrémités 4.3 ft, 1.30 m • Dièdre 6° • Flèche 0° • Plan fixe horizontal, envergure 8.2 ft, 2.50 m • Hauteur plan fixe vertical NC • Surface alaire totale 161 ft², 15 m² • Surface du plan fixe vertical 9.2 ft, 0.85 m • Surface du gouvernail de direction 14.0 ft², 1.30 m² • Surface du plan fixe horizontal 13.5 ft², 1.25 m² • Surface totale des gouvernes de profondeur 14.0 ft, 1.30 m² • Allongement 5.6/1 • Voie du train 4.3 ft, 1.30 m • Empattement 5.1 ft, 1.55 m • Diamètre de la roue avant 10 inch, 2.6 cm • Diamètre des roues principales 14 inch, 35 cm.

3-MOTORISATION
Moteur ROTAX 377.
Puissance maximale 37 cv à 6 750 tr/min • Diamètre et pas de l'hélice 59x22 inch, 1.50x0.55 m • Réducteur à courroie en V rapport de réduction 2.5/1 • Poussée statique maximale 220.5 lbs, 100 kgp • Carburant emporté 5.3 US gallons, 4.4 Imp gal, 20 litres. Option Rotax 503. 45 CV.

4-MASSES ET CHARGES
Masse à vide 265 lbs, 120 kg • Masse maximale au décollage 523 lbs, 237 kg • Charge utile 258 lbs, 117 kg • Charge alaire maximale 3.03 lbs/ft², 14.8 kg/m² • Rapport poids/puissance 10.9 lbs/hp 4.9 kg/cv • Facteurs de charges + 6.0 g • 3.0 g calculées • nc à rupture.

5-PERFORMANCES*
Vitesse maximale en palier 62 mph, 100 km/h • Vne 75 mph, 120 km/h • Croisière (maximale) 50 mph, 80 km/h • Croisière (économique) 37 mph, 60 km/h • Vitesse de décrochage 17 mph, 28 km/h • Vitesse ascensionnelle maximale (au niveau de la mer) 788 ft/min, 4 m/s • Taux de chute minimal 400 ft/min à 31 mph, 2 m/s à 50 km/h • Finesse maximale 9/1 à 31 mph, 50 km/h • Roulage au décollage 50 ft, 15 m • Roulage à l'atterrissage 50 ft, 15 m • Plafond pratique 10.000 ft, 3 050 M • Distance franchissable maximale 112 miles, 180 km.

*** Mesurées dans les conditions suivantes : Altitude QNH 0 ft, 0 m • Température au sol 59°F, 15°C • Vent au sol 0 mph, 0 km/h • Poids du pilote 170 lbs, 77 kg.**
Avec moteur ci-dessus.

France Aerolights
First Two
(2 axes)

Description identique au *First One* à l'exception de : biplace côte à côte.

— Le *First Two* est la version biplace côte-à-côte du précédent, avec une aile d'envergure et de surface accrues et utilisant le même moteur Rotax 507 dans ses versions mono ou bi-carbu (45 ou 52 CV). Aux options disponibles pour le monoplace, s'ajoute pour le *First Two* un kit permettant de l'équiper en doubles commandes complètes dans ses versions de pilotage 2 ou 3 axes. Ce modèle est aussi proposé soit sous forme de kit pour **49600 F** soit monté, prêt à voler, pour **54000 F.**

Tout comme le *First One* monoplace, le *First Two* biplace est démontable pour pouvoir être transportable sur remorque routière, son encombrement, replié, étant de 5,50 × 2,10 × 1,60 m (18,1 × 6,11 × 5,3 ft).

2-DIMENSIONS EXTERIEURES ET SURFACES
Voir le *First One* sauf : Envergure (aile) 35.4 ft, 10.80 m • Corde aux extrémités 3.9 ft, 1.20 m • Surface alaire totale 221 ft², 20.5 m² • Surface du gouvernail de direction 16.1 ft², 1.50 m² • Allongement 5.7/1 • Voie du train 6.9 ft, 2.10 m.

3-MOTORISATION
Voir le *First One* sauf : Puissance maximale 52 cv à 6 750 tr/min • Poussée statique maximale 276 lbs, 125 kgp • Rapport puissance/surface alaire 0.24 hp/ft², 2.5 cv/m².

4-MASSES ET CHARGES
Masse à vide 309 lbs, 140 kg • Masse maximale au décollage 677 lbs, 307 kg • Charge utile 368 lbs, 167 kg • Charge alaire maximale 3.06 lbs/ft², 15 kg/m² • Rapport poids/puissance 13.0 lbs/hp, 5.9 kg/cv • Facteurs de charges NC calculées — + 6.0 g — 3.0 g à rupture.

5-PERFORMANCES*
Vitesse maximale en palier 68 mph, 110 km/h • Vne 75 mph, 120 km/h • Croisière (maximale) 37 mph, 60 km/h • Vitesse de décrochage 22 mph, 35 km/h • Vitesse ascensionnelle maximale (au niveau de la mer) 680 ft/min, 3.5 m/s • Taux de chute minimal 400 ft/min à 31 mph, 2 m/s à 50 km/h • Finesse maximale 7/1 à 31 mph, 50 km/h • Roulage au décollage 100 ft, 30 m • Roulage à l'atterrissage 100 ft, 30 m • Plafond pratique 10.000 ft, 3 050 m • Distance franchissable maximale 112 miles, 180 km.

*** Mesurées dans les conditions suivantes :**

Altitude QNH 0 ft, 0 m • Température au sol 59°F, 15°C • Vent au sol 0 mph, 0 km/h • Poids du pilote 170 lbs, 77 kg • Poids du passager 170 lbs, 77 kg.
Avec moteur ci-dessus.

France Aerolights
Mach 01
(3 axes)

Monoplace monomoteur à l'aile haute. Pilotage 3 axes conventionnel. Voilure sans flèche au bord d'attaque et au bord de fuite, corde constante, empennage cruciforme. Tangage par gouverne de profondeur articulée sur le plan fixe horizontal; lacet par gouvernail de direction articulé sur la dérive; roulis pr ailerons sur toute l'envergure de l'aile; commande au manche pour le tangage et le roulis; palonnier pour le lacet. Voilure haubannée portée par des mâts; profil d'aile GAP-C1; à double entoilage. Atterrisseur tricycle avec béquille arrière. Sans suspension de la roue avant et suspension par lames en fibre de verre ou ressorts du train principal. Roue avant directrice conjuguée au palonnier. Freins sur les roues du train principal. Fuselage en tubes de duralumin/fibre de verre/fibre de carbone, habitacle fermé. Moteur monté au niveau de l'aile, utilisé en propulsif.

— La gamme haute de France Aerolights porte sur un monoplace *Mach 01* et un biplace côte-à-côte *Mach 20.* Ces deux appareils font appel à une technologie encore assez peu utilisée actuellement en Aviation ultralégère et qui assemble par soudure une structure en tubes de duralumin AGS, formant un double tétraèdre pour le fuselage. De pratique courante de longue date en Aviation, cette technique assure tout à la fois une meilleure rigidité et une plus grande longévité. L'aile rigide des *Mach 01* et *20* est différente de celle des précédents *First One* et *Two,* avec une corde constante et de forme en plan rectangulaire ; elle comporte deux longerons en duralumin AU4G avec des nervures en tôle d'aluminium embouties et collées. Le revêtement vient en toile Aviation 170 gr/m² avec enduit de tension et peinture. Le profil utilisé est donné comme autostable et porteur aux faibles vitesses. De plus, ces deux appareils utilisent des gouvernes courant sur la totalité de l'envergure de chaque demi-aile et qu'on désigne comme des *flaperons :* utilisables différentiellement comme des ailerons, ils le sont aussi en conjugaison et font alors office de volets hypersustentateurs courbables jusqu'à 20° (tout en continuant, bien sûr, à jouer leur rôle d'ailerons dans cette configuration). Les bouts d'ailes sont équipés de winglets en fibre stratifiée.

Les ailes et l'empennage sont fixés au fuselage par des attaches rapides, comme la voilure d'un planeur conventionnel, et permettent une mise en œuvre et un démontage facilités encore par le fait que les productions de France Aerolights n'utilisent pas de haubanages par câbles. Repliés, les *Mach 01* et *20* sont transportables sur remorque routière.

La verrière intégrale de ces deux modèles (sur option) reste amovible pour voler la « gueule à l'air » ou « avec des mouches pleins les dents », selon les expressions consacrées dès le début des années 20, en français et en anglais dans le texte! Les options disponibles sont aussi celles proposées pour la série First.

Le monoplace *Mach 01* est disponible uniquement monté, prêt à voler, à partir de **60300 F**. Partant du principe que la soudure sous argon implique un matériel et une expérience technologique qui ne sont pas à la portée du constructeur amateur moyen, France Aerolights a choisi de ne pas proposer sous forme d'un kit complet les deux modèles de sa série *Mach.*

2-DIMENSIONS EXTERIEURES ET SURFACES
Longueur hors tout 20.3 ft, 6.20 m • Hauteur hors tout 7.2 ft, 2.20 m • Envergure (aile) 32.2 ft, 9.80 m • Corde de constante 5.2 ft, 1.60 m • Dièdre 2° • Flèche 0° • Plan fixe horizontal, envergure 7.9 ft, 2.40 m • Hauteur plan fixe vertical NC • Surface alaire totale 158 ft², 14.7 m² • Surface totale des ailerons 14.0 ft², 1.30 m² • Surface du plan fixe vertical NC • Surface du gouvernail de direction 5.6 ft², 0.52 m² • Surface du plan fixe horizontal 12.9 ft, 1.20 m² • Surface totale des gouvernes de profondeur 9.0 ft², 0.84 m² • Allongement 6.5/1 • Voie du train 5.6 ft, 1.70 m • Empattement 8.5 ft, 2.60 m • Diamètre de la roue avant ou de la roulette de queue 10 inch, 26 cm • Diamètre des roues principales 14 inch, 35 cm.

3-MOTORISATION
Moteur Rotax 377 ou 503 • Puissance maximale 37 ou 45 CV à 6750 tr/min • Diamètre et pas de l'hélice 47 × 23 inches, 1,20 × 0,58 m • Réducteur à courroie en V rapport de réduction 2,5/1 • Poussée statique maximale 220/265 lbs, 100/120 kgp • Rapport puissance/surface alaire 0,302 hp/ft², 3,27 CV/m² • Carburant emporté 7,9 US gallons, 6,6 Imp gal. 25 litres.

4-MASSES ET CHARGES
Masse à vide 265 lbs, 120 kg • Masse maximale au décollage 485 lbs, 220 kg • Charge utile 220 lbs, 100 kg • Charge alaire maximale 3.05 lbs/ft², 15 kg/m² • Rapport poids/puissance 10.1 lbs/hp, 4.6 kg/cv • Facteurs de charges + 6 g – 3 g calculées • NC à rupture.

5-PERFORMANCES*
Vitesse maximale en palier 87 mph, 140 km/h • Vne 99 mph, 160 km/h • Croisière (maximale) 74 mph, 120 km/h • Croisière (économique) 53 mph, 85 km/h • Vitesse de décrochage 24 mph, 40 km/h • Vitesse ascensionnelle maximale (au niveau de la mer) 900 ft/min 4.6 m/s • Taux de chute minimal 400 ft/min à 40 mph, 2 m/s à 65 km/h • Finesse maximale 10/1 à 40 mph, 65 km/h • Roulage au décollage 154 ft, 50 m • Roulage à l'atterrissage 82 ft, 25 m • PLafond pratique 10.000 ft, 3050 m • Distance franchissable maximable 155 miles, 250 km.

*** Mesurées dans les conditions suivantes :**
Altitude QNH 344 ft, 105 m • Température au sol 59°F, 15°C • Vent au sol 0 mph, 0 km/h • Poids du pilote 170 lbs, 77 kg.
Avec moteur 45 CV.

France Aerolights
Mach 20
(3 axes)

Description indentique au *Mach 01* à l'exception de : biplace côte à côte.

— Le prototype de la série *Mach* de France Aerolights a effectué son premier vol en octobre 1982 mais, comme pour les deux modèles de la série *First,* les premières commercialisations ne sont intervenues qu'en mai 1983. Le modèle biplace côte-à-côte *Mach 20* utilise l'aile du monoplace mais avec une envergure et une surface accrues(+ 1,20 m)La motorisation porte actuellement surle type 503 des Rotax bicylindres avec une puissance de 37 CV ou 45 CV pour les monoplaces et 45 ou 52 CV pour les biplaces. Il faut noter que les modèles des deux séries ont été conçus pour recevoir le moteur français JPX PAL-1 300, tricylindre en étoile prévu pour délivrer aux environs de 50 CV à 3000 tr/mn et ne nécessitant donc pas de réducteur, mais qui n'est pas encore commercialisé.

Comme sa version monoplace, le biplace *Mach 20* n'est disponible que monté, prêt à voler, à partir de **75000 FF.** Les options sont les mêmes que celles proposées pour les précédents modèles.

2-DIMENSIONS EXTERIEURES ET SURFACES
Voir le *Mach 01* sauf : envergure (aile) 35.4 ft, 10.80 m • Surface alaire totale 174 ftç +,

16.2 m² • Surface totale des ailerons ou spoilerons 15.6 ft, 1.45 m² • Allongement 7.2/1 • Voie du train 6.9 ft, 2.10 m.

3-MOTORISATION
Moteur Rotax 503 45 ou 52 CV
Puissance maximale 52 cv à 6 750 tr/mn • Diamètre et pas de l'hélice 51x23 inch, 1.30x0.58 m • Réducteur à courroie en V, rapport de réduction 2.5/1 • Poussée statique maximale 276 lbs, 125 kgp • Rapport puissance/surface alaire 0.30 hp/ft², 3.2 cv/m² • Carburant emporté 7,9 US gallons, 6,6 Imp gal. 25 litres.

4-MASSES ET CHARGES
Masse à vide 331 lbs, 150 kg • Masse maximale au décollage 719 lbs, 326 kg • Charge utile 388 lbs, 176 kg • Charge alaire maximale 4.11 lbs/ft², 20.1 kg/m² • Rapport poids/puissance 13.8 lbs/hp, 6.3 kg/cv • Facteurs de charges + 6.0 g − 3.0 g calculées − NC à rupture.

5-PERFORMANCES*
Vitesse maximale en palier 81 mph, 130 km/h • Vne 87 mph, 140 km/h • Croisière (maximale) 68 mph, 110 km/h • Croisière (économique) 50 mph, 80 km/h • Vitesse de décrochage 24 mph, 40 km/h • Vitesse ascensionnelle maximale (au niveau de la mer) 600 ft/min, 3.1 m/s • Taux de chute minimal 400 ft/min à 40 mph, 2 m/s à 65 km/h • Finesse maximale 10/1 à 40 mph, 65 km/h • Roulage au décollage 165 ft, 50 m • Roulage à l'atterrissage 82 ft, 25 m • Plafond pratique 10.000 ft, 3050 m • Distance franchissable maximale 155 miles, 250 km.

* Mesurées dans les conditions suivantes : Altitude QNH 344 ft, 105 m • Température au sol 59°F, 15°C • Vent au sol 0 mph, 0 km/h • Poids du pilote 170 lbs, 77 kg • Poids du passager 187 lbs, 85 kg.
Avec moteur 52CV.

GARDAN

Société des Avions Yves Gardan, 580 rue Hélène-Boucher, Zone Industrielle, 78530 Buc, téléphone : (3) 956.28.82. M. Yves Gardan.

Gardan *GY-120*
(3 axes)

Biplace en tandem monomoteur à aile haute. Pilotage 3 axes conventionnel. Voilure sans flèche au bord d'attaque et au bord de fuite, corde constante, empennage cruciforme. Tangage par gouverne de profondeur articulée sur le plan fixe horizontal; lacet par gouvernail de direction articulé sur la dérive; roulis par ailerons sur la moitié de l'envergure de l'aile; commande au manche pour le tangage et le roulis; palonnier pour le lacet. Voilure haubannée sol et vol par câbles; profil d'aile Gardan, à double entoilage. Atterrisseur tricycle. Suspension par ressorts de la roulette de queue et suspension par caoutchouc du train principal. Roue arrière directrice conjuguée au palonnier. Freins sur les roues du train principal (en option). Structure en tubes de duralumin, avec carénage en option. Moteur monté sous l'aile, utilisé en tractif. Structure entièrement en duralumin agrée Aviation avec entoilage Dacron.

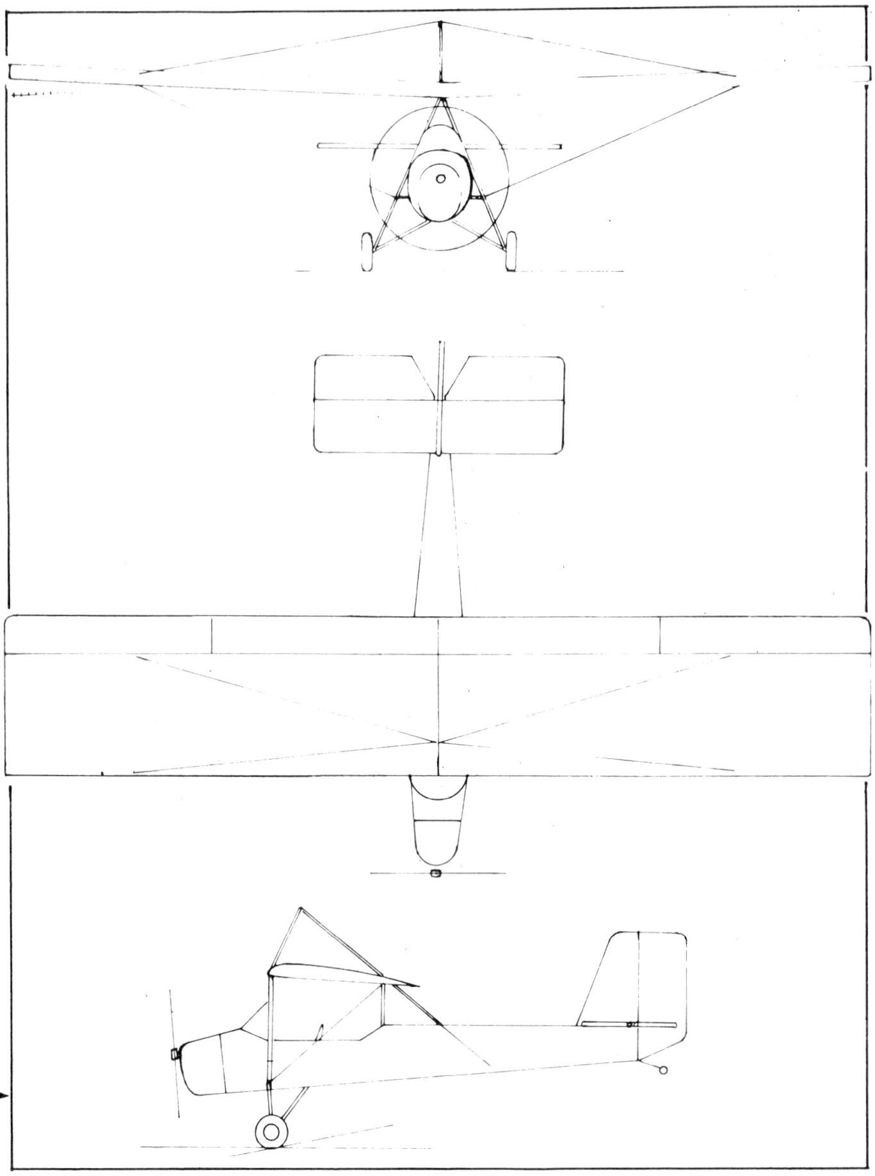

— L'arrivée d'un prototype signé Yves Gardan est un événement d'importance égale en Europe qu'a pu l'être, aux U.S.A., celle des B1-RD et B2-RD de la société aéronautique Robertson Aircraft. Yves Gardan est l'ingénieur qui déjà en 1947, fut l'auteur du fameux SIPA-90 gagnant du Concours des biplaces de 75 cv devant 13 autres concurrents, et qui fit l'objet d'une commande de 100 exemplaires (115 construits) par l'Etat, en France. Le panégyrique de ce concepteur est tel que nous sommes contraints à n'en donner qu'un résumé, très loin d'être exhaustif et ne citant que ses productions les plus connues. En 1949, c'est le GY-20 *Minicab,* qui remporte le record du Monde de distance en ligne droite et de vitesse, pour avion de moins de 500 kg de masse maximale : Paris-Rabat en 10 h de vol, 1 826 km parcourus à 175 km/h de moyenne (1 135 miles à 108,8 mph), avec un moteur Continental 65 cv. Plus de 100 *Minicals* seront construits et il est toujours actuellement fabriqué par des amateurs aux U.S.A. où il a pris le nom de *Cavalier.* La même année 1949, Y. Gardan crée le SIPA-200 *Minijet,* monoréacteur léger biplace capable de 400 km/h (249 mph) de vitesse maximale en palier avec 160 kgp (358 lbs). En 1952, apparaît la version 90 cv du *Minicab* avec train rétractable, le *Super-Cab.* C'est ensuite, en 1954, le SIPA-300 monoréacteur biplace en tandem puis, l'année suivante, le SIPA-1000, la célèbre *Coccinelle,* avion léger biplace côte-à-côte avec 90 cv.

En 1957, il conçoit le SIPA-1 100, bimoteur militaire de 4,5 tonnes (9 936 lbs), avant de faire voler en 1960 le fameux GY-80 *Horizon* 180 cv : ce monomoteur s'est signalé en remportant le Grand Prix international de Cannes en 1966, devant un grand nombre de concurrents (dont les bimoteurs les plus performants de l'époque), en parcourant en 23 h de vol une distance de 5 540 km à 245 km/h de moyenne (3 443 miles à 152 mph). Les *Horizon* seront construits à 270 exemplaires en France, la SNIAS Aérospatiale en ayant acquis la licence. Son successeur talentueux, le GY-100 de

1969, ne fut hélas pas produit industriellement, pour cause de crise économique. De 1962 à aujourd'hui, la Société des Avions Y. Gardan s'est spécialisée dans l'étude et la fabrication d'outillages pour l'aéronautique civile et militaire, l'étude et la fabrication de sous-ensembles d'une soixantaine d'appareils sur coussin d'air, incluant l'aéroglisseur M-500 de 450 tonnes (443 tons). Le lecteur non averti mesure maintenant mieux l'impact de l'arrivée de cette firme dans l'aviation ultralégère !

Pour son premier ULM, Yves Gardan n'a pas lésiné sur les détails d'importance : il a opté pour la technologie tout métal entoilé Dacron qui autorise plus aisément la production industrielle. Avec un profil très porteur de son cru, l'aile de son GY-120 est aussi munie de volets hypersustentateurs, débattant sur la moitié de l'envergure de chaque demi-aile laissée libre par les ailerons, et avec trois positions de courbure : 10, 20 et 30°. Il faut noter que le cahier des charges de cet appareil répond aux normes de la FAR 23 catégorie Utility, applicable aux avions de moins de 3,7 tonnes (3,64 tons) selon la réglementation internationale.

Cette étude, entamée en juin 1982, a débouché sur la construction d'un prototype en octobre de la même année et dont le premier vol était programmé pour le 15 mai 1983. Présenté au Salon international de l'Aéronautique et de l'Espace au Bourget en juin, le GY-120 sera commercialisé dès l'été 1983, livré monté, prêt à voler, pour un prix prévu entre 60 000 et 65 000 FF ttc. Le moteur qui équipe le prototype est actuellement un Hirth 270 R-03 E de 40 cv mais l'appareil est calculé pour recevoir tout moteur utilisable en tractif et développant entre 35 et 60 cv. Il sera très certainement disponible avec des motorisations telles que les Fuji-Robin EC 44 PM 50 cv, JPX PUL-640 38 cv ou Rotax 503 de 46 cv. Les options porteront sur un carénage du fuselage, l'équipement en doubles commandes complètes, des freins différentiels sur les roues principales, des flotteurs et des skis spécifiques au GY-120, les instruments de bord et des conteneurs de charge (agricole ou militaire). Les caractéristiques que nous en donnons sont celles du prototype avec Hirth 40 cv et les performances nous ont été communiquées par Yves Gardan, calculées avec cette puissance.

2-DIMENSIONS EXTERIEURES ET SURFACES
Longueur hors tout 19.0 ft, 5.80 m • Hauteur hors tout 8.2 ft, 2.50 m • Envergure (aile) 32.9 ft, 10 m • Corde constante 5.9 ft, 1.75 m • Dièdre 2° • Flèche 0° • Plan fixe horizontal, envergure 9.2 ft, 2.80 m • Hauteur plan fixe vertical 4.3 ft, 1.30 m • Surface alaire totale 189 ft, 17.5 m² • Surface totale des ailerons 20.5 ft², 1.90 m² • Surface du plan fixe vertical 7.5 ft², 0.70 m² • Surface du gouvernail de direction 7.0 ft², 0.65 m² • Surface du plan fixe horizontal 15.3 ft², 1.42 m² • Surface totale des gouvernes de profondeur14.0 ft², 1.30 m² • Allongement 5.7/1 • Voie du train 5.9 ft, 1.80 m • Empattement 14.9 ft, 4.50 m • Diamètre de la roulette de queue 5 inch, 13 cm • Diamètre des roues principales 16 inch, 40 cm.

3-MOTORISATION
Moteur Hirth 270-R-03E
Puissance maximale 40 cv à 7 000 tr/min • Diamètre et pas de l'hélice 55xNC inch, 1.40 x NC m • Réducteur à courroie crantée rapport de réduction 2.7/1 • Poussée statique maximale NC lbs • Rapport puissance/surface alaire 0.21 hp/ft², 2.3 cv/m² • Carburant emporté 7.9 US gallons, 6.6 Imp gal. 30 litres dans le réservoir principal • 7.9 US gallons, 6.6 Imp gallons 30 litres en réservoir supplémentaire

4-MASSES ET CHARGES
Masse à vide 320 lbs, 145 kg • Masse maximale au décollage 751 lbs, 340 kg • Charge utile 431 lbs, 195 kg • Charge alaire maximale 3.97 lbs/ft², 19.4 kg/m² • Rapport poids/puissance 18.77 lbs/hp 8.503 kg/cv • Facteurs de charges NC calculées – + 6.6 g – 3.3 g à rupture.

5-PERFORMANCES*
Vitesse maximale en palier 75 mph, 120 km/h • Vne 87 mph, 140 km/h • Croisière (maximale) 68 mph, 110 km/h • Croisière (économique) 47 mph, 75 km/h • Vitesse de décrochage 24 mph, 38 km/h • Vitesse ascensionnelle maximale (au niveau de la mer) 500 ft/min 2.5 m/s • Taux de chute minimal 370 ft/min à 40 mph, 1.8 m/s à 65 km/h • Finesse maximale 10/1 à 40 mph, 65 km/h • Roulage au décollage 130 ft, 40 m • Roulage à l'atterrissage 115 ft, 35 m • Plafond pratique 8200 ft, 2500 m • Distance franchissable maximale 240 miles, 400 km.

*** Mesurées dans les conditions suivantes : Altitude QNH 0 ft, 0 m • Température au sol 59 ° F, 15° C • Vent au sol 0 mph, 0 km/h • Poids à la masse maximale 751 lbs, 340 kg. Avec moteur ci-dessus.**

M.E.P.

Voir textes à la fin du chapitre France

AVIONS NOGRADY

Avions Nogrady, 24 impasse Alfred de Vigny, 30000 Alès, tél. (66) 56.79.52. Joëlle et Béla Nogrady.

Avions Nogrady
AN-2 Avionnette
(3 axes)

Biplace côte à côte monomoteur à aile médiane. Pilotage 3 axes conventionnel. Voilure sans flèche au bord d'attaque et au bord de fuite, corde constante, empennage en V. Tangage et lacet par élevons; roulis par ailerons sur un tiers de l'envergure de l'aile; commande au manche pour le tangage et le roulis; palonnier pour le lacet. Ailes cantilever; profil Worthmann FX 66-S-171, à double entoilage. Atterrisseur monotrace avec roulette de queue avec balancine sous chaque aile. Suspension par caoutchouc du train principal. Roue arrière directrice conjuguée au palonnier. Freins sur les roues du train principal. Fuselage en fibre de verre, habitacle fermé. Moteur monté au niveau de l'aile, utilisé en tractif. Longeron de l'aile en fibre de carbone et Kevlar, nervures en duralumin, revêtement Dacron et bord d'attaque en plastique.

— ''L'ULM le plus performant qui soit au monde actuellement !''Comme le présente Alain-Yves Berger dans *Pilote Privé* ou *UlmMag,* tout en précisant à ses lecteurs que, s'étant pris de passion pour l'AN-2 *Avionnette* de Joëlle et Béla Nogrady, il ne peut plus rester d'une objectivité de marbre lorsqu'il en parle. C'est cependant tout à fait vrai : l'AN-2 offre une vitesse maximale en palier de 170 km/h (106 mph), décroche à 38km/h (23 mph) et croise entre 90 et 150 km/h (56 et 93 mph), le tout avec 43 cv de puissance et à la masse maximale de 300 kg (662 lbs). Il faut préciser, pour comprendre, que cette machine ressemble à s'y méprendre à un motoplaneur de technologie moderne (tout matériaux composites) et titre 26,4 de finesse maximale, avec une aile de presque 12 d'allongement. Le résultat est un biplace, de configuration côte-à-côte qui plus est - avec une plus grande surface mouillée au maître-couple qu'un monoplace ou un biplace en tandem, donc -, et qui cependant offre des performances en vitesse, supérieures à celles des monoplaces les plus rapides actuellement disponibles !

Né en 1954, son concepteur Béla Nogrady a déjà une expérience aéronautique certaine : après avoir construit en amateur un Pottier P-40 et remis en état de vol un Piel CP-30 *Emeraude,* il conçut et réalisa, en 1980, un motoplaneur biplace en tandem tout métallique de 200 kg (442 lbs) de masse à vide, avion léger presque complètement achevé - à la finition et aux premiers vols près - et qu'il délaissa brutalement pour l'Aviation ultralégère suite à de longues controverses avec Alain-Yves Berger (Béla collabore à la Rédaction de *Pilote Privé*) et cette décision brusque culpabilise lourdement ce dernier depuis. Titulaire d'un doctorat en informatique, B. Nogrady a dirigé jusqu'en fin 1982 un laboratoire d'études en communication au C.N.E.T. (Centre National d'Etudes des Télécommunications) de Lannion tout en se formant seul en ingénierie aéronautique et en se spécialisant dans l'étude des matériaux d'avant-garde.

Le prototype de faisabilité, n° 01, de l'AN-2 a été mis en construction en 1981 et a effectué ses premiers vols en juillet 1982. L'*Avionnette* comporta tout d'abord un empennage classique et des spoilers portant sur 1/4 de l'envergure de l'aile. Sur le n° 01 fut ensuite testé un empennage en V avec élevons monoblocs. Cette configuration d'empennage

Un essai moteur par Béla Nogrady sur le second prototype de l'Avionnette, cassé au cours des essais en vol, le 20 mai. Le n° 03 entreprendra son programme en octobre ou novembre 83

papillon avec 110° entre les deux plans a été adoptée pour le prototype n° 02 qui a effectué ses premiers vols, en avril 1983. Toutefois, les élevons ne sont plus monoblocs mais articulés sur les plans fixes inclinés, cet empennage étant affecté d'un profil NACA 0015. De plus, si les *Avionnette* de série conservent la voilure à corde constante et sans flèche du n° 01, ces appareils viennent maintenant équipés des ailerons et des volets hypersustentateurs testés sur le n° 02. D'une surface totale de 1,40 m^2 (15,106 ft^2), ces volets sont courbables avec trois positions : 15, 30 et 55°. Les extrémités de l'aile viennent maintenant avec des bords marginaux de forme en plan semi-elliptique. Il faut aussi rappeler que l'aile de l'AN-2 n° 01 utilisait un profil Worthmann FX-S02-184, calé à 6°, sans vrillage et avec 3° de dièdre, qui s'est transformé en FX-66S-171 calé à 6° et toujours avec le même dièdre mais sans vrillage non plus.

L'*Avionnette* n° 1 de série a été livrée fin mai et la production industrielle est programmée pour atteindre 6 appareils par mois avant la fin de l'année 1983. L'appareil vient standard avec doubles commandes et roue principale rétractable avec trappe d'obturation de son logement et avec frein à tambour. Une version à train classique est en cours de développement avec lame du train principal en fibre de carbone. Actuellement motorisé d'un bicylindre Hirth 2 701 R-53 de 43 cv l'AN-2 est en fait étudié pour recevoir le JPX PUL-640 tricylindre, avec démarreur électrique, dès que ce dernier sera disponible. Les ailes sont rattachées au fuselage par l'intermédiaire de deux axes et donc facilement démontables. Les deux empennages sont aussi démontables et l'AN-2, transportable sur remorque routière. Le modèle standard est commercialisé monté et testé pour 70 000 FF. Il est muni d'une hélice tripale avec pas réglable au sol. Une version AN-2P est prévue pour l'avenir avec volets de capots moteur réglables et hélice tripale à pas variable (en vol) et mise en drapeau. Sont aussi à l'étude actuellement par la société Avions Nogrady, un AN-3 motoplaneur monoplace ULM et un biplace de pilotage pendulaire avec une voilure encore inédite, ce dernier étant susceptible d'être produit au cours de l'été 1983.

2-DIMENSIONS EXTERIEURES ET SURFACES
Longueur hors tout 21.1 ft, 6.38 m • Hauteur hors tout 5.1 ft, 1.80 m • Envergure (aile) 42.8 ft, 13 m • Corde constante à l'emplanture 3.7 ft, 1.10 m • Dièdre 3° • Flèche 0° • Plan fixe horizontal, envergure 12.2 ft, 3.70 m • Surface alaire totale 152 ft^2, 14.1 m • Surface totale des ailerons 8.6 ft^2, 0.80 m^2 • Surface du plan fixe vertical 22.8 ft^2, 2.12 m^2 • Surface totale des élevons 11.6 ft^2, 1.08 m^2 • Allongement 12.0/1 • Empattement 16.1 ft, 4.90 m • Diamètre de la roulette de queue 6 inch, 16 cm • Diamètre des roues principales 19 inch, 48 cm.

3-MOTORISATION
Moteur Hirth 2701R-53
Puissance maximale 43 cv à 6 750 tr/mn • Diamètre et pas de l'hélice 51x45 inch, 1.30x1.15 m • Réducteur à courroie en V, rapport de réduction 2.2/1 • Poussée statique maximale NC • Rapport puissance/surface alaire 0.28 hp/ft^2, 3 cv/m^2 • Carburant emporté 10.6 US gallons, 8.8 Imp gal. 40 litres.

4-MASSES ET CHARGES
Masse à vide 265 lbs, 120 kg • Masse maximale au décollage 662 lbs, 300 kg • Charge utile 397 lbs, 180 kg • Charge alaire maximale 4.35 lbs/ft^2, 21.3 kg/m^2 • Rapport poids/puissance 15.4 lbs/hp, 7 kg/cv • Facteurs de charges NC calculées – + 8.0 g – 4.0 g à rupture.

5-PERFORMANCES*
Vitesse maximale en palier 106 mph, 170 km/h • Vne 117 mph, 189 km/h • Croisière (maximale) 93 mph, 150 km/h • Croisière (économique) 56 mph, 90 km/h • Vitesse de décrochage 23 mph, 38 km/h • Vitesse ascensionnelle maximale (au niveau de la mer) 600 ft/min, 3.1 m/s • Taux de chute minimal 138 ft/min à 30 mph, 0.7 m/s à 48 km/h • Finesse maximale 26.4/1 à 45 mph, 72 km/h • Roulage au décollage 193 ft, 59 m • Roulage à l'atterrissage 213 ft, 65 m • Plafond pratique 23.000 ft, 7 000 m • Distance franchissable maximale 497 miles, 800 km.

*** Mesurées dans les conditions suivantes : Altitude QNH 656 ft, 200 m • Température au sol 59° F, 15° C • Vent au sol 0 mph, 0 km/h • Poids du pilote 176 lbs, 80 kg • Poids du passager 121 lbs, 55 kg.**
Avec moteur ci-dessus.

C. PIEL

Madame Veuve Piel, 104 côte de Beulle, chemin des Alouettes, 78580 Maule. (Préciser : faire suivre, sur l'enveloppe).

C. Piel
CP-150 Onyx
(3 axes)

Monoplace monomoteur double monoplan en tandem. Pilotage 3 axes conventionnel. Voilure: voir texte ci-après. Empennage bidérive. Tan-

gage par aile avant arrière mobile en incidence; lacet par gouvernails de direction articulés sur les dérives; roulis par ailerons; commande au manche pour le tangage et le roulis; palonnier pour le lacet. Atterrisseur tricycle avec béquille arrière. Suspension sur toutes les roues (type NC). Roue avant directrice conjuguée au palonnier. Sans freins. Fuselage en bois avec entoilage, habitacle partiellement fermé. Moteur monté au-dessus de l'aile, utilisé en propulsif.

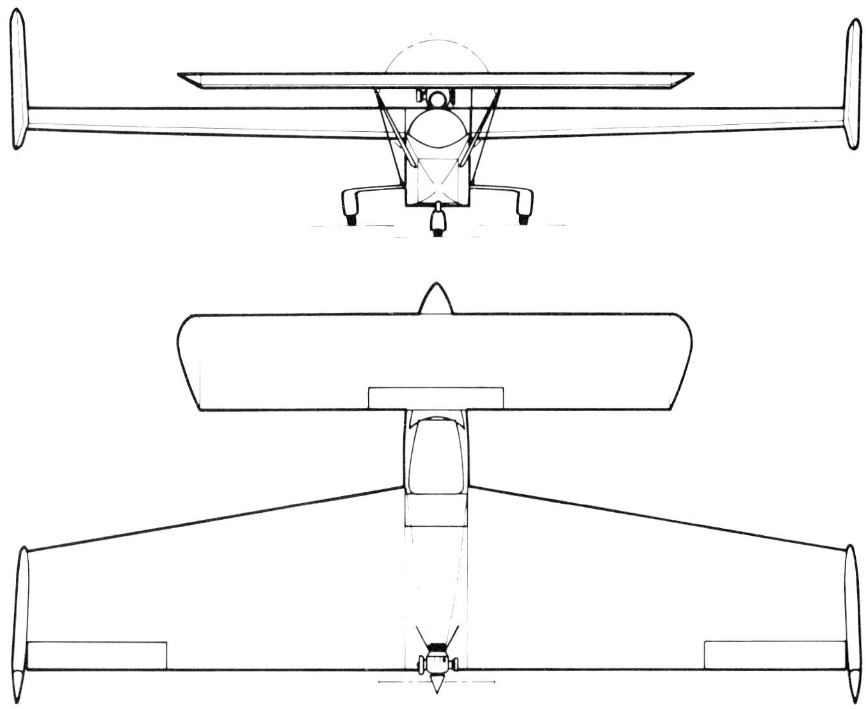

— Claude Piel est décédé en août 1982 mais son souvenir reste bien vivant chez tous les pilotes qui ont eu un jour l'occasion de voler avec l'un des avions très fins que nous lui devons, et ce souvenir n'est pas prêt de s'éteindre. Ingénieur aéronautique de grande valeur, il entreprit la construction en amateur d'un *Pou-du-Ciel* dès 1948 ; puis, dès le début des années 50, en plus de ses activités professionnelles aéronautiques, il conçut toute une famille d'avions qui furent construits tant industriellement pour certains que par des constructeurs amateurs dans le monde entier. Après les monoplaces CP-20 *Pinocchio* et CP-40 *Donald,* apparut le biplace côte-à-côte CP-30 *Emeraude,* unanimement salué comme l'une des machines les plus fines de l'époque. Il en tirera le triplace CP-60 *Diamant* et les biplaces en tandem CP-70 *Béryl.* Le CP-100 *Super-Emeraude* fournit la base des CAP-10 de voltige toujours produits par la société des Avions Mudry. Très éclectique, il conçut aussi un racer CP-80 et un bimoteur push-pull CP-500 pour les constructeurs amateurs. En fin 1981, enfin, déjà rongé par la maladie qui devait l'emporter, il établit les plans de l'ULM CP-150 *Onyx.* Un premier *Onyx* est actuellement en cours d'achèvement en France, qui devait voler courant 1982 mais fut retardé par la disparition de son concepteur.

Le CP-150 est un double monoplan en tandem dont l'aide avant, à profil NACA 2 3012 et mobile en incidence, fait office de gouverne de profondeur et est stabilisée par un anti-tab. Elle est de moindre envergure et surface que l'aile arrière avec 2,22 m (7,3 ft) pour une corde constante de 0,84 m (2,9 ft) et 1,86 m² (20,12 ft²). L'aile arrière à profil NACA 23 015 est de forme en plan trapézoïdale, avec une flèche au bord d'attaque et un bord de fuite sans flèche, sa corde décroissant de 1,60 m (5,3 ft) à l'emplanture à 1 m (3,4 ft) aux extrémités. Cette aile est cantilever ainsi que l'aile avant, celle-ci venant portée par deux mâts carénés sur lesquels elle est articulée avec commande de son incidence par tubes. L'aile arrière est munie d'ailerons et porte à ses extrémités des dérives largement dimensionnées sur lesquelles s'articulent les gouvernails de direction.

La technologie fait essentiellement appel au bois pour le fuselage et les longerons des ailes et des empennages verticaux. De section rectangulaire, le fuselage est recouvert de contreplaqué, les deux ailes utilisant un entoilage en Tergal sur des nervures en klégécell. Celles-ci étant démontables, l'*Onyx* est transportable sur remorque routière. L'appareil est destiné à recevoir des moteurs de très faible puissance, Claude Piel nous en ayant communiqué l'étude en début 1982 avec un Solo 12 cv. Madame C. Piel assure toujours la diffusion de la liasse des plans des appareils conçus par son mari et, notamment en ce qui concerne le présent ouvrage, celle de l'ULM CP-150. Extrêmement détaillés, les plans tracés pour les constructeurs amateurs par Claude Piel ont toujours été cités comme exemplaires de simplicité et de minutie.

2-DIMENSIONS EXTERIEURES ET SURFACES
Longueur hors tout 11.7 ft, 3.53 m • Hauteur hors tout 5,4 ft, 1.61 m • Envergure de l'aile arrière 23.9 ft, 7.30 m • Corde à l'emplanture de l'aile arrière 5.3 ft, 1.60 m • Corde aux extrémités de l'aile arrière 3.3 ft, 1 m • Envergure de l'aile avant 14.6 ft, 4.46 m • Corde constante aile avant 2.9 ft, 0.84 m • Dièdre aile avant 0° • Flèche aile avant 0° • Hauteur plan fixe vertical 3.5 ft, 1.05 m • Surface alaire totale 138 ft², 12.8 m² • Surface aile arrière 98 ft², 9.1 m² • Surface aile avant 40 ft², 3.7 m² • Surface totale des ailerons 6.8 ft², 0.60 m² • Surface du plan fixe vertical 8.9 ft², 0.83 m² • Surface gouvernail de direction 6.8 ft², 0.63 m² • Allongement aile arrière 5.9/1 • Allongement aile avant 5.4/1 • Voie du train 4.9 ft, 1.50 m • Empattement 5.5 ft, 1.68 m • Diamètre de la roue avant 8 inch , 20 cm • Diamètre des roues principales 10 inch, 25 cm

3-MOTORISATION
Moteur Solo Type NC
Puissance maximale 12 cv à NC tr/mn • Rapport puissance/surface alaire 0.09 hp/ft², 0.9 cv/m² • Autres paramètres NC.

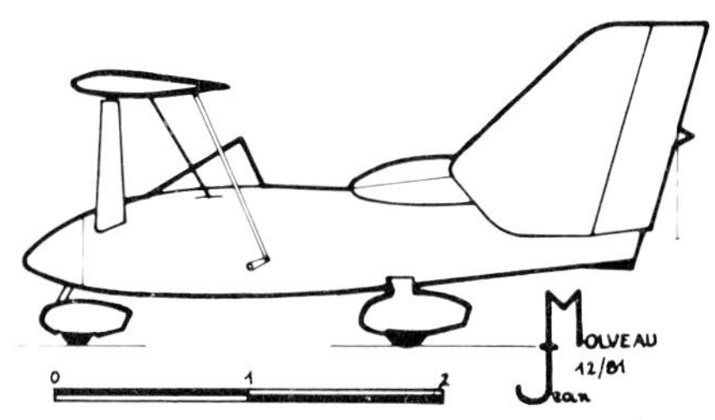

4-MASSES ET CHARGES
Masse à vide 155 lbs, 70 kg • Masse maximale au décollage 397 lbs, 180 kg • Charge utile 242 lbs, 110 kg • Charge alaire maximale 2.87 lbs/ft², 14.1 kg/m² • Rapport poids/puissance 33.1 lbs/hp, 15 kg/cv • Facteurs de charges calculées NC — + 4 g — 2 g à rupture.

5-PERFORMANCES*
Vitesse maximale en palier 62 mph, 100 km/h • Croisière (maximale) 50 mph, 80 km/h • Croisière (économique) 37 mph, 60 km/h • Vitesse de décrochage 22 mph, 35 km/h • Vitesse ascensionnelle maximale (au niveau de la mer) 350 ft/min, 1.8 m/s • Roulage au décollage 100 ft, 30 m • Roulage à l'atterrissage 200 ft, 60 m • Autres paramètres NC

*** Conditions du test non spécifiées.**

ROBIN S.A

Avions Robin S.A., aérodrome de Dijon-Val Suzon, 21121 Fontaine-lès-Dijon, téléphone : (80) 31.61.01.

Agent pour le continent nord-américain : Avions Pierre Robin Incorporat. 430 Aéroparc, P.O. Box 430, Lachute PQ J8H 3X9, Canada, tél. (514) 562.22.35. M. Jacques Lécrivain.

Robin
ATL
(3 axes)

Biplace côte à côte monomoteur à aile basse. Pilotage 3 axes conventionnel. Voilure sans flèche au bord d'attaque, flèche inverse au bord de fuite, corde dégressive, empennage en V. Tangage et lacet par élevons. Roulis par ailerons sur la moitié de l'envergure de l'aile; commande au manche pour le tangage et le roulis; palonnier pour le lacet. Ailes cantilever, profil d'aile NACA 43015, à double entoilage. Atterrisseur tricycle. Suspension par sandons de la roue avant et suspension par lames en fibres de verre du train principal. Roue avant directrice conjuguée au palonnier. Freins sur les roues du train principal. Fuselage en fibre de verre, habitacle fermé. Moteur monté au niveau de l'aile, utilisé en tractif.

— Incontestablement, l'*ATL* de Pierre Robin entre en haut de gamme des machines présentées dans cette édition auxquelles ne le rattachent, en fait, que certaines de ses caractéristiques et performances et une philosophie conceptuelle qui le classe comme un maillon manquant entre les avions de l'Aviation légère et ceux de l'Aviation ultralégère.

Cependant différent de celui de l'Aérostructure PLM-80 qu'on pourrait lui comparer, le créneau visé par cet avionneur est celui des écoles de pilotage et des aéroclubs à l'européenne ; il va sans dire que le Robin *ATL* fera l'objet d'une certification de navigabilité de type (CdN), comme n'importe quel autre appareil relevant de l'Aviation générale : il devrait correspondre aux futures spécifications de la FAR 23 allégée, en fait. Par ailleurs, Pierre Robin nous l'a encore, récemment, parfaitement défini comme devant assurer « la formation des pilotes privés certes à coûts réduits, mais pas au rabais, le vrai problème en Europe actuellement n'étant pas tant le prix d'achat d'un biplace école, que celui de son coût à l'heure de vol ». Il faut du reste noter que la Fédération Nationale Aéronautique française (FNA) a partiellement subventionné l'étude et la mise au point de cet *ATL* et qu'elle contribuera à sa diffusion dans les aéroclubs français.

Cette étude a été entamée dès 1981 et a débouché sur l'élaboration d'un prototype de faisabilité construit au cours de l'année 1982 et qui vient d'effectuer ses premiers vols (mai 1983). Pour cet appareil, premier au monde à employer officiellement la désignation d'ATL (avion très léger), le bureau d'études de cet avionneur, dirigé par l'ingénieur Daniel Müller, a fait appel à diverses technologies : alors que le fuselage vient en fibre de verre et résine époxy nids d'abeille, l'aile et l'empennage sont en bois entoilé Dacron et les gouvernes en duralumin AU4G. La verrière intégrale en polycarbonate s'ouvre en basculant vers l'avant du fuselage, ce système d'ouverture comportant un compensateur d'effort.

L'aile du Robin *ATL* utilise un profil NACA 43 015 modifié ; calée à 3° et avec un vrillage de - 4°, elle titre un effilement de 0,5. Dans les caractéristiques ci-après détaillées, nous donnons cette aile avec 0° de flèche (au bord d'attaque), précisons cependant pour les puristes qu'elle comporte une flèche inverse de - 3°, prise au longeron. Elle comporte des volets hypersustentateurs totalisant 0,97 m² (10,46 ft²) débattant sur la moitié de l'envergure de chaque demi-aile laissée libre par les ailerons. Actionnés par moteur électrique, ces volets sont commandés par un présélecteur au tableau de bord qui permet d'obtenir toutes les courbures comprises entre 0 et 60°.

Les premières commercialisations du Robin *ATL* ne devraient pas intervenir avant juin 1984. Le prix actuellement prévu est de 150 000 FF (soit un prix hors taxe de 122 100 FF). Là encore, s'agissant d'un appareil trop exceptionnel pour s'intégrer dans le canevas type choisi pour la présente édition, il nous faut préciser qu'en version standard, l'*ATL* vient avec doubles commandes complètes, les deux palonniers suspendus étant réglables à la taille des pilotes et avec commandes différentielles des freins en haut des pédales. Son tableau

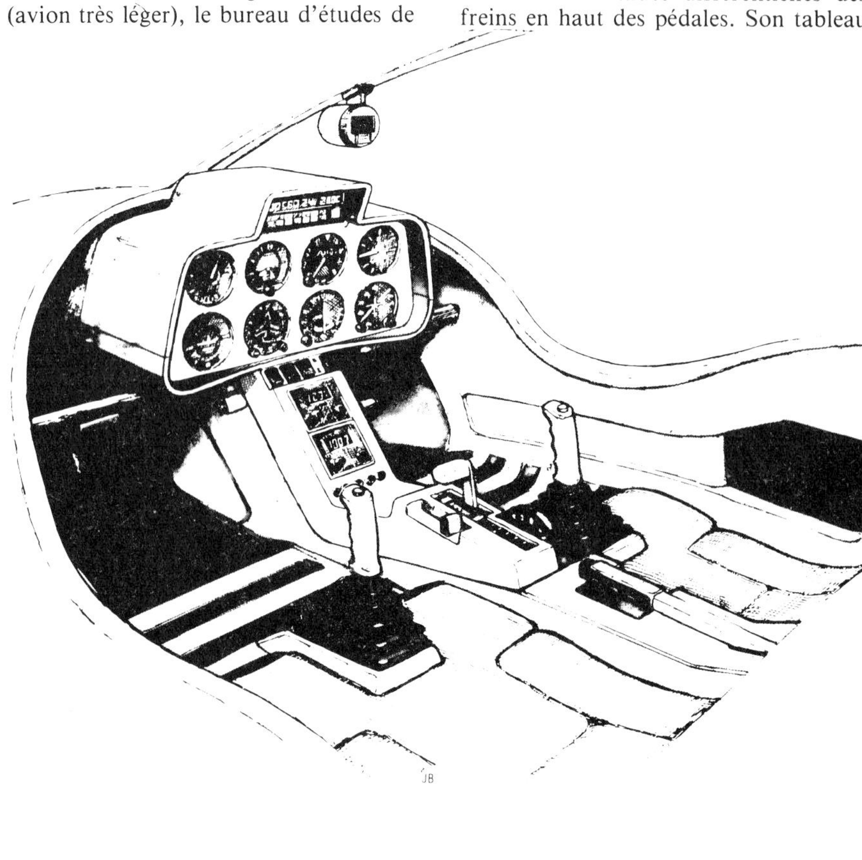

de bord comporte aussi en version standard anémomètre, altimètre, compas, compte-tours moteur électronique, débitmètre, jauge de carburant avec alarme, indicateur de pression d'essence (avec alarme pour les deux pompes) et émetteur-récepteur de radiocommunication VHF 720 canaux. Enfin, il est muni comme tout avion léger actuel d'un démarreur électrique et équipé d'un alternateur avec témoin de charge au tableau de bord. Dernière précision enfin, concernant les performances calculées que nous a communiquées Daniel Müller, la vitesse maximale en croisière correspond ici à la vitesse en palier avec 75 % de la puissance et, pour la croisière économique, à 50 % de la puissance, les deux mesurées à 7 000 ft (2 100 m).

2-DIMENSIONS EXTERIEURES ET SURFACES

Longueur hors tout 22.1 ft, 6.75 m • Hauteur hors tout 6.4 ft, 1.95 m • Envergure (aile) 32.8 ft, 10 m • Corde constante à l'emplanture 4.9 ft, 1.50 m • Corde aux extrémités 2.8 ft, 0.80 m • Dièdre 6° • Flèche 0° • Plan fixe horizontal, envergure 9.5 ft, 2.87 m • Hauteur plan fixe vertical 3.3 ft, 1 m • Surface alaire totale 129 ft², 12 m² • Surface totale des ailerons 10.4 ft², 0.97 m² • Surface du plan fixe vertical 20.9 ft, 1.94 m² • Surface totale des élevons 5.2 ft², 0.48 m² • Allongement 8.3/1 • Voie du train 9.7 ft, 2.92 m • Empattement 5.3 ft, 1.60 m • Diamètre de la roue avant 11 inch, 27 cm • Diamètre des roues principales 13 inch, 33 cm.

3-MOTORISATION

Moteur JPL PAL 1300.

Puissance maximale 50 cv à 3 000 tr/mn • Diamètre et pas de l'hélice 59x28 inch, 1.50x0.70 m • Sans réducteur • Poussée statique maximale NC lbs • Rapport puissance/surface alaire 0.39 hp/ft², 4.2 cv/m² • Carburant emporté 10.6 US gallons, 8.8 Imp gal, 40 litres.

4-MASSES ET CHARGES

Masse à vide 442 lbs, 200 kg • Masse maximale au décollage 883 lbs, 400 kg • Charge utile 441 lbs, 200 kg • Charge alaire maximale 6.81 lbs/ft², 33.33 kg/m² • Rapport poids/puissance 17.7 lbs/hp, 8 kg/cv • Facteurs de charges calculées NC − + 7.5 g − 4.5 g à rupture.

5-PERFORMANCES

Vitesse maximale en palier 112 mph, 180 km/h • Vne 126 mph, 202 km/h • Croisière (maximale) 103 mph, 166 km/h • Croisière (économique) 85 mph, 136 km/h • Vitesse de décrochage 41 mph, 66 km/h • Vitesse ascensionnelle maximale (au niveau de la mer) 575 ft/min, 2.9 m/s • Taux de chute minimal NC • Finesse maximale NC • Roulage au décollage 377 ft, 115 m • Roulage à l'atterrissage 295 ft, 90 m • Plafond pratique 13.500 ft, 4 100 m • Distance franchissable maximale 397 miles, 639 km.

* Mesurées dans les conditions suivantes : Altitude QNH 0 ft, 0 m • Température au sol 59° F, 15° C • Vent au sol 0 mph, 0 km/h • Poids du pilote 190 lbs, 86 kg • Poids du passager 190 lbs, 86 kg.
Avec moteur ci-dessus.

ULM PYRENEES

ULM Pyrénées S.A.R.L., 65200 Orignac, téléphone : (62) 95.20.83. Marcel et Lucien Peres.

ULM Pyrénées *Sport* et *Super-Sport*
(Pendulaire)

Monoplace monomoteur à voilure souple. Pilotage pendulaire. Voilure type Rogallo avec dérive sous l'aile. Commande par déplacement du centre de gravité pour le tangage et le roulis. Le pilote est suspendu sous la voilure dans un siège harnais et utilise un trapèze de commande (pilotage par déplacement du centre de gravité par rapport au centre de poussée). Voilure haubannée sol et vol par câbles, transversale flottante avec double entoilage à 50 %, transversale intégrée, lattes préformées. Atterrisseur tricycle. Sans suspension. Roue avant directrice non conjuguée au palonnier. Frein sur la roue avant (en option). Chariot en tubes de duralumin, habitacle ouvert. Moteur monté sous l'aile utilisé en propulsif.

Chariots monoplaces monomoteurs destinés à équiper des planeurs ultralégers à structure renforcée, les types *Sport* et *Super-Sport* diffèrent par leur motorisation.
— Ayant motorisé en amateurs un premier PUL dès le début de 1978, les frères Marcel et Lucien Peres ont fondé leur société ULM Pyrénées en 1981 pour produire, d'abord artisanalement, des chariots tricycles pendulaires. Ceux-ci acquirent très vite une réputation d'appareils intelligemment conçus et d'une irréprochable finition. De plus, leur rapport qualité/prix les hissait au premier rang au plan national.

De structure bipoutre avec une double rigidification par câbles, le modèle *Sport* utilise un moteur Solo 210 développant 14 cv à 5 500 tr/mn et 41 kgp (90,5 lbs) de poussée statique. D'un poids à vide de 21 kg (46 lbs), il peut emporter jusqu'à 90 kg (199 lbs) de charge utile. Ce tricycle est équipé de roues à pneus basse pression de 26 cm (10'') de diamètre. Il est prévu pour recevoir une voilure type La Mouette *Azur 17, Atlas 16* et *18.* Prix : 8 500 FF, tout monté.

Utilisant la même structure et prévu pour de semblables voilures, le type *Super-Sport* utilise un moteur Solo 424 *Minor* développant 19 cv à 6 500 tr/mn avec réducteur 2/1 à courroie crantée, et 63 kgp (139 lbs) de poussée. D'une masse à vide de 32 kg (71 lbs), il est donné pour un pilote d'un poids maximal de 110 kg (243 lbs). Ce modèle peut être équipé de roues à pneus basse pression de 26 ou 30 cm (10-12''). Prix, tout monté : 12 800 FF. Option : frein sur la roue avant, 368 FF.

2-DIMENSIONS EXTERIEURES ET SURFACES
Pour les caractéristiques de la voilure, voir Cosmos *Dragster 25/Azur 17* • Longueur hors tout NC • Voie du train NC • Empattement NC • Diamètre de la roue avant* 10 inch, 26 cm • Diamètre des roues principales* 10 inch, 26 cm.

3-MOTORISATION
Moteur Solo • Puissance maximale 14 (19) cv à 5500 (6500) tr/mn • Diamètre et pas de l'hélice 35 (53) x NC inch, 0.90 (1.35) x NC m • Sans réducteur (réducteur à courroie en V, rapport de réduction 2.0/1). Poussée statique maximale 90 (139 lbs, 41 (63kg). Rapport puissance/surface alaire 0.08 (0.11) hp/ft², 0.8 (1.2). Carburant emporté 1.3 US gal, 1.1 Imp. gal, 5 litres.

4-MASSES ET CHARGES
Masse à vide 112(137) lbs, 51 m(62) kg • Masse maximale au décollage 310 (388) lbs, 141 (176 kg • Charge utile 198 (251) lbs, 90 (114) kg • Charge alaire maximale 1.75 (2.18) lbs/ft², 8.5 (10.7) kg/m² • Rapport poids puissance 22.1 (20.4) lbs/hp, 10.1 (9.3) kg/cv • Facteurs de charges NC.

5-PERFORMANCES-NC

* 12 inch, 30 cm en option sur le Super Sport.

ULM Pyrénées
Voyageur
(pendulaire)

Biplace en tandem bimoteur à voilure souple. Pilotage pendulaire. Voilure type Rogallo avec dérive sous l'aile. Commande par déplacement du centre de gravité pour le tangage et le roulis. Le pilote est suspendu sous la voilure dans un siège-harnais et utilise un trapèze de commande (pilotage par déplacement du centre de gravité par rapport au centre de poussée). Voilure haubannée sol et vol par câbles, transversale rigide, avec simple entoilage, transversale hors entoilage, lattes préformées. Atterrisseur tricycle. Sans suspension. Roue avant directrice non conjuguée au palonnier. Frein sur la roue avant (option). Chariot en tubes de duralumin, habitacle ouvert. Moteurs montés sous l'aile, utilisés en propulsif.

— Le prototype des chariots biplaces d'ULM Pyrénées a effectué son premier vol en août 1981 et les appareils de série sont commercialisés depuis le mois de novembre de la même année. Conçus par Marcel et Lucien Peres, ces tricycles restent les seuls proposés actuellement en bimoteurs sur le marché français. Ils font appel à une structure originale à deux poutres verticales et deux poutres horizontales, rigidifiées par les montants des sièges et en outre haubanées par câbles. D'un pliage ou d'une mise en œuvre extrêmement rapides, les deux biplaces présentement proposés sont transportables sur galerie automobile ou remorque routière ou à l'intérieur d'un break. Le modèle de base *Voyageur* a un encombrement, replié, de 2 X 1,40 X 0, 50 m (6,7 X 4,7 X 1,8 ft).

Alors que les frères Peres ne fabriquent pas les voilures adaptables aux monoplaces *Sport* et *Super-Sport,* ils sont à même de fournir maintenant des ailes construites directement par ULM Pyrénées pour les biplaces *Voyageur* et *Royal.* De construction traditionnelle, avec transversale à fixation rigide et non intégrée, la voile étant à simple surface, ces voilures sont d'un seul modèle actuellement, avec une surface de 21 m² (227 ft²).

2-DIMENSIONS EXTERIEURES ET SURFACES
Longueur hors tout 13,1 ft, 4 m • Hauteur hors tout 10.5 ft, 3.20 m • Envergure (aile) 34.4 ft, 10.50 m • Corde à l'emplanture 11.5 ft, 3.50 m • Corde aux extrémités 2 ft, 0.60 m • Dièdre 4° • Angle de nez 126° • Profondeur de la dérive 0.9 ft, 0.28 m • Surface alaire totale 226 ft², 21 m² • Surface de la dérive 4.5 ft², 0.42 m² • Allongement 6.2/1 • Voie du train 4.3 ft, 1.30 m • Empattement 4.6 ft, 1.40 m • Diamètre de la roue avant 10 inch, 26 cm • Diamètre des roues principales 12 inch, 30 cm.

3-MOTORISATION
Moteurs 2 Solo.
Puissance maximale 14 cv chacun à 5500 tr/min • Diamètre et pas de l'hélice 36 x 19 inch, 0.90 x 0.48 m • Sans réducteur • Poussée statique maximale 188 lbs 85 kgp • Rapport puissance/surface alaire 0.12 hp/ft², 1.3 cv/m² • Carburant emporté 2.6 US gallons, 2.2 Imp gal. 10 litres.

4-MASSES ET CHARGES
Masse à vide 188 lbs, 85 kg • Masse maximale au décollage 519 lbs, 235 kg • Charge utile 331 lbs, 150 kg • Charge alaire maximale 2.28 lbs/ft², 11.2 kg/m² • Rapport poids/puissance 18.5 lbs/hp, 8.4 kg/cv • Facteurs de charges calculées NC – + 6 g – NC à rupture.

5-PERFORMANCES*
Vitesse maximale en palier 56 mph, 90 km/h • Vne 59 mph, 95 km/h • Croisière (maximale) 37 mph, 60 km/h • Croisière (économique) 28 mph, 45 km/h • Vitesse de décrochage 22 mph, 35 km/h • Vitesse ascensionnelle maximale (au niveau de la mer) 500 ft/min, 2,5 m/s • Taux de chute minimal 350 ft/min à 24 mph, 1,7 m/s à 40 km/h • Roulage au décollage 100 ft, 30 m • Roulage à l'atterrissage 50 ft, 15 m • Autres caractéristiques NC.

* Mesurées dans les conditions suivantes : Altitude QNH 1804 ft, 550 m • Température au sol 59° F, 15° C • Vent au sol 0 mph, 0 km/h • Poids du pilote 170 lbs, 77 kg • Poids du passager 155 lbs, 70 kg.
Avec moteur ci-dessus.

FRANCE

ULM Pyrénées
Royal
(pendulaire)

Description semblable à celle du biplace *Voyageur,* à l'exception de la motorisation, détaillée ci-après.

— Le dernier-né de la gamme développée par Marcel et Lucien Peres a effectué son premier vol en février 1983 et est commercialisé depuis le 1er mars. Il s'agit d'un chariot analogue au *Voyageur* mais doté d'un motorisation plus puissante puisque, bimoteur comme ce dernier, il utilise les Solo 424 *Minor* déjà employés sur le monoplace monomoteur *Super-Sport* de ce constructeur. A la différence du *Voyageur,* ces moteurs sont dotés d'un réducteur 2/1 sur le *Royal* et d'une puissance accrue à 19 cv à 6 500 tr/mn pour chacun.

Le *Royal* est commercialisé monté pour 31 500 FF et, comme les précédents modèles, peut être équipé d'un frein sur la roue avant. La voilure étant l'aile de 21 m² (227 ft²) décrite avec le modèle *Voyageur,* nous ne citons ci-après que les caractéristiques et performances du *Royal* qui diffèrent.

2-DIMENSIONS EXTERIEURES ET SURFACES
Voir le *Voyageur*

3-MOTORISATION
Moteurs : 2 solo.
Puissance maximale 19 cv chacun à 6500 tr/mn • Diamètre et pas de l'hélice 47 x 19 inch, 1.20 x 0.48 m • Réducteur à courroie en rapport de réduction 2.0/1 • Poussée statique maximale 265 lbs, 120 kgp • Rapport puissance/surface alaire 0.17 hp/ft² 1.8 cv/m² • Carburant emporté 2.6 US gallons, 2.2 Imp gal. 10 litres.

4-MASSES ET CHARGES
Masse à vide 203 lbs, 92 kg • Masse maximale au décollage 645 lbs, 292 kg • Charge utile 442 lbs, 200 kg • Charge alaire maximale 2.84 lbs/ft², 13.9 kg/m² • Rapport poids/puissance 17 lbs/hp, 7.7 kg/cv • Facteurs de charges calculées NC à rupture NC.

5-PERFORMANCES*
Vitesse maximale en palier 56 mph, 90 km/h • Vne 59 mph, 95 km/h • Croisière (maximale) 37 mph, 60 km/h • Croisière (économique) 28 mph, 45 km/h • Vitesse de décrochage 22 mph, 35 km/h • Vitesse ascensionnelle maximale (au niveau de la mer) 750 ft/min, 3,8 m/s • Taux de chute minimal 350 ft/min à 24 mph, 1.8 m/s à 40 km/h • Roulage au décollage 100 ft, 30 m • Roulage à l'atterrissage 50 ft, 15 m • Autres caractéristiques NC.

*** Mesurées dans les conditions suivantes : Altitude QNH 1804 ft, 550 m • Température au sol 59° F, 15° C • Vent au sol 0 mph, 0 km/h • Poids du pilote 188 lbs, 85 kg • Poids du passager 170 lbs, 77 kg.**
Avec moteur ci-dessus.

ULM TECHNIC AERO-MARINE

ULM Technic Aéromarine S.A.R.L., 17 boulevard Jeanne-d'Arc, 93100 Montreuil, téléphone : (1) 858.98.97. Tony Minguet.

ULM Technic Aeromarine
DJINS 300
(3 axes)

Biplace côte à côte monomoteur à l'aile haute. Pilotage 3 axes conventionnel. Voilure sans flèche au bord d'attaque, flèche inverse au bord de fuite, corde dégressive, empennage cruciforme. Tangage par gouverne de profondeur articulée sur le plan fixe horizontal; lacet par gouvernail de direction monobloc; roulis par ailerons sur toute l'envergure de l'aile; volets

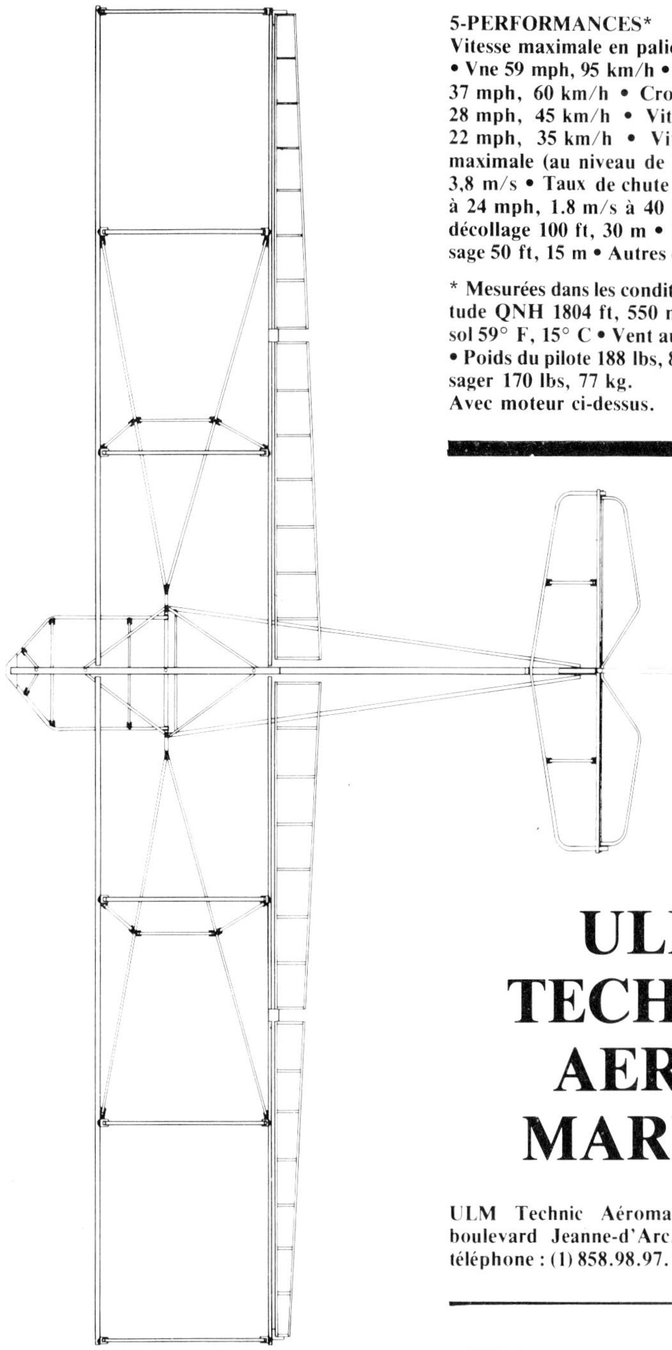

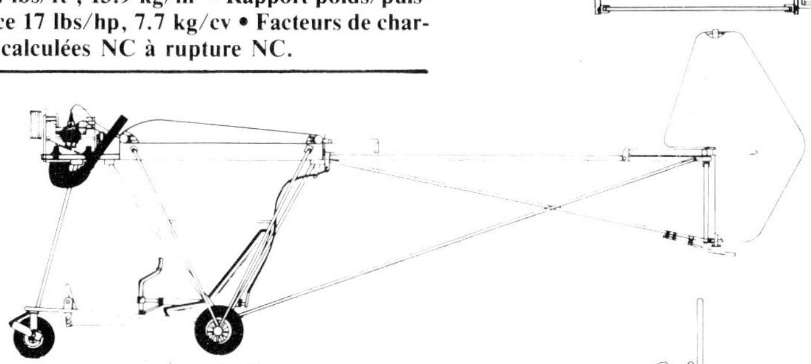

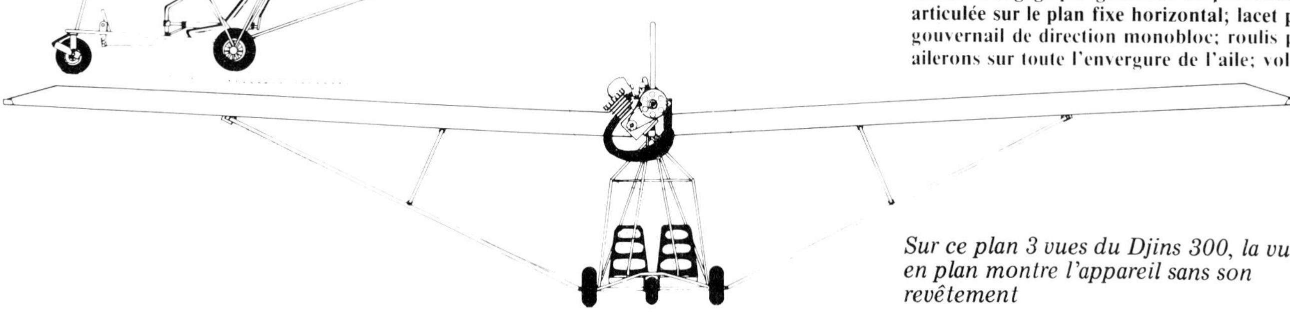

Sur ce plan 3 vues du Djins 300, la vue en plan montre l'appareil sans son revêtement

René Coulon (Vol Libre)

Le prototype Alto 822 de 1982 qui devait donner cours au Djins 300 l'année suivante

hypersustentateurs conjugués avec roulis (dispositif breveté France-Etranger); commande au manche pour le tangage et le roulis; palonnier pour le lacet. Voilure haubannée portée par des mâts; profil d'aile NC, à double entoilage. Aterrisseur tricycle avec béquille arrière. Suspension par caoutchouc de la roue avant, sans suspension du train principal. Roue avant directrice conjuguée au palonnier. Freins sur la roue avant (en option). Structure en tubes de duralumin, habitacle ouvert. Moteur monté au niveau de l'aile, utilisé en tracif.

— Cette société s'est précédemment intitulée ULM Aérotechnic jusqu'au début 1983 et poursuivait la mise au point de son prototype qui était prévu pour être commercialisé sous le prénom d'*Alto 822.* Celui-ci, dont a été directement extrapolé l'actuel *Djins 300* avait été conçu par Alain Bernet, pratiquant du Vol libre venu à l'ULM en 1979 et qui s'était signalé à l'époque en motorisant un planeur ultraléger *Quicksilver* avec deux Stilh, moteurs de kart de 100 cc chacun et développant 2 X 9 cv. L'année suivante, il concevait et construisait un monoplace à aile haute avec une cage tubulaire formant un double trièdre, équipé de deux Solo 210 cc développant 2 X 9 cv. Transformé par l'adjonction d'un plan canard, cet appareil fut présenté en juin 1981 au Salon de l'Aéronautique et de l'Espace, au Bourget, sous l'appellation de *Ceffelec 811* par une société Air Ceffelec qui ne le commercialisa cependant pas par la suite. Alain Bernet en extrapola un biplace côte-à-côte avec empennage cruciforme, qui vola en 1982 et fut présenté en juillet au rassemblement annuel des constructeurs amateurs européens, à Brienne-le-Château. Il s'agissait alors d'un ULM de pilotage 2 axes, le manche actionnant des gouvernes de profondeur et de direction. Alain s'associant avec Tony Minguet dans la société ULM Aérotechnic créée à cette époque, ce prototype prit alors la désignation d'*Alto 822.* Il fut transformé en 3 axes conventionnel par l'addition d'ailerons et utilisait alors un moteur Hirth 270 R, 438 cc, 40 cv.

En décembre 1982, il fut remotorisé avec un Hirth 2 701 R, 493 cc, développant 43 cv à 6 750 tr/mn, essayé avec réducteur à courroie trapézoïdale avec des rapports de réduction compris entre 2 et 2,7/1. Une brouille étant intervenue entre les deux associés, la société et l'appareil ont changé d'appellation en février 1983. Il est maintenant commercialisé sous le nom de *Djins 300* et comporte d'importantes modifications par rapport à l'*Alto 82* prototype. Marc Faure, ingénieur aéronautique connu pour sa participation à des avions comme le cargo *Cormoran* et le banc d'essai volant Rey R-1 à dispositif absorbeur de rafales, a effectué les calculs du nouvel appareil, bénévolement, en redessinant complètement l'empennage. Présentement, le *Djins 300* est équipé de flaperons travaillant au gauchissement tout en jouant le rôle, utilisés en conjugaison, de voletes hypersustentateurs.

Cette intéressante machine est commercialisée depuis août 83 avec la nouvelle motorisation bombardier Rotax au prix de 90000 FF, modèle haut de gamme toutes options, double commande complète, roue avant freinée et suspendue, flaperons, réservoir de 40 litres. Sont prévus aussi un carénage de l'avant du fuselage et des flotteurs.

2-DIMENSIONS EXTERIEURES ET SURFACES

Longueur hors tout 17.4 ft, 5.30 m • Hauteur hors tout 5.6 ft, 1.70 m • Envergure (aile) 36.4 ft, 11.10 m • Corde à l'emplanture 5.7 ft, 1.75 m • Corde aux extrémités 5.3 ft, 1.61 m • Dièdre 2° • Flèche 0° • Plan fixe horizontal, envergure 9.7 ft, 2.97 m • Surface alaire totale 233 ft^2, 21.60 m^2 • Surface totale des ailerons 61.7 ft^2, 5.72 m^2 • Surface du gouvernail de direction 10.8 ft^2, 1 m^2 • Surface du plan fixe horizontal 14.4 ft^2, 1.34 m^2 • Surface totale des gouvernes de profondeur • 8.2 ft^2, 0.76 m^2 • Allongement 6.34/1 • Voie du train 3.6 ft, 1.10 m • Empattement 4.6 ft, 1.40 m • Diamètre de la roue avant 12 inch, 30 cm • Diamètre des roues principales 16 inch, 40 cm.

3-MOTORISATION

Moteur Bombardier Rotax type 503. Puissance maximale 50 cv à 6850 tr/min • Diamètre et pas de l'hélice 56 x 30 inch, 1.40 x0.70 m • Réducteur à courroie crantée rapport de réduction 2/1 • Poussée statique maximale 287 lbs, 130 kgp • Rapport puissance/surface alaire 0.21 hp/ft^2, 2.3 cv/m^2 • Carburant emporté 8.5 US gallons, 7.0 Imp gal. 32 litres.

4-MASSES ET CHARGES

Masse à vide 327 lbs, 148 kg • Masse maximale au décollage 707 lbs, 320 kg • Charge utile 380 lbs, 172 kg • Charge alaire maximale 3.03 lbs/ft^2, 14.8 kg/m^2 • Rapport poids/puissance 14.1 lbs/hp, 6.4 kg/cv • Facteurs de charges calculées NC – + 6 g – 2.5 g à rupture.

5-PERFORMANCES*

Vitesse maximale en palier 62 mph, 100 km/h • Vne 81 mph, 130 km/h • Croisière (maximale) 53 mph, 85 km/h • Croisière (économique) 47 mph, 75 km/h • Vitesse de décrochage 28 mph, 45 km/h • Vitesse ascensionnelle maximale (au niveau de la mer) 800 ft/min, 4.1 m/s • Taux de chute minimal 400 ft/min à 40 mph, 2 m/s à 65 km/h • Finesse maximale 7.5/1 à 37 mph, 60 km/h • Roulage au décollage 200 ft, 60 m • Roulage à l'atterrissage 165 ft, 50 m • Distance franchissable maximale 93 miles, 150 km.

*** Conditions du test NC**

VÉLIPLANE

Véliplane, 14-16 rue du Ratrait, 92150 Suresnes, téléphone : (1) 772.22.00. Roland Magallon.

Véliplane *Samouraï*

(pendulaire)

Monoplace monomoteur à voilure souple; Pilotage pendulaire. Voilure type Rogallo avec dérive sous l'aile. Commande par déplacement du centre de gravité pour le tangage et le roulis. Le pilote est suspendu sous la voilure dans un siège-harnais et utilise un trapèze de commande (pilotage par déplacement du centre de gravité par rapport au centre de poussée). Voilure haubannée sol et vol par câbles, transversale flottante avec double entoilage à 60 %, transversale intégrée, lattes préformées. Atterrisseur tricycle. Sans suspension de la roue avant et suspension (type NC) du train principal. Roue avant directrice. Frein sur la roue avant (option). Chariot en tubes de duralumin, avec carénage sur option. Moteur monté sur

le tricycle, utilisé en propulsif.

— Roland Magallon est l'une des figures les plus connues du monde de l'Aviation ultralégère : constructeur de planeurs ultralégers depuis 1974, il est l'inventeur des chariots adaptables sous ces derniers sans qu'il soit besoin de leur apporter aucune modification, hormis les renforts structuraux, bien sûr. En fait, le premier ULM de ce type est dû au Français Jean-Marc Geiser dont le prototype *Motodelta* décolla dès 1975. C'était cependant un appareil de pilotage hybride, comme les *Flex-Wing, Fleep* et *Flex-Flyer,* prototypes à voilures Rogallo développés par Ryan Aéronautical entre mai 1961 et fin 1963, dotés de gouvernes d'appoint. Le *Motodelta* utilisa tout d'abord une voilure Danis *Delta-Manta* puis connut par la suite diverses tentatives de commercialisation ; il impliquait cependant des modifications de l'aile du planeur pendulaire employé, celle-ci ne restant plus utilisable en Vol libre. Le trait de génie de Roland Magallon fut de concevoir un chariot de tubes en duralumin, reposant sur un train tricycle, rattachable à la poutre longitudinale d'un PUL utilisable sans transformations majeures, ce chariot portant lui-même la motorisation.
Confortablement assis sur un siège fixé au chariot, le pilote gouverne son appareil comme en Vol libre, en agissant sur la barre de contrôle venant de construction avec la voilure elle-même.

Après divers prototypes avec moteur Mc Culloch MC-101, 125 cc, 10 cv à 10 000 tr/mn (et employés sans réducteur !), les premiers chariots furent commercialisés dès octobre 1979 sous le nom de *Mosquito.* Ils furent ensuite dotés de moteurs Solo 210. L'idée franchit la Manche ou le chariot s'anglicisa sous l'appellation de trike chez Steve Hunt (Hiway). Des pratiquants américains venus en Grande-Bretagne commandèrent des *Masquito* que Véliplane livra aux U.S.A. en avril 1981 : l'idée avait traversé l'Atlantique où ce système reçut la dénomination de *French connection,* avec beaucoup d'humour ! Dès le mois de mai 1980, cependant, Roland-le-Prolifique avait fait décoller un chariot biplace bimoteur avec deux Solo 210 totalisant 24 cv après l'avoir essayé avec un seul moteur Sachs 340 cc de 30 cv à 10 000 tr/mn sans réducteur et, donc, excessivement bruyant. Ce *Mosquito Bi* sera le premier pendulaire biplace et, commercialisé en bimoteur jusqu'en septembre 1981, il adoptera par la suite un Hirth 273 R, 438 cc, avec réducteur 2/1 délivrant 98 kgp (216 lbs) de poussée statique maximale. Des améliorations successives apportées au monoplace et au biplace de Véliplane donnèrent cours aux modèles *Mustang* et *Mustang Bi,* respectivement, qui furent suivis eux-mêmes en 1982 des types actuels *Samouraï* et *Samouraï Bi.* Rappelons que l'avionneur de Suresnes, proche banlieue sud ouest de Paris, fut aussi le premier constructeur français à fabriquer un ULM de pilotage 3 axes conventionnel, le *Baroudeur* monoplace, en 1982. Une version biplace côte-à-côte de cet appareil, le *Baroudeur Bi,* étant proposée depuis février 1983, Roland reste actuellement le seul constructeur français et l'un des rares au monde à proposer une gamme aussi complète d'ULM des deux genres principaux de pilotage, pendulaire et conventionnel, monoplaces et biplaces. (Les modèles *Baroudeur* sont commercialisés par la société Aéronautic 2 000 - voir ce nom).

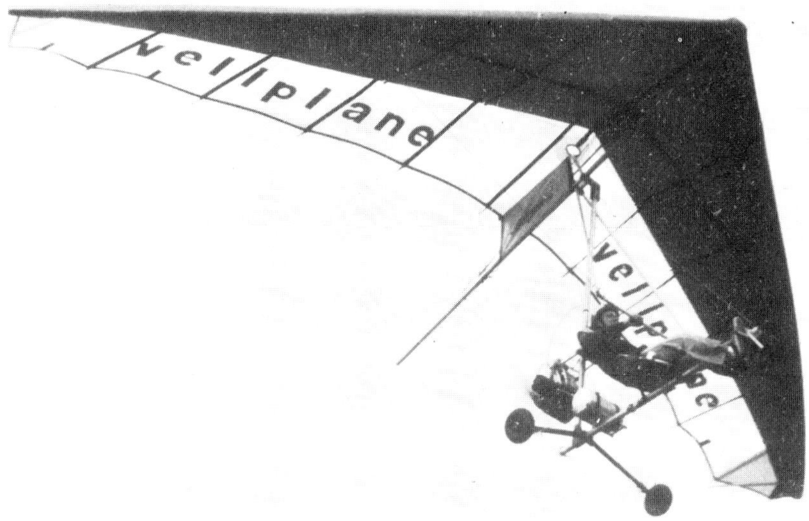

Les modèles 1983 de *Samouraï* monoplaces sont actuellement proposés avec deux motorisations possibles : Fuji-Robin EC25PS, 244 cc, 18,5 cv, développant 90 kg (199 lbs) de poussée statique maximale avec une hélice de 1,20 X 0,80 m (48 X 32") et un réducteur 2/1 à courroie trapézoïdale, ou moteur JPX PUL-425, 425 cc, 26 cv, avec lequel l'appareil est présenté dans la fiche technique ci-après. Ce modèle est équipé d'une voilure Véliplane de 18 m² (194 ft²) désignée elle aussi du prénom de *Samouraï,* venant en version standard avec les renforts structuraux impliqués par son emploi en motorisé mais, bien évidemment, également utilisable comme planeur ultraléger de Vol libre monoplace sans son chariot. Cette aile est repliable pour un encombrement de 3,77 X 0,30 X 0,30 m (12,4 X 1 X 1 ft) et, donc, transportable sur une galerie automobile. Le chariot *Samouraï* est lui-même extrêmement facile à replier (6 mn par une seule personne) ; son encombrement de 1,90 X 0,50 X 0,60 m (6,3 X 1,8 X 2 ft) permet son transport soit à l'intérieur d'un break soit sur remorque routière. L'ensemble aile et chariot *Samouraï* est disponible soit monté, prêt à voler, pour 27 500 FF soit avec la voilure seule montée et chariot en kit complet ne restant qu'à assembler, pour 26 500 FF. Les options portent sur un frein sur la roue avant (800 FF), un réservoir supplémentaire de 10 litres (2,65 US gallons, 2,2 Imp. gallons) pour 500 FF, un carénage partiel de l'habitacle pour 1 800 FF et des carénages adaptables aux trois roues pour 600 FF les trois. Fabriqué avec des matériaux agréés Aviation, le chariot *Samouraï* reste le plus léger des monoplaces actuellement proposés sur le marché français. Toujours connu sous le prénom de *Mustang* sur le continent nord-américain, il y est proposé sous la forme du kit complet évoqué ci-dessus et ne nécessitant que quelques heures d'assemblage.

2-DIMENSIONS EXTERIEURES ET SURFACES

Longueur hors tout 12.7 ft, 3.88 m • Hauteur hors tout 11.5 ft, 3.5 m • Envergure (aile) 32.8 ft, 10 m • Corde constante à l'emplanture 7.7 ft, 2.35 m • Corde aux extrémités 2.6 ft, 0.80 m • Dièdre 0° • Angle de nez 123° • Hauteur plan fixe vertical 0.9 ft, 0.28 m • Surface alaire totale 194 ft², 18 m² • Surface du plan fixe vertical 4.1 ft², 0.38 m² • Allongement 5.8/1 • Voie du train 4.9 ft, 1.50 m • Empattement 6.2 ft, 1.90 m • Diamètre de la roue avant 12 inch, 30 cm • Diamètre des roues principales 16 inch, 40 cm OU 30 cm • Skis 4.11x0.8 ft, 1.50x0.20 m.

3-MOTORISATION
Moteur JPX PUL 425.

Puissance maximale 26 cv à 4 600 tr/mn • Diamètre et pas de l'hélice 39 x 30 inch, 1.00 x 0.75 m • Pas de réducteur • Poussée statique maximale 188 lbs, 60 kgp • Rapport puissance/surface alaire 0.13 hp/ft², 1.4 cv/m² • Carburant emporté 2.6 US gallons 2.2 Imp gal. 10 litres dans le réservoir principal • 2.6 US gallons, 2.2 Imp gallons • 10 litres en réservoir supplémentaire.

4-MASSES ET CHARGES

Masse à vide 137 lbs, 62 kg • Masse maximale au décollage 358 lbs, 162 kg • Charge utile 221 lbs, 100 kg • Charge alaire maximale 1.84 lbs/ft², 9.0 kg/m² • Rapport poids/puissance 13.8 lbs/hp, 6.2 kg/cv • Facteurs de charges + 6 g − 3 g à rupture, essayé à + 6 g.

5-PERFORMANCES*

Vitesse maximale en palier 50 mph, 80 km/h • Vne 68 mph, 110 km/h • Croisière (maxi-

male) 40 mph, 65 km/h • Croisière (économique) 34 mph, 55 km/h • Vitesse de décrochage 17 mph, 28 km/h • Vitesse ascensionnelle maximale (au niveau de la mer) 600 ft/min, 3.1 m/s • Taux de chute minimal 220 ft/min à 24 mph, 1.1 m/s à 40 km/h • Finesse maximale 8/1 à 28 mph, 45 km/h • Roulage au décollage 50 ft, 15 m • Roulage à l'atterrissage 16 ft, 5 m • Plafond pratique 10 000 ft, 3 050 m • Distance franchissable maximale 137 miles, 220 km.
* Mesurées dans les conditions suivantes : Altitude QNH 165 ft, 50 m • Température au sol 59° F, 15° C • Vent au sol 0 mph, 0km/h • Poids du pilote 170 lbs, 77 kg.
Avec moteur ci-dessus.

Véliplane
Samouraï BI
(pendulaire)

Description semblable à celle du *Samouraï* à l'exception de : biplace en tandem. Suspension par caoutchouc sur toutes les roues.

René Coulon (Vol Libre)

En école avec un élève en place avant, Roland Magallon a la main droite sur la commande des gaz de ce Samouraï Bi

— Le *Samouraï Bi* est la version biplace du précédent (biplace en tandem, bien sûr, puisque s'agissant d'un appareil de pilotage pendulaire). Le modèle 1983 est disponible avec trois motorisations possibles : Fuji-Robin EC44PM2, 432 cc, 53 cv à 6750 tr/mn; Hirth type HL-2 701 RR179, 493 cc, développant 46 cv à 3600 tr/mn; Rotax 503, type *Everest* du 496,7 cc avec puissance accrue jusqu'à 53 cv à 7000 tr/min. Nous communiquons ci-après les caractéristiques et performances du *Samouraï Bi* équipé de ce dernier moteur.

Par rapport à ses concurrents sur le marché français, le *Samouraï Bi* se distingue par l'adoption, en version standard, d'une suspension à caoutchouc sur les trois roues et de confortables sièges baquets avec garniture en mousse polyuréthane de faible densité. Il est équipé d'une voilure désignée elle aussi *Samouraï Bi* de 18 m² (216 ft²), renforcée d'origine pour le vol motorisé et qui, elle, demeure utilisable en planeur ultraléger biplace de pilotage pendulaire, sans aucune modification, ce qui n'est pas le cas pour toutes les ailes semblables proposées sur le marché actuel. Cette voilure est repliable en 3,77 X 0,30 X 0,30 m (12,4 X 1 X 1 ft) et, donc, transportable sur une galerie automobile. Le chariot biplace, lui, est repliable en 10 mn par une seule personne et son encombrement de 1,90 X 1,50 X 1 m (6,3 X 4,11 X 3,4 ft) implique un transport sur remorque routière, quoique la plupart des breaks actuels, américains tant qu'européens, puissent l'accueillir sans difficultés. Spécialement étudié pour le cross-country et l'école de pilotage, cet appareil s'y est acquis une bonne réputation de fiabilité et, constamment amélioré, est incontestablement l'un des plus utilisés présentement en France.

Le *Samouraï Bi* est proposé monté, prêt à voler, pour 42500 FF avec le 18 m² et 43000 FF le 20 m². L'appareil peut être livré avec démarreur électrique pour un supplément de 1600 FF. Hormis les options déjà détaillées avec le précédent monoplace, le *Samouraï Bi* peut lui aussi être équipé d'un carénage partiel pour 2400 FF. Il n'est pas commercialisé sous forme de kit, sauf pour le continent nord-américain où il reste désigné sous sa précédente dénomination de *Mustang Bi*.

2-DIMENSIONS EXTERIEURES ET SURFACES
Longueur hors tout 12.7 ft, 3.88 m • Hauteur hors tout 11.5 ft, 3.5 m • Envergure (aile) 33.1 ft, 10.10 m • Corde constante à l'emplanture 8.2 ft, 2.5 m • Corde aux extrémités 3 ft, 0.9 m • Dièdre 2° • Angle de nez 123° • Hauteur plan fixe vertical 0.9 ft, 0.28 m • Surface alaire totale 216 ft², 20 m² • Surface du plan fixe vertical 4.2 ft², 0.39 m² • Allongement 5.7/1 • Voie du train 5.2 ft, 1.60 m • Empattement 6.2 ft, 1.90 m • Diamètre de la roue avant 16 inch, 40 cm • Diamètre des roues principales 16 inch, 40 cm • Skis 4.11 ftx0.8 ft, 1.50 mx0.20 m.

3-MOTORISATION
Moteur Rotax 503
Puissance maximale 53 cv à 7 000 tr/mn • Diamètre et pas de l'hélice 55 x 31 inch, 1.41 x 0.80 m • Réducteur à courroie crantée rapport de réduction 2.2/1 • Poussée statique maximale 331 lbs, 150 kgp • Rapport puissance/surface alaire 0.25 hp/ft², 2.7 cv/m² • Carburant emporté 2.6 US gallons, 2.2 Imp gal. 10 litres dans le réservoir principal 2.6 US gal, 2.2 Imp gal, 10 litres en réservoir supplémentaire.

4-MASSES ET CHARGES
Masse à vide 287 lbs, 130 kg • Masse maximale au décollage 640 lbs, 290 kg • Charge utile 353 lbs, 160 kg • Charge alaire maximale 2.96 lbs/ft², 14.5 kg/m² • Rapport poids/puissance 12.1 lbs/hp, 5.5 kg/cv • Facteurs de charges + 6 g − 3 g à rupture, essayé à + 3 g.

5-PERFORMANCES*
Vitesse maximale en palier 56 mph, 90 km/h • Vne 68 mph, 110 km/h • Croisière (maximale) 44 mph, 70 km/h • Croisière (économique) 37 mph, 60 km/h • Vitesse de décrochage 23 mph, 38 km/h • Vitesse ascensionnelle maximale (au niveau de la mer) 600 ft/min, 3.1 m/s • Taux de chute minimal 300 ft/min à 34 mph, 1.5 m/s à 55 km/h • Finesse maximale 6.5/1 à 35 mph, 57 km/h • Roulage au décollage 200 ft, 60 m • Roulage à l'atterrissage 150 ft, 45 m • Plafond pratique 10 000 ft, 3 050 m • Distance franchissable maximale 124 miles, 200 km.

* Mesurées dans les conditions suivantes : Altitude QNH 164 ft, 50 m • Température au sol 59° F, 15° C • Vent au sol 0 mph, 0 km/h • Poids du pilote 170 lbs, 77 kg • Poids du passager 170 lbs, 77 kg.
Avec moteur ci-dessus.

VIRGINIA WINDS

Voir textes à la fin du chapitre France.

WONDER MUDRY AVIATION

Wonder-Mudray Aviation, aérodrome, 27300 Bernay, et 77, rue des Rosiers, 93403 Saint-Ouen, téléphone (1) 257.11.50, télex : 280 340 WONDERSTOEN. M. Grimalds.

Wonder Mudry
Le tropique
(3 axes)

Biplace côte à côte monomoteur biplan. Pilotage 3 axes conventionnel. Voilure sans flèche

au bord d'attaque et au bord de fuite, corde constante, empennage bidérive. Tangage par gouverne de profondeur articulée sur le plan fixe horizontal; lacet par gouvernails de direction articulés sur les dérives. Roulis par ailerons sur la moitié de l'envergure de l'aile; commande au manche pour le tangage et le roulis; palonnier pour le lacet. Ailes cantilever; profil d'aile NACA séries 23 modifié, à double entoilage. Atterrisseur à 4 roues. Suspension NC de la roulette de queue et suspension par lames en fibre de verre du train principal. Roue arrière directrice conjuguée au palonnier. Freins sur les roues du train principal. Fuselage en fibre de verre/fibre de carbone/Kevlar, habitacle fermé. Moteur monté au niveau de l'aile, utilisé en propulsif. Entièrement en matériaux composites : sandwich nid d'abeilles, fibre de verre et de carbone, Kevlar pour parties non travaillantes.

— Auguste Mudry (la société des Avions Mudry), c'est un demi-siècle d'expérience aéronautique et de construction de planeurs et de monoplaces et biplaces de voltige, les célèbres CAP-10, 20 et 21, qui représentent la France dans tous les championnats depuis une dizaine d'années déjà et sont exportés aux quatre coins de la planète. Wonder, c'est une multinationale qui s'est entichée d'Aviation ultralégère. Voici un cocktail, Wonder-Mudry, qui peut se révéler détonnant ! Prénommé *Le Tropique,* l'appareil que nous présentons ici et dont nous donnons les caractéristiques et performances calculées, n'est encore qu'un prototype de faisabilité. En effet, les premiers vols ne sont prévus qu'au cours de l'été 1983 avec pour objectif des premières commercialisations au premier trimestre 1984 et un prix de l'ordre des 70 000 FF ttc au maximum. D'ici là, *Le Tropique* est susceptible de recevoir nombre de modifications, de détails ou d'importance.

Cet ULM biplace a la particularité d'être de configuration côte-à-côte mais avec des sièges décalés l'un par rapport à l'autre. Tout l'avant est vitré, cette verrière s'étendant jusque derrière les sièges. L'accès à bord devrait s'opérer au moyen de baies latérales se relevant vers le haut, portes papillons. Le confort sera particulièrement soigné, avec un tableau de bord monté en satellite sur la poutre centrale pour dégager la visibilité vers l'avant, et des sièges baquets en fibre de verre habillée de mousse. L'appareil vise aussi bien le créneau du biplace école de base que celui des ULM 3 axes pour pilotes peu expérimentés et une utilisation tout-terrain réelle ; pour cela, il est prévu avec des gouvernes très largement dimensionnées et des roues équipées de pneus à basse pression qui l'autorisent même à décoller ou atterrir sur du sable sec. De plus, les quatre demi-ailes de ce biplan seraient démontables rapidement ainsi que les deux poutres qui portent l'empennage, pour permettre son transport sur remorque routière. Des flotteurs et des skis sont aussi prévus. Entièrement logé dans le fuselage, avec refroidissement par ventilation forcé, le moteur du *Tropique* entraînera une hélice propulsive débattant entre les deux poutres de l'empennage. L'appareil est prévu pour recevoir le JPX 1 300, dont son constructeur escompte 52 cv à 3 200 tr/mn et qui se dispenserait donc d'un réducteur. Sont actuellement à l'étude une hélice bipale avec pas réglable au sol et une autre avec pas variable en vol. Dernier détail qui nous a été communiqué, enfin, ce biplan bipoutre devrait être doté de volets hypersustentateurs à trois positions de courbure = 10, 20 et 30°.

2-DIMENSIONS EXTERIEURES ET SURFACES

Longueur hors tout 19.7 ft, 6 m • Hauteur hors tout 5.2 ft, 1.6 m • Envergure (aile) 27.9 ft, 8.5 m • Flèche 0° • Plan fixe horizontal, envergure 9.2 ft, 2.8 m • Hauteur plan fixe vertical 3.1 ft, 0.95 m • Surface alaire totale 220 ft², 20.4 m² • Surface du plan fixe vertical 18.4 ft², 1.71 m² • Surface du gouvernail de direction 7.2 ft², 0.67 m² • Surface du plan fixe horizontal 12.7 ft², 1.18 m² • Surface totale des gouvernes de profondeur 11.4 ft². 1.06 m² • Voie du train 4.9 ft, 1.50 m • Empattement 13.1 ft, 4 m • Diamètre de la roulette de queue 9 inch, 24 cm • Diamètre des roues principales 15 inch, 29 cm • Autres caractéristiques non communiquées.

3-MOTORISATION

Moteur JPX PAL 1300

Puissance maximale 52 cv à 3200 tr/mn • Diamètre et pas de l'hélice 55 x NC inc, 1.40 x NC m • Pas de réduction • Poussée statique maximale 291 lbs, 132 kgp • Rapport puissance/surface alaire 0.24 h/ft², 2.5 cv/m² • Carburant emporté 11.1 US gallons 9.2 Imp gal. 42 litres.

4-MASSES ET CHARGES

Masse à vide 309 lbs, 140 kg • Masse maximale au décollage 739 lbs, 335 kg • Charge utile 430 lbs, 195 kg • Charge alaire maximale 3.35 lbs/ft² 16.4 kg/m² • Rapport poids/puissance 14.2 lbs/hp, 6.4 kg/cv • Facteurs de charges + 4.4 g − 3 g calculées − + 6.6 g − 4.5 g à rupture.

5-PERFORMANCES*

Vitesse maximale en palier 93 mph, 150 km/h • Vne 112 mph, 180 km/h • Croisière (maximale) 87 mph, 140 km/h • Croisière (économique) 73 mph, 117 km/h • Vitesse de décrochage 22 mph, 35 km/h • Vitesse ascensionnelle maximale (au niveau de la mer) 750 ft/min, 3.8 m/s • Taux de chute minimal NC • Finesse maximale 12/1 à 44 mph, 70 km/h • Roulage au décollage 130 ft, 40 m • Roulage à l'atterrissage 100 ft, 30 m • Plafond pratique 10 000 ft, 3 050 m • Distance franchissable maximale 330 miles, 540 km.

*** Mesurées dans les conditions suivantes : Altitude QNH 0 ft, 0 m • Température au sol 59° F, 15° C • Vent au sol 0 mph, 0 km/h • Poids du pilote 170 lbs, 77 kg • Poids du passager 170 lbs, 77 kg.**
Avec moteur ci-dessus.

ZODIAC

Zodiac Micro-Aviation, 58, boulevard Gallieni, 92130 Issy-les-Moulineaux, téléphone (1) 554.92.80., M. F. Pérard.

Zodiac Micro-Aviation *Ultrastar*

(3 axes)

Description semblable a celle du modèle américain. Voir : USA KOLB-*Ultrastar.*

— Le Groupe Zodiac peut prétendre être le plus ancien constructeur d'ULM du Monde qui soit toujours en activité : en 1909 au temps des pionniers de l'Aviation encore naissante, cette firme française construisait déjà des avions que leurs caractéristiques et performances autoriseraient presque à un classement en catégorie ULM, de nos jours ! Le groupe Zodiac s'est orienté depuis vers d'autres activités, certaines orientées vers les loisirs, d'autres vers des matériels de survie et, après le rachat de la société Aérazur, est devenu le principal fabricant français de parachutes tant civils que militaires, tout en étant constructeur de barrières d'arrêt pour chasseurs à réaction, d'éléments de sièges éjectables et de dirigeables. En fin avril 1983, Zodiac a fait une entrée remarquée dans le monde de l'Aviation ultralégère en rachetant la licence de fabrication et de distribution du monoplace *Ultrastar* de l'Américain Homer Kolb (voir ce nom) pour le monde entier, à l'exception du continent nord-américain.

Cet appareil sera donc entièrement produit en France et livré monté et testé par l'avionneur, sa technologie impliquant la soudure sous argon d'éléments en acier au chrome molybdène qui ne sont pas à la portée d'un constructeur amateur moyen disposant d'un kit d'assemblage. De plus, aux dires de M. J.F. Pérard qui a mené cette transaction pour la société Zodiac Micro Aviation, le kit de l'*Ultrastar* actuellement fourni aux USA par H. Kolb implique plus de 350 h de main-d'œuvre; ceci expliquerait la diffusion relativement faible jusqu'alors d'un appareil par ailleurs très bien conçu, connu pour être d'un pilotage 3 axes conventionnel aisé et très sain et qui s'avère actuellement l'ULM de sa catégorie sans doute le plus facile et le plus rapide à mettre en œuvre ou à démonter.

Peu de modifications sur la version Zodiac de l'Ultrastar. Par contre, de nombreuses options sont développées, qui vont rendre l'Ultrastar, plus versatile et plus attractif : une remorque sur mesure, un cockpit, des freins etc... Enfin, outre le Cuyuna UL II 02 35 cv, des moteurs Rotax et Fuji Robin sont proposés en option.

Prix de base : 59.962,30 T.T.C.

FRANCE

DERNIERE HEURE

Les textes figurant dans ces deux pages nous ont été communiqués à la dernière heure par les fabricants et nous n'avons pu les inclure dans l'ordre alphabétique. Afin de compléter au mieux cet annuaire, nous avons donc décidé de les publier à la fin du chapitre FRANCE.

M.E.P.

M.E.P. - Siège Social Z.A. 39240 Arinthod. Usine : Sous le Lary - 39360 Molinges. Tél. (84) 42.50.86

M.E.P.
Spider M 18 et M 32
(pendulaire)

PRESENTATION
Monoplace pendulaire d'une esthétique réussie, le Spider M existe en version 250 cm³ (Spider M 18) et 330 cm³ (Spider M32).
L'utilisation d'une poutre de forte section (∅ 80 mm) donne à l'appareil une pureté de ligne et une solidité de premier ordre.
De belles pièces usinées (liaison mât/poutre, cardan d'accrochage, support de fourche) permettent de constater le sérieux de l'ouvrage. Avec son Alpha 17 (1) aux qualités de vol remarquables (maniabilité, sécurité, performance) le Spider M mérite bien le surnom que les médias lui ont donné : « Le Trial du Ciel ».
Cet appareil a été conçu par B. Forrat, ingénieur aéronautique du Bureau d'Etudes MEP.
En option : frein sur la roue avant, démarreur électrique, réservoir 24 l, avec jauge, poignée, système OMC (désaccouplement rapide tuyau/réservoir par raccord à billes), roues corps métal, carénage des roues arrière, fourche avant avec amortisseurs, amortisseur de direction, instruments de vol (altimetre, variomètre Badin), instruments de contrôle moteur : compteur horaire, compte-tours, température des têtes de cylindre, etc., parachute de secours.

(1) Alpha : aile DSTI (double surface à transversale intégrée.

GROUPE MOTO-PROPULSEUR : garanti 1 an (2)
SPIDER MI8
Moteur Robin 250 cm³ EC25PS de 18 CV - Monocylindre 2 temps refroidi par air - Réduction par poulie et courroie Poly-V - Poussée statique 60 kg - Réservoir 10 litres - Autonomie : 2 h 30.

SPIDER M32 :
Moteur Robin 330 cm³ EC34PM de 32 cv - Bicylindre 2 temps refroidi par air - Réduction par poulie et courroie crantée - Poussée statique : 90 kg - Réservoir 10 litres - Autonomie 2 h.

(2) Garantie pièces et main d'œuvre pour les défauts de fabrication ou de montage.

TRICYCLE : garanti 6 mois (2)
Structure Monopoutre - Tube horizontal AU4G Fortal ∅80 mm, tube vertical 50 mm - Fourche avant et support moteur en acier - Roues ∅ 300 mm corps nylon, garde-boue sur roue avant - Accélérateur pied et main.

AILE
Alpha 17 DSTI (2), spécial vol motorisé - Surface 17,50 m² - Envergure 10 m.

(2) DSTI : double surface à transversale intégrée.

PERFORMANCES*
Les performances étant différentes pour les 2 modèles, celles du M32 sont indiquées entre parenthèses.
Vitesse de croisière 45 km/h (47 mk/h) - Vne 80 km/h (80 km/h) - Vitesse de décrochage 32 km/h (34 km/h) - Taux de montée 2 m/s (3,5 m/s).

***Mesurées dans les conditions suivantes : Altitude QNH 0 - Température 15° - Poids du pilote 77 kg.**

M.E.P.
Magnum
(pendulaire)

PRESENTATION
Biplace pendulaire côte-à-côte, spécialement conçu pour l'instruction, le Magnum est aussi un excellent outil pour le travail aérien. Prévu pour les utilisations intensives, il est d'une exceptionnelle solidité grâce à sa structure pyramidale en tubes AU4G Fortal ∅ 50x2, reliés entre eux par des pièces usinées.
Très bien motorisé avec le Robin 432 cm³ de 53 cv, équipé de l'aile DSTI (1) ALPHA 20 Biplace, il offre les meilleures performances. La disposition en côte-à-côte avec double palonnier le rend idéal en Ecole tout en offrant un confort supérieur.
Roues de ∅ 400 mm, fourche avant montée avec 2 amortisseurs, barre de flexion du train arrière en acier : il résiste aux roulages tous terrains et aux atterrissages durs.
Les sièges (fibre de verre, forme baquet) amovibles, permettent un pliage rapide de l'ensemble. Le pilotage en monoplace est possible par suppression du siège passager et recentrage du siège pilote.
Facteurs de charges + 6 g ; — 3 g
Cet appareil a été conçu par B. Forrat, ingénieur aéronautique du Bureau d'Etudes MEP.
Options : Frein sur la roue avant - Réservoir 24 litres, avec poignée, jauge et système OMC (désaccouplement rapide tuyau/réservoir par raccords à billes) - Roues corps métal avec roulements à billes - Démarreur électrique (avec moteur ECPM 50 CV) - Amortisseur de direction - Instruments de vol : Altimètre, variomètre, Badin - Instruments de contrôle moteur : compteur horaire, compte-tours, température têtes de cylindres, etc. - Parachute de secours (Rocket Système).

GROUPE MOTO-PROPULSEUR : garanti 1 an (2) sauf utilisation en Ecole.
MoteurRobin 432 cm³ ECPM2 de 53 cv, bicylindre 2 temps, refroidi par air - Réduction par poulie et courroie crantée - Hélice 1400 mm - Pot d'échappement 2 en 1 « résonateur » - Poussée statique 130 kg - Réservoir 10 ou 24 l (option) - Consommation 6 à 10 l selon l'emploi.

TRICYCLE : garanti 6 mois (2)
Structure pyramidale en tubes AU4G Fortal ⌀ 50 × 2 - Support moteur, fourche avant acier - Sièges « baquet » en fibre de verre - Amortisseurs sur fourche avant - Amortisseur de direction (option) - Roues arrière ⌀ 400 mm corps nylon - Roue avant ⌀ 300 mm corps nylon avec garde-boue - Accélérateur au pied et à main.

AILE
Alpha 20 Biplace (DSTI) spécial vol motorisé - Surface 20 m² - Envergure 10,50 m.

(2) Garantie pièces et main d'œuvre pour les défauts de fabrication ou de montage.

PERFORMANCES*
Les performances étant différentes pour les deux versions, nous indiquons celles du monoplace entre parenthèses.
Vitesse de croisière 60 km/h (55 km/h) - Vne 90 km/h (90 km/h) - Vitesse de décrochage 40 km/h (36 km/h) - Taux de montée 3 m/s (5 m/s).

* Mesurées dans les conditions suivantes : Altitude QNH 0 - Température 15° - Poids du pilote : monoplace 77 kg, biplace 77 kg × 2.

VIRGINIA WINDS

Virginia Winds, La Marre Chapelle Voland - 39140 Bletterans - Tél. (84) 48.65.77. Pierre Germaine.

Virginia Winds *18-10* (pendulaire)

Monoplace, monomoteur à aile delta de pilotage pendulaire, le tricycle est de conception tubulaire en acier inoxydable « Tube de fabrication spéciale » se dispensant de tube et câble avant. Il est équipé d'un siège baquet confortable conçu spécialement pour l'ULM, la fourche est solide et facile à tenir. Les roues sont d'un diamètre de 300 mm à l'arrière et 260 mm à l'avant. Le réservoir est de forme ronde et contient 10 litres. Le poids du chariot nu est de 18 kg.
Le GMP est un bi-cylindre 4 temps refroidi par air, un échangeur thermique assure le chauffage carburateur et le refroidissement de l'huile. La cylindrée est de 602 cm³, sa poussée est de 80 kg à 3800 tr/mn, il n'y a pas de réducteur.

Pierre Germaine était dès 1974 constructeur et concepteur d'aile delta et c'est en juillet 1980 qu'il a réalisé ses premiers vols sur ULM pendulaire de sa propre création avec des motorisations 2 temps qu'il abandonna très vite pour équiper ses appareils de GMP 4 temps, dans toutes ses créations les GMP sont en prise directe. Il se tourna vers un 4 temps cylindre à plat et à refroidissement par air, ce fut le 602 cm³ Citroën qui a été choisi ainsi, avec cette base, Pierre Germaine avionna ce type de moteur et créa le premier, un GMP 4 temps très disponible et très fiable. Les essais permirent de démontrer tous les avantages et l'efficacité de ce GMP : son poids, sa puissance, son esthétique, sa faible consommation, sa durée, son niveau sonore très bas ainsi que tous les autres avantages des 4 temps.

Pierre Germaine a créé en 1980 sa propre fabrication d'hélice et de ce fait il équipe ce GMP d'une hélice parfaitement adaptée, ainsi il dispose aujourd'hui d'une valeur sûre qu'est le G.P. 28 Virginia Winds 4 temps.

L'entreprise Virginia Winds dispose d'une véritable étude et produit en série depuis 1983 des tricycles en acier inoxydable dont la géométrie sait concilier solidité, esthétique et légèreté, cette production est basée entièrement pour recevoir ce type de GMP 4 temps.

L'appareil est commercialisé prêt à voler pour **27.850 F HT** remorque de transport comprise.

DIMENSIONS, SURFACES ET PERFORMANCES
Aile delta d'une surface de 17 m² à 19 m² suivant les poids pilote, type DSTI. Vitesse de croisière 50 km/h, taux de chute moteur coupé 2,3 m/s, vitesse mini 30 km/h, vitesse maxi 75 km/h, taux de montée 2,8 m/s,

MOTORISATION
602 cm³ bi-cylindres 4 temps « P-G 28 », puissance maximale utilisée par l'hélice 20 ch din située à 3500 tr/mn donnant un couple maxi de 3,86 m/kg, diamètre de l'hélice 1,14 m sans réducteur, poussée statique 80 kgp, consommation 3 l/h en croisière.

MASSES ET CHARGES
Masse à vide 110 kg, aile éprouvée en vol avec des charges de 1100 kg avec retour élastique, déformation atteinte avec 1500 kg.

SOCOMAPT

La Société Socomapt Gruau propose actuellement sur le marché, une remorque spécialement étudiée pour le transport de l'U.L.M. Le fabricant précise qu'elle est adaptable à tous les types d'appareils et nous avons tenu à vous présenter quelques caractéristiques.
Cette remorque très légère (120 kg) peut recevoir une charge maximale de 250 kg (ULM plus accessoires) et est prévue pour recevoir tous les types d'appareils, ses rampes latérales étant réglables en fonction de la voie des appareils. Son chargement sur la remorque peut se faire par une seule personne, ce véhicule étant articulé dans son centre.
Le blocage, de l'appareil et accessoires, se fait par courroies ou mécaniquement (à la demande).
La combinaison essieu barre de torsion et voie large donne à ce véhicule une stabilité et une tenue de route exceptionnelle.
Le balisage est réalisé par l'apport d'une rampe de signalisation amovible et un feu de signalisation avec rallonge qui s'accroche à l'arrière de l'appareil ULM.
Toutes options ou aménagements peuvent être étudiés.

QUELQUES CARACTÉRISTIQUES TECHNIQUES
- **Poids mort : 120 kg**
- **Charge utile : 250 kg**
- **P.T.R. : 370 kg (pas de carte grise)**
- **Roues : 400 × 8**
- **Béquille sur flèche**
- **Boule d'attelage de 50**
- **Dimensions hors tout : 3,70 m × 2,30 m**
- **Rampes : largeur 1,50 m**
- **Rails entièrement métalliques**
- **Chargement de l'appareil par inclinaison des rails, la remorque restant accrochée à une voiture.**
- **Essieu barre de torsion**
- **Blocage des roues par courroies ou mécaniquement**
- **Eclairage conforme au code de la Route - avec signalisation de la queue de l'appareil.**

OPTIONS POSSIBLES
- **Treuil**
- **Roue de Secours**
- **Courroies pour fixation jerrican carburant**
- **Galvanisation de la remorque**

LA MOUETTE

PRESENTATION :
La société La Mouette fut créée en 1975 par Jean-Marc et Gérard Thevenot dans le but de concevoir, réaliser, produire et commercialiser des ailes delta. La croissance exceptionnelle ainsi que la grande diversité des spécialisations nécessaires à la fabrication complète des ailes delta entraîna rapidement la naissance d'autres sociétés. D'abord la société Atlas qui réalise la confection des voiles, puis plus récemment la société Cosmos fabriquant et commercialisant des ultra légers motorisés (U.L.M.).
La Mouette est maintenant le premier constructeur mondial d'aile delta.

L'IMAGE DE MARQUE :
Grâce à la haute qualité des produits, un service après vente irréprochable, une politique commerciale orientée vers la compétition : sept fois champion de France, deux fois champion d'Europe, champion du monde en 1981, La Mouette a acquis une image de marque de réputation mondiale.

RESEAU COMMERCIAL :
L'exportation se fait par l'intermédiaire de professionnels exclusifs La Mouette qui ont eux mêmes dans leurs pays respectif un réseau de revendeurs couvrant toutes les régions.
La société La Mouette a obtenu en 1981 **Le prix national de gestion des entreprises artisanales** et en 1982 **la médaille d'argent au grand prix de l'exportation artisanale.**

LES ACTIVITES :
Elles se diversifient maintenant avec la production de tout l'accastillage nécessaire à la fabrication d'U.L.M.
- Fabrication d'aile motorisable (système pendulaire)
- Tout diamètre de tubes aéronautiques tenus en stock.
- Choix de roues important.
- Articulations, coupelles, plaques de liaison, etc...

GRANDE-BRETAGNE

CIEUX ENCOMBRES ET TEMPS CAPRICIEUX

Par Norman Burr, Editeur de Flightline, magazine de la British Microlight Aircraft Association

Le Puma Sprint de Southdown Sailwings

Pour comprendre la situation de l'ultraléger en Grande-Bretagne, il faut d'abord avoir une petite idée de la géographie du pays. La Grande-Bretagne a l'une des plus fortes densités de population du monde et, par voie de conséquence, quelques-uns des aéroports les plus actifs. Les couloirs aériens qui desservent les deux aéroports de Londres couvrent une bonne partie des cartes aéronautiques de la moitié sud du pays, tandis que plus au nord les zones de trafic combinées de Liverpool et Manchester tracent une large balafre en travers de la carte, la coupant pratiquement en deux. Les bases militaires ne manquent pas non plus, chacune avec son espace aérien propre. Pour les raisons les plus estimables par conséquent, l'aviation en Grande-Bretagne est devenue au fil des années une activité très soigneusement réglementée, avec toute la bureaucratie et les frais que cela implique.

Le résultat, c'est qu'au dernier recensement, le Royaume Uni comptait moins de pilotes privés au nombre d'habitants que l'Egypte ! L'aviation de plaisance était strictement réservée aux riches.

Dans ce tableau plutôt sombre, le Vol libre fit son entrée au début des années 70, apportant une foule d'idées et de personnalités nouvelles peu disposées à accepter le statu quo, et, comme cela s'était passé en Australie, quelques adeptes du Vol libre se tournèrent vers le moteur, pour accroître les possibilités de leurs machines. L'ultraléger était né.

Mais où allaient évoluer les nouvelles machines ? La solution australienne de vol à basse altitude était exclue : il est depuis longtemps interdit de voler en dessous de 500 pieds (152 m) pour des raisons de sécurité et de bruit, car en raison de la densité de population il est pratiquement impossible de couvrir une certaine distance sans survoler des maisons, des écoles ou des usines. En clair, les ultralégers auraient à partager le ciel avec tous les autres — en dehors de l'espace contrôlé bien sûr, car ici comme ailleurs les ultralégers ne sont pas admis dans une zone contrôlée.

En corollaire naturel de ce principe, évidemment, les ultralégers auraient aussi à se plier à la même discipline que les autres avions à moteur, c'est-à-dire être identifiables, avoir des qualités de vol reconnues, et être conduits par un pilote d'une compétence prouvée. Comment réunir ces conditions idéales sans compromettre le nouveau sport par des prix prohibitifs et sans noyer les pilotes dans la paperasserie, ce fut le thème de chaudes discussions au cours des deux dernières années, tant à l'intérieur qu'à l'extérieur de l'intance représentative du mouvement, la British Microlight Aircraft Association (BMAA).

La controverse n'a pas fait de tort à l'organisation elle-même, cependant,car de la tourmente a émergé une association à la crédibilité constamment croissante. De fait, la BMAA est probablement à l'heure actuelle la plus importante au monde des associations s'occupant exclusivement d'aéronefs ultralégers, avec environ 3000 membres ne résidant pas tous en Grande-Bretagne.

Avec une solide ascendance Vol libre, il était tout naturel que les premiers appareils soient des pendulaires. Mais alors que les autres pays ont évolué du pendulaire vers le 3 axes, la Grande Bretagne est resté très fidèle aux pendulaires, en partie parce qu'ils se sont affirmés comme sûrs, bon marché et faciles à monter — ce qui est important pour tirer le meilleur de l'imprévisible climat britannique. Il y a cependant une autre raison : la définition britannique de l'ULM (mono ou biplace, 150 kg maxi de poids à vide, 10 kg/m² de charge alaire maxi à vide) facilite beaucoup la tâche du concepteur pour créer un biplace école valable s'il opte pour la simplicité du système pendulaire.

Si 1982 a été l'année d'une croissance fiévreuse (pas seulement en nombre d'appareils mais aussi en nombre d'accidents, grâce pour une part non négligeable à une machine aujourd'hui défunte qui s'appelait Scorpion), 1983 est l'année de la consolidation. La C.A.A. (Civil Aviation Authority) avait sorti un projet de licence peu pratique et criblé d'anomalies qui avait failli tuer le sport dès sa présentation en septembre 82, la réforme radicale de ce projet a lentement ramené la confiance. Le niveau demandé à un pilote licencié est toujours élevé, mais l'accent est mis maintenant sur l'entraînement au pilotage des ultralégers comme une fin en soi et la licence « ultraléger » n'est plus considérée comme un premier pas vers la licence avion. Une licence restreinte a été aussi créée, qui permet aux pilotes de moindre expérience de voler en solo, sans surveillance, en partant de leur propre terrain, à la seule condition de rester dans un rayon de 14,8 km du point de décollage. Cette mesure va inciter les nouveaux pilotes à acheter et devrait bien aider les constructeurs britanniques qui ont eu du mal à vendre pendant l'hiver 82-83 et sont devenus fortement dépendants de l'exportation.

L'autre aspect de la réglementation, concernant les qualités de vol, aidera probablement à l'exportation. La C.A.A. a publié ses exigences en la matière en mars 83, et comme elles suivent d'assez près les suggestions de la BMAA, elles ont été assez bien reçues en règle générale. Elles entreront progressivement en vigueur jusqu'en juillet 84 et sont administrées par la BMAA pour le compte de la C.A.A. qui a alloué un crédit de 30.000£. Tous les appareils britanniques seront donc bientôt tous certifiés, contrairement à ceux des autres pays, et si les prix à l'exportation peuvent rester raisonnables, ils partiront avec une longueur d'avance sur les productions locales. Le potentiel est considérable et les Britanniques, qui ont toujours été une nation de commerçants, ne sont pas à la veille de s'arrêter...

Pour de plus amples informations, contacter BMAA, E7 Stafford Park 4, Telford, Shropshire TF3 3BA. Tel. : 0952.616666

Le prototype de l'Aeolus

L'Aeolus de série avec sa voilure contreventée par des mâts en V et ses jambes de train carénées

AEOLUS AVIATION

Poisestar Ltd t/a Aeolus Aviation, 10 Western Road, Reading, Berkshire RGI 6 PD, tel. 07.34.586.553. Directeurs : Kevin Mc Grath et M. Coussens.

Aeolus Aviation
Aeolus
(3 axes)

Monoplace monomoteur à l'aile haute. Pilotage 3 axes conventionnel. Voilure sans flèche au bord d'attaque et au bord de fuite ; corde constante ; empennage classique. Tangage par gouverne de profondeur articulée sur le plan fixe horizontal ; lacet par gouvernail de direction articulé sur la dérive ; roulis par ailerons sur toute l'envergure de l'aile ; commande au manche pour le tangage et le roulis ; palonnier pour le lacet. Voilure haubannée sol par câbles et portée par des mâts ; profil d'aile NACA 63412 à double entoilage (100 %). Atterrisseur classique. Suspension par ressorts de la roue avant et suspension par ressorts en aluminium du train principal. Roue non directrice. Sans freins. Fuselage en fibre de verre, habitacle fermé. Moteur monté sous l'aile utilisé en propulsif.

1-Apparu sous forme de prototype, en début 1983, l'*Aeolus* retient l'attention avec son fuselage en fibre de verre complètement fermé ; celui-ci constitue une partie structurale de l'appareil plutôt qu'un simple carénage et sa partie arrière supporte le moteur. Son concepteur, Kevin Mc Grath, a voulu faire une machine qui puisse voler régulièrement même sous des climats assez rudes. Aussi est-ce délibérément qu'il a doté l'*Aeolus* d'une charge alaire aussi élevée que possible, compte-tenu de la réglementation en Grande-Bretagne, ce qui permet d'offrir une cabine confortable. La verrière transparente s'ouvre vers le haut pour autoriser l'accès au pilote et elle peut être complètement retirée en été. Un autre trait original de cet appareil est un compartiment situé derrière le pilote qui permet l'emport de 6 kg de bagages.

Les modèles de série commercialisés seront considérablement modifiés par rapport au prototype. Les chiffres donnés ci-après correspondent à ces appareils de production sauf en ce qui concerne les performances qui ont été mesurées avec le prototype. Ce dernier utilisant un réducteur moins efficace avec une courroie en V au lieu d'une courroie crantée, les performances seront peut-être identiques, malgré les modifications annoncées. Celles-ci portent principalement sur un accroissement de 25 % des surfaces de l'empennage, une réduction de l'allongement de 7,3 à 5,6/1 ; de même, la voilure est modifiée et rigidifiée par l'adoption d'une technologie composite et d'un revêtement à tension thermique. La suspension du train principal, originellement prévue par ressorts et montée telle sur le prototype est remplacée par une suspension à lame unique. Le moteur utilisé est actuellement le Fuji-Robin EC 34 PM mais le 440 cc du même motoriste apparaîtra peut-être en option plus tard. DE même une version pour l'exportation est prévue avec une moindre masse à vide.

Prix : **3100 £.**

2-DIMENSIONS EXTERIEURES ET SURFACES

Longueur hors tout 17 ft, 5,18 m • Hauteur hors tout 5,5 ft, 1,68 m • Envergure (aile) 32 ft, 9,76 m • Corde constante à l'emplanture 4,4 ft, 1,34 m • Dièdre 2° • Flèche 0° • Plan fixe horizontal, envergure 7,5 ft, 2,29 m • Hauteur plan fixe vertical 4 ft, 1,22 m • Surface alaire totale 140 ft², 13 m² • Surface totale des ailerons 9 ft², 0,84 m² • Surface du plan fixe vertical 3 ft², 0,28 m² • Surface du gouvernail de direction 5 ft², 0,46 m² • Surface du plan fixe horizontal 15 ft², 1,39 m² • Surface totale des gouvernes de profondeur 10 ft², 0,95 m² • Allongement 5,6/1 • Voie du train 4 ft, 1,20 m • Empattement 11 ft, 3,35 m • Diamètre de la roulette de queue 4 inches, 10,2 cm • Diamètre des roues principales 12 inches, 30,5 cm.

3-MOTORISATION

Moteur Robin EC 34 PM • Puissance maximale 30 CV à 7500 tr/mn • Diamètre et pas de l'hélice 53 × 36 inches, 1,34 × 0,91 m • Réducteur à courroie crantée rapport de réduction NC • Poussée statique maximale 160 lbs, 73 kg • Rapport puissance/surface alaire 0,21 hp/ft², 2,3 CV/m² • Carburant emporté 6 US gallons, 5 Imp gal. 22,7 litres.

John Wadsworth

4-MASSES ET CHARGES

Masse à vide 280 lbs, 127 kg • Masse maximale au décollage 550 lbs, 249 kg • Charge utile 220 lbs, 100 kg • Charge alaire maximale 3,92 lbs/ft², 19,1 kg/m² • Rapport poids/puissance 18,3 lbs/hp, 8,2 kg/CV • Facteurs de charges + 4 g — 2 g calculées • + 6 g — 4 g à rupture.

5-PERFORMANCES*

Vitesse maximale en palier 65 mph, 105 km/h • Vne 80 mph, 129 km/h • Croisière (maximale) 58 mph, 93 km/h • Croisière (économique) 58 mph, 93 km/h • Vitesse de décrochage 28 mph, 45 km/h • Vitesse ascensionnelle (au niveau de la mer) 550 ft/min, 2.8 m/s • Taux de chute minimal NC • Finesse maximale 11/1 à 45 mph, 72 km/h • Roulage au décollage 200 ft, 60 m • Roulage à l'atterrissage 200 ft, 60 m • Plafond pratique 10.000 ft, 3050 km • Distance franchissable maximale 120 miles, 193 km.

*** Mesurées dans les conditions suivantes : Altitude QNH 550 ft, 170 m • Température au sol 3,6 °F, 2 °C • Vent au sol 0 mph, 0 km/h • Poids du pilote 180 lbs, 82 kg.**
Avec moteur ci-dessus et réducteur à courroie en V.

AERO & ENGINEERING SERVICES

Aero & Engineering Services Ltd, 15 Donkin Road, Armstrong, District 2, Washington, Tyne & Wear, tel. 06.32.473.958. Directeur : David Wilson.

Aero & Engineering Services *Lone Ranger*
(3 axes)

Monoplace monomoteur, aile haute avec pilotage 3 axes conventionnel. Voilure avec flèche au bord d'attaque, flèche inverse au bord de fuite, et corde dégressive, empennage classique. Tangage par gouverne de profondeur articulée sur le plan fixe horizontal ; lacet par gouvernail de direction articulé sur la dérive ; roulis par ailerons sur la moitié de l'envergure de l'aile ; commande au manche pour le tangage et le roulis, palonnier pour le lacet. Aile portée par des mâts, profil d'aile NACA 4415 à l'emplanture, 4412 en bout, à double entoilage (100 %). Atterrisseur tricycle ; suspension par lame en fibre de verre sur toutes les roues. Roue avant directrice conjuguée au palonnier. Freins sur les roues principales (sur option). Fuselage en fibre de verre, habitacle partiellement fermé. Moteur monté au-dessus de l'aile et utilisé en tractif. Technologie : renforts structuraux du fuselage en fibre de verre unidirectionnelle et résine de qualité aviation. Nervures et longerons de l'aile en I en mousse et fibre de verre avec semelles en spruce. Bords d'attaque en mousse prédécoupée et fibre de verre. Bords de fuite en spruce. Entoilage du reste des ailes avec du Dacron à porosité nulle.

1-Le *Lone Ranger* d'Aero and Engineering Services a commencé par n'être qu'une version du *Lone Ranger* de l'avionneur américain Striplin, construite en Angleterre. La firme de David Wilson était le seul concessionnaire pour l'Europe à vendre des Striplin. Mais, depuis, cet appareil a été modifié substantiellement pour correspondre aux goûts et aux climats britanniques et doit être maintenant considéré comme une machine différente. Le principal changement concerne la forme et le montage de l'aile : la section a été augmentée de 15 % à l'emplanture et de 12 % aux extrémités, donnant un profil épais NACA 4415. De plus la voilure du *Lone Ranger* britannique vient pratiquement sans flèche au bord d'attaque et avec une faible flèche inverse au bord de fuite ; ces modifications lui confèrent, aux dires du constructeur une meilleure maniabilité. Chaque aile contient un réservoir de carburant, la capacité totale étant de 36,3 litres.

Une autre différence est l'emploi conventionnel de bois et toile pour la profondeur, les ailerons et la dérive, remplaçant la mousse polyuréthane du modèle américain. Toutes les gouvernes viennent plus largement surfacées que sur ce dernier. La commande des gouvernes de profondeur et des ailerons se fait par tubes, et celle de la direction, par câbles.

Les premiers appareils étaient pourvus de moteurs Chrysler qui ont été ensuite abandonnés au profit du Zenoah 250. Ceux-ci sont toujours employés mais il est possible que le KFM 107 soit proposé en option.

Le Sky Ranger ▲

La cabine standard a un pare-brise, elle est fermée sur un côté par un panneau, l'autre côté reste ouvert ; une porte peut être ajoutée sur option, fermant ainsi complètement la cabine.

Prix : **4500 £** hors options.

2-DIMENSIONS EXTERIEURES ET SURFACES
Longueur hors tout 15,8 ft, 4,82 m • Hauteur hors tout 7,2 ft, 2,19 m • Envergure (aile) 34 ft, 10.36 m • Corde constante à l'emplanture 5 ft, 1,52 m • Corde aux extrémités 4 ft, 1,22 m • Dièdre 5° • Flèche 1,5° • Plan fixe horizontal, envergure 8 ft, 2,44 m • Hauteur plan fixe vertical 3 ft, 0,91 m • Surface alaire totale 153 ft², 14,2 m² • Surface totale des ailerons 16,6 ft², 1,54 m² • Surface du plan fixe vertical 4,5 ft², 0,42 m² • Surface du gouvernail de direction 4 ft², 0,37 m² • Surface du plan fixe horizontal 8 ft², 0,74 m² • Surface totale des gouvernes de profondeur 8 ft², 0,74 m² • Allongement 7,5/1 • Voie du train 3 ft, 0,91 m • Empattement 4,5 ft, 1,37 m • Diamètre de la roue avant 11 inches, 28 cm • Diamètre des roues principales 11 inches, 28 cm.

3-MOTORISATION
Moteur Zenoah • Puissance maximale 22 CV à 6300 tr/mn • Diamètre et pas de l'hélice 50 × 27 inches, 1,27 × 0,69 m • Réducteur à courroie en V rapport de réduction 2,3/1 • Poussée statique maximale NC • Rapport puissance/surface alaire 0,14 hp/ft², 1,5 CV/m² • Carburant emporté 9,6 US gallons, 8 Imp gal. 36,3 litres.

4-MASSES ET CHARGES
Masse à vide 210 lbs, 95 kg • Masse maximale au décollage 476 lbs, 216 kg • Charge utile 210 lbs, 95 kg • Charge alaire maximale 3,11 lbs/ft², 15,2 kg/m² • Rapport poids/puissance 21,6 lbs/hp, 9,8 kg/CV • Facteurs de charge + 4 g — 2 g calculées • + 6 g — 3 g à rupture.

5-PERFORMANCES*
Vitesse maximale en palier 75 mph, 121 km/h • Vne 80 mph, 129 km/h • Croisière (maximale) 55 mph, 88 km/h • Croisière (économique) NC • Vitesse de décrochage 21 mph, 34 km/h • Vitesse ascensionnelle (au niveau de la mer) 450 ft/min, 2,3 m/s • Taux de chute minimal 210 ft/min à 33 mph, 1,1 m/s à 53 km/h • Finesse maximale 17/1 à 38 mph, 61 km/h • Roulage au décollage 180 ft, 55 m • Roulage à l'atterrissage 250 ft, 75 m • Plafond pratique 10.000 ft, 3050 m • Distance franchissable maximale 250 miles, 402 km.

*** Conditions du test non communiquées.**

Aero & Engineering Services *Sky Ranger*
(3 axes)

Description semblable à celle du *Lone Ranger* dont il s'agit de la version biplace côte-à-côte.

1-Comme le *Lone Ranger*, le *Sky Ranger* est dérivé du modèle américain de chez Striplin Aircraft. Cependant, cette machine a été considérablement modifiée pour correspondre aux exigences européennes et ce d'une façon très similaire à ce qui a été fait pour le monoplace. Le moteur généralement utilisé est le Cuyuna 430 avec réducteur, mais le KFM 105 et le 4 temps Weslake seront proposés en option dès que disponibles. Un appareil a été équipé d'un Hunting HS 525 A et a effectué ses essais au cours des premiers mois de 1983.

Contrairement à celle du *Lone Ranger*, sa cabine ne comporte pas de panneaux latéraux fixes, ceux-ci restant disponibles sur option.

Prix de base : **5500 £.**

2-DIMENSIONS EXTERIEURES ET SURFACES
Longueur hors tout 17 ft, 5,18 m • Hauteur hors tout 8 ft, 2,44 m • Envergure (aile) 36 ft, 10,97 m • Corde constante à l'emplanture 5 ft, 1,52 m • Corde aux extrémités 4 ft, 1,22 m • Dièdre 5° • Flèche 1,5° • Plan fixe horizontal, envergure 8,4 ft, 2,56 m • Hauteur plan fixe vertical 3,5 ft, 1,07 m • Surface alaire totale 162 ft², 15,1 m² • Surface totale des aile-

rons 16,6 ft², 1,54 m² • Surface du plan fixe vertical 6,2 ft², 0,58 m² • Surface du gouvernail de direction 4,4 ft², 0,41 m² • Surface du plan fixe horizontal 10 ft², 0,93 m² • Surface totale des gouvernes de profondeur 9,1 ft², 0,85 m² • Allongement 8/1 • Voie du train 5 ft, 1,52 m • Empattement 4,8 ft, 1,46 m • Diamètre de la roue avant 11 inches, 28 cm • Diamètre des roues principales 14 inches, 36 cm.

3-MOTORISATION
Moteur Cuyuna 430 • Puissance maximale 30 CV à 6300 tr/mn • Diamètre et pas de l'hélice 60 × 36 inches, 1,52 × 0,91 m • Réducteur à courroie en V rapport de réduction 2,2/1 • Poussée statique maximale NC • Rapport puissance/surface alaire 0,19 hp/ft², 2 CV/m² • Carburant emporté 9,6 US gallons, 8 imp gal. 36,3 litres.

4-MASSES ET CHARGES
Masse à vide 330 lbs, 150 kg • Masse maximale au décollage 760 lbs, 345 kg • Charge utile 370 lbs, 168 kg • Charge alaire maximale 4,69 lbs/ft², 22,8 kg/m² • Rapport poids/puissance 25,3 lbs/hp, 11,5 kg/CV • Facteurs de charges + 4 g — 2 g calculées • + 6 g — 3 g à rupture.

5-PERFORMANCES*
Vitesse maximale en palier 80 mph, 129 km/h • Vne 90 mph, 145 km/h • Croisière (maximale) 75 mph, 121 km/h • Croisière (économique) 65 mph, 105 km/h • Vitesse de décrochage 28 mph, 45 km/h • Vitesse ascensionnelle maximale (au niveau de la mer)450 ft/min, 2,3 m/s • Taux de chute minimal 260 ft/min à 35 mph, 1,3 m/s à 56 km/h • Finesse maximale 15/1 à 39 mph, 63 km/h • Roulage au décollage 220 ft, 65 m • Roulage à l'atterrissage 350 ft, 105 m • Plafond pratique 8000 ft, 2440 m • Distance franchissable maximale 250 miles, 402 km.

* Conditions du test non communiquées.

BREMNER

Dabe Bremner, 4 Rowlands Road, Bury, Lancashire, tel. : 061-764 3462.

Bremner
Mitchell B10 Wing Special
(3 axes)

Monoplace monomoteur à aile haute, pilotage trois axes conventionnel. Voilure avec flèche en bord d'attaque et sans flèche en bord de fuite, corde dégressive; sans empennage. Tangage et roulis par « stabilators », lacet par gouvernails de direction monoblocs aux extrémités de l'aile. Commande au manche pour le tangage et le roulis et au palonnier pour le lacet. Voilure à double entoilage (100 %) profil d'aile NC. Atterrisseur tricycle sans suspension. Roue avant directrice conjuguée au palonnier. Sans freins. Structure en tubes de duralumin sans carénage de nez. Moteur monté sous l'aile et utilisé en propulsif. Technologie : les tubes et boulons correspondent aux normes aéronautiques en vigueur en Grande Bretagne.

1-L'appareil de Bremner utilise la voilure d'un *Mitchell B10* américain mais le reste est entièrement de son crû. Le trait le plus original de cette machine est certainement son moteur, un bicylindre Suzuki issu de la moto GT 185. Au début, un moteur de kart Villiers 210 cc équipait l'engin mais présentait des inconvénients : il avait été difficile de l'équiper d'un bâti convenable et on ne pouvait le démarrer qu'à la main, en brassant l'hélice. Dave choisit le GT185 pour le remplacer. Ce dernier disposait d'un démarreur électrique et sa boite de vitesse pouvait être déposée sans ajustage coûteux. Alors que ce remplacement de moteur apporte une nette amélioration, Dave n'est pas encore satisfait de la poussée disponible et cherche soit un moteur plus puissant soit à modifier son réducteur et l'hélice.

Pour le reste, Dave Bremner a construit une machine assez conventionnelle, la cage étant basée sur des photographies et des dessins de celle de Mitchell. Il n'y a pas de freins ni de suspension. Cependant, son palonnier est conçu de telle sorte qu'il peut actionner les gouvernes d'extrêmités d'ailes soit différentiellement comme des directions soit en conjugaison en tant qu'aérofreins.

Dave Bremner ne projette pas encore de commercialiser cet appareil.

2-DIMENSIONS EXTERIEURES ET SURFACES
Longueur hors tout 8 ft, 2,44 m • Hauteur hors tout 4,8 ft, 1,46 m • Envergure (aile) 34 ft, 10,36 m • Corde à l'emplanture 5 ft, 1,52 m • Corde aux extrémités 1,3 ft, 0,40 m • Dièdre 6° • Flèche 6° • Hauteur gouvernail de direction 1 ft, 0,30 m • Surface alaire totale 136 ft², 12,6 m² • Surface totale des « stabilators » 12 ft², 1,11 m² • Surface du gouvernail de direction 4 ft², 0,37 m² • Allongement 8,4/1 • Voie du train 5 ft, 1,52 m • Empattement 3,5 ft, 1,07 m • Diamètre de la roue avant 10 inches, 25,4 cm • Diamètre des roues principales 16 inches, 40,6 cm.

3-MOTORISATION
Moteur Suzuki GT 185 • Puissance maximale 20 CV à 6800 tr/mn • Diamètre et pas de l'hélice 50 x 27 inches, 1,28 x 0,70 m • Réducteur à courroie en V rapport de réduction 3/1 • Poussée statique maximale 90 lbs, 41 kgp • Rapport puissance/surface alaire 0,15 hp/ft², 1,6 CV/m² • Carburant emporté 2,4 US gallons 2 Imp gal. 9,1 litres.

Une variation par Dave Bremner sur le thème de la Mitchell Wing

4-MASSES ET CHARGES
Masse à vide 242 lbs, 110 kg • Masse maximale au décollage 492 lbs, 223 kg • Charge utile 250 lbs, 113 kg • Charge alaire maximale 3,67 lbs/ft², 17,9 kg/m² • Rapport poids/puissance 24,6 lbs/hp, 11 kg/CV • Facteurs de charges NC.

5-PERFORMANCES NC.

CFM

Metal Fox Ltd, t/a Cook Flying Machines Hillcrest, Aldeburg Road, Aldringham, Leiston, Suffolk IP 16 4 QC, tel. 0728853209. Directeur : Dave Cook.

CFM
Shadow
(3 axes)

Biplace en tandem monomoteur à l'aile haute. Pilotage 3 axes conventionnel. Voilure avec flèche au bord d'attaque et au bord de fuite ; corde dégressive ; empennage bidérive. Tangage par gouverne de profondeur articulée sur le plan fixe horizontal ; lacet par gouvernail de direction monobloc ; roulis par ailerons sur la moitié de l'envergure de l'aile ; commande au manche pour le tangage et le roulis ; palonnier pour le lacet. Voilure haubannée portée par des mâts ; profil d'aile Cook à double entoilage (100 %). Atterrisseur tricycle ; suspension par caoutchouc de la roue avant et suspension par lame en fibre de verre du train principal. Roue avant directrice conjuguée au palonnier. Freins sur les roues du train principal. Habitacle fermé. Moteur monté sous l'aile utilisé en propulsif. Le fuselage, les ailerons et les volets utilisent des composés nids d'abeilles. Voilure en matériaux composites.

GRANDE-BRETAGNE

1-Dave Cook a été le premier à traverser la Manche en ULM mais son *Shadow* est un appareil très différent du Volmer Jensen *VJ 23* américain qu'il utilisa alors. Le *Shadow* est d'un dessin avancé, à la conception duquel a participé la firme Ciba Geigy Aerospace ; l'appareil fait un large usage de matériaux composites et nids d'abeilles.

Le premier prototype a été commencé en janvier 1982 ; il était équipé d'un moteur propulsif Cuyuna 430. Son premier vol a été effectué en août de la même année par son concepteur D. Clarke. Le *Shadow* afficha plus de 130 km/h (80 mph) à 80 % de la puissance et sans carénage. L'aile subit des essais statiques à 6 g. Encouragé par ces performances, Dave a dessiné un second prototype. Il utilise un moteur Robin EC 44 PM et vise à produire une machine intermédiaire entre les ULM et les avions conventionnels. Les gouvernes se composent d'ailerons actionnés différentiellement, d'une direction monobloc ventrale, de profondeurs conventionnelles et de volets hypersustentateurs à quatre positions. Pour le roulage au sol, les freins hydrauliques à disques peuvent être actionnés indépendamment.

La meilleure indication du degré de sophistication de l'appareil se situe peut-être au niveau de l'aile. Il utilise un longeron en I en contreplaqué renforcé par l'addition d'un caisson de duralumin. Des nervures en mousse polyuréthane portent les bords d'attaque et de fuite en contreplaqué et fibre de verre. Cette aile est entièrement recouverte de Dacron contrecollé et passé à l'enduit de tension. Cette voilure a subi des essais statiques jusqu'à + 5,5 g.

A l'heure où nous rédigeons le présent ouvrage, l'appareil achève son programme d'essai et il a déjà atteint 130 km/h au tiers de la puissance, son moteur tournant à 4000 tr/mn.

Prix : **5500 £.**

2-DIMENSIONS EXTERIEURES ET SURFACES

Longueur hors tout 21 ft, 6,4 m • Hauteur hors tout 5,5 ft, 1,68 m • Envergure (aile) 31,5 ft, 9,6 m • Corde constante à l'emplanture 5,8 ft, 1,77 m • Corde aux extrémités 4 ft, 1,22 m • Dièdre 0° • Flèche NC • Plan fixe horizontal, envergure 8 ft, 2,44 m • Hauteur plan fixe vertical 2 ft, 0,61 m • Surface alaire totale 158 ft², 14,7 m² • Surface totale des ailerons 16,4 ft², 1,52 m² • Surface du plan fixe vertical 1,5 ft², 0,14 m² chaque • Surface du gouvernail de direction 5,5 ft², 0,51 m² • Surface du plan fixe horizontal 14,5 ft², 1,35 m² • Surface totale des gouvernes de profondeur 9,2 ft², 0,85 m² • Allongement 6,4/1 • Voie du train 5,5 ft, 1,68 m • Empattement 6 ft, 1,83 m • Diamètre de la roue avant 10 inches, 25 cm • Diamètre des roues principales 12 inches, 30 cm.

3-MOTORISATION

Moteur Robin EC 44 • Puissance maximale 50 CV à 7000 tr/mn • Diamètre et pas de l'hélice 50 × 34 inches, 1,27 × 0,86 m • Réducteur NC rapport de réduction 2,1/1 • Poussée statique maximale NC • Rapport puissance/surface alaire 0,32 hp/ft², 3,4 CV/m² • Carburant emporté 6 US gallons, 5 Imp gal. 22,7 litres ; en option, réserve de 21,6 US gallons, 81,8 litres.

4-MASSES ET CHARGES

Masse à vide 323 lbs, 147 kg • Masse maximale au décollage 623 lbs, 283 kg • Charge utile 300 lbs, 136 kg • Charge alaire maximale 3,9 lbs/ft², 19,3 kg/m² • Rapport poids/puissance 12,5 lbs/hp, 5,7 kg/CV • Facteurs de charges + 5 g — 3 g à rupture.

5-PERFORMANCES

Vitesse maximale en palier > 100 mph, > 160 km/h • Croisière (maximale) 85 mph, 137 km/h • Croisière (économique) 70 mph, 113 km/h • Autres caractéristiques NC.

Deux modèles de voilures Vortex : la 120 est souvent utilisée en motorisée

CHARGUS

Chargus Gliding Co Ltd, Gawcott, Buckingham, Bucks, tel. 0280812186. Directeur : Murray Rose.

Chargus *T250/Vortex 120*

(Pendulaire)

Monoplace monomoteur à voilure souple, pilotage pendulaire. Voilure type Rogallo avec dérive sous l'aile. Le pilote est suspendu sous la voilure dans un siège-harnais et utilise un trapèze de commande (pilotage par déplacement du centre de gravité par rapport au centre de poussée). Voilure haubannée sol et vol par câbles ; transversale rigide, avec simple entoilage, lattes dégressives en fibre de verre. Atterrisseur tricycle sans suspension. Roue avant directrice non conjuguée. Freins sur toutes les roues (sur option). Chariot en tubes de duralumin avec carénage sur option. Moteur monté sous l'aile et utilisé en propulsif. Technologie : structure en tubes de duraluminium anodisés répondant à la norme britannique HT 30 TF. Entoilage Dacron. Fixation de qualité aviation.

1-« Chargus » est l'un des noms les plus réputés dans le monde britannique du vol à voile

et il fut aussi celui de l'un des premiers avionneurs.

Equipé d'un moteur *Robin T 250* et associé habituellement à l'aile *Vortex 120,* ce modèle est le seul chariot monoplace fabriqué par Chargus. Contrairement à la plupart des constructeurs, cette firme n'a jamais proposé sur option le 330 cc plus puissant ; elle a préféré tirer la poussée statique maximale du monocylindre T 250 en utilisant un réducteur à courroie crantée inhabituel sur un si petit moteur et une hélice tripale.

L'aile Vortex est un modèle très simple à simple entoilage mais qui reste néanmoins très apprécié.

Bien que toujours en activité, la firme Chargus n'opère actuellement aucun effort promotionnel pour vendre ses productions. Comme d'autres avionneurs britanniques à l'heure où nous écrivons ces lignes, Chargus est en train d'évaluer les implications de la nouvelle réglementation britannique sur les ULM. Pour cette raison, aucun prix ne nous a été communiqué.

2-DIMENSIONS EXTERIEURES ET SURFACES
Longueur hors tout 13 ft, 3,96 m • Envergure (aile) 32,7 ft, 9,97 m • Corde constante à l'emplanture 11 ft, 3,35 m • Surface alaire totale 204 ft², 19 m² • Allongement 5,2/1 • Voie du train 4,3 ft, 1,31 m • Empattement 4,3 ft, 1,31 m • Diamètre de la roue avant 12 inches, 30 cm • Diamètre des roues principales 12 inches, 30 cm.

3-MOTORISATION
Moteur Robin EC 25 PS • Puissance maximale 22 CV à 6000 tr/mn • Diamètre et pas de l'hélice NC • Réducteur à courroie crantée rapport de réduction 2/1 • Rapport puissance/surface alaire 0,11 hp/ft², 1,2 CV/m² • Carburant emporté 3 US gallons, 2,5 Imp gal., 11.4 litres.

4-MASSES ET CHARGES : NC

5-PERFORMANCES : NC

Chargus
Titan 38
(Pendulaire)

Descriptif semblable à celui du modèle T250/Vortex 120 mais en version biplace et côte-à-côte.

Un biplace Chargus Titan 38 au roulage sans sa voilure

1- Le *Titan 38* de Chargus est commercialisé uniquement complet, chariot et aile assortie conjointement. Il représente la réponse de Murray Rose aux besoins des écoles de pilotage ULM en Grande-Bretagne. Conçu principalement pour l'enseignement, il est de configuration rare — biplace côte-à-côte et non pas en tandem comme la plupart des pendulaires. Celle-ci implique que l'instructeur et l'élève doivent « croiser » leurs bras intérieurs pour tenir la barre de contrôle, tout en assurant leur prise sur les tubes latéraux du trapèze : en effet, la barre de contrôle fait aussi office de commande des gaz et, comme une poignée sur un guidon de moto, elle tourne autour de son axe ; cette solution est d'ailleurs employée sur un autre pendulaire anglais, le Skyhook Sailwings TR2 MK 1.

Autre particularité intéressante du *Titan 38*, le chariot est rattaché à la voilure par une fixation universelle qui permet son débattement complet, en tangage, en roulis et aussi en lacet. Toutefois, ses mouvements sur l'axe de lacet sont limités par des sandows reliant les extrémités extérieures du trapèze au chariot. Soit dit d'ailleurs que, bien que cette possibilité d'agir en lacet puisse être utile et notamment, lorsque l'on atterrit par vent de travers, elle n'est pas unanimement appréciée par ceux qui ont volé sur cet appareil.

Le volant du réducteur comporte des bagues de caoutchouc amortissant les vibrations. Le moteur Fuji Robin 432 cc (très élégant avec sa double tubulure d'échappement) est proposé avec démarreur électrique (type EC 44 PM) sur option. Optionnel aussi est un réservoir supplémentaire de carburant. Les réservoirs standards — cylindriques et portés sur les mâts verticaux de l'arrière du chariot — n'emportent que 4,5 litres chacun.

Comme nous l'avons expliqué pour le T 250/Vortex 120, aucun prix n'est présentement communiqué chez Chargus.

1-DIMENSIONS EXTERIEURES ET SURFACES
Envergure (aile) 38 ft, 11,58 m • Angle de bec 125° • Surface alaire totale 250 ft², 23,2 m² • Allongement 5,8/1 • Diamètre de la roue avant 16 inches, 41 cm • Diamètre des roues principales 16 inches, 41 cm.

3-MOTORISATION
Moteur Robin EC 44 PM • Puissance maximale 40 CV à 5900 tr/mn • Réducteur à courroie crantée rapport de réduction 2/1 • Rapport puissance/surface alaire 0,16 hp/ft², 1,7 CV/m² • Carburant emporté 2,4 US gallons, 2 Imp gal. 9,1 litres.

4-MASSES ET CHARGES
Masse à vide 280 lbs, 127 kg • Masse maximale au décollage 616 lbs, 279 kg • Charge utile 336 lbs, 152 kg • Charge alaire maximale 2,46 lbs/ft², 12 kg/m² • Rapport poids/puissance 15,4 lbs/hp, 7 kg/CV • Facteurs de charges NC.

5-PERFORMANCES*
Vitesse maximale en palier > 42 mph, > 68 km/h • Vne 45 mph, 72 km/h • Croisière (maximale) 28 mph, 61 km/h • Vitesse de décrochage 25 mph, 40 km/h • Vitesse ascensionnelle (au niveau de la mer) 230 ft/min, 1,2 m/s • Distance franchissable maximale 30 miles, 49 km.

*** Mesurées dans les conditions suivantes : Poids du pilote et du passager 320 lbs, 145 kg • Autres caractéristiques non communiquées. Avec moteur ci-dessus.**

DRAGON

The Dragon Light Aircraft Co Ltd, Cardiff (Wales) Airport, Rhoose, South Glamorgan CF6 9BD, tel. 0446710331, tx 498126 Baf cwlg. Directeur : Rory Keegan. Concepteur : Billy Brooks.

Dragon
Dragon 150
(3 axes)

Biplace côte-à-côte monomoteur à l'aile haute. Pilotage 3 axes conventionel. Voilure avec flèche au bord d'attaque sans flèche au bord de fuite. Corde dégressive ; empennage classique. Tangage par gouverne(s) de profondeur articulée(s) sur le plan fixe horizontal ; lacet par gouvernail de direction articulé sur la dérive ; roulis par ailerons sur la moitié de l'envergure de l'aile ; commande au manche pour le tangage et le roulis ; palonnier pour le lacet. Voilure haubannée portée par des mâts ; profil

d'aile NC à double entoilage (100 %). Atterrisseur classique suspension composite de la roulette de queue et suspension par sandows du train principal. Roue arrière directrice conjuguée au palonnier. Sans freins. Habitacle partiellement fermé. Moteur monté sous l'aile utilisé en tractif. Structure en tubes de duralumin anodisé. Extrusions en aluminium conformes à la norme britannique HE 30. Haubans en acier inoxydable. Renforts et attaches de qualité aviation. Entoilage Dacron et polyester tendu à chaud pour les ailerons et les surfaces de l'empennage.

Peter Wilson

1-Le *Dragon* est le premier appareil produit par Dragon Light Aircraft Co, filiale de la compagnie aérienne British Air Ferries. Cette machine ne prétend pas être révolutionnaire mais, au lieu de cela, est conçue comme un engin robuste, pratique, sur lequel les pilotes déjà formés sur avions ou planeurs se sentiront immédiatement à l'aise.

Le *Dragon 150* est, comme son numéral (150 kg) l'indique, un ultra-léger au regard de la législation française actuelle (circulaire 33 de 1982). Son concepteur, Billy Brooks, a délibérément accru poids et charge alaire, autant que la réglementation pouvait le permettre, afin d'augmenter le nombre des jours « volables » sous les climats instables de la vieille Europe.

Ce côté pratique ajouté aux caractéristiques conventionnelles de l'appareil devraient amener des commandes, suivant les souhaits de la société D.L.A.C., de la part d'écoles de pilotages ou d'aéroclubs qui jusque-là étaient équipés d'avions légers traditionnels et non d'ultralégers.

Le prototype a effectué son premier vol le 10 juillet 1982, avec un moteur Hunting HS525A ; D.L.A.C. a cependant décidé d'équiper la version de production d'un moteur Fuji-Robin EC44. Toutefois, cette firme ne fait pas mystère qu'elle attend impatiemment le moteur quatre temps Weslake qui tarde à être livré et qui sera proposé en option dès que possible, en fin 1983. Les systèmes de commande comprennent un manche central, un palonnier double, ainsi qu'une double manette de gaz freinée par friction réglable. Une gamme étendue d'options est disponible, comprenant un émetteur-récepteur VHF 720 canaux, démarreur électrique, parachute, ainsi que des instruments de bord complémentaires. Des skis, des flotteurs et des freins à commande différentielle sur les roues du train principal doivent suivre.

Proposé sous la forme d'un kit aux pièces prédécoupées et préformées, demandant 30 à 40 heures pour son montage aux dires de l'avionneur, le *Dragon 150* coûte **4700 £** hors options en Grande-Bretagne et **61 000 F**.

2-DIMENSIONS EXTERIEURES ET SURFACES
Longueur hors tout 23,7 ft, 7,23 m • Hauteur hors tout 7,7 ft, 2,35 m • Envergure (aile) 34,9 ft, 10,64 m • Corde constante à l'emplanture 6,2 ft, 1,88 m • Corde aux extrémités 4,8 ft, 1,45 m • Dièdre 1,5° • Flèche 1° • Plan fixe horizontal, envergure 11 ft, 3,36 m • Hauteur plan fixe vertical 6,3 ft, 1,91 m • Surface alaire totale 189 ft², 17,6 m² • Surface totale des ailerons 30,8 ft², 2,86 m² • Surface du plan fixe vertical 19,5 ft², 1,81 m² • Surface du gouvernail de direction 9,8 ft², 0,91 m² • Surface du plan fixe horizontal 40 ft², 3,75 m² • Surface totale des gouvernes de profondeur ou élevons 12,4 ft², 1,15 m² • Allongement 6/1 • Voie du train 5,7 ft, 1,74 m • Empattement 18,2 ft, 5,55 m • Diamètre de la roulette de queue 4 inches, 10 cm • Diamètre des roues principales 16 inches, 40 cm.

3-MOTORISATION
Moteur Robin EC44 • Puissance maximale 45 CV à 6500 tr/mn • Diamètre et pas de l'hélice 72 × 42 inches, 1,83 × 1,07 m • Réducteur à courroie crantée rapport de réduction 3,31/1 • Poussée statique maximale 240 lbs, 109 kgp • Rapport puissance/surface alaire 0,24 hp/ft², 2,6 CV/m² • Carburant emporté 6,9 US gallons, 5,7 Imp gal 26 litres.

4-MASSES ET CHARGES
Masse à vide 328 lbs, 149 kg • Masse maximale au décollage 791 lbs, 359 kg • Charge utile 463 lbs, 210 kg • Charge alaire maximale 4,18 lbs/ft², 20,5 kg/m² • Rapport poids/puissance 17,6 lbs/hp, 8 kg/CV • Facteurs de charges calculées NC + 6,0 g — 3,0 g à rupture.

5-PERFORMANCES*
Vitesse maximale en palier 66 mph, 106 km/h • Vne 85 mph, 136 km/h • Croisière (maximale) 60 mph, 96 km/h • Croisière (économique) 53 mph, 86 km/h • Vitesse de décrochage 25 mph, 40 km/h • Vitesse ascensionnelle maximale (au niveau de la mer) 500 ft/min, 2,5 m/s • Taux de chute minimal 400 ft/min à 28 mph, 2,0 m/s à 45 m/h • Finesse maximale 9/1 à 38 mph, 61 km/h • Roulage au décollage 150 ft, 45 m • Roulage à l'atterrissage 100 ft, 30 m • Plafond pratique 14000 ft, 4270 m • Distance franchissable maximale 100 miles, 160 km.

* Conditions du test non communiquées.

EUROWING

Eurowing Ltd, Unit 20, Dixon Place, College Milton North, East Kilbridge G74 5JF, tel. 0355246498. Directeur : Brian Harrison.

Eurowing *Goldwing*
(3 axes)

Monoplace monomoteur à l'aile médiane. Pilotage 3 axes conventionnel. Voilure avec flèche au bord d'attaque et au bord de fuite ; corde dégressive ; avec plan canard. Tangage par gouverne de profondeur articulée sur le plan canard ; lacet par gouvernails de direction monoblocs aux extrémités de l'aile ; roulis par ailerons et spoilers sur la moitié de l'envergure de l'aile ; commande au manche pour le tangage et le roulis ; palonnier pour le lacet ; aile cantilever ; profil d'aile : Liebeck modifié, profil du plan canard : GU 25 tous deux à double entoilage. Atterrisseur tricycle ; sans suspension de la roue avant et suspension par lame en fibre de verre du train principal. Roue avant directrice conjuguée au palonnier. Sans freins. Fuselage en tubes de duralumin et en fibre de verre. Habitacle partiellement fermé. Moteur monté au-dessus de l'aile, utilisé en propulsif. Aile de technologie composite (mousse et aluminium avec revêtement en fibre de verre).

GRANDE-BRETAGNE

1-Depuis 1981, la société Eurowing de Brian Harrisson construit sous licence le Goldwing de la firme américaine Goldwing Ltd. Mais Eurowing a apporté un certain nombre de modifications au modèle originel de Craig Catto et souvent avec l'aide de Craig lui-même (né d'ailleurs en Grande-Bretagne), pour mieux adapter cet appareil aux normes européennes.

Les principales modifications concernent le train d'atterrissage et le moteur. Le train à voie étroite de la version américaine a été remplacé par un atterrisseur renforcé, à voie large et suspension en fibre de verre sur les roues principales. Les moteurs ont posé davantage de problèmes. En échangeant le Cuyuna 430 d'origine pour un Fuji-Robin 333 cc 32 cv, Eurowing fut en mesure d'offrir un Golding qui répondit juste (mais tout juste !) à la définition britannique des ULM en ce qui concerne la charge alaire. En effet, cette modification impliquait que le constructeur augmentât de 3 kg la fibre de verre nécessaire et, en conséquence, la charge alaire excédait alors la limite légale ! La solution à cette situation évidemment insatisfaisante s'est présentée avec la venue sur le marché anglais des moteurs KF M 107 italien et Koënig SC 430 allemand, tous deux nettement plus légers que le Fuji Robin. Au moment où nous mettons sous presses le présent ouvrage, le moteur Fuji-Robin vient de céder la place sur le marché anglais à ses concurrents plus légers. Mais aucune performance n'est encore donnée pour ces versions nouvelles du Goldwing et les paragraphes 2 à 5 ci-après se réfèrent donc à l'appareil équipé d'un Fuji-Robin EC 34 PM ; ce dernier reste toujours proposé à l'exportation, dans les pays où la réglementation ne pose pas de problème.

Dernière modification mais néanmoins importante : le canard est peint avec une couche de finition mate et lisse. Les gouttelettes d'eau forment ainsi sur ce plan une pellicule qui, à l'inverse d'une surface brillante, ne gêne pas l'écoulement de l'air. Le Goldwing reste donc beaucoup plus maniable par temps de pluie, ce qui, en Ecosse où est base Eurowing est d'une grande importance !

Prix : kit de base sans moteur **1995 £** ; kit standard sans moteur **2700 £** ; appareil prêt à voler avec moteur Koënig **4200 £.**

2-DIMENSIONS EXTERIEURES ET SURFACES

Longueur hors tout 12 ft, 3,66 m • Hauteur hors tout 6 ft, 1,83 m • Envergure (aile) 30 ft, 9,14 m • Corde constante à l'emplanture 4,5 ft, 1,37 m • Corde aux extrémités 3 ft, 0,91 m • Dièdre NC • Flèche NC • Envergure canard 10 ft, 3,05 m • Corde du plan canard 1,5 ft, 0,46 m • Hauteur plan fixe vertical 3 ft, 0,91 m • Surface alaire totale 145 ft², 13,5 m² • Surface aile principale 130 ft², 12,1 m² • Surface du plan canard 15 ft², 1,4 m² • Allongement 6,9/1 • Voie du train 5 ft, 1,52 m • Empattement 7 ft, 2,13 m • Diamètre de la roue avant 14 inches, 36 cm • Diamètre des roues principales 16 inches, 41 cm.

3-MOTORISATION

Moteur Robin EC 34 PM • Puissance maximale 30 CV à 6200 tr/mn • Diamètre et pas de l'hélice 54 × 30 inches, 1,37 × 0,76 m • Réducteur à courroie crantée rapport de réduction 2,7/1 • Poussée statique maximale 190 lbs, 86 kgp • Rapport puissance/surface alaire 0,21 hp/ft², 2,2 CV/m² • Carburant emporté 6 US gallons, 5 Imp gal. 22,7 litres.

4-MASSES ET CHARGES

Masse à vide 290 lbs, 132 kg • Masse maximale au décollage 540 lbs, 245 kg • Charge utile 250 lbs, 113 kg • Charge alaire maximale 3,72 lbs/ft², 18,1 kg/m² • Rapport poids/puissance 18 lbs/hp, 8,2 kg/CV • Facteurs de charges calculées NC + 6,5 g — 3 g à rupture.

5-PERFORMANCES*

Vitesse maximale en palier 75 mph, 121 km/h • Vne 90 mph, 145 km/h • Croisière (maximale) 65 mph, 105 km/h • Croisière (économique) 45 mph, 72 km/h • Vitesse de décrochage 28 mph, 45 km/h • Vitesse ascensionnelle maximale (au niveau de la mer) 750 ft/min, 3,8 m/s • Taux de chute minimal 200 ft/min à 35 mph, 1 m/s à 56 km/h • Finesse maximale 14/1 à 45 mph, 72 km/h • Roulage au décollage 200 ft, 60 m • Roulage à l'atterrissage 180 ft, 55 m • Plafond pratique NC • Distance franchissable maximale 220 miles, 354 km.

*** Mesurées dans les conditions suivantes : Altitude QNH 600 ft, 180 m • Température au sol 45°F, 7 °C • Vent au sol 5 mph, 8 km/h • Poids du pilote 170 lbs, 77 kg.
Avec moteur ci-dessus.**

Eurowing *Goldwing SP*

(3 axes)

Description semblable à celle du *Goldwing* sauf : suspension en fibre de verre sur toutes les roues et freins n'agissant que sur les roues principales. Le cockpit est entièrement fermé.

1-Bien que le *Goldwing SP* puisse être jugé au premier coup d'œil comme un *Goldwing* pourvu d'un cockpit fermé, c'est en fait beaucoup plus que cela. Non seulement son fuselage est construit de façon différente et n'utilise plus d'aluminium (sauf dans la cloison pare-feu) mais l'envergure du plan canard a été également accrue. Ces modifications améliorent à la fois la consommation en carburant et l'esthétique. Le nouveau venu offre aussi d'autres raffinements, tels qu'une suspension de la roulette de nez ainsi que des freins sur les roues principales.

En raison de ces modifications, le *Goldwing SP* s'avère naturellement plus lourd que son aîné à cabine ouverte ; aussi n'est-il pas proposé avec le Fuji-Robin mais avec le moteur Koënig SC 430. Modifié par Eurowing, ce dernier développe 28 CV (4 CV de plus que le modèle originel) grace à des pistons de conception nouvelle. Le moteur KFM est disponible en option. Tous les *SP* plus quelques *Goldwing* antérieurs sont équipés d'un réducteur à courroie crantée avec amortisseur de vibrations, brevet déposé par Eurowing.

Tout comme le *Goldwing* de base dont il est dérivé, ce *SP* a été conçu par Craig Catto. Cependant, au contraire du modèle précédent, le type SP est exclusivement fabriqué par Eurowing ; il n'est toujours pas construit aux Etats-Unis.

Tarifs : kit de base sans moteur **2395 £ :** kit standard sans moteur **3000 £** :livré prêt à voler, avec moteur Koënig **4500 £.**

2-DIMENSIONS EXTERIEURES ET SURFACES

Longueur hors tout 12 ft, 3,66 m • Hauteur hors tout 7,5 ft, 2,29 m • Envergure (aile) 30 ft, 9,14 m • Corde constante à l'emplanture 4,5 ft, 1,37 m • Corde aux extrémités 3 ft, 0,91 m • Envergure canard 12 ft, 3,66 m • Corde du plan canard 1,5 ft, 0,46 m • Hauteur plan fixe vertical 3 ft, 0,91 m • Surface alaire totale 148 ft², 13,7 m² • Surface aile principale 130 ft², 12,1 m² • Surface du plan canard 18 ft², 1,7 m² • Allongement 6,9/1 • Voie du train 5 ft, 1,52 m • Empattement 7,3 ft, 2,21 m • Diamètre de la roue avant 14 inches, 36 cm • Diamètre des roues principales 16 inches, 41 cm.

3-MOTORISATION

Moteur Koënig SC 430 • Puissance maximale 28 CV à NC tr/mn • Diamètre et pas de l'hélice NC • Réducteur à courroie crantée rapport de réduction NC • Poussée statique maximale 165 lbs, 75 kgp • Rapport puissance/surface alaire 0,19 hp/ft², 2 CV/m² • Carburant emporté 6 US gallons, 5 Imp. gal. 22,7 litres.

4-MASSES ET CHARGES

Masse à vide 290 lbs, 132 kg • Masse maximale au décollage 540 lbs, 245 kg • Charge utile 250 lbs, 113 kg • Charge alaire maximale 3,65 lbs/ft², 17,9 kg/m² • Rapport poids/puissance 19,3 lbs/hp, 8,8 kg/CV • Facteurs de charges calculées NC + 6,5 g — 3 g à rupture.

5-PERFORMANCES*

Vitesse maximale en palier 85 mph, 137 km/h • Vne 90 mph, 145 km/h • Croisière (maximale) 70 mph, 113 km/h • Croisière (économique) 50 mph, 80 km/h • Vitesse de décrochage 28 mph, 45 km/h • Vitesse ascensionnelle maximale (au niveau de la mer) 700 ft/min, 3,6 m/s • Taux de chute minimal 180 ft/min à 35 mph, 0,9 m/s à 56 km/h • Finesse maximale 16/1 à 45 mph, 72 km/h • Roulage au décollage 220 ft, 65 m • Roulage à l'atterrissage 160 ft, 50 m • Plafond pratique NC • Distance franchissable maximale 220 miles, 354 km.

*** Mesurées dans les conditions suivantes : Altitude QNH 600 ft, 180 m • Température au sol 48 °F, 9 °C • Vent au sol 5 mph, 8 km/h • Poids du pilote 170 lbs, 77 kg.
Avec moteur Koënig SC 430 version 24 CV.**

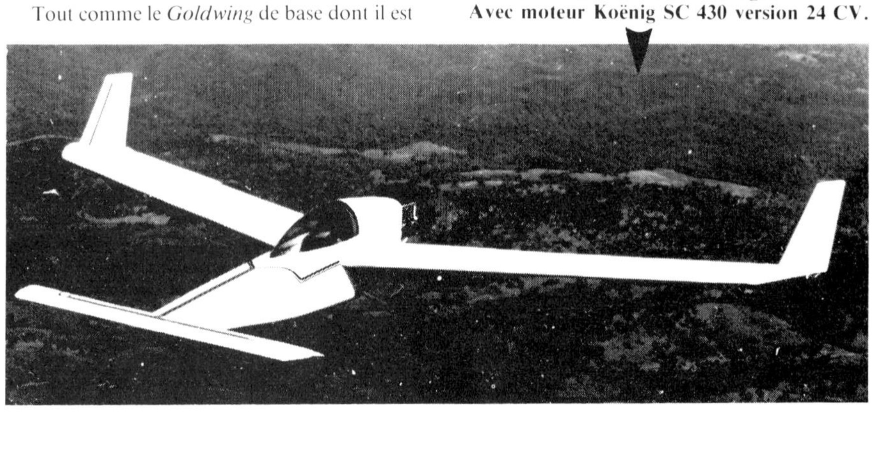

GRANDE-BRETAGNE

Eurowing
Goldwing II
(3 axes)

Biplace côte-à-côte monomoteur à aile médiane. Pilotage 3 axes conventionnel. Voilure avec flèche au bord d'attaque et au bord de fuite ; corde dégressive ; avec plan canard. Tangage par gouverne de profondeur articulée sur le plan canard ; lacet par gouvernails de direction monoblocs aux extrémités de l'aile ; roulis par ailerons sur les deux tiers de l'envergure de l'aile ; commande au manche pour le tangage et le roulis ; palonnier pour le lacet. Voilure haubannée portée par des mâts ; profil d'aile : voir Goldwing mais modifié ; profil du canard : GU 25 tous deux à double entoilage. Atterrisseur tricycle ; suspension par lame en fibre de verre sur toutes les roues. Roue avant directrice conjuguée au palonnier. Freins sur les roues du train principal. Fuselage en tubes de duralumin et en fibre de verre ; habitacle fermé ; moteur monté sous l'aile utilisé en propulsif.

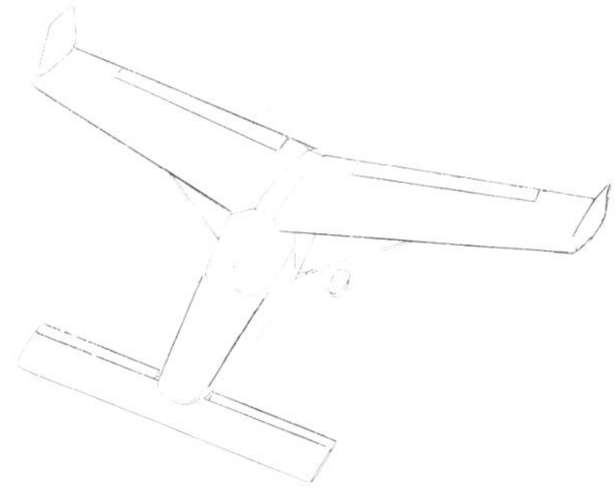

1-Le *Goldwing II* est le cheval de bataille d'Eurowing sur le marché des biplaces 3 axes. Cette firme ne fait pas mystère que sa croissance future reste liée au succès de ce biplace côte-à-côte d'avant-garde.

A l'heure où nous écrivons ces lignes, ce prototype en est encore au début de son programme d'essais en vol, entre les mains de son concepteur, Craig Catto. A l'origine, celui-ci a conçu ce modèle pour le compte de la firme américaine Goldwing Ltd qui en présenta un premier prototype au rassemblement américain d'Oshkosh en août 1982. Toutefois, depuis, Eurowing a poursuivi l'étude et l'élaboration de cet appareil : la réglementation concernant les biplaces reste plus favorable actuellement en Grande-Bretagne qu'aux U.S.A. En raison de la participation maintenant très limitée de la firme américaine à ce programme, il est possible que ce *Goldwing II* apparaisse sur le marché sous une appellation différente et qui ne mentionnerait même pas le prénom de Goldwing.

Quelle que soit sa future dénomination, le biplace ressemble beaucoup au Goldwing monoplace. Cependant, la surface alaire nécessairement plus grande du biplace a entraîné l'adoption d'une aile contreventée par mâts plutôt que cantilever, configuration qui a elle-même fait préférer une voilure haute à l'aile médiane du monoplace.

Eurowing n'a pas encore divulgué de détails précis sur la structure de l'appareil, mais on sait que des matériaux modernes tels les fibres de carbone et kevlar sont utilisés. Les premiers *Goldwing II* seront sans doute équipés d'un moteur Fuji-Robin EC 44 PM ou d'un Rotax 503, mais la firme écossaise a en cours d'élaboration son propre moteur 2 temps et souhaite être en mesure de l'adapter sur ses ULM en fin 1983. Les paramètres qui nous ont été communiqués et sont restranscrits ci-après concernent l'appareil équipé du Fuji-Robin 432 cc.

Prix de ce biplace prêt à voler : aux environs de **4750 £**. Des kits pourraient être aussi proposés à un prix approximatif de **3300 £** moteur compris.

2-DIMENSIONS EXTERIEURES ET SURFACES
Longueur hors tout 14,5 ft, 4,42 m • Envergure (aile) 30 ft, 9,14 m • Envergure canard 14 ft, 4,2 m • Hauteur plan fixe vertical 4 ft, 1,22 m • Surface alaire totale 165 ft², 15,3 m² • Voie du train 5,5 ft, 1,68 m • Empattement 8,5 ft, 2,59 m • Diamètre de la roue avant 14 inches, 36 cm • Diamètre des roues principales 16 inches, 41 cm.

3-MOTORISATION
Moteur Robin EC 44 • Puissance maximale 45 CV à 6000 tr/mn • Diamètre et pas de l'hélice 60 × 30 inches, 1,52 × 0,76 m • Réducteur à courroie crantée rapport de réduction NC • Poussée statique maximale 270 lbs, 122 kgp • Rapport puissance/surface alaire 0,27 hp/ft², 2,9 CV/m² • Carburant emporté 6 US gallons, 5 Imp gal 22,7 litres.

4-MASSES ET CHARGES
Masse à vide 320 lbs, 145 kg • Masse maximale au décollage 750 lbs, 340 kg • Charge utile 430 lbs, 195 kg • Charge alaire maximale 4,55 lbs/ft², 22,2 kg/m² • Rapport poids/puissance 16,7 lbs/hp, 7,6 kg/CV • Facteurs de charges calculées NC + 6 g — 4 g à rupture.

5-PERFORMANCES*
Vitesse maximale en palier 65 mph, 105 km/h • Vne 85 mph, 137 km/h • Croisière (maximale) 60 mph, 97 km/h • Croisière (économique) 45 mph, 72 km/h • Vitesse de décrochage 28 mph, 45 km/h • Vitesse ascensionnelle maximale (au niveau de la mer) 600 ft/min, 3 m/s • Taux de chute minimal 250 ft/min à 40 mph, 1,3 m/s à 64 km/h • Finesse maximale 16/1 à 44 mph, 71 km/h • Roulage au décollage 220 ft, 65 m • Roulage à l'atterrissage 90 ft, 25 m • Plafond pratique NC • Distance franchissable maximale 150 miles, 241 km.

* Conditions du test non communiquées.

FLEXIFORM SKY SAILS

Lite Air Industries Ltd t/a Flexiform Sky Sails, Level 3, Bedingate Mill, Legh Street, Patricroft, Manchester, tél. 0617071389. Directeurs : Mike Hurtley et Tim Freeman.

Flexiform Sky Sails
Dual Striker Trike
(Pendulaire)

Biplace en tandem monomoteur à voilure souple, pilotage pendulaire. Voilure type Rogallo avec dérive sous l'aile. Le pilote est suspendu sous la voilure dans un siège harnais et utilise un trapèze de commande (pilotage par déplacement du centre de gravité par rapport au centre de poussée). Voilure haubannée sol et vol par câbles ; bowsprit, avec double entoilage (65 %) ; lattes préformées. Atterrisseur tricycle, roue avant directrice non conjuguée au palonnier. Freins sur les roues du train principal sur option. Chariot en tubes de duralumin avec carénage sur option, moteur monté ous l'aile et utilisé en propulsif. Technologie : pour plus de robustesse, ce chariot fait appel à des mâts plutôt qu'à un haubannage par câbles. Structure duralumin, attaches et visserie de qualité aviation.

1-Le chariot de chez Flexiform et l'aile *Dual Striker* ont été tous deux dessinés par Mike Hurtley et, réunis, ont constitué le premier

biplace pendulaire disponible en Grande-Bretagne. Mike vola tout d'abord avec l'aile seule en février 1981 et, un mois plus tard il achevait le chariot et put ainsi tester l'ensemble. Ce dernier fut commercialisé peu après et suscita un bel intérêt de la part des écoles de pilotage. Depuis, quinze machines ont été produites et la firme se flatte de son record en matière de sécurité : aucun de ces quinze appareils ne s'est révélé défectueux.

Ce chariot de construction robuste est doté de deux mâts verticaux arrière et d'entretoises tubulaires. Sa motorisation vient de chez Mainair ; elle est identique à celle utilisée sur les *Tri-Flyer* chariots biplaces de ce constructeur. Du reste, la coopération entre les deux sociétés va plus loin puisque l'aile *Dual Striker* est couramment utilisée avec des chariots Mainair.

Du fait de la demande pour l'aile seule, la production de celle-ci dépasse celle du chariot dans un rapport de 4 à 1. Le *Dual Striker Trike* complet reste toujours disponible. Pour les acquéreurs qui veulent utiliser une motorisation différente, l'appareil est vendu à un prix nettement moins élevé.

Prix : chariot **1913 £**, aile **1104 £**.

2-DIMENSIONS EXTERIEURES ET SURFACES
Longueur hors tout 14 ft, 4,27 m • Hauteur hors tout 14 ft, 4,27 m • Envergure (aile) 38 ft, 11,58 m • Corde constante à l'emplanture 9 ft, 2,74 m • Corde aux extrémités 3,5 ft, 1,07 m • Dièdre 2° • Flèche 15° • Surface alaire 250 ft², 23,2 m² • Allongement 6/1 • Voie du train 5,8 ft, 1,77 m • Empattement 6,6 ft, 2,01 m • Diamètre de la roue avant 16 inches, 40,6 cm • Diamètre des roues principales 15 inches, 38,1 cm.

3-MOTORISATION
Moteur Robin EC 44 • Puissance maximale 50 CV à 6800 tr/mn • Diamètre et pas de l'hélice 62 × 27 inches, 1,58 × 0,70 m • Réducteur à courroie crantée rapport de réduction 2,3/1 • Poussée statique maximale 275 lbs, 125 kgp • Rapport puissance/surface alaire 0,2 hp/ft², 2,2 CV/m² • Carburant emporté 4,8 US gallons, 4 Imp gal. 18,2 litres.

4-MASSES ET CHARGES
Masse à vide 242 lbs, 110 kg • Masse maximale au décollage 624 lbs, 283 kg • Charge utile 350 lbs, 150 kg • Charge alaire maximale 2,5 lbs/ft², 12,2 kg/m² • Rapport poids/puissance 12,5 lbs/hp, 5,6 kg/CV • Facteurs de charges + 4,5 g — 2 g calculées • NC à rupture.

5-PERFORMANCES*
Vitesse maximale en palier 55 mph, 88 km/h • Vne 65 mph, 105 km/h • Croisière (maximale) 50 mph, 80 km/h • Croisière (économique) 45 mph, 72 km/h • Vitesse de décrochage 28 mph, 45 km/h • Vitesse ascensionnelle maximale (au niveau de la mer) 850 ft/min, 4,3 m/s • Taux de chute minimal 500 ft/min à 30 mph, 2,5 m/s à 48 km/h • Finesse maximale 5/1 à 30 mph, 48 km/h • Roulage au décollage 105 ft, 30 m • Roulage à l'atterrissage 120 ft, 35 m • Plafond pratique 11000 ft, 3350 m • Distance franchissable maximale 70 miles, 113 km.

*** Mesurées dans les conditions suivantes : Poids du pilote 168 lbs, 76 kg • Poids du passager 168 lbs, 76 kg.**
Avec moteur ci-dessus.

FLYLITE (EAST ANGLIA)

Flylite (East Anglia), Mattishall Road, East Dereham, Norfolk NR 203 B4, tel. 03624907. Propriétaire : Bob Adams.

Flylite (East Anglia) *Super Scout*
(3 axes)

Monoplace monomoteur à l'aile haute. Pilotage 3 axes conventionnel. Voilure sans flèche au bord d'attaque, flèche inverse au bord de fuite ; corde dégressive ; empennage classique. Tangage par gouverne de profondeur monobloc ; lacet par gouvernail de direction monobloc. Roulis par gauchissement de l'aile ; commande au manche pour le tangage et le roulis ; palonnier pour le lacet. Voilure haubannée sol par câbles, vol par câbles ; profil d'aile : NC ; à simple entoilage. Atterrisseur classique. Suspension de la roulette de queue : NC et suspension par ressorts du train principal. Roue arrière directrice conjuguée au palonnier. Sans freins. Structure en tubes de duraluminium avec carénage. Moteur monté au niveau de l'aile, utilisé en tractif.

1-Les conditions climatiques britanniques étant nettement moins « coopérantes » que celles régnant en Australie, il n'est pas surprenant que les adaptations destinées à améliorer le *Skycraft Scout* aient été étudiées en Grande-Bretagne. Le daeler anglais Bob Adams n'était pas satisfait du système de gauchissement de la voilure du *Mk 3/3/R,* jugeant qu'il induisait trop de traînée surl'aile montant en inclinaison ; le lacet inverse en résultant imposait une utilisation trop considérable du gouvernail de direction pour être contré. Pour y pallier, Bob Adams a considérablement accru l'efficacité du contrôle en roulis sur le *Scout* britannique.

D'autres modifications ont été apportées : la suspension est améliorée par l'emploi de pneus peu gonflés sur des jantes en nylon ; un carénage en fibre de verre améliore à la fois le confort et les performances du *Scout*. Ce carénage pèse moins de 3 kg et comporte un renfort de protection pour les pieds en acier inoxydable. Les *Scout* existants peuvent être modifiés en *Super Scout* en utilisant des kits délivrés par Flylite.

Prix : **2995 £.** Des instruments de bord sont proposés en option.

2-DIMENSIONS EXTERIEURES ET SURFACES
Voir Australie : Ron Wheeler Aircraft *Scout MK 2* sauf : Longueur hors tout 17,6 ft, 5,35 m • Hauteur hors tout 6,4 ft, 1,94 m • Voie du train 4,8 ft, 1,45 m • Diamètre des roues principales 14 inches, 35 cm.

La forme très caractéristique de l'aile du Dual Striker. Notez l'absence de tube transversal

3-MOTORISATION
Voir Australie : Ron Wheeler Aircraft *Scout MK 3/3/R*.

4-MASSES ET CHARGES
Masse à vide 152 lbs, 69 kg • Masse maximale au décollage 357 lbs, 162 kg • Charge utile 205 lbs, 93 kg • Charge alaire maximale 3,28 lbs/ft², 16,2 kg/m² • Rapport poids/puissance 17,01 lbs/hp, 7,7 kg/CV • Facteurs de charges + 3 g — 3 g à rupture.

5-PERFORMANCES*
Vitesse maximale en palier 65 mph, 105 km/h • Vne 75 mph, 120 km/h • Croisière (maximale) 56 mph, 90 km/h • Croisière (économique) 56 mph, 90 km/h • Vitesse de décrochage 22 mph, 35 km/h • Vitesse ascensionnelle maximale (au niveau de la mer) 550 ft/min, 2,8 m/s • Taux de chute minimal 470 ft/min à 40 mph, 2,4 m/s à 65 km/h • Finesse maximale 8/1 à 40 mph, 65 km/h • Roulage au décollage 200 ft, 60 m • Roulage à l'atterrissage 100 ft, 30 m • Plafond pratique 9900ft, 3000 m • Distance franchissable maximale 62 miles, 100 km.

*** Conditions du test non communiquées.**

HIWAY

Hiway Hang Gliders Ltd, Sirhowy Hill, Tredegar, Gwent, tel. 0495254521. Directeur : John Ievers.

Hiway
Skytrike Mk 1/Super Scorpion C
(Pendulaire)

Monoplace monomoteur à voilure souple, pilotage pendulaire. Voilure Rogallo avec dérive sous l'aile. Le pilote est suspendu sous la voilure dans un siège-harnais et utilise un trapèze de commande (pilotage par déplacement du centre de gravité par rapport au centre de poussée). Voilure haubannée sol et vol par câbles ; transversale rigide, simple entoilage, transversale hors entoilage, lattes flexibles. Atterrisseur tricycle. Sans suspension sur toutes les roues. Roue avant directrice non conjuguée au palonnier. Sans freins. Chariot en tubes de duralumin sans carénage de nez. Moteur monté sous l'aile, utilisé en propulsif.

1-Aucune nomenclature des ULM de construction britannique ne serait complète s'il n'y figurait pas l'appareil qui fut à l'origine de tous, le *Skytrike/Super Scorpion* de Hiway. Ce *Skytrike* a été le premier chariot de fabrication britannique, associé à l'aile simple mais efficace *Super Scorpion* de la firme, celle-ci utilisée habituellement dans sa version grande dimension du type C. Il a servi de modèle à des douzaines d'autres appareils britanniques et, plus que tout autre pendulaire, est à l'origine de la popularité des chariots en Grande-Bretagne.

Conçu par Frank Tarjanyi, le *Skytrike/Super Scorpion C* a été commercialisé dès 1979 et a connu un succès immédiat dû à sa simplicité et sonprix bon marché. L'association d'une aile à simple entoilage avec un moteur de 10 CV n'offrait pas précisément de hautes performances et sa charge utile restait particulièrement limitée. Néanmoins, la formule de base s'avérait bonne et se trouvait lancée.

Ollie Houldridge

Le chariot Hiway Skytrike MkI et l'aile Super Scorpion C : un ensemble historique avec, ici, Ollie Houldridge, l'un des plus anciens pilotes d'ULM en Grande Bretagne

Son manque de puissance fut résolu avec l'arrivée des Fuji-Robin et, avec ces moteurs, le chariot fut baptisé *Skytrike Mk II,* La version à moteur Valmet devenant rétrospectivement le type *Mk I.* Deux variantes de *Mk II* furent proposées, l'une avec le monocylindre 244 cc qui conservait habituellement l'aile *Super Scorpion,* et l'autre avec le bicylindre 333 cc associé à l'aile *Demon* de chez Hiway.

L'étape suivante fut une tentative pour conserver les performances de la version 333 cc tout en économisant un peu de poids avec l'utilisation du moteur Hiro Delta MK I, refroidi par liquide, petit et puissant. Connu sous la dénomination de *Hiro Skytrike,* cet appareil offrait un rendement impressionnant pour la dimension de son moteur. Ceci était dû en partie au remplacement des courroies du réducteur, grandes consommatrices d'énergie, par une réduction par pignons. De plus, le refroidissement par liquide offrait un dispositif de dégivrage efficace du carburateur. En dehors du moteur lui-même, la seule modification notable sur ce modèle portait sur le remplacement du hauban avant par un mât tubulaire. Malgré ses qualités, le *Hiro Skytrike* trouva peu d'acheteurs sur un marché plus attiré par les bons résultats et la fiabilité du Fuji-Robin 333 cc. Cette situation ne s'améliora pas avec la réputation grandissante du *Skytrike,* jugé de conception trop simpliste pour certains détails.

Après avoir fait un grand pas vers plus de puissance moteur, il sembla que Hiway en était revenu au vol plané. L'évolution et l'amélioration du *Skytrike* furent quelque peu négligées. En contrepartie, la firme concentra ses efforts sur un nouveau planeur ultraléger, l'*Explorer.* Celui-ci fut accueilli avec peu d'enthousiasme par les pratiquants du Vol Libre et ce fut la fin de la société.

A l'heure où nous rédigeons ces lignes, l'avenir de cet avionneur reste libre. La société Hiway Hang Gliders Ltd est en liquidation mais il semble possible qu'elle réapparaisse sous une autre forme sociale.

2-DIMENSIONS EXTERIEURES ET SURFACES
Envergure (aile) 33,5 ft, 10,2 m • Corde constante à l'emplanture 5,9 ft, 1,80 m • Surface alaire totale 198 ft², 18,4 m² • Allongement 5,7 • Autres dimensions non communiquées.

3-MOTORISATION
Moteur Valmet • Puissance maximale 10 CV à 5000 tr/mn • Diamètre et pas de l'hélice 54 × 30 inches, 1,37 × 0,76 m • Réducteur à courroie en V rapport de réduction 2,8/1 • Poussée statique maximale 75 lbs, 34 kgp • Rapport puissance/surface alaire 0,05 hp/ft², 0,5 CV/m² • Carburant emporté 2,1 US gallons, 1,8 Imp gal. 7,9 litres.

4-MASSES ET CHARGES
Masse à vide 125 lbs, 57 kg • Masse maximale au décollage 286 lbs, 130 kg • Charge utile 161 lbs, 73 kg • Charge alaire maximale 1,44 lbs/ft², 7,1 kg/m² • Rapport poids/puissance 28,6 lbs/hp, 13,0 kg/CV • Facteurs de charges NC.

5-PERFORMANCES*
Vitesse maximale en palier 26 mph, 42 km/h • Vne 40 mph, 64 km/h • Croisière (maximale) 22 mph, 35 km/h • Croisière (économique) 22 mph, 35 km/h • Vitesse de décrochage 17 mph, 27 km/h • Vitesse ascensionnelle maximale (au niveau de la mer) 100 ft/min, 0,5 m/s • Taux de chute minimal 190 ft/min à 21 mph, 1,0 m/s à 34 km/h • Finesse maximale 8/1 à 22 mph, 35 km/h • Roulage au décollage 150 ft, 45 m • Roulage à l'atterrissage 70 ft, 20 m • Plafond pratique NC • Distance franchissable maximale 51 miles, 83 km.

*** Mesurées dans les conditions suivantes : Altitude QNH 0 ft, 0 m • Température au sol NC • Vent au sol 0 mph, 0 km/h • Poids du pilote 147 lbs, 67 kg.**
Avec moteur ci-dessus.

Hiway
Skytrike Mk II 250/ Super Scorpion C
(Pendulaire)

Descriptif semblable à celui du précédent, à l'exception d'un frein optionnel sur la roue avant.

1-Voir *Skytrike Mk I/Super Scorpion C,* ci-avant.

2-DIMENSIONS EXTERIEURES ET SURFACES
Voir *Skystrike Mk I/Super Scorpion C.*

3-MOTORISATION
Moteur Robin EC 25 PS • Puissance maximale 18 CV à 7000 tr/mn • Diamètre et pas de l'hélice 52 × 31 inches, 1,32 × 0,79 m • Réducteur à courroie en V, rapport de réduction 2,3/1 • Poussée statique maximale 130 lbs, 59 kgp • Rapport puissance/surface alaire 0,09 hp/ft², 1 CV/m² • Carburant emporté 2,4 US gallons, 2,0 Imp gal. 9,1 litres.

4-MASSES ET CHARGES
Masse à vide 165 lbs, 75 kg • Masse maximale au décollage 349 lbs, 158 kg • Charge utile 184 lbs, 83 kg • Charge alaire maximale 1,76 lbs/ft², 8,6 kg/m² • Rapport poids/puissance 19,4 lbs/hp, 8,8 kg/CV • Facteurs de charges NC.

5-PERFORMANCES*
Vitesse maximale en palier 30 mph, 48 km/h • Vne 45 mph, 72 km/h • Croisière (maximale) 25 mph, 40 km/h • Croisière (économique) 25 mph, 40 km/h • Vitesse de décrochage 18 mph, 29 km/h • Vitesse ascensionnelle maximale (au niveau de la mer) 300 ft/min, 1,5 m/s • Taux de chute minimal 250 ft/min à 25 mph, 1,3 m/s à 40 km/h • Finesse maximale 9/1 à 25 mph, 40 km/h • Roulage au décollage 90-100 ft, 25-30 m • Roulage à l'atterrissage 90-100 ft, 25-30 m • Plafond pratique NC • Distance franchissable maximale 50 miles, 80 km.

*** Mesurées dans les conditions suivantes : Altitude QNH 0 ft, 0 m • Température au sol NC • Vent au sol 0 mph, 0 km/h • Poids du pilote 168 lbs, 76 kg.**
Avec moteur ci-dessus.

Hiway
Skytrike Mk II 330/Demon
(Pendulaire)

Descriptif semblable à celui du *Skytrike Mk I/Super Scorpion C* sauf, pour le chariot, le frein optionnel sur la roue avant et, pour l'aile, transversale flottante intégrée dans le revêtement à double surface sur 75 % de la corde et nervures précintrées.

1-Voir *Skytrike MK I/Super Scorpion C,* ci-avant.

2-DIMENSIONS EXTERIEURES ET SURFACES
Longueur hors tout 11,0 ft, 3,35 m • Envergure (aile) 32,0 ft, 9,75 m • Corde constante à l'emplanture 8,2 ft, 2,50 m • Corde aux extrémités 3,5 ft, 1,07 m • Dièdre 0° • Angle de nez 120° • Surface alaire totale 175 ft², 16,3 m² • Allongement 5,9/1 • Autres dimensions non communiquées.

A Denholm

Comparé au Mk I, ce Mk II 250 a des tubes arrière plus longs et dispose de plus de puissance. L'aile est la même

3-MOTORISATION
Moteur Robin EC 34 PM • Puissance maximale 32 CV à 6500 tr/mn • Diamètre et pas de l'hélice 52 × 30 inches, 1,32 × 0,76 m • Réducteur à courroie en V rapport de réduction 2/1 • Poussée statique maximale 180 lbs, 82 kgp • Rapport puissance/surface alaire 0,18 hp/ft², 2,0 CV/m² • Carburant emporté 2,4 US gallons, 2,0 Imp gal. 9,1 litres.

4-MASSES ET CHARGES
Masse à vide 195 lbs, 88 kg • Masse maximale au décollage 470 lbs, 213 kg • Charge utile 275 lbs, 125 kg • Charge alaire maximale 2,69 lbs/ft², 13,1 kg/m² • Rapport poids/puissance 14,7 lbs/hp, 6,7 kg/CV • Facteurs de charges NC.

5-PERFORMANCES*
Vitesse maximale en palier 40 mph, 64 km/h • Vne 45 mph, 72 km/h • Croisière (maximale) 35 mph, 56 km/h • Croisière (économique) 30 mph, 48 km/h • Vitesse de décrochage 22 mph, 35 km/h • Vitesse ascensionnelle maximale (au niveau de la mer) 600 ft/min, 3,0 m/s • Taux de chute minimal 300 ft/min à 28 mph, 15 m/s à 45 km/h • Finesse maximale 7/1 à 28 mph, 45 km/h • Roulage au décollage 80 ft, 25 m • Roulage à l'atterrissage 100 ft, 30 m • Plafond pratique NC • Distance franchissable maximale 65 miles, 105 km.

*** Mesurées dans les conditions suivantes : Altitude QNH 0 ft, 0 m • Température au sol NC • Vent au sol 0 mph, 0 km/h • Poids du pilote 168 lbs, 76 kg.**
Avec moteur ci-dessus.

Hiway
Hiro Skytrike/Demon
(Pendulaire)

Descriptif semblable à celui du *Skytrike Mk I/Super Scorpion C* sauf, pour le chariot, le frein en option sur la roue avant et, pour l'aile, transversale flottante intégrée dans le double entoilage sur 75 % de la corde et nervures précintrées.

1-Voir *Skytrike Mk I/Super Scorpion C,* ci-avant.

2-DIMENSIONS EXTERIEURES ET SURFACES
Voir *Skytrike MK II 330/Demon.*

3-MOTORISATION
Moteur Hiro Delta MK I • Puissance maximale 22 CV à 8000 tr/mn • Diamètre et pas de l'hélice 52 × 30 inches, 1,32 × 0,76 m • Réducteur à courroire crantée rapport de réduction 3,6/1 • Poussée statique maximale 150 lbs, 68 kgp • Rapport puissance surface alaire 0,13 hp/ft², 1,3 CV/m² • Carburant emporté 2,4 US gallons, 2,0 Imp gal. 9,1 litres.

Norman Burr

4-MASSES ET CHARGES
Masse à vide 175 lbs, 79 kg • Masse maximale au décollage 429 lbs, 195 kg • Charge utile 254 lbs, 115 kg • Charge alaire maximale 2,45 lbs/ft², 12,0 kg/m² • Rapport poids/puissance 19,5 lbs/hp, 8,9 kg/CV • Facteurs de charges NC.

5-PERFORMANCES*
Vitesse maximale en palier 40 mph, 64 km/h • Vne 45 mph, 72 km/h • Croisière (maximale)

35 mph, 56 km/h • Croisière (économique) 30 mph, 48 km/h • Vitesse de décrochage 22 mph, 35 km/h • Vitesse ascensionnelle (au niveau de la mer) 450 ft/min, 2,3 m/s • Taux de chute minimal 350 ft/min à 28 mph, 1,8 m/s à 45 km/h • Finesse maximale 8/1 à 28 mph, 45 km/h • Roulage au décolage 80 ft, 25 m • Roulage à l'atterrissage 80 ft, 25 m • Plafond pratique NC • Distance franchissable maximale 65 miles, 105 km.

*** Mesurées dans les conditions suivantes : Altitude QNH 0 ft, 0 m • Température au sol NC • Vent au sol 0 mph, 0 km/h • Poids du pilote 168 lbs, 76 kg. Avec moteur ci-dessus.**

HORNET

Templeward Ltd t/a Hornet Microlights, Bankfoot Mills, Wibsey Bank, Bankfoot, Bradford, West Yorkshire BD6 3 JU, tel. 0274308642. Directeurs : Richard Wolfenden, Graham Priestley.

Hornet/Skyhook Sailwings *250/Sabre C* et *250 Executive/Sabre C*

(Pendulaire)

Monoplace monomoteur à voilure souple, pilotage pendulaire. Voilure type Rogallo avec dérive sous l'aile. Le pilote est suspendu sous la voilure dans un siège-harnais et utilise un trapèze de commande (pilotage par déplacement du centre de gravité par rapport au centre de poussée). Voilure haubannée sol et vol par câbles ; transversale flottante avec double entoilage (55 %) ; transversale intégrée lattes préformées. Atterrisseur tricycle. Sans suspension sur toutes les roues. Roue avant directrice non conjuguée au palonnier. Frein sur la roue avant (en option). Chariot en tubes de duralumin sans carénage de nez pour le 250 et avec carénage pour le 250 Executive. Moteur monté sous l'aile utilisé en propulsif. Tous les composants principaux sont de qualité Aviation. L'assemblage de la fourche avant vient en alliage d'aluminium.

Noel Whittall

Un Hornet 250 avec une aile Airwave Nimrod. Les modèles les plus récents de ce chariot voient leurs tubes anodisés en noir

1-Le modèle *250* est l'appareil de base de la gamme de Hornet et, comme tous les monoplaces de cette firme, il est généralement vendu avec une aile *Sabre C* de chez Skyhook Sailwings. Les autres ailes proposées pour ce chariot sont la *Cutlass C* de Skyhook Sailwings, la *Nimrod* de Airwave, la *Gyr* de Gold Marque Sports, et la *Stryker* de Flexiform Skysails. Alors qu'il est difficile de reconnaître certains chariots, les Hornet sont faciles à identifier en raison de leur méthode caractéristique d'assemblage par boulons et rondelles. Ils utilisent des raccords faits de manchons externes, soudés ensemble dans la forme adéquate (T, L ou tout autre). Les tubes sont emmanchés dans les pièces de raccord et retenus par des boulons de qualité Aviation ou par des rivets en acier, pour les jonctions moins critiques. Fabriqués en acier, les raccords sont protégés de la corrosion par galvanisation ; cete protection peut se faire par chromage, sur option.

Une autre caractéristique permet l'identification des Hornet : la forme en U du tube frontal, conçu pour faciliter l'adaptation de son propre carénage en fibre de verre. Lorsqu'il est équipé de ce carénage en fibre de verre, l'appareil est appelé *250 Executive*. Ces carénages Hornet se voient fréquemment sur les chariots britanniques ; plus de cent ont déjà été vendus, dont une grande partie à des propriétaires d'appareils d'autres constructeurs qui étaient las d'avoir froid aux pieds !

Parmi les autres options, citons un frein sur la roulette de nez, des skis et des roues en alliage léger, un réservoir de carburant supplémentaire d'une contenance de 3,6 gallons US (3 Imp gal. 13 litres), ainsi qu'une remorque routière.

Pour réduire le poids sur cette machine d'une puissance plutôt faible, on y adapte un hauban avant plutôt qu'un tube, tandis que l'essieu arrière est constitué d'un tube de 1,63 mm. d'épaisseur, bagué aux endroits nécessaires.

Prix : Chariot *250* **981,74 £** : Chariot *250 Executive* **1061,74 £** : aile *Sabre C* **820 £.**

N.B. : Dans les paragraphes 2 à 5 ci-après, lorsque les modèles *250* et *250 Executive* diffèrent, les chiffres concernant le *250 Executive* sont donnés entre parenthèses.

2-DIMENSIONS EXTERIEURES ET SURFACES

Longueur hors tout 12,7 ft, 3,87 m • Hauteur hors tout 12,3 ft, 3,75 m • Envergure (aile) 34 ft, 10,36 m • Surface alaire totale 195 ft², 18,1 m² • Voie du train 4,3 ft, 1,31 m • Empattement 4,5 ft, 1,37 m • Diamètre de la roue avant 14 inches, 36 cm • Diamètre des roues principales 14 inches, 36 cm • Autres dimensions non communiquées • Skis : largeur 0,67 ft, 0,20 m • Longueur (avant) 3,00 ft, 0,91 m • Longueur (totale) 4,00 ft, 1,22 m.

3-MOTORISATION

Moteur Robin EC 25 PS • Puissance maximale 18 CV à 6500 tr/mn • Diamètre et pas de l'hélice 54 × 27 inches, 1,37 × 0,69 m • Réducteur à courroie en V rapport de réduction 3,2/1 • Poussée statique maximale 135 lbs, 61 kg • Rapport puissance/surface alaire 0,09 hp/ft², 1,0 CV/m² • Carburant emporté 2,4 US gallons, 2,0 Imp gal. 9,1 litres.

4-MASSES ET CHARGES

Masse à vide 175 (190) lbs, 79 (86) kg • Masse maximale au décollage 357 (372) lbs, 162 (169) kg • Charge utile 182 lbs, 83 kg • Charge alaire maximale 1,83 (1,91) lbs/ft², 9,0 (9,3) kg/m² • Rapport poids/puissance 19,3 (20,1) lbs/hp, 8,8 (9,1) kg/CV • Facteurs de charges + NC, — 3 g calculées, > + 4 g — NC à rupture.

5-PERFORMANCES*

Vitesse maximale en palier 45 (50) mph, 72 (80) km/h • Vne 60 mph, 97 km/h • Croisière (maximale) 35 mph, 56 km/h • Croisière (économique) 35 mph, 56 km/h • Vitesse de décrochage 22 mph, 35 km/h • Vitesse ascensionnelle maximale (au niveau de la mer) 350 ft/min, 1,8 m/s • Roulage au décollage 70 ft, 20 m (sur herbe) • Roulage à l'atterrissage 90 ft, 30 m (sur herbe) • Distance franchissable maximale 70 miles, 113 km.

*** Mesurées dans les conditions suivantes : Altitude QNH 950 ft, 290 m • Température au sol 68 °F, 20 °C • Vent au sol 10 mph, 16 km/h • Poids du pilote 175 lbs, 79 kg. Avec moteur ci-dessus.**

GRANDE-BRETAGNE

Hornet/Skyhook Sailwings 260/Sabre C et 260 Executive/Sabre C (Pendulaire)

Description semblable à celles du *250/Sabre C* et du *250 Executive/Sabre C* sauf : chariot en tubes de duralumin sans carénage de nez pour le 260, et avec carénages de nez et latéraux pour le 260 Executive.

1-Les chariots *260* et *260 Executive* sont identiques en tous points à leur homologue 250 cc, excepté que le moteur Robin EC 25 PS est remplacé par le Hunting HS 260 A qui a l'avantage de posséder un démarreur électrique d'origine.

L'aile et les options sont les mêmes que pour le *250* et *250 Executive.*

Prix : chariot *260* **1039,13 £** : chariot *260 Executive* **1119,13 £** ; aile *Sabre C* **820 £.**

Note : Dans les paragraphes 2 à 5 ci-après, lorsque le *260* et le *260 Executive* diffèrent, les données concernant le *260 Executive* sont indiquées entre parenthèses.

2-DIMENSIONS EXTERIEURES ET SURFACES
Voir *250/Sabre C* et 250 Executive Sabre C.

3-MOTORISATION
Moteur Hunting HS 260 A • Diamètre et pas de l'hélice 54 × 30 inches, 1,37 × 0,76 m • Réducteur à courroie crantée rapport de réduction 2,7/1 • Poussée statique maximale 125 lbs, 57 kgp • Carburant emporté 2,4 US gallons, 2,0 Imp gal. 9,1 litres.

4-MASSES ET CHARGES
Masse à vide 180 (195) lbs, 82 (88) kg • Facteurs de charges + NC g — 3,0 g calculées • > + 4 g — NC g à rupture • Autres performances non communiquées.

5-PERFORMANCES : non communiquées.

Hornet/Skyhook Sailwings *330/Sabre C* et *330 Executive/Sabre C* (Pendulaire)

Description semblable à celle du 250/Sabre C et du 250 Executive/Sabre C sauf : chariot en tubes de duralumin sans carénage de nez pour le 330, avec carénages de nez et latéraux pour le 330 Executive.

1-Les chariots *330* et *330 Executive* sont similaires à tous égards à leurs homologues 244 cc, hormis leur monocylindre Fuji-Robin EC 25 PS remplacé par le bicylindre EC 34 PM. Pour lutter contre un excès de puissance, le hauban avant est remplacé par une entretoise, et l'essieu arrière est constitué d'un tube de 3,25 mm d'épaisseur. L'aile et les options sont les mêmes que pour les *250* et *250 Executive ;* un démarreur électrique est aussi proposé pour un supplément de **160 £.**

Prix : chariot *330* **1242,61 £** ; aile *Sabre C* **820 £, chariot** *330 Executive* **1322,61 £.**

N.B. : dans les paragraphes 2 à 5 ci-après, lorsque le *330* et le *330 Executive* diffèrent, les données se rapportant au *330 Executive* sont indiquées entre parenthèses.

2-DIMENSIONS EXTERIEURES ET SURFACES
Voir *250/Sabre C* et *250 Executive/Sabre C.*

3-MOTORISATION
Moteur Robin EC 34 PM • Puissance maximale 32 CV à 6500 tr/mn • Diamètre et pas de l'hélice 54 × 30 inches, 1,37 × 0,76 m • Réducteur à courroie crantée rapport de réduction 2,5/1 • Poussé statique maximale 210 lbs, 95 kg • Rapport puissance/surface alaire 0,16 hp/ft², 1,8 CV/m² • Carburant emporté 2,4 US gallons, 2,0 Imp gal. 9,1 litres.

4-MASSES ET CHARGES
Masse à vide 200 (125) lbs, 91 (98) kg • Masse maximale au décollage 410 (425) lbs, 186 (193) kg • Charge utile 210 lbs, 95 kg • Charge alaire maximale 2,10 (2,18) lbs/ft², 10,3 (10,7 kg/m² • Rapport poids/puissance 12,8 (13,3) lbs/hp, 5,8(6,0) kg/CV • Facteurs de charge + NC g — 3,0 g calculées • > + 4,0 g — NC g à rupture.

5-PERFORMANCES*
Vitesse maximale en palier 50 (55) mph, 80 (88) km/h • Vne 60 mph, 97 km/h • Croisière (maximale) 38 mph, 61 km/h • Croisière (économique) 35 mph, 56 km/h • Vitesse de décrochage 25 mph, 40 km/h • Vitesse ascensionnelle (au niveau de la mer) 650 ft/min, 3,3 m/s • Roulage au décollage 50 ft, 15 m • Roulage à l'atterrissage 110 ft, 35 m • Distance franchissable maximale 85 miles, 137 km.

*** Mesurées dans les conditions suivantes : Altitude QNH 950 ft, 290 m • Température au sol 68 °F, 20 °C • Vent au sol 10 mph, 16 km/h • Poids du pilote 175 lbs, 79 kg.**
Avec moteur ci-dessus.

Hornet/Skyhook Sailwings *330 Dual/Cutlass CD* (Pendulaire)

Biplace côte-à-côte monomoteur à voilure souple ; pilotage pendulaire. Voilure type Rogallo avec dérive sous l'aile. Le pilote est suspendu sous la voilure dans un siège-harnais et utilise un trapèze de commande (pilotage par déplacement du centre de gravité par rapport au centre de poussée). Voilure haubannée sol et vol par câbles ; transversale rigide avec double entoilage (30 %) ; transversale hors entoilage ; lattes préformées. Atterrisseur tricycle ; sans suspensions. Roue avant directrice non conjuguée au palonnier. Freins sur les roues du train principal en option. Chariot en tubes de duralumin avec carénage sur option. Moteur monté sous l'aile utilisé en propulsif. Technologie semblable à celle des modèles 250/Sabre C et 250 Executive/Sabre C.

1-Le *330 Dual* est, parmi les chariots Hornet biplaces, celui qui est doté du plus petit moteur et comme ses frères plus puissants, il utilise des tubes de 3,25 mm d'épaisseur pour ses principaux éléments. Les essieux et la fourche avant sont en acier inoxydable et l'appareil est équipé d'un mât avant au lieu d'un hauban. Son équipement standard comprend des roues à jantes en alliage léger, qui peuvent être dotées de freins en option. Pour des raisons de résistance, le tube avant de section en U des monoplaces est remplacé par une structure de triangulation plus conventionnelle. Bien que le carénage des monoplaces ne s'adapte pas à ce biplace, un autre modèle peut lui être adapté sur option. D'autres options sont disponibles, telles qu'un démarreur électrique au prix de **160 £**, des manchons chromés et une remorque.

Comme tous les chariots Hornet, cet appareil est muni de commandes de gaz manuelles et aux pieds, disposées de telle manière que les secondes l'emportent sur les premières en cas d'utilisation simultanée.

A la différence des monoplaces, les biplaces sont tous vendus complets, sans autre choix possible en ce qui concerne la voilure : le fabricant a constaté que les caractéristiques de l'aile *Cutlass CD* sont particulièrement bien adaptées à ses chariots biplaces.

Prix : **2391,31 £.**

2-DIMENSIONS EXTERIEURES ET SURFACES
Longueur hors tout 12,7 ft, 3,87 m • Hauteur hors tout 12,5 ft, 3,80 m • Envergure (aile) 36 ft, 11 m • Surface alaire totale 198 ft², 18,4 m² • Empattement 4,8 ft, 1,46 m • Diamètre de la roue avant 16 inches, 41 cm • Diamètre des roues principales 16 inches, 41 cm • Autres dimensions non communiquées.

3-MOTORISATION
Moteur Robin EC 34 PM • Puissance maximale 32 CV à 6500 tr/mn • Diamètre et pas de l'hélice 54 × 30 inches, 1,37 × 0,76 m • Réducteur à courroie crantée rapport de réduction 2,5/1 • Poussée statique maximale 210 lbs, 95 kgp • Rapport puissance/surface alaire 0,16 hp/ft², 1,8 CV/m² • Carburant emporté 4,8 US gallons, 4,0 Imp gal. 18,2 litres dans chaque réservoir ; deux réservoirs.

4-MASSES ET CHARGES
Masse à vide 268 lbs, 122 kg • Masse maximale au décollage 618 lbs, 280 kg • Charge utile 350 lbs, 159 kg • Charge alaire maximale 3,12 lbs/ft², 15,2 kg/m² • Rapport poids/puissance 19,3 lbs/hp, 8,8kg/CV • Facteurs de charges > + 3,75 g — NC g à rupture.

5-PERFORMANCES*
Vitesse maximale en palier 50 mph, 80 km/h • Vne 68 mph, 109 km/h • Croisière (maximale) 45 mph, 72 km/h • Croisière (économique) 40 mph, 64 km/h • Vitesse de décrochage 24 mph, 39 km/h • Vitesse ascensionnelle (au niveau de la mer) 500 ft/min, 2,5 m/s • Roulage au décollage 50 ft, 15 m • Roulage à l'atterrissage 110 ft, 35 m (sans freins) • Distance franchissable maximale 190 miles, 306 km.

*** Mesurées dans les conditions suivantes : Altitude QNH 950 ft, 290 m • Température au sol 68 °F, 20 °C • Vent au sol 10 mph, 16 km/h • Poids du pilote 175 lbs, 79 kg • Pas de passager.**
Avec moteur ci-dessus mais avec réducteur à courroie en V.

Hornet/Shyhook Sailwings *440 Dual/Cutlass CD* et *Suprême 440/Cutlass CD* (Pendulaire)

Description semblable à celle du *330 Dual/Cutlass CD.*

GRANDE-BRETAGNE

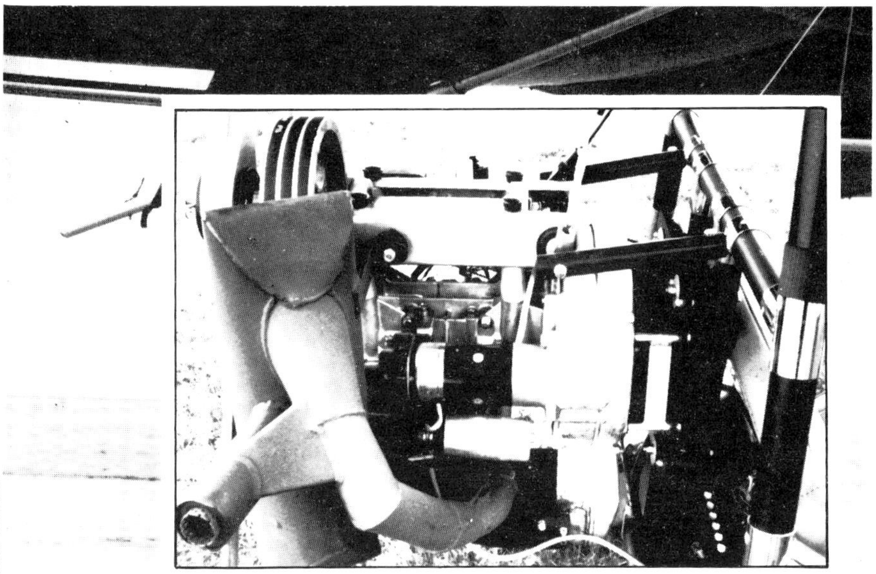

Un Hornet Suprême 440 avec aile Cutlass CD. Le gros plan sur le moteur Fuji-Robin EC 44 montre les pièces chromées

1-Les modèles *440 Dual* et *440 Suprême* sont de structure identique à celle du *330 Dual* et utilisent la même voilure *Cutlass CD.*

En ce qui concerne le *440 Dual,* le seul changement réside dans le groupe motopropulseur, un Fuji-Robin EC 44 PM au lieu du EC 34 PM. Les options restent les mêmes que pour les biplaces à moteurs moins puissants.

Le *Suprême 440* est identique au *440 Dual* à l'exception des manchons chromés et du démarreur électrique monté de série. Il est intéressant de noter que, contrairement à certains fabricants de biplaces à moteur puissant qui préconisent l'emport de lest lors des vols en solo, Hornet préfère réduire l'ouverture des gaz, prétendant qu'en raison des performances ascensionnelles du *Cutlass CD,* le pilote en solo peut décoller très vite, même avec une partie de la puissance.

Prix : *440 Dual* **2565,22 £** : *Supreme 440* **2739,13 £.**

N.B. : Dans les paragraphes 2 à 5, lorsque le *440 Dual* et le *Supreme 440* diffèrent, les données du *Supreme 440* sont indiquées entre parenthèses.

2-DIMENSIONS EXTERIEURES ET SURFACES
Voir *330 Dual/Cutlass CD.*

3-MOTORISATION
Moteur Robin EC 44 • Puissance maximale 45 CV à 6500 tr/mn • Diamètre et pas de l'hélice 54 × 36 inches, 1,37 × 0,91 m • Réducteur à courroie crantée rapport de réduction 2,5/1 • Poussée statique maximale 270 lbs, 122 kgp • Rapport puissance/surface alaire 0,23 hp/ft², 2,4 CV/m² • Carburant emporté 4,8 US gallons, 4,0 Imp gal. 18,2 litres dans chaque réservoir ; deux réservoirs.

4-MASSES ET CHARGES
Masse à vide 293 (313) lbs, 133 (142) kg • Masse maximale au décollage 685 (705) lbs, 311 (320) kg • Charge utile 392 lbs, 178 kg • Charge alaire maximale 3,46 (3,56) lbs/ft², 16,9 (17,4) kg/m² • Rapport poids/puissance 15,2 (15,7) lbs/hp, 6,9 (7,1) kg/CV • Facteurs de charges > + 3,75 g — NC g à rupture.

5-PERFORMANCES*
Vitesse maximale en palier 60 mph, 97 km/h • Vne 68 mph, 109 km/h • Croisière (maximale) 45 mph, 72 km/h • Croisière (économique) 40 mph, 64 km/h • Vitesse de décrochage 26 mph, 42 km/h • Vitesse ascensionnelle (au niveau de la mer) 850 ft/min, 4,3 m/s • Roulage au décollage 45 ft, 14 m • Roulage à l'atterrissage 110 ft, 35 m (sans freins) • Distance franchissable maximale 190 miles, 306 km.

*** Mesurées dans les conditions suivantes : Altitude QNH 950 ft, 290 m • Température 68 °F, 20 °C • Vent au sol 10 mph, 16 km/h • Poids du pilote 175 lbs, 79 kg • Pas de passager.**
Avec moteur ci-dessus.

Hornet/Flexiform Sky Sails *Invader 440/Dual Striker*
(Pendulaire)

Biplace côte-à-côte monomoteur à voilure souple ; pilotage pendulaire. Voilure type Rogallo avec dérive sous l'aile. Le pilote est suspendu sous la voilure dans un siège-harnais et utilise un trapèze de commande (pilotage par déplacement du centre de gravité par rapport au centre de poussée). Voilure haubannée sol et vol par câbles ; bowsprit avec double entoilage (65 %) ; lattes préformées. Atterrisseur tricycle ; suspension par ressorts de la roue avant et suspension par caoutchouc du train principal. Roue avant directrice non conjuguée au palonnier. Freins sur les roues du train principal. Chariot en tubes de duralumin et en fibre de verre. Habitacle fermé. Moteur monté sous l'aile, utilisé en propulsif. Les élémnts principaux sont tous de qualité Aviation.

1-L'*Invader* concrétise les plus récentes réflexions sur l'avenir de l'industrie des chariots en Grande-Bretagne et leur évolution vers la protection contre le temps, le réglage rapide du haubannage et la priorité donnée à la facilité des manœuvres au sol, montage et repliage. Ce chariot a fait l'objet de passages en soufflerie au cours de son développement. Il est presque entièrement fermé, seuls les côtés restant ouverts. Il est conçu avec un mât unique et profilé plutôt que d'habituelle section circulaire. Détail intéressant, celui-ci est accouplé à un essieu avant d'une seule pièce au lieu de l'essieu en deux parties courant sur les appareils à un seul mât.

Pour éviter les manœuvres difficiles au sol, les trois roues ont une suspension et, en outre, la géométrie de l'attache de la roulette de nez est telle qu'elle a un effet autostabilisateur permettant à l'appareil de rester axé lors d'un maintien au sol médiocre. Un frein manuel agissant sur les roues principales peut être utilisé aussi comme frein de parc. Le réservoir de carburant est en alliage d'aluminium avec cloisonnements internes. Le montage est limité à l'aile et ne prend que 15 minutes au maximum. Ce chariot est équipé de pneus routiers montés sur des essieus en acier inoxydable avec des roulements à galets, de sorte qu'on peut le remorquer sur ses propres roues, directement.

L'aile est la *Dual Striker* de chez Flexiform Skysails, voilure performante dont le créateur de Hornet, Richard Wolfenden, dit qu'elle est en harmonie avec son nouveau chariot. Au moment où nous écrivons ces lignes, il n'a pas encore été établi de fiche de performances pour le nouvel appareil qui sera décrit dans le catalogue *Invader 440.* Il utilisera la dernière version 2P1 du moteur Fuji-Robin EC44. Ce moteur sera équipé d'une commande manuelle de redémarrage en vol. Une garantie accompagnera la livraison de l'appareil.

Prix : **3043,48 £.**

2-DIMENSIONS EXTERIEURES ET SURFACES
Longueur hors tout 14,0 ft, 4,27 m • Hauteur hors tout 12,5 ft, 3,80 m • Envergure (aile) 38,0 ft, 11,58 m • Corde constante à l'emplanture 9,0 ft, 2,74 m • Corde aux extrémités 3,5 ft, 1,07 m • Dièdre 2° • Flèche 15° • Profondeur de la dérive 1,2 ft, 0,37 m • Surface alaire totale 250 ft², 23,2 m² • Surface de la dérive 3,5 ft², 0,33 m² • Allongement 6,0/1 • Voie du train 4,3 ft, 1,31 m • Diamètre de la roue avant 16 inches, 41 cm • Diamètre des roues principales 16 inches, 41 cm.

3-MOTORISATION
Moteur Robin EC44 • Puissance maximale 50 CV à NC tr/mn • Diamètre et pas de l'hélice 60 × 34 inches, 1,52 × 0,86 m • Réducteur à courroie crantée rapport de réduction 2,8/1 • Poussée statique maximale 2,80 lbs, 127 kgp • Rapport puissance/surface alaire 0,20 hp/ft², 2,2 CV/m² • Carburant emporté 5,0 US gallons, 4,2 Imp gal. 19,1 litres.

4-MASSES ET CHARGES
Masse à vide 290 lbs, 132 kg • Masse maximale au décollage 682 lbs, 309 kg • Charge utile 392 lbs, 178 kg • Charge alaire maximale 2,73 lbs/ft², 13,3 kg/m² • Rapport poids/puissance 13,6 lbs/hp, 6,2kg/CV • Facteurs de charges + 4,5 g — 2,0 g calculées à rupture NC.

5-PERFORMANCES : NC

Hornet/Flexiform Sky Sails *Invader 330/Striker*
(Pendulaire)

Les détails spécifiques concernant ce biplace côte-à-côte ne sont pas encore définitivement fixés à l'heure où nous mettons sous presses. Le descriptif devrait être très proche de celui de l'*Invader 440/Dual Striker* à l'exception de la voilure, avec double entoilage sur 70 % de la corde.

1-L'*Invader 330* est un dérivé 1 + 1 de l'*Invader 440* utilisant le moteur Fuji-Robin EC34PM moins puissant que le EC44 de ce dernier et une aile *Striker* de Flexiform Sky Sails, similaire à la voilure employée sur le 1 + 1 de chez Mainair, le *Rapier*. Il ne s'agit encore que d'un prototype actuellement.

Prix prévu : **2827 £.**

2-DIMENSIONS EXTERIEURES ET SURFACES
Longueur hors tout 11,0 ft, 3,35 m • Envergure (aile) 34,5 ft, 10,52 m • Flèche 15° • Surface alaire totale 200 ft², 18,6 m² • Allongement 7,5/1 • Voie du train 4,3 ft, 1,31 m • Diamètre de la roue avant 16 inches, 41 cm • Diamètre des roues principales 16 inches, 41 cm.

3-MOTORISATION
Moteur Robin EC34 • Réducteur à courroie crantée • Autres mesures non communiquées.

4-MASSES ET CHARGES : NC

5-PERFORMANCES : NC

HUMMER SALES

Hummer Sales Ltd, Unit 30, Malmesbury Road, Kingsditch Trading Estate, Cheltenham, Gloucestershire ; tel. 024234466, tx 43498. Directeur : Brian Wronski.

Hummer Sales *Hummer TX*
(3 axes)

Monoplace monomoteur à l'aile haute ; pilotage 3 axes conventionnel. Voilure sans flèche au bord d'attaque et au bord de fuite, corde constante ; empennage en V. Tangage et lacet par élevons ; roulis par spoilerons sur 13 % de l'envergure de l'aile ; commande au manche pour le tangage et le roulis ; palonnier pour le lacet. Voilure haubannée suspendue par mâts ; vol par câbles ; profil d'aile : Clark Y à double entoilage (100 %). Atterrisseur classique ; suspension par ressorts sur toutes les roues. Roue arrière directrice conjuguée au palonnier. Freins sur les roues du train principal (sur option). Structure en tubes de duralumin avec carénage sur option. Moteur monté sous l'aile utilisé en propulsif. Duralumin 6061.

1-La fonction initiale de Hummer Sales était d'assembler et de vendre les productions de la firme américaine Maxair Sport en Grande-Bretagne. Toutefois, prenant conscience de l'intérêt que suscitait au Royaume-Uni le pilotage conventionnel 3 axes, la Société décida d'exploiter sa propre version du *Hummer,* équipé de spoilerons commandés au manche. Le palonnier actionne les élevons différentiellement ainsi que la roulette de queue tandis que le déplacement avant-arrière du manche actionne les deux élevons simultanément, en profondeurs. Ce *Hummer TX* ne dois pas être confondu avec la version américaine 3 axes du *Hummer* dont les spoilers sont actionnés par le palonnier.

Apparu courant 1982, le *Hummer TX* utilise un Fuji-Robin comme la plupart des *Hummer* construits au Royaume-Uni. Equipé du 333 cc (le modèle de base utilisait le 244 cc) le *TX* a été considéré comme le concurrent direct du Huntair *Pathfinder* doté de la même motorisation. Mais, en fait, le *TX* n'a jamais été lancé sérieusement sur le marché, commercialement parlant. Au tout début, il y eut un battage publicitaire puis Hummer Sale parut se désintéresser de cet appareil ; par exemple, Flightline Magazine fit des demandes répétées pour en effectuer un essai en vol qui restèrent sans suite. Ainsi ce ne fut une surprise pour personne lorsqu'en avril 1983, Hummer Sales décida d'abandonner définitivement la fabrication de cet appareil, bien que Brian Wronski dit fournir encore les pièces détachées pour les machines existantes.

Cinq *TX* ont été construits : trois équipés de moteurs 244 cc, un autre avec un 333 cc et le dernier restait en vente sans moteur à l'heure où nous rédigions cet ouvrage.

2-DIMENSIONS EXTERIEURES ET SURFACES
En général, similaire au *Hummer* de chez Maxair Sports sauf : Surface des spoilerons 2,3 ft², 0,21 m².

3-MOTORISATION
Moteur Robin EC25PS ou EC34PM • Autres caractéristiques non communiquées.

4-MASSES ET CHARGES : NC

5-PERFORMANCES : NC

HUNTAIR

Huntair, Truleigh Sands, Truleigh Manor Farm, Edburton, near Henfield, West Sussex BN5 9LL ; tel. 079156.599. Directeur : Steve Hunt.

Importateur en France : ULM S.A.R.L., base aérienne de Marville, 55600 Montmédy ; tél. (29) 80.01.11.

Huntair
Pathfinder II
(3 axes)

Monoplace monomoteur à l'aile haute ; pilotage 3 axes conventionnel. Voilure sans flèche au bord d'attaque, flèche inverse au bord de fuite ; corde dégressive ; empennage cruciforme. Tangage par gouverne de profondeur articulée sur le plan fixe horizontal ; lacet par gouvernail de direction monobloc ; roulis par ailerons sur la moitié de l'envergure de l'aile ; commande au manche pour le tangage et le roulis, palonnier pour le lacet. Voilure haubannée sol par câbles, vol par câbles ; profil d'aile : 23012 modifié, aile à double entoilage (100 %). Atterrisseur tricycle avec roulette de queue. Sans suspension de la roue avant et suspension par ressorts du train principal. Roue avant directrice conjuguée au palonnier. Sans freins. Structure en tubes de duralumin avec carénage sur option. Moteur monté sous l'aile utilisé en propulsif. Technologie : structure tubulaire en duralumin répondant aux spécifications de la norme britannique HT30TF. Entoilage en Dacron.

1-Le *Pathfinder II* est de conception semblable au *Pathfinder I* et représente le développement logique de ce premier-né. Au premier coup d'œil, la différence la plus évidente est l'élégance d'un design épuré. Mais il y a par ailleurs d'autres modifications. L'aile à double surface utilise un profil biconvexe, à plus faible cambrure (3 %), d'envergure et de surface alaire réduites. Ces changements rendent l'appareil moins sensible aux turbulences et en prime plus rapide. Le type *II* est muni d'ailerons rigides de construction similaire aux empennages du *Pathfinder I*, d'un gouvernail de direction plus petit et d'une dérive agrandie.

Le moteur utilisé maintenant est le Rotax 377 2 cylindres en ligne de 368 cm³, son système de fixation a été transformé pour réduire les vibrations. Le moteur présente un meilleur rapport poids/puissance que le Fuji-Robin 333 précédemment utilisé, ainsi qu'une grande fiabilité. Entre autres améliorations on note l'augmentation de la simplicité et de la résistance de l'arbre de transmission et l'adjonction d'une quatrième courroie trapézoïdale. La Société U.L.M. s.a.r.l. qui le diffuse en France et sur une grande partie du monde, apporte un certain nombre d'options à la demande de la clientèle (flotteurs, carénages de roue, instrumentation diverse).

Le résultat de ces modifications donne un appareil plus léger et aussi plus compact que son prédécesseur. Si l'on compare les performances des *Pathfinder I* et *II*, il faut tenir compte du fait que le carénage optionnel du second lui procure une amélioration en vitesse de 19 km/h (12 mph). Le *Pathfinder I* avait été critiqué comme difficile à mettre en œuvre (montage et démontage) ; Steve Hunt avait donc conçu les ailes de *Pathfinder II* comme pliables en 4 minutes et permettant le rangement de l'appareil dans un espace réduit, sans avoir à le démonter complètement.

2-DIMENSIONS EXTERIEURES ET SURFACES
Longueur hors tout 21 ft, 6,40 m • Hauteur hors tout 8,5 ft, 2,59 m • Envergure (aile) 29 ft, 8,84 m • Corde à l'emplanture 5,3 ft, 16,3 m • Corde aux extrémités 4,5 ft, 1,37 m • Dièdre 1° • Flèche 0° • Surface alaire totale 146 ft², 13,6 m² • Allongement 5,8/1 • Voie du train 4,4 ft, 1,34 m • Diamètre de la roue avant 13 inches, 33 cm • Diamètre des roues principales 13 inches, 33 cm • Longueur des flotteurs (option) 12 ft, 3,66 m • Longueur des skis (option) 3,8 ft, 1,16 m.

3-MOTORISATION
Moteur Rotax 377 • Puissance maximale 32 CV à 6250 tr/mn, 33 CV à 6500 tr/mn • Diamètre et pas de l'hélice 54 × 36 inches, 1,37 × 0,914 m • Réducteur à courroie trapézoïdale, rapport de réduction 2,42/1 • Régime maximum de l'hélice 2675 tr/mn • Rapport puissance/surface alaire 0,22 hp/ft², 2,45 CV/m² • Poussée statique maximale 234 lbs, 106 kgp • Carburant emporté 5,4 US gallons, 4,5 Imp gal., 20,4 litres.

4-MASSES ET CHARGES
Masse à vide 260 lbs, 118 kg • Masse maximale au décollage 540 lbs, 245 kg • Charge utile 280 lbs, 127 kg • Charge alaire maximale 3,70 lbs/ft², 18 kg/m² • Rapport poids/puis-

Le Pathfinder II diffère de son prédecesseur par un dessin plus élaboré et sa voilure à pliage rapide

sance 15,4 lbs/hp, 7 kg/CV • Facteurs de charges calculées NC • + 6 g — 4 g à rupture.

5-PERFORMANCES*
Vitesse maximale en palier 80 mph, 129 km/h • Vne 90 mph, 145 km/h • Croisière (maximale) 75 mph, 121 km/h • Croisière (économique) 60 mph, 97 km/h • Vitesse de décrochage 26 mph, 42 km/h • Vitesse ascensionnelle maximale (au niveau de la mer) 500 ft/min, 2,5 m/s • Roulage au décollage 300 ft, 90 m • Roulage à l'atterrissage 300 ft, 90 m • Plafond pratique 12.000 ft, 3660 m • Distance franchissable maximale 180 miles, 290 km.

* Mesurées dans les conditions suivantes : Poids du pilote 168 lbs, 76 kg • Avec moteur ci-dessus • Autres caractéristiques NC.

Huntair
Two-Four Project
(3 axes)

Biplace côte-à-côte monomoteur à l'aile haute ; pilotage 3 axes conventionnel. Voilure sans flèche au bord d'attaque, flèche inverse au bord de fuite ; corde dégressive ; empennage cruciforme. Tangage par gouverne de profondeur monobloc ; lacet par gouvernail de direction articulé sur la dérive ; roulis par ailerons sur la moitié de l'envergure de l'aile ; commande au manche pour le tangage et le roulis, palonnier pour le lacet. Voilure haubanée sol par câbles, vol par câbles ; profil d'aile NC ; à double entoilage (100 %). Atterrisseur tricycle avec roulette de queue. Suspension NC. Freins NC. Fuselage en tubes de duralumin avec carénage. Moteur monté sous l'aile utilisé en propulsif.

1-*Two-Four Project* est le nom donné par Steve Hunt à l'ULM biplace qu'il s'activait à construire avant sa disparition tragique. « Two-Four » (deux-quatre) le caractérise comme un biplace équipé d'un moteur 4 temps. Pour les essais du prototype, deux moteurs ont été utilisés : le KFM 105 et le Weslake. Toutefois, selon l'avis de Steve, une troisième source de moteurs 4 temps s'ouvre du côté des fabricants de scooters des neiges, qu'une règlementation sévère détourne du 2 temps. Mais comme rien n'était sûr quant à ces motorisations et qu'on ne savait pas si elles seraient disponibles en automne 1983, date à laquelle devait être commercialisé le *Two-Four,* Steve avait donc conçu cette machine pour recevoir un Fuji-Robin EC 44 ou un Rotax 503 2 temps. Il le regrettait, pensant que seul un 4 temps peut offrir la fiabilité réclamée par les pilotes de biplaces.

A première vue, l'appareil est d'une parenté évidente avec le *Pathfinder.* Mais, l'empennage en est sensiblement différent, avec une gouverne de profondeur monobloc choisie pour son efficacité et sa légèreté. Il était prévu d'équiper cette gouverne d'un compensateur pour conserver la stabilité en tangage dans l'éventualité d'une déconnection intempestive des commandes.

Plusieurs des paramètres donnés dans les paragraphes 2 à 5 ne sont valables qu'en tant que caractéristiques ou performances visées dans cette étude.

2-DIMENSIONS EXTERIEURES ET SURFACES
Longueur hors tout 19 ft, 5,79 m • Hauteur hors tout 7,5 ft, 2,29 m • Envergure (aile) 33,3 ft, 10,15 m • Corde à l'emplanture 5,4 ft,

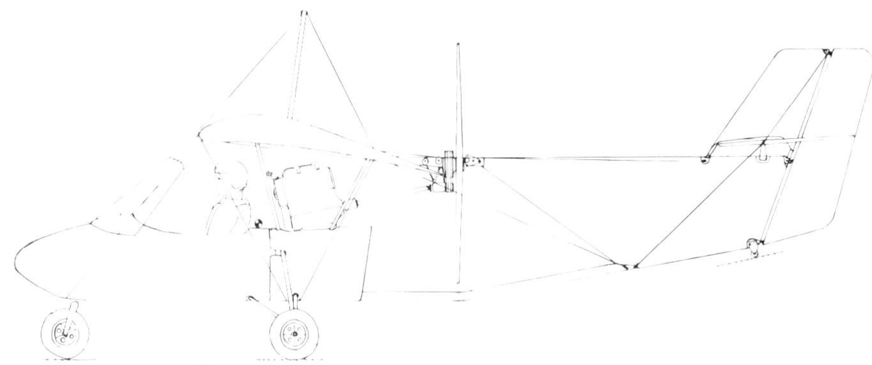

1,65 m • Corde aux extrémités 4,5 ft, 1,37 m • Dièdre 1° • Flèche 0° • Surface alaire totale 163 ft², 15,1 m² • Allongement 6,8/1 • Voie du train 5 ft, 1,52 m • Diamètre de la roue avant 13 inches, 33 cm • Diamètre des roues principales 13 inches, 33 cm • Autres caractéristiques NC.

3-MOTORISATION
Moteur type NC • Puissance maximale 40 CV à NC tr/mn • Diamètre et pas de l'hélice 60 × 36 inches, 1,52 × 0,91 m • Réducteur à courroie en V rapport de réduction 2/1 • Poussée statique maximale 350 lbs, 159 kgp • Rapport puissance/surface alaire 0,25 hp/ft², 2,6 CV/m² • Carburant emporté 5,4 US gallons, 4,5 Imp gal., 20,4 litres.

4-MASSES ET CHARGES
Masse à vide 320 lbs, 145 kg • Masse maximale au décollage 760 lbs, 345 kg • Charge utile 440 lbs, 200 kg • Charge alaire maximale 4,66 lbs/ft², 22,8 kg/m² • Rapport poids/puissance 19 lbs/hp, 8,6 kg/CV • Facteurs de charges calculées NC • + 6 g — 3 g à rupture.

5-PERFORMANCES*
Vitesse maximale en palier 80 mph, 129 km/h • Vne 80 mph, 129 km/h • Croisière (maximale) 75 mph, 121 km/h • Croisière (économique) 60 mph, 97 km/h • Vitesse de décrochage 32 mph, 51 km/h • Vitesse ascensionnelle maximale (au niveau de la mer) 500 ft/min, 2,5 m/s • Roulage au décollage 300 ft, 90 m • Roulage à l'atterrissage 300 ft, 90 m • Plafond pratique 12.000 ft, 3660 m • Distance franchissable maximale 250 miles, 402 km • Autres caractéristiques NC.

*** Mesurées dans les conditions suivantes : Poids du pilote 168 lbs, 76 kg • Poids du passager 168 lbs, 76 kg • Autres caractéristiques NC.**

JORDAN

Jordan aviation Ltd, Seaside Road, St Leonards on Sea, East Sussex TN 380 AL; tél 0424426648. Directeurs : Graham Andrews et Barney Jordan.
Importateur en France : Chantiers Vanek, BP 30, 56470 La Trinité-sur-Mer, Tél : (97) 55.00.26, télex 740 043.

Jordan
Duet
(3 axes)

Biplace côte à côte, monomoteur à l'aile haute; pilotage 3 axes conventionnel. Voilure avec flèche au bord d'attaque flèche inverse au bord de fuite, corde dégressive; empennage classique. Tangage par gouverne de profondeur monobloc; lacet par gouvernail de direction articulé sur la dérive; roulis par spoilerons, commande au manche pour le tangage et le roulis, palonnier pour le lacet. Voilure haubanée portée par des mâts; profil d'aile NC à double entoilage (100 %). Atterrisseur tricycle; et suspension par lame en fibre de verre et de carbone sur toutes les roues. Roue avant directrice conjuguée au palonnier. Fuselage en fibre de verre habitacle partiellement fermé. Moteur monté sous l'aile utilisé en propulsif. Technologie : éléments structurels et commandes en matériaux de qualité Aviation. voilure et empennage de technologie composite.

1-Le *Duet* a été conçu par deux ingénieurs aéronautiques, Dave Kent et Brian Cunnington, comme une machine robuste, de technologie composite, faite pour la promenade, l'école et des usages commerciaux. Leur société, Designability Ltd., est un bureau d'études et non pas une usine. De la sorte, ayant construit et testé en vol leur premier prototype équipé d'un Cuyuna 430cc en juillet 1982, ils n'ont ensuite cherché qu'un acquéreur des droits de production de l'appareil. Ils ont trouvé ce constructeur avec la firme Jordan Aviation dont le directeur technique, Graham Andrews, est l'ancien pilote d'essai de chez Rolls-Royce et, aussi, le président de la BMAA (fédération britannique ULM). Graham venait juste de constituer cette société avec Barney Jordan et tous les deux cherchaient justement un appareil intéressant quand le *Duet* entra en scène.

Depuis, ce biplace a subi d'importants développements. Le moteur Cuyuna, trop peu puissant a été abandonné au profit du Rotax 503. Ce dernier, assujetti d'un réducteur et d'une hélice tripale, donne des performances bien supérieures et permet à l'appareil de voler en toute sécurité dans des conditions où d'autres ULM ne pourraient pas prendre l'air; il peut, par exemple, décoller ou atterrir avec un vent de travers de 12 km/h (19 kts).

La conception du *Duet* ne change cependant pas : il reste une machine pratique qui prend 15 mn à monter à partir de sa remorque et sa suspension suffisamment souple lui permet l'atterrissage sur des terrains difficiles. Pour protéger le pilote, une barre de sécurité fortement contrecoudée a été montée devant la cabine.

Le prototype a été conçu en respectant les mêmes normes qui s'appliquent à la construction d'un appareil de l'Aviation générale (avion léger). Jordan Aviation déclare que la production du *Duet* sera pleinement conforme aux normes britanniques nouvellement annoncées.

GRANDE-BRETAGNE

Un second prototype de présérie a volé en mars 1983 et le constructeur a livré ses premiers clients au cours de l'été. Parce que ce biplace est prévu pour un emploi d'appareil d'école, il est équipé de deux palonniers.
Prix : **3 200 £.**

Norman Burr

2-DIMENSIONS EXTERIEURES ET SURFACES
Longueur hors tout 22 ft, 6,71 m • Hauteur hors tout 5,5 ft, 1,68 m • Envergure (aile) 36 ft, 10,97 m • Corde à l'emplanture 6 ft, 1,83 m • Corde aux extrémités 3 ft, 0,91 m • Dièdre 3° • Flèche 0° • Plan fixe horizontal, envergure 10 ft, 3,05 m • Hauteur plan fixe vertical 4 ft, 1,22 m • Surface alaire totale 162 ft², 15,1 m² • Surface du plan fixe vertical et du gouvernail de direction 11 ft², 1,02 m² • Surface totale des gouvernes de profondeur 26,6 ft², 2,47 m² • Allongement 8/1 • Voie du train 6 ft, 1,83 m • Empattement 6 ft, 1,83 m • Diamètre de la roue avant 10 inches, 25,4 cm • Diamètre des roues principales 15 inches, 38,1 cm.

3-MOTORISATION
Moteur Rotax Type 503 • Puissance maximale 45 CV à 6500 tr/mn • Diamètre et pas de l'hélice 46 x NC inches, 1,16 x NC m tripale • Réducteur à courroie crantée rapport de réduction 2/1 • Poussée statique maximale 250 lbs, 113 kgp • Rapport puissance/surface alaire 0,28 hp/ft², 3,1 CV/m² • Carburant emporté 6 US gallons 5 Imp gal. 22,7 litres.

4-MASSES ET CHARGES
Masse à vide 320 lbs, 145 kg • Masse maximale au décollage 750 lbs, 340 kg • Charge utile 430 lbs, 195 kg • Charge alaire maximale 4,63 lbs/ft², 22,6 kg/m² • Rapport poids/puissance 16,6 lbs/hp, 7,4 kg/CV • Facteurs de charges + 4,4 g — 2,2 g calculées — + 6,6 g — 3,3 g à rupture.

5-PERFORMANCES*
Vitesse maximale en palier 70 mph, 113 km/h • Vne 90 mph, 145 km/h • Croisière (maximale) 60 mph, 97 km/h • Croisière (économique) 50 mph, 80 km/h • Vitesse de décrochage 28 mph, 45 km/h • Vitesse ascensionnelle maximale (au niveau de la mer) 480 ft/min, 2,4 m/s • Taux de chute minimal 350 ft/min à 40 mph 1,8 m/s à 64 km/h • Finesse maximale 12/1 à 45 km/h, 72 km/h • Roulage au décollage 150 ft, 45 m • Roulage à l'atterrissage 120 ft, 35 m • Plafond pratique >10 000 ft, >3 050 m • Distance franchissable maximale 115 miles, 185 km.

*** Mesurées dans les conditions suivantes : altitude QNH NC • Température au NC • Vent au sol 0 mph, 0 km/ • Poids du pilote 215 lbs, 98 kg • Poids du passager 215 lbs, 98 kg. Avec moteur ci-dessus.**

LANCASHIRE MICROLIGHT

Alphacraft Ltd t/a Lancashire Microlight, Navigation Mill, Forrest Street, Blackburn, Lancashire; tel 0254 691300. Directeurs: Paul Kavanagh, Nigel P Heap. B J Mosby, J M Barlow.

Lancashire Microlight/ Flexiform Sky Sails *Micro-Trike 250/ Medium Striker*

(pendulaire)

Monoplace monomoteur à voilure souple; pilotage pendulaire. Voilure type Rogallo avec dérive sous l'aile. Le pilote est suspendu sous la voilure dans un siège-harnais et utilise un trapèze de commande (pilotage par déplacement du centre de gravité par rapport au centre de poussée). Voilure haubanée sol et vol par câbles; bowsprit; double entoilage (70 %); lattes préformées. Atterrisseur tricycle. Sans suspension. Roue avant directrice non conjuguée au palonnier. Sans freins. Chariot en tubes de duralumin avec carénage sur option. Moteur monté sous l'aile, utilisé en propulsif. Technologie : structure tubulaire en duralumin anodisé répondant aux spécifications de la norme britannique HT 30 TF. Tôles et attaches anodisées noir. Roues montées sur roulements à aiguilles.

1-Le *Micro-Trike 250* dispose du plus petit moteur et seul monocylindre de la gamme des cinq modèles de Lancashire Microlight. Ce chariot est conçu de manière tout à fait conventionnelle, combinant un mât vertical unique avec un chassis pliable et le populaire moteur Fuji-Robin EC 25 PS. Comme fréquemment avec ce 244 cc, l'appareil est équipé d'un démarreur à main avec retour automatique permettant de relancer le moteur en vol. La commande des gaz s'actionne au pied mais ce monoplace est aussi équipé d'une commande de croisière manuelle. Le caoutchouc blanc garnissant les pédales est un point distinctif commun à tous les appareils de Lancashire Microlights.

Bien que la compagnie puisse fournir n'importe quelle aile en provenance d'un constructeur britannique, elle recommande cependant le modèle *Medium Striker* de chez Flexiform Sky Sails pour ses chariots monoplaces. La *Medium Striker* est une aile de performances, très appréciée par les pratiquants anglais, surtout pour son absence de tube transversal qui favorise les réglages rapides.

Les options pour le *Micro Trike 250* comprennent un carénage en fibre de verre avec tableau de bord ainsi qu'une gamme complète d'instruments. L'appareil est disponible sous forme de kit pour **760 £** ou prêt à voler pour **910 £** ce prix s'avérant tout particulièrement compétitif. Equipé d'une aile **Medium Striker** pour **865 £**, l'appareil permet à celui qui l'acquiert de voler immédiatement pour un prix inférieur à **1 800 £.**

2-DIMENSIONS EXTERIEURES ET SURFACES
Longueur hors tout 13,8 ft, 4,19 m • Hauteur hors tout 9,8 ft, 3 m • Envergure (aile) 33 ft, 10,06 m • Corde moyenne 6,1 ft, 1,85 m • Dièdre 0,5° • Flèche 15° • Profondeur de la dérive 1,2 ft, 0,37 m • Surface alaire totale 200 ft², 18,6 m² • Surface de la dérive 3,5 ft², 0,33 m² • Allongement 5,4/1 • Diamètre de la roue avant 14 inches, 36 cm.

3-MOTORISATION
Moteur Robin EC 25 PS • Puissance maximale 22 CV à 6500 tr/mn • Diamètre et pas de l'hélice 54 x 27 inches, 1,37 x 0,69 m • Réducteur à courroie en V rapport de réduction 2,5/1 • Poussée statique maximale 140 lbs, 64 kgp • Rapport puissance/surface alaire 0,11 hp/ft², 1,2 CV/m² • Carburant emporté 2,4 US gallons 2 Imp gal. 9,1 litres.

4-MASSES ET CHARGES
Masse à vide 175 lbs, 79 kg • Masse maximale au décollage 359 lbs, 163 kg • Charge utile 184 lbs, 83 kg • Charge alaire maximale 1,80 lbs/ft², 8,8 kg/m² • Rapport poids/puissance 16,3 lbs/hp, 7,4 kg/CV • Facteurs de charges + 4,5 g — 2 g calculées, à rupture NC.

5-PERFORMANCES*
Vitesse maximale en palier 40 mph, 64 km/h • Vne 55 mph, 88 km/h • Croisière (maximale) 35 mph, 56 km/h • Croisière (économique) 35 mph, 56 km/h • Vitesse de décrochage 22 mph, 35 km/h • Vitesse ascensionnelle maximale (au niveau de la mer) 500 ft/min, 2,5 m/s • Taux de chute minimal 350 ft/min à 27 mph, 1,8 m/s à 43 km/h • Finesse maximale 8/1 à 27 mph, 43 km/h • Roulage au décollage 85 ft, 25 m • Roulage à l'atterrissage 120 ft, 35 m • Plafond pratique 6 000 ft,

1830 m • Distance franchissable maximale 90 miles, 145 km.

*** Mesurées dans les conditions suivantes : altitude QNH 0 ft, 0 m • Température au sol 50° F, 10° C • Vent au sol 0 mph, 0 km/h • Poids du pilote 154 lbs, 70 kg. Avec moteur ci-dessus.**

Lancashire Microlight/ Flexiform Sky Sails *Micro-Trike 330/ Medium Striker*
(pendulaire)

Description semblable à celle du *Micro Trike 250/Medium Striker.*

1-Le *Micro-Trike 330* est semblable à tous égards au modèle *250* à l'exception du moteur, remplacé ici par un Fuji-Robin EC 34 PM. Lancashire Microlight a constaté que la plupart des acheteurs préfèrent actuellement les moteurs bicylindres, aussi abonde-t-elle en ce sens avec ce monoplace. La société travaille par ailleurs à la mise au point de la suspension.

Sur commande ce chariot *330* monoplace peut être équipé de deux sièges en tandem (seul le siège est changé); cependant la firme recommande habituellement le *Micro-Trike 440* à sa clientèle désirant un biplace, argant que la puissance supplémentaire procure une marge de sécurité appréciable. Les options ainsi que l'aile standard sont identiques à celles du modèle *Micro-Trike 250.*

Prix : chariot seul prêt à voler **1190 £**; chariot en kit : **1010 £**; aile : **865 £.**

2-DIMENSIONS EXTERIEURES ET SURFACES
Voir le *Micro-Trike 250/Medium striker.*

3-MOTORISATION
Moteur Robin EC 34 PM • Puissance maximale 32 CV à 6500 tr/mn • Diamètre et pas de l'hélice 54 x 30 inches, 1,37 x 0,76 m • Réducteur à courroie crantée rapport de réduction 2,5/1 • Poussée statique maximale 210 lbs, 95 kgp • Rapport puissance/surface alaire 0,16 ft^2, 1,7 m^2 • Carburant emporté 4,8 US gallons 4 Imp gal. 18,2 litres.

4-MASSES ET CHARGES
Masse à vide 195 lbs, 88 kg • Masse maximale au décollage 437 lbs, 198 kg • Charge utile 242 lbs, 110 kg • Charge alaire maximale 2,19 lbs/ft^2, 10,6 kg/m^2 • Rapport poids/puissance 13,7 lbs/hp, 6,2 kg/CV • Facteurs de charges + 4,5 g — 2 g calculées, à rupture NC.

5-PERFORMANCES*
Vitesse maximale en palier 45 mph, 72 km/h • Vne 55 mph, 88 km/h • Croisière (maximale) 45 mph, 72 km/h • Croisière (économique) 45 mph, 72 km/h • Vitesse de décrochage 25 mph, 40 km/h • Vitesse ascensionnelle maximale (au niveau de la mer) 1000 ft/min, 5,1 m/s • Taux de chute minimal 350 ft/min à 27 mph, 1,8 m/s à 43 km/h • Finesse maximale 8/1 à 27 mph, 43 km/h • Roulage au décollage 70 ft, 20 m • Roulage à l'atterrissage 120 ft, 35 m • Distance franchissable maximale 54 miles, 87 km.

*** Mesurées dans les conditions suivantes : altitude QNH 0 ft, 0 m • Température au sol 50° F, 10° C • Vent au sol 0 mph, 10 km/h • Poids du pilote 154 lbs, 70 kg. AVec moteur ci-dessus.**

A gauche, un Micro Trike 440 avec une aile Dual Striker et, à droite, un Micro Trike 330 avec voilure Medium Striker

Lancashire Microlight/ Flexiform Sky Sails *Micro-Trike 440/ Dual Striker*
(pendulaire)

Description semblable à celle du *Micro Trike 250/Striker* sauf : biplace en tandem; voilure à double entoilage (65 %) et frein sur la roue avant.

1-Bien que sur commande il puisse être fourni en chariot monoplace, le *Micro-Trike 440* est en fait prévu comme un biplace d'entraînement ou de tourisme. Sous cette forme, il est associé à l'aile *Dual Striker* de chez Flexiform Sky Sails.

En dehors des modifications évidentes liées aux sièges, le *Micro-Trike 440* reste d'une conception identique à celle des modèles à moteurs plus faibles et il offre les mêmes options. Le système de suspension qui en est encore au stade de la mise au point sur le modèle *330* sera aussi adapté sur le *440.* A la différence des monoplaces, celui-ci est équipé d'un frein sur la roue avant.

Prix : chariot prêt à voler : **1 520 £**, chariot en kit : **1 330 £**, aile *Dual Striker :* **1 087 £.**

2-DIMENSIONS EXTERIEURES ET SURFACES
Longueur hors tout 14 ft, 4,27 m • Hauteur hors tout 10,1 ft, 3,08 m • Envergure (aile) 38 ft, 11,58 m • Corde à l'emplanture 9 ft, 2,74 m • Corde aux extrémités 3,5 ft, 1,07 m • Dièdre 2° • Flèche 15° • Profondeur dérive 1,2 ft, 0,37 m • Surface alaire totale 250 ft^2, 23,2 m^2 • Surface dérive 3,5 ft^2, 0,33 m^2 • Allongement 6/1 • Diamètre de la roue avant 16 inches, 40 cm • Diamètre des roues principales 16 inches, 40 cm.

3-MOTORISATION
Moteur Robin EC 44 • Puissance maximale 50 CV à 7000 tr/mn • Diamètre et pas de l'hélice 62 x 27 inches, 1,57 x 0,69 m • Réducteur à courroie crantée rapport de réduction 2,5/1 • Poussée statique maximale 300 lbs, 136 kgp • Rapport puissance/surface alaire 0,20 hp/ft^2, 2,2 CV/m^2 • Carburant emporté 4,8 US gallons 4 Imp gal. 18,2 litres.

4-MASSES ET CHARGES
Masse à vide 243 lbs, 11J kg • Masse maximale au décollage 639 lbs, 290 kg • Charge utile 396 lbs, 180 kg • Charge alaire maximale 2,56 lbs/ft^2, 12,5 kg/m^2 • Rapport poids/puissance 12,8 lbs/hp, 5,6 kg/CV • Facteurs de charges + 4,5 g — 2 g calculées, à rupture NC.

5-PERFORMANCES*
Vitesse maximale en palier 45 mph, 72 km/h • Vne 55 mph, 88 km/h • Croisière (maximale) 45 mph, 72 km/h • Croisière (économique) 40 mph, 64 km/h • Vitesse de décrochage 25 mph, 40 km/h • Vitesse ascensionnelle maximale (au niveau de la mer) 650 ft/min, 3,3 m/s • Taux de chute minimal 350 ft/min à 27 mph, 1,8 m/s à 43 km/h • Finesse maximale 8/1 à 27 mph, 43 km/h • Roulage à l'atterrissage 200 ft, 60 m • Distance franchissable maximale 90 miles, 145 km.

*** Mesurées dans les conditions suivantes : altitude QNG 0 ft, 0 m • Température au sol 50° F, 10° C • Vent au sol 0 mph, 0 km/h • Poids du pilote 154 lbs, 70 kg • Poids du passager 154 lbs, 70 kg. Avec moteur ci-dessus.**

LIGHTWING

John Lee, Littleton Park Nursery, Laleham Road, Shepperton, Middlesex; tel 01-741 0974 ou 09328 62092.

Lightwing *Rooster 1*
(3 axes)

Monoplace monomoteur biplan; pilotage 3 axes conventionnel. Voilure sans flèche au bord d'attaque et au bord de fuite, corde constante; empennage classique. Tangage par gouverne de profondeur monobloc; lacet par gouvernail de direction articulé sur la dérive; roulis par ailerons sur 2 tiers de l'envergure de l'aile; com-

mande au manche pour le tangage et le roulis, palonnier pour le lacet. Voilure haubanée par des mâts; profil d'aile NC, à double entoilage (100 %). Atterrisseur classique avec béquilles arrière et avant. Sans suspension. Roue non directrice. Sans freins. Fuselage en fibre de verre et en bois habitacle fermé. Moteur monté entre les ailes utilisé en propulsif.

Norman Burr

1-John Lee est l'un des constructeurs les plus féconds et originaux de Grande-Bretagne : depuis 1970, il a conçu cinq appareils dont les deux plus récents, le *Rooster I* et le *Rooster II* peuvent être classés dans la catégorie des ULM. John Lee regarde avec méfiance l'orientation courante de la majorité des ULM actuels car il pense que de nombreux fabricants sacrifient la longévité et la simplicité à la portabilité. Au lieu de tubes alu, de Dacron et de quantité de câbles, il a préféré la simple construction traditionnelle en bois, bien qu'il ait fait une concession au modernisme en dotant son *Rooster I* d'un nez en fibre de verre.

Ce *Rooster I* a été conçu en 1977 comme un planeur (voir la photo). En tant que planeur, il s'est offert du 3 m/s (600 ft/mn) de vitesse ascensionnelle en thermique, fut remorqué 3 fois et effectua quelque 300 circuits. Il a aussi prouvé qu'il était plus résistant que prévu, atterrissant sans problème dans les sillons d'un champ labouré ! Dès le début pourtant, John Lee avoua l'intention de motoriser son appareil simplement parce qu'il voulait le faire voler sans avoir recours à une horde d'assistants. Aussi, dès qu'il fut satisfait des qualités aérodynamiques de l'engin, il lui adjoignit un moteur Chrysler. A l'instant où nous écrivons ces lignes, il est sur le point de remplacer ce moteur par un Valmet et les données énoncées aux paragraphes 2 à 5 se rapportent à l'appareil ainsi motorisé. Les performances ne sont que des estimations, mais si elles s'avèrent justes, le *Rooster I* sera certainement l'appareil le plus performant équipé d'un moteur de 10 cv qui ait jamais été construit !

Un exemple typique de la recherche de simplicité de John Lee est la conception du train d'atterrissage qui fait appel à deux roues seulement, mais possède un patin à chaque extrémité (nez et queue). La voie de ce train est assez large pour éviter que l'appareil ne chavire lors de l'installation du pilote, mais suffisamment étroite pour permettre la manœuvre au sol à l'aide du gouvernail de direction seulement. Il n'y a pas de frein sur les roues : le pilote pousse simplement le manche en avant pour plaquer le patin de nez au sol celui-ci agissant par friction.

Il n'y a pas de liasse de plans établie pour d'autres constructeurs amateurs mais, suivant les demandes, John Lee pourrait en diffuser. Il n'est par ailleurs pas impossible que le *Rooster I* débouche sur une commercialisation en bonne et due forme.

2-DIMENSIONS EXTERIEURES ET SURFACES
Longueur hors tout 17,9 ft, 5,45 m • Hauteur hors tout 4,9 ft, 1,50 m • Envergure (aile) 30,2 ft, 9,20 m • Corde constante 3 ft, 0,91 m • Dièdre 0° • Flèche 0° • Plan fixe horizontal, envergure 10,5 ft, 3,20 m • Hauteur plan fixe vertical 5,2 ft, 1,58 m • Surface alaire totale 143 ft^2, 13,3 m^2 • Surface totale des ailerons 13,2 ft^2, 1,23 m^2 • Surface du plan fixe vetical 4,6 ft^2, 0,43 m^2 • Surface du gouvernail de direction 6,2 ft^2, 0,58 m^2 • Surface totale des gouvernes de profondeur 16,8 ft^2, 1,56 m^2 • Allongement 10/1 • Voie du train 6,21 ft, 1,88 m • Diamètre des roues principales 11 inches, 28 cm.

3-MOTORISATION
Moteur Valmet • Puissance maximale 10 CV à 6000 tr/mn • Diamètre et pas de l'hélice 52 x 27 inches, 1,32 x 0,69 m • Réducteur à courroie en V rapport de réduction 4/1 • Rapport puissance/surface alaire 0,07 hp/ft^2, 0,8 CV/m^2 • Carburant emporté 6,6 US gallons 5,5 Imp gal. 25 litres.

4-MASSES ET CHARGES
Masse à vide 320 lbs, 145 kg • Masse maximale au décollage 570 lbs, 259 kg • Charge utile 250 lbs, 113 kg • Charge alaire maximale 3,99 lbs/ft^2, 19,5 kg/m^2 • Rapport poids/puissance 57 lbs/hp, 25,9 kg/CV • Facteurs de charges + 6 g — 4 g calculées, à rupture NC.

5-PERFORMANCES*
Vitesse maximale en palier 65 mph, 105 km/h • Vne 75 mph, 121 km/h • Croisière (maximale) 60 mph, 97 km/h • Croisière (économique) 40 mph, 64 km/h • Vitesse de décrochage 30 mph, 48 km/h • Finesse maximale 14/1 à 33 mph, 53 km/h • Distance franchissable maximale 300 miles, 483 km • Autres caractéristiques NC.

* Conditions du test non spécifiées.

Lightwing
Rooster II
(3 axes)

Biplace en tandem monomoteur à l'aile basse; pilotage 3 axes conventionnel. Voilure sans flèche au bord d'attaque, flèche inverse au bord de fuite, corde dégressive; empennage classique. Tangage par gouverne de profondeur monobloc; lacet par gouvernail de direction monobloc; roulis par ailerons sur 40% de l'envergure de l'aile; commande au manche pour le tangage et le roulis, palonnier pour le lacet. Aile cantilever profil d'aile NC, à double entoilage (100 %). Atterrisseur monotrace avec béquilles arrière et avant. Sans suspension. Roue non directrice. Sans freins. Fuselage en bois habitacle partiellement fermé. Moteur monté au-dessus de l'aile, utilisé en propulsif.

1-Le *Rooster II* est un biplace fabriqué par John Lee et bien qu'il semble tout à fait différent du *Rooster I*, il utilise des techniques de construction et des matériaux semblables. Ses dispositifs de gouvernes sont aussi identiques. Le freinage, toutefois, ne se fait pas avec un patin de nez mais dépend entièrement cette fois de la résistance aérodynamique de l'aile dont la section est épaisse.

Avec son fuselage caractéristique et son aile à section épaisse (création inédite de John Lee) le *Rooster II* ne risque pas d'être pris pour une autre machine ! Tel qu'il est illustré et décrit ici, l'appareil est motorisé avec un Fuji-Robin EC 44 PM qui, à cause de sa position, est équipé d'une hélice plus petite qu'elle ne devrait l'être optimalement parlant. Un groupe motopropulseur plus efficace pourra être ultérieurement substitué à cet ensemble. Mais, même dans sa forme actuelle, l'appareil a un rendement raisonnable par rapport à beaucoup d'autres et un bon comportement aux turbulences. Il le démontra au meeting de Papham en mars 1983 lorsqu'un vent de travers imprévisible maintint au sol beaucoup d'autres ULM.

Norman Burr

Conçu en grande partie comme un appareil d'entrainement, le *Rooster II* possède un certain degré de flexibilité par sa construction, ce qui lui permet de faire face à des atterrissages médiocres de pilotes inexpérimentés. Son aile cantilever de section épaisse a été choisie en grande partie pour sa simplicité de construction : elle dispense d'employer des haubans (ce qui facilite les transports). John Lee ne s'en cache pas : cet appareil ne prétend aucunement être transportable sur une voiture ni être facilement pliable pour être remorqué.

A l'heure où nous mettons sous presses, des vols d'essai restent à effectuer. Si John est satisfait de ce modèle, il se pourrait qu'il le construise en série ou qu'il en vende les plans aux amateurs ou à une entreprise industrielle déjà constituée.

2-DIMENSIONS EXTERIEURES ET SURFACES
Longueur hors tout 23 ft, 7 m • Hauteur hors tout 5,7 ft, 1,75 m • Envergure (aile) 36,7 ft, 11,20 m • Corde à l'emplanture 6 ft, 1,82 m • Corde aux extrémités 3,2 ft, 0,97 m • Dièdre 2° • Flèche 0° • Plan fixe horizontal, envergure 10,2 ft, 3,12 m • Hauteur du gouvernail de direction 5,1 ft, 1,54 m • Surface alaire totale 18,1 ft², 16,8 m² • Surface totale des ailerons 12,9 ft², 1,2 m² • Surface du gouvernail de direction 11,5 ft², 1,07 m² • Surface totale des gouvernes de profondeur 21,9 ft², 2,03 m² • Allongement 7,5/1 • Voie du train 6,6 ft, 2 m • Diamètre des roues principales 11 inches, 28 cm.

3-MOTORISATION
Moteur Robin EC44 • Puissance maximale 50 CV à 6500 tr/mn • Diamètre et pas de l'hélice 48 x NC inches, 1,22 x NC m • Réducteur à courroie crantée rapport de réduction 2/1 • Poussée statique maximale 180 lbs, 82 kgp • Rapport puissance/surface alaire 0,28 hp/ft², 3 CV/m² • Carburant emporté 13,2 US gallons 11 Imp gal, 50 litres.

4-MASSES ET CHARGES
Masse à vide 323 lbs, 147 kg • Masse maximale au décollage 773 lbs, 351 kg • Charge utile 450 lbs, 204 kg • Charge alaire maximale 4,27 lbs/ft², 20,9 kg/m² • Rapport poids/puissance 15,5 lbs/hp, 7 kg/CV • Facteurs de charges + 4 g — 2 g calculées, à rupture NC.

5-PERFORMANCES*
Vitesse maximale en palier 50 mph, 80 km/h • Vne 60 mph, 97 km/h • Croisière (maximale) 50 mph, 80 km/h • Croisière (économique) 40 mph, 64 km/h • Vitesse de décrochage 25 mph, 40 km/h • Finesse maximale 10/1 à 35 mph, 56 km/h • Roulage au décollage 110 ft, 35 m • Roulage à l'atterrissage 110 ft, 35 m • Distance franchissable maximale 100 miles, 161 km • Autres caractéristiques NC.

*** Mesurées dans les conditions suivantes : altitude QNH 300 ft, 90 m • Température au sol 60° F, 16° C • Vent au sol 0 mph, 0 km/h • Poids du pilote 170 lbs, 77 kg • Poids du passager 170 lbs, 77 kg.**
Avec moteur ci-dessus.

LOTUS

Lotus Cars Ltd, Norwich, Norfolk; tel 0953 606931. Directeur : Tim Enright.

Lotus
Prototype
(3 axes)

Biplace en tandem monomoteur à l'aile haute, pilotage 3 axes conventionnel, avec plan canard. Tangage par gouverne de profondeur articulée sur le plan canard, lacet par gouvernails de direction monoblocs aux extrémités de l'aile; roulis par spoilerons, commande au manche pour le tangage et le roulis, palonnier pour le lacet. Atterrisseur tricycle; suspension par lame en fibre de verre et de carbone du train principal. Roue avant directrice. Freins sur les roues du train principal. Fuselage en matériaux composites habitacle fermé. Moteur monté sous l'aile, utilisé en propulsif.

1-L'histoire du prototype *Lotus* est triste à évoquer. Plus d'un an avant la rédaction du présent ouvrage, Colin Chapman, fondateur et directeur de la Lotus Car Compagny, discuta d'un projet d'ULM avec l'un des co-auteurs de ce livre, Alain-Yves Berger : Colin envisageait la fabrication d'un appareil de très hautes performances, de structure composite, - un biplace en tandem doté d'un plan canard et motorisé par un 4 temps de sa conception. Il avait fixé, pour les performances, des objectifs sévères : une vitesse de pointe de 200 km/h (125 mph), une consommation horaire de 5 litres (1,3 US gallon) et un prix de vente aux environs de **5 500 £** pour une série de 500 appareils.

Alain-Yves Berger avait été mis dans le secret de ce projet dont on n'entendit plus parler jusqu'en janvier 1983, lorsque la mort tragique de Colin remit en question l'avenir de la société Lotus. Incapable de retenir plus longtemps notre curiosité, nous posâmes des questions sur le devenir de cet ULM Lotus et il nous fut dit à titre officieux, qu'il avait de bonnes chances de prendre forme.

Toutefois, à l'heure au nous rédigeons la présente édition, Lotus n'a fait aucune déclaration. Seules des rumeurs venues des Etats-Unis semblent indiquer que la société travaille actuellement avec Eipper Aircraft sur le projet; le rôle de Lotus pourrait être celui d'ingénieur-conseil pour Eipper. Nous sommes heureux que l'appareil existe réellement sous forme d'un prototype. Il est vraisemblable qu'il sera mis sur le marché prochainement mais on ignore encore s'il portera le label Lotus ou la marque de Eipper. Toutefois, le moteur 4 temps peut mettre un long moment encore à apparaître; le prototype, dit-on, volerait avec un moteur 2 temps Rotax. En égard au manque d'informations techniques précises sur la machine, les paragraphes 2 à 5 ont été omis.

LUSCOMBE

Luscombe Aircraft Ltd, Terminal Building, Ashford Airport, Lympne, Kent CT21 4LR; tel 0303 67808. Président : T Patrick Luscombe.

Luscombe
Vitality
(3 axes)

Monoplace/Biplace en tandem monomoteur à l'aile haute, pilotage 3 axes conventionnel. Voilure avec flèche au bord d'attaque et au bord de fuite, corde dégressive; avec plan canard. Tangage par plan canard monobloc mobile en incidence; lacet par gouvernails de direction articulés sous la voilure, à la moitié de l'envergure de celle-ci; roulis par le plan canard; commande NC. Voilure haubanée portée par des mâts; profil d'aile NC; à double entoilage (100 %). Atterrisseur tricycle; sans suspension. Roue avant directrice. Sans freins. Habitacle fermé. Moteur monté sous l'aile, utilisé en propulsif.

1-Le *Vitality* est un appareil à l'allure très séduisante qui suscita un grand intérêt quand on en parla pour la première fois au cours de 1982. Ce succès de curiosité tenait à ses gouvernes insolites : un plan canard différentiel pour le contrôle en roulis ainsi que des gouvernails de direction placés à mi envergure sous les ailes pour le contrôle en lacet.

Cependant, les efforts déployés par la clientèle potentielle et la presse spécialisée pour obtenir une documentation sérieuse sur cet appareil n'ont pas abouti à grand'chose. En août 1982, *Flightline* annonçait que trois *Vitality* avaient été construits et 36 commandes enregistrées, il fut dit aussi que la production se concentrerait sur la version biplace et que l'on allait étudier pour l'appareil un tout nouveau moteur 4 temps, 3 cylindres, de 1000 cc. Quelques semaines plus tard, éclata la nouvelle : Luscombe Aircraft allait emménager dans une autre usine en novembre et souhaitait produire dix *Vitality* avant la fin février de l'année suivante, 1983. Ces machines ne virent jamais le jour. La société annonça par la suite qu'elle avait classé le projet, au moins tant que la réglementation sur les ULM en Grande Bretagne ne serait pas définitivement fixée.

Bien que nous soyons presque à la fin 1983, la production du *Vitality* semble plus improbable que jamais. Pat Luscombe indique qu'il a pris la décision de concentrer ses efforts sur le projet d'un engin semblable, plus lourd qu'un ULM, dénommé *Rattler* et destiné à un usage militaire. Les droits sur les plans du *Vitality* sont en vente avec, en prime, trois prototypes : un biplace et deux monoplaces. Quiconque reprendrait ces droits ferait sans doute l'acquisition d'un projet maintenant périmé que Pat admet avoir conçu voilà déjà onze ans puis rajeuni pour répondre à la vogue de l'ULM.

On ne sait pas clairement à quel stade fut amené le prototype; il est certain que les auteurs de cet ouvrage n'ont jamais vu un *Vitality* sous sa forme définitive pas plus qu'en photographie. Nous nous devons, par ailleurs de souligner que nous avons été dans l'impossibilité de nous assurer de deux points importants : premièrement les données divulguées par Luscombe Aircraft se rapportaient-elles à des mesures faites au cours d'essais en vol ou s'agissait-il de paramètres calculés, deuxièmement ces mêmes caractéristiques s'appliquaient-elles à l'appareil biplace ou à sa version monoplace ? Nous n'avons pu obtenir aucune réponse satisfaisante et vous livrons ces données comme nous les avons nous mêmes reçues : avec incertitude !

2-DIMENSIONS EXTERIEURES ET SURFACES
Longueur hors tout 11,7 ft, 3,56 m • Hauteur hors tout 4,8 ft, 1,47 m • Envergure (aile) 34 ft, 10,36 m • Corde moyenne à l'emplanture 3,8 ft, 1,15 m • Envergure canard 14 ft, 4,27 m • Corde moyenne du plan canard 0,95 ft, 0,29 m • Surface alaire totale 147 ft², 13,1 m² • Surface aile principale 128 ft², 11,9 m² • Surface du plan canard 13 ft², 1,2 m² • Allongement 9/1 • Autres caractéristiques NC.

GRANDE-BRETAGNE

South Kent Newspapers

3-MOTORISATION
Moteur Robin EC 44 • Puissance maximale 60 CV à NC tr/mn • Rapport puissance/surface alaire 0,47 hp/ft², 5 CV/m² • Autres caractéristiques NC.

4-MASSES ET CHARGES
Masse à vide 236 lbs, 107 kg • Autres caractéristiques NC.

5-PERFORMANCES*
Croisière 69 mph, 111 km/h • Vitesse de décrochage 31 mph, 50 km/h • Roulage au décollage 150 ft, 45 m • Autres caractéristiques NC.

*** Conditions du test non spécifiées.**

MAINAIR

Mainair Sports Ltd, Shawclough Road, Rochdale, Lancashire OL126LN; tél 0706 55131/2/3; tx 635091 MAIN. DIrecteur John Hudson.

Mainair/Hiway
Tri-Flyer 250/Demon
(pendulaire)

Monoplace monomoteur à voilure souple; pilotage pendulaire. Voilure type Rogallo avec dérive sous l'aile. Le pilote est suspendu sous la voilure dans un siège-harnais et utilise un trapèze de commande (pilotage par déplacement du centre de gravité par rapport au centre de poussée). Voilure haubanée sol et vol par câbles; transversale flottante; double entoilage (75%), transversale intégrée; lattes préformées. Atterrisseur tricycle; sans suspension, roue avant directrice non conjuguée au palonnier. Frein sur la roue avant. Chariot en tubes de duralumin avec carénage sur option. moteur monté sous l'aile, utilisé en propulsif. Technologie : toute la structure vient en tubes de duralumin répondant aux spécifications de la norme britannique HT30TF et anodisés. Boulonnerie de qualité Aviation.

1-*Le Tri-Flyer 250* est le monoplace avec un seul mât à partir duquel toute la série de chez Mainair a été développée. Légèreté, bas prix, simplicité et facilité de transport étaient les priorités pour John Hudson quand il a produit en 1981 ce *Tri-Flyer 250* avec moteur Fuji-Robin; il a créé ainsi l'un des ULM les plus populaires en Grande Bretagne.

Le *Tri-Flyer 250* ne compte que sur ses pneus pour la suspension et est doté d'un simple frein frottant sur la roue de nez. En version standard, il a un démarreur manuel dont la poignée est d'accès facile pour le pilote. Grâce à son train principal facile à replier et à une structure du siège pliable, ce chariot forme un « paquet » très compact aisément transportable sur une galerie d'automobile.

A Denholm

Le Mainair Tri-Flyer 25o peut être utilisé avec une grande variété de voilures

GRANDE-BRETAGNE

Ce *Tri-Flyer 250* standard est un modèle de base; Mainair propose toute une série d'options comportant : un carénage en fibre de verre pesant seulement 2,7 kg, des instruments, un réservoir plus important de 15,9 l, plus encore une réserve de 4,5 l.

Comme la plupart des chariots Mainair, le *Tri-flyer 250* peut voler avec plusieurs ailes, mais la *Demon* est certainement la plus populaire.

Prix : chariot prêt à voler **1 000 £**, chariot en kit **782 £**, plans du chariot **23,92 £**, aile **806 £**.

2-DIMENSIONS EXTERIEURES ET SURFACES
Longueur hors tout 11 ft, 3,35 m • Hauteur hors tout 10 ft, 3,05 m • Envergure (aile) 32 ft, 9,75 m • Corde à l'emplanture 8,2 ft, 2,50 m • Corde aux extrémités 3,5 ft, 1,07 m • Dièdre 0° • Angle de bec 120° • Surface alaire totale 175 ft², 16,3 m² • Voie du train 5,3 ft, 1,62 m • Empattement 5,9 ft, 1,80 m • Diamètre de la roue avant 14 inches, 35,6 m • Diamètre des roues principales 14 inches, 35,6 cm.

3-MOTORISATION
Moteur Robin EC25PS • Puissance maximale 22 CV à 7000 tr/mn • Diamètre et pas de l'hélice 54 x 24/27 inches, 1,37 x 0,61/0,70 m • Réducteur à courroie en V rapport de réduction 2,3/1 • Poussée statique maximale 125 lbs, 57 kgp • Rapport puissance/surface alaire 0,13 hp/ft², 1,4 CV/m² • Carburant emporté 2,6 US gallons 2.2 Imp gal. 10 litres.

4-MASSES ET CHARGES
Masse à vide 190 lbs, 86 kg • Masse maximale au décollage 370 lbs, 168 kg • Charge utile 180 lbs, 82 kg • Charge alaire maximale 2,11 lbs/ft², 10,3 kg/m² • Rapport poids/puissance 16,8 lbs/hp, 7,5 kg/CV • Facteurs de charges NC.

5-PERFORMANCES*
Vitesse maximale en palier 40 mph, 64 km/h • Vne 50 mph, 80 km/h • Croisière (maximale) 35 mph, 56 km/h • Croisière (économique) 30 mph, 48 km/h • Vitesse de décrochage 20 mph, 32 km/h • Vitesse ascensionnelle maximale (au niveau de la mer) 350 ft/min, 1,8 m/s • Roulage au décollage 100 ft, 30 m • Roulage à l'atterrissage 150 ft, 45 m • Autres caractéristiques NC.

*** Conditions du test non spécifiées.**

Mainair/Solar Wings
Tri-Flyer 330/Typhoon S
(pendulaire)

Monoplace monomoteur à voilure souple; pilotage pendulaire. Voilure type Rogallo avec dérive sous l'aile. Le pilote est assis sous la voilure dans un chariot-tricycle et utilise un trapèze de commande (pilotage par déplacement du centre de gravité par rapport au centre de poussée). Voilure haubanée sol et vol par câbles; ; transversale flottante; double entoilage (80 %), transversale intégrée lattes préformées. Atterrisseur tricycle; sans suspension. Roue avant directrice. Frein sur la roue avant. Chariot en tubes de duralumin avec carénage sur option. Moteur monté sous l'aile, utilisé en propulsif. Technologie : identique à celle du précédent.

1-Introduit en début 1982, le *Tri-Flyer 330* est une progression logique à partir du *250;* il lui

Norman Burr

est identique si ce n'est que certains points ont été renforcés et qu'il est équipé d'un moteur Fuji-Robin bicylindre plus puissant.

Comme le *250*, ce chariot peut voler avec différentes ailes, mais la *Typhoon S* de chez Solar Wings reste la plus employée. C'est avec cet ensemble que Bob Calvert dépassa le record mondial d'altitude pour la classe C1-a/o en janvier 1982, atteinant 4 928 m (16 168 ft), dans le Lancashire. L'Angleterre détint ce record pendant plus d'un an jusqu'à ce que Bob Calvert le batte lui-même mais cette fois avec un monoplace d'Ultra Sports. Pour son premier record, le *Tri-Flyer 330/Typhoon S* avait été doté d'un carénage, d'instruments de bord et d'un carburateur équipé contre le givrage; mais la motorisation et l'aile n'avaient subi aucune modification par rapport aux modèles standards.

Les options sont les mêmes que le *Tri-Flyer 250 Demon. Prix : chariot prêt à voler :* **1 386.96 £** , chariot en kit **1 087 £**; plan du chariot **26 £**, aile **865 £**.

2-DIMENSIONS EXTERIEURES ET SURFACES
Longueur hors tout 11 ft, 3,35 m • Hauteur hors tout 10 ft, 3,05 m • Envergure (aile) 32,5 ft, 9,91 m • Corde à l'emplanture 8 ft, 2,44 m • Corde aux extrémités 3,3 ft, 1,01 m • Dièdre 0° • Angle de nez 122° • Surface alaire totale 166 ft², 15,4 m² • Voie du train 5,3 ft, 1,62 m • Empattement 5,8 ft, 1,77 m • Diamètre de la roue avant 14 inches, 35,6 cm • Diamètre des roues principales 14 inches, 35,6 cm.

3-MOTORISATION
Moteur Robin EC 34 PM • Puissance maximale 35 CV à 6500 tr/mn • Diamètre et pas de l'hélice 54 x 30/34 inches, 1,37 x 0,76/0,85 m • Réducteur à courroie en V rapport de réduction 2,5/1 • Poussée statique maximale 180 lbs, 82 kgp • Rapport puissance/surface alaire 0,21 hp/ft², 2,3 CV/m² • Carburant emporté 2,6 US gallons 2,2 Imp gal. 10 litres.

4-MASSES ET CHARGES
Masse à vide 210 lbs, 95 kg • Masse maximale au décollage 410 lbs, 186 kg • Charge utile 200 lbs, 91 kg • Charge alaire maximale 2,47 lbs/ft², 12,1 kg/m² • Rapport poids/puissance 11,7 lbs/hp, 5,2 kg/CV • Facteurs de charges NC.

5-PERFORMANCES*
Vitesse maximale en palier 45 mph, 72 km/h • Vne 53 mph, 85 km/h • Croisière (maximale) 35 mph, 56 km/h • Croisière (économique) 30 mph, 48 km/h • Vitesse de décrochage 22 mph, 35 km/h • Vitesse ascensionnelle maximale (au niveau de la mer) 600 ft/min, 3 m/s • Roulage au décollage 80/100 ft, 25/30 m • Roulage à l'atterrissage 120/170 ft, 35/50 m • Autres caractéristiques NC.

*** Conditions du test non spécifiées.**

Mainair/Airwave /Flexiform
Merlin
(pendulaire)

Monoplace monomoteur à voilure souple; pilotage pendulaire. Voilure type Rogallo avec dérive sous l'aile. Le pilote est assis sous la voilure dans un chariot-tricycle et utilise un trapèze de commande (pilotage par déplacement du centre de gravité par rapport au centre de poussée). Voilure haubanée sol et vol par câbles; transversale flottante à double entoilage (70%), transversale intégrée, lattes préformées. Atterrisseur tricycle; sans suspension. Roue avant directrice. Frein sur la roue avant. Chariot en tubes de duralumin avec carénage. Moteur monté sous l'aile, utilisé en propulsif. Technologie : identique à celle des précédents.

1-Présenté pour la première fois en octobre 1982, le *Merlin* est le haut de gamme des monoplaces de Mainair et est produit en collaboration avec Airwave et Flexiform. Il a été conçu comme un ensemble vendu comme tel, et reste complet, avec une aile de chez Airwave, un carénage en fibre de verre et tissu ce qui lui donne une allure sportive. L'élément le plus original du *Merlin* est l'attache du chariot à l'aile, directement extrapolée de celles utilisées pour les planeurs ultralégers de Vol libre. Conçu par John Hudson dans ce but, elle n'exige que de faibles efforts en roulis : des coussinets genre silent-blocs réduisent les charges en torsion transmises par le chariot. L'instrumentation standard comporte un altimètre et un tachymètre (sauf en France). La structure et la motorisation sont similaires à celles du *Tri-Flyer 330* bien que le train principal soit renforcé par deux câbles pour chaque axe au lieu d'un seul.

Selon la demande, le chariot pourra être vendu séparément de l'aile.

Prix au 4 novembre 83 : 1.586.97 £ chariot seul.

2-DIMENSIONS EXTERIEURES ET SURFACES

Longueur hors tout 11,5 ft, 3,51 m • Hauteur hors tout 10,5 ft, 3,20 m • Envergure (aile) 33 ft, 10,06 m • Surface alaire totale 165 ft², 15,3 m² • Allongement 7/1 • Voie du train 5,5 ft, 1,68 m • Empattement 5,8 ft, 1,77 m • Diamètre de la roue avant 14 inches, 36 cm • Diamètre des roues principales 14 inches, 36 cm • Autres caractéristiques NC.

3-MOTORISATION

Moteur Robin EC34PM • Puissance maximale 35 CV à 6500 tr/mn • Diamètre et pas de l'hélice 54 x 30/34 inches, 1,37 x 0,76/0,85 m • Réducteur à courroie trapézoïdale rapport de réduction 2,3/1 • Poussée statique maximale 190 lbs, 86 kgp • Rapport puissance/surface alaire 0,21 hp/ft², 2,3 CV/m² • Carburant emporté 2,6 Us gallons 2,2 Imp gal. 10 litres.

4-MASSES ET CHARGES

Masse à vide 230 lbs, 104 kg • Masse maximale au décollage 438 lbs, 205 kg • Charge utile 208 lbs, 100 kg • Charge alaire maximale 2,65 lbs/ft², 13,5 kg/m² • Rapport poids/puissance 12,5 lbs/hp, 5,6 kg/CV • Facteurs de charges NC • Autres caractéristiques NC.

5-PERFORMANCES*

Vitesse maxiamle en palier 45 mph, 70 km/h • Vne 55 mph, 88 km/h • Croisière (maximale) 38 mph, 60 km/h • Croisière (économique) 32 mph, 50 km/h • Vitesse de décrochage 25 mph, 40 km/h • Vitesse ascensionnelle maximale (au niveau de la mer) 660 ft/min, 3,4 m/s • Roulage au décollage 80/120 ft, 25/35 m • Roulage à l'atterrissage 130/180 ft, 40/55 m.

*** Mesurées dans les conditions suivantes : poids du pilote 176 lbs, 80 kg • Autres caractéristiques NC.**

Mainair/Southdown Sailwings *Tri-Flyer Challenger/ Lightning DS*

(pendulaire)

Monoplace monomoteur à voilure souple; pilotage pendulaire. Voilure type Rogallo avec dérive au-dessus de l'aile. Le pilote est suspendu sous la voilure dans un siège-harnais et utilise un trapèze de commande (pilotage par déplacement du centre de gravité par rapport au centre de poussée). Voilure haubanée sol et vol par câbles; transversale flottante, double entoilage (75%), transversale intégrée; lattes préformées.

Atterrisseur tricycle; sans suspension. Roue avant directrice non conjuguée au palonnier.

Frein sur la roue avant. Chariot en tubes de duralumin et en fibre de verre habitacle partiellement fermé. Moteur monté sous l'aile, utilisé en propulsif. Technologie : des modèles ultérieurs de cet appareil utiliseront un chariot en duralumin, fibre de carbone et Kevlar.

D Allen

1-Le *Tri-Flyer Challenger* est une machine hors série, spécialement construite pour obtenir de hautes performances. En conjonction avec une aile *Lightning DS* de chez Southdown Sailwings, cet appareil est conçu pour établir des records d'altitude. Il bénéficie d'une instrumentation complète et est équipé d'une alimentation en oxygène. Son moteur, un bicylindre Fuji-Robin 440 cc est plus fréquemment utilisé pour des biplaces.

Le prototype du **Tri-Flyer Challenger** a déjà dépassé les 5 090 m (16 700 ft) aux mains du pilote d'essai de l'usine, Geoff Ball, grâce à une hélice spéciale pour les hautes altitudes. Mais ses aménagements sont loin d'être finis; l'amélioration principale consistera à changer le corps du chariot (actuellement en fibre de verre) pour une structure en fibre de carbone, duralumin et kevlar, qui en diminuera le poids tout en augmentant sa résistance.

Mainair se refuse à donner les performances de cet appareil, celui-ci restant encore en cours de développement. Il n'est pas prévu que cet appareil soit produit en série; cependant

Asadour Guzelian

John Hudson en construirait peut-être des répliques si le prix en était acceptable.

2-DIMENSIONS EXTERIEURES ET SURFACES
Voilure identique au Puma MS. Autres caractéristiques NC.

3-MOTORISATION
Moteur EC 44 • Autres caractéristiques NC.

4-MASSES ET CHARGES NC

5-PERFORMANCES NC

Mainair/Flexiform Sky Sails *Rapier*
(pendulaire)

Monoplace/biplace en tandem monomoteur à voilure souple; pilotage pendulaire. Voilure type Rogallo avec dérive sous l'aile. Le pilote est assis sous la voilure dans un chariot-tricycle et utilise un trapèze de commande (pilotage par déplacement du centre de gravité par rapport au centre de poussée). Voilure haubanée sol et vol par câbles; bowsprit, double entoilage (70%). Lattes préformées. Atterrisseur tricycle; sans suspension de la roue avant et suspension par caoutchouc du train principal. Roue avant directrice. Frein sur la roue avant. Chariot en tubes de duralumin sans carénage. Moteur monté sur le chariot l'aile utilisé en propulsif. Technologie : tubes de duralumin gainés sous époxy et conformes aux spécifications de la norme britannique HT30TF. Boulonnerie de qualité Aviation.

1-Beaucoup de gens ne veulent prendre avec eux un passager qu'occasionnellement et trouvent qu'un biplace pendulaire reste plutot lourd à manier. Pour ces pilotes, Mainair a conçu le *Rapier,* un appareil 1 + 1 équipé d'un Fuji-Robin 330 et capable d'emporter une charge totale de 140 kg, inférieure à celle d'un véritable biplace. Ce *Rapier* bénéficie des pratiques de Mainair en matière de biplaces et utilise un réducteur à courroie crantée. C'est la première machine à utiliser le nouveau train d'atterrissage qui couple des tubes de renfort latéraux télescopiques avec une suspension interne en caoutchouc.

Comme le *Merlin,* le *Rapier* est construit en collaboration mais, cette fois, avec Flexiform Sky Sails dont l'aile, la *Striker,* est proposée avec plusieurs patrons suivant un dessin spécial pour se marier avec la peinture à l'expoxy des tubes du chariot. Un réservoir est suspendu par en dessous pour des raisons de sécurité.

Il est prévu chez Mainair et Flexiform qu'initialement, le *Rapier* sera produit seulement pour l'exportation; mais il devrait probablement être disponible en Grande-Bretagne aussi en fin 1983.

Prix novembre 83 : **2 500 £.**

2-DIMENSIONS EXTERIEURES ET SURFACES
Longueur hors tout 11 ft, 3,35 m • Hauteur hors tout 10,50 ft, 3,20 m • Envergure (aile) 34,5 ft, 10,52 m • Flèche 15° • Surface alaire totale 200 ft², 18,6 m² • Allongement 7,5/1 • Voie du train 5,5 ft, 1,68 m • Empattement 5,8 ft, 1,77 m • Diamètre de la roue avant 14 inches, 36 cm • Diamètre des roues principales 14 inches, 36 cm • Autres caractéristiques NC

3-MOTORISATION
Moteur Robin EC 34 PM • Puissance maximale 35 CV à 6500 tr/mn • Diamètre et pas de l'hélice 54 x 30/34 inches, 1,37 x 0,76/0,85 m • Réducteur à courroie crantée rapport de réduction 2,5/1 • Poussée statique maximale 190 lbs, 86 kgp • Rapport puissance/surface alaire 0,18 hp/ft², 2 CV/m² • Carburant emporté 4,2 US gallons, 3,5 Imp gal. 13,6 litres.

4-MASSES ET CHARGES
Masse à vide 224 lbs, 102 kg • Masse maximale au décollage 546 lbs, 248 kg • Charge utile 308 lbs, 140 kg • Charge alaire maximale 2,66 lbs/ft², 13 kg/m² • Rapport poids/puissance 15 lbs/hp, 6,7 kg/CV • Facteurs de charges NC.

5-PERFORMANCES*
Vitesse maximale en palier 58 mph, 93 km/h • Vne 69 mph, 111 km/h • Croisière (maximale) 54 mph, 87 km/h • Vitesse de décrochage 23 mph, 37 km/h • Vitesse ascensionnelle maximale (au niveau de la mer) 690 ft/min, 3,5 m/s • Finesse maximale 5/1 à vitesse NC • Roulage au décollage 150 ft, 45 m • Roulage à l'atterrissage 164 ft, 50 m • Distance franchissable maximale 92 miles, 148 km • Autres caractéristiques NC.

*** Conditions du test non spécifiées.**

Norman Burr

Un Mainair Tri Flyer Two Seater avec aile Flexiform

Mainair/Flexiform Sky Sails *Tri-Flyer Two Seater/ Dual Striker*
(pendulaire)

Biplace en tandem monomoteur à voilure souple; pilotage pendulaire. Voilure type Rogallo avec dérive sous l'aile. Le pilote est assis sous la voilure dans un chariot-tricycle et utilise un trapèze de commande (pilotage par déplacement du centre de gravité par rapport au centre de poussée). Voilure haubanée sol et vol par câbles; sans transversale; double entoilage (65%) lattes préformées. Atterrisseur tricycle; sans suspension. Roue avant directrice non conjuguée au palonnier. Frein sur la roue avant. Chariot en tubes de duralumin avec carénage sur option. Moteur monté sous l'aile utilisé en propulsif. Technologie : identique à celle du Mainair-Hiway Tri-Flyer 250/Demon.

1-Apparu en début 82, le biplace *Tri-Flyer/Dual Striker* a été l'un des premiers biplaces disponibles en Grande-Bretagne et reste toujours très populaire comme appareil d'école. Alors qu'il utilise le même principe structurel, avec un mât unique, du monoplace *Tri-Flyer,* il est naturellement plus lourd et plus robuste : ses tubes principaux font 51 mm de diamètre et sont entièrement doublés et manchonnés. Le moteur est un bicylindre Fuji-Robin 440 cc.

L'aile est une *Dual Striker* de chez Flexiform Sky Sails, caractérisée par le beaupré (alias bowsprit) distinctif de ce constructeur et par son empennage largement surfacé. Un autre point commun à tous les *Tri-Flyer* est le gardeboue en aluminium sur la roue avant.

Le démarreur électrique est sur option. Cet appareil est doté de commandes des gaz à main et au pied. Un frein à friction est en option pour la roue avant; les autres options sont les mêmes que celles du *Tri-Flyer 250/Demon.*

En fin 1983, ce *Tri-Flyer* biplace sera complété ou remplacé par un nouvel appareil que Mainair étudie actuellement, caractérisé par une suspension par caoutchoucs sur les roues principales. Son moteur sera monté dans le sens normal, par opposition à l'inversion (bougie en bas), de pratique courante actuellement avec les Fuji-Robin.

Prix : chariot prêt à voler : **1 865.23 £,** chariot en kit **1 086.96 £,** plans du chariot : **30 £,** aile **1 104 £.**

GRANDE-BRETAGNE

2-DIMENSIONS EXTERIEURES ET SURFACES
Longueur hors tout 14 ft, 4,27 m • Hauteur hors tout 11 ft, 3,35 m • Envergure (aile) 38 ft, 11,58 m • Corde à l'emplanture 9 ft, 2,74 m • Corde aux extrémités 3,5 ft, 1,07 m • Dièdre 2° • Flèche 15° • Profondeur dérive 1,2 ft, 0,37 m • Surface alaire totale 250 ft^2, 21 m^2 • Surface dérive 3,5 ft^2, 0,33 m^2 • Allongement 6/1 • Voie du train 6 ft, 1,83 m • Empattement 6 ft, 1,83 m • Diamètre de la roue avant 16 inches, 40,6 cm • Diamètre des roues principales 16 inches, 40,6 cm.

3-MOTORISATION
Moteur Robin EC44 • Puissance maximale 50 CV à 6600 tr/mn • Diamètre et pas de l'hélice 62 x 27 inches, 1,58 x 0,70 m • Réducteur à courroie crantée rapport de réduction 2,3/1 • Poussée statique maximale 275 lbs, 125 kgp • Rapport puissance/surface 0,20 hp/ft^2, 2,2 CV/m^2 • Carburant emporté 2,6 US gallons 2,2 Imp gal. 10 litres.

4-MASSES ET CHARGES
Masse à vide 300 lbs, 122 kg • Masse maximale au décollage 550 lbs, 300 kg • Charge utile 250 lbs, 200 kg • Charge alaire maximale 2,20 lbs/ft^2, 14,28 kg/m^2 • Rapport poids/puissance 11 lbs/hp, 4,9 kg/CV • Facteurs de charges + 4,5 kg/CV — 2 g calculées, à rupture NC.

5-PERFORMANCES*
Vitesse maximale en palier 58 mph, 93 km/h • Vne 65 mph, 105 km/h • Croisière (maximale) 55 mph, 88 km/h • Croisière (économique) 45 mph, 72 km/h • Vitesse de décrochage 25 mph, 45 km/h • Vitesse ascensionnelle maximale (au niveau de la mer) 600 ft/min, 3 m/s • Finesse maximale 5/1 à vitesse NC • Roulage au décollage 150/160 ft, 45/50 m • Roulage à l'atterrissage 100/200 ft, 50/60 m • Autres caractéristiques NC.

* Conditions du test non spécifiées.

Mainair/Southdown Sailwings
Puma MS
(pendulaire)

Biplace en tandem monomoteur à voilure souple; pilotage pendulaire. Voilure type Rogallo avec dérive au-dessus de l'aile. Le pilote est suspendu sous la voilure dans un siège-harnais et utilise un trapèze de commande (pilotage par déplacement du centre de gravité par rapport au centre de poussée). Voilure haubanée sol et vol par câbles; transversale flottante; double entoilage (> 75%) transversale intégrée; lattes préformées. Atterrisseur tricycle; sans suspension. Roue avant directrice non conjuguée au palonnier. Frein sur la roue avant. Chariot en tubes de duralumin avec carénage sur option. Moteur monté sous l'aile utilisé en propulsif. Technologie : identique à celle du précédent.

1-Le *Puma MS* utilise un chariot identique à celui du *Tri-Flyer Two Seater*. Mais, au lieu de l'aile de chez Flexiform, il est doté de la *Lightning DS* de Southdown Sailwings. (Pour une explication de la nomenclature des Pumas voir à Southdown Sailwings).

Prix : chariot prêt à voler **1 696 £**, chariot en kit **1 348 £**; plans du chariot **30 £**, aile **1 164 £**. Principal accessoire : connecteur d'aile **13 £**.

2-DIMENSIONS EXTERIEURES ET SURFACES
Longueur hors tout 11,2 ft, 3,41 m • Hauteur hors tout 10 ft, 3,05 m • Envergure (aile) 34,5 ft, 10,52 m • Corde à l'emplanture 8 ft, 2,44 m • Corde aux extrémités 3,5 ft, 1,07 m • Angle de bec 130° • Hauteur plan fixe vertical 3,3 ft, 1,01 m • Surface alaire totale 195 ft^2, 18,1 m^2 • Allongement 6,3/1 • Voie du train 6 ft, 1,83 m • Diamètre de la roue avant 16 inches, 40,6 cm • Diamètre des roues principales 16 inches, 40,6 cm.

3-MOTORISATION
Voir le *Tri-Flyer Two Seater/Dual Striker* sauf : rapport puissance/surface alaire 0,26 hp/ft^2, 2,8 CV/m^2

4-MASSES ET CHARGES
Masse à vide 310 lbs, 141 kg • Masse maximale au décollage 560 lbs, 254 kg • Charge utile 250 lbs, 113 kg • Charge alaire maximale 2,87 lbs/ft^2, 14 kg/m^2 • Rapport poids/puissance 11,2 lbs/hp, 5 kg/CV • Facteurs de charges + 4 g — 2 g calculées — + 6 g — 3 g à rupture.

5-PERFORMANCES*
Vitesse maximale en palier 50 mph, 80 km/h • Vne 60 mph, 97 km/h • Croisière (maximale) 50 mph, 80 km/h • Croisière (économique) 43 mph, 69 km/h • Vitesse de décrochage 25 mph, 40 km/h • Vitesse ascensionnelle maximale (au niveau de la mer) 600 ft/min, 3 m/s • Autres caractéristiques NC.

* Conditions du test non spécifiées.

Mainair/Southdown Sailwings
Puma Sprint MS
(pendulaire)

Description semblable à celle du *Puma MS* sauf : voilure avec double entoilage sur 70% de la corde.

1-Le *Puma Sprint MS* est la combinaison du chariot du *Puma MS* et de l'aile *Sprint* de Southdown Sailwings. Cet appareil a fait son apparition en avril 1983, son prix ne nous a pas été communiqué et il n'est pas non plus spécifié s'il viendra compléter la gamme de Mainair aux côtés du *Puma MS* ou remplacer purement et simplement celui-ci.

2-DIMENSIONS EXTERIEURES ET SURFACES
Voir le *Puma MS* sauf : voie du train 6 ft, 1,83 m • Empattement 6 ft, 1,83 m • Diamètre de la roue avant 16 inches, 40,6 cm • Diamètre des roues principales 16 inches, 40,6 cm.

3-MOTORISATION
Voir le *Tri-Flyer Two Seater/Dual Striker* sauf : rapport puissance/surface alaire 0,28 hp/ft^2, 3,1 CV/m^2.

4-MASSES ET CHARGES
Masse à vide 310 lbs, 141 kg • Charge alaire maximale 1,72 lbs/ft^2, 8,4 kg/m^2 • Rapport poids/puissance 11,2 lbs/hp, 5 kg/CV • Facteurs de charges calculées NC + 6 g — 3 g à rupture.

5-PERFORMANCES NC.

MICRO BIPLANE AVIATION

Heverport Ltd t/a MBA, Sopwith Works, Central Avenue, Worksop, Nottinghamshire S201EN; tél 0909482638. Directeur : Tom Wright.

Micro Biplane Aviation
Micro Bipe Prototype
(3 axes)

Monoplace monomoteur biplan, pilotage 3 axes conventionnel. Voilure sans flèche au bord d'attaque et au bord de fuite, corde constante; empennage classique. Tangage par gouverne de profondeur monobloc; lacet par gouvernail de

direction monobloc; roulis par ailerons sur les 2/3 de l'envergure de l'aile inférieure, commande au manche pour le tangage et le roulis; palonnier pour le lacet. Voilure rigidifiée par câbles et par mâts d'entreplan; profil d'aile NC à double entoilage (100%). Atterrisseur classique mais avec une roulette avant de sécurité (garde au sol de l'hélice); suspension par ressorts de la roulette de queue et par lame du train principal. Roue arrière directrice conjuguée au palonnier (la roulette avant est laissée folle). Sans freins. Structure en tubes de duralumin sans carénage de nez. Moteur monté entre les ailes et utilisé en tractif. Technologie : structure de l'aile en matériaux composites (brevetés) utilisant un entoilage imperméable avec collage à chaud.

1-Exposé pour la première fois en fin 1981, le *Micro Biplane* a été dessiné par Tom Wright. Ce *Micro-Bipe,* comme on l'appela très vite, suscita un énorme intérêt partout où il vola. Non seulement il évoquait les souvenirs romantiques des débuts de l'aviation, mais aussi il avait de façon évidente une prédisposition pour la voltige. Ceci lui valut par certains l'appellation de « *Pitts Special* miniature » après quelques loopings au meeting de Long Marston, en mai 1982.

Bien qu'il ait été proposé à la vente dès mars 1982, ses constructeurs ne furent pas en mesure de satisfaire l'énorme demande qu'avait créé ce petit avion. En mai, la décision fut prise de ne pas mettre en production le *Micro Bipe* tel qu'il était : il fallait l'affiner, le rendre productible, fonder une société pour le construire et le commercialiser. Le **Micro-Bipe** amélioré devint le *Super Tiger Cub 440* qui est décrit séparément ci-après.

2-DIMENSIONS EXTERIEURES ET SURFACES
Longueur hors tout 13 ft, 3,96 m • Hauteur hors tout 5 ft, 1,53 m • Envergure (aile) 18 ft, 5,48 m • Corde constante 3 ft, 0,91 m • Flèche 0° • Surface alaire totale 108 ft², 10 m² • Allongement 6/1 • Autres caractéristiques NC.

3-MOTORISATION
Moteur Robin EC25PS • Autres détails NC.

4-MASSES ET CHARGES
Masse à vide 165 lbs, 75 kg • Masse maximale au décollage 375 lbs, 170 kg • Charge utile 210 lbs, 95 kg • Charge alaire maximale 3,47 lbs/ft², 17 kg/m².

5-PERFORMANCES*
Vne 75 mph, 121 km/h • Croisière (maximale) 55 mph, 88 km/h • Vitesse de décrochage 30 mph, 48 km/h • Vitesse ascensionnelle maximale (au niveau de la mer) 350 ft/min, 1,8 m/s • Roulage au décollage 150 ft, 45 m • Autres caractéristiques NC.

*** Mesurées dans les conditions suivantes : température au sol 50° F, 10° C • Vent au sol 0 mph, 0 km/h • Poids du pilote 150 lbs, 68 kg.**
Avec moteur ci-dessus.

Micro Biplane Aviation
Super Tiger Cub 440
(3 axes)

Monoplace monomoteur biplan; pilotage 3 axes conventionnel. Voilure sans flèche au bord d'attaque et au bord de fuite, corde constante; empennage classique. Tangage par gouverne de profondeur monobloc; lacet par gouvernail de direction monobloc; roulis par ailerons sur toute l'envergure de l'aile; commande au manche pour le tangage et le roulis, palonnier pour le lacet. Voilure rigidifiée par câbles (haubanage sol et vol) et mâts d'entreplan; profil d'aile NC, à double entoilage (100%). Atterrisseur classique. Suspension par ressorts de la roulette de queue et par lame du train principal. Roue arrière directrice conjuguée au palonnier. Sans freins. Fuselage composite habitacle partiellement fermé. Moteur monté entre les ailes utilisé en tractif. Technologie : structure des ailes en matériaux composites et entoilage identiques au Micro-Biplane. Haubans en acier inoxydable.

1-Le *Super Tiger Cub 440* est le développement logique du *Micro-Bipe* prototype : sa structure ouverte a été remplacée par un habitacle partiellement fermé et son moteur 250 cc écarté au profit du Fuji-Robin 432 cc (EC44 de 50 cv). L'envergure des ailes a été accrue pour maintenir la charge alaire de ce lourd appareil dans les limites de la législation britannique. Bien qu'une roue avant ait été retenue pour les essais de l'appareil de présérie, cette solution destinée à assurer la garde de l'hélice au sol ne sera pas retenue pour les machines de série. A long terme, des options seront proposées pour un atterrisseur tricycle avec roue avant directrice conjuguée au palonnier ou un train classique avec une béquille sous l'avant du fuselage, pour les pilotes moins expérimentés. La facilité de pliage de l'appareil est remarquablement pratique : en enlevant simplement trois attaches rapides de chaque côté du fuselage, le *Super Tiger Cub440* se trouve prêt à être placé sur sa remorque.

L'appareil est proposé sous trois formes : en kits partiels, en un kit complet ou prêt à voler. Les kits partiels sont numérotés de 1 à 8 et peuvent être achetés séparément en fonction des possibilités financières de l'acquéreur. Ce système permet aussi au fabriquant de maintenir des prix relativement bas, chaque élément du kit devant être produit en quantité. A l'heure où nous rédigeons ces lignes, plus de 150 appareils étaient en cours de réalisation suivant ce procédé et ce petit biplan risque de ce fait d'avoir un impact considérable sur le marché britannique en fin 1983.

Deux variations partant du *Tiger Cub* apparaîtront sans doute par la suite : le E100, une version allégée destinée à l'exportation vers des pays où les limites de poids sont plus basses qu'en Grande-Bretagne, et un modèle biplace. Mais, pour l'instant, il ne s'agit encore là que de lointains projets pour Tom Wright.

Prix : kit complet **3 112 £**, appareil prêt à voler : **4 500 £** remorque comprise.

2-DIMENSIONS EXTERIEURES ET SURFACES
Longueur hors tout 13,3 ft, 4,05 m • Hauteur hors tout 5,5 ft, 1,68 m • Envergure (aile) 21 ft, 6,40 m • Corde constante 3 ft, 0,91 m (bas de l'aile) 3,5 ft, 1,07 m (haut de l'aile) • Dièdre 5° (bas de l'aile) 0° (haut de l'aile) • Plan fixe horizontal, envergure 7 ft, 2,13 m • Hauteur gouvernail de direction 2,9 ft, 0,88 m • Surface alaire totale 136 ft², 12,6 m² • Surface totale des ailerons 13,8 ft², 1,28 m² • Surface du gouvernail de direction 6,3 ft², 0,59 m² • Surface totale des gouvernes de profondeur 14,6 ft², 1,36 m² • Allongement 6.4/1 • Voie du train 4,2 ft, 1,28 m • Diamètre de la roulette de queue 4 inches, 10 cm • Diamètre des roues principales 13 inches, 33 cm.

3-MOTORISATION
Moteur Robin EC44 • Puissance maximale 50 CV x 7000 tr/mn • Diamètre et pas de l'hélice 54 x 33 inches, 1,37 x 0,84 m • Réducteur à courroie crantée rapport de réduction 2,4/1 • Poussée statique maximale 220 lbs, 100 kgp • Rapport puissance/surface alaire 2,72 hp/ft², 29,7 CV/m² • Carburant emporté 6 US gallons 5 Imp gal. 22,7 litres.

4-MASSES ET CHARGES
Masse à vide 265 lbs, 120 kg • Masse maximale au décollage 500 lbs, 227 kg • Charge utile 235 lbs, 107 kg • Charge alaire maximale 3,68 lbs/ft², 18 kg/m² • Rapport poids/puissance 10 lbs/hp, 4,5 kg/CV • Facteurs de charges + 6 g — 4 g calculées — + 9 g — 7 g à rupture.

5-PERFORMANCES*
Vitesse maximale en palier 80 mph, 129 km/h • Vne 85 mph, 137 km/h • Croisière (maximale) 70 mph, 113 km/h • Croisière (économique) 60 mph, 97 km/h • Vitesse de décrochage 30 mph, 48 km/h • Vitesse ascensionnelle maximale (au niveau de la mer) 900 ft/min, 4,6 m/s • Taux de chute minimal 500 ft/min à 36 mph, 2,5 m/s à 58 km/h • Finesse maximale 7/1 à 35 mph, 56 km/h • Roulage au décollage 60 ft, 20 m • Roulage à l'atterrissage 80 ft, 25 m • Plafond pratique 10 000 ft, 3050 m • Distance franchissable maximale 115 miles, 185 km.

* Mesurées dans les conditions suivantes : altitude QNH 0 ft, 0 m • Température au sol 50° F, 10° C • Vent au sol 0 mph, 0 km/h • Poids du pilote 150 lbs, 68 kg.
Avec moteur ci-dessus.

NIKITE

Nikite Engineering, Unit 2, 14 Duke Street Northampton, Northants. Tél 0604 24455. Propriétaires Dave Nickels et Bob White.

Nikite/Gold Marque Sports *Wraith 260/Shadow 176*
(pendulaire)

Monoplace monomoteur à voilure souple; pilotage pendulaire. Voilure type Rogallo avec dérive sous l'aile. Le pilote est suspendu sous la voilure dans un siège-harnais et utilise un trapèze de commande (pilotage par déplacement du centre de gravité par rapport au centre de poussée). Voilure haubanée sol et vol par câbles; transversale flottante; double entoilage (66%), transversale intégrée; lattes préformées. Atterrisseur tricycle; sans suspension. Roue avant directrice non conjuguée au palonnier. Sans freins. Chariot en tubes de duralumin avec carénage sur option. Moteur monté sous l'aile, utilisé en propulsif.

1-Conçu par Dave Nickels, le chariot *Wraith 260* est un modèle à mât unique prévu pour être équipé avec l'aile *Shadow 176* de Gold Marque Sports. C'est en fait une nouvelle combinaison : ce chariot a volé le premier en avril 1983 tandis que l'aile elle-même n'en est pas encore au stade de la production, d'où des chiffres approximatifs pour quelques paramètres du paragraphe 2. Toutefois, il ressort des premiers renseignements, que l'aile *Shadow 176* aurait d'excellentes performances. Le chariot est particulier en ce sens qu'à la place de l'habituelle armature pliable du siège, c'est le siège entier qui glisse sur rail fixé sur le tube inférieur. Quand l'assemblage est realisé, la structure du siège est maintenue à l'extrémité arrière du rail par une simple goupille.

En collaboration avec les sociétés Skyhook et Sheffield, ce fabricant a standardisé l'adaptation des moteurs Hunting, le choix de la version monoplace étant lié au monocylindre HS260A équipé d'origine d'un démarreur électrique. Le *Wraith 260* est livré soit prêt à voler soit en kit. Dans le cas du kit, 90% des perforations pour la boulonnerie sont effectués et l'appareil est prêt à recevoir son moteur.

2-DIMENSIONS EXTERIEURES ET SURFACES
Envergure (aile) 35,5 ft, 10,82 m • Corde à l'emplanture 8,2 ft, 2,50 m • Corde aux extrémités 3 ft, 0,91 m • Dièdre 0,7° • Angle de bec 130° • Profondeur dérive 1 ft, 0,30 m • Surface alaire totale 176 ft², 16,4 m² • Surface dérive 3 ft², 0,28 m² • Allongement 7,2/1 • Voie du train 4,5 ft, 1,37 m • Empattement 5,2 ft, 1,57 m • Diamètre de la roue avant 12 inches, 30 cm • Diamètre des roues principales 12 inches, 30 cm.

3-MOTORISATION
Moteur Hunting HS260A • Puissance maximale 25 CV x 6000 tr/mn • Diamètre et pas de l'hélice 52 x 27 inches, 1,32 x 0,69 m • Réducteur à courroie en V rapport de réduction 2,3/1 • Poussée statique maximale 175 lbs, 79 kgp • Rapport puissance/surface alaire 0,14 hp/ft², 1,5 CV/m² • Carburant emporté 2,7 US gallons 2,3 Imp gal. 10,2 litres.

4-MASSES ET CHARGES
Masse à vide 174 lbs, 79 kg • Masse maximale au décollage 388 lbs, 176 kg • Charge utile 214 lbs, 97 kg • Charge alaire maximale 2,20 lbs/ft², 10,7 kg/m² • Rapport poids/puissance 15,5 lbs/hp, 7 kg/CV • Facteurs de charges NC.

5-PERFORMANCES NC

Nikite/Southdown Sailwings *Wraith 525/Lightning DS*
(pendulaire)

Description semblable à celle du *Wraith 260/Shadow* sauf : biplace en tandem, voilure type Rogallo avec dérive au-dessus de l'aile, entoilage double surface sur plus de 75% de la corde.

1-La plupart des constructeurs se lancent d'abord dans la fabrication d'un monoplace, puis évoluent vers les modèles biplaces; dans le cas de Nikite, l'inverse s'est produit puisque le *Wraith 525* biplace a été en réalité lancé avant le *260* monoplace. Le biplace a pris l'air en octobre 1982 et a été conçu pour être compatible avec deux ailes Rogallo : la Chargus *Titan* et la Southdown Sailwings *Lightning DS*. Cependant nos informations se rapportent à cette seule dernière, comme étant celle la plus rapidement disponible actuellement. A la différence du monoplace *260*, le *525* n'a pas été conçu chez Nikite mais il est extrapolé d'un concept de John Sharpe, un specialiste enthousiaste de Northampton qui en remit les plans à Nikite. Il existe des similitudes évidentes avec l'appareil monoplace, surtout en ce qui concerne l'adaptation du moteur et la fixation du siège. Comme le monoplace, le 525 est vendu soit prêt à voler, soit sous forme de kit pour **1 218 £** ou **1 000 £**, respectivement, l'aile coûtant **1 164 £.**

2-DIMENSIONS EXTERIEURES ET SURFACES
Longueur hors tout 11,2 ft, 3,35 m • Envergure (aile) 34,5 ft, 10,52 m • Corde à l'emplanture 8 ft, 2,44 m • Corde aux extrémités 3,5 ft, 1,07 m • Angle de bec 130° • Hauteur plan vertical 3,3 ft, 1,01 m • Surface alaire totale 195 ft², 18,1 m² • Allongement 6,3/1 • Voie du train 5,2 ft, 1,57 m • Empattement 6 ft, 1,83 m • Diamètre de la roue avant 12 inches, 30 cm • Diamètre des roues principales 12 inches, 30 cm.

3-MOTORISATION
Moteur Hunting HS525A • Puissance maximale 45 CV à 6000 tr/mn • Diamètre et pas de l'hélice 52 x 30 inches, 1,32 x 0,76 m • Réducteur à courroie en V rapport de réduction 2/1 • Poussée statique maximale 250 lbs, 113 kgp • Rapport puissance/surface alaire 0,23 hp/ft², 2,5 CV/m² • Carburant emporté 2,7 US gallons 2,3 Imp gal 10.2 litres.

4-MASSES ET CHARGES
Masse à vide 231 lbs, 105 kg • Masse maximale au décollage 641 lbs, 291 kg • Charge utile 410 lbs, 186 kg • Charge alaire maximale 3,29 lbs/ft², 16,1 kg/m² • Rapport poids/puissance 14,2 lbs/hp, 6,5 kg/CV • Facteurs de charges + 4 g — 2 g calculées — + 6 g — 3 g à rupture.

5-PERFORMANCES NC.

NOBLE HARDMAN

Noble Hardman Aviation Ltd, Penbidwal House, Pandy, Gwent; tel 087382 367, tx 437 269. Directeurs David Hardman, Richard Noble, Philip Noble.

Noble Hardman *Snowbird*
(3 axes)

Biplace en tandem monomoteur à l'aile haute, pilotage 3 axes conventionnel. Voilure avec flèche au bord d'attaque, sans flèche au bord de fuite, corde dégressive; empennage cruciforme. Tangage par gouverne(s) de profondeur articulée sur le plan fixe horizontal; lacet par gouvernail de direction articulé sur la dérive; roulis par ailerons sur la moitié de l'envergure de l'aile; commande au manche pour le tangage et le roulis, palonnier pour le lacet. Voilure haubanée portée par des mâts; profil d'aile NACA 4412 à double entoilage : 100%. Atterrisseur tricycle; suspension par ressorts sur toutes les roues. Roue avant directrice conjuguée au palonnier. Frein sur la roue avant. Structure tubes de duralumin habitacle partiellement fermé. Moteur monté sous l'aile utilisé en tractif.

1-Ce n'est pas un hasard si le *Snowbird* et le *Ladybird* de Mike Campbell-Jones ont tous deux pour origine le même village gallois. Les directeurs de la firme Noble Hardman Aviation s'étaient engagés avec Mike sur un même projet et, quand Mike prit la décision de mener tout seul son entreprise, Philip et Richard Noble ainsi que David Hardman montèrent leur propre société pour mettre au point un biplace. Le *Snowbird* fut le résultat. C'est un appareil de pilotage conventionnel 3 axes avec doubles commandes complétées (y compris les gazs) et construit en tubes et Dacron. Malgré la collaboration initiale de ses concepteurs avec celui du *Ladybird,* le *Snowbird* a peu de parenté avec ce dernier et l'on doit le considérer comme un dessin original. Sa voilure est dotée d'un longeron constitué de deux tubes placés au quart de la corde de profil, avec un bord d'attaque en D en mousse. Les nervures sont renforcées d'aluminium et le revêtement est amovible pour permettre l'entretien et le contrôle de la structure.

Au moment où nous mettons sous presse, cet appareil est encore en cours d'élaboration (notre illustration est une maquette), mais la société souhaite commercialiser son *Snowbird* en fin 1983. Ne seront proposés à cette date que des appareils ayant subi des essais complets en vol en sortie d'usine. Les futurs projets de Philip et Richard Noble porteraient sur un modèle à charge alaire inférieure, destinée au marché français, ainsi que sur un kit de transformation en hydravion avec des flotteurs. La particularité intéressante du dispositif de flotteurs est que ces derniers ne seront pas fixés rigidement à l'appareil, mais par l'intermédiaire d'une suspension à bras oscillants et d'un amortisseur pneumatique.

Prix prévu en version standard : **3 500£.**

2-DIMENSIONS EXTERIEURES ET SURFACES

Longueur hors tout 20 ft, 6,10 m • Hauteur hors tout 7,6 ft, 2,32 m • Envergure (aile) 36 ft, 10,97 m • Corde à l'emplanture 5,6 ft, 1,70 m • Corde aux extrémités 4,4 ft, 1,35 m • Dièdre 2° • Flèche 3° • Plan fixe horizontal, envergure 6,6 ft, 2 m • Hauteur plan fixe vertical 4,1 ft, 1,25 m • Surface alaire totale 180 ft², 16,7 m² • Surface totale des ailerons 16,5 ft², 1,53 m² • Surface du plan fixe vertical 12,5 ft², 1,16 m² • Surface du gouvernail de direction 7,5 ft², 0,70 m² • Surface du plan fixe horizontal 22,4 ft², 2,08 m² • Surface totale des gouvernes de profondeur 7,5 ft², 0,70 m² • Allongement 7,2/1 • Voie du train 6,3 ft, 1,92 m • Empattement 5,2 ft, 1,58 m • Diamètre de la roue avant 14 inches, 36 cm • Diamètre des roues principales 16 inches, 41 cm • Flotteurs (option) longueur 12 ft, 3,66 m • Flottabilité 1200 lbs, 544 kg.

3-MOTORISATION

Moteur Robin EC44 • Puissance maximale 50 CV à 6500 tr/mn • Diamètre et pas de l'hélice 62 x 27 inches, 1,57 x 0,69 m • Réducteur à courroie crantée rapport de réduction 2,8/1 • Poussée statique maximale 320 lbs, 145 kgp • Rapport puissance/surface alaire 0,28 hp/ft², 3 CV/m² • Carburant emporté 4,8 US gallons 4 Imp gal 18,2 litres dans le réservoir principal — 1,2 US gallons 1 Imp gallons 4,5 litres en réservoir supplémentaire.

4-MASSES ET CHARGES

Masse à vide 300 lbs, 136 kg • Masse maximale au décollage 696 lbs, 316 kg • Charge utile 396 lbs, 180 kg • Charge alaire maximale 3,87 lbs/ft², 18,9 kg/m² • Rapport poids/puissance 13,9 lbs/hp, 6,3 kg/CV • Facteurs de charges + 6 g — 4 g calculées, à rupture NC.

5-PERFORMANCES*

Vitesse maximale en palier 65 mph, 105 km/h • Vne 80 mph, 129 km/h • Vitesse de décrochage 28/33 mph, 45/53 km/h • Vitesse ascensionnelle maximale (au niveau de la mer) 750 ft/min, 3,8 m/s • Autres caractéristiques NC.

*** Conditions du test non spécifiées.**

P.M. & T.

P.M. & T. Whites Close, Alfreton, Derby, Derbyshire. Tél 0773 686281. Propriétaire Tim Moore.

P.M. & T.
Honeybird
(3 axes)

Monoplace monomoteur à l'aile haute; pilotage 3 axes conventionnel. Voilure sans flèche au bord d'attaque et au bord de fuite, corde constante; empennage classique. Tangage par gouverne de profondeur articulée sur le plan fixe horizontal; lacet par gouvernail de direction articulé sur la dérive; roulis par spoilerons sur un quart de l'envergure de l'aile; commande au manche pour le tangage et le roulis, palonnier pour le lacet. Voilure haubanée portée par des mâts; profil d'aile NACA 23015 à double entoilage (100%). Atterisseur classique; suspension par lame et caoutchouc du train principal. Roue arrière directrice conjuguée au palonnier. Freins NC. Structure en tubes de duralumin avec carénage. Moteur monté sous l'aile, utilisé en propulsif. Technologie : carénage en Kevlar et fibre de carbone. La voilure, de construction composite, utilise des tubes de duralumin répondant aux spécifications de la norme HT30TF, de la mousse polyuréthane et un revêtement en bois marouflé.

1-En plan et de profil, le PM & T *Honeybird* ressemble à l'*Aeolus* britannique d'Aeolus Aviation. Mais son concepteur, Tim Moore, nous a assuré que toute similitude reste pure coïncidence et que les deux sociétés ne connaissaient rien de leur projet respectif lorsqu'il s'est attelé à la planche à dessins. En fait la structure des deux appareils diffère plus qu'il n'apparaît d'abord : *l'Aeolus* utilise un fuselage en fibre de verre, tandis que la structure, de forme semblable, du *Honeybird* n'est actuellement qu'un carénage fixé sur un châssis en aluminium.

Tim reconnît qu'en comparaison de certains kits simples, de technologie tubes-toile, construire un *Honeybird* est un long travail. Cependant les passionnés d'esthétique ne seront pas découragés pour autant, car cet *Honeybird* est virtuellement l'un des appareils les plus élégants : ses ailes marouflées en bois seront sans doute d'un effet remarquable. Bien que cet *Honeybird* soit par définition un ULM sa construction est réalisée sous l'égide de l'Association des constructeurs amateurs Britanniques, la P.F.A., dont les exigences techniques insitent davantage sur le centrage que sur l'alimentation en carburant : le reservoir principal est donc placé dans l'aile avec une réserve derrière le pilote.

Le *Honeybird* reste fondamentalement un appareil de construction amateur, qui au moment où nous écrivons ces lignes, est sur le point d'effectuer son premier vol. Cependant, Tim affirme que si cet ULM révèle de bonnes qualités de vol, il pourrait le vendre ultérieurement en kit et non pas simplement sous la forme d'une liasse de plans.

2-DIMENSIONS EXTERIEURES ET SURFACES

Longueur hors tout 18,5 ft, 5,64 m • Hauteur hors tout 6,5 ft, 1,98 m • Envergure (aile) 32,5 ft, 9,91 m • Corde constante 4 ft, 1,22 m • Dièdre 3° • Flèche 0° • Plan fixe horizontal, envergure 7 ft, 2,13 m • Hauteur plan fixe vertical 4 ft, 1,22 m • Surface alaire totale 130 ft², 12,1 m² • Surface totale des spoilerons 3 ft², 0,28 m² • Allongement 8,1/1 • Voie du train 7 ft, 2,13 m • Diamètre de la roulette de queue 4 inches, 10 cm • Diamètre des roues principales 12 inches, 30 cm • Autres caractéristiques NC.

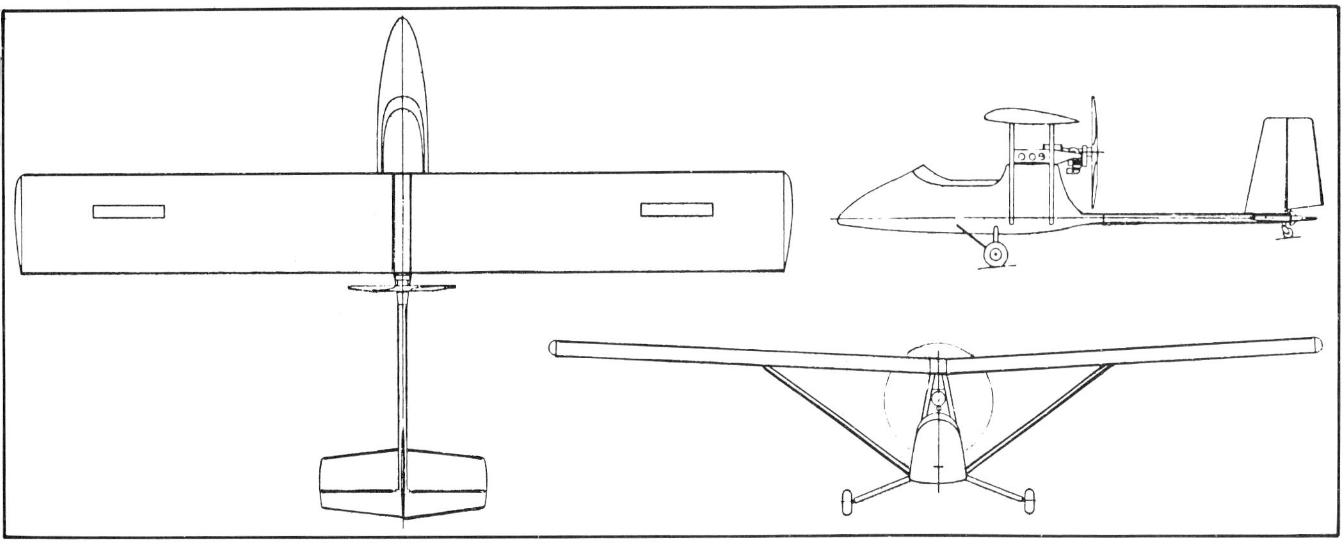

3-MOTORISATION
Moteur NGL WAE 342 • Puissance maximale 30 cv à 6800 tr/min • Réducteur à courroie en V • Rapport puissance/surface alaire 0,23 hp/ft², 2,5 CV/m² • Carburant emporté 3,6 US gallons 3 Imp gal 13,6 litres dans le réservoir principal — 4,8 US gallons 4 Imp gallons 18,2 litres en réservoir supplémentaire • Autres caractéristiques NC.

4-MASSES ET CHARGES
Masse à vide 260 lbs, 118 kg • Masse maximale au décollage 510 lbs, 231 kg • Charge utile 250 lbs, 113 kg • Charge alaire maximale 3,92 lbs/ft², 19,1 kg/m² • Rapport poids/puissance 17 lbs/hp, 7,7 kg/CV • Facteurs de charges + 6 g — NC calculées, à rupture NC.

5-PERFORMANCES*
Vne 129 mph, 175 km/h • Croisière (maximale) 68 mph, 109 km/h • Vitesse de décrochage 34 mph, 55 km/h • Finesse maximale 15/1 à vitesse NC.
*** Mesurées dans les conditions suivantes : poids du pilote 180 lbs, 82 kg • Autres caractéristiques NC.**

SHARP & SONS

Sharp & Sons, 104-6 Green Road, Colne, Lancashire BB8 8AJ; tel 0282 864073. Propriétaire : Roy Sharp.

Sharp & Sons/Airwave *Tartan/Nimrod*
(pendulaire)

Monoplace monomoteur à voilure souple; pilotage pendulaire. Voilure type Rogallo avec dérive sous l'aile. Le pilote est suspendu sous la voilure dans un siège-harnais et utilise un trapèze de commande (pilotage par déplacement du centre de gravité par rapport au centre de poussée). Voilure haubanée sol et vol par câbles; transversale flottante; double entoilage (70%). Atterrisseur tricycle; sans suspension. Roue avant directrice non conjuguée au palonnier. Sans freins. Chariot en tubes de duralumin avec carénage sur option. Moteur monté sous l'aile utilisé en propulsif.

1-Même comparée au développement trépidant des firmes de l'industrie de l'ULM, l'allure à laquelle la renommée de Sharp & Son s'est développée reste remarquable. Durant l'été 1982, personne dans le domaine de l'ultraléger n'avait entendu parler de cette modeste société d'engineering du Lancashire. Vers le printemps 1983, la firme était réputée être le meilleur fabricant de réducteurs du Royaume Uni, ainsi que d'hélices bâti-moteurs et toutes pièces difficiles à usiner. S'ajoutant à cet ensemble d'activités, la fabrication d'ULM n'a été fatalement qu'un à côté, puisqu'un total de quatre chariots *Tartan* a été fabriqué (3 d'entre eux équipés d'un moteur Robin 330 cc et le dernier avec un 250 cc.

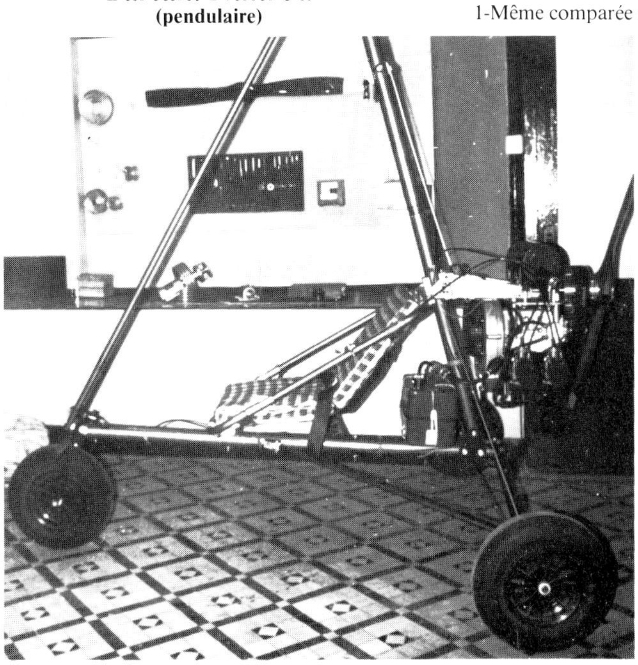

Le Sharp & Sons Tartan avec Fuji Robin EC 34 PM

Le Sheffield Micro Light Trident avec Fuji Robin EC 25 PS, équipé ici d'une aile Flexiform Sky Sails Striker

Roy les a construits en grande partie sous la pression d'une clientèle qui lui achetait de toute façon différentes pièces et décida qu'elle pourrait aussi bien lui faire construire le reste ! Le *Tartan,* ainsi nommé en raison de son revêtement de siège en tissu écossais, est la plupart du temps associé à l'aile Airway *Nimrod.* Il a été en grande partie inspiré par le *Tripacer* de Ultrasports, bien que Roy Sharp affirme qu'il s'agit d'une structure plus renforcée avec un tube de plus fort diamètre, un berceau moteur moulé et des bagues en tubes en plastique resistant pour éviter que les boulons ne compriment les tubes.

Bien que le *Tartan* soit un chariot tout à fait conventionnel, ses propriétaires ont la satisfaction de savoir, qu'une grande partie de leur machine a été fabriquée sur place par le même constructeur : la tubulure, le bâti-moteur, l'hélice, le pot d'échappement et le réducteur. Roy Sharp admet, toutefois, que son goût ne le pousse pas réellement au pilotage pendulaire. En partie à cause de cela et pour pouvoir honorer des commandes de pièces détachées, il n'envisage pas de produire d'autres *Tartan.* Cependant il n'a pas dit son dernier mot en tant qu'avionneur : son dernier projet prend forme à l'usine de Colne et il s'agit d'un biplan.

Dans les paragraphes 2-5, où les données diffèrent pour les version 330 et 250cc du *Tartan;* celles du 250cc sont indiquées entre parenthèses.

2-DIMENSIONS EXTERIEURES ET SURFACES

Longueur hors tout 11,8 ft, 3,60 m • Envergure (aile) 32,8 ft, 10 m • Angle de bec 120° • Surface alaire totale 165 ft², 15,3 m² • Allongement 6,5/1 • Diamètre de la roue avant 16 inches, 41 cm • Diamètre des roues principales 16 inches, 41 cm • Autres caractéristiques NC.

3-MOTORISATION

Moteur Robin EC 34PM (EC 25PS) • Diamètre et pas de l'hélice 54 x 30 (27) inches, 1,37 x 0,76 (0,69) m • Réducteur à courroie crantée rapport de réduction 2,3/1 • Carburant emporté 2,4 Us gallons 2 Imp gal. 9,1 litres • Autres caractéristiques NC.

4-MASSES ET CHARGES NC

5-PERFORMANCES*

Vitesse ascensionnelle maximale (au niveau de la mer) 650 (NC) ft/min, 3,3 (NC) m/s • Autres caractéristiques NC.

*** Mesurées dans les conditions suivantes : altitude QNH 0 ft, 0 m • Température au sol 59° F, 15° C • Vent au sol 5 mph, 8 km/h • Poids du pilote 168 lbs, 76 kg.**
Avec moteur ci-dessus.

SHEFFIELD MICRO-LIGHT

Big Boy Toys Ltd t/a Sheffield Micro-Light Aircraft, 52 Crescent Road, Nether Edge, Sheffield S7 1HN; tel 0742 585644. Directeurs : Jackson, S Hardwick.

Sheffield Micro-Light/Skyhook Sailwings *Trident (moteur Solo)/Sabre C*

(pendulaire)

Monoplace monomoteur à voilure souple, pilotage pendulaire. Voilure type Rogallo avec dérive sous l'aile. Le pilote est suspendu sous la voilure dans un siège-harnais et utilise un trapèze de commande (pilotage par déplacement du centre de gravité par rapport au centre de poussée). Voilure haubanée sol et vol par cables; transversale flottante; entoilage double surface (55%) transversale intégrée; lattes préformées. Atterrisseur tricycle; sans suspension. Roue avant directrice non conjuguée au palonnier. Sans freins. Chariot en tubes de duralumin avec carénage de nez sur option. Moteur monté sous l'aile et utilisé en propulsif.

Le réducteur du Trident

1-Sheffield Micro-Light Aircraft est l'un des plus modestes fabricants de chariots de Grande-Bretagne et son nom ne defraie pas souvent la chronique. Néanmoins, cette société peut prétendre au moins à une certaine renommée car l'un de ses appareils a gagné la course de vitesse de Norfolk en 1981. Ses chariots monoplaces sont tous identiques sauf en ce qui concerne le moteur, avec trois options possibles : Solo, Fuji-Robin EC25PS et Hunting HS260A. Tous trois sont des monocylindres et le Hunting est équipé d'un démarreur électrique. La conception du *Trident* est conventionnelle en Grande-Bretagne : avec un unique mât vertical. Ses caractéristiques en vol tiennent à l'aile *Sabre C* de Skyhook Sailwings. La particularité la plus intéressante de ce chariot est peut-être son réducteur, d'une conception propre à Sheffield Micro-Light et qui fait appel à un moyeu fixe autour duquel tourne le moyen de l'hélice.

Les trois modèles à moteurs différents sont actuellement en production ; jusqu'à présent, Peter Jackson en a construit six avec moteur Solo, dix avec un Fuji-Robin et cinq avec un Hunting. Ces appareils sont disponibles uniquement montés et prêts à voler. Les chariots monoplaces de Sheffield Micro-Lights peuvent être munis des options suivantes : carénage en fibre de verre, carénage de roues, ainsi qu'une hélice en alliage repliable.

Le plus récent projet de Peter Jackson, dont nous n'avons entendu parler qu'au moment de mettre sous presses, porte sur la construction d'un chariot léger, associé au moteur WAM WAE 342, léger (8,4 kg) et puissant (30 cv). Le but qu'il s'est fixé est d'arriver à un poids total pour le chariot et le moteur de 154 lbs (70 kg) et ainsi de dispenser la machine des contraintes de la réglementation en vigueur au Royaume-Uni. Une caractéristique inhabituelle est l'utilisation d'une hélice tripale en prise directe et carénée pour diminuer le bruit aérodynamique.

Prix : *Trident* avec moteur *Solo,* monté, prêt à voler **700 £;** aile *Sabre C* **820 £.**

2-DIMENSIONS EXTERIEURES ET SURFACES

Longueur hors tout 12,7 ft, 3,87 m • Hauteur hors tout 11 ft, 3,35 m • Envergure (aile) 34 ft, 10,36 m • Surface alaire totale 195 ft², 18,1 m² • Voie du train 5 ft, 1,52 m • Empattement 5 ft, 1,52 m • Diamètre de la roue avant 12 inches, 30 cm • Diamètre des roues principales 12 inches, 30 cm • Autres caractéristiques NC.

3-MOTORISATION

Moteur Solo • Puissance maximale 20 CV à 6900 tr/mn • Diamètre et pas de l'hélice 50 x 33 inches, 1,27 x 0,84 m • Réducteur à courroie en V rapport de réduction 2,3/1 • Poussée statique maximale 125 lbs, 57 kgp • Rapport puissance/surface alaire 0,10 hp/ft², 1,1 CV/m² • Carburant emporté 2,4 US gallons 2 Imp gal 9,1 litres.

4-MASSES ET CHARGES

Masse à vide 139 lbs, 63 kg • Masse maximale au décollage 375 lbs, 170 kg • Charge utile 236 lbs, 107 kg • Charge alaire maximale 1,92 lbs/ft², 9,4 kg/m² • Rapport poids/puissance 18,8 lbs/hp, 8,5 kg/CV • Facteurs de charges + NC g — 3 g calculées — + 4 g — NC g à rupture.

5-PERFORMANCES*

Vitesse maximale en palier 55 mph, 88 km/h • Croisière (maximale) 43 ft, 69 m • Croisière (économique) 27 mph, 43 km/h • Vitesse de décrochage 22 mph, 35 km/h • Vitesse ascensionnelle maximale (au niveau de la mer) 450 ft/min, 2,29 m/s • Taux de chute minimal 200 ft/min à 25 mph, 1 m/s à 40 km/h • Finesse maximale 8/1 à 27 mph, 43 km/h • Roulage au décollage 85 ft, 26 m • Roulage à l'atterrissage 110 ft, 35 m • Distance franchissable maximale 115 miles, 185 km • Autres caractéristiques NC

*** Mesurées dans les conditions suivantes : altitude QNH 0 ft, 0 m • Température au sol 59° F 15° C • Vent au sol 0 mph, 0 km/h • Poids du pilote 196 lbs, 89 kg.**
Avec moteur ci-dessus.

Sheffield Micro-Light/Skyhook Sailwings *Trident (moteur Robin)/ Sabre C*

(pendulaire)

1-Pour la description se reporter au *Trident Sabre C* (moteur Solo). Prix : Chariot prêt à voler (moteur Robin) **850 £;** aile **Sabre C 820 £.**

2-DIMENSIONS EXTERIEURES ET SURFACES

Voir le *Trident (moteur Solo) Sabre C.*

3-MOTORISATION
Voir le Trident (moteur Solo) Sabre C sauf : Moteur Robin EC25PS • Puissance maximale 18 CV à 6000 tr/mn • Diamètre et pas de l'hélice 54 x 30 inches, 1,37 x 0,76 m • Poussée statique maximale 133 lbs, 60 kgp • Rapport puissance/surface alaire 0,09 hp/ft², 1 CV/m².

4-MASSES ET CHARGES
Masse à vide 179 lbs, 81 kg • Masse maximale au décollage 455 lbs, 206 kg • Charge utile 276 lbs, 125 kg • Charge alaire maximale 2,33 lbs/ft², 11,4 kg/m² • Rapport poids/puissance 25,3 lbs/hp, 11,4 kg/CV • Facteurs de charges + NC g — 3 g calculées • + 4 g — NC g à rupture.

5-PERFORMANCES
Vitesse maximale en palier 55 mph, 88 km/h • Croisière (maximale) 44 mph, 71 km/h • Croisière (économique) 28 mph, 45 km/h • Vitesse de décrochage 24 mph, 39 km/h • Vitesse ascensionnelle maximale (au niveau de la mer) 460 ft/min, 2,34 m/s • Taux de chute minimal 225 ft/min à 26 mph, 1,1 m/s à 42 km/h • Finesse maximale 7/1 à 28 mph, 45 km/h • Roulage au décollage 80 ft, 24 m • Roulage à l'atterrissage 125 ft, 40 m • Distance franchissable maximale 101 miles, 163 km • Autres caractéristiques NC.

*** Mesurées dans les conditions suivantes : altitude QNH 0 ft, 0 m • Température au sol 59° F, 15° C • Vent au sol 0 mph, 0 km/h • Poids du pilote 196 lbs 89 kg.**

Avec moteur ci-dessus.

Sheffield Micro-Light/Skyhook Sailwings *Trident (moteur Hunting) Sabre C*
(pendulaire)

1-En ce qui concerne la description, voir le *Trident Sabre C* moteur Solo.
Prix : *Trident* (avec moteur Hunting) **950 £**; aile *Sabre C* **820 £.**

2-DIMENSIONS EXTERIEURES ET SURFACES
Voir le *Trident (moteur Solo) Sabre C.*

3-MOTORISATION
Voir le *Trident (moteur solo) Sabre C* sauf : Moteur Hunting HS260A • Puissance maximale 25 CV à 6000 tr/mn • Diamètre et pas de l'hélice 54 x 32 inches, 1,37 x 0,81 m • Poussée statique maximale 139 lbs, 63 kgp • Rapport puissance/surface alaire 0,13 hp/ft², 1,4 CV/m².

4-MASSES ET CHARGES
Masse à vide 183 lbs, 83 kg • Masse maximale au décollage 459 lbs, 208 kg • Charge utile 276 lbs, 125 kg • Charge alaire maximale 2,35 lbs/ft², 11,5 kg/m² • Rapport poids/puissance 18,3 lbs/hp, 8,3 kg/CV • Facteurs de charges + NC g — 3 g calculées — + 4 g — NC à rupture.

5-PERFORMANCES*
Voir le *Trident (moteur Robin) Sabre C* sauf : Vitesse ascensionnelle maximale (au niveau de la mer) 490 ft/min, 2,5 m/s • Distance franchissable maximale 104 miles, 167 km.

*** Mesurées dans les conditions suivantes : altitude QNH 0 ft, 0 m • Température au sol 59° F, 15° C • Vent au sol 0 mph, 0 km/h • Poids du pilote 196 lbs, 89 kg.**
Avec moteur ci-dessus.

Sheffield Micro-Light/Skyhook Sailwings *Trident Dual/Dual Striker*
(pendulaire)

Biplace côte à côte, monomoteur à voilure souple, pilotage pendulaire. Voilure type Rogallo avec dérive sous l'aile. Le pilote est suspendu sous la voilure dans un siège-harnais et utilise un trapèze de commande (pilotage par déplacement du centre de gravité par rapport au centre de poussée). Voilure haubanée sol et vol par câbles; bowsprit; double entoilage (65%); lattes préformées. Atterrisseur tricycle, sans suspension. Roue avant directrice non conjuguée au palonnier. Frein sur la roue avant. Chariot en tubes de duralumin sans carénage de nez. Moteur monté sous l'aile et utilisé en propulsif.

1-Le *Trident Dual/Dual Striker* est un appareil d'entraînement de chez Sheffield Microlight. Il possède en général des aménagements semblables aux monoplaces, la seule différence notable étant l'adjonction d'un frein sur la roue avant. Au moment où nous écrivons ces lignes, un seul exemplaire a été produit et équipé d'un moteur Hunting HS525A.
Des carénages de roues sont en option, mais les autres options énumérées pour les monoplaces ne sont pas valables pour cette machine.
Prix : le chariot Trident Dual **1 400 £**; l'aile *Dual Striker* **1 104,35 £.**

2-DIMENSIONS EXTERIEURES ET SURFACES
Longueur hors tout 14 ft, 4,27 m • Hauteur hors tout 10,5 ft, 3,20 m • Envergure (aile) 38 ft, 11,58 m • Corde à l'emplanture 9 ft, 2,74 m • Corde aux extrémités 3,5 ft, 1,07 m • Dièdre 2° • Flèche 15° • Profondeur dérive 1,2 ft, 0,37 m • Surface alaire totale 250 ft², 23,2 m² • Surface dérive 3,5 ft², 0,33 m² • Allongement 6/1 • Voie du train 5 ft, 1,52 m • Empattement 5,5 ft, 1,68 m • Diamètre de la roue avant 17 inches, 43 cm • Diamètre des roues principales 16 inches, 41 cm.

3-MOTORISATION
Moteur Hunting HS525A • Puissance maximale 45 CV à 6000 tr/mn • Diamètre et pas de l'hélice 56 x 36 inches, 1,42 x 0,91 m • Réducteur à courroie crantée rapport de réduction 2,3/1 • Poussée statique maximale 285 lbs, 129 kgp • Rapport puissance/surface alaire 0,18 hp/ft², 1,9 CV/m² • Carburant emporté 2,4 US gallons 2 Imp gal. 9,1 litres.

4-MASSES ET CHARGES
Masse à vide 252 lbs, 114 kg • Masse maximale au décollage 688 lbs, 312 kg • Charge utile 436 lbs, 198 kg • Charge alaire maximale 2,75 lbs/ft², 13,4 kg/m² • Rapport poids/puissance 15,3 lbs/hp, 6,9 kg/CV • Facteurs de charges + 4,5 g — 2 g calculées, à rupture NC.

5-PERFORMANCES*
Vitesse maximale en palier 58 mph, 93 km/h • Croisière (maximale) 44 mph, 71 km/h • Croisière (économique) 30 mph, 48 km/h • Vitesse de décrochage 27 mph, 43 km/h • Vitesse ascensionnelle maximale (au niveau de la mer) 780 ft/min, 4 m/s • Taux de chute minimal 320 ft/min à 29 mph, 1,6 m/s à 47 km/h • Finesse maximale 5/1 à 33 mph, 53 km/h • Roulage au décollage 100 ft, 30 m • Roulage à l'atterrissage 80 ft, 25 m • Autres caractéristiques NC.

*** Mesurées dans les conditions suivantes : altitude QNH 0 ft, 0 m • Température au sol 59° F, 15° C • Vent au sol 0 mph, 0 km/h • Poids du pilote 168 lbs, 76 kg • Poids du passager 168 lbs, 76 kg.**
Avec moteur ci-dessus.

SKYHOOK SAILWINGS

Skyhook Sailwings Ltd, Vale Mill, Hollinwood Road, Oldham, Lancs OL 84PG; tél 061-624 3427/8351, Directeur : Len Gabriels.

Skyhook Sailwings *TR1 MKI/Sabre C*
(pendulaire)

Monoplace monomoteur à voilure souple; pilotage pendulaire. Voilure type Rogallo avec dérive sous l'aile. Le pilote est suspendu sous la voilure dans un siège-harnais et utilise un trapèze de commande (pilotage par déplacement du centre de gravité par rapport au centre de poussée). Voilure haubanée sol et vol par câbles; transversale flottante avec double entoilage (55%) transversale intégrée lattes préformées. Atterrisseur tricycle; sans suspension. Roue avant directrice non conjuguée au palonnier. Sans freins. Chariot en tubes de duralumin sans carénage de nez. Moteur monté sous l'aile utilisé en propulsif. Technologie : structures du chariot et de la voilure en tubes de duralumin répondant à la norme britannique HT30TF. Bord d'attaque de l'aile rigidifié avec du Mylar.

1-Bien que ce *TR1 MkI* ne soit plus produit depuis la mi-1982, il reste important sur un plan historique et vaut donc d'être cité dans cette première édition du présent annuaire. Ce fut en effet le premier chariot fabriqué par la firme de Len Gabriel après une décennie de production de planeurs ultralégers et de motorisations directes de ceux-ci, ensuite. De plus, le dessin de la structure de ce chariot reste commun à tous les modèles actuels de Skyhook Sailwings, avec deux mâts verticaux à l'arrière.
Le premier modèle *MkI* utilisait un moteur Solo 210 cc qui, bien que jugé comme fiable à l'époque, ne lui octroyait qu'une faible vitesse ascensionnelle, elle-même fonction du poids du pilote - l'appareil ne tolérait qu'assez mal les fortes carrures ! Il était généralement associé à une aile *Sabre C*. Cependant, on pouvait aussi le munir d'une *Cutlass CD* qui permettait de l'utiliser en mono ou en biplace. Un acheteur pouvait de la sorte acquérir un *TR1 MkI* monoplace puis le remotoriser plus tard pour le transformer en biplace, méthode financièrement plus souple que l'achat direct d'un bi.
Skyhook Sailwings produisit ultérieurement un tel kit de remotorisation qui offrait à sa clientèle la possibilité de transformer un *TR1*

en *TR2* et s'intégrait dans un ensemble de chariots et de voiles formant une gamme complète. Les deux modèles de *TR2* présentés plus loin furent parmi les combinaisons les plus courantes de ces divers éléments.

Le *TR1 MkI*, quant à lui, était proposé sans voilure pour des acquéreurs désireux de motoriser leur PUL.

2-DIMENSIONS EXTERIEURES ET SURFACES
Longueur hors tout 12,7 ft, 3,87 m • Surface alaire totale 195 mph, 18,1 km/h • Diamètre de la roue avant 12 inches, 30,5 cm • Diamètre des roues principales 12 inches, 30,5 cm • Autres caractéristiques NC.

3-MOTORISATION
Moteur Solo 210 cc • Puissance maximale 12 CV à 5500 tr/mn • Diamètre et pas de l'hélice 50 x NC inches, 1,28 x NC m • Réducteur à courroie en V rapport de réduction 2,5/1 • Poussée statique maximale >100 lbs, 45 kgp • Rapport puissance/surface alaire 0,06 hp/ft², 0,7 CV/m² • Carburant emporté 2,2 US gallons 1,8 Imp gal, 8,2 litres.

4-MASSES ET CHARGES
Masse à vide 155 lbs, 70 kg • Facteurs de charges + NC g — 3 g calculées — + 4 g — NC à rupture • Autres caractéristiques NC.

5-PERFORMANCES NC.

Un Skyhook Sailwings TR1 Mk I avec voilure Sabre C en cours de montage

Skyhook Sailwings *TR1 Mk II/Sabre C*
(pendulaire)

Monoplace monomoteur à voilure souple; pilotage pendulaire. Voilure type Rogallo avec dérive sous l'aile. Le pilote est suspendu sous la voilure dans un siège-harnais et utilise un trapèze de commande (pilotage par déplacement du centre de gravité par rapport au centre de poussée). Voilure haubanée sol et vol par câbles; transversale flottante avec double entoilage 55%, transversale intégrée lattes préformées. Atterrisseur tricycle; sans suspension. Roue avant directrice non conjuguée au palonnier. Sans freins. Chariot en tubes de duralumin avec carénage sur option. Moteur monté sous l'aile, utilisé en propulsif. Technologie : identique à celle du précédent.

1-Le *TR1 MkII* est identique en tous points au *MkI* sauf pour le moteur, détail important. Réalisant que ses clients exigeaient plus de puissance que n'en pouvait produire le Solo 210, Len Gabriels l'équipa en 1982 d'un monocylindre Hunting. Pour ce chariot amélioré l'aile *Sabre C* demeure la voilure la plus répandue, là encore. Un tel ensemble participa avec succès, Len Gabriels aux commandes, à la course Londres-Paris de 1982. Pour l'occasion, Len ajouta des accessoires, un réservoir de carburant d'une capacité accrue et procéda à des modifications mineures. Mais le seul changement par rapport au modèle standard fut l'addition du carénage optionnel. Pour 1983, le *MkII* dispose en sus d'une option permettant le carénage des tubes inférieurs du chariot.

Prix : **1 966 £.**

2-DIMENSIONS EXTERIEURES ET SURFACES
Voir le *TR1 MkI/Sabre C*.

3-MOTORISATION
Moteur Hunting 260A 260 cc • Puissance maximale 25 CV à 7500 tr/mn • Diamètre et pas de l'hélice 50 x 30 inches, 1,28 x 0,76 m • Réducteur à courroie en V rapport de réduction 2,7/1 • Poussée statique maximale 156 lbs, 71 kgp • Rapport puissance/surface alaire 0,13 hp/ft², 1,4 CV/m² • Carburant emporté 2,2 US gallons 1,8 Imp gal. 8,2 litres.

4-MASSES ET CHARGES
Masse à vide 215 lbs, 98 kg • Masse maximale au décollage 455 lbs, 206 kg • Charge utile 224 lbs, 102 kg • Charge alaire maximale 2,33 lbs/ft², 11,4 kg/m² • Rapport poids/puissance 18,2 lbs/hp, 8,1 kg/CV • Facteurs de charges + NC g — 3 g calculées — + 4 g — NC à rupture.

5-PERFORMANCES*
Vitesse maximale en palier 45 mph, 72 km/h • Croisière (économique) 35 mph, 56 km/h • Vitesse de décrochage 26 mph, 42 km/h • Vitesse ascensionnelle maximale (au niveau de la mer) 300 ft/min, 1,5 m/s • Taux de chute minimal 270 ft/min à 28 mph, 1,4 m/s à 45 km/h • Finesse maximale 9/1 à 28 mph 45 km/h • Roulage au décollage 105 ft, 30 m • Autres caractéristiques NC.

* Mesurées dans les conditions suivantes : poids du pilote 170 lbs, 77 kg • Autres caractéristiques NC.
Avec moteur ci-dessus.

Skyhook Sailwings *TR2 MkI/Cutlass CD*
(pendulaire)

Biplace côte à côte bimoteur à voilure souple; pilotage pendulaire. Voilure type Rogallo avec dérive sous l'aile. Le pilote est suspendu sous la voilure dans un siège-harnais et utilise un trapèze de commande (pilotage par déplacement du centre de gravité par rapport au centre de poussée). Voilure haubanée sol et vol par câbles; transversale rigide avec double entoilage (30%); transversale hors entoilage, lattes préformées. Atterrisseur tricycle; sans suspension. Roue avant directrice. Frein sur la roue

Un TR1 Mk II avec carénage et habillage des tirants de l'essieu du train principal

avant. Chariot en tubes de duralumin sans carénage de nez. Moteurs montés sous l'aile, utilisés en propulsif. Technologie : identique à celle du TR1 MkI.

1-Au début de 1981, Len Gabriels cherchait un moteur assez puissant pour transformer en biplace son *TR1 MkI.* Les mécaniques disponibles à cette époque le satisfèrent si peu qu'il choisit d'utiliser deux Solo 210 cc de 12 cv chacun. Il aurait pu les accoupler à une seule hélice mais préféra doubler carrément sa motorisation et opta pour un bimoteur complet, avec deux hélices contrarotatives, chacune entraînée par son propre réducteur. L'intérêt de cette formule au niveau de la sécurité est évident et le *TR2 MkI* a démontré qu'il maintenait son altitude sur un seul moteur.

Comme nous l'avons expliqué précédemment en présentant le *TR1 MkI,* le reste du chariot lui-même nécessita peu de modifications pour devenir biplace; les principales furent, bien sûr, un second siège et un frein sur la roue avant. Equipé d'une voilure *Cutlass CD,* le *TR2* connut un succès certain comme appareil d'école. Il a cédé la place au modèle *TR2 MkII* en fin 1982.

2-DIMENSIONS EXTERIEURES ET SURFACES
Longueur hors tout 12,7 ft, 3,87 m • Surface alaire totale 198 ft², 18,4 m² • Diamètre de la roue avant 12 inches, 30,5 cm • Diamètre des roues principales 12 inches, 30,5 cm • Autres caractéristiques NC.

3-MOTORISATION
Moteurs 2 Solo 210 cc chacun • Puissance maximale 12 CV à 5500 tr/mn • Diamètre et pas de l'hélice 50 x 30 inches, 1,28 x 0,76 m • Réducteur à courroie en V rapport de réduction 2,7/1 • Poussée statique maximale 200 lbs, 91 kgp • Rapport puissance/surface alaire 0,12 hp/ft², 1,3 CV/m² • Carburant emporté 3,6 US gallons 3 Imp gal 13,6 litres.

4-MASSES ET CHARGES
Masse à vide 225 lbs, 102 kg • Masse maximale au décollage 640 lbs, 290 kg • Charge utile 392 lbs, 178 kg • Charge alaire maximale 3,23 lbs/ft², 15,8 kg/m² • Rapport poids/puissance 26,7 lbs/hp, 11,9 kg/CV • Facteurs de charges calculées NC, + 3,75 g — NC à rupture.

5-PERFORMANCES*
Vitesse maximale en palier >60 mph, >97 km/h • Croisière (économique) 40 mph, 64 km/h • Vitesse de décrochage 32 mph, 51 km/h • Vitesse ascensionnelle maximale (au niveau de la mer) 200 ft/min, 1 m/s • Taux de chute minimal 500 ft/min à 32 mph, 2,5 m/s à 51 km/h • Roulage au décollage 150 ft, 45 m • Autres caractéristiques NC.

*** Conditions du test non spécifiées.**

Skyhook Sailwings
TR2 MkI (monoplace spécial)/ Cutlass CD
(pendulaire)

Monoplace bimoteur à voilure souple; pilotage pendulaire. Voilure type Rogallo avec dérive sous l'aile. Le pilote est suspendu sous la voilure dans un siège-harnais et utilise un trapèze de commande (pilotage par déplacement du centre de gravité par rapport au centre de poussée). Voilure haubanée sol et vol par câbles; transversale rigide avec double entoilage (30%) transversale hors entoilage; lattes préformées. Atterrisseur tricycle; sans suspension. Roue avant directrice non conjuguée au palonnier. Frein sur la roue avant en option. Chariot en tubes de duralumin avec carénage sur option. Moteurs montés sous l'aile, utilisés en propulsif. Technologie : identique à celle du TR1 MkI.

1-Bien que le *TR2 MkI* ait été conçu comme un biplace, il fut aussi proposé en version monoplace « musclée », pour pilote d'un poids certain ou désireux de s'offrir un excellent taux de montée. Baptisé *Single Seat Special* (monoplace spécial), cet appareil fut très populaire chez les élèves pilotes qui débutaient en doubles-commandes sur un biplace exactement semblable, acquéraient de l'expérience sur leur propre monoplace puis le transformaient ensuite en biplace. Comme le *MkI* dont il était issu, cet appareil n'est plus produit actuellement.

2-DIMENSIONS EXTERIEURES ET SURFACES
Voir le *TR2 MkI/Cutlass CD.*

3-MOTORISATION
Voir le *TR2 MkI/Cutlass CD*

4-MASSES ET CHARGES
Voir le *TR2 MkI/Cutlass CD* sauf : masse à vide 220 lbs, 100 kg.

5-PERFORMANCES NC.

Skyhook Sailwings
TR2 MkII/Cutlass CD
(pendulaire)

Biplace côte à côte monomoteur à voilure souple; pilotage pendulaire. Voilure type Rogallo avec dérive sous l'aile. Le pilote est suspendu sous la voilure dans un siège-harnais et utilise un trapèze de commande (pilotage par déplacement du centre de gravité par rapport au centre de poussée). Voilure haubanée sol et vol par câbles; transversale rigide avec double entoilage (30%); transversale hors entoilage lattes préformées. Atterrisseur tricycle; sans suspension. Roue avant directrice non conjuguée au palonnier. Frein sur la roue avant. Chariot en tubes de duralumin sans carénage de nez. Moteur monté sous l'aile utilisé en propulsif. Technologie : identique à celle du TR1 MkI avec, en outre, haubans gainés sous revêtement plastifié.

1-Le *TR2 MkII* est le biplace standard de Skyhook Sailwings. Il est en tout point identique au *MkI* sauf en ce qui concerne la motorisation : le *MkII* a en effet abandonné le système bimoteur de son prédécesseur pour un unique Hunting bicylindre HS525A de 45 CV à 6000 tr/mn.

2-DIMENSIONS EXTERIEURES ET SURFACES
Voir le *TR2 MkI/Cutlass CD.*

3-MOTORISATION
Moteur Hunting HS525A • Puissance maxi-

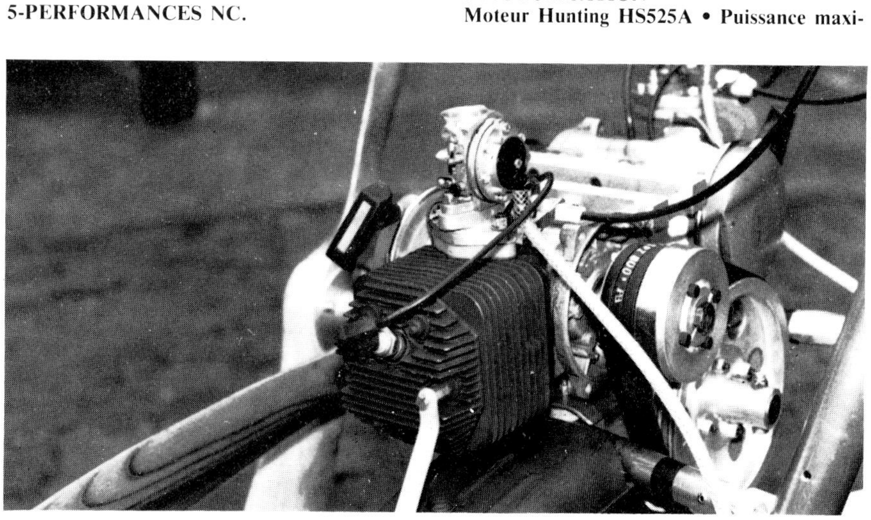

La motorisation de Len Gabriel pour le TR2 Mk I : un réducteur de part et d'autre du moteur et deux hélices contra-rotatives

male 45 cv à 6000 tr/mn • Diamètre et pas de l'hélice 54 x 36 inches, 1,37 x 0,91 m • Autres caractéristiques NC.

4-MASSES ET CHARGES NC

5-PERFORMANCES NC.

Skyhook Sailwings *Experimental*
(3 axes)

Monoplace monomoteur à voilure souple; pilotage 3 axes conventionnel. Voilure type Rogallo. Atterrisseur tricycle; sans suspension. Roue avant directrice conjuguée au palonnier. Sans freins. Chariot en tubes de duralumin sans carénage de nez. Moteur monté sous l'aile utilisé en tractif.

1-Ce prototype est une tentative intéressante visant à doter une voilure souple style pendulaire de gouvernes 3 axes. Il est équipé du même groupe motopropulseur Hunting HS 260A que le *TR1 MkII*. Sa voilure est une aile *Sabre* modifiée. Le chariot est fixé rigidement à celle-ci plutôt que suspendu dessous. Cette voilure est par ailleurs montée moins haut qu'elle ne le serait, utilisée en pendulaire, au-dessus du chariot.

A l'heure où nous mettons sous presse, cependant, ce prototype n'a pas encore entamé son programme d'essais et rien ne permet de penser qu'il débouchera sur une quelconque production, pour l'avenir.

Skyhook Sailwings *Orion*
(2 axes)

Monoplace monomoteur à l'aile haute; pilotage 2 axes. Voilure flèche au bord d'attaque et au bord de fuite, corde dégressive; avec plan canard. Tangage par plan canard monobloc mobile en incidence; Roulis et lacet par gouvernes aux extrémités de l'aile (voir texte ci-après). Commandes : voir texte 1. Voilure haubanée sol par câbles, vol par câbles; profil d'aile dérivé du Clark Y à double entoilage (100%). Atterrisseur tricycle; sans suspension de la roue avant et suspension (encore indéterminée) du train principal. Roue avant directrice non conjuguée au palonnier. Freins sur les roues du train principal. Fuselage en tubes de duralumin avec entoilage habitacle fermé. Moteur monté sous l'aile, utilisé en propulsif.
Technologie : Pare-brise et baies latérales en Mylar transparent.

1-Cet *Orion* est l'une des nouveautés les plus surprenantes à l'heure actuelle sur le marché britannique. Len Gabriels l'a conçu avec en tête, l'idée de satisfaire aussi bien les pratiquants du Vol libre et du Vol à voile traditionnel que ceux de l'ULM, - ce qui s'avère une difficile gageure.

Présenté pour la première fois en mars 1983, au rassemblement de la British Hang Gliding Association (fédération britannique du Vol libre), le prototype de l'*Orion* était dépourvu de motorisation. Il s'agissait d'un planeur ultraléger avec le fuselage entièrement caréné. Le contrôle en profondeur, sur ce PUL, s'obtient par le déplacement pendulaire du pilote mais, aussi, par le biais du plan canard monobloc relié à celui-ci. En roulis et en lacet, l'appareil est piloté par l'intermédiaire de gouvernes d'extrémités d'aile, inclinées à 45° sous celle-ci. Faisant office d'ailerons et de directions, ces gouvernes peuvent en outre être actionnées en conjugaison et jouent alors le rôle d'aérofreins.

Cette version planeur de l'*Orion* était dépourvu de motorisation. Il s'agissait d'un planeur ultraléger avec le fuselage entièrement caréné. Le contrôle en profondeur, sur ce PUL, s'obtient par le déplacement pendulaire du pilote mais, aussi, par le biais du plan canard monobloc relié à celui-ci. En roulis et en lacet, l'appareil est piloté par l'intermédiaire de gouvernes d'extrémités d'aile, inclinées à 45° sous celle-ci. Faisant office d'ailerons et de directions, ces gouvernes peuvent en outre être actionnées en conjugaison et jouent alors le rôle d'aérofreins.

Cette version planeur de l'*Orion* est équipée d'un train monotrace, avec deux roues suffisamment espacées pour laisser la place au pilote et permettre le décollage à pied. Les modèles motorisées, cependant, seront dotés d'un atterrisseur tricycle en version standard. De plus, abandonnant le pilotage pendulaire, ils seront munis d'un manche pour actionner le plan canard agissant en profondeur. Des pédales agiront sur la roue avant directrice mais ne seront pas connectées comme un palonnier aux gouvernes d'extrémités d'aile, celles-ci étant aussi actionnées au manche. Len Gabriels envisage toutefois de proposer sur option l'*Orion* motorisé avec pilotage pendulaire.

Len Gabriels accorde la priorité aux qualités de planeur de son prototype et mise sur la plus grande finesse possible. L'*Orion* a entamé en avril 1983 son programme d'essais en vol et ni date ni prix ne sont encore avancées présentement. En ce qui concerne sa motorisation, aucune décision définitive n'a non plus été prise mais il semble que le moteur Solo 210 cc déjà utilisé sur les *TR1 MkI* sera très vraisemblablement adopté. Il faut noter que son constructeur donne l'*Orion* comme ne nécessitant qu'un quart d'heure de mise en œuvre par une seule personne.

2-DIMENSIONS EXTERIEURES ET SURFACES
Longueur hors tout 12 ft,3,66 m • Envergure (aile) 42 ft, 12,80 m • Corde à l'emplanture 5 ft, 1,52 m • Corde aux extrémités 3 ft, 0,91 m • Envergure canard 12 ft, 3,66 m • Corde du plan canard 2 ft, 0,61 m • Surface alaire totale 176 ft², 16,4 m² • Surface aile principale 152 ft², 14,1 m² • Surface du plan canard 24 ft², 2,2 m² • Allongement 9,5/1 • Autres caractéristiques NC.

3-MOTORISATION
Moteur Solo cylindre unique • Puissance maximale 12 CV à 5500 tr/mn • Autres caractéristiques NC.

4-MASSES ET CHARGES
Masse à vide 154 lbs, 70 kg • Autres caractéristiques NC.

5-PERFORMANCES NC.

SKYRIDERS

Quenchurst Ltd t/a Skyriders, Halesfield 19, Telford, Shropshire TF7 42T ; tel 0952 587825, tx 35292. Directeur : Steve Laugharne.
Agent GB : Micro Aviation Ltd, Building 4, Stanmore Estate, Bridgnorth, Shropshire WV15 54P tél. 07462 61013. Directeurs : Tony Faulkner, Mike Kendrick.

Skyriders *Phantom*
(3 axes)

Description semblable à celle du *Phantom* de chez Ultralight Flight (voir section USA).

1-La société Skyrider construit une version européenne du *Phantom* de Ultralight Flight, version identique à l'appareil américain sauf en ce qui concerne le bâti moteur et un réservoir de carburant plus grand. Ultralight Flight utilise un moteur Kawasaki TA 440 de 38,5 cv; bien que cette variante reste valable en Europe, la popularité des Fuji-Robin a conduit Skyriders à proposer le bicylindre EC44 de 50 cv. Sous sa forme originelle, le *Phantom* est un appareil rapide. Equipé d'un EC-44, il devient l'un des ULM les plus rapides du Monde. Bien que le Robin EC44 sous sa forme courante ne soit pas beaucoup plus lourd que le Kawasaki TA440, pour le *Phantom*, l'importateur de Robin en Grande-Bretagne Nicklow Engineering, fournit un moteur de version plus légère, sans ventilateur de refroidissement et donnant 295 lb (134 kgp) de poussée statique.

Une indication de ses performances est donnée par le fait que, lors d'un essai effectué par *Flightline* avec un vent fort qui aurait contraint la plupart des ULM à rester au sol, cette

David Bedding

L'Orion de Skyhook Sailwings, ici dans sa version PUL, avec son train monotrace (NB : l'aile posée bec au sol derrière l'Orion n'a rien à voir avec cet appareil)

machine demeura non seulement contrôlable, mais se montra capable de dépasser facilement la vitesse maximale en palier indiquée par son fabricant.

Parmi les futurs projets de Skyriders, notons une version du *Phantom* équipée d'un Robin 330 cc, sous sa forme allégée. Chris Taylor, de Nicklow Engineering, pense qu'un moteur de ce type pourrait développer aux environs de 40 cv et délivrerait quelque 220 lbs (100 kg) de poussée avec l'adjonction d'un réducteur à courroie crantée de rapport 2,7/1.

Prix ; appareil prêt à voler : **3 500 £**, appareil en kit : **3 300 £.**

2-DIMENSIONS EXTERIEURES ET SURFACES
Voir la section USA, Ultralight Flight *Phantom*.

3-MOTORISATION
Moteur Robin EC44 • Puissance maximale 58 CV à 7200 tr/mn • Diamètre et pas de l'hélice 60 x 30 inches, 1,52 x 0,76 m • Réducteur à courroie crantée rapport de réduction 2,5/1 • Poussée statique maximale 295 lbs, 134 kgp • Rapport puissance/surface alaire 0,41 hp/ft², 4,4 CV/m² • Carburant emporté 6 US gallons 5 Imp gal. 22,7 litres.

4-MASSES ET CHARGES
Masse à vide 229 lbs, 104 kg • Masse maximale au décollage 509 lbs, 231 kg • Charge utile 280 lbs, 127 kg • Charge alaire maximale 3,61 lbs/ft², 17.6 kg/m² • Rapport poids/puissance 8,8 lbs/hp, 4 kg/CV • Facteurs de charges voir la section USA, Ultralight Flight *Phantom*.

5-PERFORMANCES*
Vitesse maximale en palier recommandée 70 mph, 113 km/h • Vne 100 mph, 161 km/h • Croisière (maximale) 70 mph, 113 km/h • Croisière (économique) 50 mph, 80 km/h • Vitesse de décrochage 28 mph, 45 km/h • Vitesse ascensionnelle maximale (au niveau de la mer) 1500 ft/min, 7,6 m/s • Roulage au décollage 60 ft, 18 m • Roulage à l'atterrissage 50 ft, 15 m • Distance franchissable maximale 150 miles, 241 km • Autres caractéristiques NC.

*** Mesurées dans les conditions suivantes : altitude QNH 0 ft, 0 m • Température au sol 39° F, 4° C • Poids du pilote 170 lbs, 77 kg. Avec moteur ci-dessus.**

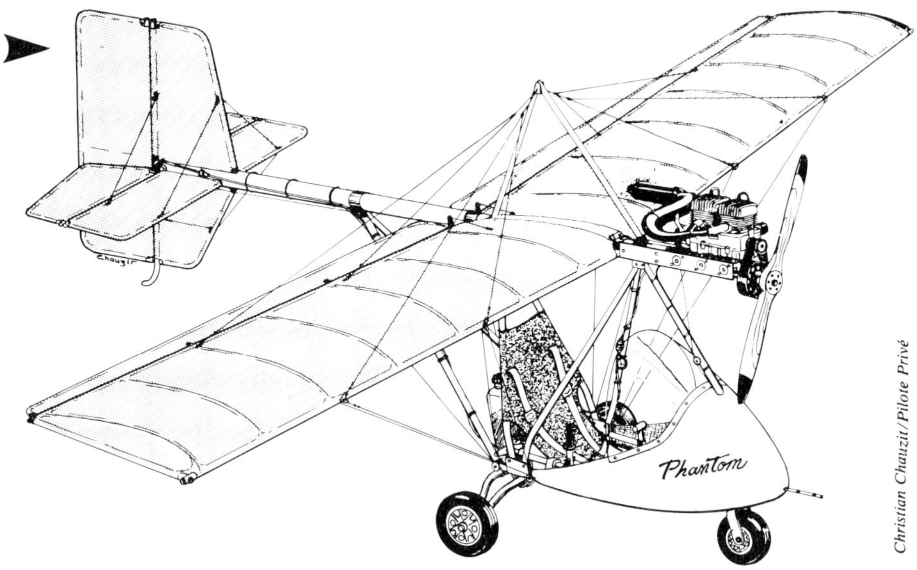

Christian Chauzit/Pilote Privé

S.M.D.

Southern Microlight Developments, 121 Sandybourne, Upton, Poole, Dorset BH16 5LT; tel 0202 624028. Propriétaire : Chris Scoble.

SMD/Flexiform Sky Sails
Gazelle/Medium Striker
(pendulaire)

Monoplace monomoteur à voilure souple, pilotage pendulaire. Voilure type Rogallo avec dérive sous l'aile. Le pilote est suspendu sous la voilure dans un siège-harnais et utilise un trapèze de commande (pilotage par déplacement du centre de gravité par rapport au centre de poussée). Voilure haubanée sol et vol par câbles, bowsprit; double entoilage (>70%), lattes préformées. Atterrisseur tricycle sans suspension. Roue avant directrice non conjuguée au palonnier. Freins sur les roues du train principal sur option. Chariot en tubes de duralumin sans carénage de nez. Moteur monté sous l'aile et utilisé en propulsif.

1-Comme beaucoup de constructeurs d'ULM, Chris Scoble, de Southerm Microlight Developments, est enthousiaste et dynamique. Mais, à l'inverse de certains, il s'est mis au travail de façon sérieuse et méthodique. Bien qu'il investisse peu en marketing et publicité, il s'est - en grande partie grâce au bouche à oreilles - taillé un marché parmi les pilotes, dans sa région de la côte sud de l'Angleterre. Actuellement, il fabrique environ 15 chariots par an, en demeurant artisan.

Chris construit seulement le chariot et l'associe normalement à l'aile *Medium Striker* de Flexiform Sky Sails qu'il renforce de la même manière que l'aile *Striker* « *1 + 1* » utilisée sur le *Rapier* de Mainair. Ses *Gazelle* tendent à être fabriqués suivant les besoins propres du client et ont donc des spécifications variées. Mais ce sont tous des machines à doubles mâts, ceux-ci étant placé aux extrémités de l'essieu pour obtenir une résistance maximale, un peu à la manière de l'UAS *Storm Buggy*. La motorisation habituelle est le Fuji-Robin 440 avec démarreur électrique.

Le fait d'habiter au bord de la mer a incité Chris à s'intéresser aux hydravions et, depuis le printemps 1983, il présente sur option des flotteurs. Ces flotteurs SMD peuvent être adaptés sans démonter les roues de l'ULM et sont construits en polyester renforcé fibre de verre avec coloris au choix du client. Chaque flotteur est compartimenté en trois parties séparées pour minimiser les effets des voies d'eau éventuelles. Sur la partie supérieure de chaque flotteur est fixé un rail permettant de déplacer à volonté ses points de fixation, pour obtenir un centrage correct.

Prix : chariot *Gazelle* **1 260,87 £;** aile *Medium Striker* renforcée **934,78 £;** flotteurs (en option) **565,22 £.**

2-DIMENSIONS EXTERIEURES ET SURFACES
Longueur hors tout 11 ft, 3,35 m • Envergure (aile) 34,5 ft, 10,52 m • Flèche 15° • Surface alaire totale 200 ft², 18,6 m² • Allongement 7,5/1 • Voie du train 5 ft, 1,52 m • Empattement 5,6 ft, 1,70 m • Diamètre de la roue avant 13 inches, 33 cm • Diamètre des roues principales 16 inches, 41 cm • Flotteurs (option) longueur 12,5 ft, 3,81 m, poids 38 lbs, 17 kg chacun • Autres caractéristiques NC.

3-MOTORISATION
Moteur Robin EC 44 • Puissance maximale 40 CV à 6500 tr/mn • Diamètre et pas de l'hélice 58 x NC inches, 1,47 x NC m • Réducteur à courroie en V rapport de réduction 2,4/1 • Poussée statique maximale 270 lbs, 122 kgp • Rapport puissance/surface alaire 0,20 hp/ft², 2,2 CV/m² • Carburant emporté 6 US gallons 5 Imp gal 22,7 litres.

4-MASSES ET CHARGES
Masse à vide 184 lbs, 83 kg • Masse maximale au décollage 497 lbs, 225 kg • Charge utile 313 lbs, 142 kg • Charge alaire maximale 2,49 lbs/ft², 12,1 kg/m² • Rapport poids/puissance 12,4 lbs/hp, 5,6 kg/CV • Facteurs de charges NC.

5-PERFORMANCES*
Vitesse maximale en palier 50 mph, 80 km/h • Croisière (maximale) 45 mph, 72 km/h • Vitesse de décrochage 28 mph, 45 km/h • Vitesse ascensionnelle maximale (au niveau de la mer) 800 ft/min, 4,1 m/s • Roulage au décollage 50 ft, 15 m • Roulage à l'atterrissage 100 ft, 30 m • Distance franchissable maximale 150 miles, 242 km • Autres caractéristiques NC.

*** Mesurées dans les conditions suivantes : altitude QNH 80 ft, 25 m • Température au sol 54° F, 12° C • Vent au sol 4 mph, 6 km/h • Poids du pilote 175 lbs, 79 kg.**
Avec moteur ci-dessus.

SMD/Flexiform Sky Sails
Gazelle Two-Seater/ Dual Striker
(pendulaire)

Description semblable à celle de la Gazelle/Striker sauf : biplace en tandem, aile à double entoilage (65%)

1-Le *Gazelle* biplace suit de près la conception du monoplace mais avec un empattement légèrement plus long. Il est doté d'une transmission par courroie crantée ainsi que d'une hélice

Un biplace SMD Gazelle

Un SMD Gazelle Two Seater (biplace) à gauche et le monoplace Gazelle à droite

différente. De plus, le hauban avant du monoplace a été remplacé par une entretoise. Ce chariot est normalement associé à une aile *Dual Striker* de Flexiform Sky Sails et comme le monoplace, il est équipé de roues principales en alliage, ainsi que d'un démarreur électrique. Les flotteurs proposés pour la machine monoplace conviennent également au *Gazelle Biplace/Dual Striker*.
Prix : le chariot *Gazelle* et la voilure *Dual Striker* prêt à voler valent **2 782,61 £**; les flotteurs **565,22 £.**

2-DIMENSIONS EXTERIEURES ET SURFACES
Longueur hors tout 14 ft, 4,27 m • Envergure (aile) 38 ft, 11,58 m • Corde à l'emplanture 9 ft, 2,74 m • Corde aux extrémités 3,5 ft, 1,07 m • Dièdre 2° • Flèche 15° • Profondeur dérive 1,2 ft, 0,37 m • Surface alaire totale 250 ft², 23,2 m² • Surface dérive 3,5 ft², 0,33 m² • Allongement 6/1 • Voie du train 5 ft, 1,52 m • Empattement 5,8 ft, 1,78 m • Diamètre de la roue avant 13 inches, 33 cm • Diamètre des roues principales 16 inches, 41 cm • Flotteurs en option : voir Gazelle/Medium, Striker.

3-MOTORISATION
Moteur Robin EC44 • Puissance maximale 40 CV à 6500 tr/mn • Diamètre et pas de l'hélice 62 x 27 inches, 1,57 x 0,69 m • Réducteur à courroie crantée rapport de réduction 2,6/1 • Rapport puissance/surface alaire 0,16 hp/ft², 1,7 CV/m² • Carburant emporé 6 US gallons 5 Imp gal. 22,7 litres.

4-MASSES ET CHARGES
Masse à vide 202 lbs, 92 kg • Masse maximale au décollage 592 lbs, 269 kg • Charge utile 390 lbs, 177 kg • Charge alaire maximale 2,37 lbs/ft², 11,6 kg/m² • Rapport poids/puissance 14,8 lbs/hp, 6,7 kg/CV • Facteurs de charges + 4,5 g — 2 g calculées, à rupture NC.

5-PERFORMANCES*
Vitesse maximale en palier 50 mph, 80 km/h • Vne 65 mph, 105 km/h • Croisière (maximale) 40 mph, 64 km/h • Croisière (économique) 38 mph, 61 km/h • Vitesse de décrochage 30 mph, 48 km/h • Vitesse ascensionnelle maximale (au niveau de la mer) 350 ft/min, 1,8 m/s • Taux de chute minimal 100 ft/min à 34 mph, 0,5 m/s à 55 km/h • Roulage au décollage 200 ft, 60 m • Roulage à l'atterrissage 130 ft, 40 m • Distance franchissable maximale 70 miles, 113 km • Autres caractéristiques NC.

*** Mesurées dans les conditions suivantes : altitude QNH 80 ft, 25 m • Température au sol 52° F, 11° C • Vent au sol 2 mph, 3 km/h • Poids du pilote 175 lbs, 79 kg • Poids du passager 185 lbs, 84 kg.**
Avec moteur ci-dessus.

SOUTHDOWN SAILWINGS

Southdown Sailwings Ltd, 82 Goldstone Villas, Hove, East Sussex BN3 3RU; tél 0273732007. Directeurs : Roy Venton - Walters, Keith Reynolds.

Southdown Sailwings *Wild Cat 250*
(pendulaire)

Monoplace monomoteur à voilure souple, pilotage pendulaire. Voilure type Rogallo avec dérive au dessus de l'aile. Le pilote est suspendu sous la voilure dans un siège-harnais et utilise un trapèze de commande (pilotage par déplacement du centre de gravité par rapport au centre de poussée). Voilure haubanée sol et vol par câbles; transervale flottante, double entoilage (60%) avec transversale intégrée; lattes flexibles préformées. Atterrisseur tricycle sans suspension. Roue avant directrice non conjuguée au palonnier. Sans freins. Chariot en tubes de duralumin sans carénage de nez. Moteur monté sous l'aile et utilisé en propulsif.

2-Le *Wild Cat 250* (chat sauvage) a été le premier chariot produit par Southdown Sailwings : il est apparu au printemps 1981. Il a été conçu à partir d'un chariot conventionnel dessiné par Ian Grayland et l'aile *Phase I* Lightning qui est essentiellement une voilure de Vol Libre suffisamment renforcée pour recevoir une motorisation. Suite à une restructuration de la société en octobre 1981, celle-ci décida de concentrer son effort sur la production des ailes et, de ce fait, abandonna ce modèle qui avait été construit à quelque dix exemplaires. L'aile reste produite mais a été modifiée pour devenir la *Phase II*.

2-DIMENSIONS EXTERIEURES ET SURFACES
Longueur hors tout 10,7 ft, 3,25 m • Hauteur hors tout 10,5 ft, 3,20 m • Envergure (aile) 32 ft, 9,75 m • Corde moyenne 5,5 ft, 1,67 m • Angle de bec 130° • Hauteur plan fixe vertical 3,3 ft, 1,01 m • Surface alaire totale 175 ft², 16,3 m² • Allongement 5,9/1 • Diamètre de la roue avant 13 inches, 33 cm • Diamètre des roues principales 13 inches, 33 cm.

3-MOTORISATION
Moteur Robin EC25PS • Puissance maximale 18 CV à 6500 tr/mn • Diamètre et pas de l'hélice 54 x 24 inches, 1,37 x 0,61 m* • Réducteur à courroie en V rapport de réduction 2,4/1 • Poussée statique maximale 130 lbs, 59 kgp • Rapport puissance/surface alaire 0,10 hp/ft², 1,1 CV/m² • Carburant emporté 2,4 US gallons 2 Imp gal 9,1 litres.

4-MASSES ET CHARGES NC sauf : Facteurs de charges + 4 g — 2 g calculées — + 6 g — 3 g à rupture.

5-PERFORMANCES NC (voir encadré).

*** 27 inches, 0,69m sur certains modèles.**

Southdown Sailwings *Wild Cat 330 MK I*
(pendulaire)

Description semblable à celle du *Wild Cat 250*.

1-Le *Wild Cat 330 Mk I* était identique au *Wild Cat 250* excepté en ce qui concerne la motorisation. Le Fuji-Robin 330 cc bicylindre remplaçait le monocylindre EC25PS sur ce modèle. La production de cet appareil a été arrêtée en faveur du *Wild Car 330 MkII* depuis le début de 1983.

2-DIMENSIONS EXTERIEURES ET SURFACES
Voir le *Wild Cat 250*.

3-MOTORISATION
Moteur Robin EC34PM • Puissance maximale 32 CV à 6500 tr/mn • Diamètre et pas de l'hélice 54 x 27 inches, 1,37 x 0,69 m • Réducteur

GRANDE-BRETAGNE

Un Southdown Sailwings Wild Cat (chat sauvage) 330 Mk I devant la résidence royale du Brighton Pavilion (Kent)

à courroie en V crantée rapport de réduction 2,5/1 • Rapport puissance/surface alaire 0,18 hp/ft², 2 CV/m² • Carburant emporté 2,4 US gallons 2 Imp gal 9,1 litres.

4-MASSES ET CHARGES NC.
Sauf : Facteurs de charges + 4 g — 2 g calculées — + 6 g — 3 g à rupture.

5-PERFORMANCES NC (voir encadré).

Southdown Sailwings *Wild Cat 330 MkII*

(pendulaire)

Monoplace monomoteur à voilure souple, pilotage pendulaire. Voilure type Rogallo avec dérive sous l'aile et au-dessus de l'aile. Le pilote est suspendu sous la voilure dans un siège-harnais et utilise un trapèze de commande (pilotage par déplacement du centre de gravité par rapport au centre de poussée). Voilure haubanée sol et vol par câbles, transversale flottante, double entoilage (55 %) transversale intégrée, lattes préformées et flexibles. Atterrisseur tricycle; sans suspension. Roue avant directrice non conjuguée au palonnier. Frein sur la roue avant. Chariot en tubes de duralumin avec carénage. Moteur monté sous l'aile et utilisé en propulsif. Technologie : tubes en duralumin anodisé conformes aux spécifications de la norme britannique HT30TF. Boulonnerie de qualité Aviation.

1-Le *Wild Cat 330 MkII* utilise un chariot complètement différent de celui de la version MkI; il est apparu en avril 1983. Bien que vendu par Southdown Sailwings sous son propre nom, ce chariot est produit en conjonction avec Mainair. De ce fait, il est le monoplace le plus élaboré offert par Southdown Sailwings et le modèle de base comporte une cabine et des instruments.

Le *Wild Cat 330 MkII* utilise pratiquement la même aile Lightning que les précédents modèles, si ce n'est que celle-ci a été encore renforcée et devient *Phase II*, pour satisfaire aux règles de conformité en Allemagne de l'Ouest. Comme tous les appareils de Southdown Sailwings, le *Wild Cat* est dessiné pour répondre pleinement aux normes en vigueur en Grande-Bretagne. Prix : **2 585 £.**

2-DIMENSIONS EXTERIEURES ET SURFACES
Longueur hors tout 10,7 ft, 3,25 m • Hauteur hors tout 10,5 ft, 3,20 m • Envergure (aile) 32 ft, 9,75 m • Corde moyenne 5,5 ft, 1,67 m • Angle de bec 130° • Surface alaire totale 175 ft², 16,3 m² • Allongement 5,9/1 • Voie du train 5,5 ft, 1,68 m • Empattement 5,8 ft, 1,77 m • Diamètre de la roue avant 14 inches, 36 cm • Diamètre des roues principales 14 inches, 36 cm.

3-MOTORISATION
Moteur Robin EC34PM • Puissance maximale 35 CV à 6500 tr/mn • Diamètre et pas de l'hélice 54 x 30/34 inches, 1,37 x 0,76/0,85 m • Réducteur à courroie crantée rapport de réduction 2,3/1 • Poussée statique maximale 190 lbs, 86 kgp • Rapport puissance/surface alaire 0,20 hp/ft², 2,2 CV/m² • Carburant emporté 2,6 US gallons 2,2 Imp gal. 10 litres.

4-MASSES ET CHARGES
Masse à vide 244 lbs, 111 kg • Masse maximale au décollage 444 lbs, 201 kg • Charge utile 200 lbs, 91 kg • Charge alaire maximale 2,54 lbs/ft², 12,4 kg/m² • Rapport poids/puissance 12,7 lbs/hp, 5,7 kg/CV • Facteurs de charges calculées NC + 6 g — 3 g à rupture.

5-PERFORMANCES NC
(Voir encadré).

Southdown Sailwings *Puma SS*

(pendulaire)

Biplace en tandem, monomoteur à voilure souple, pilotage pendulaire. Voilure type Rogallo avec dérive au dessus de l'aile. Le pilote est suspendu sous la voilure dans un siège-harnais et utilise un trapèze de commande (pilotage par déplacement du centre de gravité par rapport au centre de poussée). Voilure haubanée sol et vol par câbles; transversale flottante, double entoilage (75%) transversale intégrée, lattes préformées. Atterrisseur tricycle, suspension par ressort à boudin (sur option) de la roue avant et suspension par sandows du train principal (sur option). Roue avant directrice non conjuguée au palonnier. Freins sur les roues du train principal sur option. Chariot en tubes de duralumin, avec carénage de nez sur option. Moteur

monté sous l'aile et utilisé en propulsif. Technologie : appareil conforme aux normes britanniques. Attaches et renforts en acier inoxydable soudé à l'argon. Flotteurs en fibre de verre et mousse polyuréthane.

1-A la base de toutes les variantes de *Puma*, se trouve l'aile *Lighting DS* de Southdown Sailwings, dessinée par Roy Venton-Walters et Ian Grayland, au cours de l'été 1981. Dans l'ensemble, ces ailes sont utilisées avec des chariots d'autres fabricants; mais Southdown en a gardé quelques-unes pour équiper son propre biplace afin de produire le *Puma SS*. Cet appareil est repérable par l'anodisation de couleur or foncé de ses tubes. Il satisfait aux normes aéronautiques britanniques y compris les tests de charges et d'impacts sur la roue avant. Comme l'essentiel des ventes du *Puma SS* est destiné aux écoles, ce chariot a été particulièrement étudié pour supporter des atterrissages divers répétés. Plutôt que de produire une structure très lourde et très rigide, Roy a choisi d'utiliser des tubes de petit diamètre mais de forte épaisseur qui permettent à l'ensemble de fléchir. Un autre élément de longévité est la suspension adaptable sur chaque roue, en option. Les autres options comprennent : un carénage, des instruments, un parachute fixé à l'appareil, des freins sur les roues principales, un démarreur électrique, une remorque, un réservoir supplémentaire de 22,7 litres, des skis et des flotteurs. Equipé de flotteurs, le *Puma SS* conserve ses roues et permet une utilisation amphibie; cependant, pour un emploi maritime prolongé, Southdown Sailwings recommande que l'appareil soit démuni de ses roues et l'aile et le chariot modifiés pour résister à la corrosion due à l'eau salée. Sous cette forme, le *Puma SS* prend l'appellation de *Sea-Puma*. Les différences entre les deux modèles sont décrites à « *Sea-Puma* ». Prix : **3 231 £.**

2-DIMENSIONS EXTERIEURES
ET SURFACES
Pour la voilure voir Mainair/*Puma MS*. Hauteur hors tout 10,5 ft, 3,20 m • Voie du train 5,3 ft, 1,62 m • Empattement 6,2 ft, 1,89 m • Diamètre de la roue avant 13 inches, 33 cm • Diamètre des roues principales 13 inches, 33 cm • En option : flotteurs LxlXh : 15x1x1 ft, 4,57x0,30x0,30 m • Skis 5x1 ft, 1,52x0,30 m.

3-MOTORISATION
Moteur Robin EC44 • Puissance maximale 50 CV à 6500 tr/mn • Diamètre et pas de l'hélice 62 x 27 inches, 1,57 x 0,69 m • Réducteur à courroie crantée rapport de réduction 2,7/1 • Poussée statique maximale 320 lbs, 145 kgp • Rapport puissance/surface alaire 0,26 hp/ft², 2,8 CV/m² • Carburant emporté 2,4 US gallons 2 Imp gal. 9,1 litres.

4-MASSES ET CHARGES
Masse à vide 303 lbs, 137 kg • Masse maximale au décollage 773 lbs, 351 kg • Charge utile 400 lbs, 181 kg • Charge alaire maximale 3,96 lbs/ft², 19,4 kg/m² • Rapport poids/puissance 15,5 lbs/hp, 6,9 kg/CV • Facteurs de charges + 4 g — 2 g calculées > + 6 g > — 3 g à rupture.

5-PERFORMANCES NC
(Voir encadré).

Southdown Sailwings
Sea Puma
(pendulaire)

Biplace en tandem monomoteur à voilure souple, pilotage pendulaire. Voilure type Rogallo avec dérive au dessus de l'aile. Le pilote est suspendu sous la voilure dans un siège-harnais, il utilise un trapèze de commande (pilotage par déplacement du centre de gravité par rapport au centre de poussée). Voilure haubanée sol et vol par câbles, transversale flottante, double entoilage (> 75%) transversale intégrée, lattes préformées. L'atterrisseur comporte 2 flotteurs et pas de roues. Chariot en tubes de duralumin avec carénage sur option. Moteur monté sous l'aile et utilisé en propulsif. Technologie : semblable à celle du précédent mais avec, de surcroît, des traitements anti-corrosion appropriés à une utilisation maritime.

1-Le *Sea Puma* est une variante du *Puma SS*. Prix **4 343 £.**

2-DIMENSIONS EXTERIEURES
ET SURFACES
Pour la voilure voir le *Puma SS*. Dimensions flotteurs Lxlxh 15x1x1ft, 4,57x0,30x0,30 m.

3-MOTORISATION
Voir le *Puma SS*.

4-MASSES ET CHARGES
Masse maximale au décollage 773 lbs, 351 kg • Charge alaire maximale 3,96 lbs/ft², 19,3 kg/m² • Rapport poids/puissance 15,5 lbs/hp, 6,9 kg/CV • Facteurs de charges + 4 g — 2 g calculées — > + 6 g — 3 g à rupture.

5-PERFORMANCES NC.
(Voir encadré).

Southdown Sailwings
Puma Sprint
(pendulaire)

Description semblable à celle du *Puma SS*, sauf entoilage de l'aile sur 70% de sa surface.

1-Le *Puma Sprint* est le dernier-né de Southdown Sailwings, conçu par Roy Venton-Walters et Dave Perrin et commercialisé depuis le début de 1983. Le chariot est celui du *Puma SS* mais, au lieu de l'aile *Lightning DS* de ce dernier, il est équipé d'une voilure *Sprint* de moindre surface et qui, moins lobée, se révèle plus rapide. Son excellent coefficient de por-

Un cabré impressionnant sur un Puma Sprint au décollage

tance permet à ce modèle de décoller et d'atterrir plus court. Cette aile a subi un programme d'essais très poussé, incluant des mesures en soufflerie et, en statique, des charges jusqu'à + 2 et — 1 tonnes.

Un autre point intéressant est l'emploi d'attaches inamovibles, spécialement conçues pour cet appareil, et qui remplacent la boulonnerie traditionnelle. Caractéristique des ailes de Southdown Sailwings, la dérive qui surmonte la voilure du *Puma Sprint* est surdimensionnée pour accroître la stabilité sur l'axe de lacet, en prévision de l'utilisation du carénage du chariot. En outre, la base de cette dérive comprend un logement pour un parachute de secours.

Prix **3 343 £.**

2-DIMENSIONS EXTERIEURES ET SURFACES

Longueur hors tout 11,2 ft, 3,41 m • Hauteur hors tout 12,5 ft, 3,81 m • Envergure (aile) 35 ft, 10,67 m • Corde à l'emplanture 8,7 ft, 2,65 m • Corde aux extrémités 2,5 ft, 0,76 m • Flèche 19° • Hauteur plan fixe vertical 3,8 ft, 1,16 m • Surface alaire totale 180 ft², 16,7 m²

• Surface du plan fixe vertical 7,2 ft², 0,67 m²
• Allongement 6,8/1.

3-MOTORISATION

Voir le *Puma SS* sauf : rapport puissance/surface alaire 0,28 hp/ft², 3,1 CV/m².

4-MASSES ET CHARGES

Voir le *Puma SS* sauf : charge alaire maixmale 4,29 lbs/ft², 21 kg/m².

5-PERFORMANCES NC.

GÉNÉRALITÉS SUR LES APPAREILS DE SOUTHDOWN SAILWINGS

D'énormes erreurs étant constamment commises en ce qui concerne la différenciation des divers modèles de Southdown Sailwings, nous avons jugé ces quelques notes nécessaires à une meilleure compréhension :

• Un *Puma* est l'ensemble pendulaire composé d'une voilure *Lightning DS* de Southdown Sailwings et d'un chariot biplace ayant reçu l'approbation de ce constructeur. Le premier *Puma* utilisait un chariot fabriqué par Ultra Sports. Par la suite, apparurent des *Puma MS* et *Puma SS*, respectivement équipés de Mainair *Tri-Flyer* et du propre biplace de Southdown Sailwings.

• Un *Puma Sprint* est l'ensemble combinant une aile Southdown Sailwings *Sprint* à un chariot biplace approuvé par la firme. Le premier apparu utilisait d'ailleurs le chariot maison et reste connu comme *Puma Sprint* tout court. Des appareils ultérieurs sont désignés par un suffixe ajouté à ce prénom et qui renseigne sur la provenance du chariot employé. A l'heure actuelle, est seul produit un *Puma Sprint MS* qui fait appel au biplace *Tri-Flyer* de Mainair.

• Le *Sea Puma* est formé d'une voilure *Lightning DS* et d'une version modifiée du chariot biplace de Southdown Sailwings.

• Le *Wild Cat 330 MkII* est donc le seul monoplace disponible actuellement chez ce constructeur.

A propos des performances

Southdown Sailwings se refuse à communiquer les performances de ses productions. Cette attitude est motivée par les performances trop nettement exagérées que donnent d'autres constructeurs, avec lesquelles cette firme ne tient pas à ce que ses propres données puissent être comparées.

L'aile Sprint comporte de série une poche permettant le logement d'un parachute

TIRITH

Tirith Microplanes Ltd, Pear Tree House, Woughton-on-the-Green, Milton Keynes, Buckinghamshire MK6 3BE; tel 0908 679528. Directeur Brian Hogan.

Tirith *Firebird*
(3 axes)

Monoplace monomoteur à l'aile haute, pilotage 3 axes conventionnel. Voilure sans flèche au bord d'attaque et au bord de fuite, corde constante; empennage classique. Tangage par gouverne de profondeur articulée sur le plan fixe horizontal, lacet par gouvernail de direction articulée sur la dérive, roulis par ailerons sur 39% de l'envergure de l'aile. Commande au manche pour le tangage et le roulis, au palonnier pour le lacet. Voilure haubanée portée par des mâts; profil d'aile Wortmann FS 67-170-17, à double entoilage (100%). Atterrisseur tricycle, suspension par lame en fibre de verre du train principal, roue avant directrice conjuguée au palonnier. Sans freins. Structure en tubes de duralumin avec carénage. Moteur monté sous l'aile et utilisé en propulsif. Technologie : les surfaces portantes viennent en composite mousse polyuréthane, fibre de verre, époxy avec revêtement en Mylar renforcé et traité contre les déchirures.

1-De conception, le *Tirith Firebird* tient davantage de l'avion très léger plutôt que de l'ULM. Ses concepteurs, J. Webb et le professeur D.

Howe, tous les deux du célèbre Collège Aéronautique de Cranfield, ont profité des normes ULM relativement libérales en vigueur au Royaume-Uni pour produire une machine dans laquelle des pilotes d'avions légers se sentiraient à l'aise. Leur *Firebird* est d'un dessin clair et simple; sa poutre de fuselage d'un très grand diamètre le rend facilement reconnaissable.

Ses gouvernes et ses surfaces portantes sont très conventionnelles et les matériaux utilisés sont éprouvés de longue date. Les câbles de commandes ont été supprimés au profit de tringleries ridiges. De plus, le *Firebird* est équipé de volets courant sur 60% de l'envergure de l'aile et qui sont une autre illustration de la philosophie « avion léger » qui a présidé la conception de cet appareil. A l'heure où nous mettons sous presses, ses essais sont en cours et ni son prix ni le programme de lancement sur le marché n'ont encore été arrêtés. Parce qu'il s'agit d'un prototype, Tirith Microplane Ltd ne nous a pas communiqué de performances. Quand celles-ci seront divulguées, il sera intéressant de les comparer à celles des autres ULM et, notamment, avec le CFM *Shadow,* qui reste le seul autre appareil britannique équipé de volets à figurer dans cette première édition.

2-DIMENSIONS EXTERIEURES ET SURFACES
Longueur hors tout 18,5 ft, 5,65 m • Hauteur hors tout 8,7 ft, 2,64 m • Envergure (aile) 29,1 ft, 8,86 m • Corde constante 5,2 ft, 1,6 m • Dièdre 0° • Flèche 0° • Plan fixe horizontal, envergure 11,5 ft, 3,52 m • Hauteur plan fixe vertical 3,4 ft, 1,05 m • Surface alaire totale 153 ft², 14,2 m² • Surface totale des ailerons 11,1 ft², 1,03 m² • Surface du plan fixe vertical 7,5 ft², 0,70 m² • Surface du gouvernail de direction 3,1 ft², 0,29 m² • Surface du plan fixe horizontal 20,2 ft², 1,88 m² • Surface totale des gouvernes de profondeur 10,4 ft², 0,97 m² • Allongement 5,5/1 • Voie du train 5,7 ft, 1,75 m • Empattement 5,8 ft, 1,78 m • Diamètre de la roue avant 10 inches, 25 cm • Diamètre des roues principales 10 inches, 25 cm.

3-MOTORISATION
Moteur NGL WAE 342 • Puissance maximale 25 CV à 5000 tr/mn • Diamètre et pas de l'hélice 36 x 16 inches, 0,91 x 0,41 m • Sans réducteur • Poussée statique maximale 118 lbs, 54 kgp • Rapport puissance/surface alaire 0,16 hp/ft², 1,8 CV/m² • Carburant emporté 4,8 US gallons 4 Imp gal. 18,2 litres.

4-MASSES ET CHARGES
Masse à vide 254 lbs, 115 kg • Masse maximale au décollage 474 lbs, 215 kg • Charge utile 220 lbs, 100 kg • Charge alaire maximale 3,10 lbs/ft², 15,2 kg/m² • Rapport poids/puissance 19 lbs/hp, 8,6 kg/CV • Facteurs de charges + 4 g — 2,7 g caulculées — + 6 g — 4 g à rupture.

5-PERFORMANCES NC.

U.A.S.

Ultralight Aviation Systems, 23 Hertford Drive, Wallasey, Merseyside; tel 051-638 6433. Propriétaire : Nick Wrigley.

UAS/Flexiform Sky Sails *Storm Buggy/Medium Striker*
(pendulaire)

Monoplace/biplace côte à côte monomoteur à voilure souple, pilotage pendulaire. Voilure type Rogallo avec dérive sous l'aile. Le pilote est suspendu sous la voilure dans un siège-harnais et utilise un trapèze de commande (pilotage par déplacement du centre de gravité par rapport au centre de poussée). Voilure haubanée sol et vol par câbles, bowsprit, double entoilage (>70%) lattes préformées. Atterrisseur tricycle sans suspension. Roue avant directrice non conjuguée au palonnier. Sans freins. Chariot en tubes de duralumin avec carénage en option. Moteur monté sous l'aile utilisé en propulsif. Nos données ne concernent que la version monoplace, la plus répandue de cet appareil qui n'est plus produit actuellement.

1-La société UAS de Nick Wrigley a été l'un des pionniers de l'industrie des chariots pendulaire en Grande-Bretagne et construisit le premier biplace, qu'elle présenta au meeting aerien de Wellesbourne dès 1980. Nick le prénomma *Storm Buggy* en référence à l'aile *Storm* de Solar Wings qu'il équipa d'un chariot à moteur Solo 400 cc en prise directe et de deux sièges côte à côte. Néanmoins, il ne persévéra pas dans cette voie à cette époque, alors que d'autres (particulièrement Flexiform Sky Sails) entreprenaient la première production de biplaces. Au lieu de cela, Nick Wrigley transformait son *Storm Buggy* en monoplace.

Il l'utilisa à l'occasion de différents événements sportifs jusqu'en 1981. Il commença alors la production sérieuse de monoplaces, équipés au début d'un moteur Sachs 340 avec réducteur à courroie crantée et d'une hélice tripale en nylon. Bien que portant encore le nom de *Storm Buggy,* ce chariot était adaptable à de nombreuses ailes de PUL et en 1982, on le trouvait la plupart du temps associé à une *Medium Striker* de Flexiform Sky Sails. A ce stade de l'histoire, le récit se complique car les *Storm Buggy* ont été ultérieurement équipés de série du moteur Fuji-Robin EC44. En outre, quelques biplaces sortirent des ateliers de Nick, dotés d'une aile *Dual Striker* de Flexiform. Aucun chiffre n'a été divulgué sur ces variantes ni sur les appareils précédents équipés du moteur Solo.

La société UAS arrêta la production de ses chariots à la fin 1982 pour concentrer ses activités sur ses modèles d'hélices. Toutefois, nous verrons voler pour longtemps encore des *Storm Buggy.* Nick Wrigley a créé là l'un des plus robustes parmi les premiers chariots conçus en Grande-Bretagne; ceux qui en possèdent actuellement parlent élogieusement de cet appareil et, surtout, le pilote vedette John Long, qui l'a utilisé avec succès en pulvérisation agricole.

Nous en donnons la description avec la voilure *Medium Striker* de Flexiform Sky Sails, la plus utilisée avec cet appareil.

2-DIMENSIONS EXTERIEURES ET SURFACES
Longueur hors tout 11 ft, 3,35 m • Envergure (aile) 34,5 ft, 10,52m • Flèche 15° • Surface alaire totale 200 ft², 18,6 m² • Allongement 7,5/1 • Voie du train 4,6 ft, 1,30 m • Empattement 5,1 ft, 1,55 m • Diamètre de la roue avant 13 inches, 33 cm • Diamètre des roues principales 13 inches, 33 cm • Autres caractéristiques NC.

3-MOTORISATION
Moteur Sachs 340R • Puissance maximale 28 CV à 6000 tr/mn • Diamètre et pas de l'hélice 47 x 28 inches, 1,19 x 0,71 m • Réducteur à courroie crantée rapport de réduction 2,1/1 • Poussée statique maximale 200 lbs, 91 kgp • Rapport puissance/surface alaire 0,14 hp/ft², 1,5 CV/m² • Carburant emporté 1,3 US gallons 1,1 Imp gal 5 litres.

4-MASSES ET CHARGES
Masse à vide 200 lbs, 91 kg • Masse maximale au décollage 378 lbs, 171 kg • Charge utile 178 lbs, 81 kg • Charge alaire maximale 1,89 lbs/ft², 9,2 kg/m² • Rapport poids/puissance 13,5 lbs/hp, 6,1 kg/CV • Facteurs de charges NC.

5-PERFORMANCES*
Vitesse maximale en palier 50 mph, 80 km/h • Croisière (économique) 40 mph, 64 km/h • Vitesse ascensionnelle maximale (au niveau de la mer) 700 ft/min à 3,6 m/s • Roulage au décollage 100 ft, 30 m • Roulage à l'atterrissage 150 ft, 45 m • Distance franchissable maximale 50 miles, 80 km.

*** Mesurées dans les conditions suivantes : alti-**

tude QNH 0 ft, 0 m • Vent au sol 0 mph, 0 km/h • Poids du pilote 170 lbs, 77 kg. Avec moteur ci-dessus.

ULTRA-SPORTS

Ultrasports, Truleigh Sands Buildings, Truleigh Manor Farm, Edburton, near Henfield, West Sussex BN5 9LL; tel 079156 526. Directeur : Graham Slater.

Ultrasports/Solar Wings *Panther 250*

(pendulaire)

Monoplace monomoteur à voilure souple, pilotage pendulaire. Voilure type Rogallo avec dérive sous l'aile. Le pilote est suspendu sous la voilure dans un siège-harnais et utilise un trapèze de commande (pilotage par déplacement du centre de gravité par rapport au centre de poussée). Voilure haubanée sol et vol par câbles transversale flottante, double entoilage (80%) transversale intégrée; lattes préformées. Atterrisseur tricycle, suspension de la roue avant par ressort sur option, pas de suspension pour le train principal. Roue avant directrice non conjuguée au palonnier. Sans freins. Chariot en tubes de duralumin avec carénage sur option. Moteur monté sous l'aile et utilisé en propulsif.

1-Le chariot *Tripacer* d'Ultrasports est l'un des monoplaces pendulaires les plus populaires en Grande-Bretagne. Il ressemble étroitement dans sa forme originelle au *Tri-Flyer* de Mainair. Comme celui-ci, il s'agit d'un chariot utilisant un seul mât vertical arrière et que l'on trouve associé à différentes voilures, parmi lesquelles la *Demon* de Hiway est la plus courante. Cependant, comme l'avenir de la Sté Hiway est loin d'être clair à l'heure où nous écrivons, nous avons appris sans surprise que Ultrasports fait équipe avec un autre fabricant britannique de PUL, Solar Wings, pour lancer sur le marché des ensembles complets sous le prénom de *Panther*.

Le moins coûteux de ces *Panther* est le type *250,* qui est l'association d'un chariot *Tripacer 250* et de l'aile *TyphonS*. Ce chariot a été modernisé pour cette adaptation par l'adjonction d'une suspension avant, sur option. Néanmoins, on peut l'acheter sans l'aile, soit tout monté soit en kit. La motorisation est un Fuji-Robin 250cc monocylindre avec réducteur à courroies trapézoïdales. A une certaine époque, tous les chariots fabriqués par Ultrasports utilisaient une transmission de ce type mais, actuellement, tous, sauf le *250,* sont équipés de courroies crantées. Un carénage en fibre de verre et nylon est proposé en option.

Tarifs : chariot *Tripacer 250* en kit **1 013 £**; chariot *Tripacer 250* complet **1 100 £**; aile *TyphonS* **865 £**; *Panther 250* prêt à voler **1 965 £**; carénage optionnel **150 £**.

2-DIMENSIONS EXTERIEURES ET SURFACES

Longueur hors tout 12 ft, 3,66 m • Hauteur hors tout 10 ft, 3,05 m • Envergure (aile) 32 ft, 9,75 m • Corde à l'emplanture 8 ft, 2,44 m • Corde aux extrémités 3 ft, 0,91 m • Dièdre 0° • Flèche 30° • Surface alaire totale 175 ft²,

Le Storm Buggy d'UAS avec bicylindre Solo et réducteur ▲

A Denholm

Le Panther 250 d'Ultrasports utilise le chariot Tripacer 250 équipé ici d'une voilure Solar Wings Typhoon (les carénages en tissu autour du siège ne sont pas standards) ▲

16,3 m² • Allongement 5,8/1 • Voie du train 5 ft, 1,52 m • Empattement 6 ft, 1,83 m • Diamètre de la roue avant 12 inches, 30 cm • Diamètre des roues principales 12 inches, 30 cm.

3-MOTORISATION
Moteur Robin EC25PS • Puissance maximale 18 CV à 6500 tr/mn • Diamètre et pas de l'hélice 54 x 27 inches, 1,37 x 0,69 m • Réducteur à courroie en V rapport de réduction 2,3/1 • Poussée statique maximale 150 lbs, 68 kgp • Rapport puissance/surface alaire 0,10 hp/ft², 1,1 CV/m² • Carburant emporté 2,6 US gallons 2,2 Imp gal 10 litres.

4-MASSES ET CHARGES
Masse à vide 180 lbs, 82 kg • Masse maximale au décollage 380 lbs, 172 kg • Charge utile 200 lbs, 91 kg • Charge alaire maximale 2,17 lbs/ft², 10,6 kg/m² • Rapport poids/puissance 21,1 lbs/hp, 9,6 kg/CV • Facteurs de charges + 6,5 g — 4,5 g calculées, à rupture NC.

5-PERFORMANCES*
Vitesse maximale en palier 50 mph, 80 km/h • Vne 60 mph, 97 km/h • Croisière (maximale) 45 mph, 72 km/h • Croisière (économique) 40 mph, 64 km/h • Vitesse de décrochage 20 mph, 32 km/h • Vitesse ascensionnelle maximale (au niveau de la mer) 400 ft/min à 2 m/s • Taux de chute minimal 275 tr/min 25 mph, 1,4 m/s à 40 km/h • Finesse maximale 5/1 à 30 mph, 48 km/h • Roulage au décollage 100 ft², 30 m² • Roulage à l'atterrissage 50 ft, 15 m • Plafond pratique 7000 ft, 2130 m • Distance franchissable maximale 115 miles, 185 km.

*** Mesurées dans les conditions suivantes : altitude QNH 0 ft, 0 m • Température au sol 59 °F, 15°C • Vent au sol 0 mph, 0 km/h • Poids du pilote 168 lbs, 76 kg.**
Avec moteur ci-dessus.

Ultrasports/Solar Wings *Panther 330*
(pendulaire)

Description semblable à celle du *Panther 250* sauf : suspension en version standard pour la roue avant.

1-Le *Panther 330* est le fer de lance d'Ultrasport sur le marché des monoplaces. En effet, la firme a constaté comme d'autres fabricants de chariots que les Fuji-Robin monocylindres perdaient rapidement leur popularité au profit des bicylindres, le modèle *330* qui en est équipé connait donc un plus grand succès que le précédent. Bien que de conception semblable au *Panther 250*, il a été énormément modernisé pour 1983.

Il comporte en version standard la suspension par ressort de la roue avant. Il est aussi équipé d'un bâti redessiné permettant le montage du moteur dans le sens normal (bougies en haut) tout en augmentant la garde au sol de l'hélice. Cette position evité aussi l'encrassement des bougies lorsque le moteur tourne à l'arrêt au sol.

Comme le *250*, le *Panther 330* est vendu tout monté et associe à l'aile *TyphonS*. Toutefois, on peut l'acquérir sans la voilure et, dans ce cas, le chariot reprend sa dénomination d'origine de *Tripacer 330*, le carénage venant en option.

Tarif : chariot *Tripacer 330* en kit **1 261 £**; chariot *Tripacer 330* tout monté **1 348 £**; aile *TyphonS* **865 £** ; *Panther 330* prêt à voler **2 213 £**; carénage **150 £**.

2-DIMENSIONS EXTERIEURES
Voir le *Panther 250*.

3-MOTORISATION
Moteur Robin EC34PM • Puissance maximale 32 CV à 6500 tr/mn • Diamètre et pas de l'hélice 54 x 30 inches, 1,37 x 0,76 m • Réducteur à courroie crantée rapport de réduction 2,5/1 • Poussée statique maximale 225 lbs, 102 kgp • Rapport puissance/surface alaire 0,18 hp/ft², 2 CV/m² • Carburant emporté 2,6 US gallons 2,2 Imp gal 10 litres.

4-MASSES ET CHARGES
Masse à vide 202 lbs, 92 kg • Masse maximale au décollage 444 lbs, 201 kg • Charge utile 242 lbs, 110 kg • Charge alaire maximale 2,54 lbs/ft², 12,3 kg/m² • Rapport poids/puissance 13,9 lbs/hp, 6,3 kg/CV • Facteurs de charges + 6,5 g — 4,5 g calculées, à rupture NC.

5-PERFORMANCES*
Vitesse maximale en palier 55 mph, 88 km/h • Vne 65 mph, 105 km/h • Croisière (maximale) 45 mph, 72 km/h • Croisière (économique) 38 mph, 61 km/h • Vitesse de décrochage 22 mph, 35 km/h • Vitesse ascensionnelle maximale (au niveau de la mer) 700 ft/min à 3,6 m/s • Taux de chute minimal 350 ft/min à 28 mph, 1,8 m/s à 45 km/h • Finesse maximale 5/1 à 30 mph, 48 km/h • Roulage au décollage 75 ft, 23 m • Roulage à l'atterrissage 50 ft, 15 m • Plafond pratique 12000 ft, 3660 m • Distance franchissable maximale 115 miles, 185 km.

Morecambe Press
Décollage historique du RB1/Lightning DS pour son vol de record d'altitude

*** Mesurées dans les conditions suivantes : altitude QNH 0 ft, 0 m • Température au sol 59°F, 15°C • Vent au sol 0 mph, 0 km/h • Poids du pilote 168 lbs, 76 kg.**
Avec moteur ci-dessus.

Ultrasports/Southdown Sailwings *RB1/Lightning DS*
(pendulaire)

Description semblable à celle du Panther 250 sauf : voilure avec dérive au dessus de l'aile et double entoilage à environ 75 % de la corde. Chariot avec carénage de nez en version standard.

1-Le *RB1-Lightning DS* est probablement le pendulaire le plus puissant qui ait jamais été construit. C'est un appareil unique dans son genre. Conçu spécialement pour les tentatives de record du monde d'altitude en ULM, il se compose d'un chariot *Tripacer* particulièrement allégé et d'une grande aile *Lightning DS* de chez Southdown Sailwings, que l'on trouve le plus souvent montée sur des biplaces. La partie réellement originale, toutefois, est le moteur, un modèle expérimental de Nicklow Engineering, l'importateur britannique de Fuji-Robin. Basiquement celui-ci se compose de deux 250cc montés sur le carter d'un 440 cc, ce qui a permis d'obtenir 488 cc sans dépenses excessives. Pour gagner encore de la puissance, la turbine de refroidissement a été enlevée. Dans les paramètres définissant le *RB1*, nous citons une puissance de quelques 65 cv pour ce prototype, mais celle-ci sera probablement supérieure, ce moteur n'étant encore qu'au stade de la mise au point.

GRANDE-BRETAGNE

Même dans sa première version, cet appareil a déjà rempli de façon convaincante la tâche à laquelle on le destinait. Le 19 février 1983, il a permis à Bob Calvert de battre le record du monde d'altitude en le portant à 19250 ft (5900 m) au large de la côte du Lancashire, soit un gain de plus de 30 ft (900 m) par rapport à son précédent record, établi un au plus tôt avec un *Tri-Flyer 330* fabriqué par Mainair. Ce premier succès avait incité Mainair à construire son propre appareil pour battre des records : le *Tri-Flyer Challenger* et il est intéressant d'établir une comparaison entre les philosophies conceptuelles de ces deux machines. Toutes les deux utilisent l'aile *Lightning DS* mais, alors que le *RB1* d'Ultrasports est conçu pour un rapport poids/puissance maximale (charge au cheval) et une structure légère contrastant avec son puissant moteur doté de pipes d'échappement énormes, l'approche de Mainair a été de diminuer la traînée.

Il est tout à fait certain que la rivalité entre ces deux machines et leurs pilotes respectifs, Bob Calvert et Geoff Ball, ne fait que commencer et que le record de Bob ne tiendra pas longtemps. Bob nous a affirmé qu'il pourrait atteindre 30 000 pieds (9100 mètres) dans de bonnes conditions !.

2-DIMENSIONS EXTERIEURES ET SURFACES
Pour la voilure voir le *Puma 330*. • Hauteur hors tout 11 ft, 3,35 m • Autres caractéristiques NC.

3-MOTORISATION
Moteur Robin EC488PM • Puissance maximale 65 CV à 6500 tr/mn • Diamètre et pas de l'hélice 60 x 30 inches, 1,52 x 0,76 m • Réducteur à courroie crantée rapport de réduction 2,8/1 • Poussée statique maximale 350 lbs, 159 kgp • Rapport puissance/surface alaire 0,33 hp/ft², 3,6 CV/m² • Carburant emporté 4,8 US gallons 4 Imp gal. 18,2 litres.

4-MASSES ET CHARGES
Masse à vide 231 lbs, 105 kg • Masse maximale au décollage 531 lbs, 241 kg • Charge utile 300 lbs, 136 kg • Charge alaire maximale 2,72 lbs/ft², 13,3 kg/m² • Rapport poids/puissance 8,2 lbs/hp, 3,7 kg/CV • Facteurs de charges + 4 g — 2 g calculées — + 6 g — 3 g à rupture.

5-PERFORMANCES*
Vne 65 mph, 105 km/h • Croisière (maximale) 50 mph, 80 km/h • Croisière (économique) 40 mph, 64 km/h • Vitesse de décrochage 28 mph, 45 km/h • Vitesse ascensionnelle maximale (au niveau de la mer) 1700 ft/min à 8,6 m/s • Taux de chute minimal 300 ft/min à 32 mph, 1,5 m/s à 51 km/h • Finesse maximale 6/1 à 35 mph, 56 km/h • Roulage au décollage 30 ft, 10 m • Roulage à l'atterrissage 40 ft, 12 m • Distance franchissable maximale 345 miles, 555 km • Autres caractéristiques NC.

*** Conditions du test non spécifiées.**

Ultrasports/Solar Wings *Panther Dual 330*
(pendulaire)

Biplace en tandem monomoteur à voilure souple avec pilotage pendulaire. Voilure type Rogallo avec dérive sous l'aile. Le pilote est suspendu sous la voilure dans un siège-harnais et utilise un trapèze de commande (pilotage par déplacement du centre de gravité par rapport au centre de poussée). Voilure haubanée sol et vol par câbles, transversale flottante, double entoilage (50%), lattes préformées, transversale intégrée. Atterrisseur tricycle, suspension par ressorts de la roue avant et sans suspension pour le train principal. Roue avant directrice non conjuguée au palonnier. Sans freins. Chariot en tubes de duralumin avec carénage sur option. Moteur monté sous l'aile et utilisé en propulsif.

1-Le *Panther Dual* de chez Ultrasport est le remplaçant du *Puma* dont il est le développement logique. Comme les monoplaces *Panther*, ses versions *330 et 440* utilisent une aile de chez Solar, la *Typhoon XL*. La différence avec une voilure Southdown n'est pourtant guère susceptible de changer radicalement les performances de l'appareil, car leurs surfaces sont identiques et ces deux ailes emploient une transversale flottante. Il existe cependant quelques différences : la *Typhoon XL* est un peu plus lourde (122 lbs, 55 kg, au lieu de 106 lbs, 48 kg) et elle offre moins de surface à double entoilage; de plus, elle est dotée d'une quille conventionnelle sur les voilures souples plutôt que d'une véritable dérive. A la suite de l'entrée en vigueur de la réglementation britannique, elle a été soumise à des essais statiques poussés jusqu'à 1,85 Imp tonne (2,07 US tonne, 1,88 tonne), cette charge n'a pas provoqué de déformation permanente de la structure.

Le chariot reste semblable à celui qui est utilisé pour le *Puma* mais il a été modernisé de la même manière que pour le monoplace *Panther 330*, avec suspension par ressort de la roue avant et montage du moteur avec les bougies en haut. Le réducteur standard emploie une courroie crantée. Un carénage est proposé sur option. Dans les projets d'Ultrasports, il est prévu la modification des dimensions de l'hélice et du taux de réduction sur le Fuji-Robin 330 cc (qui sera vraisemblablement identique à celui du 440 cc), ainsi que des changements de proportions des tubes pour gagner du poids.

Tarifs : chariot en kit **1 521 £**; chariot complet et monté **1 608 £**; aile *Typhoon XL* **1 230 £**; *Panther Dual 330* prêt à voler **2 838 £**; carénage **150 £**.

2-DIMENSIONS EXTERIEURES ET SURFACES
Longueur hors tout 13 ft, 3,96 m • Hauteur hors tout 11 ft, 3,35 m • Envergure (aile) 34 ft, 10,36 m • Corde à l'emplanture 10 ft, 3,05 m • Corde aux extrémités 3,5 ft, 1,07 m • Dièdre 0° • Flèche 30° • Surface alaire totale 195 ft², 18,1 m² • Allongement 5,6/1 • Voie du train 5 ft, 1,52 m • Empattement 6 ft, 1,83 m • Diamètre de la roue avant 14 inches, 36 cm • Diamètre des roues principales 14 inches, 36 cm.

3-MOTORISATION
Voir le *Panther 330* sauf : Rapport puissance/surface alaire 0,16 hp/ft², 1,8 CV/m².

4-MASSES ET CHARGES
Masse à vide 280 lbs, 127 kg • Masse maximale au décollage 634 lbs, 288 kg • Charge utile 354 lbs, 161 kg • Charge alaire maximale 3,25 lbs/ft², 15,9 kg/m² • Rapport poids/puissance 19,8 lbs/hp, 9 kg/CV • Facteurs de charges calculées NC, + 6,5 g — 4,5 g à rupture.

5-PERFORMANCES*
Vitesse maximale en palier 55 mph, 88 km/h • Vne 65 mph, 105 km/h • Croisière (maximale 45 mph, 72 km/h • Croisière (économique) 38 mph, 61 km/h • Vitesse de décrochage 22 mph, 35 km/h • Vitesse ascensionnelle

Norman Burr

Après le record, un Bob Calvert souriant pose pour la postérité. Postérieurement, il établit un double record, en biplace, avec Lisa Coar (14 ans) comme copilote

maximale (au niveau de la mer) 300 ft/min à 1,5 m/s • Taux de chute minimal 350 ft/min à 28 mph, 1,8 m/s à 45 km/h • Finesse maximale 5/1 à 35 mph, 56 km/h • Roulage au décollage 150 ft, 45 m • Roulage à l'atterrissage 75 ft, 23 m • Plafond pratique 15000 ft, 4570 m • Distance franchissable maximale 60 miles, 97 km.

* Mesurées dans les conditions suivantes : altitude QNH 0 ft, 0 m • Température au sol 59°F, 15°C • Vent au sol 0 mph, 0 km/h • Poids du pilote 168 lbs, 76 kg • Poids du passager 168 lbs, 76 kg.
Avec moteur ci-dessus.

Ultrasports/Solar Wings
Panther Dual 440
(pendulaire)

Description semblable à celle du *Panther Dual 330.*

Prix : chariot en kit **1 695 £**, chariot complet **1 782 £**; aile *typhoon XL* **1 230 £**; *Panther Dual 440* prêt à voler **3 012 £**; carénage sur option **150 £**.

2-DIMENSIONS EXTERIEURES
ET SURFACES
Voir le *Panther Dual 330.*

3-MOTORISATION
Moteur Robin EC44 • Puissance maximale 50 CV à 6500 tr/mn • Diamètre et pas de l'hélice 60 x 30 inches, 1,52 x 0,76 m • Réducteur à courroie crantée rapport de réduction 2,8/1 • Poussée statique maximale 320 lbs, 145 kgp • Rapport puissance/surface alaire 0,26 hp/ft², 2,8 CV/m² • Carburant emporté 2,6 US gallons 2,2 Imp gal 10 litres.

4-MASSES ET CHARGES
Masse à vide 292 lbs, 132 kg • Masse maximale au décollage 730 lbs, 331 kg • Charge utile 438 lbs, 199 kg • Charge alaire maximale 3,74 lbs/ft², 18,3 kg/m² • Rapport poids/puissance 14,6 lbs/hp, 6,6 kg/CV • Facteurs de charges calculées NC + 6,5 g — 4,5 g à rupture.

5-PERFORMANCES*
Voir le *Panther Dual 330* sauf : Vitesse ascensionnelle maximale (au niveau de la mer) 600 ft/min 3 m/s • Distance franchissable maximale 50 mph, 80 km/h.

* Mesurées dans les conditions suivantes : altitude QNH 0 ft, 0 m • Température au sol 59° F, 15° C • Vent au sol 0 mph, 0 km/h • Poids du pilote 168 lbs, 76 kg • Poids du passager 168 lbs, 76 kg.
Avec moteur ci-dessus.

Ultrasports/Southdown Sailwings
Puma 330
(pendulaire)

Biplace en tandem, monomoteur à voilure souple pilotage pendulaire. Voilure type Rogallo avec dérive au dessus de l'aile. Le pilote est suspendu sous la voilure dans un siège-harnais et utilise un trapèze de commande (pilotage par déplacement du centre de gravité par rapport au centre de poussée) Voilure haubanée sol et vol par câbles, transversale flottante, entoilage double (>75%) transversale intégrée; lattes préformées. Atterrisseur tricycle, sans suspension. Roue avant directrice non conjuguée au palonnier. Sans freins. chariot en tubes de duralumin, sans carénage de nez. Moteur monté sous l'aile et utilisé en propulsif. Technologie : structure tubulaire en duralumin répondant aux spécifications de la norme britannique HT30TF. Attaches de l'aile en acier inoxydable. Entoilage Dacron.

1-Les versions du *330 et 440 Puma* sont maintenant désuètes mais ce livre ne serait pas complet s'il ne les mentionnait pas : c'est ce chariot qui, plus qu'aucun autre, a ouvert la voie du biplace en Grande Bretagne. Il a aussi fait que l'entrainement sur pendulaire est devenu une activité simple, sans difficulté particulière.

Le Panther Dual d'Ultrasports. Ce modèle de présérie n'est pas encore muni de la suspension du train avant. Bien que le montage en «sens normal» du moteur, bougies en haut, soit maintenant standard, l'ancien positionnement utilisé ici peut encore être effectué à la demande

GRANDE-BRETAGNE

Le Puma a conquis une place bien méritée dans le coeur de nombre de pratiquants européens

Constitué d'un chariot Ultrasports et de l'aile *Lightning DS* de Southdown Sailwings, le *Puma* fut présenté au début 1982. Ce n'était pas le premier chariot biplace anglais mais ce fut pourtant le premier à utiliser une aile à double surface et transversale flottante. Il acquit vite une réputation d'appareil d'un pilotage sans problème, fiable et offrant de bonnes performances. Ce succès n'est pourtant pas entièrement dû à l'appareil lui-même : y est entrée pour beaucoup l'idée de produire sous la même dénomination de *Puma* un ensemble aile et chariot produit par un constructeur de voilures et un fabricant de chariot; ce concept répondait aux souhaits d'un public lassé de devoir lui-même constituer de tels ensembles, avec pour risque celui d'acquérir des éléments incompatibles entre eux !

Son impact fut tel qu'en quelques mois, le nom de *Puma* devint presque synonyme de chariot biplace en tandem. La rançon de ce succès fut que l'on baptisait *Puma* des biplaces qui n'en étaient pas et qu'on en vint même à utiliser ce nom pour définir des monoplaces associés à une aile de Southdown Sailwings. La demande fut telle qu'elle compliqua encore la situation : pour y faire face, des dérivés variés du *Puma* furent crées qui utilisaient la même aile mais associée à d'autres chariots. Nous faisons le point sur ces diverses productions dans un encadré, en présentant les appareils de Southdown Sailwings. En faisant le total de toutes les variantes sorties, quelque 150 *Puma* furent fabriqués en un peu moins d'un an. Beaucoup d'entre eux sont utilisés à temps complet en école et, de ce fait, certains comptent déjà plus de 700 h de vol !

Les *Puma 330 et 440* ont respectivement été remplacés en début 1983 par le *Panther Dual 330* et le *Panther Dual 440.*

2-DIMENSIONS EXTERIEURES ET SURFACES
Longueur hors tout 11,2 ft, 3,41 m • Envergure (aile) 34,5 ft, 10,52 m • Corde à l'emplanture 8 ft, 2,44 m • Corde aux extrémités 3,5 ft, 1,07 m • Angle de bec 130° • Hauteur plan fixe vertical 3,3 ft, 1,01 m • Surface alaire totale 195 ft², 18,1 m² • Allongement 6,3/1 • Diamètre de la roue avant 14 inches, 36 cm • Diamètre des roues principales 14 inches, 36 cm • Diamètre des roues principales 14 inches, 36 cm • Autres caractéristiques NC.

3-MOTORISATION
Voir le *Panther 330* sauf : Rapport puissance/surface alaire 0,16 hp/ft², 1,8 CV/m² •

4-MASSES ET CHARGES
Masse à vide 254 lbs, 115 kg • Masse maximale au décollage 608 lbs, 276 kg • Charge utile 354 lbs, 161 kg • Charge alaire maximale 3,12 lbs/ft², 15,2 kg/m² • Rapport poids/puissance 19 lbs/hp, 8,6 kg/CV • Facteurs de charges + 4 g — 2 g calculées — + 6 g — 3 g à rupture.

5-PERFORMANCES NC.

Ultrasports/Southdown Sailwings *Puma 440*
(pendulaire)

Description semblable à celle du *Puma 330.*

2-DIMENSIONS EXTERIEURES ET SURFACES
Voir le *Puma 330.*

3-MOTORISATION
Voir le *Panther Dual 440.*

4-MASSES ET CHARGES
Masse à vide 266 lbs, 121 kg • Masse maximale au décollage 704 lbs, 319 kg • Charge utile 438 lbs, 199 kg • Charge alaire maximale 3,61 lbs/ft², 17,6 kg/m² • Rapport poids/puissance 14,1 lbs/hp, 6,4 kg/CV • Facteurs de charges + 4 g — 2 g calculées • + 6 g — 3 g à rupture.

5-PERFORMANCES*
Vitesse maximale en palier 45 mph, 72 km/h • Vne 60 mph, 97 km/h • Croisière 35 mph, 56 km/h • Vitesse ascensionnelle maximale (au niveau de la mer) 500 ft/min, 2,5 m/s • Roulage au décollage 50/60 ft, 15/18 m • Distance franchissable maximale 39 miles, 62 km • Autres caractéristiques NC.

*** Mesurées dans les conditions suivantes : Altitude QNH 0 ft, 0 m • Température au sol 61 °F, 16 °C • Vent au sol 10/14 mph, 16/23 km/h • Poids du pilote 392 lbs, 178 kg. Avec moteur ci-dessus.**

R.F.A.

LE DERNIER NE DES SPORTS SYMPAS

par Joachim Fassbender, Président du DULV.

Hoffmann H 39 Diana

C'est au début des années 70 que l'ULM a fait son apparition en République Fédérale Allemande, avec le 3 axes **Vowi 10** d'Helmut Wilden et ses 130 kg de masse à vide. Quelques années plus tard, un certain nombre de pratiquants du Vol libre commencèrent à installer des petits moteurs d'appoint sur leurs planeurs ultralégers. Leur succès resta limité, ces moteurs se révélant peu fiables et trop peu puissants. En 1979, deux pilotes, D. König et R. Nolle motorisèrent une voiture *Fledge* avec un tricylindre spécifiquement conçu pour cette utilisation. A la même époque, vingt pilotes entamèrent un programme d'entraînement et d'expérimentation d'ULM, avec l'accord du ministère des Transports et de la fédération de Vol libre. Ce programme a débouché en 1982 sur l'établissement d'une réglementation appropriée. En octobre 1982, ces pionners ont fondé le Deutsche Ultraleichtverband (DULV), fédération nationale ULM.

En RFA, le nombre des ULM dotés de gouvernes sur les 2 ou les 3 axes devrait subir un considérable accroissement au cours de cette année 1983, la tendance étant aux 3 axes, incontestablement. Cependant, les pendulaires, simples, pratiques et légers, devraient également trouver de plus en plus d'adeptes. Le développement de moteurs spécifiquement conçus pour l'Aviation ultralégère retient particulièrement l'attention en RFA. La législation actuelle impose un maximum de 60 décibels mesurés du sol, à 25 cm de l'axe de vol d'un ULM évoluant à 150 m. Il est d'ores et déjà prévu que ce maximum sera ramené à 55 dB en 1985.

Au début de la saison ULM 1983, le DULV regroupait 140 membres et 130 pratiquants etaient titulaires de la licence de pilote ULM. On peut estimer le parc actuel à environ 200 ULM 3 axes et autant d'ULM pendulaires. Cinq écoles de pilotages ULM ont été agréées jusqu'ici. Les prévisions sont de 500 membres affiliés au DULV pour la fin de 1983, avec un nombre de 500 machines et d'un millier de pilotes tandis que le nombre des écoles ULM devrait au moins doubler.

Adresse DULV : obereschbach 9, 506 Bergisch - Gladbach 1 - RFA

K.L. BEHLEN

Karl-Ludwig Behlen, Weedgasse 6, 6719 Göllheim, téléphone 06351-41100.

Behlen *Power-Trike* (pendulaire)

Monoplace monomoteur à voilure souple; pilotage pendulaire. Voilure type Rogallo avec dérive sous l'aile. Commande par déplacement du centre de gravité, pour le tangage et le roulis. Le pilote est suspendu sous la voilure dans un siège harnais et utilise un trapèze de commande (pilotage par déplacement du centre de gravité par rapport au centre de poussée). Voilure haubannée sol et vol par câbles, transversales rigide avec double entoilage (50 %), transversale intégrée, lattes préformées. Atterrisseur tricycle. Pas de suspension. Roue avant non conjuguée au palonnier. Freins sur la roue avant. Chariot en tubes de duralumin, sans carénage. Moteur monté sous l'aile utilisé en propulsif.

Karl-Ludwig Behlen est le premier constructeur d'ULM officiellement reconnu en RFA. Ce constructeur produit de longue date des planeurs ultralégers de pilotage pendulaire. Le chariot monoplace *Power-Trike* qu'il propose actuellement a effectué son premier vol en 1979 et plus de 60 avaient déjà été produits en février 1983. Cet appareil utilise en version standard une voilure de la firme, de 14,50 m² (156 ft²) seulement de surface alaire et donnée pour offrir un taux de roulis de 3 secondes de 45° à 45° d'inclinaison d'une aile sur l'autre. D'une masse à vide hors moteur de 28.5 kg (63 lbs), le chariot est équipé du bicylindre Lloyd LS-400 de 386 cc, avionné par K.L. Behlen et d'un poids de 27,5 kg (61 lbs). Cette modification du Lloyd LS-400 est par ailleurs l'une des activités principales de la firme : plus de 200 moteurs ont été ainsi tranformés par elle à ce jour. Signalons également que K.L. Behlen produit également un chariot pendulaire biplace équipé d'un moteur 40 CV et destiné à l'exportation mais sur lequel nous regretterons qu'aucun autre détail ne nous ait été communiqué. La firme a produit jusqu'à ce jour (avril 1983) plus de 200 chariots des deux types, monoplaces et biplaces.

Le Power-Trike monoplace utilise une structure tubulaire formant trièdre et se distingue des autres chariots similaires en utilisant un tube avant venant en deux parties et qui permet un pliage presque instantané ; les tubes arrière et ceux encadrant latéralement le siège sont en effet dotés d'articulations n'impliquant aucun démontage. L'appareil est proposé pour 11 200 DM, la version standard comprenant démarreur électrique et silencieux. Sur option (480 DM) est disponible un tableau de bord regroupant anémomètre, altimètre et compas.

Le chariot monoplace Power Trike de Behlen

2-DIMENSIONS EXTERIEURES ET SURFACES
Longueur hors tout 9,8 ft, 3 m • Hauteur hors tout 11,6 ft, 3,5 m • Envergure (aile) 33,6 ft, 10,2 m • Surface alaire totale 156 ft², 14,5 m² • Allongement 7,17/1.

3-MOTORISATION
Moteur Lloyd LS 400 • Puissance maximale 23 CV à 5500 tr/mn • Diamètre et pas de l'hélice 55 × NC inches, 1,38 × NC • Réducteur à courroie en V rapport de réduction NC • Poussée statique maximale 121 lbs, 55 kgp • Rapport puissance/surface alaire 0,147 hp/ft², 1,58 CV/m² • Carburant emporté 3,2 US gallons, 2,7 Imp gal. 12 litres.

4-MASSES ET CHARGES
Masse à vide 203 lbs, 92 kg • Masse maximale au décollage 442 lbs, 200 kg • Charge utile 239 lbs, 108 kg • Charge alaire maximale 2,83 lbs/ft², 13,79 kg/m² • Rapport poids/puissance 19,21 lbs/hp, 8,69 kg/CV • Facteurs de charges + 6 g, — 3 g à rupture • Calculées NC.

Le Power-Trike est d'une exceptionnelle facilité de pliage sans nécessiter le démontage du siège ni du tube frontal

5-PERFORMANCES*
Vne 56,5 mph, 91 km/h • Croisière (maximale) 45 mph, 73 km/h • Croisière (économique) 34 mph, 55 km/h • Vitesse de décrochage 20 mph, 32 km/h • Vitesse ascensionnelle maximale (au niveau de la mer) 400 ft/min, 2 m/s • Finesse maximale 9/1 à vitesse NC • Roulage au décollage 66 ft, 20 m • Roulage à l'atterrissage 66 ft, 20 m • Distance franchissable maximale 106 miles, 170 km.
106 miles, 170 km.

*** Conditions du test non communiquées.**

FIREBIRD

Firebird Leichtflugzeugbau GmbH, Hitzlerieder Strasse 15, Postfach 28, D-8959 Seeg/Allgaü, téléphone 08364-412 <10 78>, télex 541 412.

Agent Suisse : Arbonia Forster Engineering AG, Industriestrasse 38, CH 9320 Arbon.

Firebird *M1* (2 axes)

Monoplace monomoteur à l'aile haute; pilotage 2 axes. Voilure avec flèche inverse au bord d'attaque et au bord de fuite, corde dégressive avec plan canard. Tangage par plan canard monobloc mobile en incidence; lacet par gouvernails de direction monoblocs aux extrémités de l'aile; commande au manche pour le tangage et le lacet. Voilure haubannée portée par des mâts. Profil d'aile FM 4-81 à double entoilage. Atterrisseur tricycle. Suspension par ressorts de la roue avant, sans suspension du train principal. Roue avant directrice non conjuguée au palonnier. Frein sur la roue avant. Structure en tubes de duralumin et fibre de carbone habitacle ouvert. Moteur monté sous l'aile utilisé en propulsif.

Le prototype du monoplace M1 de Firebird a effectué son premier vol en 1979 et plus de 100 exemplaires ont été produits depuis par cette firme. La voilure est directement extrapolée de la célèbre *Fledgling* (alias *Fledge,* par abréviation), conçue à l'origine comme planeur ultraléger de pilotage hybride par le regretté et talentueux Klaus Hill. Cette voilure aux gouvernails de direction portés à l'extrémité de chaque demi-aile fut motorisée dès 1978 aux USA et l'année suivante en Europe par Firebird. L'avionneur allemand l'utilise avec un plan canard mobile en incidence comme cette même voilure, accomodée à toutes les sauces à travers le monde de l'Aviation ultralégère, le fut à partir de 1981 seulement par Pterodactyl Ltd aux USA avec ses *Ptraveler* et *Ascender.* Différence fondamentale, cependant, d'avec le constructeur américain, Firebird a choisi de porter sa voilure par deux mâts principaux profilés sous chaque demi-aile, mâts rigidifiés par des tubes intermédiaires. Le M1 se dispense donc d'un haubanage sol et vol conservé aux Etats-Unis par la presque totalité des utilisateurs de *Fledge* ou dérivé. D'autre part, la réglementation actuellement en vigueur en RFA étant plus sévère en ce qui concerne le bruit que n'importe où ailleurs au Monde, il convient de remarquer que le M1 est proposé en version standard avec une hélice tripale équipant son moteur Koenig tricylindre et n'excède pas ainsi 60 décibels mesurés.

Le M1 est vendu 17 408 DM hors taxes en version standard incluant démarreur, batterie et moteur avionné. Les options portent sur un réservoir supplémentaire, des flotteurs, un parachute de 70 m2 (755 ft²) de surface, utilisable jusqu'à 250 km/h (155 mph) et avec un taux de chute de 6,7 m/s (1300 ft/min) avec 200 kg (442 lbs) de charge et un tableau de bord. Prix non communiqués.

Nous sommes au regret de ne pouvoir publier dans la présente édition les caractéristiques et performances détaillées de cet appareil : malgré nos demandes réitérées par courrier, par téléphone par télex, la firme Firebird qui présentait, cependant, ses modèles M-1 et T-1 à Friedrichshafen, à l'occasion d'Aero 83, n'a pas transmis les renseignements qui nous faisaient défaut. Nous laissons le lecteur seul juge du sérieux qu'implique une telle attitude !

2-DIMENSIONS EXTERIEURES ET SURFACES
Hauteur hors tout 9,4 ft, 2,85 m • Envergure (aile) 32,8 ft, 10 m • Corde constante à l'emplanture 5,6 ft, 1,7 m • Corde aux extrémités 4,6 ft, 1,4 m • Dièdre 5° • Flèche 38° • Envergure canard 6,6 ft, 2 m • Corde du plan canard 2,1 ft, 0,63 m • Surface alaire totale 175 ft², 16,3 m² • Surface aile principale 161 ft², 15 m² • Surface du plan canard 14 ft², 1,3 m² • Allongement 6,7/1 • Voie du train 6,9 ft, 2,10 m • Empattement 4,6 ft, 1,4 m • Diamètre de la roue avant 14 inch, 35 cm • Diamètre des roues principales 16 inch, 41 cm.

3-MOTORISATION
Moteur Konig SC 430 • Puissance maximale 24 CV à 4200 tr/mn • Diamètre et pas de l'hélice 53 × NC inches, 1,34 × NC (tripale) • Réducteur à courroie rapport de réduction 2,2/1 • Poussée statique maximale 143 lbs, 65 kgp • Rapport puissance/surface alaire 0,15 hp/ft², 1,6 CV/m² • Carburant emporté 3,4 US gallons, 2,8 Imp gal. 13 litres dans le réservoir principal • 2,6 US gallons 2,2 Imp gallons 10 litres en réservoir supplémentaire.

4-MASSES ET CHARGES
Masse à vide 216 lbs, 98 kg • Masse maximale au décollage 420 lbs, 190 kg • Charge utile 204 lbs, 92 kg • Charge alaire maximale 2,59 lbs/ft², 12,66 kg/m² • Rapport poids/puissance 17,5 lbs/hp, 7,9 kg/CV • Facteurs de charges + 4 g, — 2 g calculées — + 6g — 3g à rupture.

5-PERFORMANCES*
Vitesse maximale en palier 50 mph, 80 km/h • Vne 56 mph, 90 km/h • Croisière (économique) 37 mph, 60 km/h • Vitesse de décrochage 24 mph, 40 km/h • Vitesse ascensionnelle maximale (au niveau de la mer) 400 ft/min, 2 m/s • Taux de chute minimal 350 ft/min à 34 mph, 1,8 m/s à 55 km/h • Finesse maximale 8,5/1 à 37 mph, 60 km/h • Roulage au décollage 98 ft, 30 m • Roulage à l'atterrissage 66 ft, 20 m • Distance franchissable maximale 93 miles, 150 km.

* Conditions du test non communiquées.

Firebird
T1
(3 axes)

Biplace côte-à-côte monomoteur à l'aile haute; pilotage 3 axes conventionnel. Voilure avec flèche au bord d'attaque et au bord de fuite, corde constante avec plan canard. Tangage par plan canard monobloc mobile en incidence; lacet par gouvernails de directions monoblocs aux extrémités de l'aile; roulis par spoilerons; commande au manche pour le tangage et le roulis; palonnier pour le lacet. Voilure haubannée portée par des mâts; profil d'aile NC, à double entoilage. Atterrisseur 4 roues. Suspension sur toutes les roues NC. Roue non directrice. Freins sur toutes les roues. Structure en tubes de duralumin, habitacle ouvert. Moteur monté sous l'aile, utilisé en propulsif.

Cet appareil a été présenté à l'occasion du salon Aéro 83 à Friedrichsafen, en mars 1983, et était indiqué comme ayant effectué ses premiers vols le mois précédent. Une première série serait en cours de construction, qui devrait déboucher sur de premières commercialisations au cours de l'été 1983. Les prix annoncés à Friedrichshafen étaient de 21 800 DM hors taxes pour le T-1 en version standard, incluant le démarreur électrique. Les options portent sur des carénages des roues (320 DM) et des flotteurs (3 850 DM).

2-DIMENSIONS EXTERIEURES ET SURFACES
Longueur hors tout 10,5 ft, 3,2 m • Hauteur hors tout NC • Envergure (aile) 32,8 ft, 10 m • Corde constante 5,6 ft, 1,7 m • Dièdre NC • Flèche NC • Envergure canard 6,7 ft, 2 m • Surface aile principale 183 ft², 17 m² • Surface du gouvernail de direction 9,7 ft², 0,9 m² • Allongement 5,9/1 • Voie du train 5,3 ft, 1,6 m • Autres caractéristiques non communiquées.

3-MOTORISATION
Moteur Hirth 276 A 13 • Puissance maximale 40 CV à 7000 tr/mn • Diamètre et pas de l'hélice 63 × NC inches, 1,6 × NC • Réducteur à courroie rapport de réduction 2/1 • Poussée statique maximale 252 lbs, 114 kgp • Rapport puissance/surface alaire 0,22 hp/ft², 2,4 CV/m² • Carburant emporté 6,9 US gallons, 5,7 Imp gal. 26 litres.

4-MASSES ET CHARGES
Masse à vide 327 lbs, 148 kg • Masse maximale au décollage 707 lbs, 320 kg • Charge utile 380 lbs, 172 kg • Charge alaire maximale 3,86 lbs/ft², 18,8 kg/m² • Rapport poids/puissance 17,7 lbs/hp, 8 kg/CV • Facteurs de charges + 6 g, — 3 g à rupture • Calculées NC.

5-PERFORMANCES*
Vitesse maximale en palier NC • Vne 56 mph, 90 km/h • Croisière (maximale) NC • Croisière (économique) 44 mph, 70 km/h • Vitesse de décrochage 28 mph, 45 km/h • Vitesse ascensionnelle maximale (au niveau de la mer) 600 ft/min, 3,1 m/s • Taux de chute minimal NC • Finesse maximale 8/1 à 37 mph, 60 km/h • Roulage au décollage 100 ft, 30 m • Roulage à l'atterrissage 65 ft, 20 m • Distance franchissable maximale 112 miles, 180 km • Autres caractéristiques non communiquées.

*** Conditions du test non communiquées.**

HOFFMANN

Wolf Hoffmann flugzengbau KG, Sportflugplatz, D-8870 Günzburg, téléphone 08221/1417. Dipl-ing. Wolf D. Hoffmann.

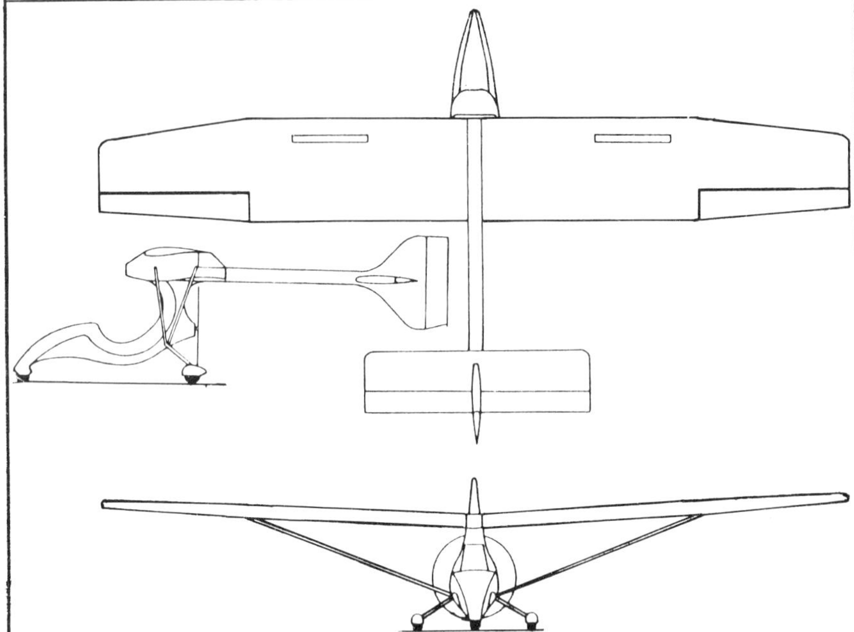

HOFFMANN H 39 DIANA

Hoffmann
H 39 Diana
(3 axes)

Monoplace monomoteur à l'aile haute. Pilotage 3 axes conventionnel. Voilure voir texte ci-après; empennage cruciforme. Tangage par gouverne de profondeur articulée sur le plan fixe horizontal; lacet par gouverne de direction articulée sur la dérive; roulis par ailerons sur la moitié de l'envergure de l'aile, commande au manche pour le tangage et le roulis, palonnier pour le lacet. Voilure haubannée portée par des mâts, profil d'aile Worthmann FX 63-137 à double entoilage. Atterrisseur tricycle. Suspension de la roue avant NC et suspension par lame en fibre de verre du train principal. Roue avant directrice conjuguée au palonnier. Freins sur la roue avant. Fuselage en fibre de verre/fibre de carbone, habitacle partiellement fermé. Moteur monté sous l'aile utilisé en propulsif.

Après un motoplaneur conventionnel, biplace côte-à-côte, le H 36 *Dimona* de 1980 commercialisé depuis l'été 1981, l'ingénieur aéronautique Wolf Hoffmann complète sa gamme d'un ULM monoplace H 39 *Diana.* On ne s'étonnera donc pas de voir le second tirer parti de l'expérience acquise avec son aîné et, tout en faisant appel à une technologie similaire, utiliser le même profil d'aile Wortmann FX 63-137. La voilure haute du H 39 est portée par deux mâts profilés formant un V sous chaque demi-aile ; celles-ci sont fixées, comme l'empennage horizontal, par l'intermédiaire de deux boulons, système employé de longue date sur les planeurs conventionnels et qui permet des montages et démontages rapides, le *Diana* étant transportable sur remorque routière. L'aile comporte des aérofreins d'extrados ; elle est à corde constante sur la partie centrale et s'achève sur des parties extrêmes de forme en plan trapézoïdale. Un atterrisseur tricycle à large voie et grand empattement assure à cet avion-planeur ultraléger une remarquable assise au sol, gage d'un bon emploi tout terrain.

Le prototype a été présenté pour la première fois au public à l'occasion du Salon Aero 83 à Friedrichshafen, en statique, où il suscita un très vif succès de curiosité. Sa fabrication en série est prévue pour l'été 1983 et son prix de commercialisation en version standard, pour 125 000 DM h.t. Le moteur utilisé est le Koenig SD-570 à quatre cylindres en étoile mais limité à 3 500 tr/min (26 cv) au lieu de 4 000 tr/min (28 cv), le *Diana* l'utilisant ainsi en prise directe, sans réducteur.

2-DIMENSIONS EXTERIEURES ET SURFACES
Longueur hors tout 18,4 ft, 5,6 m • Hauteur hors tout 5,7 ft, 1,75 m • Envergure (aile) 32,8 ft, 10 m • Corde constante à l'emplanture 4,4 ft, 1,33 m • Corde aux extrémités 3,1 ft, 0,93 m • Dièdre 4° • Flèche 0° • Plan fixe horizontal, envergure 9,8 ft, 3 m • Hauteur plan fixe vertical 3,9 ft, 1,2 m • Surface alaire totale 135 ft², 12,5m² • Surface totale des ailerons 12,1 ft², 1,12 m² • Surface du plan vertical 6,2 ft², 0,58 m² • Surface du gouvernail de direction 4,1 ft², 0,38 m² • Surface du plan fixe horizontal 18,1 ft², 1,68 m² • Surface totale des gouvernes de profondeur 7,8 ft², 0,72 m² • Allongement 8/1 • Voie du train 4,9 ft, 1,5 m • Empattement 7 ft, 2,13 m • Diamètre de la roue avant 10 inch, 26 cm • Diamètre des roues principales 13 inch, 32 cm.

3-MOTORISATION
Moteur König SD 570 • Puissance maximale 26 CV à 3500 tr/mn • Diamètre et pas de l'hélice 42 × NC inches, 1,07 × NC • Sans réducteur • Poussée statique maximale 132 lbs, 60 kgp • Rapport puissance/surface alaire 0,19 hp/ft², 2,1 CV/m² • Carburant emporté 5,3 US gallons, 4,4 Imp gal. 20 litres.

4-MASSES ET CHARGES
Masse à vide 210 lbs, 95 kg • Masse maximale au décollage 475 lbs, 215 kg • Charge utile 265 lbs, 120 kg • Charge alaire maximale 3,52 lbs/ft², 17,2 kg/m² • Rapport poids/puissance 18,3 lbs/hp, 8,3 kg/CV • Facteurs de charges + 6 g, — 3 g à rupture, calculées NC.

5-PERFORMANCES*
Vitesse maximale en palier 62 mph, 100 km/h • Vne 84 mph, 135 km/h • Croisière (maximale) 62 mph, 100 km/h • Croisière (économique) 44 mph, 70 km/h • Vitesse de décrochage 24 mph, 38 km/h • Vitesse ascensionnelle maximale (au niveau de la mer) 590 ft/min, 3 m/s • Taux de chute minimal 240 ft/min à 28 mph, 1,2 m/s à 45 km/h • Finesse maximale 15/1 à 40 mph, 65 km/h • Roulage au décollage 130 ft, 40 m • Roulage à l'atterrissage 115 ft, 35 m • Plafond pratique 14,400 ft, 4400 m • Distance franchissable maximale 93 miles, 150 km.

*** Mesurées dans les conditions suivantes : Altitude QNH 0 ft, 0 m • Température au sol 59° f, 15° C • Vent au sol 0 mph, 0 km/h • Poids à la masse maximale 475 lbs, 215 kg. Avec moteur ci-dessus.**

HÖHENFLUG

Höhenflug Leichtflugzengbau, Matzstrasse 22, D-1000 Berlin 30, téléphone 030/2132638.

R.F.A.

Höhenflug
HFL
(3 axes)

Monoplace monomoteur à l'aile haute ou biplan. Pilotage 3 axes conventionnel. Voilure sans flèche au bord d'attaque et au bord de fuite, corde constante, empennage classique. Tangage par gouverne de profondeur monobloc; lacet par gouvernail de direction articulé sur la dérive; roulis par ailerons, commande au manche pour le tangage et le roulis, palonnier pour le lacet. Ailes cantilever; profil d'aile Worthmann FX-63-137 à double entoilage. Atterrisseur classique avec béquille arrière. Sans freins. Structure en tubes de duralumin, habitacle ouvert. Moteur utilisé en propulsif. Les ailes sont réalisées en stratifié fibre de verre et carbone.

Ce HFL de Höhenflug est incontestablement l'un des appareils les plus originaux à l'heure actuelle dans une Aviation ultralégère qui, dans le monde entier, rivalise pourtant d'originalité ! Dès avant le second conflit mondial (et plus encore au cours de celui-ci), l'Allemagne est considérée depuis longtemps comme le pays où en matière aéronautique ont toujours été développées les solutions les moins conventionnelles. Ses diverses Akafliegen, les études qu'elles ont menées et les prototypes et bancs d'essais volants qu'elles ont élaborés, valent aujourd'hui à la RFA une situation de leader mondial dans le domaine du Vol à Voile conventionnel. Des prototypes comme ce HFL, actuellement en cours de réalisation, laissent pressentir que, conquise par le mouvement ULM, la RFA a bien l'intention d'y laisser, aussi, libre cours à une imagination remarquablement fertile.

Ce monoplace présente la particularité d'être utilisable comme monoplan ou comme biplan. Sa voilure est en effet constituée de quatre demi-plans dont deux forment une aile haute rattachée à la partie supérieure du treillis-poutre tubulaire du fuselage. Les deux demi-ailes restantes peuvent être soit raccordées à celles de la voilure supérieure, en configuration monoplan, soit raccordées à la base du fuselage pour obtenir un biplan. Ces deux demi-ailes baladeuses sont équipées des ailerons. Il faut remarquer que ces quatre éléments sont d'égale envergure, corde et surface. Le treillis de tubes formant fuselage étant plus large à sa base qu'à sa partie supérieure, on obtient donc en configuration biplan, un avion dont l'aile inférieure déborde latéralement par rapport à l'aile supérieure. Pour éviter ce non-sens aéronautique, Höhenflug fait ajouter alors à cette dernière deux éléments marginaux qui lui confèrent une envergure légèrement supérieure à celle de l'aile inférieure. Dans les deux configurations, monoplan ou biplan, ces ailes sont cantilever sans haubanage ni mâts d'entreplan.

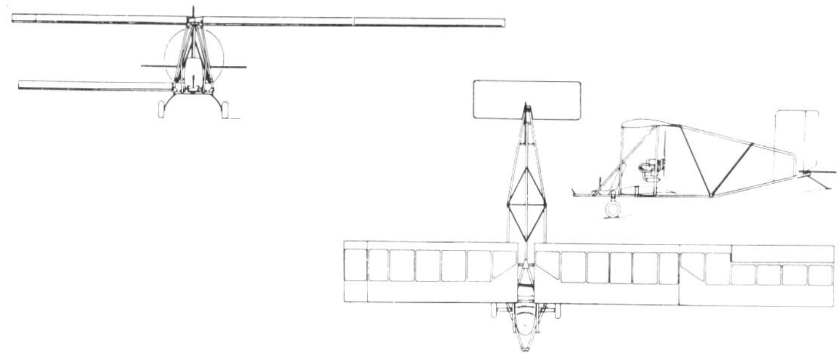

Ces dessins montrent le Höhenflug HFL en configuration monoplan ou biplan

L'oiseau de Höhenflug est annoncé comme devant effectuer ses premiers vols au cours de l'été 1983 et aucun renseignement sur sa commercialisation n'est encore communiqué. Il n'est pas non plus précisé quel moteur utilisera ce HFL, les calculs ayant été menés pour des puissances comprises entre 20 et 28 cv. Ce moteur est logé derrière le pilote, porté par un bâti au-dessus du plan de l'éventuelle aile inférieure et, donc, sous celui de l'aile supérieure. Il entraîne une hélice tripale propulsive de 1,13 m (45'').

Nous avons été dans l'obligation d'établir deux fiches techniques pour cet appareil exceptionnel : la première le concerne en configuration monoplan ; la seconde, en configuration biplan. Par contre, peu de performances (bien sûr, calculées) nous ont été communiquées, Höhenflug restant d'une prudence qu'on ne peut que louer en cette matière : V ne 130 km/h (81 mph) ; vitesse de croisière maximale : 80 km/h (50 mph) ; décrochage à 43 km/h (26,7 mph) ; vitesse ascensionnelle 2 m/s (400 ft/min) ; distance franchissable, avec réservoir de 20 litres (5,3 US gallons, 4,4 Imp. gallons) : 200 km (124 miles).

MONOPLAN

2-DIMENSIONS EXTERIEURES ET SURFACES
Longueur hors tout 16,4 ft, 5 m • Hauteur hors tout 5,9 ft, 1,8 m • Envergure (aile) 38,7 ft, 11,8 m • Corde à l'emplanture 3,6 ft, 1,1 m • Flèche 0° • Surface alaire totale 140 ft², 13 m² • Allongement 10,7/1 • Voie du train 3,9 ft, 1,2 m • Autres caractéristiques non communiquées.

3-MOTORISATION
Moteur type NC • Puissance maximale 28 CV • Diamètre et pas de l'hélice 45 × NC inches, 1,13 × NC (tripale) • Rapport puissance/surface alaire 0,2 hp/ft², 2,2 CV/m² • Carburant emporté 5,3 US gallons, 4,4 Imp gal. 20 litres • Autres caractéristiques non communiquées.

4-MASSES ET CHARGES
Masse à vide 199 lbs, 90 kg • Masse maximale au décollage 442 lbs, 200 kg • Charge utile 243 lbs, 110 kg • Charge alaire maximale 3,15 lbs/ft², 15,4 kg/m² • Rapport poids/puissance 15,8 lbs/hp, 7,1 kg/CV • Facteurs de charges + 4,9 g, — 2,5 g à rupture • Calculées NC.

5-PERFORMANCES*
Vne 81 mph, 130 km/h • Croisière (maximale) 50 mph, 80 km/h • Vitesse de décrochage 27 mph, 43 km/h • Vitesse ascensionnelle maximale (au niveau de la mer) 400 ft/min, 2 m/s • Distance franchissable maximale 124 miles, 200 km • Autres caractéristiques non communiquées.

*** Conditions du test non communiquées.**

BIPLAN

2-DIMENSIONS EXTERIEURES ET SURFACES
Longueur hors tout 16,4 ft, 5 m • Hauteur hors tout 5,9 ft, 1,8 m • Envergure (aile) 22,6 ft, 6,9 m • Corde à l'emplanture 3,6 ft, 1,1 m • Flèche 0° • Surface alaire totale 151 ft², 14 m² • Allongement 6,3/1 • Voie du train 3,9 ft, 1,2 m • Autres caractéristiques non communiquées.

3-MOTORISATION
Moteur type NC • Puissance maximale 28 CV • Diamètre et pas de l'hélice 45 × NC inches, 1,13 × NC (tripale) • Rapport puissance/surface alaire 0,19 hp/ft², 2 CV/m² • Carburant emporté 5,3 US gallons, 4,4 Imp gal. 20 litres • Autres caractéristiques non communiquées.

4-MASSES ET CHARGES
Masse à vide 203 lbs, 92 kg • Masse maximale au décollage 442 lbs, 200 kg • Charge utile 239 lbs, 108 kg • Charge alaire maximale 2,92 lbs/ft², 14,3 kg/m² • Rapport poids/puissance 15,8 lbs/hp, 7,1 kg/CV • Facteurs de charges + 4,9 g, — 2,5 g à rupture • Calculées NC.

5-PERFORMANCES*
Vne 81 mph, 130 km/h • Croisière (maximale) 50 mph, 80 km/h • Vitesse de décrochage 27 mph, 43 km/h • Vitesse ascensionnelle maximale (au niveau de la mer) 400 ft/min, 2 m/s • Distance franchissable maximale 124 miles, 200 km • Autres caractéristiques non communiquées.

*** Conditions du test non communiquées.**

HOWATHERM

Howatherm UL Systeme, Postfach 301146, D-6589 Brücken/Birkenfeld, téléphone 06782-861, télex 426248.

Howatherm
Milan
(3 axes)

R.F.A.

Monoplace monomoteur à l'aile haute. Pilotage 3 axes conventionnel. Voilure sans flèche au bord d'attaque et au bord de fuite, corde constante, empennage en V inversé. Tangage et lacet par élevons; roulis par ailerons, commande au manche pour le tangage et le roulis, palonnier pour le lacet. Voilure haubanée sol par câble vol par câbles. Profil d'aile NC, à double entoilage. Atterrisseur tricycle. Suspension sur toutes les roues (type NC). Roue avant directrice conjuguée au palonnier. Freins sur les roues du train principal. Structure en tubes de duralumin, habitacle partiellement fermé. Moteur monté au niveau de l'aile, utilisé en propulsif.

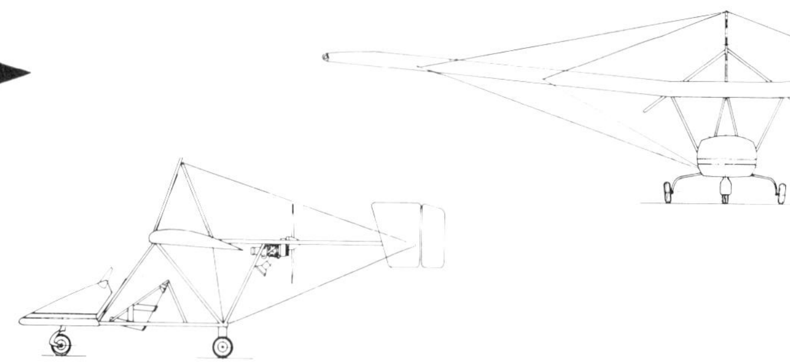

Présenté pour la première fois publiquement au Salon Aero 83 de Friedrichshafen, le prototype du *Milan* de Howatherm UL Système a effectué son premier vol en mars 1983. Le prototype est équipé d'un moteur KFM 107, bicylindre de 294 cc, monté dans le plan de l'aile et entraînant une hélice propulsive entre les deux poutres portant l'empennage, celui-ci étant rigidifié par câbles. Il a été précisé que l'hélice proposée sur les appareils de série sera soit bipale avec un diamètre de 1,36 m (54''), soit tripale à pas variable au sol et de 1,15 m (45'') de diamètre. Ce moteur est équipé d'un démarreur électrique. Aucune date n'a été avancée pour la commercialisation du *Milan* qui pourrait cependant intervenir au cours de l'été 1983, pour un prix de 17 400 DM hors TVA (20 000 DM avec TVA). Deux prototypes ont déjà été construits et une première série de 10 appareils serait elle-même en cours de fabrication.

Il faut remarquer que cet appareil dispose en version standard de freins à tambours sur les roues principales.

2-DIMENSIONS EXTERIEURES ET SURFACES

Longueur hors tout 18 ft, 5,5 m • Hauteur hors tout 8,5 ft, 2,6 m • Envergure (aile) 34,4 ft, 10,5 m • Corde constante 3,9 ft, 1,20 m • Dièdre 4° • Flèche 0° • Plan fixe horizontal, envergure 8,2 ft, 2,5 m • Surface alaire totale 136 ft^2, 12,6 m^2 • Surface totale des ailerons ou spoilerons 25,8 ft^2, 2,4 m^2 • Surface du plan fixe horizontal 32,3 ft^2, 3 m^2 • Allongement 8,8/1 • Voie du train 4,9 ft, 1,5 m • Diamètre de la roue avant 10 inch, 26 cm • Diamètre des roues principales 12 inch, 30 cm • Autres caractéristiques non communiquées.

3-MOTORISATION

Moteur KFM 107 • Puissance maximale 25 CV à 6300 tr/mn • Diamètre et pas de l'hélice 54 × 20 inches, 1,37 × 0,51 m • Réducteur à courroie trapézoïdale rapport de réduction 2,1/1 • Poussée statique maximale 143 lbs, 65 kgp • Rapport puissance/surface alaire 0,18 hp/ft^2, 2 CV/m^2 • Carburant emporté 5,3 US gallons, 4,4 Imp gal. 20 litres.

4-MASSES ET CHARGES

Masse à vide 214 lbs, 97 kg • Masse maximale au décollage 442 lbs, 200 kg • Charge utile 228 lbs, 103 kg • Charge alaire maximale 3,25 lbs/ft^2, 15,99 kg/m^2 • Rapport poids/puissance 17,7 lbs/hp, 8 kg/CV • Facteurs de charges + 6 g, — 3 g à rupture • Calculées NC.

5-PERFORMANCES*

Vitesse maximale en palier 62 mph, 100 km/h • Vne 68 mph, 110 km/h • Croisière (maximale) 56 mph, 90 km/h • Croisière (économique) 37 mph, 60 km/h • Vitesse de décrochage 27 mph, 43 km/h • Vitesse ascensionnelle maximale (au niveau de la mer) 400 ft/min, 2 m/s • Taux de chute minimal NC • Finesse maximale 13/1 • Roulage au décollage 100 ft, 30 m • Roulage à l'atterrissage 100 ft, 30 m • Plafond pratique NC • Autres caractéristiques non communiquées.

*** Conditions du test non communiquées.**

IKARUS

Ikarus-Comco, Tannenweg 20, D-7031 Aidlingen, téléphone 07034/4081.

Ikarus
Sherpa I
(3 axes)

Monoplace monomoteur à l'aile haute. Pilotage 3 axes conventionnel. Voilure sans flèche au bord d'attaque et au bord de fuite, corde constante, empennage cruciforme. Tangage par gouverne de profondeur articulée sur le plan fixe horizontal; lacet par gouvernail de direction articulé sur la dérive; roulis par ailerons sur un tiers de l'envergure de l'aile, commande au manche pour le tangage et le roulis, palonnier pour le lacet. Voilure haubannée sol par câbles, vol par câbles. Profil d'aile NC, à double entoilage. Atterrisseur tricycle avec béquille arrière. Suspension par caoutchouc de la roue avant et suspension NC du train principal. Roue avant directrice conjuguée au palonnier. Freins en option sur la roue avant. Structure en tubes de duralumin, habitacle ouvert. Moteur monté au niveau de l'aile, utilisé en tractif.

Fabricant de planeurs ultralégers depuis plusieurs années, Ikarus vient d'acquérir la licence de production et de commercialisation des *Sherpa* conçus par le Suisse Hans Gigax (voir : Suisse - H. Gigax). Le premier *Sherpa* monoplace a effectué son premier vol en mai 1982 et Hans réalisa le premier vol du *Sherpa* biplace pour se rendre au rassemblement des constructeurs amateurs européens, à Brienne-le-Château, en France, en fin juillet 1982. Cet ULM présente la particularité d'avoir été dessiné d'emblée avec une cage suffisamment large pour être utilisable en biplace côte-à-côte ou en monoplace, le prototype ayant été équipé d'un manche central. Le prototype utilisait un moteur Koenig SD-570 quatre cylindres de 570 cc, abandonné sur les modèles actuellement commercialisés. Ikarus a, en effet, choisi d'équiper son modèle monoplace *Sherpa I* d'un bicylindre

Pierre Schmitt

R.F.A.

Hirth 263R de 383 cc, développant 22 cv.

En février 1983, Ikarus nous signalait avoir déjà livré 11 appareils. En mars, à Friedrichshafen, la firme annonçait 200 appareils en commandes ! Le *Sherpa I* est commercialisé monté pour 18 000 DM. Les options portent sur un démarreur électrique (avec l'alternateur et la batterie) et un ensemble permettant la transformation du monoplace permettant la transformation du monoplace en biplace avec un deuxième siège équipé de ses sangles, les doubles commandes et le moteur Hirth 438 cc (2 150 DM). Cependant, suivant la réglementation actuellement en vigueur en RFA, le *Sherpa* ne peut y être utilisé en biplace comme ultraléger motorisé.

2-DIMENSIONS EXTERIEURES ET SURFACES
Longueur hors tout 16,2 ft, 4,95 m • Hauteur hors tout 9,3 ft, 2,82 m • Envergure (aile) 34,4 ft, 10,5 m • Corde constante 5,2 ft, 1,6 m • Dièdre NC • Flèche 0° • Surface alaire totale 169 ft², 15,7 m² • Surface totale des ailerons NC • Allongement 7/1 • Voie du train 5,9 ft, 1,8 m • Empattement 4,3 ft, 1,3 m • Autres caractéristiques non communiquées

3-MOTORISATION
Moteur Hirth 263 R • Puissance maximale 22 CV à 4200 tr/mn • Diamètre et pas de l'hélice 55 × NC inches, 1,4 × NC • Réducteur à courroie crantée rapport de réduction 1,8/1 • Poussée statique maximale 143 lbs, 65 kgp • Rapport puissance/surface alaire 0,13 hp/ft², 1,4 CV/m² • Carburant emporté 3,4 US gallons, 2,8 Imp gal. 13 litres dans le réservoir principal • 3,4 US gallons 2,8 Imp gallons 13 litres en réservoir supplémentaire

4-MASSES ET CHARGES
Masse à vide 221 lbs, 100 kg • Masse maximale au décollage 475 lbs, 215 kg • Charge utile 254 lbs, 115 kg • Charge alaire maximale 2,81 lbs/ft², 13,7 kg/m² • Rapport poids/puissance 21,6 lbs/hp, 9,8 kg/CV • Facteurs de charges + 6 g, — 3 g à rupture • Calculées NC.

5-PERFORMANCES*
Vitesse maximale en palier 56 mph, 90 km/h • Vne 68 mph, 110 km/h • Croisière (maximale) 50 mph, 80 km/h • Croisière (économique) 37 mph, 60 km/h • Vitesse de décrochage 24 mph, 40 km/h • Vitesse ascensionnelle maximale (au niveau de la mer) 300 ft/min, 1,5 m/s • Taux de chute minimal 400 ft/min à 31 mph, 2 m/s à 50 km/h • Finesse maximale 7/1 à NC mph, NC km/h • Roulage au décollage 200 ft, 60 m • Roulage à l'atterrissage 130 ft, 40 m • Plafond pratique NC • Distance franchissable maximale 93 miles, 150 km.

* Conditions du test non communiquées.

Ikarus *Sherpa II*

(3 axes)

Description semblable à celle du précédent dont le *Sherpa II* est la version biplace côte à côte. Ce modèle diffère du *Sherpa I* monoplace par l'adjonction du second siège, les doubles commandes (venant de série), des renforts de structure et un moteur plus puissant.

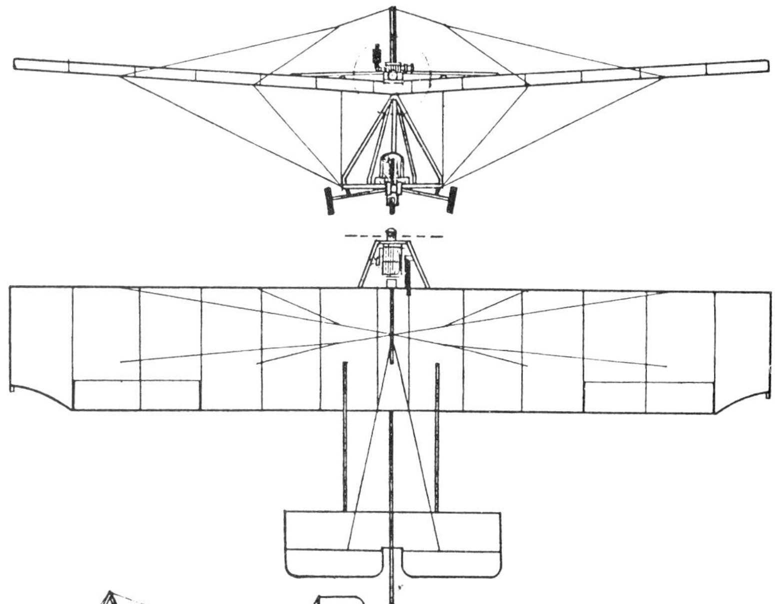

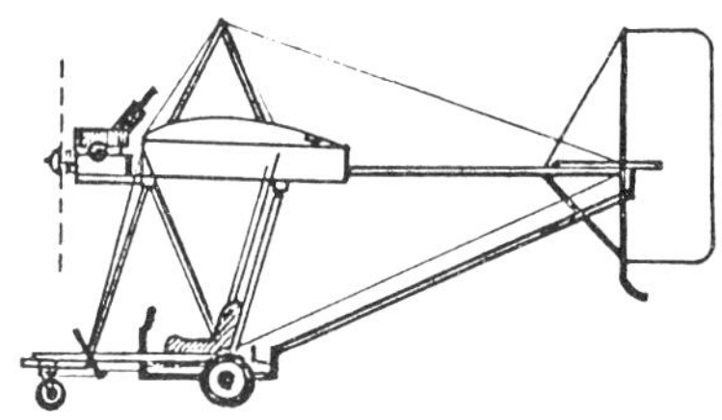

Description semblabe à celle du précédent dont le *Sherpa II* est la version biplace côte-à-côte. Ce modèle diffère du *Sherpa I* monoplace par l'adjonction du second siège, les doubles commandes (venant de série), des renforts de structure et un moteur plus puisant.

Peu de différences entre les deux modèles du *Sherpa,* monoplace et biplace, puisque comme dit précédemment cet appareil a été conçu en tant que biplace. D'ailleurs, le *Sherpa II* produit par Ikarus comme tel, demeure convertible en monoplace en quelques minutes. Ce modèle utilise le moteur Hirth 433 cc développant 42 cv. Trois appareils de présérie ont été produits au cours du premier trimestre 1983 et qui ont débouché sur une commercialisation au prix de 18 050 DM. En option, sont disponibles un carénage de l'avant du fuselage et un tableau de bord.

2-DIMENSIONS EXTERIEURES ET SURFACES
Longueur hors tout 16,2 ft, 4,95 m • Hauteur hors tout 9,3 ft, 2,82 m • Envergure (aile) 34,4 ft, 10,5 m • Corde constante 5,2 ft, 1,6 m • Dièdre NC • Flèche 0° • Plan fixe horizontal, envergure 9,8 ft, 3 m • Surface alaire totale 169 ft², 15,7 m² • Surface totale des ailerons NC • Allongement 7/1 • Voie du train 5,9 ft, 1,8 m • Empattement 4,3 ft, 1,3 m • Autres caractéristiques non communiquées

3-MOTORISATION
Moteur Hirth 276 R • Puissance maximale 42 CV à 4200 tr/mn • Diamètre et pas de l'hélice 63 × NC inches, 1,6 × NC m • Réducteur à courroie crantée rapport de réduction 1,8/1 • Poussée statique maximale 232 lbs, 105 kgp • Rapport puissance/surface alaire 0,25 hp/ft², 2,7 CV/m² • Carburant emporté 3,4 US gallons, 2,8 Imp gal. 13 litres dans le réservoir principal • 3,4 US gallons 2,8 Imp gallons 13 litres en réservoir supplémentaire.

4-MASSES ET CHARGES
Masse à vide 254 lbs, 115 kg • Masse maximale au décollage 662 lbs, 300 kg • Charge utile 408 lbs, 185 kg • Charge alaire maximale 3,91 lbs/ft², 19,1 kg/m² • Rapport poids/puissance 15,8 lbs/hp, 7,1 kg/CV • Facteurs de charges + 6 g, — 3 g à rupture • Calculées NC.

5-PERFORMANCES*
Vitesse maximale en palier 50 mph, 80 km/h • Croisière (maximale) 44 mph, 70 km/h • Croisière (économique) 37 mph, 60 km/h • Vitesse de décrochage 26 mph, 42 km/h • Vitesse ascensionnelle maximale (au niveau de la mer) 400 ft/min, 2 m/s • Taux de chute minimal 400 ft/min à 31 mph, 2 m/s à 50 km/h • Finesse maximale 7/1 à vitesse NC • Roulage au décollage 150 ft, 45 m • Roulage à l'atterrissage 115 ft, 35 m • Plafond pratique NC • Distance franchissable maximale 93 miles, 150 km • Autres caractéristiques non communiquées.

* Conditions du test non communiquées.

POINT AVIATION

Point Aviation Flugzeugbau GmbH, Bahnhofstrasse 19, 7136 Ötisheim, Téléphone 07041/5506.

R.F.A.

L'hélice de l'AN-22 du regretté Albert Neukom utilise comme axe la poutre maitresse du fuselage. Articulée sur une charnière, chacune des deux pales peut se rabattre vers l'arrière de l'appareil

Point Aviation
AN-22
(3 axes)

Monoplace monomoteur à l'aile haute. Pilotage 3 axes conventionnel. Voilure sans flèche au bord d'attaque, flèche inverse au bord de fuite sur les extrémités de l'aile à la moitié de l'envergure ; corde dégressive, empennage classique. Tangage par gouverne de profondeur articulée sur le plan fixe horizontal ; lacet par gouvernail de direction articulé sur la dérive ; roulis par ailerons sur la moitié de l'envergure de l'aile ; commande au manche pour le tangage et le roulis, palonnier pour le lacet. Voilure haubanée portée par des mâts. Profil d'aile NACA 4415, à double entoilage. Atterrisseur tricycle avec béquille arrière. Sans suspension de la roue avant et suspension par caoutchouc du train principal. Roue avant directrice conjuguée au palonnier. Freins sur les roues du train principal. Structure en tubes de duralumin avec carénage sur option. Moteur monté sous l'aile utilisé en propulsif.

L'AN-22 a été dessiné par le Suisse Albert Neukom (voir ce nom) qui en a construit aussi les deux premiers exemplaires destinés à l'obtention de la certification en RFA. L'AN-22 a effectué ses premiers vols en mars 1983 et fut présenté le même mois à l'Aéro 83, à Friedrichshafen. La firme Point Aviation a acquis la licence de fabrication et de commercialisation pour le Monde entier de cette intéressante machine. La construction des premiers appareils de série a été entamée au printemps 1983, la production prévue étant de 30 AN-22 pour cette première année.

Ce modèle reprend la formule originale testée par Albert Neukom en 1982 sur le prototype des AN-20. Le moteur tricylindre Koenig, 430 cc est porté derrière la voilure, par un bâti prenant sur la poutre de fort diamètre qui, elle-même, porte l'empennage. Et c'est autour de cette poutre faisant office d'axe que débat l'hélice, dont le moyeu est entraîné par les trois courroies en V du réducteur. Ses deux pales peuvent se rabattre vers l'arrière, parallèlement à cette poutre. Outre le Koenig SC-430, deux autres motorisations sont prévues pour l'AN-22 : un Solo 220 cc développant 13 cv à 6000 tr/mn et un Hirth 260 cc.

Le prix de ce monoplace ne nous a pas été communiqué précisément mais, selon les dires d'Albert Neukom, la firme allemande projette de commercialiser ses premiers modèles pour un prix de l'ordre des 17 000 FS (francs suisses) hors motorisation et sans le carénage, optionnel, du fuselage.

Signalons aussi que ce concepteur Suisse achève actuellement (mai 1983) la construction de l'AN-22 *Twin,* version biplace du précédent, et qui sera lui aussi produit et commercialisé ultérieurement par Point Aviation.

2-DIMENSIONS EXTERIEURES ET SURFACES
Longueur hors tout 18,4 ft, 5,6 m • Hauteur hors tout 4,3 ft, 1,30 m • Envergure (aile) 33,5 ft, 10,2 m • Corde constante à l'emplanture 3,9 ft, 1,2 m • Corde aux extrémités 3,3 ft, 1 m • Dièdre 4° • Flèche 0° • Plan fixe horizontal, envergure 8,5 ft, 2,6 m • Hauteur plan fixe vertical 3,1 ft, 0,95 m • Surface alaire totale 126 ft², 11,8 m² • Surface totale des ailerons 12,1 ft², 1,12 m² • Surface du plan fixe vertical 6,6 ft², 0,61 m² • Surface du plan fixe horizontal 11,7 ft², 1,09 m² • Surface totale des gouvernes de profondeur 6,5 ft², 0,60 m² • Allongement 8,9/1 • Voie du train 6,2 ft, 1,90 m • Diamètre de la roue avant 10 inches, 26 cm • Diamètre des roues principales 12 inches, 30 cm • Autres caractéristiques non communiquées.

3-MOTORISATION
Moteur Konig SC 430 • Puissance maximale 22 CV à 4200 tr/mn • Diamètre et pas de l'hélice 52 × NC inches, 1,32 × NC m • Réducteur à 3 courroies rapport de réduction 1,8/1 • Poussée statique maximale 143 lbs, 65 kgp • Rapport puissance/surface alaire 0,17 hp/ft², 1,9 CV/m² • Carburant emporté 5,3 US gallons, 4,4 Imp gal. 20 litres.

4-MASSES ET CHARGES
Masse à vide 232 lbs, 105 kg • Masse maximale au décollage 464 lbs, 210 kg • Charge utile 232 lbs, 105 kg • Charge alaire maximale 3,68 lbs/ft², 17,9 kg/m² • Rapport poids/puissance 21,1 lbs/hp, 9,5 kg/CV • Facteurs de charges calculées NC • + 6 g, — 3 g à rupture.

5-PERFORMANCES*
Vitesse maximale en palier 75 mph, 120 km/h • Vne 81 mph, 130 km/h • Croisière (maximale) 56 mph, 90 km/h • Croisière (économique) 44 mph, 70 km/h • Vitesse de décrochage 24 mph, 40 km/h • Vitesse ascensionnelle maximale (au niveau de la mer) 600 ft/min, 3,1 m/s • Taux de chute minimal 200 ft/min à 32 mph, 1 m/s à 52 km/h • Finesse maximale 14/1 à 34 mph, 55 km/h • Roulage au décollage 330 ft, 100 m • Roulage à l'atterrissage 260 ft, 80 m • Plafond pratique NC • Distance franchissable maximale 124 miles, 200 km.

* Conditions du test non communiquées.

SCHEIBE

Scheibe Flugzeugbau GmbH, August-Pfaltz-Strasse 23, Postfach 1829, D-8060 Dachau bei München, Téléphone 08131/72083-4, telex 0526650.

Scheibe
ULI 1
(3 axes)

Monoplace monomoteur à l'aile haute. Pilotage 3 axes conventionnel. Voilure sans flèche au bord d'attaque et au bord de fuite ; corde constante ; empennage classique. Tangage par gouverne de profondeur monobloc ; lacet par gouvernail de direction monobloc ; roulis par ailerons sur la moitié de l'envergure de l'aile ; commande au manche pour le tangage et le roulis ; palonnier pour le lacet. Voilure haubannée sol par câbles ; profil d'aile NC, à double entoilage. Atterrisseur classique avec béquille arrière ou tricycle en option. Béquille en fibre de verre et suspension par lame en fibre de verre du train principal. Roue directrice NC. Sans freins. Structure en tubes d'acier, avec carénage en option. Moteur monté sous l'aile utilisé en propulsif. Les ailes comportent deux longerons en tubes de duralumin et des nervures avec l'âme en mousse polyuréthane et semelles en bois ; entoilage en Ceconite.

R.F.A.

Fondée en 1951 par Egon Scheibe, cette firme connut le succès avec le Mü-13E *Bergfalke 1* et produisit ensuite de nombreux types de planeurs conventionnels. En 1957, Scheibe Flugzengbau était devenu le plus important constructeur de motoplaneurs en RFA. Ses productions dans ce domaine sont parmi les modèles les plus répandus actuellement dans le monde, certaines étant construites sous licence à l'étranger ou par des clubs de vol à voile en RFA ; citons, entre autres, les SF-25C et C-S *Falke,* SF-25E *Super-Falke,* SF-28A *Tandem-Falke, Bergfalke-IV,* SF-34 *Delphin* et le SF-36, planeurs et motoplaneurs conventionnels, monoplaces ou biplaces. La firme a produit industriellement plus de 2 300 appareils jusqu'aujourd'hui et de nombreux kits pour des constructeurs amateurs. C'est donc un évènement majeur que l'arrivée de Scheibe Flugzengbau dans le secteur aéronautique des ultralégers motorisés, comparable en importance à des prises de position semblables intervenues en 1982 : Robertson Aircraft aux USA, British Air Ferries en Grande-Bretagne et, en France, Gardan, Mudry et Robin.

Le prototype de l'ULM monoplace *Uli* a effectué ses premiers vols en fin 1982 et fit l'objet d'un article de Ian Wheeler dans la revue britannique *Flightline* de mi-février 1983. Cet appareil a été présenté au Salon Aero 83 à Friedrichshafen où la notoriété de son constructeur lui a valu un considérable succès d'intérêt. Scheibe y annonçait la mise en production des premiers modèles de série et leur commercialisation à un prix qui restait encore indéterminé mais donné comme de l'ordre des 18 000 DM hors TVA. Au Salon Aero 83, le *Uli I* était doté du carénage partiel de l'avant du fuselage qui sera proposé en option, ainsi qu'une roulette de queue remplaçant la béquille. Cette intéressante machine fait appel à des tubes d'acier soudés par son fuselage, solution éprouvée de longue date dans l'aviation classique mais qui laisse augurer d'une commercialisation des *Uli* tout montés plutôt que sous forme de kits, cette technologie ne restant pas à la portée du constructeur amateur moyen.

3-MOTORISATION
Moteur Hirth 383 cc • Puissance maximale 22 CV à 4000 tr/mn • Diamètre et pas de l'hélice 51 × NC inches, 1,30 × NC m • Réducteur à courroie rapport de réduction 1,8/1 • Poussée statique maximale NC • Rapport puissance/surface alaire 0,16 hp/ft², 1,7 CV/m² • Carburant emporté 5,3 US gallons, 4,4 Imp gal. 20 litres.

2- DIMENSIONS EXTERIEURES ET SURFACES
Longueur hors tout 18 ft, 5,5 m • Hauteur hors tout NC • Envergure (aile) 31,8 ft, 9,7 m • Corde constante 4,4 ft, 1,33 m • Dièdre NC • Flèche O° • Plan fixe horizontal 7,2 ft, 2,20 m • Surface alaire totale 140 ft², 13 m² • Allongement 7,2/1 • Voie du train 4,6 ft, 1,40 m • Autres caractéristiques non communiquées.

Pierre Schmitt

Présenté à Friedrichshagen en mars 1983, le Uli I était doté d'un carénage

4-MASSES ET CHARGES
Masse à vide 221 lbs, 100 kg • Masse maximale au décollage 442 lbs, 200 kg • Charge utile 221 lbs, 100 kg • Charge alaire maximale 3,25 lbs/ft², 15,9 kg/m² • Rapport poids/puissance 20,1 lbs/hp, 9,1 kg/CV • Facteurs de charge calculées NC + 6 g, — 3 g à rupture.

5-PERFORMANCES*
Vitesse maximale en palier 50 mph, 80 km/h • Vne 56 mph, 90 km/h • Croisière (maximale) 37 mph, 70 km/h • Croisière (économique) 30 mph, 48 km/h • Vitesse de décrochage 27 mph, 43 km/h • Vitesse ascensionnelle maximale (au niveau de la mer) 400 ft/min, 2 m/s • Taux de chute minimal 310 ft/min à 35 mph, 1,6/ms à 56 km/h • Finesse maximale 9/1 à vitesse NC • Roulage au décollage 150 ft, 45 m • Roulage à l'atterrissage 100 ft, 30 m • Distance franchissable maximale 112 miles, 180 km.

* Mesurées dans les conditions suivantes : Altitude QNH 0 ft, 0 m • Température au sol 59 °F, 15 °C • Vent au sol 0 mph, 0 km/h • Poids à la masse maximale 442 lbs, 200 kg. Avec moteur ci-dessus.

Scheibe
ULI II
(3 axes)

Description semblable au *Uli I* sauf : biplace en tandem. Atterrisseur NC. Suspension NC. Roue directrice NC. Freins NC.

La version biplace en tandem *Uli II* a effectué ses premiers vols en février 1983 et, à ce jour, deux prototypes ont été construits qui sont encore en cours de certification. Peu d'informations ont donc encore été communiquées sur ce modèle qui devrait, cependant, déboucher sur une commercialisation au cours de l'année 1983. Le prix du *Uli II* nous a été indiqué comme devant être de l'ordre de 26 000 DM hors TVA. Un carénage de l'avant du fuselage, semblable à celui proposé pour le monoplace, sera proposé en option sur cet appareil. Equipé du moteur 4 cylindres Koenig 570 cc, le *Uli II* utilise soit une hélice bipale de 1,46 m (4,9 1/2 ft) de diamètre soit une tripale de 1,30 m (4,3 ft). Son constructeur ne nous a communiqué qu'un minimum d'informations sur cet appareil encore trop récent.

2-DIMENSIONS EXTERIEURES ET SURFACE
Longueur hors tout 18,1 ft, 5,52 m • Hauteur hors tout NC • Envergure (aile) 35,4 ft, 10,8 m • Corde constante 4,4 ft, 1,33 m • Dièdre NC • Flèche 0° • Plan fixe horizontal, envergure 7,2 ft, 2,2 m • Surface alaire totale 161 ft², 15 m² • Allongement 7,8/1 • Voie du train 4,6 ft, 1,4 m • Autres caractéristiques non communiquées.

3-MOTORISATION
Moteur König SD 570 • Puissance maximale 28 CV à 4200 tr/mn • Diamètre et pas de l'hélice 58 × NC inches, 1,476 × NC m • Réducteur à courroie rapport de réduction 1,8/1 • Poussée statique maximale 177 lbs, 80 kgp • Rapport puissance/surface alaire 0,17 hp/ft², 1,9 CV/m² • Carburant emporté 5,3 US gallons, 4,4 Imp gal. 20 litres.

4-MASSES ET CHARGES
Masse à vide 221 lbs, 100 kg • Masse maximale au décollage 618 lbs, 280 kg • Charge utile 397 lbs, 180 kg • Charge alaire maximale 3,81 lbs/ft², 18,7 kg/m² • Rapport poids/puissance 22,1 lbs/hp, 10 kg/CV • Facteurs de charges calculées NC • + 6 g — 3 g à rupture.

5-PERFORMANCES*
Croisière (économique) 37 mph, 60 km/h • Vitesse de décrochage 28 mph, 45 km/h • Finesse maximale 9/1 à vitesse NC • Roulage au décollage 262 ft, 80 m • Autres caractéristiques non communiquées.

* Conditions du test non communiquées.

R.F.A.

SCHWERDT-FEGER UND ZIMMER-MANN

Pierre Schmitt

Shwerdtfeger und Zimmermann, UL-Fluggeräte, D-7981 Vogt, Téléphone 07529-402.

Schwerdtfeger-Zimmermann *Air Swing*
(3 axes)

Monoplace monomoteur à l'aile haute. Pilotage 3 axes conventionnel. Voilure sans flèche au bord d'attaque et au bord de fuite ; corde constante ; empennage cruciforme. Tangage par gouverne de profondeur articulée sur le plan fixe horizontal ; lacet par gouvernail de direction monobloc ; roulis par ailerons ; commande au manche pour le tangage et le roulis ; palonnier pour le lacet. Voilure haubanée sol par câbles, vol par câbles. Profil d'aile NC, à double entoilage. Atterrisseur tricycle avec béquille arrière. Suspensions sur toutes les roues (type NC). Roue avant directrice conjuguée au palonnier. Freins sur les roues du train principal. Structure en tubes de duralumin/acier, habitacle ouvert. Moteur monté sous l'aile, utilisé en propulsif.

Présenté pour la première fois publiquement au Salon Aero 83 à Friedrichshafen, l'*Air Swing* a effectué ses premiers vols en avril 1983. Deux prototypes ont été construits et sa commercialisation est prévue pour cette même année, le prix donné étant de l'ordre de 22 000 DM. Actuellement motorisé avec un Lloyd 22 cv, cet appareil sera proposé avec moteur Hirth en option (type non précisé). L'*Air Swing* fait appel à une cage formant un double trièdre dont le tube frontal se prolonge, d'un seul tenant, au-dessus de l'aile où il s'appuie sur un second mât pour porter les haubans sol, les deux formant un V inversé au-dessus de la voilure. A cette structure qui semble d'une solidité à toute épreuve, l'appareil ajoute pour seconde particularité d'utiliser comme axe de rotation pour son hélice tripale, le tube de fort diamètre qui porte l'empennage, solution déjà utilisée pour l'AN-20B du Suisse Albert Neukom et sur l'*Invader* américain (voir : USA - Ultra Efficient Products).

2-DIMENSIONS EXTERIEURES ET SURFACES
Longueur hors tout 18 ft, 5,5 m • Hauteur hors tout 7,2 ft, 2,2 m • Envergure (aile) 33,5 ft, 10,2 m • Corde constante 3,9 ft, 1,2 m • Dièdre NC • Flèche 0° • Plan fixe horizontal, envergure 9,0 ft, 2,75 m • Hauteur plan fixe vertical NC • Surface alaire totale 132 ft², 12,2 m² • Allongement 8,5/1 • Voie du train 5,2 ft, 1,6 m • Autres caractéristiques non communiquées.

3-MOTORISATION
Moteur Lloyd LS 400 • Puissance maximale 22 CV à 5500 tr/mn • Diamètre et pas de l'hélice 50 × NC inches, 1,28 × NC m • Réducteur à courroie crantée rapport de réduction 2,0/1 • Poussée statique maximale 177 lbs, 80 kgp • Rapport puissance/surface alaire 0,17 hp/ft², 1,8 CV/m² • Carburant emporté 5,3 US gallons, 4,4 Imp gal 20 litres.

4-MASSES ET CHARGES
Masse à vide 221 lbs, 100 kg • Masse maximale au décollage 508 lbs, 230 kg • Charge utile 287 lbs, 130 kg • Charge alaire maximale 3,85 lbs/ft², 18,8 kg/m² • Rapport poids/puissance 23,1 lbs/hp, 10,5 kg/CV • Facteurs de charges calculées NC + 6 g — 3 g à rupture.

5-PERFORMANCES*
Vitesse maximale en palier NC • Vne 71 mph, 115 km/h • Croisière (économique) 50 mph, 80 km/h • Vitesse de décrochage 29 mph, 47 km/h • Vitesse ascensionnelle maximale (au niveau de la mer) 240 ft/min, 1,2 m/s • Autres caractéristiques non communiquées.

*** Conditions du test non communiquées.**

THALHOFER

Thalhofer, Steinengrabenstrasse 12, D-7440 Nürtingen, Téléphone 07022/33223.

Thalhofer *Bronco*
(3 axes)

Monoplace monomoteur à l'aile haute. Pilotage 3 axes conventionnel. Voilure sans flèche au bord d'attaque et au bord de fuite ; corde constante ; empennage classique. Tangage par gouverne de profondeur articulée sur le plan fixe horizontal ; lacet par gouvernail de direction articulé sur la dérive ; roulis par ailerons sur la moitié de l'envergure de l'aile ; commande au manche pour le tangage et le roulis ; palonnier pour le lacet. Voilure haubanée portée par des mâts. Profil d'aile Worthmann FX 63-137, à double entoilage. Atterrisseur tricycle avec béquille arrière. Suspensions sur toutes les roues (type NC). Roue avant directrice conjuguée au palonnier. Sans freins. Structure en tubes de duralumin, habitacle ouvert. Moteur monté sous l'aile, utilisé en propulsif.

Deux prototypes du *Bronco* ont été construits et l'appareil a effectué ses premiers vols en fin mars 1983. Une première série est actuellement en cours de production qui devrait déboucher sur des premières commercialisations au début de l'été, après certification de ce modèle. Le *Bronco* est proposé pour 15 000 DM tout monté mais sans la motorisation ou sous forme de kit, pour 7 500 DM, pareillement. Le moteur Koenig SC 430 tricylindre est proposé à part, avec démarreur électrique, pour 3 400 DM. L'appareil est aussi susceptible, nous a-t-il été précisé à Friedrichshafen en mars 1983, d'être muni d'un Hirth 261 R de 25 cv.

Une version biplace côte-à-côte du *Bronco* est prévue pour l'été 1983. Important constructeur de planeurs ultralégers, produisant environ 300 de ces appareils par an, Thalhofer a produit son premier ULM dès 1976. Ce constructeur à la réputation de sérieux bien établie prévoit la production de 100 Bronco au printemps 1984.

2-DIMENSIONS EXTERIEURES ET SURFACES
Longueur hors tout 18,7 ft, 5,7 m • Hauteur hors tout NC • Envergure (aile) 28,5 ft, 8,7 m • Corde constante 3,9 ft, 1,2 m • Flèche 0° • Plan fixe horizontal, envergure 5,2 ft, 1,6 m • Surface alaire totale 114 ft², 10,6 m² • Surface totale des ailerons 6,9 ft², 0,64 m² • Surface du plan fixe horizontal 16,4 ft², 1,52 m² • Surface du plan fixe horizontal et des gouvernes de profondeur 17,2 ft², 1,60 m² • Allongement 7,1/1 • Voie du train 5,9 ft, 1,80 m • Autres caractéristiques non communiquées.

3-MOTORISATION
Moteur König SC 430 • Puissance maximale 25 CV à 4200 tr/mn • Diamètre et pas de l'hélice 55 × NC inches, 1,40 × NC m • Réducteur à courroie rapport de réduction 1,8/1 • Poussée statique maximale 132 lbs, 60 kgp • Rapport puissance/surface alaire 0,22 hp/ft², 2,4 CV/m² • Carburant emporté 5,3 US gallons, 4,4 Imp gal 20 litres.

4-MASSES ET CHARGES
Masse à vide 221 lbs, 100 kg • Masse maximale au décollage 486 lbs, 220 kg • Charge utile 265 lbs, 120 kg • Charge alaire maximale 4,24 lbs/ft², 20,7 kg/m² • Rapport poids/puissance 19,4 lbs/hp, 8,8 kg/CV • Facteurs de charges calculées NC + 6 g — 3 g à rupture.

5-PERFORMANCES*
Croisière (maximale) 59 mph, 95 km/h • Croisière (économique) 40 mph, 65 km/h • Vitesse de décrochage 24 mph, 40 km/h • Vitesse ascensionnelle maximale (au niveau de la mer) 400 ft/min, 2 m/s • Roulage au décollage 165 ft, 50 m • Roulage à l'atterrissage 100 ft, 30 m • Autres caractéristiques non communiquées.

* Conditions du test non communiquées.

ULTRA-LEICHT-FLUGGER-ÄTEBAU

Ultraleicht-Fluggerätebau GmbH, Twistg 9, Am UL-Flugplatz, D-4455 Wietmarschen, Téléphone (05946) 1480.

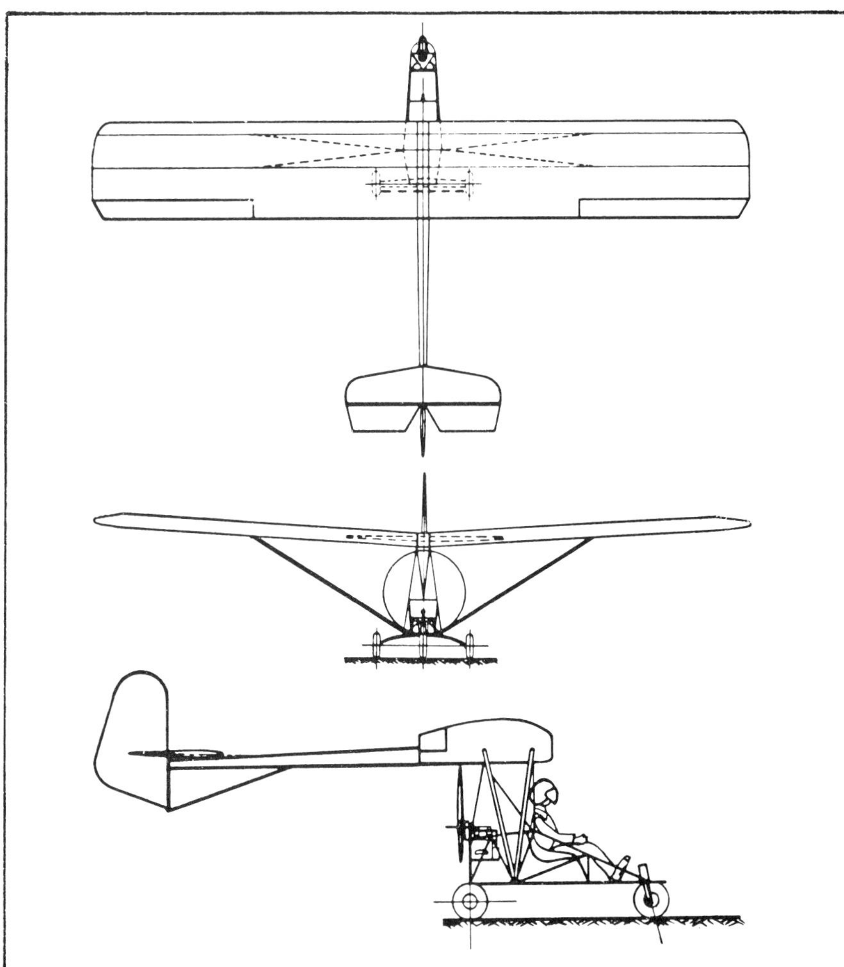

Ultraleicht-Flüggerätebau *Wildente*
(3 axes)

Monoplace monomoteur à l'aile haute. Pilotage 3 axes conventionnel. Voilure sans flèche au bord d'attaque et au bord de fuite ; corde constante ; empennage cruciforme. Tangage par gouverne de profondeur articulée sur le plan fixe horizontal ; lacet par gouvernail de direction articulé sur la dérive ; roulis par ailerons sur la moitié de l'envergure de l'aile ; commande au manche pour le tangage et le roulis ; palonnier pour le lacet. Voilure haubannée portée par des mâts ; profil d'aile Gä 549 à double entoilage. Atterrisseur tricycle. Suspensions par ressorts de la roue avant et suspension par lames en fibre de verre du train principal. Roue avant directrice conjuguée au palonnier. Freins sur les roues du train principal. Structure en tubes de duralumin sans carénage de nez. Moteur monté sous l'aile utilisé en propulsif.

R.F.A.

Construits en deux exemplaires prototypes dont un fut présenté à Friedrichshafen en mars 1983, le *Wildente* a effectué son premier vol le 16 avril. Une première série est en cours de fabrication, la première livraison étant prévue pour juillet 1983. Cet appareil qui utilise une structure formant treillis poutre en tubes soudés semble d'une extrême rigidité et est donné pour un temps de démontage ou d'assemblage de moins de 10 minutes. Il est proposé monté, prêt à voler, pour un prix de 20 000 DM hors TVA, les options portant sur des carénages des roues et une hélice tripale.

Une version biplace du *Wildente* devait apparaître au cours de l'été 1983.

2-DIMENSIONS EXTERIEURES ET SURFACES
Longueur hors tout 19,4 ft, 5,9 m • Envergure (aile) 34,4 ft, 10,5 m • Corde constante 4,9 ft, 1,5 m • Surface alaire totale 166 ft², 15,4 m² • Allongement 7,2/1 • Voie du train 5,1 ft, 1,55 m • Autres caractéristiques non communiquées.

3-MOTORISATION
Moteur Hirth F 263
Puissance maximale 22 CV à 4000 tr/mn • Diamètre et pas de l'hélice 51 × NC inches, 1,30 × NC m • Réducteur à courroie rapport de réduction 1,8/1 • Poussée statique maximale 172 lbs, 78 kgp • Rapport puissance/surface alaire 0,13 hp/ft², 1,4 CV/m² • Carburant emporté 5,3 US gallons, 4,4 Imp gal. 20 litres.

4-MASSES ET CHARGES
Masse à vide 221 lbs, 100 kg • Masse maximale au décollage 464 lbs, 210 kg • Charge utile 243 lbs, 110 kg • Charge alaire maximale 2,79 lbs/ft², 13,6 kg/m² • Rapport poids/puissance 21,1 lbs/hp, 9,5 kg/CV • Facteurs de charges + 6 g — 3 g à rupture • Calculées NC.

5-PERFORMANCES*
Vne 62 mph, 100 km/h • Croisière (économique) 47 mph, 75 km/h • Vitesse de décrochage 26 mph, 42 km/h • Vitesse ascensionnelle maximale (au niveau de la mer) 240 ft/min, 1,20 m/s • Taux de chute minimal 310 ft/min, 1,6 m/s à vitesse NC • Finesse maximale 9,5/1 à NC mph, km/h • Roulage au décollage 130 ft, 40 m • Distance franchissable maximale 124 miles, 200 km • Autres caractéristiques non communiquées.

*** Conditions du test non communiquées.**

VULCAN

Vulcan, Kiefernweg 13, D-8011 Poering bei München, Téléphone 08106/29148.

Vulcan *Traveler II* et *Traveller III* (2 axes)

Monoplace monomoteur à l'aile haute. Pilotage 2 axes. Voilure avec flèche au bord d'attaque et au bord de fuite, corde dégressive, avec plan canard. Tangage par plan canard, monobloc mobile en incidence ; lacet par gouvernail de direction monobloc aux extrémités de l'aile ; contrôle roulis non séparé ; commande au manche pour le tangage et la lacet. Voilure haubanée sol par câbles, vol par câbles. Profil d'aile NC ; à double entoilage. Atterrisseur tricycle. Suspensions de la roue avant NC et suspensions par lames en fibre de verre du train principal. Roue avant directrice non conjuguée au palonnier. Freins sur la roue avant. Structure en tubes de duralumin, habitacle fermé. Moteur monté sous l'aile, utilisé en propulsif.

Germanisation de la voilure *Fledgling,* dite *Fledge* par abréviation, dessinée par le regretté Klaus Hill et dont quelque 8 000 modèles volent actuellement de par le monde sur des appareils variés et sous toutes les configurations imaginables. Comme son compatriote Firebird Leichtflugzengbau sur son modèle M1 et comme Pterodactyl Ltd aux Etats-Unis, l'aile *Fledge* est employée par Vulcan avec un plan canard (voir USA - Pterodactyl Ltd, *Ptraveler* et *Ascender).* Vulcan a cependant choisi une configuration pour ce dernier différente de celle utilisée par Firebird et Pterodactyl : au lieu de venir d'un seul tenant, monobloc, le plan canard du *Traveler* est formé de deux surfaces mobiles, articulées de part et d'autre des deux tubes qui portent cet empennage devant la cage. Faisant office de gouvernes de profondeur, ces deux surfaces sont commandées au manche et actionnées par l'intermédiaire d'un tube, commande rigide. La cage de cet appareil allemand d'apparition plus récente que le M1 de Firebird (mars 1982), a été entièrement redessinée par Vulcan. Les ailes utilisées, *Fledge II* ou *Fledge III,* sont elles aussi modifiées par ce constructeur qui en a doté les bords marginaux de plans fixes verticaux de forme trapézoïdale et qui font office de canalisateurs de vortex.

Les *Traveler* sont disponibles sous la désignation de *Traveler II* ou *Traveler III* suivant, donc, la voilure utilisée, au prix de 10 700 et 12 000 DM respectivement, livrés montés mais hors motorisation. Celle-ci porte actuellement soit sur un Lloyd 22 cv sur le Cuyuna 430R 30 cv (4450 et 4750 DM, respectivement) mais Vulcan peut monter tout autre moteur, à la demande de l'acquéreur. Deux hélices sont proposées, l'une bipale à pas fixe (non communiqué) pour 450 à 500 DM, et l'autre tripale, à pas réglable au sol, pour 880 à 960 DM. Ces prix sont donnés taxe de 13 % incluse. Les *Traveler* restent encore assez peu répandus, 20 exemplaires ayant été produits (mars 1983) et diffusés uniquement en RFA. Nous en communiquons les caractéristiques et performances que nous a délivrées Vulcan en donnant, dans l'ordre, le *Traveler II* avec voilure *Fledge II* puis le *Traveler III* avec voilure *Fledge III.*

TRAVELLER II

2-DIMENSIONS EXTERIEURES ET SURFACES
Hauteur hors tout 6,4 ft, 1,95 m • Envergure (aile) 32,6 ft, 9,90 m • Corde constante à l'emplanture 5,5 ft, 1,68 m • Corde aux extrémi-

tés 4,5 ft, 1,37 m • Angle de nez 144° • Surface alaire totale 163 ft², 15,1 m² • Allongement 6,5/1 • Autres caractéristiques non communiquées.

3-MOTORISATION
Moteur Lloyd LS 400 • Puissance maximale 22 CV à 5500 tr/mn • Diamètre et pas de l'hélice 36 × NC inches, 0,91 × NC m • Réducteur à courroie rapport de réduction NC • Poussée statique maximale 177 lbs, 80 kgp • Rapport puissance/surface alaire 0,13 hp/ft², 1,45 CV/m² • Carburant emporté 5,3 US gallons, 4,4 Imp gal. 20 litres.

4-MASSES ET CHARGES
Masse à vide 137 lbs, 62 kg • Masse maximale au décollage 442 lbs, 200 kg • Charge utile 305 lbs, 138 kg • Charge alaire maximale 2,71 lbs/ft², 13,2 kg/m² • Rapport poids/puissance 20,1 lbs/hp, 9,1 kg/CV • Facteurs de charges NC.

5-PERFORMANCES*
Vitesse maximale en palier NC • Vne 56 mph, 90 km/h • Croisière (maximale) 47 mph, 75 km/h • Croisière (économique) 35 mph, 56 km/h • Vitesse de décrochage 22 mph, 35 km/h • Vitesse ascensionnelle maximale (au niveau de la mer) 680 ft/min, 3,5 m/s • Finesse maximale 9/1 à NC mph, NC km/h • Roulage au décollage 100 ft, 30 m • Roulage à l'atterrissage 65 ft, 20 m • Distance franchissable maximale 124 miles, 200 km • Autres caractéristiques non communiquées.

* Mesurées dans les conditions suivantes : Altitude QNH 0 ft, 0 m • Température au sol 57 °F, 14 °C • Vent au sol 0 mph, 0 km/h • Poids du pilote 161 lbs, 73 kg.

TRAVELLER III

2-DIMENSIONS EXTERIEURES ET SURFACES
Hauteur hors tout 6,4 ft, 1,95 m • Envergure (aile) 32,5 ft, 9,90 m • Corde constante à l'emplanture NC • Corde aux extrémités NC • Angle du nez 144° • Surface alaire totale 157 ft², 14,6 m² • Allongement 6,7/1 • Autres caractéristiques non communiquées.

3-MOTORISATION
Moteur Lloyd LS 400 • Puissance maximale 22 CV à 5500 tr/mn • Diamètre et pas de l'hélice 36 × NC inches, 0,91 × NC m • Réducteur à courroie rapport de réduction NC • Poussée statique maximale 177 lbs, 80 kgp • Rapport puissance/surface alaire 0,14 hp/ft², 1,50 CV/m² • Carburant emporté 5,3 US gallons, 4,4 Imp gal. 20 litres.

4-MASSES ET CHARGES
Masse à vide 143 lbs, 65 kg • Masse maximale au décollage 468 lbs, 220 kg • Charge utile 342 lbs, 155 kg • Charge alaire maximale 3,10 lbs/ft², 15,1 kg/m² • Rapport poids/puissance 22,1 lbs/hp, 9,1 kg/CV • Facteurs de charges NC.

5-PERFORMANCES*
Vitesse maximale en palier NC • Vne 56 mph, 90 km/h • Croisière (maximale) 44 mph, 70 km/h • Croisière (économique) 32 mph, 52 km/h • Vitesse de décrochage 19 mph, 30 km/h • Vitesse ascensionnelle (au niveau de la mer) 790 ft/min, 4 m/s • Finesse maximale 10/1 à NC mph, NC km/h • Roulage au décollage 100 ft, 30 m • Roulage à l'atterrissage 65 ft, 20 m • Distance franchissable maximale 124 miles, 200 km • Autres caractéristiques non communiquées.

* Mesurées dans les conditions suivantes : Altitude QNH 0 ft, 0 m • Température au sol 50 °F, 14 °C • Vent au sol 0 ft, 0 m • Poids du pilote 161 lbs, 73 kg.
Avec moteur ci-dessus.

Le double plan canard du Traveler

Précédant les gouvernails de direction d'extrémités d'ailes du Traveler, les «Winglets» pour réduire les tourbillons marginaux

Le Safari Bi FR 440/Alpha 20 d'Air Création ▲

▼ *Le Baroudeur d'Aéronautic 2000 et le Mustang de Véliplane*

SUISSE

EN L'AIR... MAIS PAS TROP LOIN !

par Marco Broggi (président de la Schweiz Ultraleicht Flieger-Verband)

Norman Burr

Marco Broggi et son équipe préparent le Daedalus avant le départ de la Londres-Paris 1982

Les premiers vols d'ULM en Suisse s'effectuèrent au début des années 70, en montant des moteurs 2 temps sur des planeurs ultralégers pendulaires. A cette époque, les mécaniques produisaient plus de bruit que de puissance mais une poignée de pilotes avec un manifeste esprit de pionniers s'efforçaient de domestiquer ces moteurs aussi fragiles qu'inefficaces.

Dans un pays aussi montagneux, la traversée des Alpes est un exploit auquel on ne saurait résister longtemps. C'est ainsi que le 7 avril 1980, un ULM s'offrit cette randonnée en passant par le col du Saint-Gotthard. Cependant, ce pilote — c'était, en fait, moi-même et mon *Daedalus* équipé d'un moteur Solo 12 CV — n'avait obtenu aucune autorisation pour ce vol. Il en résulta une amende de 400 francs suisses.

Néanmoins, cela prouva quelque chose : les autorités suisses, de plus en plus sollicitées pour de semblables autorisations de vol, ne purent pas ignorer plus longtemps cette nouvelle discipline aéronautique qui prenait rapidement de l'importance. L'Office fédéral de l'Air fit établir un programme d'essais portant sur quatre ULM pour la saison 1981-82. Malheureusement, il ne fut pas possible d'établir une structure législative définitive pendant cette période transitoire et celle-ci n'entrera pas en vigueur avant le 30 avril 1984. A cette date, une nouvelle phase d'essais entrera en opération et les vols à travers le pays seront autorisés. Après cette expérience, l'OFA prendra ses décisions définitives. Seuls peuvent participer à cette dernière phase d'essais les appareils les moins bruyants, la mesure étant de 60 décibels au moins mesurés lors d'un vol à 100 m de hauteur/sol. La vitesse maximale au décrochage est de 50 km/h, la masse à vide ne doit pas excéder 150 kg et ni les ceintures ni les parachutes ne sont obligatoires.

Quiconque désireux de voler ULM en Suisse doit s'adresser à la SULV, à l'adresse ci-dessous. Celle-ci lui fournira une carte de membre et l'assurance recommandée. Nous disposons aujourd'hui de six plates-formes ouvertes aux ULM et les vols entre celles-ci sont autorisés. Les décollages hors de ces terrains ne sont pas encore permis, principalement par protection de l'environnement et c'est sans aucun doute un frein au développement de notre activité. Il est vital pour nous d'ouvrir plus de terrains, particulièrement parce que la plupart des aérodromes qui nous sont affectés actuellement sont déjà visés par leurs riverains et que la présence d'ULM ne peut qu'aggraver cette tension. Toutefois, nous ne gagnerons notre liberté que lorsque notre sport sera accepté ; nous devons donc simplement patienter et nous efforcer d'obtenir les meilleurs résultats pendant l'actuelle période d'essai.

Malgré cette approche circonspecte de la part des autorités, il existe un réel intérêt dans le public pour ces « étranges nouvelles machines volantes ». Nous comptons actuellement une centaine de pratiquants actifs et quelque cent cinquante qui attendent de voir quel développement va connaître ce sport en Suisse. Il y a peu de régions de notre pays où les ULM peuvent être utilisés sans que ce soit au détriment de l'environnement ni dangeureusement pour le pratiquant. Nous espérons qu'à la mi-1984 nous pourrons légalement les survoler.

N.B. : pour tout renseignement : Schweiz Ultraleicht Flieger-Verband, St Georgienstrasse 179a, CH-9011 St Gallen.

Hans GIGAX

Hans Gigax, Merkurstrasse 10, CH-4142 Münchenstein, Téléphone : (061) 46.07.03.

Gigax *Microstar*
(3 axes)

Monoplace monomoteur à l'aile haute. Pilotage 3 axes conventionnel; voilure sans flèche au bord d'attaque et au bord de fuite; corde constante; empennage cruciforme. Tangage par gouverne de profondeur articulée sur le plan fixe hirozontal; lacet par gouvernail de direction articulé sur la dérive; roulis par spoilers; commande au manche pour le tangage et le roulis; palonnier pour le lacet. Voilure haubannée sol par câbles, vol par câbles. Profil d'aile NC; 80 % à double entoilage. Atterrisseur tricycle avec béquille arrière. Sans supension de la roue avant et suspension par ressorts du train principal. Roue avant directrice conjuguée au palonnier. Sans freins. Structure en tubes de duralumin; Sans carénage. Moteur monté au niveau de l'aile utilisé en propulsif. Bord d'attaque de l'aile rigidifié par polyester.

Concernant les divers appareils dessinés et construits sous forme de prototypes par Hans Gigax, nous avons choisi de suivre un ordre chronologique plutôt que l'ordre alphabétique. Le premier apparu est le *Microstar* qui effectua son premier vol en début 1981 et fut présenté par Hans à l'occasion du rassemblement annuel des constructeurs amateurs européens, à Brienne-le-Château, en France. L'appareil connut un début de commercialisation en 1982 par ASW, firme qui avait cessé de le produire en Suisse au début de 1983 (voir : Suisse-ASW Scherer-Kontakt). Le *Microstar* a été directement impliqué dans un accident mortel, survenu en RFA en 1982, et qui conduisit à rigidifier son empennage par deux tubes supplémentaires.

2-DIMENSIONS EXTERIEURES
ET SURFACES
Longueur hors tout 17,1 ft, 5,2 m • Hauteur hors tout NC • Envergure (aile) 33,6 ft, 10,2 m • Corde constante 4,4 ft, 1,32 m • Dièdre NC • Flèche 0° • Plan fixe horizontal, envergure NC • Hauteur plan fixe vertical NC • Surface alaire totale 145 ft², 13,4 m² • Surface totale spoilerons NC • Surface du gouvernail de direction NC • Surface du plan fixe horizontal NC • Surface totale des gouvernes de profondeur NC • Allongement 7,76/1 • Voie du train NC • Empattement NC • Diamètre des roues principales NC.

3-MOTORISATION
Moteur König SC 430 • Puissance maximale 24 CV à 4200 tr/mn • Diamètre et pas de l'hélice 43 × NC inches, 1,09 × NC • Sans réducteur • Poussée statique maximale 132 lbs, 60 kgp • Rapport puissance/surface alaire 0,165 hp/ft², 1,79 CV/m² • Carburant emporté 5,3 US gallons, 4,4 Imp gal. 20 litres dans le réservoir principal.

4-MASSES ET CHARGES
Masse à vide 154,5 lbs, 70 kg • Masse maximale au décollage 442 lbs, 200 kg • Charge utile 287,5 lbs, 130 kg • Charge alaire maximale 3,05 lbs/ft², 14,92 kg/m² • Rapport poids/puissance 18,41 lbs/hp, 8,33 kg/CV • Facteurs de charges + 6 g, — 3 g.

5-PERFORMANCES*
Vitesse maximale en palier 50 mph, 80 km/h • Vne 68 mph, 110 km/h • Croisière (maximale) 44 mph, 70 km/h • Croisière (économique) 24 mph, 40 km/h • Vitesse de décrochage 17 mph, 28 km/h • Vitesse ascensionnelle maximale (au niveau de la mer) 250 ft/min, 1,5 m/s • Taux de chute minimal NC • Finesse maximale NC • Roulage au décollage 65 ft, 20 m • Roulage à l'atterrissage 49 ft, 15 m • Plafond pratique 11,480 ft, 3500 m • Distance franchissable maximale NC.

* Conditions du test non communiquées.

Gigax *Sherpa I et II*
(3 axes)

Description : voir Ikarus Comco, *Sherpa I et Sherpa II* (RFA).

Hans Gigax a extrapolé son *Sherpa* de l'expérience acquise avec le précédent *Microstar,* les deux appareils restant de semblables configuration et technologie. Le *Sherpa* a effectué son premier vol en monoplace en mai 1982 et, en biplace, en juillet de la même année. Comme nous le signalons en le présentant plus en détail chez son constructeur actuel, la firme allemande Ikarus, cet appareil est doté d'une cage dont les tubes forment un double trièdre garantissant une excellente rigidité tout en offrant une sécurité passive non négligeable. Il présente en plus la particularité d'avoir été étudié d'emblée pour être utilisable soit comme monoplace avec le siège placé en position centrale, soit comme biplace, sa cage étant assez large pour recevoir soit une banquette double soit deux sièges séparés.

Les caractéristiques et performances des *Sherpa I* monoplace et *Sherpa II* biplace produits par Ikarus-Comco en RFA sont données sous cette référence.

Gigax *Fox*
(3 axes)

Monoplace monomoteur à aile haute. Pilotage 3 axes conventionnel; voilure sans flèche au bord d'attaque; flèche inverse au bord de fuite; corde dégressive; empennage cruciforme. Tangage par gouverne de profondeur articulée sur le plan fixe horizontal; lacet par gouvernail de direction articulé sur la dérive; roulis par ailerons sur la moitié de l'envergure de l'aile. Commande au manche pour le tangage et le roulis; palonnier pour le lacet. Voilure haubannée sol par câbles, vol par câbles. Profil d'aile NC. A double entoilage. Atterrisseur tricycle. Suspensions sur toutes les roues (type NC). Roue avant directrice conjuguée au palonnier. Frein sur la roue avant. Structure en tube de duralumin avec carénage. Moteur monté au niveau de l'aile, utilisé en tractif.

Nouvel appareil chez Hans Gigax avec ce *Fox* monoplace qui a effectué ses premiers vols en décembre 1982 et poursuit actuellement un programme d'essais en vue de l'obtention de sa certification en RFA. Le dimanche 1er mai, Hans le confia à divers pilotes d'essai professionnels de la firme aéronautique Messerschmitt-Bölkow-Blohn et nous informa dès le lendemain de la satisfaction exprimée par tous à piloter cet appareil. Il ne s'agit encore, donc, que d'un prototype, susceptible de recevoir certaines modifications qui devraient s'avérer mineures, aux dires de son concepteur. Celui-ci en prévoit d'ores et déjà la commercialisation à partir de juin 1983, livré monté, prêt à voler, pour 11 500 FS. Mise en œuvre et pliage en 20 mm, transport possible sur une galerie de voiture. Le bruit, mesuré à 150 m de l'appareil en vol avec moteur à la puissance maximale, selon les normes allemandes, est de 58 décibels.

2-DIMENSIONS EXTERIEURES
ET SURFACES
Longueur hors tout 15,7 ft, 4,75 m • Hauteur hors tout 8,7 ft, 2,65 m • Envergure (aile) 33,1 ft, 10,10 m • Corde constante à l'emplanture 4,8 ft, 1,45 m • Corde aux extrémités 4,5 ft, 1,36 m • Dièdre 3° • Flèche 0° • Plan fixe horizontal, envergure 10,1 ft, 3,08 m • Hauteur plan fixe vertical 5,5 ft, 1,69 m • Surface alaire totale 142 ft², 13,2 m² • Surface totale des ailerons 12,73 ft², 1,18 m² • Surface du plan fixe vertical 5,01 ft², 0,47 m² • Surface du gouvernail de direction 5,5 ft², 0,51 m² • Surface du plan fixe horizontal 18,23 ft², 1,69 m² • Surface totale des gouvernes de profondeur 10,57 ft², 0,98 m² • Allongement 7,72/1 • Voie du train 5,1 ft, 1,54 m • Empattement 4,7 ft, 1,42 m • Diamètre de la roue avant 12 inches, 30 cm • Diamètre des roues principales 12 inches, 30 cm.

3-MOTORISATION
Moteur Hirth 383cc • Puissance maximale 22 CV à 4200 tr/mn • Diamètre et pas de l'hélice 55 × 28 inches, 1,40 × 0,70 m • Réducteur à courroie rapport de réduction 1,5/1 • Poussée statique maximale 166 lbs, 75 kgp • Rapport puissance/surface alaire 0,154 hp/ft², 1,66 CV/m² • Carburant emporté 2,65 US gallons, 2,2 Imp gal. 10 litres dans le réservoir principal • 2,6 US gallons, 2,2 Imp gallons • 10 litres en réservoir supplémentaire.

4-MASSES ET CHARGES
Masse à vide 190 lbs, 86 kg • Masse maximale

au décollage 442 lbs, 200 kg • Charge utile 252 lbs, 114 kg • Charge alaire maximale 3,11 lbs/ft², 15,15 kg/m² • Rapport poids/puissance 20,09 lbs/hp, 7,44 kg/CV • Facteurs de charges + 6 g, — 3 g à rupture.

Le Microstar ▲

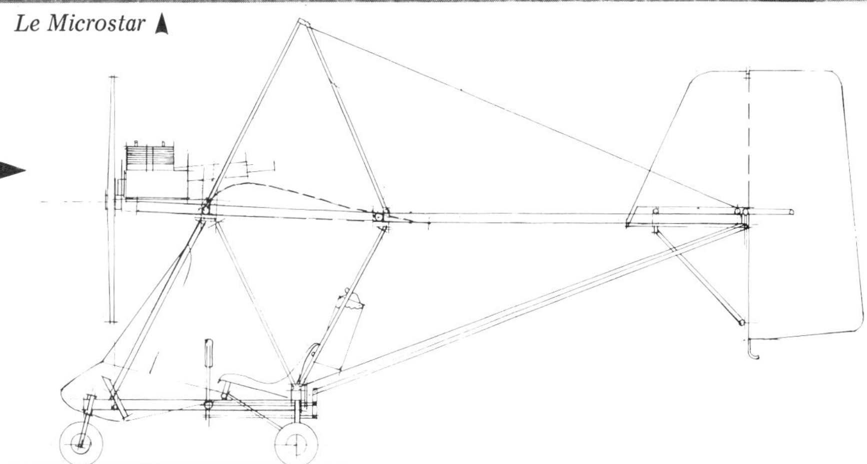

5-PERFORMANCES*
Vitesse maximale en palier 53 mph, 85 km/h • Vne 81 mph, 130 km/h • Croisière (maximale) 47 mph, 75 km/h • Croisière (économique) 31 mph, 50 km/h • Vitesse de décrochage 24 mph, 40 km/h • Vitesse ascensionnelle maximale (au niveau de la mer) 400 ft/min, 2 m/s • Taux de chute minimal NC • Finesse maximale NC • Roulage au décollage 82 ft, 25 m • Roulage à l'atterrissage 33 ft, 10 m • Plafond pratique NC • Distance franchissable maximale 171 miles, 275 km.

* Mesurées dans les conditions suivantes : Altitude QNH 820 ft, 250 m • Température au sol 59°F, 15°C • Vent au sol 9 mph, 15 km/h • Poids à la masse maximale 442 lbs, 200 kg.
Avec moteur ci-dessus.

A. NEUKOM

Segelflugzengbau Albert Neukom, Flugplatz, CH-8213 Neunkirch, téléphone (053)61553.

Neukom
An 20B
(3 axes)

Monoplace monomoteur à l'aile haute, motoplaneur. Pilotage 3 axes conventionnel. Voilure sans flèche au bord d'attaque et au bord de fuite; corde constante; empennage en T. Tangage par gouverne de profondeur articulée sur le plan fixe horizontal; lacet par gouvernail de direction articulé sur la dérive; roulis par ailerons sur un tiers de l'envergure de l'aile. Commande au manche pour le tangage et le roulis; palonnier pour le lacet. Voilure haubannée portée par des mâts. Profil d'aile: Wortmann FX 63-137. A double entoilage. Atterrisseur tricycle avec béquille arrière. Sans suspension de la roue avant et suspension par lame en fibre de verre du train principal. Roue avant directrice conjuguée au palonnier. Freins sur les roues du train principal. Fuselage en fibre de verre, habitacle partiellement fermé. Moteur monté au niveau de l'aile, utilisé en propulsif. Ailes et empennages avec longerons en bois, nervures en mousse polyuréthane et revêtement fibre de verre/époxy.

La signature d'Albert Neukom est de celles qui éveillent tout de suite l'attention des spécialistes aéronautiques. Ses créations ont fait autorité, aussi bien dans le domaine du Vol à voile conventionnel *(Elfe 15* et *Elfe 17)* que dans celui de la construction amateur d'avion (monoplace AN-100). Son premier ultra-léger a effectué ses premiers vols en 1978 : le prototype des AN 20 utilisait un empennage en T porté par une poutre en Kevlar, de section ronde, raccordée au fuselage à hauteur de la voilure. Ce fuselage de structure tubulaire comportait un atterrisseur monotrace avec roue avant conjuguée au palonnier et roue principale placée à la verticale à l'aile. L'empennage vertical débordant sous la poutre porteuse était lui-même doté d'une roulette de queue, placée dans l'alignement des deux précédentes. Cet appareil fut présenté dans différentes publications sous la désignation d'AN-20M, ce qui a d'autant plus surpris Albert Neukom que lui-même nous a précisé n'avoir jamais désigné ce premier modèle que sous l'appellation d'AN-20, puis d'AN-20A pour le distinguer par la suite du second type ! Ce prototype fut présenté au rassemblement des constructeurs amateurs européens, à Brienne, en juillet 1982, avec une hélice bipale utilisant comme axe la poutre portant son empennage.

L'AN-20B, est directement extrapolé du précédent dont il a repris la voilure de forme en plan rectangulaire et portée par un mât profilé sous chaque demi-aile. Démunie d'aérofreins sur le prototype, cette aile en dispose sur le type AN-20B. Celui-ci comporte de surcroît un élégant carénage en fibre de verre avec pare-brise, enserrant toute la partie avant du fuselage jusqu'au droit du bord de fuite de l'aile où il se raccorde à la poutre portant l'empennage. Différence importante d'avec le type AN-20A, cette poutre n'est plus située dans le plan de l'aile de l'AN-20B mais devenue médiane. Ce positionnement différent a entraîné un nouveau dessin de l'empennage en T dont la dérive ni le gouvernail de direction ne débordent plus sous cette poutre. Par ailleurs le moteur, précédemment logé sous celle-ci, est porté sur l'AN-20B par un pod tubulaire raccordé à la partie arrière du fuselage, au-dessus de la poutre arrière et sensiblement dans le plan de l'aile. Les appareils de série utilisent un tricylindre Koenig SC 430 entraînant une hélice tripale propulsive. Enfin, dernière modification d'importance, l'AN-20B remplace le train monotrace du type AN-20A par un atterrisseur tricycle dont les roues principales sont équipées de freins à tambour.

L'AN-20B reste produit par A. Neukom lui-même soit sous forme d'une liasse de plans pour les constructeurs amateurs, soit monté, prêt à voler, pour un prix départ usine de 22 000 FS hors motorisation. Celle-ci est fournie séparément pour un prix de 4 000 à 5 000 FS. Une tentative de production en France de l'AN-20B entreprise courant 1981 a avorté depuis.

2-DIMENSIONS EXTERIEURES ET SURFACES
Longueur hors tout 17,7 ft, 5,4 m • Hauteur hors tout 3,9 ft, 1,2 m • Envergure (aile) 41,3 ft, 12,6 m • Corde constante à l'emplenture 2,6 ft, 0,8 m • Dièdre 2° • Flèche 0° • Plan fixe horizontal, envergure 8 ft, 2,45 m • Hauteur plan fixe vertical 3,2 ft, 0,95 m • Surface alaire totale 108,5 ft², 10,08 m² • Surface totale des ailerons 8,54 ft², 0,79 m² • Surface du plan fixe vertical 6,58 ft², 0,61 m² • Surface du gouvernail de direction NC• Surface du plan fixe horizontal 8,48 ft², 0,78 m² • Surface totale des gouvernes de profondeur 4,23 ft², 0,39 m² • Allongement 15,8/1 • Voie du train 4,8 ft, 1,43 m • Empattement NC • Diamètre de la roue avant 8 inch, 21 cm • Diamètre des roues principales 8,5 inch, 22 cm.

3-MOTORISATION
Moteur König SC 430 • Puissance maximale 24 CV à 4200 tr/mn • Diamètre et pas de l'hélice 42 × NC inches, 1,06 × NC • Réducteur à 3 courroies rapport de réduction 1,8/1 • Poussée statique maximale 121 lbs, 55 kgp • Rapport puissance/surface alaire 0,22 hp/ft², 2,38 CV/m² • Carburant emporté 5,3 US gallons, 4,4 Imp gal. 20 litres dans le réservoir principal.

4-MASSES ET CHARGES
Masse à vide 287 lbs, 130 kg • Masse maximale au décollage 508 lbs, 230 kg • Charge utile 221 lbs, 100 kg • Charge alaire maximale 4,68 lbs/ft², 22,81 kg/m² • Rapport poids/puissance 21,16 lbs/hp, 2,38 kg/CV • Facteurs de charges + 5,3 g, — 2,6 g à rupture, calculées NC.

5-PERFORMANCES*
Vitesse maximale en palier 93 mph, 150 km/h • Vne 99 mph, 160 km/h • Croisière (maximale) 68 mph, 110 km/h • Croisière (économique) 59 mph, 95 km/h • Vitesse de décrochage 31 mph, 50 km/h • Vitesse ascensionnelle maximale (au niveau de la mer) 500 ft/min, 2.5 m/s • Taux de chute minimal 160 ft/min à 37 mph, 0,8 m/s à 60 km/h • Finesse maximale 18/1 à 37 mph, 60 km/h • Roulage au décollage 361 ft, 110 m • Roulage à l'atterrissage 328 ft, 100 m • Plafond pratique 11,475 ft, 3500 m • Distance franchissable maximale 186 miles, 300 km.

*** Conditions du test non communiquées.**

Albert Neukom aux commandes de son AN-20A, improprement qualifié d'AN-20M dans certaines publications de langue française

Le premier AN-20B avec moteur König et une hélice bipale

DERNIERE MINUTE

C'est avec affliction qu'à l'heure où nous mettons sous presses la présente édition, nous apprenons le décès d'Albert Neukom-Hauser, des suites d'un accident (rupture en vol d'une attache d'aile, apparemment) intervenu le 13 septembre 1983. Les auteurs adressent leurs sincères condoléances à sa famille et à ses proches.

Neukom
An 21R
(3 axes)

Monoplace monoteur à l'aile haute. Pilotage 3 axes conventionnel. Voilure flèche inverse au bord d'attaque et au bord de fuite; corde dégressive; avec plan canard. Tangage par gouverne de profondeur articulée sur le plan canard; lacet par gouvernails de direction monoblocs aux extrémités de l'aile; roulis par ailerons. Commande au manche pour le tangage et le roulis; palonnier pour le lacet. Voilure haubannée portée par des mâts. Profil d'aile: Wortmann FX 63-137; à double entoilage. Atterrisseur tricycle. Sans suspension de la roue avant et suspension par lame en fibre de verre du train principal. Roue avant directrice conjuguée au palonnier. Freins sur la roue avant. Fuselage en tubes de duralumin avec entoilage; habitacle fermé. Moteur monté au niveau de l'aile, utilisé en propulsif.

L'AN-21 n'est présenté dans la présente édition qu'à seule fin de dissiper certaines erreurs d'interprétation répandues par des publications européennes. En effet, comme nous l'a affirmé Albert Neukom lui-même, cet appareil n'a jamais été prévu pour quelque commercialisation que ce fût. En fait, nous a-t-il précisé : « J'ai voulu dessiner un monoplace à plan canard autant pour tester cette formule que pour mon plaisir personnel ». De technologie mixte (structure en tubes de duralumin et matériaux composites pour la voilure, le plan canard et les gouvernes), ce prototype a effectué ses premiers vols en 1980. Resté unique et ne devant donc virtuellement pas connaître de descendance directe, il fut tout d'abord désigné comme AN-21. Cédé à un acquéreur allemand, M. Klaus-Jurgen Richter qui l'engagea dans la course Londres-Paris de septembre 1982, l'appareil est maintenant désigné comme AN-21R, cette dernière lettre faisant référence à M. Richter lui-même.

Equipé d'un moteur Koenig SC 430 tricylindre, l'AN-21R a une vitesse maximale en palier de 130 km/h (81 mph), une vitesse ascensionnelle de l'ordre des 2.5 m/s (500 ft/min) et une vitesse de 42 km/h (26 mph) au décrochage. S'agissant d'un appareil non commercialisé, nous n'en communiquons les caractéristiques connues qu'à titre d'information.

2-DIMENSIONS EXTERIEURES ET SURFACES
Longueur hors tout 16,1 ft, 4,90 m • Hauteur hors tout 7,9 ft, 2,4 m • Envergure (aile) 41,4 ft, 12,6 m • Envergure canard 9,10 ft, 3 m

• Corde du plan canard 1,7 ft, 0,53 m • Surface alaire totale 133 ft², 12,3 m² • Surface aile principale 115 ft², 10,7 m² • Surface du plan canard 17,26 ft2, 1,6 m² • Surface totale des ailerons NC • Surface du gouvernail de direction NC • Allongement 14,8/1 • Autres caractéristiques NC.

3-MOTORISATION
Moteur König SC 430 • Puissance maximale 25 CV à 4200 tr/mn • Rapport puissance/surface alaire 0,19 hp/ft², 2,0 CV/m² • Autres caractéristiques non communiquées.

4-MASSES ET CHARGES—NC

5-PERFORMANCES*
Vitesse maximale en palier 81 mph, 130 km/h • Vitesse de décrochage 26 mph, 42 km/h • Vitesse ascensionnelle maximale (au niveau de la mer) 500 ft/min, 2.5 m/s • Autres caractéristiques NC.

* Conditions du test non communiquées.

Neukom
An 22
(3 axes)

Description : voir Point Aviation *AN 22* (RFA)

Conçu par Albert Neukom, ce monoplace de pilotage 3 axes conventionnel a effectué ses premiers vols en mars 1983. Il est industriellement produit et commercialisé par Point Aviation (RFA). Nous renvoyons donc le lecteur à cette référence, tout en signalant qu'une version biplace désignée AN-22 *Twin* est actuellement (mai 1983) en cours de construction par Segelflugzengbau Albert Neukom, en Suisse.

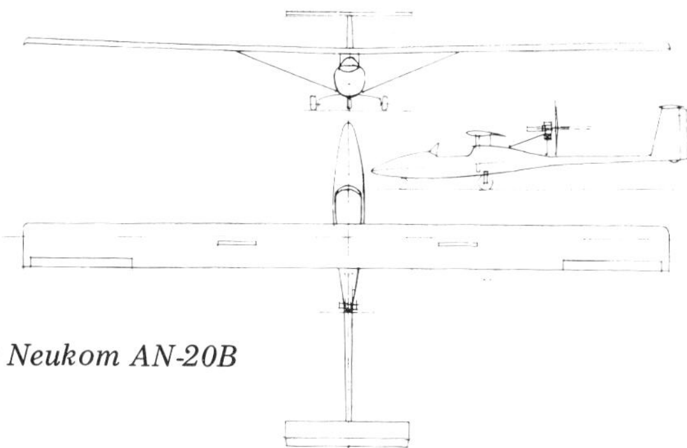

Le Neukom AN-20B

Au premier coup d'oeil, la cabine du Neukom AN-21R ne semble pas être d'un accès des plus faciles... jusqu'à ce que K.J. Richter s'en mêle et, geste à l'appui vienne nous expliquer que toute la partie avant du cockpit est relevable

PICCARD AVIATION ➤

Piccard Aviation, 19 avenue de l'Avenir, 1012 Lausanne, tél. (021) 28.80.83, telex 24560. Directeur : Bertrand Piccard

Piccard Aviation
(Prototype)
(3 axes)

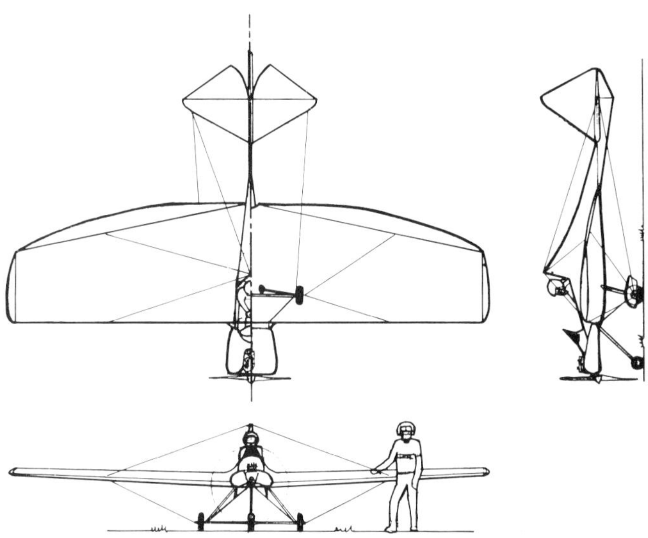

Monoplace monomoteur à l'aile basse de pilotage 3 axes conventionnel. Voilure sans flèche au bord d'attaque et de forme semi-elliptique au bord de fuite, avec une corde dégressive ; empennage cruciforme. Tangage par gouvernes de profondeur articulées sur le plan fixe horizontal ; lacet par gouvernail de direction articulé sur la dérive ; roulis par ailerons sur toute l'envergure de l'aile ; commande au manche pour le tangage et le roulis, et au palonnier pour le lacet. Voilure haubannée sol et vol par câbles ; profil d'aile : NC ; double entoilage (100 %). Atterrisseur tricycle avec suspension de la roue avant par silent-blocs et sans suspension du train principal. Roue avant directrice et conjuguée au palonnier. Freins sur option. Moteur monté au niveau de l'aile et utilisé en tractif. Fuselage en tubes de duralumin avec habitacle à ciel ouvert. Structure de l'aile en tubes de duralumin et nervures en matériaux composites. Entoilage en Dacron. Alliages légers, fixations métalliques et boulonnerie de qualité Aviation.

1-Fondée en fin 1982, la société Piccard Aviation a pour directeur Bertrand Piccard, fils du docteur Jacques Piccard, constructeur des mésoscaphes et petit-fils du professeur Auguste Piccard, recordman d'altitude avec 16 000 m en 1931 sur ballon stratosphérique dont le batyscaphe plongea à 3150 m de profondeur en 1953. Bertrand lui-même pratique le Vol libre depuis 1974 ; ses démonstrations de voltige l'ont rendu célèbre et il vole ULM depuis 1981. Le concepteur du premier prototype de Piccard Aviation n'est autre que Laurent de Kalbermaten, l'un des pratiquants de la première heure (1973) du Vol libre en Europe, champion de Suisse en 1974 et qui a déjà construit cinq ULM depuis 1980, hybrides ou 3 axes.

Le premier vol de ce prototype est imminent et sa commercialisation, prévue pour la fin de 1983, nous ont incité à le publier dans la présente édition. Néanmoins, à l'heure où nous mettons sous presses, peu d'informations sont divulguées sur ce monoplace, son constructeur souhaitant se garder — au contraire de nombreux autres — d'avancer des chiffres que risqueraient de démentir par la suite les réalités. Toutefois, avec un moteur Hirth 261 de 380 cc et 25 CV, il est prévu une masse à vide d'environ 100 kg pour une charge utile de 120 kg. La surface alaire ressort à 14 m². Les créateurs ont particulièrement mis l'accent sur la fiabilité et l'aspect pratique : un système de pliage élaboré doit permettre la mise en œuvre ou le démontage en 10 à 15 mn pour une seule personne.

Le prix de cette machine devrait être de l'ordre de 10 000 à 11 000 FS.

ULAC

Ultra Light Aircraft Corporation (ULAC), P.O. Box 1252, CH-1870 Monthey, téléphone (025) 71.70.61, télex 456 288. Office USA: P.O. Box 99780, Pacific Beach, San Diego, California 92109. Gorges Borgeaud.
Agent français : plusieurs représentants régionaux. Liste communiqué par ULAC Suisse.

Ulac
X-99
(3 axes)

Biplace en tandem monomoteur à l'aile haute. Pilotage 3 axes conventionnel. Voilure sans flèche au bord d'attaque et au bord de fuite; corde constante; empennage en V. Tangage et lacet par élevons; roulis par spoilers sur un tiers de l'envergure de l'aile. Commande au manche pour le tangage et le roulis; palonnier pour le lacet. Voilure haubannée, sol par câbles, vol par câbles. Profil d'aile NC; 100 % à double entoilage. Atterrisseur tricycle. Suspension par ressorts de la roulette de queue et suspension (type NC) sur le train principal. Roue arrière directrice conjuguée au palonnier. Freins sur les roues du train principal. Structure en tubes de duralumin avec carénage sur option. Moteur monté sous l'aile utilisé en propulsif.

Georges Borgeaud, président de ULAC, avait acquis le 14 août 1981 les droits de commercialisation pour l'Europe et l'Afrique du *Hummer* de Maxair Sports (voir : USA-Maxair). Partant du modèle de base monoplace conçu par le regretté Klaus Hill, ULAC a élaboré son biplace en tandem X-99. Les transformations ont principalement porté sur le rehaussement et le renforcement de la voilure, l'élargissement de la voie de l'atterrisseur, l'addition de spoilers transformant l'appareil en un 3 axes conventionnel et l'adaptation du moteur Hirth. Le prototype effectua ses premiers vols en début 1982 au-dessus du désert californien, près de Salton-Sea. Pour la diffusion de cet appareil, Georges Borgeaud a implanté une usine à Monthey, dans le canton du Valais, en Suisse. Présenté au 1er Salon européen de l'Aviation ultralégère, à Lyon-Bron, en septembre 1982, puis au rassemblement ULM de Blois, en France, cette élégante machine a rencontré un succès certain auprès des pilotes déjà confirmés à qui le destine plus particulièrement sa désignation par son constructeur d'*avion récréatif*. Il est cependant consi-

déré comme un ULM dans les pays où la réglementation en vigueur inclut les appareils biplaces dans cette catégorie et, notamment, en France. Georges Borgeaud a toutefois pratiqué dès le début de la commercialisation du X99 une politique intelligente axée sur la sécurité : la firme Suisse ne vend en Europe cet appareil qu'à des pilotes titulaires d'un brevet de pilote privé Avion ou Planeau.

Cette firme ne fournit le biplace X99 que monté, prêt à voler, pour 8 650 US $, prix départ usine (Monthey Suisse) pour la version standard avec remorque routière comprise. En version standard, le X99 est équipé de compas, anémomètre, altimètre, compte-tours moteur et indicateur de température cylindres. Sur option, il peut recevoir un variomètre et une bille-aiguille. Ses spoilers peuvent être utilisés conjointement comme aérofreins et l'appareil reste utilisable en monoplace (en place avant) sans aucune modification. Le siège arrière peut être remplacé par un réservoir supplémentaire de 82 litres. Les autres options portent sur des skis, flotteurs, le carénage de l'avant du fuselage, des carénages du train principal, l'équipement en doubles commandes, un second tableau de bord pour la pace arrière et une hélice tripale.

ULAC vient par ailleurs d'acquérir la licence de fabrication et de commercialisation pour l'Europe et l'Afrique du *Sadler Vampire* (voir USA-American Micro-flight). Cet appareil sera construit dans l'usine de cette firme, à Monthey.

2-DIMENSIONS EXTERIEURES ET SURFACES

Longueur hors tout 17,1 ft, 5,75 m • Hauteur hors tout 8,8 ft, 2,65 m • Envergure (aile) 34,1 ft, 10,4 m • Corde constante 4,4 ft, 1,32 m • Dièdre NC • Flèche 0° • Plan fixe horizontal, envergure 8,2 ft, 2,5 m • Hauteur plan fixe vertical 2,11 ft, 0,9 m • Surface alaire totale 147 ft², 13,67 m² • Surface totale spoilerons 1,89 ft², 0,176 m² • Surface du plan fixe horizontal 19,42 ft², 1,80 m² • Surface totale des élevons 13,59 ft², 1,26 m² • Allongement 7,9/1 • Voie du train 4,1 ft, 1,24 m • Empattement 7,5 ft, 2,25 m • Diamètre de la roulette de queue 10 inch, 26 cm • Diamètre des roues principales 14 inch, 35 cm • Dimensions flotteurs 10,1x2 ft, 3,30x0,59 m • Dimensions skis 2,1x0,6 ft, 0,87x0,14 m.

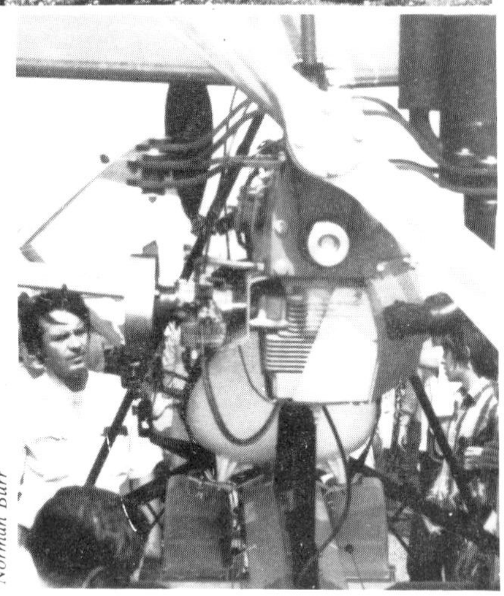

Norman Burr

3-MOTORISATION

Moteur Hirth 272R 438cc • Puissance maximale 40 CV à 7000 tr/mn • Diamètre et pas de l'hélice 54 × 30 inches, 1,37 × 0,76 • Réducteur à courroies crantées rapport de réduction 2,2/1 • Poussée statique maximale 252 lbs, 114 kgp • Rapport puissance/surface alaire 0,27 hp/ft², 2,92 CV/m² • Carburant emporté 3,2 US gallons, 2,7 Imp gal. 12 litres dans le réservoir principal • 21,7 US gallons 18,1 Imp gallons 82 litres en réservoir supplémentaire.

4-MASSES ET CHARGES

Masse à vide 320 lbs, 145 kg • Masse maximale au décollage 662 lbs, 300 kg • Charge utile 342 lbs, 155 kg • Charge alaire maximale 4,50 lbs/ft², 21,94 kg/m² • Rapport poids/puissance 16,59 lbs/hp, 7,5 kg/CV • Facteurs de charges + 5 g, — 3 g à rupture, calculées NC.

5-PERFORMANCES*

Vitesse maximale en palier 62 mph, 100 km/h • Vne 71 mph, 115 km/h • Croisière (maximale) 53 mph, 85 km/h • Croisière (économique) 43,5 mph, 70 km/h • Vitesse de décrochage 23,5 mph, 38 km/h • Vitesse ascensionnelle maximale (au niveau de la mer) 354 ft/min, 1,8 m/s • Taux de chute minimal 680 ft/min à 28 mph, 3,5 m/s à 45 km/h • Finesse maximale 7/1 à 37 mph, 60 km/h • Roulage au décollage 180 ft, 55 m • Roulage à l'atterrissage 79 ft, 24 m • Plafond pratique 13,100 ft, 4000 m • Distance franchissable maximale 74,5 miles, 120 km.

*** Mesurées dans les conditions suivantes : Altitude QNH 0 ft, 0 m • Température au sol 59° F 15° C • Vent au sol 0 mph, 0 km/h • Poids à la masse principale , 662 lbs, 300 kg. Avec moteur ci-dessus.**

U.S.A.

ULTRALEGERS MOTORISES :

LE VOL POUR LE PLAISIR

par Buzz Chalmers, Directeur de Glider Rider

On les appelle « ultralights » aux USA et ils ont atteint la majorité : l'industrie commence à les produire en grande quantité. En octobre 1982, la Federal Aviation Administration a promulgué la FAR Part 103, qui définit l'ultraléger en tant que monoplace de loisir dont le poids est inférieur à 115 kg (254 lbs), la vitesse maximale en palier de 101 km/h (63 mph), et dont la vitesse de décrochage ne doit jamais excéder 43 km/h (27 mph). Aucune exigence particulière de licence pour le pilote ou l'appareil n'était mentionnée. L'industrie ultralégère fut toute entière soulagée : elle s'attendait à une limite à 100 kg (220 lbs) et beaucoup — si ce n'est tous les appareils — dépassaient ce poids ; les 15 kg supplémentaires leur permirent de rentrer dans la légalité.

Avant la Part 103, les ultralégers étaient — en théorie si ce n'est en pratique — capables de décollages et d'atterrissages à pied. Cette règle anachronique datait des temps « anciens » où les ULM n'étaient seulement que des PUL motorisés. Tant que l'appareil pouvait être décollé à pied, la FAA ne le considérait pas comme un avion nécessitant brevet, licence, etc. L'ouverture légale offerte par la Part 103 permit donc aux ultralégers d'étendre leurs possibilités et de se développer, ce qu'ils ne manquèrent pas de faire. De ce fait, le marché de l'ULM a considérablement évolué.

Aux USA les ultralégers issus à l'origine de la technologie du Vol Libre, ont tout d'abord attiré principalement les pratiquants de cette discipline qu'intéressaient le vol moteur. Mais, au même moment, les coûts de l'aviation générale menèrent beaucoup de pilotes d'avions légers à chercher quelque chose de moins lourd pour leur budget. Ainsi, le marché de l'ultraléger changea d'orientation et le pendulaire fit place à des appareils 2 ou 3 axes, avec des gouvernes plus conventionnelles. Aujourd'hui, l'orientation vers de mini-avions se renforce encore avec la prolifération de nouvelles machines aux habitacles fermés et aux voilures simplement contreventées par des mâts, voire même cantilever et qui laissent augurer de performances encore accrues. Alors que le parc ULM aux USA est déjà de quelque 20.000 appareils, l'industrie prévoit la vente d'encore 10.000 appareils au cours de 1983.

Contrairement à l'Europe, les chariots pendulaires n'ont pas bénéficié aux Etats-Unis d'une grande popularité. Les PUL motorisés n'ont jamais été bien acceptés ni par les puristes du Vol libre ni par les pilotes habitués au manche et au palonnier. Les pratiquants du Vol libre et les pilotes d'ULM ont finalement pris des chemins séparés. Mais la réapparition d'un moyen de voler bon marché entraîne une renaissance de l'aviation de loisir. Le nombre de nouveaux projets et de variations sur de plus anciens s'accroît très nettement, passé de moins de 20 ULM il y a quelques années à plus de cent modèles différents en 1983.

Avec la limite des 115 kg, le constructeur amateur d'aéronef américain est de plus en plus intéressé par ce que lui propose le marché de l'ultraléger. De même, beaucoup de vélivoles gênés par la montée des prix de l'aviation générale, ont trouvé dans les planeurs ultralégers leur planche de salut économique. Même les ballons à air chaud monoplaces et les parachutes motorisés comme le *Paraplane* sont considérés comme des ultralégers par la FAA et, donc, relativement libérés de toute contrainte légale.

En moins d'une décade, l'ultralégère aura renvoyé l'aviation à ce qui a marqué l'esprit de ses débuts : simplicité, facilité de pilotage, basses vitesses, etc. — le vol pour le plaisir... C'est incroyable ce qu'un peu de liberté peut faire !

Pour plus de renseignements sur les ULM aux USA, contactez l'E.A.A. Ultralight Association, P.O. Box 229, Hales Corners, WI 53130, tél. (414) 425.4860, ou l'AOPA Ultralight Division, Box 5800, Bethesda MD 20814. Détails pour souscrire un abonnement à la revue Glider Rider *: P.O. Box 6009, Chattanooga, TN 37401, tél. (615) 867.4970.*

ADVANCED AVIATION

Advanced Aviation, Route 7, Box 569-D, Orlando, Florida 32805, téléphone (305) 298.2920. Président : Wayne Richter. Non importé.

Advanced Aviation *Huski* (hybride)

Monoplace monomoteur à l'aile haute; pilotage hybride. Voilure sans flèche au bord d'attaque et au bord de fuite, corde constante, empennage cruciforme. Tangage par gouverne de profondeur monobloc; lacet par gouvernail de direction monobloc; roulis par spoilers sur un tiers de l'envergure de l'aile; commande par déplacement du centre de gravité pour le tangage, le roulis et le lacet. Voilure haubanée sol par câbles, vol par câbles; profil d'aile NC à simple entoilage. Atterrisseur tricycle; suspension par ressorts. Roue avant directrice non conjuguée au palonnier. Sans freins. Structure en tubes de duralumin sans carénage de nez. Moteur monté au-dessous de l'aile utilisé en propulsif. Technologie: les tubes de duralumin correspondent à la spécification 6061-T6, l'aile est entoilée en Dacron.

1 - Précédemment nommée Lafayette Aviation Incorporated et depuis 1982 Advanced Aviation, cette firme de floride existe en fait depuis 1978 comme producteur d'ultralégers motorisés. Elle commercialise toujours le ***Huski*** hybride et a lancé en 1982 un autre monoplace, mais 3 axes, le ***Cobra.*** En octobre 1982, Wayne Richter, alors general manager de Lafayette Aviation Inc., fit l'acquisition de cette société auprès de Stanley Richter, son père, fondateur. Nous fûmes alors informés par Angel Matos du changement de dénomination de la société et de son emménagement dans des locaux industriels plus vastes, permettant d'accroître sa production.

C'est le cheval de bataille de la firme d'Orlando, précédemment prénommé ***Hi-Nuski-Huski*** du temps de Lafayette Aviation (jeu de mots intraduisible, husky signifiant fort, costaud) et rebasptisé ***Hi-Nuski,*** par abréviation, en 1982. Produit depuis quelques années, ce modèle devrait céder la place au Huski II, version semblable à la motorisation près là encore. En effet, alors que le premier fait appel au bicylindre en ligne Cuyuna 430D, 30cv, à prise directe, le second utilise la version 430RR avec réducteur 2/1 et double allumage du même 429cc. Hormis cette motorisation, il n'y a aucune différence entre ces deux modèles non plus qu'avec le ***Coyote.*** Ces appareils font appel à la technologie qu'on peut déjà dire traditionnelle, parce que commune à la grande majorité des ULM des premières générations : structure métallique en alliage léger (duralumin 6061 T6) et entoilage dacron, avec une rigidification par câbles en acier inoxydable. Le moteur Cuyuna est monté au-dessus de la voilure et entraîne une bipale propulsive qui tourne au ras du bord de fuite, entre les deux tubes se rejoignant en un coude arrondi à l'arrière pour porter l'empennage. Il est à noter que le gouvernail de direction de l'empennage cruciforme n'est pas précédé d'une dérive et que l'empennage horizontal se résume à un stabilisateur fixe. En effet, ces ***Nuski*** sont, aussi, typiques du pilotage pendulaire à l'américaine - quoiqu'il s'agisse d'un hybride muni aussi de gouvernes - puisque la cage à l'intérieur de laquelle se déplace le pilote comme un pendule est elle-même fixée rigidement à la voilure. Rappelons qu'au contraire, en Europe, le pilote s'assied sur un siège solidaire de la cage et l'aile est fixée mobile sur les trois axes par rapport à celle-ci.

2 - DIMENSIONS EXTERIEURES ET SURFACES
Longueur hors tout 16,8 ft, 5,10 m • Hauteur hors tout 9,8 ft, 2,97 m • Envergure (aile) 33,5 ft, 10,2 m • Corde constante 5 ft, 1,52 m • Flèche 0° • Surface alaire totale 166 ft², 15,4 m² • Allongement 6,8/1 • Diamètre des roues principales, 10 inches, 25 cm • Autres caractéristiques NC.

3-MOTORISATION
Moteur Cuyuna 430D.
Puissance maximale 30 CV à 6500 tr/mn • Diamètre et pas de l'hélice 36 × 16 inches, 0,91 × 0,41 m • Sans réducteur • Poussée statique maximale NC • Rapport puissance/surface 0,18 hp/ft², 1,9 CV/m² • Carburant emporté 4,8 US gallons, 4,0 Imp Gal., 18 litres.

4-MASSES ET CHARGES
Masse à vide 198 lbs, 90 kg • Masse maximale au décollage 468 lbs, 212 kg • Charge utile 270 lbs, 122 kg • Charge alaire maximale 2,82 lbs/ft², 13,8 kg/m² • Rapport poids/puissance 15,6 lbs/hp, 7,07 kg/CV • Facteurs de charges NC.

5-PERFORMANCE*
Vitesse maximale en palier 53 mph, 85 km/h • Vne 60 mph, 97 km/h • Croisière (maximale) 43 mph, 69 km/h • Croisière (économique) 35 mph, 56 km/h • Vitesse de décrochage 22-24 mph, 35-39 km/h • Vitesse ascensionnelle maximale (au niveau de la mer) 800 ft/min, 4,1 m/s • Taux de chute minimal NC • Finesse maximale 6/1 (vitesse NC) • Roulage au décollage 50-100 ft, 15-30 m • Roulage à l'atterrissage 100 ft, 30 m • Autres caractéristiques NC.

*** Conditions du test non spécifiées.**

Advanced Aviation *Huski II* (hybride)

Description semblable à celle du *Huski* sauf : frein sur la roue avant sur option.

1-Version avec Cuyuna 430RR du *Hi-Nuski,* réducteur 2/1 et double allumage. Comme pour le *Coyote* et puisque seule change la motorisation, nous ne donnons que les paramètres différant d'avec le *Hi-Nuski.* Prix en kit (janvier 1983) : **3 995 US $,** garantie de 60 jours sur le moteur, assemblage en 40 h. Les options comprennent des flotteurs **(795 US $),** frein de roue avant, instruments de bord et parachute.

3-MOTORISATION
Voir le *Huski* sauf :
Moteur Cuyuna 430RR.
Diamètre et pas de l'hélice NC • Réducteur type NC, rapport de réduction 2,0/1 • Poussée statique maximale NC.

4-MASSES ET CHARGES
Masse à vide 212 lbs, 96 kg • Masse maximale au décollage 470 lbs, 213 kg • Charge utile 258 lbs, 117 kg • Charge alaire maximale 2,83 lbs/ft², 13,8 kg/m² • Rapport poids/puissance 15,7 lbs/hp, 7,1 kg/CV • Facteurs de charges NC.

5-PERFORMANCES*
Voir le *Huski* sauf :
Vitesse maximale en palier 55 mph, 88 km/h • Croisière (maximale) 45 mph, 72 km/h • Vitesse ascensionnelle maximale (au niveau de la mer) 1000 ft/min, 5,1 m/s • Roulage au décollage 40-80 ft, 12-25 m.

*** Conditions du test non spécifiées.**

Advanced Aviation *Coyote* (hybride)

Description semblable à celle du *Huski.*

1-Apparu courant 1982, le ***Coyote*** est en fait une version du ***Hi-Nuski*** avec moteur (plus faible) Cuyuna monocylindre 215R avec réducteur 2/1 de 215cc et développant 20 cv entre 5500 et 6000 tr/mn. Hormis cette motorisation différente, le ***Coyote*** ne comporte aucune autre modification par rapport au modèle plus puissant.

Nous nous contenterons donc de préciser les seuls paramètres qui le différent du ***Hi-Nuski.***

3-MOTORISATION
Moteur Cuyuna 215.
Puissance maximale 20 cv à 5500-6000 tr/mn • Réducteur de type NC rapport de réduction 2,0/1 • Rapport puissance/surface alaire 0,12 hp/ft², 1,3 CV/m² • Autres caractéristiques NC.

4-MASSES ET CHARGES
Masse à vide 185 lbs, 84 kg • Masse maximale

au décollage 422 lbs, 191 kg • Charge utile 236 lbs, 107 kg • Charge alaire maximale 2,54 lbs/ft², 12,4 kg/m² • Rapport poids/puissance 21,1 lbs/hp, 9,6 kg/CV • Facteurs de charges NC.

5-PERFORMANCES*
Vitesse maximale en palier 45 mph, 72 km/h • Vne 60 mph, 97 km/h • Croisière (maximale) 35 mph, 56 km/h • Croisière (économique) 30 mph, 48 km/h • Vitesse de décrochage 20-22 mph, 32-35 km/h • Vitesse ascensionnelle maximale (au niveau de la mer) 450 ft/min, 2,3 m/s • Finesse maximale 7/1 (vitesse NC) • Roulage au décollage 60-100 ft, 18-30 m • Roulage à l'atterrissage 80 ft, 25 m • Autres caractéristiques NC.

* Conditions du test non spécifiées.

Advanced Aviation *Cobra*
(3 axes)

Monoplace monomoteur à l'aile haute; pilotage 3 axes conventionnel. Voilure sans flèche au bord d'attaque et au bord de fuite, corde constante avec bords marginaux triangulaires; empennage cruciforme. Tangage par gouverne (s) de profondeur articulée sur le plan fixe horizontal; lacet par gouvernail de direction monobloc. Roulis par spoilerons sur la moitié de l'envergure de l'aile; commande au manche pour le tangage et le roulis; palonnier pour le lacet. Voilure haubanée sol par câbles, vol par câbles; profil d'aile NC; à double entoilage (90%). Atterrisseur tricycle; suspension par barre de torsion. Roue avant directrice conjuguée au palonnier (sur option), frein sur la roue avant (sur option). Structure en tubes de duralumin sans carénage de nez. Moteur monté au-dessous de l'aile, utilisé en propulsif.
Technologie : les tubes sont en duralumin 6061 T6 anodisé; l'aile est recouverte de Dacron. haubanage par câbles d'acier inoxydable sous revêtement vinyl.

1-Le monoplace *Cobra* se présente comme une version 3 axes du *Huski* de pilotage hybride avec lequel il conserve de nombreux points communs (mêmes technologies tubes-toiles et configuration). Sans pour autant nous sembler d'un « design » entièrement nouveau comme le prétendent les communiqués d'Advanced Aviation, le *Cobra* diffère cependant beaucoup de son ainé avec une voilure toujours haute mais redessinée et un empennage toujours cruciforme mais, lui aussi, réellement remanié d'importance. Ce 3 axes a été présenté pour la première fois à l'occasion du rassemblement annuel des constructeurs amateurs d'aéronefs du continent nord-américain, en août 1982 à Oshkosh. Il fut ensuite présent au Sun'n Eun 1982 à Lakeland et connait depuis une commercialisation appuyée par une intensive campagne publicitaire dans les revues américaines. Ce *Cobra* a fait l'objet d'un essai en vol par Joel Strait dans la parution d'octobre 1982 du mensuel *Glider Rider.*

Particularités : aile de forme en plan rectangulaire avec bords marginaux triangulaires et double entoilage sur toute la corde, et aileron à simple entoilage et bord de fuite échancré entre chaque nervure, façon aile de chauve-souris. Dièdre important.

Option : roulette de nez (conjuguée au palonnier) munie d'un frein, carénages du train, réservoir supplémentaire, flotteurs, skis, parachute et instruments de bord. Prix (janvier 1983) : 4 995 US $, livré en kit et donné par le constructeur comme nécessitant de 30 à 40 heures d'assemblage.

2-DIMENSIONS EXTERIEURES ET SURFACES
Envergure (aile) 35 ft, 10,7 m • Corde constante 4,3 ft, 1,30 m • Flèche 0° • Surface alaire totale 152 ft², 14,1 m² • Allongement 8,1/1 • Autres caractéristiques NC.

3-MOTORISATION
Moteur Cuyuna 430RR
Puissance maximale 30 CV à 6500 tr/mn • Diamètre et pas de l'hélice 54 × 28 inches, 1,37 × 0,71 m • Réducteur rapport de réducteur 2,1/1 • Poussée statique maximale NC • Rapport puissance/surface alaire 0,20 hp/ft², 2,1 CV/m² • Carburant emporté 4,8 US gallons, 4,0 Imp Gal., 18,2 litres dans le réservoir principal.

4-MASSES ET CHARGES
Masse à vide 235 lbs, 107 kg • Masse maximale au décollage 525 lbs, 238 kg • Charge utile 290 lbs, 132 kg • Charge alaire maximale 3,45 lbs/ft², 16,9 kg/m² • Rapport poids/puissance 17,5 lbs/hp, 7,9 kg/CV • Facteurs de charges NC.

5-PERFORMANCES*
Vitesse maximale en palier 65 mph, 105 km/h • Vne 70 mph, 113 km/h • Croisière (maximale) 55 mph, 88 km/h • Croisière (économique) 50 mph, 80 km/h • Vitesse de décrochage 24 mph, 38 km/h • Vitesse ascensionnelle maximale (au niveau de la mer) 1000 ft/min, 5,1 m/s • Taux de chute minimal NC • Finesse maximale 9/1 (vitesse NC) • Roulage au décollage 60-100 ft, 18-30 m • Roulage à l'atterrissage 100 ft, 30 m • Plafond pratique 9900 ft, 3000 m • Distance franchissable maximale 130 miles, 209 km.

* Conditions du test non spécifiées.

AERODYNE

Aerodyne Systems Inc., 194 Millers Falls Road, Turners Falls, Massachusetts 01376, telephone (413) 863-9736, telex 940536 Bostelex.
Agent français : Avulnor S.A.R.L., aérodrome de Granville, 50290 Bréville-sur-Mer, téléphone (33) 90.62.03.

Aerodyne *Vector 610*
(3 axes)

Monoplace monomoteur à l'aile haute; pilotage 3 axes non conventionnel. Voilure sans flèche au bord d'attaque, flèche inverse au bord de fuite, corde dégressive; empennage en V. Tangage et lacet par élevons. Roulis par spoilers sur un tiers de l'envergure de l'aile; commande au manche pour le tangage, le roulis et le lacet. Voilure haubannée sol par câbles, vol par câbles; profil d'aile NC, à double entoilage. Atterrisseur tricycle avec roulette de queue; sans suspension de la roue avant et suspension par caoutchouc du train principal. Roue non directrice, sans freins. Strucutre en tubes de duralumin sans carénage de nez. Moteur monté au niveau de l'aile, utilisé en propulsif.

Technologie : tubes en duralumin 6061 T6 anodisé, câbles en acier inoxydable 3/32" 7x7, matériaux agréés Aviation.

1-Présenté pour la première fois au Sun-'n-Fun à Lakeland, Floride, en mars 1982 le *Vector 610* est une version modifiée du précédent *Vector 600,* lui-même directement extrapolé du *Hum-*

Ce Vector 600 immatriculé au Luxembourg fut engagé dans la Londre-Paris 1982 par Jean Peters. Comme beaucoup de V600 européens, il était équipé d'un Fuji-Robin EC 25 PS. L'hélice quadripale utilisée ici resta cependant une rare exception

bug redessiné par le regretté Klaus Hill en partant du ***Hummer*** de 1978. (voir Maxair Sports ***Hummer***). Conjointement avec Gemini International Inc., la société Sky Sports International fut fondée pour commercialiser dès 1980 les premiers ***Vector 600*** de série. Cette société fut ensuite absorbée par Vector Aircraft Corp., elle-même acquise en fin 1982 par Aerodyne Systems Inc. Par rapport à son prédécesseur, le ***Vector 610*** comporte diverses modifications parmi lesquelles, principalement des spoilerons agrandis, des saumons semi-elliptiques d'extrémité d'aile, des renforts structuraux et l'adoption pour les appareils produits aux USA d'un moteur Zenoah G25B 22cv en remplacement des deux chrysler ***Power-Bee*** développant 2x9 cv qui équipait les derniers ***V600*** commercialisés. Avec cette motorisation, l'appareil a fait l'objet d'un essai en vol par Douglas Barth dans ***Glider Rider*** de juillet 1982. En Europe, les moteurs britanniques Fuji-Robin EC-25PS de 22 cv à 6500 tr/mn ou EC-34PM de 32 cv à 6500 tr/mn (réduction 2,6/1) ont été préférés au Zenoah. Avec moteur EC-25PS, le type ***600*** avait fait l'objet d'un essai en vol par Jean-Pierre Chauzit dans Pilote Privé de novembre 1981. Aux USA, le ***Vector 610*** est disponible sous forme de kit donné pour 30 h d'assemblage au prix de 4890 US $ (15 mars 1983). Un kit supplémentaire permet l'adaptation d'une roue avant directrice pour 225 US $. Trois carénages de roues disponibles pour 185 US $. Suspension par ressort du train : 150 US $. Flotteurs Sealord 100A en fibre de verre : 1195 US $. Enfin, notons encore le kit SR Control System ***Retrofit*** (275 US $) permettant de transformer les ***Vector 600 et 610*** au pilotage 3 axes conventionnel avec un palonnier.

2-DIMENSIONS EXTERIEURES ET SURFACES
Longeur hors tout 18 ft, 5,48 m • Hauteur hors tout 8 ft, 2,43 m • Envergure (aile) 35,2 ft, 10,72 m • Corde à l'emplanture NC • Corde aux extrémités NC • Dièdre NC • Flèche 0° • Surface alaire totale 154 ft², 14,3 m² • Surface totale spoilerons NC • Surface totale des élevons NC • Allongement 6,7/1 • Voie du train NC • Empattement NC • Diamètre de la roue avant 11,5 inches, 29 cm • Diamètre des roues principales 11,5 inches, 29 cm.

3-MOTORISATION
Moteur Zenoah G25B-1
Puissance maximale 22 CV à 7000 tr/mn • Diamètre et pas de l'hélice 52 × 24 inches, 1,32 × 0,60 m • Réducteur type NC, rapport de réduction 2,33/1 • Poussée statique maximale NC • Rapport puissance/surface alaire 0,14 hp/ft², 1,5 CV/m² • Carburant emporté 5 US gallons, 4,2 Imp Gal., 18,9 litres dans le réservoir principal.

4-MASSES ET CHARGES
Masse à vide 195 lbs, 88 kg • Masse maximale au décollage 445 lbs, 202 kg • Charge utile 250 lbs, 113 kg • Charge alaire maximale 2,89 lbs/ft², 14,1 kg/m² • Rapport poids/puissance 20,2 lbs/hp, 9,15 kg/CV • Facteurs de charges calculées NC + 5,7 g, — 2,85 g à rupture.

5-PERFORMANCES*
Vitesse maximale en palier 50 mph, 80 km/h • Vne 55 mph, 88 km/h • Croisière (maximale) 45 mph, 72 km/h • Croisière (économique) 40 mph, 64 km/h • Vitesse de décrochage 26 mph, 42 km/h • Vitesse ascensionnelle maximale (au niveau de la mer) 600 ft/min, 3 m/s • Taux de chute minimal 216 ft/min, 1,1 m/s (vitesse NC) • Finesse maximale 8/1 (vitesse NC) • Roulage au décollage 100 ft, 30 m • Roulage à l'atterrissage 200 ft, 60 m • Plafond pratique NC • Distance franchissable maximale 125 miles, 201 km.

*** Mesurées dans les conditions suivantes : altitude QNH NC • Température au sol standard • Vent au sol 0 mph, 0 km/h • Poids du pilote 195 lbs, 88 kg • Avec moteur ci-dessus.**

Aerodyne
Vector 627 et 627 SR
(3 axes)

Même description que pour le *Vector 610* sauf modifications suivantes : trois axes conventionnel, roue avant directrice conjuguée au palonnier.

1-Présenté pour la première fois au Sun-'n-Fun à Lakeland (Floride) en mars 1983, le nouveau ***Vector 627*** utilisait le moteur Rotax 277 monocylindre développant 28 cv à 6200 tr/min en remplacement du Zenoah G25B-1 standard aux USA sur le ***Vector 610.*** Cependant, alors que le type ***627*** conserve le pilotage au manche seul et la roue avant non directrice du ***610,*** Aerodyne propose maintenant un ***Vector 627SR*** de pilotage 3 axes conventionnel avec manche et palonnier agissant sur la roue avant directrice. Depuis Lakeland, le ***Vector 627 et 627SR*** a encore changé de moteur, il utilise maintenant le Rotax type 377. Prix du ***Vector*** 627SR : 5 495 US $.

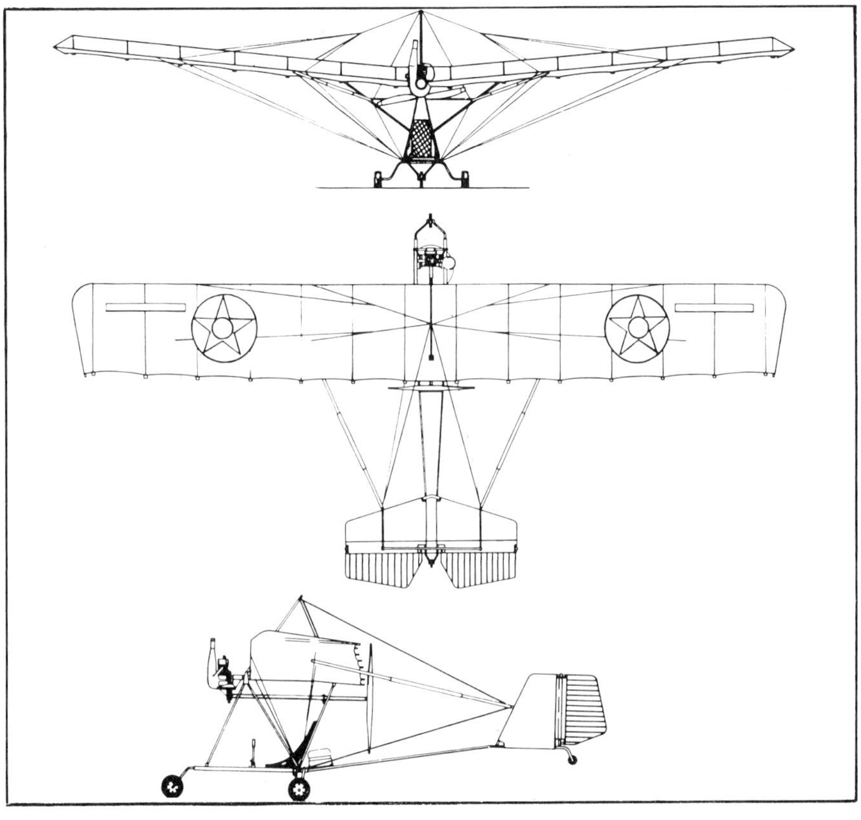

U.S.A.

2-DIMENSIONS EXTERIEURES ET SURFACES
Voir le *Vector 610*.

3-MOTORISATION
Moteur Rotax type 377.
Puissance maximale 32 CV à 6250 tr/mn • Diamètre et pas de l'hélice 52 × 23 inches, 1,32 × 0,58 m • Réducteur à courroie crantée rapport de réduction 2/1 • Poussée statique maximale 220 lbs, 100 kgp • Rapport puissance/surface alaire 0,21 hp/ft^2, 2,2 CV/m^2 • Carburant emporté 5 US gallons, 4,2 Imp Gal., 18,9 litres.

4-MASSES ET CHARGES
Masse à vide 254 lbs, 115 kg • Masse maximale au décollage 500 lbs, 227 kg • Charge utile 246 lbs, 112 kg • Charge alaire maximale 3,24 lbs/ft^2, 15,8 kg/m^2 • Rapport poids/puissance 15,6 lbs/hp, 7,1 kg/CV • Facteurs de charges + 5,7 g, — 2,8 g calculées, à rupture NC.

5-PERFORMANCES*
Vitesse maximale en palier 55 mph, 88 km/h • Croisière (maximale) 48 mph, 77 km/h • Vitesse de décrochage 27 mph, 43 km/h • Vitesse ascensionnelle maximale (au niveau de la mer) 800 ft/min, 4,1 m/s • Finesse maximale 8/1 (vitesse NC) • Autres caractéristiques NC.

*** Conditions du test NC.**

AERO-MAX

Aero-Max, 1104 E Highway 40 By-Pass, Hays, Kansas 67601 ; tel (913) 628.1711.

Aero-Max
Coyote
(3 axes)

Monoplace monomoteur à l'aile haute, pilotage trois axes conventionnel. Forme de l'aile : NC, empennage classique. Détails sur les gouvernes NC. Commande au manche pour le tangage et le roulis, au palonnier pour le lacet. Voilure haubanée portée par des mâts. Profil et entoilage NC. Atterrisseur classique, suspension NC. Roue arrière directrice conjuguée au palonnier. Freins NC. Structure en tubes de duralumin, habitacle fermé. Moteur monté sous l'aile et utilisé en tractif.

Cet appareil fait son apparition alors que nous mettons sous presse et nous n'avons que très peu de détails. Cependant, d'après les photos que nous avons vues, il ressemble au *Dragon 150* britannique, à cette différence près que son habitacle est fermé et qu'ils'agit d'un monoplace. Attention, il ne faut pas le confondre avec le *Coyote* de chez Advanced Aviation qui reste un apapreil tout-à-fait différent.

Aucune caractéristique ni performance ne nous ont été communiquées.

AIRCRAFT DEV.

Aircraft Development Co., 1326 N. Westlink Boulevard, Whichita, Kansas 67212, tel. (316) 722.7736.

Aircraft Development
EZ-1 et *EZ-2*
(3 axes)

Monoplace monomoteur à aile basse. Pilotage 3 axes conventionnel. Voilure sans flèche au bord d'attaque et au bord de fuite, corde constante ; empennage classique. Tangage par gouverne de profondeur monobloc ; lacet par gouvernail de direction monobloc ; roulis NC ; commande au manche pour le tangage et le roulis, palonnier pour le lacet. Aile cantilever ; profil d'aile : NC à double entoilage. Atterrisseur tricycle ; suspension NC ; roue directrice NC ; freins NC. Structure en tubes de duralumin sans carénage de nez pour le EZ-1, avec carénage pour le EZ-2. Moteur monté au-dessus de l'aile utilisé en propulsif.

1-Pratiquement aucun renseignement n'est encore communiqué sur cette machine que Richard Jimenez étudie depuis le printemps 1980, en collaboration avec des aérodynamiciens des Etats-Unis et de RFA. Un prototype *EZ-1* doit effectuer ses premiers vols au cours de l'été 1983, qui débouchera ensuite sur une commercialisation en kits. Les prix de ceux-ci nous ont été communiqués (en avril 1983) avant toute publication dans la presse spécialisée et comme n'étant que des estimations : **3000 US $** pour le kit minimum et **5000 US $** pour l'avion en kit partiellement assemblé. Aircraft Development Co. précise aussi que le modèle *EZ-1* est le modèle de base d'une gamme d'appareils dont les suivants seront plus élaborés et offriront des performances supérieures.

Au plan technologique, cet *EZ-1* fait appel à un procédé révolutionnaire d'assemblage des tôles d'aluminium utilisées comme revêtement : celles-ci sont collées entre elles au moyen d'un ruban adhésif double face développé en collaboration avec 3M (Scotch) !

La première variante de cette machine s'appellera le *EZ-2*, la différence résidera principalement dans l'adjonction d'un carénage de nez. De ce fait le poids du *EZ-2* sera légèrement supérieur tandis que les performances devraient être considérablement accrues.

Dans les paragraphes 4 et 5, les caractéristiques différentes du *EZ-2* sont indiquées entre parenthèses.

2-DIMENSIONS EXTERIEURES ET SURFACES
Longueur hors tout 16,3 ft, 4,95 m • Hauteur hors tout 6,8 ft, 2,05 m • Envergure (aile) 26 ft, 7,92 m • Surface alaire totale 106 ft^2, 9,9 m^2 • Surface du gouvernail de direction 10,3 ft^2, 0,95 m^2 • Surface totale des gouvernes de profondeur 20,5 ft^2, 1,90 m^2 • Allongement 6,4/1 • Autres caractéristiques NC.

3-MOTORISATION
Moteur Zenoah G25B • Puissance maximale 20 CV à 6500 tr/mn • Rapport puissance/surface alaire 0,19 hp/ft^2, 2 CV/m^2 • Autres caractéristiques NC.

4-MASSES ET CHARGES
Masse à vide < 220 (> 220) lbs, < 100 (> 100) kg • Facteurs de charges calculées NC • + 9,0 g — 6,0 g à rupture • Autres caractéristiques NC.

5-PERFORMANCES*
Vitesse maximale en palier 53 (63) mph, 85 (101) km/h • Croisière (économique) 42 (48) mph, 67 (72) km/h • Vitesse de décrochage 27 (28) mph, 43 (45) km/h • Vitesse ascensionnelle (au niveau de la mer) 375 (575) ft/min, 1,9 (2,9) m/s • Finesse maximale 15/1 vitesse NC • Autres caractéristiques NC.

*** Conditions du test NC.**

AIRCRAFT SPECIALTIES

Aircraft Specialties Co, PO Box 1074 H, Canyon Country, California 91351 ; tel. (805) 252.4054. Concepteur : Bob Hovey.

Aircraft Specialties Co.
Whing Ding II
(3 axes)

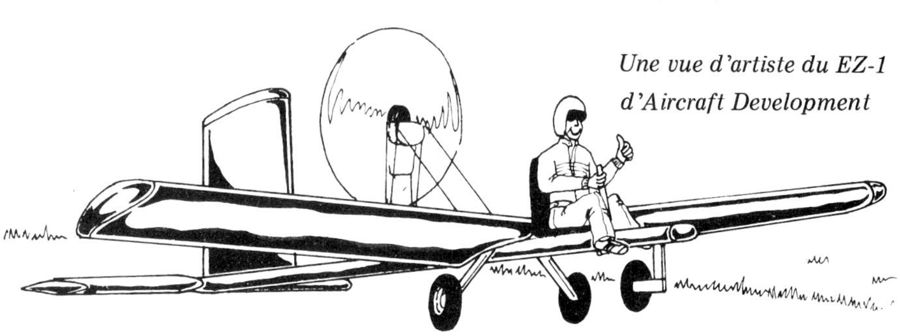

Une vue d'artiste du EZ-1 d'Aircraft Development

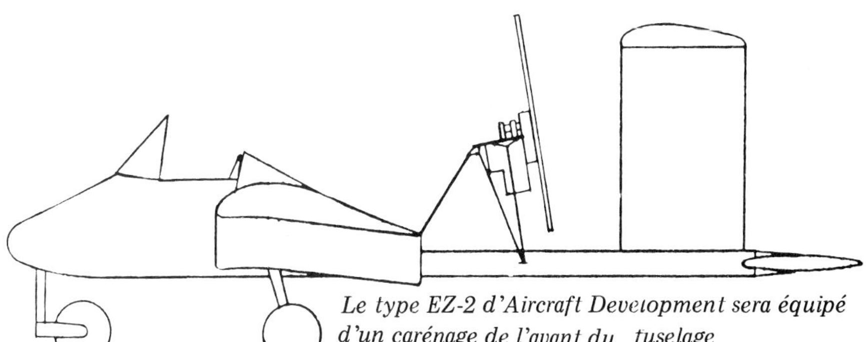

Le type EZ-2 d'Aircraft Development sera équipé d'un carénage de l'avant du fuselage

Monoplace monomoteur biplan ; pilotage 3 axes conventionnel. Voilure sans flèche au bord d'attaque et au bord de fuite, corde constante ; empennage classique. Tangage par gouverne(s) de profondeur articulée sur le plan fixe horizontal ; lacet par gouvernail de direction articulé sur la dérive ; roulis par ailerons sur toute l'envergure de l'aile ; commande au manche pour le tangage et le roulis, palonnier pour le lacet. Voilure rigidifiée par des mâts verticaux d'entreplans et contreventée par des haubans en X ; profil d'aile : HOVEY 10 à double entoilage. Atterrisseur classique ; suspension par lame en fibre de verre du train principal. Roue arrière directrice conjuguée au palonnier. Freins NC. Fuselage en bois et mousse polyuréthane sans carénage de nez. Moteur monté entre les 2 ailes, utilisé en propulsif.

1-Rappelons-le, le *Whing Ding* compte sur un plan historique au rang des deux premiers ULM 3 axes monoplaces construits au monde, avec le *Flyer* de Homer Kolb.

Cet archéoptérix a commencé à être dessiné dès octobre 1970 par Robert W. Hovey qui s'attela dans le même temps à la réalisation du prototype, de sorte que le *WD* accomplit son premier vol en février 1971, cinq mois plus tard. C'est bel et bien un ULM avant la lettre comme les oiseaux de Volmer Jensen, Américain lui aussi, et de H. Kolb, c'est indiscutable. Les objectifs de Robert Hovey portaient sur un monoplace facile à construire pour les amateurs, en un minimum de temps, offrant les qualités d'un ADAC (avion à décollage et atterrissage courts) et rapidement démontable en vue de son transport sur une remorque routière. Ce n° 01 a établi un premier record dans le domaine des poids d'aéronefs avec une masse à vide de 55 kg ! Cependant, son créateur dut par la suite abandonner son empennage originel à structure en mousse polyuréthane revêtue... de papier Kraft !

La voilure fait appel à un profil maison, le Hovey-10, les deux ailes d'envergure égale étant calées à 4° d'incidence et affectées de 1° de dièdre. La structure se compose de deux longerons en bois portant des nervures en tubes métalliques et un bord d'attaque en mousse polyuréthane, le revêtement venant en toile. Le « fuselage » comporte un longeron caisson en peuplier de 3,2 mm collé sur des cadres en pin de 12,7 mm et rempli de mousse polyuréthane. Le pilote est assis à l'avant, entièrement à l'air libre et adossé sur un pylône joignant les deux ailes et portant le moteur monocylindre 2 temps McCulloch MC-101. Ce 12 CV entraîne une bipale propulsive de 1,22 m de diamètre. Les deux ailes sont liées par deux mâts droits et haubanées sol et vol par deux câbles en X pour chaque demi-voilure. La construction du *Whing Ding II* impose quelque 400 h de main-d'œuvre.

Un WD II a été réalisé en France par des constructeurs amateurs qui le présentèrent à l'occasion du rassemblement annuel des membres du RSA (Réseau du Sport de l'Air) qui se tenait en 1975 à Laval. Pour autant qu'il nous en souvienne, ses réalisateurs ne se révélaient pas particulièrement enthousiasmés par les « qualités » de vol d'un appareil ne flirtant avec notre 3e dimension qu'en effet de sol et qui, quoique d'un prix de revient relativement modique, exigeait un certain total d'heures de main-d'œuvre et une mise au point épineuse en regard de ses « performances » !

Prix de la liasse de plans (mars 1983) : **25 US $** aux USA (postpaid) ; **30 US $** hors USA (envoi par poste aérienne inclus).

2-DIMENSIONS EXTERIEURES ET SURFACES
Longueur hors tout 13 ft, 3,96 m • Hauteur hors tout 5,33 ft, 1,62 m • Envergure (aile) 17 ft, 5,18 m • Dièdre 1° • Flèche 0° • Surface alaire totale 98 ft², 9,1 m² • Allongement 2,9/1 • Autres caractéristiques NC.

3-MOTORISATION
Moteur McCulloch MC-101AA • Puissance maximale 12,5 CV à 8000 tr/mn • Diamètre et pas de l'hélice 48 × NC inches, 1,22 × NC m • Rapport puissance/surface alaire 0,13 hp/ft², 1,4 CV/m² • Carburant emporté 0,5 US gallons, 0,4 Imp Gal., 2 litres.

4-MASSES ET CHARGES
Masse à vide 122 lbs, 55 kg • Masse maximale au décollage 310 lbs, 140 kg • Charge utile 188 lbs, 85 kg • Charge alaire maximale 3,16 lbs/ft², 15,4 kg/m² • Rapport poids/puissance 24,8 lbs/hp, 11,2 kg/CV • Facteurs de charges NC.

5-PERFORMANCES*
Vitesse maximale en palier 50 mph, 80 km/h • Vne 60 mph, 97 km/h • Croisière (maximale) 40 mph, 64 km/h • Vitesse de décrochage 26 mph, 42 km/h • Vitesse ascensionnelle maximale (au niveau de la mer) 100 ft/min, 0,5 m/s • Roulage au décollage 250 ft, 75 m • Roulage à l'atterrissage 150 ft, 45 m • Plafond pratique 4000 ft, 1220 m • Distance franchissable maximale 20 miles, 32 km.

*** Conditions du test non spécifiées.**

Aircraft Specialties Co
Beta Bird
(3 axes)

Description semblable à celle du *Whing Ding II* sauf : monoplan à aile haute. Profil d'aile Hovey BB14. Freins sur les roues du train principal. Moteur monté sous l'aile.

1-Le *Beta Bird* dessiné en 1977 et initialement connu sous le nom de *Bushwacker* effectua son premier vol en 1979. C'est une extrapolation en monoplace du *Whing Ding* biplan ULM avec lequel il a en commun le fuselage, l'empennage classique porté par une poutre tubulaire ronde et le train d'atterrissage lui aussi classique. Cependant, quoique apparu pendant la première croissance de l'aviation ultralégère aux Etats-Unis, le *Beta Bird* titre 183,5 kg de masse à vide, ce qui impose de le considérer comme un ATL, en fonction des diverses réglementations actuellement en vigueur dans la plupart des pays du monde. De plus, l'emploi des moteurs Volkswagen 1385 cc (45 CV) ou 1650 cc (60 à 65 CV) et surtout, une structure à base de tubes d'acier 4130 au chromemolybdène soudés et revêtement toile, l'éloignent résolument des ULM. D'ailleurs il est curieux que Robert W. Hovey qui conçut le *Whing Ding* dès 1970 comme un ULM avant la lettre, ait sept ans plus tard commis ce *Beta Bird* anachronique qui, tout d'abord prénommé *Buschwacker* (rase-buissons), effectua son premier vol en avril 79. Néanmoins, comme c'est le cas pour le *Sky Scooter* de Headberg Aviation, on peut penser qu'une construction différente, modernisée et simplifiée d'autant, et une motorisation plus appropriée permettraient au *Beta Bird* de virer à l'ULM bon teint. Tel le Whing Ding II, ce monoplace n'est disponible que sous forme d'une liasse de plans distribuée par Aircraft Specialties Comp. : **60 US $** aux USA et **65 US $** hors USA (poste aérienne incluse).

2-DIMENSIONS EXTERIEURES ET SURFACES
Longueur hors tout 16,5 ft, 5,02 m • Hauteur hors tout 6 ft, 1,83 m • Envergure (aile) 25,5 ft, 7,77 m • Flèche 0° • Surface alaire totale 87 ft², 8,1 m² • Allongement 7,3/1 • Autres caractéristiques NC.

3-MOTORISATION
Moteur Volkswagen 1385 cc • Puissance maximale 45 CV • Rapport puissance/surface alaire 0,52 hp/ft², 5,6 CV/m² • Autres caractéristiques NC.

4-MASSES ET CHARGES
Masse à vide 405 lbs, 184 kg • Masse maximale au décollage 650 lbs, 295 kg • Charge utile 245 lbs, 111 kg • Charge alaire maximale 7,47 lbs/ft², 3,64 kg/m² • Rapport poids/puissance 14,4 lbs/hp, 6,6 kg/CV • Facteurs de charges NC.

5-PERFORMANCES*
Vitesse maximale en palier 85 mph, 137 km/h • Vne 95 mph, 153 km/h • Croisière (maximale) 70 mph, 113 km/h • Vitesse de décrochage 40 mph, 64 km/h • Vitesse ascensionnelle maximale (au niveau de la mer) 400 ft/min, 2 m/s • Roulage au décollage 250 ft, 75 m • Distance franchissable maximale 130 miles, 209 km.

*** Conditions du test non spécifiées.**

Aircraft Specialties Co
Delta Bird
(3 axes)

Monoplace monomoteur biplan ; pilotage 3 axes conventionnel. Voilure sans flèche au bord d'attaque et au bord de fuite, corde constante ; empennage classique. Tangage par gouverne(s) de profondeur articulée sur le plan fixe horizontal ; lacet par gouvernail de direction articulé sur la dérive ; roulis par ailerons sur toute l'envergure de l'aile ; commande au manche pour le tangage et le roulis, palonnier pour le lacet. Voilure rigidifiée par des mâts d'entreplan contreventés par des haubans en X ; profil d'aile : NC ; à double entoilage. Atterrisseur classique ; suspension NC. Roue arrière directrice conjuguée au palonnier ; freins NC. Structure en tubes de duralumin sans carénage de nez. Moteur monté entre les 2 ailes utilisé en tractif. Technologie : tubes de duralumin 6061T6, câbles en acier galvanisé, entoilage en Dacron.

1-Cet ULM 3 axes est un biplan d'une configuration semblable au *Whing Ding* et qui a été révélé au public lors du rassemblement de l'Experimental Aircraft Association (EAA), des constructeurs amateurs en août 1982 à Oshkosh. Les spécialistes ont considéré que Robert W. Hovey a voulu offrir une version réactualisée technologiquement de ses *Whing Ding,* ce qui semble bien être le cas. De surcroît, l'adoption d'une structure tubulaire en alliage léger (duralumin 6061 T6 entoilé dacron et rigidifié par haubanage en câbles d'acier galvanisé) permet à Aircraft Specialties de proposer le *Delta Bird* sous forme de liasses de plans, tels ses deux autres avions, mais aussi en kit, donné pour quelque 200 h d'assemblage.

Au lieu du propulsif commun aux *Beta Bird* et *Whing Ding II,* le moteur est ici monté en tractif sur la triangulation avant du fuselage formant bâti. Le pot d'échappement partant sous cette triangulation et s'achevant à la jonction des deux trièdres portant les petites roues (39 cm) du train principal, laisse augurer quelques déboires dans le cadre d'une utilisation réellement tout-terrain de cet ULM. L'appareil reste d'un pilotage conventionnel avec des ailerons débattant aux bords de fuite des deux demi-ailes supérieures, un gouvernail de direction articulé sur la dérive et des gouvernes de profondeur sur un stabilisateur horizontal, le tout largement dimensionné. La roulette de queue est conjuguée au palonnier.

Prix de la liasse de plans disponible depuis février 1983 : **40 US $** (port payé) et **45 US $** hors Etats-Unis ; kit : **4300 US $,** chez Ken Knowles, Sport Aircraft, 5398 Trial Street, Norco, California 91760, téléphone (714) 734.1468 (prix janvier 1983).

2-DIMENSIONS EXTERIEURES ET SURFACES
Longueur hors tout 15 ft, 4,57 m • Hauteur hors tout 6 ft, 1,83 m • Envergure (aile) 24 ft, 7,31 m • Corde constante 3,5 ft, 1,07 m • Flèche 0° • Plan fixe horizontal, envergure 8 ft, 2,44 m • Hauteur plan fixe vertical 3,7 ft, 1,13 m • Surface alaire totale 152 ft², 14,1 m² • Surface du plan fixe vertical 9 ft², 0,84 m² • Surface du plan fixe horizontal 20 ft², 1,86 m² • Allongement 6,9/1 • Voie du train 6,3 ft, 1,92 m • Diamètre des roues principales 15 inches, 39 cm • Autres caractéristiques NC.

3-MOTORISATION
Moteur Cuyuna 430 R • Puissance maximale 30 CV à 5500 tr/mn • Diamètre et pas de l'hélice 54 × 27 inches, 1,37 × 0,69 m • Réducteur à courroie rapport de réduction 2,0/1 • Rapport puissance/surface alaire 0,20 hp/ft², 2,1 CV/m² • Carburant emporté 3,5 US gallons, 2,9 Imp gal., 13,2 litres.

4-MASSES ET CHARGES
Masse à vide 218 lbs, 99 kg • Masse maximale au décollage 450 lbs, 204 kg • Charge utile 232 lbs, 105 kg • Charge alaire maximale 2,96 lbs/ft², 14,5 kg/m² • Rapport poids/puissance 15 lbs/hp, 6,8 kg/CV • Facteurs de charges + 3,5 g — 5,3 g calculées • + 5,3 g — 5,3 g à rupture.

5-PERFORMANCES*
Vitesse maximale en palier 60 mph, 97 km/h • Vne 60 mph, 97 km/h • Croisière (maximale) 45 mph, 72 km/h • Vitesse de décrochage 26 mph, 42 km/h • Vitesse ascensionnelle maximale (au niveau de la mer) 400 ft/min, 2 m/s • Finesse maximale 6/1 (vitesse NC) • Roulage au décollage 250 ft, 75 m • Roulage à l'atterrissage 250 ft, 75 m • Distance franchissable maximale 50 miles, 80 km • Autres caractéristiques NC.
*** Conditions du test non spécifiées.**

AIRMASS INC.

Airmass Incorporated, 16845 Kenneth Road, Hillside Airport, Stilwell, Kansas 66085, telephone (913) 897-9797.

Airmass *Sunburst*
(3 axes)

Monoplace monomoteur à l'aile haute; pilotage 3 axes conventionnel. Voilure sans flèche au bord d'attaque et au bord de fuite, corde constante; empennage en V inversé. Tangage et lacet par élevons. Roulis par spoilers sur un tiers de l'envergure de l'aile; commande au manche pour le tangage et le roulis, palonnier pour le lacet. Voilure haubanée sol par câbles vol par câbles. Profil d'aile NC, à double entoilage (90%). Atterrisseur tricycle; Suspension par sandows de la roue avant et suspension par lame en fibre de verre du train principal. Roue avant directrice conjuguée au palonnier. Freins en option. Structure en tubes de duralumin avec carénage sur option. Moteur monté sous l'aile utilisé en propulsif.

1-Le monoplace *Sunburst* (éclat de soleil) est présenté dans les publicités d'Airmass Inc. comme « l'utraléger motorisé du pilote ». Sous-entendu : du pilote déjà breveté avion léger. Le manche de cet appareil actionne bien les spoilers travaillant différentiellement, donc en gauchissement; au palonnier se commandent les élevons de son empennage en V inversé, agissant comme gouvernes de profondeur et en tant que gouvernails de direction, ceux ci sont commandés du manche par l'intermédiaire d'un mélangeur. La roue de nez du train tricycle du *Sunburst* est conjuguée au palonnier et, ne désoriente pas les pilotes brevetés Avion léger, elle non plus: on pousse sur la pédale de droite pour rouler vers la droite et inversement. La structure tubulaire vient en duralumin 6061T6 anodisé bleu et est rigidifiée par câbles en acier inoxydable sous gaine de vinyl. L'aile est entoilée Dacron, à double surface sur 90% de la corde (constante). Utilisé en propulsif, le moteur Cuyuna 430RR, bicylindre en ligne de 429cc avec réducteur et double allumage, est logé sous la voilure, au droit du centre de gravité, au-dessus de la tête du pilote. Fourni sous forme de kit, le *Sunburst* est donné par Airmass Inc. comme assemblable en 30 h environ. Prix du kit (mars 1983) : 4945 US $.

La société est en difficulté et, en mars 1983, elle avait temporairement cessé ses activités dans l'attente d'un nouveau financier. Il est possible que la production du *Sunburst* soit reprise par une firme différente.

2-DIMENSIONS EXTERIEURES ET SURFACES
Longueur hors tout 16 ft, 4,87 m • Hauteur hors tout 9 ft, 2,74 m • Envergure (aile) 36 ft, 10,97 m • Corde constante 4,4 ft, 1,32 m • Flèche 0° • Dièdre 5° • Surface alaire totale 159 ft², 14,8 m² • Surface totale des spoilerons NC • Allongement 8/1 • Voie du train NC • Empattement NC • Diamètre de la roue avant 16 inches, 40 cm • Diamètre des roues principales 20 inches, 50 cm.

3-MOTORISATION
Moteur Cuyuna 430RR
Puissance maximale 30 CV à 5500 tr/mn • Diamètre et pas de l'hélice 54 × 27 inches, 1,37 × 0,6 m • Réducteur par engrenage à bain d'huile rapport de réduction 2.0/1 • Poussée statique maximale 200 lbs, 90 kgp • Rapport puissance/surface alaire 0,18 hp/ft², 2 CV/m² • Carburant emporté 5 US gallons, 4,2 Imp Gal., 18,9 litres.

4-MASSES ET CHARGES
Masse à vide 253 lbs, 115 kg • Masse maximale au décollage 525 lbs, 238 kg • Charge utile 272 lbs, 123 kg • Charge alaire maximale 3,3 lbs/ft², 16,1 kg/m² • Rapport poids/puissance 17,5 lbs/hp, 7,9 kg/CV • Facteurs de charges NC.

5-PERFORMANCES*
Vitesse maximale en palier 55 mph, 88 km/h • Vne 60 mph, 97 km/h • Croisière (maximale) 50 mph, 80 km/h • Croisière (économique) 35 mph, 56 km/h • Vitesse de décrochage 25 mph, 40 km/h • Vitesse ascensionnelle maximale (au niveau de la mer) 800 ft/min, 4 m/s • Taux de chute minimal NC • Finesse maximale 10/1 à 40 mph, 64 km/h • Roulage au décollage 50 ft, 15 m • Roulage à l'atterrissage 100 ft, 30 m • Plafond pratique NC • Distance franchissable maximale 100 miles, 161 km.

*** Conditions du test non spécifiées.**

Airmass
Sunburst II
(3 axes)

Biplace côte à côte monomoteur à l'aile haute; pilotage 3 axes conventionnel. Voilure sans flèche au bord d'attaque et au bord de fuite, corde constante; empennage en V inversé. Tangage et lacet par élevons; roulis par spoilers sur un tiers de l'envergure de l'aile; commande au manche pour le tangage et le roulis, palonnier pour le lacet. Voilure haubanée sol par câbles vol par câbles; profil d'aile NC; à double entoilage. Atterrisseur tricycle; suspension par sandows ou cordes en nylon sur toutes les roues. Roue avant directrice conjuguée au palonnier. Sans freins. Structure en tubes de duralumin sans carénage de nez. Moteur monté sous l'aile, utilisé en propulsif.

1-Le prototype de la version biplace côte à côte du *Sunburst* est apparu fin 1982, en novembre, sous forme d'un prototype et sans qu'il ait été mentionné la date de sa commercialistion. Suivant en cela l'exemple d'autres constructeurs américains, Airmass Inc. semble miser sur un avenir qui verrait se dégeler la réglementation US actuelle, trop contraignante et restrictive dans les limites qu'elle fixe aux *ultralight aircrafts.* Les appareils biplaces en sont ainsi exclus, reclassés sans autre forme de procès avec les avions légers de construction amateur et immatriculés en *Expérimental,* ce qui impose à leur pilote d'être détenteur d'un brevet de *Privat Pilot* (Avion) au minimum.

L'airmass *Sunburst Two-Place* est directement extrapolé du monoplace et, toujours dans l'optique « Pilot's Ultralight » de la firme de Stiwell, nous nous trouvons en présence d'un 3 axes de pilotage conventionnel et doté de doubles commandes complètes : deux palonniers et deux manches distincts permettent en effet de piloter cet appareil aussi bien en place gauche qu'en place droite. Le biplace côte à côte conserve les qualités de fabrication du *Sunburst* monoplace et relève du même souci du détail qui a fait la réputation des productions d'Airmass Inc. La motorisation demeure un Cuyuna mais nous manquons encore de plus amples renseignements sur cette machine.

2-DIMENSIONS EXTERIEURES ET SURFACES
Longueur hors tout 18,4 ft, 5,58 m • Hauteur hors tout 10 ft, 3,04 m • Envergure (aile) 36 ft², 10,97 m² • Corde constante 5,5 ft, 1,65 m • Dièdre 7° • Flèche 0° • Surface alaire totale 200 ft², 18,6 m² • Surface totale des spoilerons NC • Surface totale des élevons NC • Allongement 6,4/1 • Voie du train NC • Empattement NC • Diamètre de la roue avant 20 inches, 50 cm • Diamètre des roues principales 24 inches, 60 cm.

3-MOTORISATION
Moteur Cuyuna type NC
Puissance maximale 43 CV à 7000 tr/mn • Diamètre et pas de l'hélice 72 × 30 inches, 1,82 × 0,76 m • Réducteur par engrenage à bain d'huile rapport de réduction 3,01/1 • Poussée statique maximale 300 lbs, 136 kgp • Rapport puissance/surface alaire 0,21 hp/ft², 2,3 cv/m² • Carburant emporté 10 US gallons, 8,3 Imp Gal., 37,8 litres.

4-MASSES ET CHARGES
Masse à vide 349 lbs, 158 kg • Masse maximale au décollage 750 lbs, 340 kg • Charge utile 401 lbs, 182 kg • Charge alaire maximale 3,75 lbs/ft², 18,3 kg/m² • Rapport poids/puissance 17,4 lbs/hp, 7,9 kg/CV • Facteurs de charges NC.

5-PERFORMANCES*
Vitesse maximale en palier NC • Vne NC • Croisière (maximale) 58 mph, 93 km/h • Croisière (économique) 45 mph, 72 km/h • Vitesse de décrochage 25 mph, 40 km/h • Vitesse ascensionnelle maximale (au niveau de la mer) 500 ft/min, 2,5 m/s • Taux de chute minimal NC • Finesse maximale 6/1 • Roulage au décollage NC • Roulage à l'atterrissage NC • Plafond pratique NC • Distance franchissable maximale NC.

*** Conditions du test non spécifiées.**

AIRWAY AIRCRAFT

Airway Aircraft, 905 Airway avenue, P.O.Box 3025, Glendale, California 91201.

Airway Aircraft
VJ-23 et *VJ-23E Swingwing*
(3 axes)

Monoplace monomoteur à l'aile haute; pilotage 3 axes conventionnel. Voilure sans flèche au bord d'attaque et au bord de fuite, corde constante; empennage cruciforme. Tangage par gouverne (s) de profondeur articulée sur le plan fixe horizontal; lacet par gouvernail de direction monobloc; roulis par ailerons sur un tiers de l'envergure de l'aile; commande au manche pour le tangage et le roulis, palonnier pour le lacet. Voilure haubanée portée par des mâts; profil d'aile par Irv Culver; à double entoilage (100%). Atterrisseur classique avec béquille arrière, sans suspension du train principal. Roue non directrice. Décollage à pied. Les roues servent seulement à déplacer l'appareil au sol. Sans freins. Structure en tubes de duralumin sans carénage de nez. Moteur monté au-dessus de l'aile, utilisé en propulsif.

1-Dessiné par Volmer Jensen en collaboration avec Irvin Culver, le VJ-23 *Swingwing* a effectué ses premiers vols en fin 1971 comme planeur ultraléger de pilotage hybride. Un modèle VJ-23E fit son apparition par la suite, motorisé avec un McCulloch MC-101 développant 12cv à 8000 tr/mn, entraînant une hélice propulsive. C'est avec un VJ-23E que le Britannique David Crook accomplit la première traversée de la Manche en ULM, le 9 mai 1978, en un vol de 1 h 15.

Les VJ-23 furent uniquement conçus pour une diffusion sous forme de plans pour les constructeurs amateurs et n'ont jamais connu d'autre forme de commercialisation. Plusieurs centaines de liasses de plans furent vendues par Volmer Aircraft, société maintenant remplacée par Airway Aircraft. La technologie utilisée pour ces monoplaces portait principalement sur des tubes en acier au chrome-molybdène et une structure d'aile en bois entoilé. Impliquant un trop grand nombre d'heures de fabrication, elle n'a pas valu aux *Suringuring* tout le succès que lui auraient autorisé des performances remarquables pour l'époque. L'appareil n'est plus disponible - il a été remplacé par les VJ-24. Nous ne l'avons cité que pour mieux situer ces derniers historiquement et ne communiquons donc pas ses caractéristiques et performances.

Airway Aircraft
VJ-24 W Sunfun
(3 axes)

Monoplace monomoteur à l'aile haute; pilotage 3 axes conventionnel. Voilure sans flèche au bord d'attaque et au bord de fuite, corde constante; empennage cruciforme. Tangage par gouverne (s) de profondeur articulée sur le plan fixe horizontal; lacet par gouvernail de direction monobloc; roulis par ailerons sur un tiers de l'envergure de l'aile; commande au manche pour le tangage et le roulis, palonnier pour le lacet. Voilure haubanée portée par des mâts; profil d'aile par Irv Culver à double entoilage. Atterrisseur classique avec béquille arrière; suspension par ressorts du train principal. Roue arrière directrice. Sans freins. Structure en tubes de duralumin. Moteur monté au niveau de l'aile, utilisé en tractif.

1-Conçu par Volmer Jensen en collaboration avec Irv Culver, le VJ-24 *Sunfun* est apparu en 1974 comme une version modernisée au plan de la technologie du VJ-23 *Swingwing.* Le type VJ-24, toujours produit, est un planeur ultraléger à décollage à pied mais de pilotage 3 axes conventionnel. Il a été suivi du type VJ-24E motorisé avec un Mc CUlloch MC—93 ou MC—101 développant entre 10 et 12 cv, monté en propulsif sous la voilure, derrière le pilote. Le VJ-24E conservait le décollage à pied du PUL VJ-24. La dernière version du *Sunfun* est le type VJ-24W qui diffère principalement des deux modèles précédents par sa cage entièrement redessinée pour asseoir le pilote sous l'aile dans un siège rigide. Cette cage est prolongée vers l'arrière par un carénage en Dacron tendu en forme de cône sur des lattes métalliques. Après quatre ans d'utilisation, les moteurs McCulloch ont été abandonnés en 1982 pour le Yamaha KT-100S, porté en tractif devant l'aile par un bâti métallique triangulaire. Précédemment commercialisées par Volmer Aircraft, les productions de Volmer Jensen le sont depuis 1982 par Airway Aircraft. Le VJ-24W *Sunfun* standard est vendu sous forme d'un kit pour 4500 US $, sa version planeur ultraléger VJ-24 valant 3300 US $.

2-DIMENSIONS EXTERIEURES ET SURFACES
Longueur hors tout 18 ft, 5,48 m • Hauteur hors tout 6 ft, 1,82 m • Envergure (aile) 36,5 ft, 11,13 m • Corde constante 4,5 ft, 1,37 m • Flèche 0° • Surface alaire totale 163 ft², 15,16 m² • Allongement 8,15/1 • Autres caractéristiques NC.

3-MOTORISATION
Moteur Yamaha KT-100S.
Puissance maximale 15 CV à 10.000 tr/mn • Rapport puissance/surface alaire 0,09 hp/ft², 0,98 CV/m² • Carburant emporté 1 US gallons, 0,8 Imp Gal., 3,8 litres.

4-MASSES ET CHARGES
Masse à vide 165 lbs, 75 kg • Masse maximale au décollage 345 lbs, 156 kg • Charge utile 180 lbs, 81 kg • Charge alaire maximale 2,11 lbs/ft², 10,3 kg/m² • Rapport poids/puissance 23 lbs/hp, 10,4 kg/CV • Facteurs de charges +2 g, — NC g calculées + 3 g, — NC g à rupture.

5-PERFORMANCES*
Vitesse maximale en palier 45 mph, 72 km/h • Croisière (maximale) 30 mph, 48 km/h • Vitesse de décrochage 15 mph, 24 km/h • Vitesse ascensionnelle maximale (au niveau de la mer) 400 ft/min, 2 m/s • Finesse maximale 9/1 • Roulage au décollage 100 ft, 30 m • Roulage à l'atterrissage 50 ft, 15 m.

*** Conditions du test non spécifiées.**

AMEAGLE CORP.

Ameagle Corporation, 841 Winslow Court, Muskegon, Michigan 49441, téléphone (616) 780-4680. Président : Larry Haig.

Ameagle
American Eaglet
(3 axes)

Monoplace monomoteur à l'aile haute; pilotage 3 axes conventionnel. Voilure avec flèche au bord d'attaque flèche inverse au bord de fuite; corde dégressive; empennage en V inversé. Tangage et lacet par élevons; roulis par ailerons et spoilerons sur la moitié de l'envergure de l'aile; commande au manche pour le tangage et le roulis, palonnier pour le lacet. Voilure haubanée portée par des mâts; profil d'aile : Worthman FX 61-184 à double entoilage (100%). Atterrisseur classique; et suspension du train principal. Roue non directrice. Sans freins. Fuselage en fibre de verre; habitacle fermé. Moteur monté sous l'aile, utilisé en propulsif.

1-Dessiné par Larry Haig et présenté à Oshkosh dès 1975 avec un profil d'aile Whitcomb GA (W) 1 échangé ensuite pour le Worthmann FX-61-184, **l'Eaglet** est vendu en kit, donné pour 500 h d'assemblage. Construction fibre de verre et mousse polyuréthane sur deux longerons en spruce pour la voilure. Le fuselage est constitué de deux coques moulées en fibres de verre et raidies par un treillis en tubes d'aluminium rivetés pop. Celui-ci porte les attaches de l'aile ses deux mâts, le siège du pilote, le bâti-moteur et la roue escamotable du train principal. L'hélice propulsive est repliable en vol, ses deux pales venant s'aligner parallèlement à l'axe du fuselage. Sa finesse de 24 à 96,5 km/h en fait l'un des appareils les plus performants à l'heure actuelle, entrant dans la catégorie des ULM de par sa masse à vide. Mais, avec un décrochage à plus de 60 km/h et exigeant 90 m

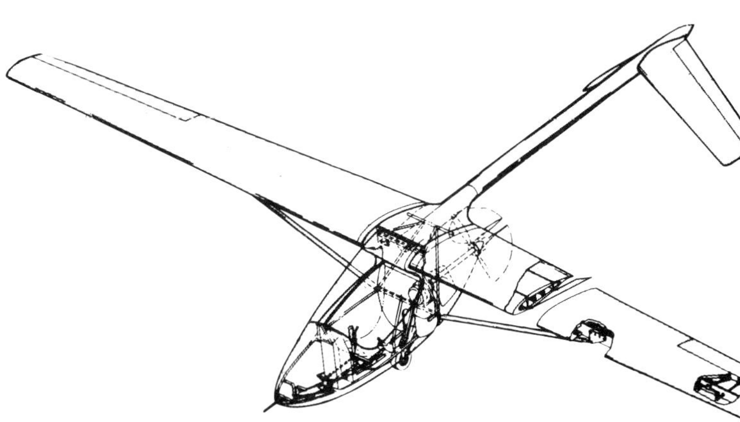

de roulage à l'atterrissage et de 230 à 300 m au décollage, l'*Eaglet* s'apparente plus aux motoplaneurs classiques. Il fut présenté en janvier 1978 dans le n° 49 de *Pilote Privé* et a largement inspiré le *Frelon* du Français Jacques Calvel, appareil commercialisé par la suite par Aéroplast sous le nom de *Zeffir.*

2-DIMENSIONS EXTERIEURES ET SURFACES

Longueur hors tout 16 ft, 4,87 m • Hauteur hors tout 3 ft, 0,91 m • Envergure (aile) 36 ft, 10,97 m • Corde constante 2,6 ft, 0,76 m • Dièdre 1° • Flèche NC • Plan fixe horizontal, envergure 5,4 ft, 1,63 m • Surface alaire totale 72 ft², 6,7 m² • Surface totale des spoilerons NC • Surface totale des élevons NC • Allongement 18/1 • Autres caractéristiques NC.

3-MOTORISATION

Moteur Mc Culloch MC-101.

Puissance maximale 12,5 CV à 9000 tr/mn • Diamètre et pas de l'hélice 24 × NC inches, 0,61 × NC m • Réducteur type NC rapport de réduction NC • Poussée statique maximale NC • Rapport puissance/surface alaire 0,17 hp/ft², 1,9 cv/m² • Carburant emporté 0,5 US gallons, 0,4 Imp Gal., 1,9 litres.

4-MASSES ET CHARGES

Masse à vide 170 lbs, 77 kg • Masse maximale au décollage 370 lbs, 168 kg • Charge utile 200 lbs, 91 kg • Charge alaire maximale 5,13 lbs/ft², 25 kg/m² • Rapport poids/puissance 29,6 lbs/hp, 13,4 kg/CV • Facteurs de charges calculées NC + 4,4 g, — 2,2 g à rupture.

5-PERFORMANCES*

Vitesse maximale en palier 115 mph, 185 km/h • Vne NC • Croisière (maximale) 60 mph, 97 km/h • Croisière (économique) NC • Vitesse de décrochage 39 mph, 63 km/h • Vitesse ascensionnelle maximale (au niveau de la mer) 375 ft/min, 1,9 m/s • Taux de chute minimal 200 ft/min à 45 mph, 1 m/s à 72 km/h • Finesse maximale 24/1 à 60 mph, 97 km/h • Roulage au décollage 1000 ft, 305 m • Roulage à l'atterrissage 300 ft, 91 m • Plafond pratique NC • Distance franchissable maximale NC.

* Conditions du test non spécifiées.

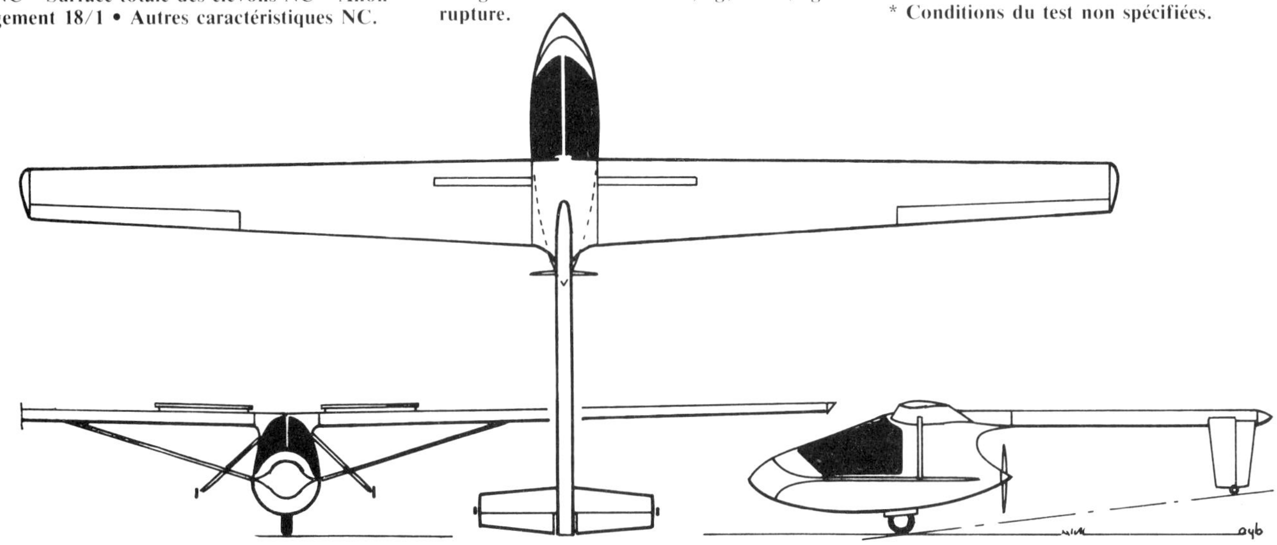

AMERICAN AERO-LIGHTS

American Aerolights Incorporated, 700 Comanche N.E., Albuquerque, New Mexico 87107, téléphone (505) 344-3444 + 822-1417. Président Larry Newman. Vice-Président : Bryan Allen.

Importateur anglais : Breen Aviation Limited, Enstone Airfield, church Enstone, Oxon, téléphone (0608) 872413/4.

Importateur français : AD'air, Z.I., 17 rue des Rochettes, 91150 Morigny-Champigny, téléphone (6) 494.46.36.

American Aerolights *Eagle 215B*

(hybride)

Monoplace monomoteur à l'aile haute; pilotage hybride. Voilure flèche au bord d'attaque et au bord de fuite, corde dégressive; avec plan canard. Tangage par gouverne de profondeur articulée sur le plan canard; lacet par gouvernails de direction monoblocs aux extrémités de l'aile; roulis induit, commande par déplacement du centre de gravité pour le tangage et par le biais d'un « volant » pour le lacet. Voilure haubanée sol par câbles, vol par câbles; profil d'aile NC, à simple entoilage. Atterrisseur tricycle; Sans suspension de la roue avant et suspension par ressorts du train principal. Roue avant directrice non conjuguée au palonnier. Sans freins. Structure en tubes de duralumin sans carénage de nez. Moteur monté sous l'aile, utilisé en propulsif.

1-Tout d'abord dénommée Electra Flyer Corporation et principal constructeur de planeurs ultralégers avec 1,2 millions de dollars US de chiffre d'affaires dès 1978, cette firme s'intitule American Aerolights Incorporated depuis 1979. Ses deux chefs de file, Larry Newman et Bryan Allen, sont également célèbres dans le monde aéronautique. Le premier, lâché sur planeur dès l'âge de 12 ans, devenu pilote de ligne, a remporté les championnats du Monde de vol libre en 1976; en août 1978, L. Newman effectuait avec le *Double Eagle II,* la première traversée de l'Atlantique en ballon à gaz, en compagnie de Ben Abruzzo et Maxie Anderson. Puis, en novembre 1981, il participait à la première transpacifique avec le ballon *Double Eagle V,* avec B. Abruzzo, Rocky Aoki et ron Clark, entre le Japon et les Etats-Unis (6000 mn, 9654 km parcourus). Bryan Allen a pour sa part remporté le premier Prix Kremer de 50 000 £ en août 1977 avec le *Gossamer Condor :* cet ultraléger à propulsion humaine fut le premier à accomplir un circuit fermé en forme de 8 sur distance imposée. Deux ans plus tard, le 12 juin 1979, Bryan Allen traversait la Manche en 2 h 49 de vol avec le *Gossamer*

A. Denholm

Les premiers Eagle utilisaient deux moteurs Chrysler accouplés par le biais d'embrayages centrifuges à une seule hélice

Albatros, autre ultraléger à propulsion humaine, conçu lui aussi par Paul Mc Cready.

Le premier *Eagle* commercialisé était proposé avec un groupe motopropulseur genre Soarmaster, qui fut remplacé par deux Chrysler Westbend 820 de 9 cv chacun, accouplés sur un réducteur à courroie pour entraîner une seule hélice propulsive de 52'' (1.30 m) de diamètre. En 1980, l'appareil fut équipé d'un moteur Zenoah G25B développant 20 cv à 6500 tr/mn avec réducteur 2.25/1. En Grande-Bretagne, l'*Eagle* est motorisé avec le Fuji-Robin EC-25PS 244cc développant 18,5 cv à 6 000 tr/mn avec réducteur 2.4/1 à trois courroies trapézoïdales et avec hélice de 53'' (1,35 m) de diamètre, ensemble donné pour 135 à 150 lbs (61 à 68 kgp) de poussée statique. Aux Etats-Unis, enfin l'*Eagle 215B* est proposé depuis 1982 avec, en version standard, le monocylindre Cuyuna 215RR et vendu prêt à voler pour 4595 US $. Sur option, il peut être aussi équipé du bicylindre Cuyuna 430RR, devenant alors l'*Eagle 430B* autre appellation du *Double Eagle* (voir plus loin). Parmi les autres options proposées par American Aerolights, notons encore les flotteurs (962 US $), trois roues de 16'' (40 cm) pour 85 US $, un kit de commande de la roue avant par deux pédales pour 109.36 US $ et des skis pour 60 US $.

2-DIMENSIONS EXTERIEURES ET SURFACES
Longueur hors tout 15,4 ft, 4,69 m • Hauteur hors tout 9,8 ft, 2,99 m • Envergure (aile) 35 ft², 10,67 m² • Corde moyenne 5 ft, 1,52 m • Envergure canard 9 ft, 2,75 m • Surface alaire totale 193 ft², 18 m² • Surface aile principale 175 ft², 16,3 m² • Surface du plan canard 18 ft², 1,7 m² • Allongement aile principale 7,0/1 • Diamètre de la roue avant 11 inches, 28 cm • Diamètre des roues principales 11 inches, 28 cm.

3-MOTORISATION
Moteur Cuyuna 215RR.
Puissance maximale 20 CV à 5500 tr/mn • Diamètre et pas de l'hélice 54 × 24 inches, 1,37 × 0,61 m • Réducteur à courroie en V rapport de réduction 2,4/1 • Poussée statique maximale 150 lbs, 68 kgp • Rapport puissance/surface alaire 0,10 hp/ft², 1,1 cv/m² • Carburant emporté 5 US gallons, 4,2 Imp Gal., 18,9 litres.

4-MASSES ET CHARGES
Masse à vide 170 lbs, 77 kg • Masse maximale au décollage 435 lbs, 197 kg • Charge utile 265 lbs, 120 kg • Charge alaire maximale 2,26 lbs/ft², 10,9 kg/m² • Rapport poids/puissance 21,7 lbs/hp, 9,9 kg/CV • Facteurs de charges calculées NC, + 8 g, — 2,5 g à rupture.

5-PERFORMANCES*
Vitesse maximale en palier 50 mph, 80 km/h • Vne 55 mph, 88 km/h • Croisière (maximale) 45 mph, 72 km/h • Croisière (économique) 32 mph, 51 km/h • Vitesse de décrochage 23 mph, 37 km/h • Vitesse ascensionnelle maximale (au niveau de la mer) 550 ft/min, 28 m/s • Taux de chute minimal 300 ft/min, 1,5 m/s • Finesse maximale 8/1 • Roulage au décollage 100 ft, 30 m • Roulage à l'atterrissage 50 ft, 15 m • Plafond pratique 12.500 ft, 3 810 m • Distance franchissable maximale 60 miles, 97 km.

* **Mesurées dans les conditions suivantes : Altitude QNH 0 ft, 0 m • Température au sol 59° F, 15° C • Vent au sol 0 mph, 0 km/h • Poids du pilote 150 lbs, 68 kg.**
Avec moteur ci-dessus.

American Aerolights *Eagle SL*
(2 axes)

Description : semblable à celle de l'*Eagle 215B* sauf modifications ci-après détaillées.

1-Apparu en novembre 1981, l'***Eagle SL*** était une version de pilotage 2 axes de l'***Eagle*** de pilotage hybride. La cage du type *SL* avait été remodelée pour recevoir un siège fixe en remplacement du siège-harnais. Un guidon permettait au pilote d'agir sur la gouverne de profondeur articulé sur le plan canard et sur les gouvernails de direction d'extrémités d'ailes. Comme pour l'***Eagle,*** la roue avant était directrice par torsion des tubes avant de la cage, en exerçant une pression du pied sur une barre réunissant ceux-ci. Les deux lettres *SL* signifièrent d'abord Simple to learn (simple à apprendre); l'évolution de la législation américaine aidant, elle se traduisirent ensuite par Student Licence required (carte de pilote stagiaire nécessaire). L'***Eagle SL*** fut équipé en version standard du moteur Zenoah G25B 242cc développant 20 cv et, sur option, du Cuyuna 215R de 20 cv avec réducteur 2.4/1. Au Sun-'n-Fun de mars 1983 à Lakeland, Floride, American Aerolights ne communiquait plus de prix pour ce type *SL* des *Eagle* dont la production est abandonnée.

3-MOTORISATION
Moteur Zenoah G25B.
Puissance maximale 20 CV (vitesse NC) • Réducteur type NC rapport de réduction 2,4/1 • Rapport puissance/surface alaire 0,10 hp/ft², 1,1 cv/m² • Autres caractéristiques NC.

American Aerolights *Eagle XL*
(3 axes)

Description semblable à celle de l'Eagle 215B sauf modifications ci-après détaillées.

1-Apparu en 1982, l'*Eagle XL* est une version de pilotage 3 axes conventionnel du type *SL* mais motorisée d'origine avec le bicylindre Cuyuna 430R du *Double Eagle* que remplacera ensuite le modèle 430RR avec double allumage. Le prototype des *XL* avec aile à double entoilage utilisait encore le guidon des précédents modèles, qui a été remplacé par un manche latéral sur les appareils de série, pour commander les spoilers et la gouverne de profondeur articulée au bord de fuite du plan canard. Innovation, ce dernier comporte des becs fixes hupersustentateurs au bord d'attaque. Le tube commandant initialement la gouverne de profondeur a été remplacé par un flexible. Le palonnier actionne les gouvernails de direction d'extrémité d'ailes; tout d'abord de forme triangulaire comme sur les *Eagle* de 1981, ceux-ci ont été redessinés en forme de trapèzes et redimensionnés. La roue avant directrice est conjuguée au palonnier. L'*Eagle XL* a fait l'objet d'un essai en vol par Dave Martin dans la parution de mars/avril 1983 de *Glider Rider*.

Il est commercialisé prêt à voler, aux USA, pour 5595 US $. Aux options proposées avec l'*Eagle 215B*, il convient d'ajouter pour le *XL* des carénages de roues pour **198.97 US $.**

2-DIMENSIONS EXTERIEURES ET SURFACES
Longueur hors tout 15 ft, 4,57 m • Hauteur hors tout 9 ft, 2,74 m • Envergure (aile) 35 ft, 10,67 m • Corde moyenne 4,4 ft, 1,35 m • Envergure canard 10 ft, 3,04 m • Corde du plan canard 2,2 ft, 0,67 m • Surface alaire totale 177 ft², 16,5 m • Surface aile principale 154 ft², 14,4 m² • Surface du plan canard 22 ft², 2 m² • Allongement aile principale 8,0/1 • Voie du train 5,4 ft, 1,62 m • Empattement 5,6 ft, 1,67 m • Diamètre de la roue avant 11 inches, 28 cm • Diamètre des roues principales 11 inches, 28 cm.

3-MOTORISATION
Moteur Cuyuna 430RR.
Puissance maximale 35 CV à 6000 tr/mn • Diamètre et pas de l'hélice 54 × 36 inches, 1,37 × 0,91 m • Réducteur à courroie crantée rapport de réduction 2,2/1 • Poussée statique maximale 240 lbs, 109 kgp • Rapport puissance/surface alaire 0,20 hp/ft², 2.13 cv/m² • Carburant emporté 4 US gallons, 3,3 Imp Gal., 15,1 litres.

4-MASSES ET CHARGES
Masse à vide 225 lbs, 102 kg • Masse maximale au décollage 464 lbs, 211 kg • Charge utile 239 lbs, 109 kg • Charge alaire maximale 2,62 lbs/ft^2, 12,8 kg/m^2 • Rapport poids/puissance 13,2 lbs/hp, 6 kg/CV • Facteurs de charges calculées NC + 8 g, — 2,5 g à rupture.

5-PERFORMANCES*
Vitesse maximale en palier 50 mph, 80 km/h • Vne 55 mph, 88 km/h • Croisière (maximale) NC • Croisière (économique) 35 mph, 56 km/h • Vitesse de décrochage 26 mph, 41 km/h • Vitesse ascensionnelle maximale (au niveau de la mer) 850 ft/min, 4,3 m/s • Taux de chute minimal 300 ft/min, 1,5 m/s • Finesse maximale 7/1 • Roulage au décollage 125 ft, 40 m • Roulage à l'atterrissage 125 ft, 40 m • Plafond pratique 17,500 ft, 5340 m • Distance franchissable maximale 50 miles, 80 km.

*** Mesurées dans les conditions suivantes : Altitude QNH 0 ft, 0 m • Température au sol 59° F, 15° C • Vent au sol 0 mph, 0 km/h • Poids du pilote 150 lbs, 68 kg.**
Avec moteur ci-dessus.

American Aerolights
Eagle 430B
(hybride)

Description semblable à celle de l'*Eagle 215B* sauf modifications ci-après détaillées.

1-Apparu lui aussi en 1982 sous l'appellation révélatrice de *Double Eagle,* cet appareil rebaptisé *Eagle 430B* à l'occasion du Sun-'n-Fun de mars 1983 à Lakeland (Floride) est en fait une version pour pilotes plus lourds du monoplan de base d'American Aerolights : poids du pilote entre 200 et 300 lbs (90,5 et 136 kg). Il a été équipé dès son apparition du bicylindre Cuyuna 430RR 35cv qui le différencia d'emblée de l'*Eagle* standard équipé d'un 215RR 20cv. Cependant, il conserve le pilotage hybride de ce dernier : gouverne de profondeur du plan canard conjuguée aux déplacements du pilote (assis dans un siège-harnais) pour le contrôle en tangage et contrôle en roulis par l'intermédiaire du guidon actionnant les gouvernails de direction d'extrémités d'aile. La cage du *Double Eagle* a été élargie par rapport à celle du modèle de base et sa structure renforcée en conséquence. Les options disponibles sont les mêmes que pour ce dernier et son prix (mars 1983) est de 5 095 US $.

2-DIMENSIONS EXTERIEURES ET SURFACES
Longueur hors tout 15 ft, 4,57 m • Hauteur hors tout 10 ft, 3,04 m • Envergure (aile) 35 ft, 10,67 m • Corde moyenne 4,3 ft, 1,31 m • Envergure canard 7,8 ft, 2,38 m • Corde du plan canard 3,7 ft, 1,37 m • Surface alaire totale 180 ft^2, 16,7 m^2 • Surface aile principale 151 ft^2, 14 m^2 • Surface du plan canard 29 ft^2, 2,7 m^2 • Allongement aile principale 8,1/1 • Diamètre de la roue avant 16 inches, 41 cm • Diamètre des roues principales 16 inches, 41 cm.

3-MOTORISATION
Moteur Cuyuna 430RR.
Puissance maximale 35 CV à 6000 tr/mn • Diamètre et pas de l'hélice 54 × 36 inches, 1,37 × 0,91 m • Réducteur à courroie crantée rapport de réduction 2,2/1 • Poussée statique maximale 240 lbs, 109 kgp • Rapport puissance/surface alaire 0,19 hp/ft^2, 2,1 cv/m^2 • Carburant emporté 5 US gallons, 4,2 Imp Gal., 18,9 litres.

4-MASSES ET CHARGES
Masse à vide 210 lbs, 95 kg • Masse maximale au décollage 520 lbs, 236 kg • Charge utile 310 lbs, 141 kg • Charge alaire maximale 2,88 lbs/ft^2, 14,1 kg/m^2 • Rapport poids/puissance 14,9 lbs/hp, 6,7 kg/CV • Facteurs de charges calculées NC + 8 g, — 3 g à rupture.

5-PERFORMANCES*
Vitesse maximale en palier 55 mph, 88 km/h • Croisière (économique) 37 mph, 60 km/h • Vitesse de décrochage 25 mph, 40 km/h • Vitesse ascensionnelle maximale (au niveau de la mer) 750 ft/min, 3,8 m/s • Taux de chute minimal 400 ft/min, 2 m/s • Finesse maximale 8/1 • Roulage au décollage 100 ft, 30 m • Roulage à l'atterrissage 50 ft, 15 m • Plafond pratique 17,500 ft, 5340 m • Distance franchissable maximale 50 miles, 80 km.

*** Mesurées dans les conditions suivantes : Altitude QNH 0 ft, 0 m • Température au sol 59° F, 15° C • Vent au sol 0 mph, 0 km/h • Poids du pilote 240 lbs, 109 kg.**
Avec moteur ci-dessus.

American Aerolights
Eagle 2-Place
(3 axes)

Biplace côte-à-côte monomoteur à l'aile haute ; pilotage 3 axes conventionnel. Voilure avec flèche au bord d'attaque et au bord de fuite, corde dégressive ; avec plan canard. Tangage par gouverne de profondeur articulée sur le plan canard ; lacet par gouvernails de direction monoblocs aux extrémités de l'aile. Roulis par spoilers sur un tiers de l'envergure de l'aile ; commande au manche pour le tangage et le roulis, palonnier pour le lacet. Voilure haubanée sol par câbles, vol par câbles ; profil d'aile : NC, à double entoilage. Atterrisseur tricycle. Sans suspension de la roue avant et suspension par ressorts du train principal. Commande de la roue avant par le biais d'un manche monté entre les deux sièges. Frein sur la roue avant. Structure en tubes de duralumin sans carénage de nez. Moteur monté sous l'aile utilisé en propulsif.

1-Le prototype de la version biplace des *Eagle* est apparu en 1982 : il était déjà doté de gouvernes agissant sur les 3 axes, reprenant les spoilers du modèle *XL*, mais conservait cependant les sièges-harnais propres au modèle *215B* et de pilotage pendulaire. Il fut tout d'abord équipé d'un moteur Cuyuna 430RR 35 CV délaissé pour les appareils de série au profit d'un bicylindre en ligne Rotax 503 de 50 CV. L'annonce en fut faite en mars 1983, au cours du Sun-'n-Fun de Lakeland (Floride) où American Aerolights révéla de plus amples renseignements sur l'*Eagle 2-Place* précisant que, s'agissant d'un appareil classé en *Experimental Aircraft* selon la loi en vigueur actuellement aux USA, celui-ci serait fourni sous forme d'un kit complet, donné pour 100 h d'assemblage et au prix de **6295 US $.** Ce kit comprend notamment, en version standard, les carénages sur les trois roues offerts en option sur les autres *Eagle* ainsi qu'un frein sur la roue avant.

2-DIMENSIONS EXTERIEURES ET SURFACES
Longueur hors tout 15 ft, 4,57 m • Hauteur hors tout 10 ft, 3,05 m • Envergure (aile) 35 ft, 10,67 m • Corde moyenne 5 ft, 1,52 m • Envergure canard 10 ft, 3,05 m • Corde du plan canard 3,1 ft, 0,94 m • Surface alaire totale 177 ft^2, 16,5 m^2 • Surface aile principale 146 ft^2, 13,6 m^2 • Surface du plan canard 31 ft^2, 2,9 m^2 • Allongement aile principale 8,4/1 • Voie du train 6,4 ft, 1,93 m • Empattement 6,6 ft, 1,98 m • Diamètre de la roue avant 16 inches, 41 cm • Diamètre des roues principales 16 inches, 41 cm.

3-MOTORISATION
Puissance maximale 50 CV à 6000 tr/mn • Diamètre et pas de l'hélice 58 × 27 inches, 1,47 × 0,69 m • Poussée statique maximale 285 lbs, 129 kgp • Rapport puissance/surface alaire 0,28 hp/ft^2, 3 CV/m^2.

4-MASSES ET CHARGES
Masse à vide 310 lbs, 141 kg • Masse maximale au décollage 660 lbs, 299 kg • Charge utile 350 lbs, 159 kg • Charge alaire maximale 3,72 lbs/ft^2, 18,2 kg/m^2 • Rapport poids/puissance 13,2 lbs/hp, 5,9 kg/CV • Facteurs de charges NC.

5-PERFORMANCES*
Vitese maximale en palier 45 mph, 72 km/h • Croisière (maximale) 42 mph, 67 km/h • Vitesse de décrochage 30 mph, 48 km/h • Vitesse ascensionnelle maximale (au niveau de la mer) 400 ft/min, 2 m/s • Taux de chute minimal 500ft/min, 2,5 m/s • Finesse maximale 4/1 • Roulage au décollage 250 ft, 75 m • Roulage à l'atterrissage 250 ft, 75 m • Plafond pratique 8000 ft, 2440 m.

*** Mesurées dansles conditions suivantes : Altitude QNH 0 ft, 0 m • Température au sol 59 °F, 15 °C • Vent au sol 0 mph, 0 km/h • Poids total du pilote et du passager 300 lbs, 136 kg. Avec moteur ci-dessus.**

American Aerolights
Falcon
(3 axes)

Monoplace monomoteur à l'aile haute ; pilotage 3 axes conventionnel. Voilure avec flèche au bord de fuite, et au bord d'attaque ; corde dégressive ; avec plan canard. Tangage par gouverne de profondeur articulée sur le plan

British Microlight Aircraft Association

canard ; lacet par gouvernails de direction monoblocs aux extrémités de l'aile; roulis par ailerons sur toute l'envergure de l'aile ; commande au manche pour le tangage et le roulis ; palonnier pour le lacet. Voilure haubanée portée par des mâts ; profil d'aile : NC à double entoilage; Atterrisseur tricycle ; suspension par ressorts de la roue avant et suspension par lame d'aluminium du train principal. Roue avant directrice conjuguée au palonnier. Frein sur la roue avant. Fuselage en fibre de verre habitacle partiellement fermé. Moteur fermé sous l'aile utilisé en propulsif.

1-On parle du *Falcon* d'American Aérolight dans le monde de l'Aviation ultralégère comme de l'Arlésienne dans l'opéra de Bizet, à savoir qu'on en parle beaucoup sans le voir souvent. Cependant, cet état de fait devrait changer puisque au Sun-'n-Fun de mars, la firme d'Albuquerque annonçait pour le mois de juin le *Falcon* disponible en kit chez ses dealers américains, au prix prévu de **6000 US $.** « Les données accumulées au cours de plus de 200 h de vol accomplies sur les prototypes assurent que les performances et l'efficacité du *Falcon* dépasseront celles des autres ultralégers motorisés tout en étant compétitives avec celles de quelques avions de classification construction amateur », précise la documentation d'American Aerolights. C'est sans doute vrai. A quelques livres de poids près et tant que la législation américaine limitera les *ultralight aircrafts* à peser moins de 254 lbs (115 kg), interdisant qu'aux USA un appareil classé ULM en France comme le Nogrady AN-2 *Avionnette* (287 lbs, 130 kg de masse à vide) ne vienne aligner des performances supérieures à celles du *Falcon,* tout en étant biplace côte-à-côte ! Il est cependant réel que le *Falcon* de 1983 se pose comme l'un des ULM les plus performants qui soient actuellement. Sa technologie (fibre de verre, mousse polyuréthane, revêtement en Tedlar) permet de le livrer en kit préconstruit à 90 % ; Americain Aerolight prévoit « deux week-ends » comme temps d'assemblage.

Treize prototypes plus tard, le Falcon d'American Aerolights présente un atterrisseur encore modifié par rapport au précédent ! A suivre...

2-DIMENSIONS EXTERIEURES ET SURFACES

Longueur hors tout 10,6 ft, 3,20 m • Hauteur hors tout 5 ft, 1,52 m • Envergure (aile) 36 ft, 10,97 m • Corde 4,5 ft, 1,34 m • Envergure canard 10,3 ft, 3,12 m • Corde du plan canard 1,9 ft, 0,53 m • Surface alaire totale 185 ft², 17,2 m² • Surface aile principale 165 ft², 15,3 m² • Surface du plan canard 20 ft², 1,9 m² • Allongement aile principale 7,9/1 • Voie du train 5,2 ft, 1,57 m • Empattement 5,5 ft, 1,65 m • Diamètre de la roue avant 11 inches 28 cm • Diamètre des roues principales 11 inches, 28 cm.

3-MOTORISATION

Moteur Rotax 277 • Puissance maximale 28 CV à 6200 tr/mn • Rapport puissance/surface alaire 0,15 hp/ft², 16,3 CV/m² • Carburant emporté 5 US gallons, 4,2 Imp gal., 18,9 litres.

4-MASSES ET CHARGES

Masse à vide 250 lbs, 113 kg • Masse maximale au décollage 493 lbs, 223 kg • Charge utile 243 lbs, 100 kg • Charge alaire maximale 2,66 lbs/ft², 13 kg/m² • Rapport poids/puissance 17,6 lbs/hp, 8 kg/CV • Facteurs de charges NC.

5-PERFORMANCES*

Vitesse maximale en palier 100 mph, 161 km/h • Croisière (maximale) 63 mph, 101 km/h • Vitesse de décrochage 26 mph, 42 km/h • Vitesse ascensionnelle maximale (au niveau de la mer) 500 ft/min, 2,5 m/s • Taux de chute minimal 250 ft/min à 40 mph, 1,2 m/s à 64 km/h • Finesse maximale 16/1 • Plafond pratique 15000 ft, 4570 m • Distance franchissable maximale 300 miles, 483 km.

*** Mesurées dans les conditions suivantes : Altitude QNH 0 ft, 0 m • Température au sol 59 °F, 15 °C • Vent au sol 0 mph, 0 km/h • Poids du pilote 150 lbs, 68 kg • Avec moteur ci-dessus.**

AMERICAN MICRO-FLIGHT

American Microflight Incorporated, 8225 Esat Montebello, Scottsdale, Arizona 85253 : tel. (602) 994.4631.
Importateur en Europe et en Afrique : ULAC P.O. Box 1252, CH 1870 Monthey Suisse, tél. : (025) 71.70.61. Telex 456 288, Georges Borgeaud.

American Microflight *Sadler Vampire*

(3 axes)

Monoplace monomoteur à aile médiane ; pilotage 3 axes conventionnel. Voilure sans flèche au bord d'attaque et au bord de fuite, corde constante ; empennage bidérive. Tangage par gouverne(s) de profondeur articulée(s) sur le plan fixe horizontal ; lacet par gouvernails de direction articulés sur les dérives ; roulis par spoilers sur toute l'envergure de l'aile ; commande au manche pour le tangage et le roulis ; palonnier pour le lacet. Voilure cantilever, profil d'aile : NACA 633-218A; à double entoilage. Atterrisseur tricycle avec béquille arrière ; Sans suspension sur toutes les roues. Roue avant directrice conjuguée au palonnier. Freins sur les roues du train principal. Structure en tubes de duralumin et en tubes d'acier habitacle partiellement fermé. Moteur monté au niveau de l'aile, utilisé en propulsif.
Technologie : structure et revêtement en duralumin 6061-T6 et aluminium 2024, carénage en fibre de verre.

1-Le prototype du *Sadler Vampire* a été présenté à Oshkosh en août 1982 où il fut annoncé comme susceptible d'être commercialisé courant 1983. Ce monoplace à l'esthétique très réussie évoque irrésistiblement le chasseur à réaction britannique De Havilland *Vampire* des années 50, auquel il a du reste emprunté son empennage bipoutre bidérive. Le bruit court que ce *Sadler Vampire* se serait par ailleurs très largement inspiré d'un engin de reconnaissance rapproché ou d'une cible volante israélienne. C'est, du moins, l'un des rares ULM à utiliser un revêtement tout métallique (aluminium) riveté pour les empennages et la voilure. Avec des nervures venant en aluminium embouti, le

profil de celle-ci est un NACA 633-218A laminaire. Sous les spoilers courant sur toute l'envergure des ailes extrêmes au bord de fuite, sont articulés des volets hypersustentateurs à 4 positions de courbure. Différentes motorisations sont prévues, allant du Solo 210cc 15cv au bicylindre NGL WAM-342 de 342cc développant 26cv et qui peut être poussé à 30cv de puissance maximale avec un échappement accordé.

American Microflight entend commercialiser son *Vampire* que livré tout monté. La firme de Scottsdale étudierait même une alimentation en carburant pour permettre le vol dos avec ce monoplace ! Parmi les différentes options prévues pour cet ULM de haut de gamme, on remarque notamment un train rentrant, une hélice à pas variable, des freins différentiels à disque agissant sur les roues du train principal, une remorque routière spécifique au *Vampire*, des instruments de bord et un parachute. Le prix de commercialisation de la version de série est prévu de *6950 US $*.

2-DIMENSIONS EXTERIEURES ET SURFACES
Longueur hors tout 18.1 ft, 5,51 m • Hauteur hors tout 4.8 ft, 1,42 m • Envergure (aile) 30,1 ft, 9,40 m • Corde constante 5 ft, 1,52 m • Flèche 0° • Surface alaire totale 128 ft^2, 11,9 m^2 • Allongement 7,4/1 • Diamètre de la roue avant 10 inches, 25 cm • Diamètre des roues principales 10 inches, 25 cm.

3-MOTORISATION
Moteur NGL WAE 342.
Puissance 26 cv (vitesse NC) • Réducteur à courroie en V rapport de réduction 2,0/1 • Rapport puissance/surface alaire 0,20 hp/ft^2, 2,35 cv/m^2 • Carburant emporté 5 US gallons, 4,2 Imp Gal., 18,9 litres dans le réservoir principal.

4-MASSES ET CHARGES
Masse à vide 220 lbs, 100 kg • Masse maximale au décollage 450 lbs, 204 kg • Charge utile 230 lbs, 104 kg • Charge alaire maximale 3,5 lbs/ft^2, 17,1 kg/m^2 • Rapport poids/puissance 17,3 lbs/hp, 7,8 kg/CV.

5-PERFORMANCES*
Vitesse maximale en palier 85 mph, 137 km/h • Croisière (maximale) 55 mph, 88 km/h • Vitesse de décrochage 25 mph, 40 km/h • Roulage au décollage 300 ft, 91 m • Roulage à l'atterrissage 20 ft, 61 m.

*** Conditions du test non spécifiées.**

ASTRA INTER NATIONAL

Astra International Inc. 2333 Camino del Rio South, Suite 380, San Diego, California 92108, tél. (619) 296-7722.

Astra International *Astra* (3 axes)

Monoplace monomoteur à l'aile haute; pilotage 3 axes conventionnel. Voilure sans flèche au bord d'attaque et au bord de fuite, corde constante; empennage cruciforme. Tangage par gouverne (s) de profondeur articulée sur le plan fixe horizontal; lacet par gouvernail de direction monobloc; roulis par 3 spoilerons sur chaque aile; commande au manche pour le tangage et le roulis; palonnier pour le lacet. Voilure haubanée sol par câbles, vol par câbles; profil d'aile NC à simple entoilage. Atterrisseur tricycle avec béquille arrière; suspension NC de la roue avant et suspension par ressorts du train principal. Roue avant directrice sur option. Sans freins. Structure en tubes de duralumin, sans carénage de nez. Moteur monté au niveau de l'aile, utilisé en tractif.

1-Malgré sa participation au Sun-'n-Fun de mars 1983 et une brève présentation dans le numéro de mai de *Glider Rider*, cet intéressant monoplace n'entrera qu à peine en commercialisation lors de la parution de la présente édition. Ceci explique que nous n'ayons pu disposer de tous les paramètres désignant l'*Astra*. L'appareil présenté à Lakeland était un prototype et, donc, susceptible de subir encore diverses modifications. C'est avec un prototype désigné *Astra HS* que s'est tué, le 30 mai 1983, notre collaborateur et ami Glenn Brinks, à la mémoire de qui est dédiée cette première édition d'un annuaire à laquelle il avait déjà largement collaboré.

Précédemment intitulée Ultralight Engineering avec John Todhunter comme président, la firme Astra International offre un ULM de configuration classique mais qui n'est pas pour autant dénué d'originalité. En effet, le siège de ce monoplace vient très surélevé par rapport au sol comparé à ceux des machines équivalentes. Selon John Todhunter, l'accent a été mis sur la sécurité passive avec une cage conçue pour protéger son occupant en cas de crash ou d'arrêt trop brutal. Dans le même temps, l'*Astra* reste l'un des tubes-toile les plus rapides à mettre en œuvre ou à replier : 17 et 12 mn, respectivement, pour ces opérations menées par deux personnes et sans hâte excessive - temps mesuré par Dave Martin au cours d'une démonstration effectuée pour *Glider Rider*. Dernière originalité mais non des moindres, l'*Astra* est doté de trois spoilers par demi-aile, plutôt qu'un seul et d'un seul tenant.

2-DIMENSIONS EXTERIEURES ET SURFACES
Longueur hors tout 13,4 ft, 4,08 m • Hauteur hors tout 9,4 ft, 2,87 m • Envergure (aile) 33 ft, 10,05 m • Corde constante 5 ft, 1,52 m • Flèche 0° • Surface alaire totale 165 ft^2, 15,3 m^2 • Allongement 6,6/1 • Autres caractéristiques NC.

3-MOTORISATION
Moteur Rotax 377.
Puissance maximale 36 CV à 6000 tr/mn • Diamètre et pas de l'hélice 52 × 34 inches, 1,32 × 0,86 m • Réducteur à pignons rapport de réduction 2/1 • Poussée statique maximale 230 lbs, 104 kgp • Rapport puissance/surface alaire 0,22 hp/ft^2, 2,3 cv/m^2 • Carburant emporté 4,4 US gallons, 3,7 Imp Gal., 16,7 litres.

4-MASSES ET CHARGES
Masse à vide 248 lbs, 112 kg • Masse maximale au décollage 550 lbs, 249 kg • Charge utile 302 lbs, 137 kg • Charge alaire maximale 3,33 lbs/ft^2, 16,2 kg/m^2 • Rapport poids/puissance 15,3 lbs/hp, 6,9 kg/CV • Facteurs de charges calculées NC + 6 g, — 4 g à rupture.

Dave Martin

5-PERFORMANCES*
Vitesse maximale en palier 55 mph, 88 km/h • Vne 55 mph, 88 km/h • Croisière (maximale) 45 mph, 72 km/h • Vitesse de décrochage 22 mph, 35 km/h • Vitesse ascensionnelle maximale (au niveau de la mer) 800 ft/min, 4,1 m/s • Autres caractéristiques NC.

*** Conditions du test non spécifiées.**

BROCK

Ken Brock Manufacturing, 11852-S Western Avenue, Stanton, California 90680 ; tel. (714) 898.4366.

Ken Brock
Avion
(3 axes)

Monoplace monomoteur à l'aile haute ; pilotage 3 axes conventionnel. Voilure forme NC ; empennage (voir texte 1). Tangage par gouverne de profondeur monobloc ; lacet par gouvernail de direction monobloc ; roulis par ailerons ; commande au manche pour le tangage et le roulis ; palonnier pour le lacet. Voilure haubanée portée par des mâts ; profil d'aile : NC ; à double entoilage. Atterrisseur tricycle ; suspension : NC. Roue avant directrice. Freins NC. Structure en tubes de duralumin. Moteur monté sous l'aile utilisé en propulsif.

1-Quand le concepteur des omniprésents *Quicksilver*, Bob Lovejoy, s'attela une fois de plus à sa planche à dessin, le petit monde de l'Aviation ultralégère aux Etats-Unis fut pris de frissons de curiosité ! Malheureusement, ce qui en résulta, l'*Avion*, fut aussi le dernier dessin de Bob qui se tua avec son prototype en fin 1982. L'accident fut, stupidement, dû à une push-pin ou une attache rapide mal enclenchée et dont la libération intempestive, en vol, priva le pilote de ses gouvernes de profondeur, celles-ci laissées libres s'étant braquées à piquer.

L'appareil n'est toujours pas disponible à l'heure actuelle et, en conséquence, nous restons encore démunis d'informations techniques sur sa version définitive. Cependant, nous pouvons penser qu'a priori, celle-ci sera dotée d'un moteur Yamaha 15 CV et d'un empennage soit classique soit cruciforme. Bob avait axé son étude sur la légèreté, un moindre coût et la simplicité tout en parvenant à une belle efficacité au plan aérodynamique qui explique la possibilité d'utiliser sur l'*Avion* un moteur de faible puissance. Le prototype en employait du reste moins encore, puisqu'il était motorisé d'un McCulloch MC-101 12 CV.

Le poids de ce prototype fut donné pour 145 lbs (66 kg) seulement à vide, remarquable pour un 3 axes. L'emploi de mâts en tubes de fort diamètre plutôt que la toile d'araignée des câbles permettait une mise en œuvre en moins de 10 mn. Enfin, avec son MC-101 de moindre puissance, ce proto s'avéra capable de 45 mph (72 km/h) de vitesse maximale en palier.

L'intention de Bob Lovejoy était que Ken Brock construisît et commercialisât l'*Avion* sous forme de kits. Ken a poursuivi dans ce sens depuis la fin tragique de Bob et l'on peut s'attendre à une semblable production de cet appareil, dans un avenir plus ou moins proche. Cependant, regrettons-le, on reste encore démuni de toute information technique complémentaire sur cet intéressant monoplace.

CASCADE ULTRALITES

Cascade Ultralites Incorporated, 1490-19th N.W., Issaquah, Washington 98027 ; tel. (206) 392.0388.

Agent anglais : Sunrise Aviation, 42 Blake Dene Road, Lilliput, Dordet BH 14 8HH ; tel. (0202) 700.322. Adam Jefferson.

Cascade Ultralites
Kasperwing 1-80
(hybride)

Monoplace monomoteur à l'aile haute ; pilotage hybride. Voilure avec flèche au bord d'attaque et au bord de fuite, corde constante ; sans empennage. Lacet et roulis par gouvernails de direction monoblocs aux extrémités de l'aile ; commande par déplacement du centre de gravité pour le tangage ; lacet par gouvernails de direction au volant. Voilure haubanée sol et vol par câbles ; profil d'aile par W. Kasper à simple entoilage. Atterrisseur tricycle ; sans suspension. Roue avant directrice non conjuguée au palonnier. Sans freins. Structure en tubes de duralumin avec carénage sur option. Moteur monté sous l'aile utilisé en propulsif. Technologie : Entoilage en Dacron avec Mylar à l'intrados formant double surface sur le premier tiers de la corde de l'aile.

1-Le *Kasperwing 1-80* présente cette particularité sur le plan aérodynamique d'utiliser l'effet Kasper qui se sert de la portance liée aux tourbillons marginaux de l'aile (vortex) pour maintenir un contrôle en roulis et en lacets après le décrochage, en-deçà de la vitesse minimale de portance de la voilure. C'est en fait un descendant direct du fameux planeur BKB-1A, prototype dessiné par Witold Kasper dès la fin des années 60 pour servir de banc d'essai volant et qui prouva la justesse de ses théories. Le *Kaspering 1-80* a été dessiné en collaboration et le prototype construit en 1976 par W. Kasper et Steve Grossruck, pilote de Vol libre expéri-

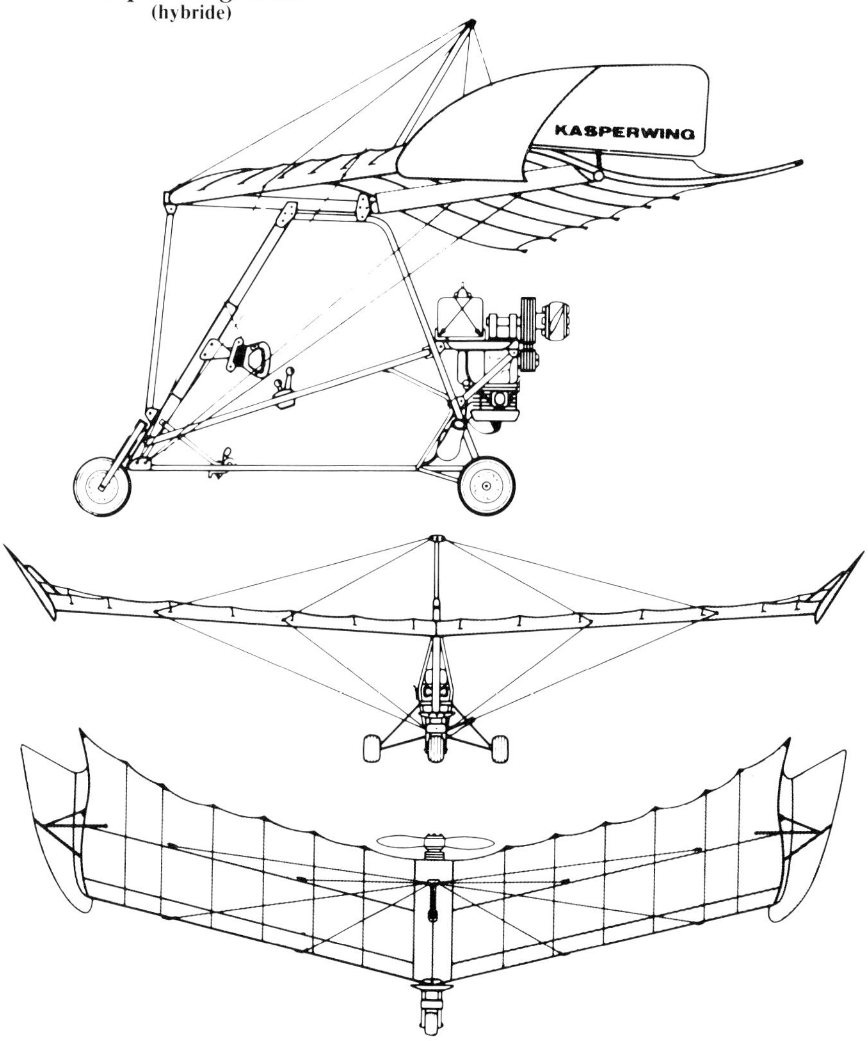

menté. L'effet Kasper permet au *1-80* d'entamer une approche verticale à l'atterrissage, tout en restant stable sur les trois axes en descente à 48,8 m/min avec un pilote de 70 kg !

L'ULM prototype fit appel à la voilure d'un *Fledge* de Vol Libre à laquelle furent adjoints les dispositifs Kasper.

Les modèles de série sont maintenant dotés d'une voilure bilongeron avec six nervures par demi-aile, cintrées en un S très applati pour conférer un profil autostable.

Le système Kasper peut se décrire sommairement comme un empennage bidérive porté par des mâts tripodes à l'extrémité de chaque aile et dont les gouvernails de direction font aussi office de générateurs de vortex et, donc, aussi d'aérofreins. Ceci permet au *1-80* de se poser littéralement comme un oiseau. Le prototype fut tout d'abord motorisé (pendant 25 h) avec un Chrysler 820 de 10 CV que remplaça un Yamaha 100 cc de 15 CV pour une quarantaine d'heures de vols d'essais. L'appareil fut ensuite commercialisé avec un Honda *Odissey* 250 cc délivrant 24 CV à 3000 tr/mn. Depuis 1982, il est équipé en version standard du Zenoah G25B1 23 CV. Le *Kasperwing 1-80* en version standard est fourni en kit, donné pour 40 h d'assemblage, et au prix de **4450 US $ (mars 1983) ou livré assemblé pour 5250 US $.** Outre les options le transformant en modèle *180-BX* ci-après détaillé, Cascade Ultralites annonce la sortie prochaine d'une suspension hydraulique sous forme d'un kit d'adaptation.

2-DIMENSIONS EXTERIEURES ET SURFACES
Longueur hors tout 10 ft, 3,04 m • Hauteur hors tout 11 ft, 3,34 m • Envergure (aile) 35 ft, 10,67 m • Corde moyenne 5,6 ft, 1,67 m • Surface alaire totale 180 ft², 16,7 m² • Allongement 6,8/1 • Voie du train 7,2 ft, 2,18 m • Empattement 5,2 ft, 1,57 m • Diamètre de la roue avant 11 inches, 27 cm • Diamètre des roues principales 11 inches, 27 cm.

3-MOTORISATION
Moteur Zenoah G25B • Puissance maximale 20 CV à 6500 tr/mn • Diamètre et pas de l'hélice 54 × 27 inches, 1,37 × 0.69 m • Réducteur à courroie en V rapport de réduction 2,5/1 • Poussée statique maximale 170 lbs, 77 kgp • Rapport puissance/surface alaire 0,11 hp/ft², 1,19 CV/m² • Carburant emporté 2,5 US gallons, 2,1 Imp gal., 9,5 litres.

4-MASSES ET CHARGES
Masse à vide 160 lbs, 73 kg • Masse maximale au décollage 380 lbs, 172 kg • Charge utile 220 lbs, 100 kg • Charge alaire maximale 2,11 lbs/ft², 10,3 kg/m² • Rapport poids/puissance 19 lbs/hp, 8,6kg/CV • Facteurs de charges calculées NC • + 7 g — 4 g à rupture.

5-PERFORMANCES*
Vitesse maximale en palier 55 mph, 88 km/h • Croisière (maximale) 45 mph, 72 km/h • Croisière (économique) 35 mph, 48 km/h • Vitesse de décrochage 18 mph, 29 km/h • Vitesse ascensionnelle maximale (au niveau de la mer) 800 ft/min, 4,1 m/s • Taux de chute minimal 200 ft/min à 23 mph, 1 m/s à 37 km/h • Finesse maximale 10/1 à 23 mph, 37 km/h • Roulage au décollage 80 ft, 25 m • Roulage à l'atterrissage 50 ft, 15 m • Plafond pratique 15000 ft, 4570 m • Distance franchissable maximale 85 miles, 137 km.

*** Mesurées dans les conditions suivantes : Altitude QNH 0 ft, 0 m • Vent au sol 0 mph, 0 km/h • Poids du pilote 150 lbs, 68 kg. Avec moteur ci-dessus.**

Cascade Ultralites
180-BX
(hybride)

Description semblable à celle du *Kasperwing 1-80* standard avec modification ci-après détaillées.

1-Présenté en août 1982 à Oshkosh comme *180-BS,* le type actuel *180-BX* est un *Kasperwing 1-80* standard doté d'équipements optionnels destinés à accroître ses performances et particulièrement, sa finesse moteur coupé accrue de 10/1 à 12/1 à 25 mph (40 km/h). L'ensemble de ces options se détaille comme suit : carénage de la cage en fibre de verre avec fenêtres largement dimensionnées en Lexan **(725 US $)** ; réservoir de carburant a capacité augmentée à 5 US gallons (18,9 litres) vendu **100 US $** ; démarreur électrique (ensemble complet) **300 US $** ; carénages des roues principales **90 US $** ; housse pour le carénage formant cabine **150 US $**. Au Sun-'n-Fun de Lakeland en mars 1983, Cascade Ultralites annonçait la disponibilité dans le courant de l'année d'une option comprenant des flotteurs et un train rentrant. De même, étaient annoncées la version *2-Places Trainer* des *Kasperwing* et une version voltige pour 1983.

2-DIMENSIONS EXTERIEURES ET SURFACES
Longueur hors tout 12,8 ft, 3,86 m • Hauteur hors tout 8,6 ft, 2,59 m • Envergure (aile) 35 ft, 10,67 m • Corde moyenne 5,6 ft, 1,67 m • Surface alaire totale 180 ft², 16,7 m² • Allongement 6,8/1 • Voie du train 7,2 ft, 2,18 m • Empattement 5,2 ft, 1,57 m • Diamètre de la roue avant 11 inches, 27 cm.

3-MOTORISATION
Voir le *Kasperwing 1-80* sauf : Carburant emporté 5 US gallons, 4,2 Imp gal., 18,9 litres.

4-MASSES ET CHARGES
Masse à vide 180 lbs, 82 kg • Masse maximale au décollage 400 lbs, 181 kg • Charge utile 220 lbs, 100 kg • Charge alaire maximale 2,22 lbs/ft², 10,8 kg/m² • Rapport poids/puissance 17,4 lbs/hp, 7,9kg/CV • Facteurs de charges NC • + 7 g — 4 g à rupture.

5-PERFORMANCES*
Vitesse maximale en palier 55 mph, 88 km/h • Vne 60 mph, 97 km/h • Croisière (maximale) 50 mph, 80 km/h • Croisière (économique) 45 mph, 72 km/h • Vitesse de décrochage 18 mph, 29 km/h • Vitesse ascensionnelle maximale (au niveau de la mer) 800 ft/min, 4,1 m/s • Taux de chute minimal 200 ft/min à 22 mph, 1 m/s à 35 km/h • Finesse maximale 12/1 à 25 mph, 40 km/h • Roulage au décollage 50 ft, 15 m • Roulage à l'atterrissage 20 ft, 6 m • Plafond pratique 15000 ft, 4570 m • Distance franchissable maximale 175 miles, 282 km.

*** Mesurées dans les conditions suivantes : Altitude QNH 0 ft, 0 m • Température au sol 60 °F, 16 °C • Vent au sol 0 mph, 0 km/h • Poids du pilote 170 lbs, 77 kg. Avec moteur ci-dessus.**

CGS AVIATION

CGS Aviation Incorporated, 1305 Lloyd Road, Wickliffe, Ohio 44092 ; tel. (216) 943.3064. President : Gary Titzel.

CGS Aviation
Hawk A
(3 axes)

Monoplace monomoteur à l'aile haute ; pilotage 3 axes conventionnel. Voilure sans flèche au bord d'attaque et au bord de fuite, corde constante ; empennage cruciforme. Tangage par gouverne de profondeur articulée sur le plan fixe horizontal ; lacet par gouvernail de direction articulé sur la dérive ; roulis par ailerons sur un tiers de l'envergure de l'aile ; commande au manche pour le tangage et le roulis ; palonnier pour le lacet. Voilure haubanée portée par des mâts ; profil d'aile : UI-1720 à double entoilage. Atterrisseur tricycle avec béquille arrière ; suspension sur toutes les roues (type NC). Roue avant directrice conjuguée au palonnier. Freins sur les roues du train principal (sur option). Structure en tubes de duralumin, habitacle fermé. Moteur monté sous l'aile utilisé en propulsif.

1-Conçu par Chuck Slusarczyk, le *Hawk* a connu très vite le succès en emportant le prix du meilleur nouveau design au Sun-'n-Fun 1982, à Lakeland. Ingénieur aéronautique ayant collaboré à des programmes tels qu'Apollo et les X-15 et XB-70, Chuck a fondé CGS (Chuck's Glider Supplies) dès 1972 : outre quelque 2000 planeurs ultralégers vendus en cinq ans, cette société s'est rendue célèbre avec la création et la diffusion des premiers systèmes de réduction spécifiquement conçus pour les ultralégers motorisés, les fameux *Powerhawk*. Le prototype du *Hawk* effectua ses essais en vol au cours de l'hiver 1981 aux mains de Terry Fuller. Il était équipé d'un moteur Zuber 380 cc 20 CV de scooter des neiges doté, bien sûr, d'un réducteur *Powerhawk 152.* Considéré par Chuck Slusarczyk comme un banc d'essai volant (celui-ci mit presque deux ans à l'optimiser pour figer les *Hawk* de série), cet appareil était initialement pourvu de flaperons (de *flaps,* volets hypersustentateurs, et *ailerons*) sur toute l'envergure de l'aile au bord de fuite et décalés vers le bas par rapport à celui-ci, pour rester efficaces après le décrochage. Cette solution fut abandonnée par la suite et les *Hawk* actuels utilisent des ailerons conventionnels et des volets à commande manuelle avec 4 positions de courbure : 8, 15, 30 et 40°.

En fonction de la législation présentement en vigueur aux Etats-Unis, CGS Aviation a été amené à proposer deux versions diférentes du *Hawk* depuis fin 1982 : le *Model A* est classé « Experimental Aircraft » (immatriculation et brevet de pilote nécessaires) tandis que le *Model B*, allégé, est classé « Ultralight Vehicle ». Les deux types sont fournis sous forme de kit donnés pour 60 à 150 h d'assemblage et ne requiérant pas d'outillage spécial. Motorisé avec le nouveau Cuyuna UL II-02 remplaçant le 430 R utilisé précédemment, le *Hawk Model A* est vendu **6195 US $.** Les options portent sur les freins **(120 $)**, des carénages de roues, des instruments de bord, des feux de position et strobe light.

U.S.A.

Le *Hawk* a fait l'objet d'un essai en vol par Douglas Barth dans la parution de mai 1983 de *Glider Rider* et, au Sun-'n-Fun de mars 1983 où l'appareil fut parmi les plus entourés, CGS Aviation annonçait la parution prochaine d'une version avec tissu et enduit de tension traditionnels, au lieu du revêtement en Dacron 3,8 oz stanard. Simultanément, il fut aussi révélé que la firme canadienne Micronautics Ltd construirait les *Hawk* sous licence pour le Canada, l'Australie et la Nouvelle-Zélande, à Prescott, Ontario.

2-DIMENSIONS EXTERIEURES ET SURFACES
Longueur hors tout 20,7 ft, 6,30 m • Hauteur hors tout 6,8 ft, 2,08 m • Envergure (aile) 28,8 ft, 8,78 m • Corde constante 4,8 ft, 1,42 m • Dièdre 3° • Flèche 0° • Surface alaire totale 135 ft², 12,6 m² • Allongement 6,1/1 • Diamètre de la roue avant 12 inches, 30 cm • Diamètre des roues principales 12 inches, 30 cm • Autres caractéristiques NC.

3-MOTORISATION
Moteur Cuyuna UL-II-O2 • Puissance maximale 35 CV à 6250 tr/mn • Diamètre et pas de l'hélice 60 × 30 inches, 1,52 × 0,76 m • Réducteur à courroie en V rapport de réduction 2,4/1 • Poussée statique maximale 235 lbs, 106 kgp • Rapport puissance/surface alaire 0,26 hp/ft², 2,78 CV/m² • Carburant emporté 5 US gallons, 4,2 Imp gal., 18,9 litres dans le réservoir principal • 10 US galons, 8,3 Imp gal., 37,8 litres en réservoir supplémentaire optionnel.

4-MASSES ET CHARGES
Masse à vide 270 lbs, 122 kg • Masse maximale au décollage 550 lbs, 249 kg • Charge utile 280 lbs, 127 kg • Charge alaire maximale 4,07 lbs/ft², 19,8 kg/m² • Rapport poids/puissance 15,7 lbs/hp, 7,1kg/CV • Facteurs de charges + 4 g — 3 g calculées à rupture.

5-PERFORMANCES*
Vitesse maximale en palier 72 mph, 116 km/h • Vne 80 mph, 124 km/h • Croisière (maximale) 60 mph, 97 km/h • Croisière (économique) 55 mph, 88 km/h • Vitesse de décrochage 27 mph, 43 km/h • Vitesse ascensionnelle maximale (au niveau de la mer) 800 ft/min, 4,1 m/s • Taux de chute minimal 250 ft/min à 30 mph, 1,3 m/s à 48 km/h • Finesse maximale 8,5/1 à 42 mph, 67 km/h • Roulage au décollage 150 ft, 45 m • Roulage à l'atterrissage 150 ft, 45 m • Distance franchissable maximale 100 miles, 161 km.

Mesurées dans les conditions suivantes : Altitude QNH 0 ft, 0 m • Vent au sol calme • Poids total 460 lbs, 208 kg. Avec moteur ci-dessus.

CGS Aviation
Hawk B
(3 axes)

Description semblable à celle du *Hawk Model A* sauf spécifications ci-après.

A G Sobbota

1-Suite à l'entrée en vigueur le 10 octobre 1982 de la FAR Part 103-Ultralight Vehicles aux USA, CGS Aviation propose un *Hawk Model B* qui entre dans la classification ULM. Cette version allégée diffère principalement d'avec le *Model A* standard par l'adoption d'un Kawasaki TA-440 en remplacement du Cuyuna UL II-02, moteur qui développe une puissance équivalente et est aussi utilisé avec un réducteur CGS à 6 courroies. Suivant la documentation fournie par la firme, seules diffèrent les masses et charges entre les deux modèles en ce qui concerne les caractéristiques. Les performances sont aussi données comme équivalentes par le constructeur, hors la vitesse maximale ramenée à 60 mph pour le *Hawk B*. Celui-ci concerve donc les avantages du *Model A*, y compris un temps de mise en œuvre de l'ordre de 20 min par une personne, chaque aile s'assemblant au fuselage par trois boulons. Le Hawk B est aussi fourni sous forme d'un kit au prix de **6345 US $**. En option : des flotteurs, strobe light (phare) et un démarreur électrique.

2-DIMENSIONS EXTERIEURES ET SURFACES
Voir le *Hawk A*.

3-MOTORISATION
Voir le *Hawk A* sauf : Moteur Kawasaki TA 440 • Puissance maximale 35 CV à 6000 tr/mn • Diamètre et pas de l'hélice 60 × 27 inches, 1,52 × 0,68 m.

4-MASSES ET CHARGES
Masse à vide 251 lbs, 114 kg • Masse maximale au décollage 530 lbs, 240 kg • Charge utile 279 lbs, 126 kg • Charge alaire maximale 3,92 lbs/ft², 19,1 kg/m² • Rapport poids/puissance 15,1 lbs/hp, 6,9 kg/CV • Facteurs de charges + 4 g — 3 g calculées à rupture NC.

5-PERFORMANCES*
Vitesse maximale en palier 62 mph, 100 km/h • Vne 80 mph, 129 km/h • Croisière (maximale) 60 mph, 97 km/h • Croisière (économique) 55 mph, 88 km/h • Vitesse de décrochage 26 mph, 42 km/h • Vitesse ascensionnelle maximale (au niveau de la mer) 600 ft/min, 3 m/s • Finesse maximale 8,9/1 (vitesse NC) • Autres caractéristiques NC.

* Conditions du test non spécifiées.

CLOUD-BUSTER INC.

Cloudbuster Incorporated, 1255 Seeds Avenue, Saratosa, Florida 33577 ; tél. (813) 953.7881.

Cloudbuster Inc.
Cloudbuster
(3 axes)

Monoplace monomoteur à l'aile haute ; pilotage 3 axes conventionnel. Voilure sans flèche au bord d'attaque, avec flèche inverse au bord de fuite ; corde dégressive ; empennage cruciforme. Tangage par gouverne de profondeur articulée sur le plan fixe horizontal ; lacet par gouvernail de direction articulé sur la dérive ;

roulis par ailerons sur un tiers de l'envergure de l'aile ; commande au manche pour le tangage et le roulis ; palonnier pour le lacet. Voilure haubanée portée par des mâts ; profil d'aile NC ; à double entoilage. Atterrisseur tricycle ; suspension par ressorts sur toutes les roues. Roue avant directrice conjuguée au palonnier. Frein sur la roue avant. Structure en tubes de duralumin sans carénage de nez. Moteur monté au niveau de l'aile utilisé en tractif. Technologie : matériaux composites (fibre de verre/époxy) sur structure métallique.

1-Le *Cloudbuster* (dresseur de nuages) a fait son apparition en 1981. C'est un ULM à voilure rigide avec longerons en tubes de duralumin, nervures en mousse polyuréthane à forte densité renforcée par un stratifié fibres de verre unidirectionnelles et époxy, bord d'attaque en vinyl et bord de fuite en tôle d'aluminium collée à l'époxy sur les queues des nervures. Débattant aux extrémités de l'aile aux saumons semi-elliptiques, les ailerons s'articulent sur un faux longeron. Le prototype des *Cloudbuster* était équipé d'un moteur Skylark abandonné sur les premiers appareils de série (1982) pour un Zenoah G25B développant 20 CV à 6500 tr/mn. Deux autres options sont actuellement proposées pour cet appareil par Cloudbuster Inc. : Cuyuna 215 R (20 CV à 5500 tr/mn) avec réducteur 2,5/1 ou Cuyuna 430 R (30 CV à 5500 tr/mn. Son transport par route peut s'effectuer sur une remorque, les deux demi-ailes et l'empennage horizontal pouvant être démontés. Le *Cloudbuster* est commercialisé en kit, à divers stades d'achèvement, avec ou sans moteur, au choix du client. Son prix est donc fonction du type de kit adopté et communiqué à la demande.

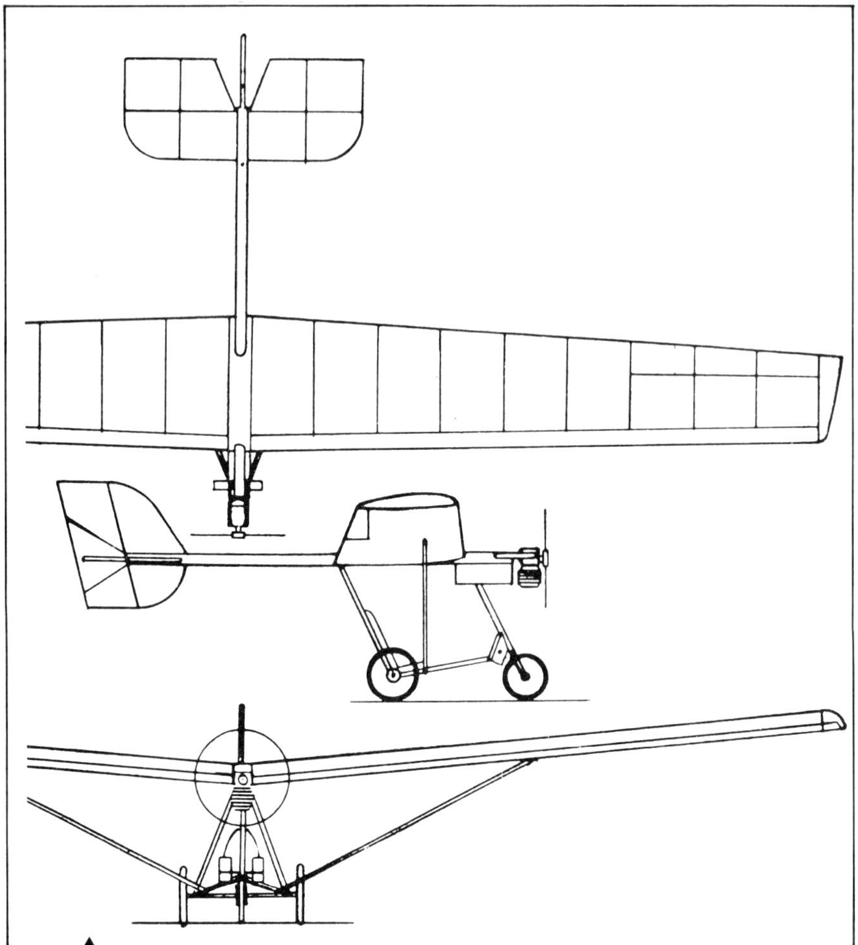

2-DIMENSIONS EXTERIEURES ET SURFACES
Longueur hors tout 15,6 ft,4,72 m • Hauteur hors tout 7,4 ft, 2,23 m • Envergure (aile) 37 ft, 11,28 m • Corde moyenne 4,1 ft, 1,24 m • Surface alaire totale 153 ft^2, 14,2 m^2 • Allongement 8,9/1 • Diamètre de la roue avant 16 inches, 40 cm • Diamètre des roues principales 20 inches, 50 cm • Autres caractéristiques NC.

3-MOTORISATION
Moteur Zenoah G25 B • Puissance maximale 20 CV à 6500 tr/mn • Diamètre et pas de l'hélice NC • Réducteur à courroie rapport de réduction 2,5/1 • Rapport puissance/surface alaire 0,13 hp/ft^2, 1,40 CV/m^2 • Carburant emporté 3,5 US gallons, 2,9 Imp gal., 13 litres.

4-MASSES ET CHARGES
Masse à vide 248 lbs, 112 kg • Masse maximale au décollage 532 lbs, 241 kg • Charge utile 284 lbs, 129 kg • Charge alaire maximale 3,48 lbs/ft^2, 17 kg/m^2 • Rapport poids/puissance 26,6 lbs/hp, 12 kg/CV • Facteurs de charges calculées NC, + 4,5 g — 2,25 g à rupture.

5-PERFORMANCES*
Vitesse maximale en palier 60 mph, 97 km/h • Vne 65 mph, 105 km/h • Croisière (économique) 45 mph, 72 km/h • Vitesse de décrochage 25 mph, 40 km/h • Vitesse ascensionnelle maximale (au niveau de la mer) 650 ft/min, 3,3 m/s • Taux de chute minimal 260 ft/min, 1,3 m/s • Finesse maximale 13/1 à 32 mph, 51 km/h • Roulage au décollage 80 ft, 25 m • Roulage à l'atterrissage 100 ft, 30 m • Plafond pratique 10000 ft, 3050 m • Distance franchissable maximale 135 miles, 217 km.

*** Conditions du test non spécifiées.**

COMPETITION AIRCRAFT

Competition Aircraft, Painesville, Ohio. President : Robert J. Davis.

Competition Aircraft *Firebird Flyer*

(3 axes)

Monoplace monomoteur à l'aile haute ; pilotage 3 axes non conventionnel. Voilure sans flèche au bord d'attaque et au bord de fuite, corde constante ; empennage en V inversé. Tangage et lacet par élevons ; roulis par ailerons sur toute l'envergure de l'aile ; commande au manche pour le tangage, le roulis et le lacet. Voilure haubannée portée par des mâts ; profil d'aile : NC à double entoilage. Atterrisseur tricycle et suspension sur toutes les roues (type NC). Roue avant directrice non conjuguée au palonnier. Sans freins. Structure en tubes de duralumin sans carénage de nez. Moteur monté sous l'aile utilisé en propulsif.

1-Cet appareil reste un prototype dont les caractéristiques et performances ne sont pas encore communiquées. Cependant, R.J. Davis apporte deux idées originales dans ce nouveau dessin. Les ailerons sur toute l'envergure peuvent être actionnés en conjugaison aussi et font alors office de volets hypersustentateurs. D'autre part, le moteur utilisé sur le *Firebird Flyer* (Un Sptfire 250FA de 28 bhp et qui pourrait par la suite céder la place au 220LC 35 bhp avec refroidissement à eau) entraîne une hélice bipale propulsive qui se sert pour axe de la poutre métallique tubulaire portant l'empennage. Le même système est employé sur le monoplace AN-20D du Suisse Albert Neukom.

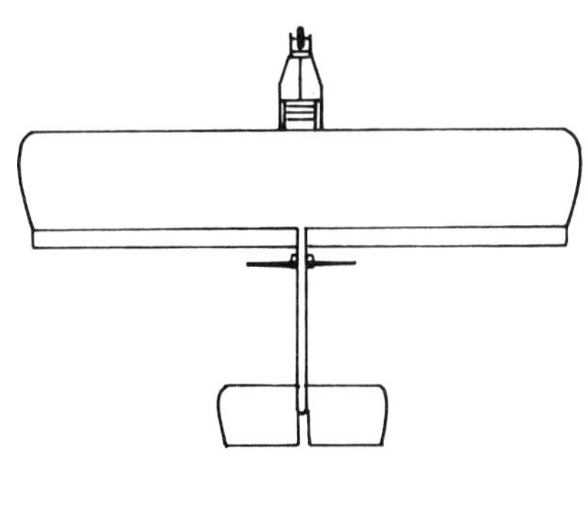

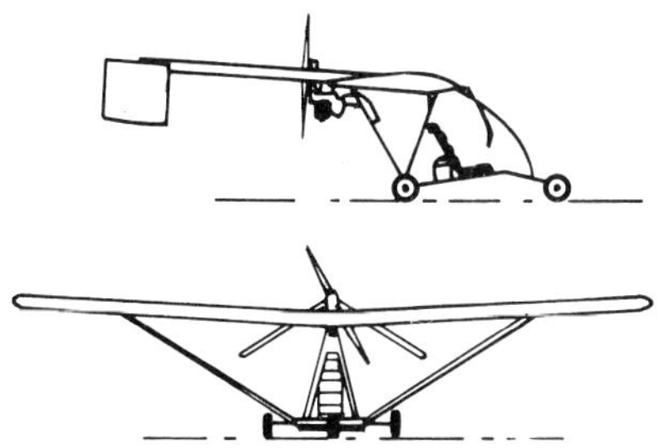

CONDOR AIRCRAFT

Condor Aircraft, 10772-G SW 190th Street, Miami, Florida 33157 ; tel. (305) 238.3920, tx (domestic) 620.147100, (international) 46.7414.

Condor Aircraft *Condor II* (3 axes)

Monoplace monomoteur à l'aile haute ; pilotage 3 axes conventionnel. Voilure sans flèche au bord d'attaque et au bord de fuite ; corde constante ; empennage cruciforme. Tangage par gouverne de profondeur articulée sur le plan fixe horizontal ; lacet par gouvernail de direction monobloc ; roulis par spoilerons sur un tiers de l'envergure de l'aile ; commande au manche pour le tangage et le roulis ; palonnier pour le lacet. Voilure haubanée sol et vol par câbles ; profil d'aile : NC ; à simple entoilage. Atterrisseur tricycle ; suspension par barre de torsion de la roue avant et suspension type NC du train principal. Roue non directrice. Sans freins. Structure en tubes de duralumin, avec carénage sur option. Moteur monté sous l'aile, utilisé en propulsif.

1-Le *Condor II* est d'un dessin très proche de celui des *Quicksilver MX* monoplaces, avec son aile à simple entoilage, de forme en plan rectangulaire et affectée d'un dièdre considérabe. Parce que les concurrents sont nombreux dans ce créneau, son constructeur insiste dans ses publicités sur la qualité de son produit par rapport aux autres : les câbles en acier inoxydable du *Condor II* sont gainés de vinyl et ses tubes anodisés de couleurs claires. Les options proposées portent sur des flotteurs, un parachute pyrotechnique, un carénage, un strobe light et le démarreur électrique.

Prix : **5245 US $.**

2-DIMENSIONS EXTERIEURES ET SURFACES
Longueur hors tout 10 ft, 3,05 m • Hauteur hors tout 9,7 ft, 2,96 m • Envergure (aile) 32 ft, 9,75 m • Corde constante 5,3 ft, 1,60 m • Flèche 0° • Surface alaire totale 168 ft², 15,6 m² • Allongement 6,3/1 • Autres caractéristiques NC.

3-MOTORISATION
Moteur Kawasaki TA 440 • Puissance maximale 40 CV à 6000 tr/mn • Diamètre et pas de l'hélice 56 × 36 inches, 1,42 × 0,91 m • Réducteur à courroie crantée rapport de réduction 2/1 • Poussée statique maximale 238 lbs, 108 kgp • Rapport puissance/surface alaire 0,24 hp/ft², 2,6 CV/m² • Carburant emporté 5 US gallons, 4,2 Imp gal., 18,9 litres.

4-MASSES ET CHARGES
Masse à vide 240 lbs, 109 kg • Masse maximale au décollage 545 lbs, 247 kg • Charge utile 305 lbs, 138 kg • Charge alaire maximale 3,24 lbs/ft², 15,7 kg/m² • Rapport poids/puissance 13,6 lbs/hp, 6,2 kg/CV • Facteurs de charges + 5 g — 3 g calculées à rupture NC.

5-PERFORMANCES*
Vitesse maximale en palier 55 mph, 88 km/h • Vne 60 mph, 97 km/h • Croisière (maximale) 55 mph, 88 km/h • Croisière (économique) 42 mph, 68 km/h • Vitesse de décrochage 19 mph, 31 km/h • Vitesse ascensionnelle maximale (au niveau de la mer) 775 ft/min, 3,9 m/s • Finesse maximale 7/1 (vitesse NC) • Roulage à l'atterrissage 75 ft, 23 m • Autres caractéristiques NC.
* Conditions du test non spécifiées.

Condor Aircraft *Condor III* (3 axes)

Description semblable à celle du Condor II dont il est la version biplace côte-à-côte.

1-Condor Aircraft décrit le *Condor III* comme « une version musclée du *Condor II*, destinée à emporter une charge plus importante ». La firme cite une charge maximale au décollage plus importante et une charge utile de 184 kg qui valent de le classer comme biplace dans le présent ouvrage. Cependant, la littérature éditée par son constructeur ne précise pas la motorisation de cet appareil. On peut penser qu'il emploie le même Kawasaki 40 CV que le monoplace, ce qu'impliquent les caractéristiques et performances dont nous avons eu connaissance. Ce prototype ne semble toutefois pas devoir donner cours à une commercialisation prochaine, la réglementation actuelle américaine classant automatiquement les biplaces en *Experimental Aircrafts*, comme les avions de construction amateur, avec brevet de pilote privé avion à la clef.

2-DIMENSIONS EXTERIEURES ET SURFACES
Envergure (aile) 33 ft, 10,06 m • Corde constante 5,1 ft, 1,55 m • Surface alaire totale 168 ft², 15,6 m² • Allongement 6,5/1 • Autres caractéristiques NC.

3-MOTORISATION
Voir le paragraphe 1.

4-MASSES ET CHARGES
Masse à vide 252 lbs, 114 kg • Masse maximale au décollage 657 lbs, 298 kg • Charge utile 405 lbs, 184 kg • Charge alaire maximale 3,91 lbs/ft², 19,1 kg/m² • Rapport poids/puissance 16,4 lbs/hp, 7,5 kg/CV • Facteurs de charges NC.

5-PERFORMANCES*
Vne 65 mph, 105 km/h • Croisière (maximale) 51 mph, 82 km/h • Croisière (économique) 38 mph, 61 km/h • Vitesse de décrochage 24 mph, 39 km/h • Vitesse ascensionnelle maximale (au niveau de la mer) 600 ft/min, 3 m/s • Roulage au décollage 60 ft, 18 m • Roulage à l'atterrissage 90 ft, 27 m • Autres caractéristiques NC.

*** Conditions du test non spécifiées.**

COZZA/ SCHOLL

Adresse non communiquée.

Cozza/Scholl *Scorpion*
(3 axes)

Monoplace monomoteur à aile médiane ; pilotage 3 axes conventionnel. Voilure forme NC ; corde dégressive ; avec plan canard, sans empennage. Tangage par plan canard monobloc mobile en incidence ; lacet par gouvernails de direction monoblocs aux extrémités du plan canard. Roulis par ailerons sur la moitié de l'envergure de l'aile ; commande NC. Aile cantilever, profil d'aile NC ; à double entoilage. Atterrisseur NC. Suspension NC. Freins NC. Fuselage en duralumin. Moteur monté au niveau de l'aile utilisé en propulsif.

1-Bien qu'à l'heure où nous mettons sous presses, le *Scorpion* ne soit encore qu'un prototype, il est vraisemblable que celui-ci débouche sur une commercialisation, ne serait-ce que sous forme de plans pour les constructeurs amateurs. Ses concepteurs, Craig Cozza et Mark Scholl, veulent obtenir un ULM offrant de bonnes performances en vol à voile et susceptible d'être employé en toute sécurité par des températures assez basses pour affaiblir la résistance des matériaux composites. Tous deux habitent Chicago qui n'est pas précisément connu pour la douceur de son climat hivernal. Le *Scorpion* fait donc appel à une technologie tout métal avec revêtement des ailes en Dacron.

Formule originale, le contrôle en profondeur s'opère par le biais d'un plan canard formant gouverne monobloc et aux extrémités de laquelle sont montés des gouvernails de direction. Des ailerons courant sur la moitié de l'envergure permettent le contrôle en roulis. Autre particularité, l'appareil peut voler avec une voilure principale de 12,19 m d'envergure pour le vol à voile ou raccourcie par le retrait des panneaux de 3,05 m qui forment les extrémités de l'aile. Pour en faciliter la construction, le fuselage du *Scorpion* est de section triangulaire, permettant l'emploi de tôles laissées plates pour son revêtement.

Sa faible traînée a permis l'emploi d'un moteur de moindre puissance sur le *Scorpion* et ses créateurs l'ont muni d'un Cuyuna 215R de 20 CV, avec lequel la consommation est calculée de 3,8 litres/heure en croisière. Quelles que soient les intentions de Craig Cozza et Mark Scholl en matière de commercialisation, il serait toutefois de leur intérêt de changer l'appellation de leur appareil s'ils escomptent en vendre en Europe où existe le risque de confusion avec le *Scorpion* de la firme britannique Southern Aero Sports, de fâcheuse réputation (voir ce nom).

2-DIMENSIONS EXTERIEURES ET SURFACES
Envegure (aile) 20 ou 40 ft, 6,10 ou 12,19 m • Autres caractéristiques NC.

3-MOTORISATION
Moteur Cuyuna 215R • Puissance maximale 20 CV (vitesse NC) • Autres caractéristiques NC.

4-MASSES ET CHARGES
Masse à vide 235 lbs, 107 kg • Autres caractéristiques NC.

5-PERFORMANCES
Croisière (maximale) 60 mph, 97 km/h • Autres caractéristiques NC.

CUSTOM AIRCRAFT CONVERS.

Custom Aircraft Conversions Inc., 222 W Turbo Dr, San Antonio, Texas 78216 ; tel. (512) 349.6347.

Custom Aircraft Conversions *Raven II*
(3 axes)

Biplace côte-à-côte monomoteur à l'aile haute ; pilotage 3 axes conventionnel. Voilure forme NC ; corde dégressive. Tangage NC ; lacet par gouvernail de direction monobloc ; roulis NC ; commande NC. Voilure haubanée portée par des mâts ; profil d'aile : NC ; à double entoilage. Atterrisseur tricycle ; suspension NC. Roue avant directrice. Freins NC. Structure en tubes de duralumin ; sans carénage de nez. Moteur monté au niveau de l'aile utilisé en tractif.

1-Il n'est fait aucune mention du *Weedhopper* dans les publications de Custom Aircraft Conversions traitant du *Raven II* mais, pourtant, les deux appareils ont un indéniable air de famille. Avec la cessation de production du JC-31 de Weedhopper of Utah (voir ce nom, chapitre USA), les partisans du biplace trouveront leur plaisir avec ce *Raven* (corbeau) qui lui est en tous points semblable, à l'empennage vertical et aux spoilers près. Autre différence mais qui n'a rien de rédhibitoire, de l'aveu même des spécialistes, cet appareil a préféré le Cuyuna UL II-02 au moteur Chotia 460 B du malchanceux JC-31.

James A. Summersett, de Custom Aircraft Conversions estime que la mise en œuvre du *Raven II* est de l'ordre des 45 mn et indique 55 h de main-d'œuvre pour son assemblage à partir du kit.

Prix : **5895 US $.**

2-DIMENSIONS EXTERIEURES ET SURFACES
Longueur hors tout 18,3 ft, 5,56 m • Hauteur hors tout 7,2 ft, 2,18 m • Envergure (aile) 36 ft, 10,97 m • Surface alaire totale 201 ft², 18,7 m² • Allongement 6,4/1 • Autres caractéristiques NC.

3-MOTORISATION
Moteur Cuyuna UL II-02 • Puissance maximale 35 CV (vitesse NC) • Diamètre et pas de l'hélice 60 × 27 inches, 1,52 × 0,69 m • Réducteur type NC rapport de réduction 2/1 • Rapport puissance/surface alaire 0,17 hp/ft², 1,9 CV/m² • Carburant emporté 3,2 US gallons 2,7 Imp gal., 12,1 litres • Autres caractéristiques NC.

4-MASSES ET CHARGES
Masse à vide 250 lbs, 113 kg • Masse maximale au décollage 650 lbs, 295 kg • Charge utile 400 lbs, 181 kg • Charge alaire maximale

3,23 lbs/ft², 15,8 kg/m² • Rapport poids/puissance 18,6 lbs/hp, 8,4 kg/CV • Facteurs de charges + 5 g — 2 g calculées, à rupture NC.

5-PERFORMANCES*

Vitesse maximale en palier 55 mph, 88 km/h • Croisière (maximale) 35 mph, 56 km/h • Vitesse de décrochage 23 mph, 37 km/h • Vitesse ascensionnelle maximale (au niveau de la mer) 625 ft/min, 3,2 m/s • Taux de chute minimal 350 ft/min à 26 mph, 1,8 m/s à 42 km/h • Finesse maximale 7,5/1 à 28 mph, 45 km/h • Roulage au décollage 100 ft, 30 m • Roulage à l'atterrissage 75 ft, 23 m • Plafond pratique 9500 ft, 2900 m • Distance franchissable maximale 75 miles, 120 km.

* Conditions du test non spécifiées.

DELTA WING KITES

Delta Wing Kites and Gliders Inc., P.O. Box 483, Van Nuys, California 91408, téléphone (213) 785-2474/787-6610. Bill Bennett.

Delta Wing Kites *Trike*

(pendulaire)

Monoplace monomoteur à voilure souple, pilotage pendulaire. Voilure type Rogallo avec dérive sous l'aile. Le pilote est suspendu sous la voilure dans un siège-harnais et utilise un trapèze de commande (pilotage par déplacement du centre de gravité par rapport au centre de poussée). Voilure haubanée sol et vol par câbles. Atterrisseur tricycle; suspension à bras mobile avec ressorts doubles. Roue avant directrice non conjuguée au palonnier. Freins NC. Chariot en tubes de duralumin sans carénage de nez. Moteur monté sous l'aile, utilisé en propulsif. Technologie : structure tubulaire en duralumin 6061T6 anodisé; haubanage par câbles d'acier inoxydable sous revêtement vinyl.

1-Après avoir été l'un des précurseurs du Vol libre aux USA (il se rendit célèbre en survolant avec un PUL la statue de la Liberté de New York, le 4 juillet 1969), Bill Bennett s'est essayé dès 1973 au vol motorisé sous planeur ultraléger de pilotage pendulaire. Il fut l'inventeur d'un groupe motopropulseur qu'il s'attachait dans le dos au moyen d'un harnais, l'hélice tournant à l'intérieur d'une cage en grillage. Le peu de compatibilité entre une cage thoracique normale et les vibrations d'un moteur valurent un moindre succès à ce dispositif. En 1980, il s'inspirait du chariot avec moteur Solo 210cc qui venait d'être importé en Californie où son créateur, le constructeur français Roland Magallon (voir : France-Véliplane), en avait vendu cinq exemplaires. Bill produisit dès cette même année les premiers Delta Wing *Trike :* plus efficaces que les *Soarmaster* jusqu'alors employés pour motoriser les « hang-gliders » sur le continent nord-américain, les chariots pouvaient de surcroît s'adapter sans modification majeure à la plupart des appareils utilisés. D'une mise en œuvre rapide, faciles à transporter, tout-terrain, n'imposant plus le décollage à pied et d'un prix compétitif, ils s'imposèrent très vite dans ce créneau de l'Aviation ultralégère comme ils l'avaient fait en Europe.

Delta Wing Kites propose actuellement son chariot pour **1 400 US $** sans moteur ou équipé avec diverses motorisations, les prix que nous communiquons ci-après concernant les appareils entièrement équipés mais sans la voilure : avec moteur Fuji-Robin EC25PS 22 cv et démarreur à main, **2 250 US $**; avec EC 34PM 32 cv, démarreur à main, **2 395 US $**, (avec démarreur électrique, **2 570 US $**); avec EC34PL 55,5 cv à refroidissement à eau et démarreur à main, **2 795 US $**; avec EC44PM 50 cv à démarreur électrique, **2 670 US $**. (Après avoir utilisé les moteurs Yamaha KT-100S et Lloyd la firme Delta Wing Kites se sert donc maintenant exclusivement de moteurs Fuji-Robin). Deux chariots de chez Delta Wing Kites sont présentés dans nos pages en couleur; on peut noter que sur les tout derniers modèles, le moteur est placé plus bas que précédemment.

2-DIMENSIONS EXTERIEURES ET SURFACES

Envergure (aile) 32,5 ft, 9,91 m • Surface alaire totale 173 ft², 16,1 m² • Allongement 6/1 • Diamètre des roues principales 16 inches, 40 cm • Autres caractéristiques NC.

3-MOTORISATION

Moteur Robin EC25PS • Puissance maximale 22 CV (vitesse NC) • Réducteur rapport de réduction 2,5/1 • Rapport puissance/surface alaire 0,13 hp/ft², 1,4 CV/m² • Carburant emporté 1,2 US gallons, 1 Imp Gal., 4,5 litres • Autres caractéristiques NC.

4-MASSES ET CHARGES

Masse à vide 182 lbs, 83 kg • Masse maximale au décollage 432 lbs, 196 kg • Charge utile 250 lbs, 113 kg • Charge alaire maximale 2,50 lbs/ft², 12,2 kg/m² • Rapport poids/puissance 19,6 lbs/hp, 8,9 kg/CV • Facteurs de charges NC.

5-PERFORMANCES NC

DIEHL AERO-NAUTICAL

Diehl Aero-Nautical, 1855 North Elm, Jenks, Oklahoma 74037, telephone (918) 299-4445.

Diehl Aero-Nautical *XTC Hydrolight*

(3 axes)

Monoplace monomoteur à aile médiane; pilotage 3 axes conventionnel. Voilure flèche au bord d'attaque, flèche inverse au bord de fuite corde dégressive; empennage bidérive, avec plan canard. Tangage par gouverne de profondeur articulée sur le plan canard; lacet par gouvernails de direction articulés sur les dérives; roulis par spoilers sur un tiers de l'envergure de l'aile; commande au manche pour le tangage et le roulis; palonnier pour le lacet. Voilure cantilever profil d'aile NC à double entoilage. Atterrisseur train tricycle rentrant. Suspension par ressorts sur toutes les roues. Roue avant directrice conjuguée au palonnier. Freins sur les roues du train principal. Structure en fibre de verre, habitacle partiellement fermé. Moteur monté au-dessus de l'aile, utilisé en propulsif. Technolgoie : tout matériaux composite et longerons en fibre de carbone.

1-L'aile du *XTC Hydrolight* porte des flotteurs à ses extrémités et le fuselage entier de cet amphibie forme coque. Les roues du train principal se relèvent latéralement vers l'extérieur et la roulette de nez remonte vers l'avant pour se loger dans la pointe du fuselage. L'habitacle à ciel ouvert avec pare-brise peut être sur option fermé par une verrière. Ce prototype a été l'un des plus entourés à Oshkosh en 1982 puisqu'il s'agit du premier ULM amphibie apparu au monde. Il a été équipé d'un bicylindre Cuyuna 430RR changé pour le Kawasaki TA-440 développant 38,5 hp à 6000 tr/mn, puis, enfin, pour le KFM 107 de 25 cv. Sa dénomination de *XTC* signifie Cross Terrain Craft (avion tout terrain) selon son constructeur qui traduit aussi ces trois lettres par un jeu de mots : XTC = Esctasy (extase). Ses ailes extrêmes sont démontables et permettent le transport de cet amphibie sur remorque routière. Il est fourni sous forme d'un kit donné pour 100 h d'assemblage, au prix de **5 900 US $**.

Un *XTC* avait été engagé dans le 1er Grand Prix de France mais sa prestation ne s'est pas avérée très démonstratrice, son pilote ayant préféré changer de monture pour achever la course; le revêtement en mylar tendu sur un ruban adhésif double face ne semble pas s'être révélé, dans ce cas précis tout au moins, d'une exemplaire fiabilité.

Par ailleurs, il faut signaler que Diehl Aeronautical a présentement un biplace en construction mais sur lequel aucune donnée précise n'est encore disponible pour la parution du présent ouvrage.

2-DIMENSIONS EXTERIEURES ET SURFACES

Longueur hors tout 15,2 ft, 4,62 m • Hauteur hors tout 4,8 ft, 1,44 m • Envergure (aile) 32 ft, 9,75 m • Corde à l'emplanture 5 ft, 1,52 m • Corde aux extrémités 3 ft, 0,91 m • Dièdre 3° • Flèche NC • Envergure canard 12 ft, 3,65 m • Corde du plan canard 2,5 ft, 0,76 m • Hau-

teur plan fixe vertical 155 ft², 14,4 m² • Surface alaire totale 155 ft², 14,4 m² • Surface aile principale 128 ft², 11,9 m² • Surface du plan canard 27 ft², 2,5 m² • Surface totale des spoilerons 4 ft², 0,37 m² • Surface du plan fixe vertical 10 ft², 0,93 m² • Surface du gouvernail de direction 8 ft², 0,74 m² • Allongement 8/1 • Voie du train 6,3 ft, 1,93 m • Empattement 10,2 ft, 3,09 m • Diamètre de la roue avant 11 inches, 26 cm • Diamètre des roues principales 11 inches, 26 cm • Dimensions flotteurs 2,4 x 14 ft, 0,71 x 4,26 m.

3-MOTORISATION
Moteur KFM 107 • Puissance maximale 25 CV à 6280 tr/mn • Diamètre et pas de l'hélice 52 × 22 inches, 1,32 × 0,56 m • Réducteur à courroie en V rapport de réduction 2,1/1 • Poussée statique maximale 170 lbs, 77 kgp • Rapport puissance/surface alaire 0,16 hp/ft², 1,7 Cv/m² • Carburant emporté 5 US gallons, 4,2 Imp gal., 18,9 litres.

4-MASSES ET CHARGES
Masse à vide 247 lbs, 112 kg • Masse maximale au décollage 500 lbs, 227 kg • Charge utile 253 lbs, 115 kg • Charge alaire maximale 3,22 lbs/ft², 15,8 kg/m² • Rapport poids/puissance 20 lbs/hp, 9,1 kg/CV • Facteurs de charges + 4 g — 4 g calculées — + 8 g — 8 g à rupture.

5-PERFORMANCES*
Vitesse maximale en palier 62 mph, 100 km/h • Vne 80 mph, 129 km/h • Croisière (maximale) 60 mph, 97 km/h • Croisière (économique) 50 mph, 80 km/h • Vitesse de décrochage 25 mph, 40 km/h •Vitesse ascensionnelle maximale (au niveau de la mer) 600 ft/min, 3,1 m/s • Taux de chute minimal 250 ft/min à 37mph, 1,3 m/s à 59 km/h • Finesse maximale 14/1 à 40 mph, 64 km/h • Roulage au décollage 100 ft, 30 m • Roulage à l'atterrissage 200 ft, 60 m • Distance franchissable maximale 120 miles, 193 km.
*** Mesurées dans les conditions suivantes : Altitude QNH 700 ft, 213 m • Température au sol 60° F, 16° C • Vent au sol 5 mph, 8 km/h • Poids du pilote 170 lbs, 77 kg.**
Avec moteur ci-dessus.

E.A.A.

Experimental Aircraft Association, EAA-Oshkosh, P.O. Box 2591, Oshkosh, Wisconsin 54903. Directeur Technique : Harry Zeisloft.

EAA
Pee Wee
(3 axes)

Monoplace monomoteur biplan; pilotage 3 axes conventionnel. Voilure forme NC, empennage classique. Tangage NC, lacet NC, roulis NC, commande au manche pour le tangage et le roulis, palonnier pour le lacet. Voilure haubanée par mâts. Atterrisseur classique, suspension NC. Freins NC. Structure en tubes de duralumin avec carenage sur option. Moteur monté entre les 2 ailes, utilisé en tractif.

1-L'EAA (Experimental Aircrafts Association) est un organisme qui regroupe sous forme associative les constructeurs amateurs d'aéronefs du continent nord-américain, comme le fait en France le RSA (Réseau du Sport de l'Air). L'EAA est l'un des principaux représentants de l'Aviation légère et sportive aux Etats-Unis, organisateur notamment du mondialement célèbre rassemblement d'Oshkosh, Wisconsin, qui attire chaque année entre 6 et 700 000 visiteurs au bas mot. Cette association a pris fait et cause pour les ULM depuis plusieurs années déj à. Il n'y a donc rien de surprenant à ce qu'elle ait décidé de développer son propre appareil pour être fourni sous forme de liasses de plans à ses membres.

Prénommé *Pee Wee* - d'après l'appellation d'un avion léger développé dans les années 50 par Joe Kirk, l'un des dirigeants de l'EAA -, ce monoplace est un biplan calculé pour recevoir le bicylindre KFM 107 de 25 cv à 6300 tr/mn. Ce dernier est monté en tractif à l'avant du *Pee Wee* pour lequel un carénage est prévu, la possibilité étant laissée au constructeur de récupérer la chaleur du moteur pour converser ses jambes au chaud en hiver.

A l'heure où nous mettons sous presses, le premier *Pee Wee* est encore en cours de construction sous l'égide du directeur technique de l'EAA, Harry Zeisloft, et de l'ingénieur aéronautique Dennis Harbin. En conséquence, les caractéristiques et performances n'en sont pas encore communiquées. Tout laisse à penser que ce *Pee Wee* sera un nouveau venu intéressant sur la scène des ultralégers motorisés et qu'il sera instructif de pouvoir le comparer à d'autres biplans tels le *Delta Bird* de la firme américaine Aircraft Specialties, le *Micro Biplane* britannique ou le futur Wonder-Mudry *Le Tropique,* en France.

EASTERN ULTRA-LIGHTS

Eastern Ultralights, P.O. Box 424, Chatsworth, New Jersey 08019 : tel. (609) 726.1193.

Eastern Ultralights
Snoop
(3 axes)

Monoplace monomoteur à l'aile haute ; pilotage 3 axes conventionnel. Voilure sans flèche au bord d'attaque et au bord de fuite, corde constante ; empennage cruciforme. Tangage par gouverne de profondeur articulée sur le plan fixe horizontal ; lacet par gouvernail de direction monobloc ; roulis par spoilers sur un tiers de l'envergure de l'aile ; commande au manche pour le tangage et le roulis ; palonnier pour le lacet. Voilure haubanée sol par câbles, vol par câbles ; profil d'aile NC ; à simple entoilage. Atterrisseur tricycle avec béquille arrière ; suspension par barres de torsion sur toutes les roues. Roue non directrice. Sans freins. Struture en tubes de duralumin avec carénage sur option. Moteur monté au-dessus de l'aile utilisé en propulsif.

1-Le prototype du *Snoop* monoplace a été présenté au Sun-'n-Fun de Lakeland, Floride, dès 1981, mais n'avait pas encore effectué son premier vol. Il s'agissait alors d'un ULM 2 axes, sans spoiler, avec une structure et un empennage différents de ceux du modèle actuellement commercialisé. Après plusieurs modifications importantes, il est aujourd'hui proposé sous forme d'un kit nécessitant 30 h d'assemblage aux dires d'Eastern Ultralights. Différentes options portent sur un capotage du moteur, des carénages de train, un habitacle fermé, des skis et des flotteurs. Prix du kit : **4790 US $.** Au Sun-'n-Fun de mars 1983, Eastern Ultralights annonçait le remplacement du moteur Cuyuna 430 R standard sur le *Snoop* par le nouveau type UL II-02 du même motoriste. Les options comportent des flotteurs, des skis, un carénage de nez, un cockpit complètement fermé, et un démarreur électrique.

2-DIMENSIONS EXTERIEURES ET SURFACES
Longueur hors tout 16,2 ft, 4,90 m • Hauteur

hors tout 8,6 ft, 2,59 m • Envergure (aile) 33 ft, 10,05 m • Corde constante 5 ft, 1,52 m • Dièdre 7° • Flèche 0° • Surface alaire totale 165 ft^2, 15,3 m^2 • Surface totale des spoilerons 3 ft^2, 0,28 m^2 • Surface du gouvernail de direction 6 ft^2, 0,56 m^2 • Surface totale des gouvernes de profondeur 6 ft^2, 0,56 m^2 • Allongement 6,6/1 • Empattement 5,6 ft, 1,67 m • Diamètre de la roue avant 12 inches, 30 cm • Diamètre des roues principales 14 inches, 35 cm • Dimensions flotteurs 9 × 2 ft, 2,74 × 0,61 m • Dimensions skis 3 × 1 ft, 0,91 × 0,30 m • Autres caractéristiques NC.

3-MOTORISATION
Moteur Cuyuna UL II-02 • Puissance maximale 35 CV à 6200 tr/mn • Diamètre et pas de l'hélice 54 × 27 inches, 1,37 × 0,68 m • Réducteur à courroie en V rapport de réduction 2/1 • Poussée statique maximale 200 lbs, 90,6 kgp • Rapport puissance/surface alaire 0,21 hp/ft^2, 2,3 CV/m^2 • Carburant emporté 5 US gallons, 4,2 Imp gal., 18,9 litres.

4-MASSES ET CHARGES
Masse à vide 238 lbs, 108 kg • Masse maximale au décollage 518 lbs, 235 kg • Charge utile 280 lbs, 127 kg • Charge alaire maximale 3,2 lbs/ft^2, 15,3 kg/m^2 • Rapport poids/puissance 14,8 lbs/hp, 6,7 kg/CV • Facteurs de charges + 5,5 g — 3,5 g calculées • + 6 g — 4 g à rupture.

5-PERFORMANCES*
Vitesse maximale en palier 50 mph, 80 km/h • Vne 55 mph, 88 km/h • Croisière (maximale) 45 mph, 72 km/h • Croisière (économique) 40 mph, 64 km/h • Vitesse de décrochage 18 mph, 29 km/h • Vitesse ascensionnelle maximale (au niveau de la mer) 600 ft/min, 3 m/s • Roulage au décollage 75 ft, 23 m • Roulage à l'atterrissage 100 ft, 30 m • Plafond pratique 10.000 ft, 3050 m • Distance franchissable maximale 125 miles, 201 km.

*** Mesurées dans les conditions suivantes : Altitude QNH 60 ft, 18 m • Température au sol 70 °F, 21 °C • Vent au sol 5 mph, 8 km/h • Poids du pilote 180 lbs, 82 kg • Avec moteur ci-dessus.**

Eastern Ultralights
Snoop +
(3 axes)

Description identique au *Snoop* sauf : contrôle roulis par ailerons ; double entoilage.

1-Présenté au Sun-'n-Fun de mars 1983 à Lakeland, Floride, le modèle *Snoop +* diffère du *Snoop* de base par une aile de moindre envergure, munie d'ailerons et de volets hypersustentateurs. De plus, cette aile est à double surface d'entoilage. Comme le précédent modèle, celui-ci utilise aussi le Cuyuna UL II-02 avec pot d'échappement accordé. Les options sont les mêmes que celles proposées pour le modèle de base. Prix : **5790 US $.**

2-DIMENSIONS EXTERIEURES ET SURFACES
Longueur hors tout 16,2 ft, 4,90 m • Hauteur hors tout 8,6 ft, 2,59 m • Envergure (aile) 30 ft, 9,14 m • Corde constante 4 ft, 1,22 m • Dièdre 1° • Flèche 0° • Surface alaire totale 150 ft^2, 13,9 m^2 • Surface totale des ailerons 20 ft^2, 1,86 m^2 • Surface du gouvernail de direction 6 ft^2, 0,56 m^2 • Surface totale des gouvernes de profondeur 6 ft^2, 0,56 m^2 • Allongement 5,9/1 • Empattement 5,6 ft, 1,67 m • Diamètre de la roue avant 12 inches, 30 cm • Diamètre des roues principales 14 inches, 35 cm • Dimensions flotteurs 9 × 2 ft, 2,74 × 0,61 m • Dimensions skis 3 × 1 ft, 0,91 × 0,30 m • Autres caractéristiques NC.

3-MOTORISATION
Moteur Cuyuna UL II-02 • Puissance maximale 35 CV à 6200 tr/mn • Diamètre et pas de l'hélice 54 × 27 inches, 1,37 × 0,68 m • Réducteur à courroie rapport de réduction 2/1 • Poussée statique maximale 200 lbs, 91 kgp • Rapport puissance/surface alaire 0,23 hp/ft^2, 2,5 CV/m^2 • Carburant emporté 5 US gallons, 4,2 Imp gal., 18,9 litres.

4-MASSES ET CHARGES
Masse à vide 248 lbs, 112 kg • Masse maximale au décollage 528 lbs, 239 kg • Charge utile 280 lbs, 127 kg • Charge alaire maximale 3,5 lbs/ft^2, 17,1 kg/m^2 • Rapport poids/puissance 15,1 lbs/hp, 6,82 kg/CV • Facteurs de charges + 5,5 g — 3,5 g calculées • + 6 g — 4 g à rupture.

5-PERFORMANCES*
Vitesse maximale en palier 60 mph, 97 km/h • Vne 63 mph, 101 km/h • Croisière (maximale) 55 mph, 88 km/h • Croisière (économique) 45 mph, 72 km/h • Vitesse de décrochage 25 mph, 40 km/h • Vitesse ascensionnelle maximale (au niveau de la mer) 1000 ft/min, 5,1 m/s • Roulage au décollage 100 ft, 30 m • Roulage à l'atterrissage 150 ft, 45 m • Plafond pratique 10.000 ft, 3050 m • Distance franchissable maximale 175 miles, 281 km.

*** Mesurées dans les conditions suivantes : Altitude QNH 60 ft, 18 m • Température au sol 70 °F, 21 °C • Vent au sol 5 mph, 8 km/h • Poids du pilote 180 lbs, 82 kg • Avec moteur ci-dessus.**

Eastern Ultralights
Snoop II
(3 axes)

Description identique au *Snoop* sauf : biplace côte-à-côte ; roue avant directrice conjuguée au palonnier ; structure en tubes de duralumin sans carénage de nez.

1-Le prototype du *Snoop* biplace a été présenté dès août 1982 à Oshkosh et l'appareil est maintenant disponible sous forme d'un kit donné pour 40 h d'assemblage. La voilure a été redimensionnée par rapport à celles des *Snoop* et *Snoop +* et utilise des spoilerons pour le roulis, au lieu des spoilers du premier et des ailerons du second. Le prototype était équipé d'un Cuyuna 430 R mais les documentations d'Eastern Ultralights mentionnent le *Snoop II* comme devant être équipé du nouveau bicylindre UL II-02 du même motoriste, avec pot d'échappement accordé et poussé jusqu'à 45 CV de puisance maximale. N'étant pas classable comme ULM aux USA (sa masse à vide est de 268 lbs, 122 kg), cet intéressant biplace à doubles commandes impose à son pilote d'être breveté.

2-DIMENSIONS EXTERIEURES ET SURFACES
Longueur hors tout 17,2 ft, 5,23 m • Hauteur hors tout 8,6 ft, 2,59 m • Envergure (aile) 39 ft, 11,88 m • Corde constante 5 ft, 1,52 m • Dièdre 7° • Flèche 0° • Surface alaire totale 195 ft^2, 18,1 m^2 • Surface totale des spoilerons 3 ft^2, 0,28 m^2 • Surface du gouvernail de direction 6 ft^2, 0,56 m^2 • Surface totale des gouvernes de profondeur 6 ft^2, 0,56 m^2 • Allongement7,8/1 • Empattement 6,7 ft, 2,04 m • Diamètre de la roue avant 12 inches, 30 cm • Diamètre des roues principales 14 inches, 35 cm • Dimensions flotteurs 11 × 2 ft, 3,35 × 0,61 m • Dimensions skis 4 × 1 ft, 1,22 × 0,30 m • Autres caractéristiques NC.

3-MOTORISATION
Moteur Cuyuna UL II-02 • Puissance maximale 45 CV à 6200 tr/mn • Diamètre et pas de l'hélice 54 × 27 inches, 1,37 × 0,68 m • Réducteur à courroie rapport de réduction 2/1 • Rapport puissance/surface alaire 0,23 hp/ft^2, 2,5 CV/m^2 • Carburant emporté 5 US gallons, 4,2 Imp gal., 18,9 litres.

4-MASSES ET CHARGES
Masse à vide 268 lbs, 122 kg • Masse maximale au décollage 688 lbs, 312 kg • Charge utile 420 lbs, 190 kg • Charge alaire maximale 3,52 lbs/ft^2, 17,2 kg/m^2 • Rapport poids/puissance 15,3 lbs/hp, 6,9 kg/CV • Facteurs de charges + 5,5 g — 3,5 g calculées • + 6 g — 4 g à rupture.

5-PERFORMANCES*
Vitesse maximale en palier 50 mph, 80 km/h • Vne 55 mph, 88 km/h • Croisière (maximale) 45 mph, 72 km/h • Croisière (économique) 40 mph, 64 km/h • Vitesse de décrochage 17 mph, 27 km/h • Vitesse ascensionnelle maximale (au niveau de la mer) 600 ft/min, 3 m/s • Roulage au décollage 100 ft, 30 m • Roulage à l'atterrissage 125 ft, 38 m • Plafond pratique10.000 ft, 3050 m • Distance franchissable maximale 100 miles, 160 km.

*** Mesurées dans les conditions suivantes : Altitude QNH 60 ft, 18 m • Température au sol 70 °F, 21 °C • Vent au sol 5 mph, 8 km/h • Poids du pilote 180 lbs, 82 kg • Avec moteur Cuyuna 430 R 40 CV.**

EIPPER AIRCRAFT

Eipper Aircraft, 1080 Linda Vista Drive, San Marcos, California 92069 ; tel. (619) 744.1514, telex 499.0565. Président : Lyle Byrum.
Agent français : AD'Air, Z.I., 17 rue des Rochettes, 91150 Morigny Champigny. Tél. (6) 494.46.36.

Eipper Aircraft *Quicksilver E*
(hybride)

Monoplace monomoteur à l'aile haute ; pilotage hybride. Voilure sans flèche au bord d'attaque et au bord de fuite ; corde constante ; empennage cruciforme. Lacet par gouvernail de direction monobloc ; commande par déplacement du centre de gravité pour le tangage et le roulis avec « trimvator » et lacet par l'intermédiaire du gouvernail de direction relié au harnais du pilote. Voilure haubanée sol et vol par câbles ; profil d'aile : NC ; à simple entoilage. Atterrisseur tricycle ; avec béquille arrière ; suspension par barres de torsion sur toutes les roues. Roue non directrice. Sans freins. Structure en tubes de duralumin sans carénage de nez. Moteur monté sous l'aile utilisé en propulsif.

1-Les *Quicksilver* (abrégés en *Quick* par les pratiquants du monde entier) ont été dessinés dès 1972 comme planeurs ultralégers par le talentueux Bob Lovejoy. Bob s'est tué en novembre 1982 en essayant un nouveau prototype, l'*Avion*, sur lequel sa gouverne de profondeur, mal verrouillée, devint incontrôlable. Dès 1978, il avait, l'un des premiers, motorisé son hang-glider *Quicksilver*, déjà de pilotage hybride puisque son gouvernail de direction était relié par des câbles au harnais du pilote. Précédemment nommée Eipper-Formance en un jeu de mots faisant référence à Dick Eipper, la firme de San Marcos a été rebaptisée Eipper Aircraft depuis octobre 1982. Apparu en mai 1982, le *Quicksilver E* n'a plus beaucoup de points communs avec les premiers ULM de pilotage hybride de ce constructeur. En fait, il utilise une cage à train tricycle directement extrapolée de celle des monoplaces du type *MX*. Le siège-harnais du pilote est couplé au gouvernail de direction de l'empennage cruciforme mais aussi à un « trimvator », gouverne de 4 × 42" (0,10 × 1,06 m) articulée au bord de fuite du plan fixe horizontal. Ces gouvernes agissent en complément des déplacements pendulaires du pilote. Le type *E* est livré sous forme d'un kit donné pour 15 h d'assemblage et d'un prix de **3995 US $** aux USA. En France, il est vendu **33810 FF** en kit ou tout monté pour un supplément de **3504 FF**.

2-DIMENSIONS EXTERIEURES ET SURFACES
Longueur hors tout 18,1 ft, 5,51 m • Hauteur hors tout 9,8 ft, 2,93 m • Envergure (aile) 32 ft, 9,75 m • Corde constante 5 ft, 1,52 m • Dièdre 15° • Flèche 0° • Plan fixe horizontal, envergure 9,1 ft, 2,75 m • Surface alaire totale 160 ft^2, 14,9 m^2 • Surface du gouvernail de direction 11,3 ft^2, 1,05 m^2 • Surface du plan fixe horizontal 19,5 ft^2, 1,82 m^2 • Surface totale des gouvernes de profondeur 1,1 ft^2, 0,11 m^2 • Allongement 6,4/1 • Voie du train 5,9 ft, 1,75 m • Empattement 5,5 ft, 1,66 m • Diamètre de la roue avant 12 inches, 30 cm • Diamètre des roues principales 12 inches, 30 cm • Autres caractéristiques NC.

3-MOTORISATION
Moteur Cuyuna 215 R • Puissance maximale 20 CV à 5500 tr/mn • Diamètre et pas de l'hélice 52 × 32 inches, 1,32 × 0,81 m • Réducteur à courroie en V rapport de réduction 2,25/1 • Rapport puissance/surface alaire 0,13 hp/ft^2, 1,3 CV/m^2 • Carburant emporté 2,5 US gallons, 2,1 Imp gal., 9,5 litres.

4-MASSES ET CHARGES
Masse à vide 195 lbs, 88 kg • Masse maximale au décollage 415 lbs, 188 kg • Charge utile 220 lbs, 100 kg • Charge alaire maximale 2,59 lbs/ft^2, 12,6 kg/m^2 • Rapport poids/puissance 20,7 lbs/hp, 9,4 kg/CV • Facteurs de charges NC.

5-PERFORMANCES*
Vitesse maximale en palier 42 mph, 67 km/h • Vne 60 mph, 97 km/h • Croisière (maximale) 34 mph, 54 km/h • Vitesse de décrochage 19 mph, 30 km/h • Vitesse ascensionnelle maximale (au niveau de la mer) 450 ft/min, 2,2 m/s • Taux de chute minimal 320 ft/min, 1,6 m/s • Roulage au décollage 60 ft, 18 m • Roulage à l'atterrissage 50 ft, 15 m • Plafond pratique 9000 ft, 2745 m • Distance franchissable maximale 68 miles, 109 km • Autres caractéristiques NC.

*** Conditions du test non spécifiées.**

Eipper Aircraft *Quicksilver MX*
(3 axes)

Monoplace monomoteur à l'aile haute ; pilotage 3 axes non conventionnel. (3 axes conventionnel en option). Voilure sans flèche au bord d'attaque et au bord de fuite, corde constante; empennage cruciforme. Tangage par gouverne (s) de profondeur articulée sur le plan fixe horizontal; lacet par gouvernail de direction monobloc; roulis par spoilers sur un tiers de l'envergure de l'aile; commande au manche pour le tangage et le lacet (tangage et roulis en option); palonnier pour le roulis (lacet en option). Voilure haubanée sol par câbles, vol par câbles; profil d'aile NC, à simple entoilage. Atterrisseur tricycle; avec béquille arrière; suspension par barres de torsion sur le train principal; roue avant non directrice. Frein sur la roue avant. Structure en tubes de duralumin avec carénage sur option. Moteur montés sous l'aile, utilisé en propulsif.

1-Le *Quicksilver MX* aura été le cheval de bataille de Eipper Aircraft depuis 1981 où il a progressivement remplacé les précédents types *Quicksilver, Doublequick* et *Seaquick* de pilotage hybride comme l'actuel type *E*. Le moteur utilisé jusqu'en fin 1982 a été le bicylindre en ligne 429 cc Cuyuna 430R (30 cv à 5500 tr/mn) avec réducteur à courroie crantée. En novembre 1982, Eipper Aircraft annonçait que, hormis le *Quicksilver E*, les autres modèles de sa gamme seraient désormais proposés avec moteur Bombardier-Rotax, ce motoriste autrichien ayant une implantation au Canada. Les *MX* et *MXL* utilisent en version standard le Rotax 377, bicylindre en ligne de 368 cc développant 33,5 cv à 6500 tr/mn. Le prototype *MX Super* et le biplace *MX II* sont équipés du Rotax 503, bicylindre en ligne de 496,7 cc développant 46 cv à 6500 tr/mn. Proposé sur option avec un carénage de nez en fibre de verre et rilsan avec pare-brise formant cabine ouverte depuis janvier 1982, le *Quicksilver MX* peut aussi être équipé sur demande ou par kit d'un système de commandes agissant conventionnellement: spoilers et profondeur au manche et gouvernail de direction au palonnier. Aux Etats-Unis, le *MX* est livré sous forme de kit donné pour 40 h d'assemblage sans outillage particulier : **4 995 US $**. Sur option, outre celles déjà citées : flotteurs (**995 US $**), housses de transport, skis, freins, parachute, manette des gaz type avion en remplacement de la poignée genre moto, carénages de train. En France, l'appareil est vendu en kit **45 465 FF ttc** ou assemblé par l'importateur, AD'air (+ **4205 FF**).

2-DIMENSIONS EXTERIEURES ET SURFACES
Voir *Quick Silver E* sauf : Surface totale des spoilerons 1,5 ft^2, 0.14 m^2 • Surface totale des gouvernes de profondeur 11,8 ft^2, 1,10 m^2.

3-MOTORISATION
Moteur Rotax 377 • Puissance maximale 33,5 CV à 6500 tr/mn • Diamètre et pas de l'hélice 52 × 32 inches, 1,32 × 0,81 m • Réducteur à courroie en V rapport de réduction 2/1 • Poussée statique maximale 170 lbs, 77 kgp • Rapport puissance/surface alaire 0,21 hp/ft², 2,27 CV/m² • Carburant emporté 5 US gallons 4,2 Imp gal. 18,9 litres dans le réservoir principal — 5,3 US gallons 4,4 Imp gallons 20 litres en réservoir supplémentaire optionnel.

5-PERFORMANCES*
Vitesse maximale en palier 52 mph, 84 km/h • Vne 63 mph, 101 km/h • Croisière (maximale) 46 mph, 74 km/h • Croisière (économique) 38 mph, 61 km/h • Vitesse de décrochage 24 mph, 38 km/h • Vitesse ascensionnelle maximale (au niveau de la mer) 800 ft/min, 4,1 m/s • Taux de chute minimal NC • Finesse maximale 6,5 /1 à 28 mph, 45 km/h • Roulage à l'atterrissage 60 ft, 18 m • Plafond pratique 10.000 ft, 3050 m • Distance franchissable maximale 95 miles, 153 km.

4-MASSES ET CHARGES
Masse à vide 235 lbs, 107 kg • Masse maximale au décollage 525 lbs, 238 kg • Charge utile 290 lbs, 131 kg • Charge alaire maximale 3,28 lbs/ft², 16 kg/m² • Rapport poids/puissance 15,7 lbs/hp, 7 kg/CV • Facteurs de charges calculées NC + 5 g — 3 g à rupture.

* Conditions du test non spécifiées.

Eipper Aircraft
Quicksilver MXL
(3 axes)

Description semblable à celle du type *MX* mais avec commandes conventionnelles sur les 3 axes, aile entoilée double surface avec un profil plus cambré, un dièdre diminué de moitié. Les surfaces de l'empennage ont été redessinées et la structure renforcée.

1-Apparu en 1982 sous forme d'un prototype équipé du bicylindre Cuyuna 430R, le type *MXL* est maintenant commercialisé avec le Rotax 377, bicylindre en ligne de 368 cc et 33,5 hp. Ce modèle est d'un pilotage conventionnel en version standard, à la différence du *MX* qui ne l'est que sur option : le manche actionne les spoilers et les gouvernes de profondeur, le palonnier commande le gouvernail de direction. Les options sont celles proposées pour les autres monoplaces. Le *MXL* a fait l'objet d'un essai en vol par James Lawrence dans la parution de février 1983 de *Glider Rider*. Prix en kit aux USA : **5 695 US $.** En France, prix du kit **53 725 FF ttc, montage en sus 4 205 FF ttc.**

2-DIMENSIONS EXTERIEURES ET SURFACES
Longueur hors tout 18,1 ft, 5,51 m • Hauteur hors tout 9,82 ft, 2,93 m • Envergure (aile) 30 ft, 9,14 m • Corde constante 5 ft, 1,52 m • Dièdre 7,5 ° • Flèche 0° • Plan fixe horizontal, envergure 9,1 ft, 2,75 m • Surface alaire totale 150 ft², 13,9 m² • Surface totale des spoilerons 1,5 ft², 0,14 m² • Surface du gouvernail de direction 11,3 ft², 1,05 m² • Surface du plan fixe horizontal 16,1 ft², 1,50 m² • Surface totale des gouvernes de profondeur 11,8 ft², 1,10 m² • Allongement 6,8/1 • Voie du train 5,9 ft, 1,75 m • Empattement 5,5 ft², 1,65 m² • Diamètre de la roue avant 12 inches, 30 cm • Diamètre des roues principales 12 inches, 30 cm.

Le Quicksilver a été très vite accommodé à toutes les sauces, avec skis neige ou flotteurs (ici, un monoplace MX)

3-MOTORISATION
Voir *Quicksilver MX* sauf : rapport puissance/surface alaire 0,22 hp/ft², 2,4 CV/m².

4-MASSES ET CHARGES
Masse à vide 252 lbs, 114 kg • Masse maximale au décollage 550 lbs, 249 kg • Charge utile 298 lbs, 135 kg • Charge alaire maximale 3,66 lbs/ft², 17,8 kg/m² • Rapport poids/puissance 16,4 lbs/hp, 7,3 kg/CV • Facteurs de charges calculées NC + 5,8 g — 2,9 g à rupture.

5-PERFORMANCES*
Vitesse maximale en palier 61 mph, 98 km/h • Vne 74 mph, 119 km/h • Croisière (maximale) 54 mph, 87 km/h • Croisière (économique) 45 mph, 72 km/h • Vitesse de décrochage 24 mph, 38 km/h • Vitesse ascensionnelle maximale (au niveau de la mer) 850 ft/min, 4,3 m/s • Finesse maximale 6/1 (vitesse NC) • Roulage au décollage 75 ft, 23 m • Roulage à l'atterrissage 75 ft, 23 m • Plafond pratique 10.000 ft, 3050 m • Distance franchissable maximale 113 miles, 181 km.

* Mesurées dans les conditions suivantes : Altitude QNH 0 ft, 0 m • Température au sol standard • Vent au sol 0 mph • 0 km/h • Poids du pilote 175 lbs, 79 kg.
Avec moteur ci-dessus.

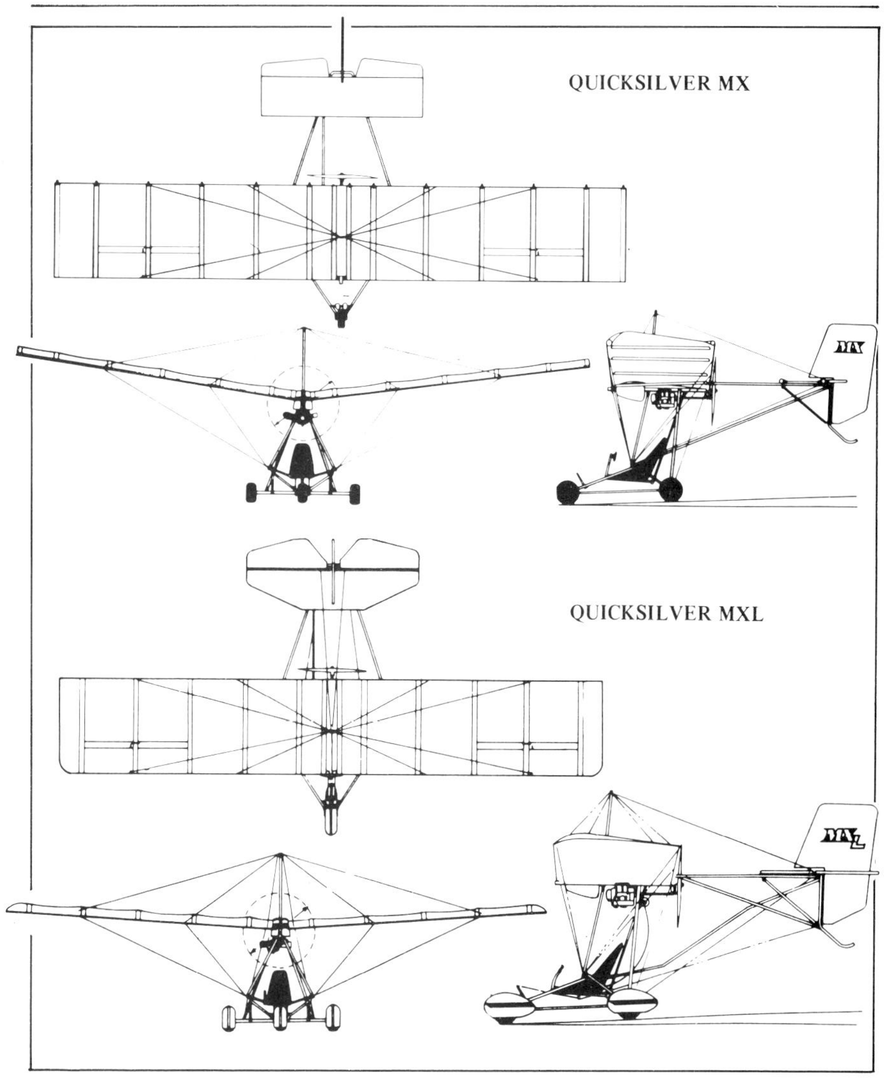

U.S.A.

Engagé dans le Grand Prix de France 1983, le Quicksilver MX II aux couleurs des revues Pilote Privé et UlmMag termina à la 2è place, piloté par Christian et Jean-Pierre Chauzit

Eipper Aircraft
Quicksilver MX Super
(3 axes)

Monoplace monomoteur à l'aile haute; pilotage 3 axes conventionnel. Voilure sans flèche au bord d'attaque et au bord de fuite, corde constante; empennage cruciforme. Tangage par gouverne de profondeur articulée sur le plan fixe horizontal lacet par gouvernail de direction articulé sur la dérive; roulis par spoilers; commande au manche pour le tangage et le roulis; palonnier pour le lacet. Voilure haubanée sol par câbles, vol par câbles; profil d'aile NC, à simple entoilage. Atterrisseur tricycle; avec béquille arrière; suspension par barres de torsion sur toutes les roues. Roue non directrice. Freins NC. Structure en tubes de duralumin, avec carénage de nez. Moteur monté sous l'aile, utilisé en propulsif.

1-Il ne s'agit encore que d'un appareil dont n'ont volé que plusieurs prototypes, monoplace 3 axes à commandes conventionnelles extrapolé du type *MX*. Il en conserve l'aile à simple entoilage mais avec diverses modifications d'importance : la structure a été renforcée de sorte à permettre au *MX Super* d'accomplir un programme de voltige en positif. Sur l'un des prototypes, les spoilers de 0,10 x 0,70 m du *MX* standard avaient été portés jusqu'à 0,10 x 2,10 m. Diverses motorisations ont été essayées au cours des derniers mois sur les *MX Super :* Cuyuna 430R poussé à 45 cv avec doubles carburateurs, Rotax types 377 et 503. Eipper Aircraft ne commercialise pas encore ce modèle qui a cependant fait l'objet de diverses présentations publiques, dont une - fort remarquée - par Lyle Byrum lui-même avec utilisation du parachute pour terminer sa démonstration, à Salinas, Floride, en octobre 1982 ! Le prix prévu pour la vente du *MX Super* sous forme d'un kit donné pour 30 h d'assemblage est de l'ordre de **6 500 US $.**

Peu d'informations sont encore diffusées par Eipper Aircraft, des modifications restant susceptibles d'intervenir entre les divers prototypes actuellement utilisés et le futur *MX Super* de série.

2-DIMENSIONS EXTERIEURES ET SURFACES
Longueur hors tout 18 ft, 5,48 m • Hauteur hors tout 8,11 ft, 2,70 m • Envergure (aile) 27,5 ft, 8,35 m • Corde constante 5 ft, 1,52 m • Surface alaire totale 136 ft², 12,7 m² • Allongement 5,5/1 • Autres caractéristiques NC.

3-MOTORISATION
Carburant emporté 3 US gallons 2,5 Imp gal. 11,4 litres • Autres caractéristiques NC.

4-MASSES ET CHARGES
Masse à vide 250 lbs, 113 kg • Masse maximale au décollage 520 lbs, 236 kg • Charge utile 270 lbs, 122 kg • Charge alaire maximale 3,82 lbs/ft², 18,6 kg/m².

5-PERFORAMNCES*
Vne 60 mph, 97 km/h • Autres caractéristiques NC.

Eipper Aircraft
Quicksilver MX II
(3 axes)

Description semblable à celle du *Quicksilver MX* dont il s'agit ici de la version biplace côte à côte. Deux différences toutefois : freins sur les roues du train principal et pas de carénage de nez.

1-Apparu en début 1982, le biplace de Eipper Aircraft a été victime, avec une masse à vide de 300 lbs (136 kg) de la législation limitant les « ultralights » aux USA à 254 lbs (115 kg) de masse à vide et aux monoplaces. Il a cependant rencontré un certain succès en Europe et, notamment, en France où une loi plus libérale a permis son classement comme ULM et autorise donc à le piloter sans imposer pour autant un brevet de pilote privé avion. La version standard reprend le pilotage non conventionnel du type *MX* avec le manche actionnant les gouvernes de profondeur et le gouvernail de direction. Comme le monoplace, le *MX II* vire parfaitement par inclinaison induite mais il est aussi muni d'un palonnier - unique, et curieusement, disposé en place droite - qui actionne les spoilers soit différentiellement soit en conjugaison comme aérofreins. Surnommé *Biquick* par l'auteur, prénom qui lui est resté chez nombre de pratiquants français, le *Quicksilver MX II* a fait l'objet d'un essai en vol par Alain-Yves Berger dans la parution de juillet 1982 de *Pilote Privé,* essai mené de concert avec Alain Bliez. Essentiellement réservé aux dealers de Eipper Aircraft aux USA, son prix de vente n'y est pas actuellement communiqué. Motorisé tout d'abord avec le Cuyuna 430R 30 cv, le *MX II* a adopté depuis le début de 1983 le bicylindre Rotax 503 de 46 cv. Avec ce moteur, son prix de vente en kit en France est de **63 500 FF ttc,** le montage venant en supplément pour **4 380 FF ttc.**

2-DIMENSIONS EXTERIEURES ET SURFACES
Voir *Quicksilver E* sauf : Surface totale des spoilerons 1,5 ft², 0,14 m² • Surface totale des gouvernes de profondeur 11,8 ft², 1,10 m².

3-MOTORISATION
Moteur Rotax 503 • Puissance maximale 46 CV à 6500 tr/mn • Diamètre et pas de l'hélice 52 × 34 inches, 1,32 × 0,81 m • Réducteur à courroie en V rapport de réduction 2/1 • Rapport puissance/surface alaire 0,28 hp/ft², 3,1 CV/m² • Carburant emporté 5 US gallons 4,2 Imp gal. 18,9 litres dans le réservoir principal — 5,3 US gallons 4,4 Imp gallons 20 litres en réservoir supplémentaire optionnel.

4-MASSES ET CHARGES
Masse à vide 300 lbs, 136 kg • Masse maximale au décollage 700 lbs, 317 kg • Charge utile 400 lbs, 181 kg • Charge alaire maximale 4,37 lbs/ft², 21,3 kg/m² • Rapport poids/puissance 15,2 lbs/hp, 6,9 kg/CV • Facteurs de charges calculées NC + 6,5 g — 3,5 g à rupture.

5-PERFORMANCES*
Vitesse maximale en palier 45 mph, 72 km/h • Vne 73 mph, 117 km/h • Croisière (maximale) 41 mph, 66 km/h • Croisière (économique) 36 mph, 58 km/h • Vitesse de décrochage 24 mph, 39 km/h • Vitesse ascensionnelle maximale (au niveau de la mer) 393 ft/min, 2 m/s • Taux de chute minimal 393 ft/min, 2 m/s (vitesse NC) • Finesse maximale 6/1 à 28 mph, 45 km/h • Roulage au décollage 100 ft, 30 m • Roulage à l'atterrissage 100 ft, 30 m • Plafond pratique 10.000 ft, 3050 m • Distance franchissable maximale 49 miles, 79 km.

*** Mesurées dans les conditions suivantes : Altitude QNH 0 ft, 0 m • Température au sol standard • Vent au sol 0 mph, 0 km/h • Poids total du pilote et du passager 350 lbs, 159 kg. Avec moteur ci-dessus.**

FISHER FLYING PRODUCTS

Fisher Flying Products Incorporated, Rt. 2,

Box 282, South Webster, Ohio 45682, téléphone (614) 778-3185. Président : Mike Fisher.

Fisher Flying *Barnstormer*
(3 axes)

Monoplace monomoteur biplan à l'aile supérieure décalée; pilotage 3 axes conventionnel. Ailes sans flèche au bord d'attaque et au bord de fuite, corde constante; empennage classique. Tangage par gouverne (s) de profondeur articulée sur le plan fixe horizontal; lacet par gouvernail de direction articulé sur la dérive; roulis par ailerons sur toute l'envergure de l'aile; commande au manche pour le tangage et le roulis palonnier pour le lacet. Voilure haubanée portée par des mâts; profil d'aile NACA 23015 à double entoilag. Atterrisseur tricycle; suspension par sandows sur toutes les roues. Roue avant directrice conjuguée au palonnier. Freins sur les roues du train principal. Structure en tubes de duralumin sans carénage de nez. Moteur monté sous l'aile, utilisé en tractif. Technologie : structure tubulaire en duralumin 6061 T6 et 2024 T3.

1-Le prototype de ce biplan a été présenté pour la première fois à Oshkosh en août 1982. Essentiellement destiné aux constructeurs amateurs, le *Barnstormer* (cabotin, en français) est proposé par Fisher Flying Products depuis fin 1982 sous forme de plans pour **95 US $** ou d'un kit complet pour **4 355 US $**. Pour offrir un plus vaste choix au constructeur, divers sous-ensembles sont aussi proposés en kit : empennage **285 US $**, ailes **1175 US $**, fuselage **1050 US $**, revêtements **395 US $**, motorisation **1 650 US $**. L'hélice bipale à pas variable réglable au sol devrait être vendue aussi séparément ainsi que des ailes d'une envergure diminuée de 20 à 17,5 ft (6,09 à 5,30 m).

S'agissant d'un appareil susceptible de recevoir le moteur Kawasaki TA-440A, la firme le donne pour 99,5 kg (220 lbs) de masse à vide avec celui-ci, mais ne nous a communiqué que fort peu de caractéristiques et aucune performance.

2-DIMENSIONS EXTERIEURES ET SURFACES

Envergure (aile) 20 ft, 6,09 m • Corde constante 4 ft, 1,21 m • Flèche 0° • Surface alaire totale 176 ft², 16,4 m² • Allongement de chaque aile 4,5/1 • Diamètre de la roue avant 16 inches, 40 cm • Diamètre des roues principales 16 inches, 40 cm.

3-MOTORISATION

Moteur Kawasaki TA-440A • Puissance maximale 38,5 CV à 6000 tr/mn • Réducteur type NC, rapport de réduction 2/1 • Rapport puissance/surface alaire 0,21 hp/ft², 2,4 CV/m² • Carburant emporté 1,7 US gallons 1,4 Imp gal., 6,6 litres dans le réservoir principal — 5 US gallons 4,2 Imp gallons 18,9 litres en réservoir supplémentaire optionnel.

4-MASSES ET CHARGES

Masse à vide 220 lbs, 100 kg • Autres caractéristiques NC.

5-PERFORMANCES NC.

Fisher Flying *Boomerang*
(3 axes)

Biplace côte à côte monomoteur à l'aile haute; pilotage 3 axes non conventionnel. Voilure sans flèche au bord d'attaque et au bord de fuite, corde constante; empennage cruciforme. Tangage par gouverne (s) de profondeur articulée sur le plan fixe horizontal; lacet par gouvernail de direction articulé sur la dérive. Roulis NC, commande au manche pour le tangage et le roulis; palonnier pour le lacet. Voilure haubanée portée par des mâts; profil d'aile NC, à double entoilage. Atterrisseur classique, suspensions NC, freins NC. Structure en tubes de duralumin sans carénage de nez. Moteur monté sous l'aile utilisé en tractif. Technologie : structure tubulaire en duralumin 6061 T6 et 2024 T3.

1-Comme le *Barnstormer*, le monoplan *Boomerang* concerne lui aussi les constructeurs amateurs à qui Fisher Flying le propose, là encore par l'intermédiaire de Wicks Aircraft, sous forme de plans pour **65 US $** ou d'un kit complet pour **3 720 US $**. L'appareil standard est muni d'un Kawasaki bicylindre 360 cc de 30 cv, d'emploi plus rare que le TA-440 436 cc et 38,5 cv de ce motoriste, proposé ici en option. La particularité du *Boomerang* est d'être disponible avec une voilure différente, avec une envergure portée de 28 à 32 ft (8,53 à 9,75 m) et une surface alaire accrue d'autant qui autorise son emploi en biplace, l'appareil étant alors immatriculé en catégorie Experimental Aircraft et non plus en tant qu'ULM aux USA. Comme le biplan de Mike Fisher, son *Boomerang* est aussi détaillé sous forme de sous-ensembles en kits : aile **1 175 US $**, fuselage **585 US $**, revêtement **425 US $**, moteur **1 450 US $**.

2-DIMENSIONS EXTERIEURES ET SURFACES

Envergure (aile) 28 ft, 8,53 m • Corde moyenne 5,6 ft, 1,70 m • Surface alaire totale 156 ft², 14,5 m² • Diamètre des roues principales 20 inches, 50 cm • Autres caractéristiques NC.

3-MOTORISATION

Moteur Kawasaki 340 cc • Puissance maximale 30 CV (vitesse NC) • Diamètre et pas de l'hélice 54 x 22 inches, 1,37 x 0,56 m • Réducteur type NC rapport de réduction 2/1 • Rapport puissance/surface alaire 0,19 hp/ft², 2,1 CV/m² • Carburant emporté 2,5 US gallons 2,1 Imp gal. 9,5 litres dans le réservoir principal, 5 US gallons 4,2 Imp gallons 18,9 litres en réservoir supplémentaire optionnel.

4-MASSES ET CHARGES

Masse à vide 190 lbs, 86 kg • Autres caractéristiques NC.

5-PERFORMANCES NC

Fisher Flying *FP-101*
(3 axes)

Monoplace monomoteur à l'aile haute; pilotage 3 axes conventionnel. Voilure sans flèche au bord d'attaque et au bord de fuite, corde constante; empennage classique. Tangage par gouverne (s) de profondeur articulée sur le plan fixe horizontal; lacet par gouvernail de direction articulé sur la dérive; roulis par ailerons sur la moitié de l'envergure de l'aile; commande au

manche pour le tangage et le roulis; palonnier pour le lacet. Voilure haubanée portée par des mâts; profil d'aile NC à double entoilage. Atterrisseur classique; suspension par ressorts de la roulette de queue et suspension par Sandows du train principal. Roue arrière directrice conjuguée au palonnier. Freins (voir texte ci-après). Fuselage en bois avec entoilage. Moteur monté sous l'aile utilisé en tractif. Technologie : Structure géodésique en bois avec poutres en duralumin, bâti-moteur en acier au chrome-molybdène, capots moteurs en fibre de verre et revêtement en tissu Aviation tendu à chaud.

1-Présenté pour la première fois publiquement à Oshkosh en 1982, le FP-101 diffère radicalement des autres produits de Mike Fisher : son apparence évoque beaucoup plus un Piper J-3 *Cub* ou un *Aeronca* minimisé et raccourci en monoplace qu'un ultralight conventionnel d'aujourd'hui. Ses caractéristiques et performances l'autorisent pourtant à être classé en tant que tel dans des pays de législation aussi différente que les USA, la France et le Royaume-Uni. Au contraire des *Barnstormer* et *Boomerang* de la même firme, celui-ci n'est pas vendu sous forme de plans mais uniquement en kit pour **2 500 US $**, prix remarquablement bas et qui lui valut d'être très entouré au Sun-'n-Fun 1983 à Lakeland, Floride.

Le moteur standard est le Zenoah G25B 22 cv (**1 398 US $** en kit complet, avec bâti réducteur, hélice et échappement), qui peut être remplacé sur option par un Kawasaki TA-440A de 38,5 cv (**1850 US $** dans les mêmes conditions). Hors ces moteurs, les kits du FP-101 sont au nombre de trois : voilure **750 US $**, fuselage et empennage **750 US $** et matériaux et divers (atterrisseur, réservoir, capots moteur, commandes, siège, revêtement, etc.) **750 US $**.

Récente option, le FP-101 peut être doté d'une voilure avec, au choix, 35 ft (10,67 m) ou 29 ft (8,84 m) d'envergure. Avec l'aile de 35 ft, l'appareil a fait l'objet d'un article dans le numéro de juillet 1983 de **Glider Rider**, sous la plume de Joël Strait. Dans les paragraphes 3 à 5, lorsque les caractéristiques des moteurs Zenoah et Kawasaki diffèrent, nous indiquons celles du Kawasaki entre parenthèses.

2-DIMENSIONS EXTERIEURES ET SURFACES
Longueur hors tout 16,5 ft, 5,03 m • Envergure (aile) 34,8 ft, 10,62 m • Corde à l'emplanture 4 ft, 1,22 m • Surface alaire totale 140 ft², 13 m² • Allongement 8,7/1 • Diamètre des roues principales 14 inches, 35 cm • Autres caractéristiques NC.

3-MOTORISATION
Moteur Zenoah G25B (Kawasaki TA-440-A) • Puissance maximale 22 (40) CV à 6500 (6000) tr/mn • Diamètre et pas de l'hélice 50(54) × 24 (27)inches, 1,27 (1,37) × 0,60 (0,69) m • Réducteur à courroie en V, rapport de réduction 2 (2.4)/1 • Poussée statique maximale NC (230) lbs, NC (104 kg • Rapport puissance/surface alaire 0,16 (0,29) hp/ft², 1,7 (3,1) CV/m² • Carburant emporté 5 US gal., 4,2 Imp, gal, 18,9 litres.

4-MASSES ET CHARGES
Masse à vide 210 (250) lbs, 95 (113) kg • Masse maximale au décollage 500 lbs, 227 kg • Charge utile 290 (250) lbs, 132 (113) kg • Charge alaire maximale 3,57 lbs/ft², 17,4 kg/m² • Rapport poids/puissance 22,7 (12,5) lbs/hp, 10,3 (5,7) kg/CV • Facteurs de charges NC.

5-PERFORMANCES*
Vitesse maximale en palier 55 mph, 88 km/h • Vne 70 mph, 113 km/h • Croisière (maximale) 55 mph, 88 km/h • Croisière (économique) 40 (45) mph, 64 (72) km/h • Vitesse de décrochage 15 (22) mph, 24 (35) km/h • Vitesse ascensionnelle maximale (au niveau de la mer) 450 (850) ft/min, 2,3 (4,3) m/s • Finesse maximale NC (10)/1 (vitesse NC) • Roulage au décollage 100 (75) ft, 30 (23) m • Roulage à l'atterrissage 150 (NC) ft, 45 (NC) m • Distance franchissable maximale NC (125) mile, NC (200) km • Autres caractéristiques NC.

*** Conditions du test non spécifiées.**

FLIGHT DESIGNS

Flight Designs, P.O. Box 1503-R, Salinas, California 93902. telephone (408)-6896/3844.

Flight Designs *Jetwing ATV*
(pendulaire)

Monoplace monomoteur à voilure souple, pilotage pendulaire. Voilure type Rogallo avec dérive sous l'aile. Commande par déplacement du centre de gravité, le pilote est suspendu sous la voilure dans un siège-harnais et utilise un trapèze de commande (pilotage par déplacement du centre de gravité par rapport au centre de poussée). Voilure haubanée sol et vol par câbles; transversale rigide avec double entoilage sur les 2/3 de la corde et renfort des bords d'attaque en mousse polyuréthane, transversale intégrée, lattes préformées. Attérrisseur tricycle; suspension par ressorts de la roue avant et suspension par sandows du train principal. Roue avant directrice non conjuguée au palonnier. Freins sur les roues du train principal.

Chariot en tubes de duralumin sans carénage de nez. Moteur monté sous l'aile, utilisé en propulsif.

1-Flight Designs Inc. est depuis 1981 une filiale de Pioneer International Corporation, firme connue depuis un demi-siècle dans le secteur aérospatial, spécialiste des parachutes et qui, récemment, a développé les unités de décélération du programme Space Shuttle. Cette précision est une indication utile sur le sérieux des productions de Flight Designs dont le *Jetwing ATV* (All Terrain Véhicle) fait figure d'originalité dans le monde de l'Aviation ultralégère. Comme sa dénomination de « véhicule tout terrain » l'indique, il ne s'agit pas simplement là d'un chariot pendulaire style French Connection et seulement destiné à motoriser le PUL *Demon* de la firme. Les roues de l'atterrisseur tricycle de ce chariot peuvent être remplacées par deux flotteurs qui le transforment en hydravion. En le démunissant de son aile tout en garnissant l'arrière des flotteurs d'un trièdre de tubes sur lequel s'articule un gouvernail de direction très largement dimensionné, le *Jetwing* se transforme en hydroglisseur. Dernière mutation possible, il peut aussi faire office de go-kart à hélice propulsive en retrouvant ses roues tout en se dispensant encore de sa voilure. Et, bien sûr, parmi les options possibles pour cet appareil, on trouve aussi des skis pour son utilisation sur neige. C'est fort certainement le « package » le plus complet actuellement proposé au monde pour un ULM pendulaire et, l'idée étant excellente, nul doute qu'elle ne soit copiée dans un proche avenir ! Prix du chariot sans voilure : **3 000 US $**; ensemble complet avec PUL *Demon 175 sq.ft :* **4 995 US $.**

Signalons enfin qu'un modèle de **Jetwing ATV** équipé d'un réducteur 1/2,2 vient de faire son apparition, alors que le présent ouvrage est achevé de rédaction. La seule performance communiquée par Flight Designs sur cet appareil modifié reste sa poussée statique, donnée pour 220 lbs (100 kg).

2-DIMENSIONS EXTERIEURES ET SURFACES
Longueur hors tout 12 ft, 3,65 m • Hauteur hors tout 12 ft, 3,65 m • Envergure (aile) 33,5 ft, 10,18 m • Corde moyenne 5,3 ft, 1,60 m • Surface alaire totale 175 ft², 16,27 m² • Allongement 6,3/1 • Diamètre de la roue avant 16 inches, 40 cm • Diamètre des roues principales 20 inches, 50 cm • Autres caractéristiques NC.

3-MOTORISATION
Moteur Kawasaki TA 440 • Puissance maximale 30 CV à 5500 tr/mn • Diamètre et pas de l'hélice 36 × 16 inches, 0,91 × 0,40 m • Sans réducteur • Rapport puissance/surface alaire 0,17 hp/ft², 1,8 CV/m² • Carburant emporté 5 US gallons, 4,2 Imp gal., 18,9 litres.

4-MASSES ET CHARGES
Masse à vide 216 lbs, 98 kg • Masse maximale au décollage 480 lbs, 218 kg • Charge utile 264 lbs, 120 kg • Charge alaire maximale 2,74 lbs/ft², 13,4 kg/m² • Rapport poids/puissance 16 lbs/hp, 7,3 kg/CV • Facteurs de charges calculées NC • + 4 g — 2 g à rupture.

5-PERFORMANCES*
Vitesse maximale en palier 47 mph, 76 km/h • Vne 52 mph, 84 km/h • Croisière (maximale) 37 mph, 60 km/h • Vitesse de décrochage 22 mph, 35 km/h • Vitesse ascensionnelle maximale (au niveau de la mer) 400 ft/min, 2 m/s • Taux de chute minimal 350 ft/min à 23 mph, 1,7 m/s à 37 km/h • Finesse maximale 7/1 à 25 mph, 40 km/h • Roulage au décollage 50 ft, 15 m • Roulage à l'atterrissage 75 ft, 23 m • Plafond pratique 10.000 ft, 3050 m • Distance franchissable maximale 160 miles, 257 km.

* **Conditions du test non spécifiées.**

GEMINI INTERN.

Gemini International Incorporated, 1080 Linda Way 3 2, Sparks, Nevada 89431 ; tel. (702) 331.3638. Président : Ed Sweeney.

Importateur anglais : Micro Aviation Ltd, Building 4, Stanmore Estate, Bridgmorth, Shropshire WV 15-5HP, Tél. 07.462.61013. Directeurs : Mike Kendrick, Tony Faulkner.

Gemini International *Hummingbird 103* et *Hummingbird Super 103* (3 axes)

Monoplace bimoteur à l'aile haute ; pilotage 3 axes conventionnel. Voilure sans flèche au bord d'attaque, avec flèche inverse au bord de fuite ; corde dégressive ; empennage en V. Tangage et lacet par élevons ; roulis par ailerons ; commande au manche pour le tangage et le roulis, palonnier pour le lacet. Voilure haubanée portée par des mâts ; Profil d'aile NC ; à double entoilage. Atterrisseur tricycle ; sans suspension de la roue avant et suspension par ressorts du train principal. Roue avant directrice conjuguée au palonnier. Frein sur la roue avant (option). Structure en tubes de duralumin sans carénage pour le *Hummingbird 103* et avec habitacle fermé pour le *Super 103*. Moteurs montés au niveau de l'aile utilisés en tractif.

1-Ed Sweeney, président de Gemini International, était non seulement un ami de longue date de Klaus Hill mais il fut aussi directement impliqué avec lui dans le développement du *Humbug* et son extrapolation en *Hummingbird,* qu'il continua à produire après le décès accidentel de Klaus. Auparavant, Ed s'était parmi les tout premiers intéressé à la motorisation des planeurs ultralégers pendulaires, qu'il résolut en utilisant deux moteurs de tronçonneuse Partner. Cet ensemble motopropulseur fut produit pendant trois ans à partir de 1979 et plus de 200 furent vendus sous la dénomination de *Gemini* (les Gémeaux) qui s'imposait pour cette double motorisation, d'où sa société tire son nom. Le premier *Hummingbird* fut présenté à Oshkosh en 1981 après l'avoir été au Sun-'n-Fun et fut commercialisé ave deux moteurs Partner K-1200 totalisant 14 CV. Par la suite, ceux-ci furent remplacés par le bicylindre allemand Limbach de 20 à 25 CV et apparut une version *Sport Hummingbird* sur laquelle nous revenons ci-après. En 1982 sont apparues les versions *Prospector, Tractorplane* et *Two-Place* que nous présentons dans cette édition. Et enfin, pour conclure cette courte rétrospective historique, Ed Sweeney travaille depuis fin 1982 sur le *Hummingbird 103* que vient compléter un modèle *Super 103* depuis mars 1983, les deux appareils ayant été présentés la première fois publiquement au Sun-'n-Fun.

Désigné « *103* » en référence à la F.A.R. part 103 qui règlemente les « ultralights vehicles » depuis le 4 octobre 1982 aux USA, ce monoplace a remplacé les bicylindres Limbach par d'autres moteurs fabriqués aussi en RFA, les monocylindres Solo 335 : industriellement utilisés aux Etats-Unis, ces derniers n'y subissent pas les problèmes d'approvisionnement en pièces détachées qu'y connaissent les Limbach. Disposés de part et d'autre de la cage du 103 au bord d'attaque de l'aile, ces deux Solo sont contrarotatifs, leurs hélices tournant en sens opposé. Le *Model 103* n'est équipé du réducteur que sur option, tous les autres modèles en étant dotés en version standard. Toutes les cages des différents modèles proposés par Gemini International sont identiques (même le biplace), avec la même largeur et la même voie pour le train principal ; elles diffèrent seulement par des épaisseurs de tubes et divers renforts ajoutés aux *Tractorplane* et *Two-Place.*

Il faut noter que l'apparition du *Hummingbird 103* a marqué un important changement de politique commerciale chez ce constructeur : cet appareil est en effet le premier modèle produit par Gemini International qui soit proposé sous forme de kit, donné pour 2 jours d'assemblage. Par ailleurs, différence fondamentale par rapport aux précédents *Hummingbird,* les modèles *103* et *Super 103* ont remplacé le haubanage sol et vol par câbles de la voilure par des mâts formant un V sous chaque aile. Le prototype du *103* a fait l'objet d'un essai en vol par Peter Lert dans *Air Progress Ultralight* de février 1983. A l'heure où nous mettons sous presses, cet appareil reste encore dénommé *Model 103* mais cette appellation peut n'être pas définitive et Ed Sweeney a évoqué la possibilité de le rebaptiser *Prospector II* par la suite, aucune précision sur ce point n'ayant été apportée au Sun-'n-Fun, à Lakeland, en mars 1983 ni postérieurement.

Prix du kit (mars 1983) : **5495 US $** pour le *Hummingbird 103* et **6185 US $** pour sa version entièrement fermée le *Hummingbird Super 103.* Options disponibles : flotteurs traditionnels ; flotteurs amphibies (avec roues rétractables) ; freins à disque ou à tambour sur les roues principales ; frein sur la roue avant ; roues de 41 cm de diamètre ; aile *Super Wing* hautes performances et réducteur.

2-DIMENSIONS EXTERIEURES
ET SURFACES
Longueur hors tout 21 ft, 6,40 m • Hauteur hors tout 5 ft, 1,52 m • Envergure (aile) 36 ft, 10,97 m • Corde à l'emplanture 5 ft, 1,52 m • Corde aux extrémités 3,9 ft, 1,16 m • Dièdre 4° • Flèche 0° • Plan fixe horizontal, envergure 5 ft, 1,52 m • Hauteur plan fixe incliné 5 ft, 1,52 m • Surface alaire totale 163 ft², 15,1 m² • Surface totale des ailerons 18 ft², 1,67 m² • Surface du plan incliné 18 ft², 1,67 m² • Surface totale des élevons 14 ft², 1,30 m² • Allongement 7,9/1 • Voie du train 6 ft, 1,82 m • Empattement 5 ft, 1,52 m • Diamètre de la roue avant 6 inches, 15 cm • Diamètre des roues principales 6 inches, 15 cm • Longueur des flotteurs (option) 8 ft, 2,43 m • Longueur × largeur des skis (option) 6 ft × 3,5 inches, 1,82 × 0,08 m.

3-MOTORISATION
Moteurs 2 Solo 335 • Puissance maximale 20 CV chacun à 7200 tr/mn • Diamètre et pas de l'hélice 52 × 27 inches, 1,32 × 0,69 m • Réducteur à courroie en V rapport de réduction 3/1 • Poussée statique maximale 340 lbs, 154 kgp • Rapport puissance/surface alaire 0,24 hp/ft², 2,6 CV/m² • Carburant emporté 4,4 US gallons, 3,7 Imp gal., 16,6 litres.

4-MASSES ET CHARGES
Masse à vide 240 lbs, 109 kg • Masse maximale au décollage 560 lbs, 254 kg • Charge utile 320 lbs, 145 kg • Charge alaire maximale 3,43 lbs/ft², 16,7 kg/m² • Rapport poids/puissance 14 lbs/hp, 6,3 kg/CV • Facteurs de charges + 4,5 g — 3,5 g calculées • + 5 g —4 g à rupture.

5-PERFORMANCES*
Vitesse maximale en palier 62 mph, 100 km/h • Vne 70 mph, 113 km/h • Croisière (maximale) 57 mph, 92 km/h • Croisière (économique) 45 mph, 72 km/h • Vitesse de décrochage 22 mph, 35 km/h • Vitesse ascensionnelle maximale (au niveau de la mer) 941 ft/min, 4,8 m/s • Taux de chute minimal 207 ft/min à 30 mph, 1 m/s à 48 km/h • Finesse maximale 11/1 à 42 mph, 67 km/h • Roulage au décollage 100 ft, 30 m • Roulage à l'atterrissage 120 ft, 38 m • Plafond pratique 27.000 ft, 8235 m • Distance franchissable maximale 100 miles, 160 km.

*** Mesurées dans les conditions suivantes : Altitude QNH 5000 ft, 1525 m • Température au sol 52 °F, 11 °C • Vent au sol 0 mph, 0 km/h • Poids du pilote 180 lbs, 82 kg.**

Gemini International
Hummingbird Prospector
(3 axes)

Description semblable à celle du *Hummingbird 103* sauf : voilure haubannée sol et vol par câbles ; structure en tubes de duralumin sans carénage de nez (habitacle fermé sur option).

Moteurs Solo 335 et réducteur 1/3 pour le Hummingbird Prospector

1-Avant 1982 et la commercialisation du *Prospector* comme cheval de bataille de la firme, Gemini International présentait les *Hummingbird* et leur version simplifiée *Hummingbird Sport*. Ces appareils ont été directement extrapolés du *Humbug* de Klaus Hill, concepteur par ailleurs de la célèbre aile *Fledge*. De ce *Humbug* ont aussi été tirées des machines aussi répandues que, par exemple, le *Vector 600*. Le *Prospector* est la version standard 1982, améliorée au fil des années, des *Hummingbird*, équipée de deux Gemini/Limbach remplacés en fin de la même année par deux Solo 335 (voir le type *103* précédent). Connu par ailleurs aux Etats-Unis sous l'appellation de Ultra 275S, le bicylindre à plat Limbach 275 cc fabriqué en RFA est avionné par Gemini International avec un pot d'échappement accordé conçu par Dale Fisher de Fisher Flying Products. Le *Hummingbird Prospector* est livré monté, prêt à voler et essayé en vol avant livraison à l'acquéreur, soit à l'usine soit par le revendeur. Prix : **6995 US $.** Les options sont celles proposées pour les différents modèles de la gamme actuelle de Gemini International : housses de rangement **190 US $** (les Hummingbird peuvent être transportés sur une galerie de voiture), flotteurs, roues de 16 inches (40 cm), coloris spéciaux **(150 US $)**, carénage intégral en tissu **(250 US $)**, kit de montage de skis **(75 US $)**, frein de roue avant **(48 US $)**, carénages des roues strobe light et tableau de bord pouvant comporter, outre les instruments habituels en Aviation ultralégère, jusqu'aux VOR et transpondeur !

Il se pourrait que cette version des *Hummingbird* soit par le futur abandonnée au profit du *Model 103* qui serait alors rebaptisé *Prospector II*. Néanmoins, Ed Sweeney n'a donné aucune indication sur ce point au cours du Sun-'n-Fun de mars 1983. Signalons enfin que ce *Prospector* a fait l'objet d'un essai en vol par Dave Martin dans la parution de janvier 1983 de *Glider Rider*.

2-DIMENSIONS EXTERIEURES
ET SURFACES
Longueur hors tout 21 ft, 6,40 m • Hauteur hors tout 8 ft, 2,44 m • Envergure (aile) 34 ft, 10,36 m • Corde moyenne 4 ft, 1,22 m • Flèche 0° • Surface alaire totale 153 ft², 14,2 m² • Allongement 7,6/1 • Voie du train 6 ft, 1,82 m • Empattement 5 ft, 1,52 m • Diamètre de la roue avant 10 inches, 25 cm • Diamètre des roues principales 10 inches, 25 cm • Flotteurs et skis identiques au *Hummingbird 103* et *Hummingbird Super 103* • Autres caractéristiques NC.

3-MOTORISATION
Voir *Hummingbird 103* et *Hummingbird Super 103* sauf : Rapport puissance/surface alaire 0,26 hp/ft², 2,8 CV/m².

4-MASSES ET CHARGES
Masse à vide 201 lbs, 91 kg • Masse maximale au décollage 540 lbs, 245 kg • Charge utile 320 lbs, 154 kg • Charge alaire maximale 3,52 lbs/ft², 17,3 kg/m² • Rapport poids/puissance 10,8 lbs/hp, 4,9 kg/CV • Facteurs de charges + 4,5 g — 4,5 g • + 5 g — 5 g à rupture.

5-PERFORMANCES*
Vitesse maximale en palier 60 mph, 97 km/h • Vne 65 mph, 105 km/h • Croisière (maximale) 50 mph, 80 km/h • Croisière (économique) 40 mph, 64 km/h • Vitesse de décrochage 20 mph, 32 km/h • Vitesse ascensionnelle maximale (au niveau de la mer) 1000 ft/min, 5,1 m/s • Taux de chute minimal 300 ft/min à 27 mph, 1,5 m/s à 43 km/h • Finesse maximale 9/1 à 35 mph, 56 km/h • Roulage au décollage 100 ft, 30 m • Roulage à l'atterrissage 75 ft, 23 m • Plafond pratique 15.000 ft,

Un Hummingbird Prospector à moteur Limbach et flotteurs (ces derniers ainsi que la charmante présentatrice ne sont pas livrés de série avec l'appareil)

4570 m • Distance franchissable maximale 80 miles, 128 km.

* Conditions du test non spécifiées.

Gemini International *Sport Hummingbird*

(3 axes)

Monoplace bimoteur à l'aile haute ; pilotage 3 axes non conventionnel. Voilure sans flèche au bord d'attaque, avec flèche inverse au bord de fuite ; corde dégressive ; empennage en V. Tangage et lacet par élevons ; roulis par ailerons ; commande au manche pour le tangage, le roulis et le lacet. Voilure haubanée sol par câbles vol par câbles ; profil d'aile NC ; à double entoilage (70 %). Atterrisseur tricycle ; sans suspension. Frein sur la roue avant (sur option). Structure en tubes de duralumin sans carénage. Moteurs montés au niveau de l'aile, utilisés en tractif.

1-Le type *Sport* des *Hummingbird* est présenté comme une version simplifiée du *Prospector :* sa voilure n'est à double surface que sur 70 % de la corde et ses gouvernes ne se commandent que par l'intermédiaire d'un manche central unique. Sa motorisation aussi est différente avec soit deux Gemini/Partner K-1200S (200 cc, 16 CV total), soit un bicylindre Limbach (275 cc, 20 à 25 CV). A l'origine, en 1981 le *Sport* était présenté comme décollable à pied et visant une clientèle de non pilotes ou de pilotes novices. Le poids de son pilote est fixé par Gemini International à 150 lbs (68 kg). Contrairement au modèle plus élaboré, le *Sport* est livré en kit pour **4395 US $**, les options étant les mêmes que celles proposées pour le *Prospector.*

2-DIMENSIONS EXTERIEURES ET SURFACES
Envergure (aile) 34 ft, 10,36 m • Corde moyenne 5,4 ft, 1,65 m • Surface alaire totale 184 ft², 17,1 m² • Allongement 6,3/1 • Autres caractéristiques NC.

3-MOTORISATION
Moteurs 2 Gemini/Partner K1200 • Puissance maximale 8 CV chacun (vitesse NC) • Diamètre et pas de l'hélice 42 × 20 inches, 1,06 × 0,51 m • Réducteur type NC rapport de réduction 3/1 • Rapport puissance/surface alaire 0,09 hp/ft², 0,9 CV/m² • Carburant emporté 1,5 US gallons, 1,3 Imp gal., 5,7 litres.

4-MASSES ET CHARGES
Masse à vide 150 lbs, 68 kg • Masse maximale au décollage 326 lbs, 148 kg • Charge utile 176 lbs, 80 kg • Charge alaire maximale 1,77 lbs/ft², 8,6 kg/m² • Rapport poids/puissance 20,3 lbs/hp, 9,3 kg/CV • Facteurs de charges NC.

5-PERFORMANCES*
Vne 55 mph, 88 km/h • Autres caractéristiques NC.

* Conditions du test non spécifiées.

Gemini International *Hummingbird Tractorplane*

(3 axes)

Description semblable à celle du *Hummingbird Prospector* sauf : suspension par ressorts sur toutes les roues ; freins sur les roues du train principal ; structure en tubes de duraluminium sans carénage de nez.

1-Apparu en 1982, cet *Hummingbird Tractorplane* est défini par Gemini International comme un ULM de catégorie utilitaire : « cet appareil est conçu pour répondre aux besoins des fermiers (épandage), policiers, patrouilleurs frontaliers, recherche et sauvetage », précise la documentation du constructeur. Sa cage est disposée comme celle du *Two-Seater,* le pilote étant en place gauche et la place droite disponible pour charger des outils, radio, dispositif d'épandage agricole, etc. Motorisé lui aussi (1) en version standard avec deux Solo 335 à réducteur 3/1, le *Tractorplane* est donné avec les mêmes dimensions extérieures et surfaces, masses et charges que le biplace, à l'exception du carburant emporté et des facteurs de charges calculées. Les performances sont, par contre, équivalentes à celles du *Model 103* aux dires du constructeur. Il n'est communiqué qu'un prix de base pour ce type utilitaire de *Hummingbird,* le prix total restant évidemment fonction des aménagements demandés par le client : **6995 US $.**

(1) Il sera bientôt équipé de moteur WAM WAE 342.

2-DIMENSIONS EXTERIEURES ET SURFACES
Voir *Hummingbird 103* et *Hummingbird Super 103.*

3-MOTORISATION
Voir *Hummingbird 103* et *Hummingbird Super 103* sauf : Carburant emporté 5 US gallons, 4,2 Imp gal., 18,9 litres dans le réservoir principal • 5 US gallons, 4,2 Imp gal., 18,9 litres en réservoir supplémentaire.

4-MASSES ET CHARGES
Voir *Hummingbird Two-Seater* sauf : Facteurs de charges + 5,5 g — 4,5 g calculées • + 6 g — 5 g à rupture.

5-PERFORMANCES : NC

Gemini International *Two-seater*

(3 axes)

Description semblable à celle du *Hummingbird 103* sauf : biplace côte-à-côte ; suspension par ressorts sur toutes les roues ; freins sur les roues du train principal ; structure en tubes de duralumin sans carénage de nez.

1-Apparu en 1982 et tout d'abord réservé aux dealers de la firme, le *Hummingbird* biplace avec doubles commandes a été annoncé au Sun-'n-Fun de mars 1983, à Lakeland, comme disponible à la vente au public. Ses caractéristiques (masse à vide 207 lbs, 93,7 kg) et performances (vitesse maximale inférieure à 55 kts, (63 mph) le classeraient plutôt comme un *ultra-light vehicle* au regard de la législation américaine entrée en vigueur le 4 octobre 1982. Cependant, la documentation délivrée par Gemini International au Sun-'n-Fun de mars 1983 précisait le classement de son *Two-Seater* en « Experimental Aircraft » (brevet de pilote privé avion nécessaire), alors même qu'il était spécifié que ce modèle, ne serait pas disponible sous forme de kit mais construit par l'usine.

Prix (prêt à voler) : **7 195 US $.**

2-DIMENSIONS EXTERIEURES ET SURFACES
Voir Hummingbird 103 et Hummingbird Super 103.

3-MOTORISATION
Voir Hummingbird 103 et Hummingbird Super 103.

4-MASSES ET CHARGES
Masse à vide 207 lbs, 94 kg • Masse maximale au décollage 657 lbs, 298 kg • Charge utile 450 lbs, 204 kg • Charge alaire maximale 4,03 lbs/ft², 19,7 kg/m² • Rapport poids/puissance 16,4 lbs/hp, 7,5 kg/CV • Facteurs de charges + 4,5 g — 3,5 g calculées — + 5 g — 4 g à rupture.

5-PERFORMANCES*
Vitesse maximale en palier 55 mph, 88 km/h • Vne 70 mph, 113 km/h • Croisière (maximale 46 mph, 74 km/h • Croisière (économique) 42 mph, 68 km/h • Vitesse de décrochage > 24 mph, > 39 km/h • Vitesse ascensionnelle maximale (au niveau de la mer) 620 ft/min, 3,1 m/s • Taux de chute minimal 350 ft/min à 32 mph, 1,7 m/s à 51 km/h • Finesse maximale 8/1 à 40 mph, 64 km/h • Roulage au décollage 100 ft, 30 m • Roulage à l'atterrissage 95 ft, 29 m • Plafond pratique 18.000 ft, 5490 m • Distance franchissable maximale 70 miles, 113 km.

*** Mesurées dans les conditions suivantes : Altitude QNH 5000 ft, 1520 m • Température au sol 52° F, 11° C • Vent au sol 0 mph, 0 km/h • Poids du pilote 180 lbs, 82 kg • Poids du passager 180 lbs, 82 kg.**
Avec moteur ci-dessus.

GOLDWING Ltd

Goldwing Limited, Amador County, P.O. Box 1123, Jackson, California 95642, telephone (209) 223-0384. Président : Brian Glenn.
Importateur britannique et constructeur : Eurowing Ltd, EastKilbride, G74 5JF, Scotland, telephone 035 52 46498.
Importateur français : Sté La Nouvelle Aviation Populaire, Rustrel, 84400 Apt, telephone (90) 74.30.00.

Goldwing Ltd
Goldwing St
(3 axes)

Monoplace monomoteur à aile médiane; pilotage 3 axes conventionnel. Voilure avec flèche au bord d'attaque et au bord de fuite, corde dégressive; avec plan canard. Tangage par gouverne de profondeur articulée sur la plan canard; lacet par gouvernails de direction monoblocs aux extrémités de l'aile; roulis par ailerons et spoilers, commande au manche pour le tangage et le roulis, palonnier pour le lacet. Voilure cantilever profil d'aile NC à double entoilage. Atterrisseur tricycle; sans suspension de la roue avant et suspension par ressorts du train principal. Roue avant directrice conjuguée au palonnier. Freins sur les roues du train principal en option. Structure en tubes de duralumin et en fibre de verre, habitacle fermé (type SP), et habitacle partiellement fermé (standard). Moteur monté au-dessus de l'aile, utilisé en propulsif.

1-La conception du *Goldwing* et sa géométrie des plus originales sont à porter au crédit de Craig Catto, Britannique parti aux USA où il s'est déjà rendu célèbre avec les *Forty Niner*, PUL de Vol libre, et de premiers ULM tels les CA-14, 15 et 16. A 21 ans, en 1978, il s'inspire de l'avion léger biplace en tandem *Varitze* de l'ingénieur américain Burt Rutan pour dessiner son *Goldwing* bidérive à plan canard. Le prototype fut présenté au meeting Sun-'n-Fun de 1979. Il subit par la suite un nombre impressionnant d'essais et de modifications avant de devenir l'un des ULM les plus sécurisants qui soient actuellement : volets de bord de fuite, trim mécanique, petites roues, petites winglets, différentes grandeurs d'ailes et de plan canard, plus de six sections d'ailes, renforcement de la structure de la voilure après passage au banc d'essai simulant plusieurs milliers d'heures de vol, etc. En vesion standard, l'appareil proposé aux USA par Goldwing Ltd utilise un moteur Cuyuna 430D (sans réducteur) et est motorisé en Europe par Eurowing avec un Fuji-Robin EC-34PM avec réduction 1/3 et une hélice de 1,37 m de diamètre. Présenté à Oshkosh en 1982, une nouvelle version **Goldwing SP** comporte une verrière bulle formant cockpit fermé et faisant gagner quelques points de finesse supplémentaires à l'avion. Tant aux Etats-Unis qu'en Europe, le *Goldwing* est livré sous forme de kits donné pour 200 h d'assemblage et dont près de 1000 aurait été livrés dans divers pays, aux dires de Goldwing Ltd en mars 1983. L'appareil standard n'est plus classé comme ULM aux USA depuis l'entrée en vigueur, le 4 octobre 1982, de la FAR Part 103-Ultralight Véhicles; il y est donc immatriculé comme Experimental Aircraft de construction amateur et vendu **4 895 US $** avec, en option (**430 US $**) un réducteur 2/1. Le modèle construit par Eurowing reste toujours classé comme ULM dans les principaux pays européens. En France, ce *Goldwing* standard est vendu sous forme de kit pour **45 400 FF ttc** ou monté et décoré pour **64 800 FF ttc.**

Le frein sur une roue du train principal du Goldwing ST

2-DIMENSIONS EXTERIEURES ET SURFACES
Longueur hors tout 12 ft, 3,66 m • Hauteur hors tout 5 ft, 1,52 m • Envergure (aile) 30 ft, 9,14 m • Corde moyenne à l'emplanture 4 ft, 1,22 m • Corde du plan canard 2 ft, 0,61 m • Surface alaire totale 128 ft², 11,9 m² • Surface aile principale 115,5 ft², 10,74 m² • Surface du plan canard 12,5 ft², 1,16 m² • Surface du plan fixe vertical 7,3 ft², 0,68 m² • Surface du gouvernail de direction 6,8 ft², 0,63 m² • Surface totale des gouvernes de profondeur 5 ft², 0,46 m² • Allongement 7,8/1 • Diamètre de la roue avant 20 inches, 51 cm • Diamètre des roues principales 20 inches, 51 cm.

3-MOTORISATION
Moteur Cuyuna 430D • Puissance maximale 30 CV à 5500 tr/mn • Diamètre et pas de l'hélice 36 × 16 inches, 0,91 × 0,40 m • Sans réducteur • Rapport puissance/surface alaire 0,23 hp/ft², 2,52 CV/m² • Carburant remporté 6 US gallons 5 Imp gal. 22,7 litres.

4-MASSES ET CHARGES
Masse à vide 220 lbs, 100 kg • Masse maximale au décollage 480 lbs, 218 kg • Charge utile 260 lbs, 118 kg • Charge alaire maximale 3,75 lbs/ft², 18,3 kg/m² • Rapport poids/puissance 16 lbs/hp, 7,3 kg/CV • Facteurs de charges calculées NC + 6 g — 3 g à rupture.

5-PERFORMANCES*
Vitesse maximale en palier 70 mph, 113 km/h • Vne 85 mph, 137 km/h • Croisière (maximale) 60 mph, 97 km/h • Croisière (économique) 45 mph, 72 km/h • Vitesse de décrochage 24 mph, 38 km/h • Vitesse ascensionnelle maximale (au niveau de la mer) 600 ft/min, 3 m/s • Taux de chute minimal 250 ft/min à 38 mph, 0,13 m/s à 61 km/h • Finesse maximale 16/1 à 43 mph, 69 km/h • Roulage au décollage 150 ft, 45 m • Roulage à l'atterrissage 200 ft, 61 m • Plafond pratique 10.000 ft, 3050 m • Distance franchissable maximale 360 miles, 579 km.

*** Conditions du test non spécifiées.**

Goldwing Ltd
Goldwing UL
(3 axes)

Description semblable à celle du *Goldwing* standard sauf spécifications ci-après.

1-En réponse à la législation américaine actuelle n'admettant plus son monoplace comme ULM, Goldwing Ltd a annoncé la sortie dans un futur proche d'une version *UL* (pour *ultralight*, ultra-léger) revue et corrigée en fonction des implications de la FAR Part 103. Le *Goldwing UL* est donc présenté comme plus léger et plus lent que son prédécesseur. Le constructeur précise qu'il s'agit d'un appareil totalement redessiné par rapport à la version standard, avec un fuselage affiné, un atterrisseur allégé et à voie plus large, un longeron en graphite, un siège avec harnais d'épaules et un pare-brise. Au Sun-'n-Fun de Lakeland, en mars 1983, il fut annoncé une « édition limitée » de 200 modèles *UL* livrés prêts à voler et vendus **1 000 US $** en-dessous de leur prix normal qui est maintenant de **6 595 US $**.

Quelques précisions supplémentaires nous sont parvenues qui, bien qu'incomplètes, permettent de mieux situer le *Goldwing UL* par rapport au précédent modèle. Il convient de noter que le Kawasaki TA 440 proposé comme moteur standard sur cet appareil est employé sous sa puissance nominale de 38,5 cv à 6000 tr/mn et, limité à 5 200 tr/mn, ne développe ici que 30 cv. Nous n'en communiquons que les caractéristiques et performances connues différant d'avec le *Goldwing* standard (USA).

Glider Rider

2-DIMENSION EXTERIEURES ET SURFACES
Longueur hors tout 12 ft, 3,66 m • Hauteur hors tout 5,5 ft, 1,68 m • Envergure (aile) 30 ft, 9,14 m • Surface alaire totale 140 ft², 13 m² • Autres caractéristiques NC.

3-MOTORISATION
Moteur Kawasaki TA 440 • Puissance maximale 37 CV à 6000 tr/mn • Diamètre et pas de l'hélice 36 × 16 inches, 0,91 × 0,41 m • Sans réducteur • Poussée statique maximale 175 lbs, 79 kgp • Rapport puissance/surface alaire 0,26 hp/ft², 2,8 CV/m² • Carburant emporté 3 US gallons 2,5 Imp gal. 11,3 litres.

4-MASSES ET CHARGES
Masse à vide 240 lbs, 109 kg • Masse maximale au décollage 510 lbs, 231 kg • Charge utile 270 lbs, 122 kg • Charge alaire maximale 3,64 lbs/ft², 17,8 kg/m² • Rapport poids/puissance 13,8 lbs/hp, 6,2 kg/CV • Facteurs de charges calculées NC + 6 g — 4,5 g à rupture.

5-PERFORMANCES*
Vitesse maximale en palier 63 mph, 101 km/h • Vne 70 mph, 113 km/h • Croisière (maximale) 55 mph, 88 km/h • Vitesse de décrochage 25 mph, 40 km/h • Vitesse ascensionnelle maximale (au niveau de la mer) 600 ft/min, 3 m/s • Finesse maximale 16/1 (vitesse NC) • Autres caractéristiques NC.

* Conditions du test non spécifiées.

Goldwing Ltd
Gold Duster
(3 axes)

Description semblable à celle du *Goldwing* standard.

1-Le *Gold Duster* est la version apparue début 1982 du *Goldwing* standard, équipée pour l'épandage agricole et avec une structure renforcée pour permettre d'accroître sa charge utile de 130 à 150 kg. Cet accroissement permet l'emport d'un système d'épandage composé de deux « atomiseurs » Micronair d'origine britannique et d'un réservoir pouvant contenir jusqu'à 15 US gallons (56,7 litres) de produit à épandre. La vitesse de travail du *Gold Duster* est de 60 mph (96,5 km/h) pour une largeur d'épandage de 40 ft (12 m). Comme pour le *Goldwing* lui-même, la motorisation aux USA reste les Cuyuna 430D ou 430R avec réducteur 1/2 et, pour l'Europe, le Fuji-Robin EC-34PM. Les renforts structuraux ont permis d'accroître de — 3 à — 4 g les facteurs de charge à rupture. Le *Gold Duster* est livrable soit en kit soit prêt à voler et équipé pour l'épandage. Prix aux USA : kit (environ) **6 500 US $**; prêt à voler **9 000 US $** (environ). Prix en France NC.

2-DIMENSIONS EXTERIEURES ET SURFACES
Voir le Goldwing St.

Pulvérisateur Micronair utilisé sur la version agricole Gold Duster

3-MOTORISATION
Voir le *Golding St* sauf : Carburant emporté 2,5 US gallons, 2,1 Imp. gal., 9,5 litres.

4-MASSES ET CHARGES
Charge utile 350 lbs, 159 kg • Facteurs de charges + 3,8 g — 1,7 g calculées • + 6 g — 4 g à rupture • Autres caractéristiques NC.

5-PERFORMANCES*
Vitesse maximale en palier 70 mph, 113 km/h • Croisière (maximale) 60 mph, 97 km/h • Vitesse ascensionnelle maximale (au niveau de la mer) 600 ft/min, 3 m/s • Finesse maximale 16/1 (vitese NC) • Roulage au décollage 200 ft, 60 m • Roulage à l'atterrissage 200 ft, 60 m • Autres caractéristiques NC.

* Conditions du test non spécifiées.

Goldwing Ltd
Nexus
(3 axes)

Monoplace monomoteur à l'aile haute; pilotage 3 axes conventionnel. Voilure sans flèche au bord d'attaque et flèche inverse au bord de fuite, corde dégressive avec winglets NASA empennage classique. Tangage par gouverne de profondeur articulée sur le plan fixe horizontal; lacet par gouvernail de direction articulé sur la dérive; roulis par ailerons, commande au manche pour le tangage et le roulis, palonnier pour le lacet. Voilure cantilever, profil d'aile NC à double entoilage. Atterrisseur tricycle avec béquille arrière; suspension sur toutes les roues. Roue avant directrice conjuguée au palonnier. Freins sur les roues du train principal. Fuselage en fibre de verre habitacle fermé. Moteur monté sous l'aile, utilisé en tractif. Technologie : tout matériaux composites.

1-Présenté à Oshkosh en 1982, le prototype du *Nexus* peut être considéré comme le « maillon manquant » entre les avions légers traditionnels et les avions ultralégers de pilotage conventionnel. Il est révélateur de l'orientation de l'Aviation ultralégère pour un proche avenir que de telles machines soit apparues simultanément aux Etats-Unis, en Grande-Bretagne *(Dragon Light*, Designability *Duet*, Luscombe *Vitality)*, en France (Nogrady *Avionnette* biplace, Broc *Libellule)*, en Suisse et RFA (Neukom AN-21R) ou en Australie. L'aviation ultralégère tend à combler peu à peu ce créneau laissé libre avec des ULM hauts de gamme que nous-mêmes avons baptisés des ATL, éprouvant le besoin de les différencier des ultralégers sans pour autant les inclure dans la catégorie des aéronefs légers, avions ou motoplaneurs.

Goldwing Ltd définit son dernier-né très explicitement : « La philosophie conceptuelle du *Nexus* est d'établir un pont entre les ultralégers motorisés et l'Aviation générale. Le *Nexus* combine des gouvernes et des commandes traditionnelles à une masse à vide d'ULM (136 kg) grâce à l'emploi des matériaux composites. Il a été conçu pour rester simple à construire et d'un pilotage conventionnel : plus facile qu'un Cessna 150 et plus amusant qu'un Piper J-3 *Cub.* Comme notre ULM *Goldwing,* le *Nexus* répond aux normes de la FAR 23. » Largeur de l'habitacle au maître couple : 0,57 m; hauteur : 0,99 m. L'appareil sera proposé sous forme d'un kit donné pour 175 à 200 h d'assemblage et pour un prix d'environ **6 500 US $** (date de commercialisation non précisée). Sa voilure est dotée de volets courbables jusqu'à 40° et de fentes de bord d'attaque, dispositifs hypersustentateurs.

2-DIMENSIONS EXTERIEURES ET SURFACES
Longueur hors tout 20 ft, 6,09 m • Hauteur hors tout 6 ft, 1,82 m • Envergure (aile) 34 ft, 10,36 m • Corde moyenne 3,7 ft, 1,10 m • Surface alaire totale 123 ft², 11,4 m² • Allongement 9,4/1 • Autres caractéristiques NC.

3-MOTORISATION
Moteur WAM WAE 342 • Puissance maximale 26 CV vitesse NC • Diamètre et pas de l'hélice 60 × 15 inches, 1,52 × 0,38 m • Réducteur à engrenage rapport de réduction 3/1 • Poussée statique maximale NC • Rapport puissance/surface alaire 0,21 hp/ft², 2,3 CV/m² • Carburant emporté 5 US gallons 4,2 Imp gal. 18,9 litres.

4-MASSES ET CHARGES
Masse à vide 300 lbs, 136 kg • Masse maximale au décollage 550 lbs, 249 kg • Charge utile 250 lbs, 113 kg • Charge alaire maximale 4,47 lbs/ft², 21,8 kg/m² • Rapport poids/puissance 21,2 lbs/hp, 9,6 kg/CV • Facteurs de charges + 3,8 g — 3 g calculées — + 5,3 g — 4,5 g à rupture.

5-PERFORANCES*
Vne 85 mph, 137 km/h • Croisière (maximale) 75 mph, 121 km/h • Croisière (économique) 60 mph, 97 km/h • Vitesse de décrochage sans volets 26 mph, 41 km/h • Vitesse de décrochage avec volets 22 mph, 35 km/h • Vitesse ascensionnelle maximale (au niveau de la mer) 600 ft/min, 3 m/s • Roulage au décollage 150 ft, 45 m • Roulage à l'atterrissage 200 ft, 60 m • Autres caractéristiques NC.

*** Conditions du test non spécifiées.**

Le prototype du Nexus de Goldwing Ltd était déjà présenté en statique en à Oshkosh en 1982

GREENWOOD AIRCRAFT

Greenwood Aircraft Incorporated, PO Box 401, Alexandria, Minnesota 56308, telephone (612) 762-2020.

Greenwood Aircraft *Witch*
(3 axes)

Monoplace monomoteur à l'aile haute; pilotage 3 axes conventionnel. Voilure sans flèche au bord d'attaque et au bord de fuite, corde constante; empennage en T. Tangage par gouverne de profondeur monobloc; lacet par gouvernail de direction articulé sur la dérive; roulis par ailerons sur la moitié de l'envergure de l'aile; commande au manche pour le tangage et le roulis, palonnier pour le lacet. Voilure haubanée portée par des mâts; profil d'aile NC; à double entoilage. Atterrisseur tricycle; suspension NC. Roue avant directrice conjuguée au palonnier. Freins NC; fuselage en tube d'acier avec carénage sur option. Moteur monté sous l'aile, utilisé en propulsif. Technologie : fuselage en acier au chrome molybdène 4130 soudé; aile avec nervures en mousse polyuréthane à semelles de bois (sur le premier prototype).

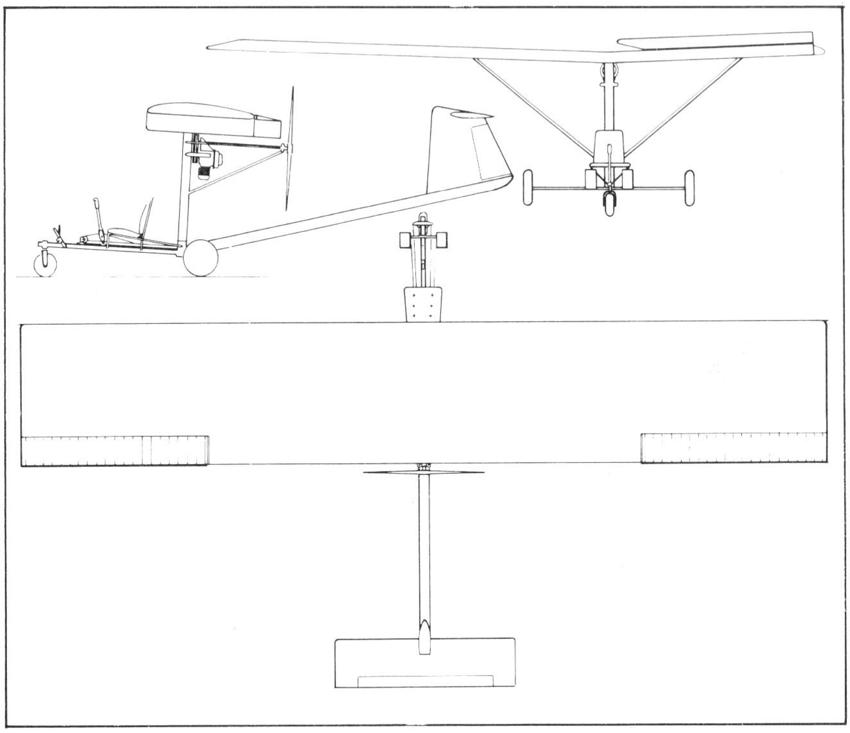

1-Le prototype du *Witch* a effectué ses premiers vols en 1982 et une version modifiée, avec une voilure redessinée, est apparue en début 1983. Toutefois, cette seconde version conserve la principale particularité de cet appareil original : l'aile est portée par un mât principal s'appuyant sur la poutre en tube d'acier formant fuselage; elle pivote au sommet de ce mât pour s'aligner dans l'axe du fuselage; les extrémités de l'aile étaient repliables sur sa partie centrale, pour le premier prototype. Ces dispositifs sont destinés à faciliter le transport par route du *Witch,* dont Greenwood Aircraft a publié des photographies montrant l'avion directement tracté par une voiture.

En mars 1983, la firme annonçait que l'appareil serait vendu monté, prêt à voler, pour un prix de l'ordre de **9 000 US $.** Mais la date de cette commercialisation ne nous a pas été précisé.

Les chiffres communiqués ci-après correspondent à la seconde version pour les paragraphes 2-3-4 mais les performances données en 5 sont celles du premier prototype la société ne nous ayant pas encore communiqué les autres.

2-DIMENSIONS EXTERIEURES ET SURFACES
Longueur hors tout 17,6 ft, 5,36 m • Hauteur hors tout 5,1 ft, 1,55 m • Envergure (aile) 30 ft, 9,14 m • Corde constante 5 ft, 1,52 m • Flèche 0° • Plan fixe horizontal, envergure 6,8 ft, 2,03 m • Surface alaire totale 150 ft², 13,9 m² • Surface totale des ailerons 13,8 ft², 1,28 m² • Surface totale des gouvernes de profondeur 11,1 ft², 1,03 m² • Allongement 6/1 • Voie du train 6 ft, 1,83 m • Empattement 4,7 ft, 1,39 m • Autres caractéristiques NC.

3-MOTORISATION
Moteur Zenoah G25B • Puissance maximale 20 CV à 6500 tr/mn • Diamètre et pas de l'hélice 60 x NC inches, 1,52 x NC m • Réducteur à courroie rapport de réduction 2,5/1 • Rapport puissance/surface alaire 0,14 hp/ft², 1,5 CV/m² • Carburant emporté 5 US gallons 4,2 Imp gal. 18,9 litres.

4-MASSES ET CHARGES
Masse à vide 225 lbs, 102 kg • Masse maximale au décollage 435 lbs, 197 kg • Charge utile 210 lbs, 95 kg • Charge alaire maximale 3,10 lbs/ft², 15,1 kg/m² • Rapport poids/puissance 21,8 lbs/hp, 9,9 kg/CV.

5-PERFORMANCES*
Vitesse maximale en palier 50 mph, 80km/h • Vne 100 mph, 161km/h • Croisière (maximale) 70 mph, 113km/h • Croisière (économique) 60 mph, 97km/h • Vitesse de décrochage 28 mph, 45km/h • Vitesse ascensionnelle maximale (au niveau de la mer) 810 ft/min, 4,1 m/s • Roulage au décollage 200 ft, 60 m • Roulage à l'atterrissage 250 ft, 75 m • Plafond pratique 14,000 ft, 4670 m • Autres caractéristiques NC.

* Conditions du test non communiquées.

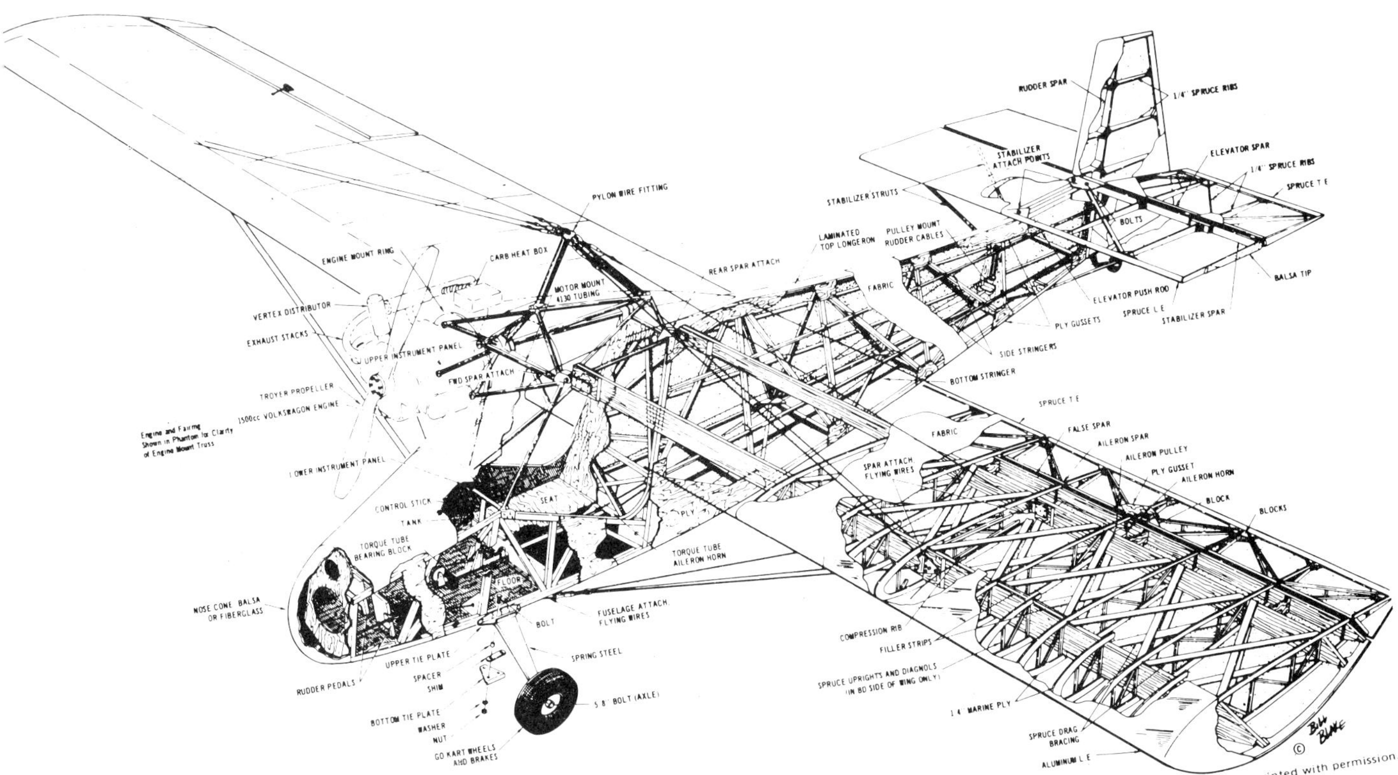

HEADBERG

Headberg Aviation Inc., 265 Needles Trail, Longwood, Floride 32750; tél (305) 788-0471.

Headberg Aviation
Flaglor Scooter
(3 axes)

Monoplace monomoteur à l'aile haute, pilotage 3 axes conventionnel. Voilure sans flèche au bord d'attaque et au bord de fuite, corde constante; empennage classique. Tangage par gouverne de profondeur articulée sur le plan canard; lacet par gouvernail de direction articulé sur la dérive; roulis par ailerons sur un tiers de l'envergure de l'aile; commande au manche pour le tangage et le roulis; palonnier pour le lacet. Voilure haubanée sol par câbles, vol par câbles; profil d'aile NACA 23012, à double entoilage. Atterrisseur classique suspension par ressorts sur toutes les roues. Roue arrière directrice conjuguée au palonnier. Freins sur les roues du train principal. Structure en bois avec entoilage; habitacle partiellement fermé. Moteur monté au-dessus de l'aile, utilisé en tractif.

1-Appelé aussi le *Sky Scooter* (scooter du ciel), cet avion a été dessiné dès 1967 par Ken Flaglor pour les constructeurs amateurs comme une machine de faible coût. Le prototype devait utiliser un moteur Cushman 18 cv, mais se révéla sous-motorisé et Ken dut remplacer ce dernier par un traditionnel Volkswagen avionné à 36 cv.

Les droits furent acquis en 1971 par Thurman Baird et la société Baby Ace qui diffusèrent le *Sky Scooter* sous forme de kits. Cette licence fut ensuite cédée en 1979 à Headberg Aviation qui commercialise maintenant les plans, kits et pièces détachées.

Bien qu'il s'agisse d'un appareil très conventionnel tant au plan de sa configuration qu'à celui de sa technologie bois et toile, ses performances d'ULM et des coûts de construction estimés entre 1500 et 2000 $ pourraient redonner un second souffle au *Sky Scooter*. Headberg Aviation donne pour chaque sous-ensemble les temps de construction suivants : fuselage 95 h; surfaces de l'empennage 35 h; nervures de l'aile 20 h; pièces métalliques 50 ; finition de la voilure 68; montage (mise en croix aile/fuselage) et haubanages 15 h; bords d'attaque en tôles d'aluminium 18 h; vernissage 12 h; atterrisseur 20 h; tableau de bord 30 h; réservoir de carburant 7 h; peinture et finition 65 h. Soit un total de 454 h de travail qui - pour une fois ! - ne paraît pas avoir été trop sous-estimé par un fournisseur.

Comme pour le *Beta Bird* d'Aircraft Specialties, nous concluerons en rappelant que ce *Flaglor Scooter* n'est guère un ultraléger. Cependant, le remplacement de son Volkswagen trop massif par un moteur plus léger pourrait amener à réviser ce jugement.

2-DIMENSIONS EXTERIEURES ET SURFACES
Longueur hors tout 15,8 ft, 4,78 m • Hauteur hors tout 7 ft, 2,13 m • Envergure (aile) 28 ft, 8,64 m • Corde constante 4,2 ft, 1,27 m • Dièdre 2° • Flèche 0° • Plan fixe horizontal, envergure 7,2 ft, 2,18 m • Surface alaire totale 115 ft², 10,7 m² • Surface totale des ailerons 12,5 ft², 1,16 m² • Surface du gouvernail de direction 5,6 ft², 0,52 m² • Surface du plan fixe horizontal 10,8 ft², 1 m² • Surface totale des gouvernes de profondeur 7,7 ft², 0,72 m² • Allongement 6,98/1 • Voie du train 4,6 ft, 1,37 m • Autres caractéristiques NC.

3-MOTORISATION
Moteur Volkswagen 1500 cc • Puissance maximale 40 CV à 3500 tr/mn • Diamètre et pas de l'hélice 54 x 28 inches, 1,37 x 0,71 m • Sans réducteur • Rapport puissance/surface alaire 0,34 hp/ft², 3,74 CV/m² • Carburant emporté 5 US gallons 4,2 Imp gal. 18,9 litres.

4-MASSES ET CHARGES
Masse à vide 390 lbs, 177 kg • Masse maximale au décollage 650 lbs, 295 kg • Charge utile 260 lbs, 118 kg • Charge alaire maximale 5,65 lbs/ft², 27,6 kg/m² • Rapport poids/puissance 1,6 lbs/hp, 0,7 kg/CV • Autres caractéristiques NC.

5-PERFORMANCES*
Vitesse maximale en palier 90 mph, 145km/h • Vne 95 mph, 153km/h • Croisière (maximale) 80 mph, 129km/h • Croisière (économique) 65 mph, 105km/h • Vitesse de décrochage 34 mph, 55km/h • Vitesse ascensionnelle maximale (au niveau de la mer) 600 ft/min, 3 m/s • Roulage au décollage 250 ft, 75 m • Roulage à l'atterrissage 250 ft, 75 m • Distance franchissable maximale 175 miles, 281 km • Autres caractéristiques NC.
*** Conditions du test non spécifiées.**

INTER-NATIONAL ULTRA-LIGHT

International Ultralight Incorporated, 11203 Jones Road West, Houston, Texas 77065, telephone (713) 890-9353.

Intern. Ultralight *Sidewinder*
(3 axes)

Monoplace monomoteur à l'aile haute; pilotage 3 axes conventionnel. Voilure sans flèche au bord d'attaque et flèche inverse au bord de fuite; corde constante; empennage cruciforme. Tangage par gouverne de profondeur articulée sur le plan fixe horizontal; lacet par gouvernail de direction articulé sur la dérive; roulis par ailerons sur la moitié de l'envergure de l'aile; commande au manche pour le tangage et le roulis, palonnier pour le lacet. Voilure haubanée sol par câbles, vol par câbles; profil d'aile NC, à double entoilage; atterrisseur tricycle; et suspension sur toutes les roues. Roue avant directrice conjuguée au palonnier. Freins sur les roues du train principal. Structure en tubes de duralumin et en fibre de verre, habitacle partiellement fermé. Moteur monté au niveau de l'aile, utilisé en tractif.

1-Le prototype du *Sidewinder* a été présenté pour la première fois au public au Sun-'n-Fun de mars 1983 à Lakeland, Floride. L'opinion générale y fut qu'il s'agissait d'une copie du *Phantom* de Ultralight flight. Il en diffère cependant avec une voilure munie de volets hypersustentateurs dont ne dispose pas ce dernier. son constructeur a mis l'accent sur la qualité, précisant que tous les matériaux et constituants utilisés dans sa fabrication sont certifiés Aviation. Le *Sidewinder* n'était encore à Lakeland qu'un prototype, nous en connaissons maintenant le prix **(6 595 US $)** prêt à voler. Sont disponibles sur options : des flotteurs, un parachute et un démarreur électrique.

2-DIMENSIONS EXTERIEURES ET SURFACES
Longueur hors tout 16,5 ft, 5,03 m • Hauteur hors tout 7,8 ft, 2,39 m • Envergure (aile) 30 ft, 9,14 m • Corde à l'emplanture 5,4 ft, 1,62 m • Flèche 0° • Surface alaire totale 154 ft², 14,3 m² • Allongement 5,8/1 • Autres caractéristiques NC.

3-MOTORISATION
Moteur Kawasaki TA 440 A • Puissance maximale 37 CV à 5500 tr/mn • Diamètre et pas de l'hélice 50 x 27 inches, 1,27 x 0,69 m • Réducteur en V rapport de réduction 2,3/1 • Poussée statique maximale 230 lbs, 104 kgp • Rapport puissance/surface alaire 0,24 hp/ft², 2,6 CV/m² • Carburant emporté 5 US gallons 4,2 Imps gal. 18,9 litres.

4-MASSES ET CHARGES
Masse à vide 250 lbs, 113 kg • Masse maximale au décollage 500 lbs, 226 kg • Charge utile 250 lbs, 113 kg • Charge alaire maximale 3,25 lbs/ft², 15,8 kg/m² • Rapport poids/puissance 13,5 lbs/hp, 6,1 kg/CV • Facteurs de charges + 6 g — 4 g calculées, à rupture NC.

5-PERFORMANCES*
Vitesse maximale en palier 61 mph, 98km/h • Vne 100 mph, 161km/h • Croisière (maximale) 50 mph, 80km/h • Vitesse de décrochage 26 mph, 42km/h • Vitesse ascensionnelle maximale (au niveau de la mer) 800 ft/min, 4,1 m/s • Taux de chute minimal 490 tr/min, 2,5 m/s (vitesse NC) • Finesse maximale 7/1 (vitesse NC) • Roulage au décollage 100 ft, 30 m • Roulage à l'atterrissage 100 ft, 30 m • Plafond pratique 14,500 ft, 4422 m • Autres caractéristiques NC.

*** Conditions du test non spécifiées.**

Intern. Ultralight *Wanderer*
(3 axes)

Monoplace monomoteur motoplaneur, pilotage 3 axes conventionnel. Voilure avec flèche au bord d'attaque, et flèche inverse au bord de fuite, empennage classique. Corde dégressive; tangage par gouverne de profondeur articulée sur le plan fixe horizontal; lacet par gouvernail de direction articulé sur la dérive; roulis par ailerons sur la moitié de l'envergure de l'aile; commande au manche pour le tangage et le roulis, palonnier pour le lacet. Voilure cantilever profil d'aile NC; à double entoilage. Atterrisseur classique sans suspension. Roue arrière directrice. Sans freins. Fuselage en tubes d'acier habitacle fermé. Moteur monté au-dessus de l'aile, utilisé en propulsif.

1-Le *Wanderer* avait devant lui une carrière prometteuse lorsqu'il apparut en 1982. La preuve en est que George Worthington s'y était intéressé de très près. George, 65 ans, pilote depuis ses 17 ans et surnommé le Roi du cross-country, reconnu universellement comme l'un des pilotes les plus qualifiés de l'Aviation ultra-légère, s'était déjà sorti miraculeusement d'une rupture d'aile au cours d'une vrille avec le prototype du *Wanderer*, en août 1982. Le 10 septembre, il se tuait sur le second prototype et à cause d'une semblable rupture. La faible altitude (entre 400 et 500 ft du sol) et une chute trop rapide ne lui laissèrent pas de temps d'utiliser son parachute. Ses cendres furent dispersés par un pilote de PUL au-dessus du site de Vol libre de Torrey Pines. C'est en son honneur que nous avons tenu à publier dans cette édition ce motoplaneur *Wanderer* qui n'est peut-être plus susceptible de déboucher comme tel sur une production industrielle. Il était prévu sous forme de kit annoncé pour 200 h d'assemblage et avec pour motorisation les monocylindres Hiro MK-1 23 cv ou Yamaha KT-100S 15 cv.

2-DIMENSIONS EXTERIEURES ET SURFACES
Longueur hors tout 17 ft, 5,18 m • Hauteur hors tout 3,6 ft, 1,08 m • Envergure (aile) 35,6 ft, 10,82 m • Surface alaire totale 133 ft², 12,4 m² • Allongement 9,5/1 • Autres caractéristiques NC.

3-MOTORISATION
Moteur Yamaka KT-100S • Puissance maximale 15 CV à 10000 tr/mn • Rapport puissance/surface alaire 0,11 hp/ft², 1,21 CV/m² • Carburant emporté 5 US gallons 4,2 Imp gal. 18,9 litres • Autres caractéristiques NC.

4-MASSES ET CHARGES
Masse à vide 190 lbs, 86 kg • Masse maximale au décollage 480 lbs, 218 kg • Charge utile 270 lbs, 132 kg • Charge alaire maximale 3,6 lbs/ft², 17,6 kg/m² • Rapport poids/puissance 32 lbs/hp, 14,5 kg/CV • Facteurs de charges calculées NC + 4,6 g — 4,6 g à rupture.

5-PERFORMANCES*
Vitesse maximale en palier 75 mph, 121km/h

• Croisière (maximale) 60 mph, 97km/h • Vitesse de décrochage 25 mph, 40km/h • Vitesse ascensionnelle maximale (au niveau de la mer) 300 ft/min, 1,5 m/s • Finesse maximale 17/1 à 40 mph, 64 km/h • Roulage au décollage 200 ft, 60 m • Roulage à l'atterrissage 300 mph, 90km/h • Distance franchissable maximale 240 miles, 386 km • Autres caractéristiques NC.

* Conditions du test non spécifiées.

INTER-NATIONAL ULTRALITE AVIATION

International Ultralite Aviation Incorporated, 2294 Hindenburg Lane, Provo, Utah 84601, téléphone (801) 374-8656/571-5321.

Intern. Ultralite Aviation *Banchee*

(3 axes)

Monoplace monomoteur à l'aile haute, pilotage 3 axes non conventionnel. Voilure avec flèche au bord d'attaque, sans flèche au bord de fuite, corde dégressive; avec plan canard. Tangage par plan canard monobloc mobile en incidence; lacet par gouvernails de direction monoblocs aux extrémités de l'aile; roulis par spoilers, commande au manche pour le tangage, le roulis et le lacet. Voilure haubanée sol par câbles, vol par câbles; profil d'aile NC à double entoilage. Atterrisseur tricycle; suspension par ressorts de la roue avant et suspension par lame en fibre de verre du train principal. Roue avant directrice non conjuguée au palonnier. Sans freins. Structure en tubes de duralumin sans carénage de nez. Moteur monté sous l'aile, utilisé en propulsif.

1-Conçu par Brian Jensen (passé depuis chez Goldwing Ltd) et Gil Kinzie, le *Banchee* a été présenté au Sun-'n-Fun de mars 1983 à Lakeland, Floride. Juste avant ce salon, participant à la course d'ULM à Phoenix, Arizona, deux des cinq *Banchee* engagés se classèrent 3e et 4e en Classe E, ce qui fut jugé probant pour une première apparition publique. L'appareil est en vente au prix de **6 395 US $**. En option : parachute (ballistique ou à main); démarreur électrique. Temps de montage : 35 mn par une seule personne.

2-DIMENSIONS EXTERIEURES ET SURFACES

Longueur hors tout 12 ft, 3,65 m • Hauteur hors tout 9 ft, 2,74 m • Envergure (aile) 34 ft, 10,36 m • Corde à l'emplanture 6 ft, 1,82 m • Corde aux extrémités 4 ft, 1,22 m • Dièdre 4° • Flèche 15° • Envergure canard 10 ft, 3,04 m • Corde du plan canard 2 ft, 0,61 m • Surface alaire totale 190 ft², 17,7 m² • Surface aile principale 170 ft², 15,8 m² • Surface du plan canard 20 ft², 1,9 m² • Surface totale des spoilerons 3 ft², 0,28 m² • Surface du gouvernail de direction 14 ft², 1,30 m² • Allongement aile principale 6,8/1 • Diamètre de la roue avant 16 inches, 41 cm • Diamètre des roues principales 16 inches, 41 cm • Dimensions flotteurs 13 x 1,10 ft, 3,96 x 0,56 m • Dimensions skis 3 x 0,6 ft, 0,91 x 0,15 m • Autres caractéristiques NC.

3-MOTORISATION

Moteur Cuyuna UL II-02 • Puissance maximale 35 CV à 6250 tr/mn • Diamètre et pas de l'hélice 54 x 27 inches, 1,37 x 0,69 m • Réducteur à courroie en V rapport de réduction 2/1 • Poussée statique maximale 230 lbs, 104 kgp • Rapport puissance/surface alaire 0,18 hp/ft², 2 CV/m² • Carburant remporté 5 US gallons 4,2 Imp gal. 18,9 litres.

4-MASSES ET CHARGES

Masse à vide 251 lbs, 114 kg • Masse maximale au décollage 600 lbs, 272 kg • Charge utile 280 lbs, 158 kg • Charge alaire maximale 3,15 lbs/ft², 15,4 kg/m² • Rapport poids/puissance 17,1 lbs/hp, 7,8 kg/CV • Facteurs de charges calculées NC + 6 g — 3 g à rupture.

5-PERFORMANCES*

Vitesse maximale en palier 55 mph, 88km/h • Vne 65 mph, 105km/h • Croisière (maximale) 50 mph, 80km/h • Croisière (économique) 35 mph, 56km/h • Vitesse de décrochage 24 mph, 38km/h • Vitesse ascensionnelle maximale (au niveau de la mer) 1000 ft/min, 5,1 m/s • Taux de chute minimal 350 ft/min à 30 mph, 1,7 m/s à 48 km/h • Finesse maximale 12/1 à 38 mph, 61 km/h • Roulage au décollage 75 ft, 23 m • Roulage à l'atterrissage 50 ft, 15 m • Plafond pratique 14 500 ft, 4422 m • Distance franchissable maximale 120 miles 193 km.

*** Mesurées dans les conditions suivantes : Altitude QNH 0 ft, 0 m • Température au sol 69° F, 21° C • Vent au sol 0 mph, 0 km/h • Poids du pilote 160 lbs, 73 kg.**
Avec moteur Cuyuna 430R 30 CV.

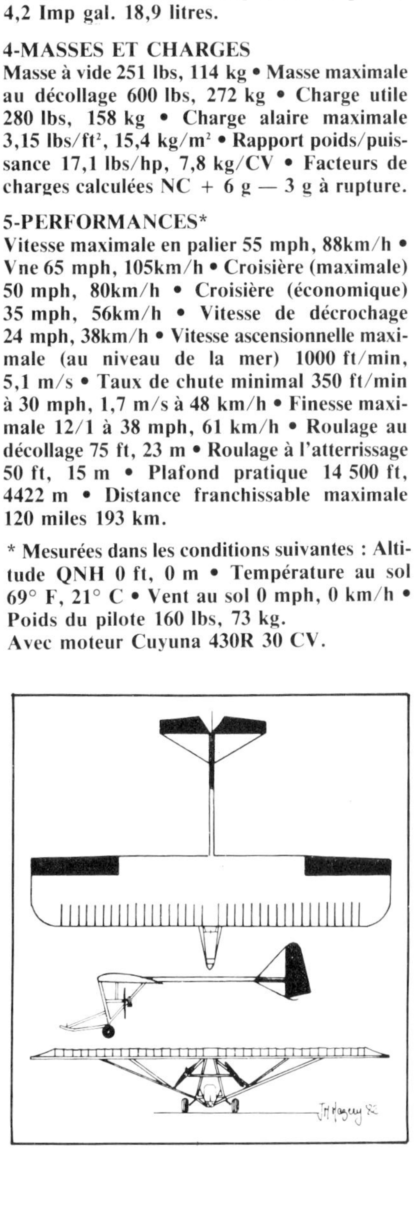

KOLB COMPANY

Kolb Company Inc, RD3, Box 38, Phoenixville, Pennsylvanie 19460. Importateur en France (pour l'UltraStar uniquement) : Zodiac Micro-Aviation, 92130 Issy-les-Moulineaux, 53, bd Gallieni, tél (1) 554.92.80.

Kolb *Flyer*

(3 axes)

Monoplace bimoteur à l'aile haute, pilotage 3 axes conventionnel. Voilure sans flèche au bord d'attaque et au bord de fuite, corde constante; empennage cruciforme. Tangage par gouverne de profondeur articulée sur le plan fixe horizontal; lacet par gouvernail de direction articulé sur la dérive; roulis par ailerons sur un tiers de l'envergure de l'aile; commande au manche pour le tangage et le roulis, palonnier pour le lacet. Voilure haubanée portée par des mâts; profil d'aile Kolb à double entoilage. Atterrisseur classique; et suspension du train principal. Roue non directrice. Sans freins. Structure en tubes de duralumin sans carénage de nez. Moteurs montés sous l'aile, utilisés en propulsif.

1-Homer Kolb est véritablement l'un des créateurs de notre Aviation ultralégère d'aujourd'hui. Avant même que les ultralégers motorisés soient connus en tant que tels, dès la moitié des années 60, il conçut, construisit et fit voler jusqu'à neuf appareils pesant tous moins de 170 lbs (77 kg) et qu'il définissait lui-même comme des avions plus légers que l'homme ! Ces diverses machines encombrent encore aujourd'hui les coins et recoins de la grange de sa ferme de Pennsylvanie. L'actuel *Flyer*, baptisé du même prénom que l'avion des frères Wright, a été construit et a effectué son premier vol dès 1970. Ce fut incontestablement le premier ULM 3 axes conçu en tant que tel, le *Whing Ding* de Robert W. Hovey s'étant plutôt posé à cette époque en avion de construction amateur traditionnelle. Le prototype pesait 130 lbs (59 kg), vola sans problème dès son premier décollage et disposait de deux moteurs McCulloch MC-101 de 12,5 cv chacun. Amélioré au cours des années mais divulgué seulement depuis 1980, le Kolb *Flyer* n'est commercialisé que sous forme de liasses de plans **(65 US $)** ou de kits à divers degrés d'achèvement : matériaux structurels **1 198 US $**; kit de complément **1 900 US $** (moteurs, hélices, roues, revêtement, siège, etc) ou kit complet pour **2 995 US $**.

2-DIMENSIONS EXTERIEURES ET SURFACES
Longueur hors tout 20 ft, 6,09 m • Hauteur hors tout 4,3 ft, 1,29 m • Envergure (aile) 29 ft, 8,83 m • Corde constante 5,5 ft, 1,65 m • Flèche 0° • Surface alaire totale 160 ft², 14,9 m² • Allongement 5,2/1 • Diamètre des roues principales 14 inches, 35 cm • Autres caractéristiques NC.

3-MOTORISATION
Moteurs 2 solo 209 • Puissance maximale 11,5 CV chacun à 4500 tr/mn • Diamètre et pas de l'hélice 36 x 10 inches, 0,91 x 0,25 m • Sans réducteur • Rapport puissance/surface alaire 0,14 hp/ft², 1,5 CV/m² • Carburant emporté 1,7 US gallons 1,4 Imp gal. 6,4 litres.

4-MASSES ET CHARGES
Masse à vide 185 lbs, 84 kg • Masse maximale au décollage 392 lbs, 178 kg • Charge utile 207 lbs, 94 kg • Charge alaire maximale 2,45 lbs/ft², 11,9 kg/m² • Rapport poids/puissance 17 lbs/hp, 7,7 kg/CV • Facteurs de charges calculées NC + 4 g — 2,5 g à rupture.

5-PERFORMANCES*
Vitesse maximale en palier 53 mph, 85km/h • Croisière (maximale) 40 mph, 64km/h • Vitesse de décrochage 20 mph, 32km/h • Vitesse ascensionnelle maximale (au niveau de la mer) 250 ft/min, 1,2 m/s • Finesse maximale 10.8/1 à 27 mph, 43 km/h • Roulage au décollage 250 ft, 76 m • Roulage à l'atterrissage 75 ft, 23 m • Plafond pratique 6850 ft, 2090 m • Distance franchissable maximale 35 miles, 56 km • Autres caractéristiques NC.

* Conditions du test non spécifiées.

Kolb
Ultrastar
(3 axes)

Monoplace monomoteur à l'aile haute, pilotage 3 axes conventionnel. Voilure sans flèche au bord d'attaque et au bord de fuite, corde constante; empennage cruciforme. Tangage par gouverne de profondeur articulée sur le plan fixe horizontal; lacet par gouvernail de direction articulé sur la dérive; roulis par ailerons sur toute l'envergure de l'aile; commande au manche pour le tangage et le roulis palonnier pour le lacet. Voilure haubanée portée par des mâts; profil d'aile Kolb à double entoilage. Atterrisseur classique; et suspension du train principal. Roue arrière directrice conjuguée au palonnier. Freins sur les roues du train principal. Structure en tubes de duralumin sans carénage de nez. Moteur monté sous l'aile utilisé en propulsif.

1-Le dernier-né d'Homer Kolb fut présenté pour la première fois au public à l'occasion du rassemblement Sun-'n-Fun à Lakeland, Floride, en mars 1982, puis ensuite à Oshkosh. Kolb Company annonçait la commercialisation de l'*UltraStar* pour octobre 1982 mais a pris quelque retard sur ce programme initial, les premiers kits n'ayant été livrés qu'en décembre. Le prix des matériaux en kit est de **3 595 US $** le temps de montage est évalué à 300-350 h mais des kits plus élaborés sont proposés et le temps de main d'œuvre se trouve alors réduit à 75 h. Ces kits comprennent tous les matériaux nécessaires à la fabrication de l'appareil. Des kits de base sont disponibles à **1 995 US $**.

3-MOTORISATION
Moteur Cuyuna UL II-02 • Puissance maximale 35 CV à 6250 tr/mn • Diamètre et pas de l'hélice 50 x 30 inches, 1,27 x 0,76 m • Réducteur à courroie en V rapport de réduction 2/1 • Poussée statique maximale NC • Rapport puissance/surface alaire 0,24 hp/ft², 2,6 CV/m² • Carburant emporté 5 US gallons 4,2 Imp gal. 18,9 litres.

4-MASSES ET CHARGES
Masse à vide 235 lbs, 107 kg • Masse maximale au décollage 470 lbs, 213 kg • Charge utile 235 lbs, 107 kg • Charge alaire maximale 3,13 lbs/ft², 15,3 kg/m² • Rapport poids/puissance 13,4 lbs/hp, 6,1 kg/CV • Facteurs de charges NC.

5-PERFORMANCES*
Vitesse maximale en palier 63 mph, 101km/h • Vne 70 mph, 113km/h • Croisière (maximale) 50 mph, 80km/h • Croisière (économique) 40 mph, 64km/h • Vitesse de décrochage 25 mph, 40 km/h • Vitesse ascensionnelle maximale (au niveau de la mer) 1000 ft/min, 5,1 m/s • Autres caractéristiques NC.

* Conditions du test non spécifiées.

LEADING EDGE AIRFOIL

Leading Edge Airfoil Incorporated, 331 South 14 th Street, Colorado Springs, Colorado 80904, téléphone (303) 632-4959.

Leading Edge Airfoil
Leaf Trike
(pendulaire)

Monoplace monomoteur à voilure souple, pilotage pendulaire. Voilure Rogallo. Le pilote est suspendu sous la voilure dans un siège-harnais et utilise un trapèze de commande (pilotage par déplacement du centre de gravité par rapport au centre de poussée). Atterrisseur tricycle; suspension par lame en fibre de verre pour le train principal. Roue avant directrice non conjuguée au palonnier. Sans freins. Chariot en tubes de duralumin, sans carénage de nez. Moteur monté sous l'aile et utilisé en propulsif.

1-Adaptable à la plupart des planeurs ultralégers de pilotage pendulaire, ce chariot est équipé d'un train principal à lame en fibre de verre avec des roues de 20'' (50 cm) qui lui garantissent de remarquables qualités de tout-terrain. Prédécemment motorisé avec un Cuyuna 430D ou 430R 30 cv avec réducteur 2/1, il est maintenant proposé avec le type UL II-02 35 cv du même motoriste avec réducteur 2/1. Employé avec une hélice de 54'' (1,37 m) de diamètre et 27'' (0,68 m) de pas, cette motorisation est donnée par Leading Edge Airfoil pour 165 lbs (75 kgp) de poussée statique. Avec 149 lbs (67 kg) de masse à vide, le *Leaf Trike* peut emporter jusqu'à 250 lbs (113 kg) de charge utile. Il est muni d'un réservoir de 5 US gallons (19 litres, 4,2 Imp. gallons) de carburant. Semblable aux chariots européens qui ont choisi une même structure et ont remplacé le tube avant par un simple câble, il est facile à replier et à mettre en œuvre. Son encombrement, plié, est de 8 x 5,7 x 3,7 ft (2,44 x 1,70 x 1,09 m). Prix, monté : **2 495 US $.**

2-DIMENSIONS EXTERIEURES ET SURFACES
****Longueur hors tout 7,4 ft, 2,26 m • **Hauteur hors tout 8,3 ft, 2,51 m • **Largeur 5,6 ft, 1,70 m • Empattement 5,1 ft, 1,55 m • Diamètre de la roue avant 16 inches, 40 cm • Diamètre des roues principales 20 inches, 51 cm • Autres caractéristiques NC.**

3-MOTORISATION
Moteur Cuyuna UL II 02 • Puissance maximale 35 CV à (vitesse NC) • Diamètre et pas de l'hélice 54 x 27 inches, 1,37 x 0,69 m • Réducteur type NC rapport de réduction 2/1 • Poussée statique maximale 165 lbs, 75 kgp • Carburant emporté 5 US gallons 4,2 Imp gal. 18,9 litres • Autres caractéristiques NC.

4-MASSES ET CHARGES
Masse à vide **149 lbs, 67 kg • Charge utile 250 lbs, 113 kg • Autres caractéristiques NC.

5-PERFORMANCES*
Vitesse maximale en palier 45 mph, 72km/h • Croisière (maximale) 32 mph, 51 km/h • Vitesse de décrochage 24 mph, 39 km/h • Autres caractéristiques NC.

*** Conditions du test non spécifiées.**
**** Siège-harnais uniquement.**

MANTA PRODUCTS

Manta Products, 1647 East 14 th Street, Oakland, California 94606, telephone (415) 536-1500.

Manta Products *Foxbat/Fledge III*

(hybride)

Monoplace monomoteur à l'aile haute, pilotage hybride. Voilure flèche au bord d'attaque et au bord de fuite, corde dégressive; sans empennage; lacet par gouvernails de direction monoblocs aux extrémités de l'aile; commande par déplacement du centre de gravité pour le tangage et le roulis, pour le lacet : curseurs sur le trapèze. Le pilote est suspendu sous la voilure dans un siège-harnais et utilise un trapèze de commande (pilotage par déplacement du centre de gravité par rapport au centre de poussée). Voilure haubanée sol et vol par câbles; double entoilage transversale intégrée; lattes préformées. Atterrisseur tricycle; suspension par ressorts de la roue avant et suspension par lame en fibre de verre du train principal. Roue avant directrice. Freins sur les roues du train principal. Chariot en tubes de duralumin sans carénage de nez. Moteur monté sous l'aile, utilisé en propulsif. Technologie : structure tubulaire en duralumin 6061 T6.

1-Manta Products a annoncé en janvier 1983 l'adoption sur ses *Foxbat* du moteur Kawasaki TA-440A de 38,5 cv. Précédemment, ces chariots étaient équipés en version standard d'un Cuyuna 430D et, sur option, d'un 430R ou d'un Zenoah G25B de 22 cv avec réducteur 2,25/1. Selon Manta Products, le *Foxbat* vise beaucoup plus le cross-country que les sauts de puce et a été conçu pour cela par Bill Armour. Ses tubes sont en effet volontairement surdimensionnés, son pilote est très confirtablement installé dans un siège-baquet et l'attache 4 points du chariot à la voilure, semi-rigide, joue le rôle d'un absorbeur de chocs.

Les options comprennent le réducteur, une hélice tripale à pas réglable (avec réduction uniquement), des flotteurs et un strobe light. Prix du chariot seul : **2 475 US $** ; avec voilure *Fledge III* : **5 360 US $.** (Avec cette aile, le *Foxbat* à moteur Cuyuna 430D 30 cv a fait l'objet d'un essai par James Lawrence dans la parution de juin 1982 de *Glider Rider*).

2-DIMENSIONS EXTERIEURES ET SURFACES
Longueur hors tout 10 ft, 3,05 m • Hauteur hors tout 6 ft, 1,83 m • Envergure (aile) 33,5 ft, 10,21 m • Corde à l'emplanture 5,8 ft, 1,75 m • Corde aux extrémités 4,6 ft, 1,40 m • Flèche 16° • Surface alaire totale 157 ft², 14,6 m² •

Allongement 6,7/1 • Voie du train 5,2 ft, 1,57 m • Empattement 6 ft, 1,83 m • Diamètre des roues principales 20 inches, 51 cm.

3-MOTORISATION
Moteur Kawasaki TA 440 A • Puissance maximale 38,5 CV à 6000 tr/mn • Diamètre et pas de l'hélice ** • Réducteur à courroie crantée rapport de réduction 2/1 • Poussée statique maximale NC • Rapport puissance/surface alaire 0,24 hp/ft², 2,6 CV/m² • Carburant emporté 5 US gallons 4,2 Imp gal. 18,9 litres.

4-MASSES ET CHARGES
Masse à vide 215 lbs, 98 kg • Masse maximale au décollage 549 lbs, 249 kg • Charge utile 334 lbs, 151 kg • Charge alaire maximale 3,50 lbs/ft², 17,1 kg/m² • Rapport poids/puissance 14,3 lbs/hp, 6,5 kg/CV.

5-PERFORMANCES*
Vitesse maximale en palier 55 mph, 88km/h • Vne 55 mph, 88km/h • Croisière (maximale) 45 mph, 72km/h • Croisière (économique) 35 mph, 56km/h • Vitesse de décrochage 22 mph, 35km/h • Vitesse ascensionnelle maximale (au niveau de la mer) 425 ft/min, 2,2 m/s • Taux de chute minimal 300 ft/min, 1,5 m/s à vitesse NC • Finesse maximale 9/1 à vitesse NC • Roulage au décollage 75 ft, 23 m • Roulage à l'atterrissage 50 ft, 15 m • Distance franchissable maximale 130 miles, 209 km.

*** Mesurées dans les conditions suivantes : avec moteur Cuyuna 430D 30 cv.**
**** Options diverses.**

MARSKE AIRCRAFT

Marske Aircraft Corporation, 130 Crestwood Drive, Michigan City, Indiana 46360, telephone (219) 879.70.39.

Marske Aricraft *Monarch C*
(3 axes)

Monoplace monomoteur à l'aile haute, pilotage 3 axes conventionnel. Voilure avec flèche inverse au bord d'attaque et au bord de fuite, corde dégressive; empennage classique. Tangage par gouverne de profondeur lacet par gouvernail de direction articulé sur la dérive; roulis par ailerons et spoilers, commande au manche pour le tangage et le roulis palonnier pour le lacet. Voilure haubanée portée par des mâts; profil d'aile NACA 43012R et NACA43112; à double entoilage. Atterrisseur tricycle avec roulette de queue supplémentaire sous l'empennage suspension par ressorts de la roue avant et suspension par lame en fibre de verre du train principal. Roue avant directrice conjuguée au palonnier. Freins NC. Fuselage en fibre de verre habitacle partiellement fermé. Moteur monté au-dessus de l'aile, utilisé en propulsif. Sur option atterrisseur monotrace.

1-Le premier des planeurs ultralégers *Monarch* de James J. Marske fut mis en construction en 1973 et effectua son premier vol le 4 juillet 1974. Des plans et kits furent alors mis à la disposition des constructeurs amateurs et deux années plus tard, plus de 70 planeurs étaient déjà en cours de réalisation, principalement aux Etats-Unis. Le *Monarch B* apparut en 1976, virant à l'ULM par le biais d'un moteur McCulloch MC-101 12 cv installé derrière le siège du pilote et entraînant une bipale propulsive de 0,635 m de diamètre, débattant sous la poutre portant l'aile et l'empennage vertical. Comme son prédécesseur, ce type **B** utilisait pour atterrisseur un patin sous le fuselage. Mais ce modèle se révélant sous-motorisé, Jim Marske diffuse maintenant les plans et kits d'un *Monarch C* doté d'un atterrisseur monotrace (une roue ayant remplacé le patin initial) au tricycle caréné. Ce dernier est calculé pour des moteurs allant jusqu'à 20 cv de puissance. Par rapport au type **C** dont nous donnons les caractéristiques et performances déjà remarquables, le dernier-né de J. Marske, testé avec 8 cv de plus (20 cv au lieu de 12), s'offrirait une vitesse maximale en palier de 140 km/h et croiserait à 122 km/h.

D'après son concepteur, la construction d'un *Monarch* exige quelque 200 h de travail en partant du kit qu'il fournit et 400 h à partir de la seule liasse des plans. La technologie de cet ULM de haut niveau fait largement appel au stratifié fibres de verre/époxy (bords d'attaque, mâts haubanant vol la voilure, fuselage, carénage avant, siège, tableau de bord et spoilers). Les nervures de l'aile et de l'empennage sont découpées dans de la mousse polyuréthane et contrecollées bois. Hors le fuselage, les surfaces sont revêtues de dacron. Le *Monarch C* reste transportable sur remorque routière et sa mise en œuvre (remontage des ailes et branchement des commandes) n'exigerait qu'une quinzaine de minutes pour deux personnes. Prix des plans : **90 US $.**

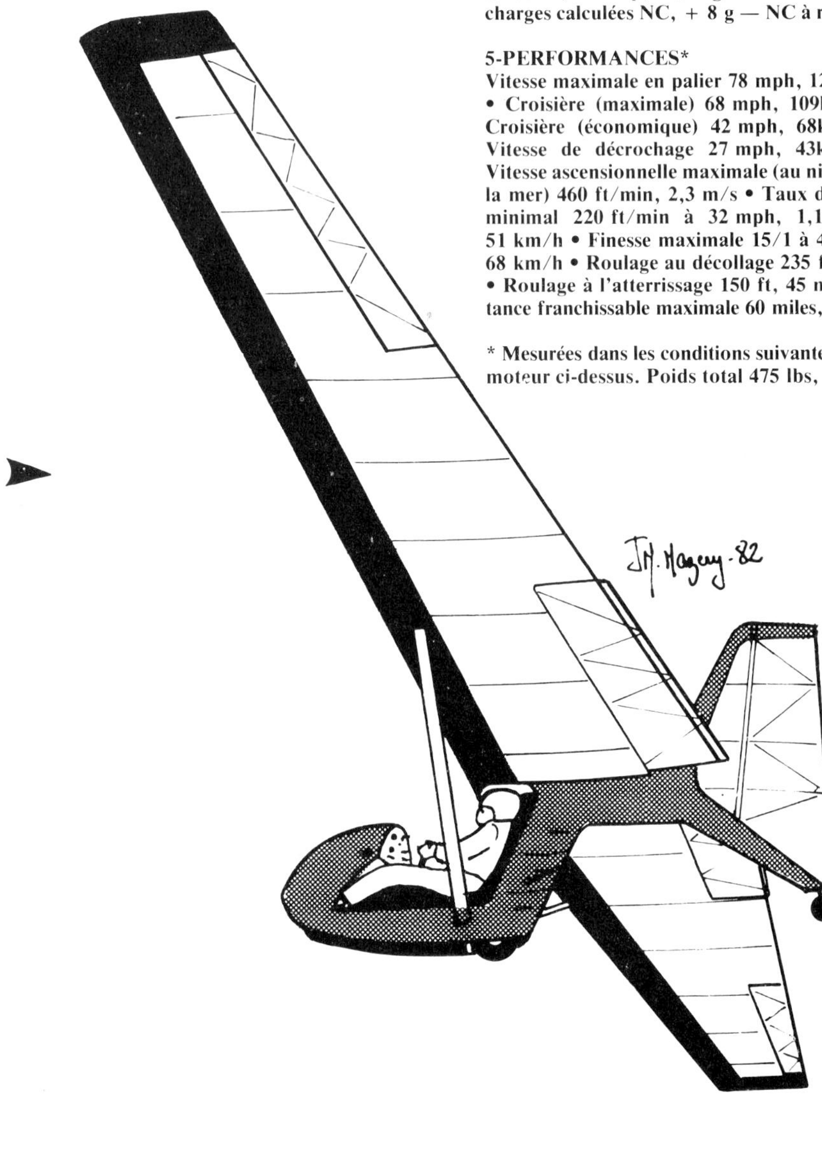

2-DIMENSIONS EXTERIEURES ET SURFACES
Longueur hors tout 11,4 ft, 3,45 m • Hauteur hors tout 7,9 ft, 2,36 m • Envergure (aile) 42 ft, 12,8 m • Corde principale 4,4 ft, 1,32 m • Dièdre 2° • Flèche au bord de fuite -3° • Surface alaire totale 185 ft², 17,2 m² • Allongement 9,5/1 • Autres caractéristiques NC.

3-MOTORISATION
Moteur Mc Culloch MC-101 • Puissance maximale 12 CV à 9000 tr/mn • Diamètre et pas de l'hélice 25 x NC inches, 0,64 x NC m • Rapport puissance/surface alaire 0,06 hp/ft², 0,7 CV/m² • Carburant emporté 2 US gallons 1,7 Imp gal., 7,5 litres • Autres caractéristiques NC.

4-MASSES ET CHARGES
Masse à vide 250 lbs, 113 kg • Masse maximale au décollage 475 lbs, 215 kg • Charge utile 225 lbs, 102 kg • Charge alaire maximale 2,56 lbs/ft², 16,8 kg/m² • Rapport poids/puissance 39,6 lbs/hp, 17,9 kg/CV • Facteurs de charges calculées NC, + 8 g — NC à rupture.

5-PERFORMANCES*
Vitesse maximale en palier 78 mph, 126km/h • Croisière (maximale) 68 mph, 109km/h • Croisière (économique) 42 mph, 68km/h • Vitesse de décrochage 27 mph, 43km/h • Vitesse ascensionnelle maximale (au niveau de la mer) 460 ft/min, 2,3 m/s • Taux de chute minimal 220 ft/min à 32 mph, 1,1 m/s à 51 km/h • Finesse maximale 15/1 à 42 mph, 68 km/h • Roulage au décollage 235 ft, 72 m • Roulage à l'atterrissage 150 ft, 45 m • Distance franchissable maximale 60 miles, 97 km.

*** Mesurées dans les conditions suivantes : avec moteur ci-dessus. Poids total 475 lbs, 215 kg.**

U.S.A.

MAXAIR SPORTS

Maxair Sports Incorporated, P.O. Box 95, Glen Rock, Pennsylvanie 17327, tél (717) 235-2107.
Importateur britannique : Hummer Sales, Brian Wronski, Unit 30, Malmesbury Road, Kingsditch Trading Estate, Cheltenham, Gloucesterskire. Tél. (0242) 34466. Directeur : Ray Pinner.
Importateur Suisse, RFA, France, Belgique : ATCO Trading Inc., P.O. Box 2282 CH 6300 Zug. 2. Tél. (042) 31.78.70. M. Heinz Hein.

Maxair Sports *Hummer*

(2 axes)

Monoplace monomoteur à l'aile haute, pilotage 2 axes (3 axes non conventionnel en option). Voilure sans flèche au bord d'attaque et au bord de fuite, corde constante; empennage en V. Tangage et lacet par élevons; commande au manche pour le tangage et le lacet (palonnier pour le roulis en option). Voilure haubanée sol par câbles, vol par câbles; profil d'aile NC à double entoilage. Atterrisseur tricycle; suspension par ressorts sur toutes les roues. Roue arrière directrice conjuguée au palonnier. Freins sur les roues du train principal (sur option), structure en tubes de duralumin avec carénage sur option. Moteur monté sous l'aile, utilisé en propulsif.

Le Hummer de Maxair Sports : un 3 axes de pilotage non conventionnel

1-Klaus Hill est l'un des grands noms de l'ultraléger motorisé aux Etats-Unis. Il commença par dessiner et construire lui-même deux planeurs puis vira au non conventionnel avec une aile Rogallo et un planeur ultraléger de sa création, le *Voyager*. Ce fut ensuite la célèbre *Fledge* qui reste incontestablement l'une des voilures les plus utilisées aujourd'hui et accommodée à toutes les sauces, du Vol Libre à l'ULM, tant par les Constructeurs Amateurs que par les firmes commerciales. Le 10 octobre 1979, Klaus Hill se tuait au cours d'un essai en vol d'un *Voyager* motorisé. En août 1977, il avait entamé l'étude du *Hummer* (to hum signifie bourdonner) et commença la réalisation du prototype dès octobre. Trente heures de main-d'œuvre et 2 000 US $ plus tard, en novembre de la même année, le n° 01 était achevé. L'appareil ne semble cependant pas avoir rencontré un succès immédiat puisqu'une douzaine seulement volaient au début de la saison 1980, le premier de série étant apparu le 17 mars 1978. Maxair Sports Inc. a été fondé en 1973 sous la dénomination de Franklin Manufacturing Corporation qui commença dès 1975 la production de pièces métalliques pour l'industrie du Vol livre.

Aujourd'hui, Maxair Sports fabrique parallèlement à ses propres modèles *Drifter* et *Hummer,* environ 200 pièces différentes pour d'autres constructeurs d'ULM et de PUL.

Aux Etats-Unis (depuis le début de 1983) autant que dans les principaux pays d'Europe, le *Hummer* répond aux normes exigées par les divers législateurs et est considéré comme un ultraléger. D'une configuration restée très proche de celle des *Vector 600* et *610* eux aussi directement extrapolés du *Hambug* initial de Klaus Hill, le *Hummer* diffère principalement par l'absence d'une cage traditionnelle avec tubes latéraux qu'il a remplacée par une poutre inférieure unique en aluminium 5052 de 12,7 cm de diamètre. Au plan de la visibilité offerte au pilote, c'est incontestablement l'un des ULM les plus parfaits qui soient. Mais, corallaire de ce balcon grand ouvert sur le ciel, c'est aussi l'un des appareils qui offrent le moins de sécurité passive en cas de crash. Maxair propose sur option depuis 1982 un très élégant carénage de nez en fibre de verre avec pare-brise et carénage des jambes du train principal. Innovation présentée au Sun-'n-Fun en mars 1983, le revêtement de l'aile vient maintenant avec des spoilers cousus en place sur l'extrados que le constructeur propose pour augmenter le taux de roulis du *Hummer* qui en version standard, rappelons-le, vire par l'action des élevons de son empennage en V et par roulis induit. Actionnés par le palonnier, ces spoilers peuvent aussi être utilisés en conjugaison et font alors office d'aérofreins. Sur option : des freins sur les roues principales commandés au palonnier, un réducteur 2,25/1 pour le moteur Zenoah G25B et des flotteurs. Prix du kit donné pour 80 h : **4 395 US $.**

A noter qu'une version biplace en tandem extrapolée du *Hummer* est produite en Suisse par la société ULAC (voir : Suisse, ULAC X-99). En 1982, aux USA, était disponible un *Hummer B* monoplace destiné aux pilotes plus lourds et qui voyait sa charge utile portée de 170 à 210 lbs (77 à 95 kg) et, donc, sa masse maximale elle aussi accrue de 370 à 410 lbs (167,5 à 185,5 kg). Le modèle 1983 affichant lui-même des chiffres supérieurs pour ces paramètres, le type *B* n'a plus lieu d'être.

2-DIMENSIONS EXTERIEURES ET SURFACES

Longueur hors tout 18 ft, 5,48 m • Hauteur hors tout 8,3 ft, 2,54 m • Envergure (aile) 34 ft, 10,36m • Corde constante 4,4 ft, 1,32 m • Flèche 0° • Plan fixe horizontal, envergure 8,2 ft, 2,50 m • Surface alaire totale 138 ft², 12,8 m² • Allongement 8,3/1 • Voie du train 3,6 ft, 1,08 m • Diamètre de la roulette de queue 6 inches, 15 cm • Diamètre des roues principales 10 inches, 25 cm.

3-MOTORISATION

Moteur Zenoah 925 B • Puissance maximale 22 CV à 6000 tr/mn • Diamètre et pas de l'hélice 52 x 32 inches, 1,32 x 0,81 m • Réducteur à courroie en V rapport de réduction 2,2/1 • Poussée statique maximale 160 lbs, 73 kgp • Rapport puissance/surface alaire 0,16 hp/ft², 1,7 CV/m² • Carburant emporté 5 US gallons 4,2 Imp gal. 18,9 litres.

4-MASSES ET CHARGES

Masse à vide 185 lbs, 84 kg • Masse maximale au décollage 440 lbs, 199 kg • Charge utile 255 lbs, 171kg • Charge alaire maximale 3,18 lbs/ft², 15,5 kg/m² • Rapport poids/puissance 20 lbs/hp, 9 kg/CV • Facteurs de charges + 4 g — 3 g calculées, à rupture NC.

5-PERFORMANCES*

Vitesse maximale en palier 60 mph, 97km/h • Vne 97 mph, 101km/h • Croisière (maximale) 45 mph, 72km/h • Croisière (économique) 30 mph, 48km/h • Vitesse de décrochage 22 mph, 35km/h • Vitesse ascensionnelle maximale (au niveau de la mer) 400 ft/min, 2 m/s • Taux de chute minimal 300 ft/min, 1,5 m/s (vitesse NC) • Finesse maximale 9/1 à 28 mph, 45 km/h • Roulage au décollage 60 ft, 18 m • Roulage à l'atterrissage 100 ft, 30 m • Plafond pratique 10.000 ft, 3050 m • Distance franchissable maximale 100 miles, 160 km.

*** Conditions du test non spécifiées.**

Maxair Sports *Drifter*

(3 axes)

Monoplace monomoteur à l'aile haute, pilotage 3 axes conventionnel. Voilure sans flèche au bord d'attaque et au bord de fuite, corde constante; empennage classique. Tangage par gouverne de profondeur articulée sur le plan fixe horizontal; lacet par gouvernail de direction articulé sur la dérive; roulis par ailerons sur toute l'envergure de l'aile; commande au manche pour le tangage et le roulis palonnier pour le lacet. Voilure haubanée sol par câbles, vol par câbles; profil d'aile NC à double entoilage. Atterrisseur classique, et suspension sur toutes les roues. Roue arrière directrice conjuguée au palonnier. Freins sur les roues du train principal sur option. Structure en tubes de duralumin sans carénage de nez. Moteur monté au niveau de l'aile, utilisé en propulsif.

1-La première présentation publique du prototype du *Drifter* a été faite à Oshkosh en 1982, présentation statique uniquement, l'appareil n'ayant pas achevé ses essais en vol à cette époque. Le dessin en est dû à Roy Pinner, concessionnaire de Maxair Sports, qui a conçu son *Drifter* comme une version améliorée du *Hummer* de cette firme, avec une structure remaniée et un empennage classique en remplacement de l'empennage en V caractéristique de l'oiseau de Klaus Hill. Roy Pinner a été nommé directeur du marketing chez Maxair et son *Drifter* est commercialisé depuis mai 1983. Les publicités de la firme différencient ce nouveau modèle du *Hummer* toujours produit en mettant l'accent sur son train principal à suspension à lame et à voie plus large permettant une meilleure utilisation tout terrain, sur l'empennage devenu classique et aux gouvernes largement surfacées, sur les ailerons portant sur toute l'envergure de l'aile, la meilleure réponse aux gouvernes du *Drifter,* son meilleur comportement au vent traversier et les performances accrues que lui confère la puissance supérieure (38,5 cv) du bicylindre en ligne Kawasaki TA-440. Une version biplace de cet ULM est actuellement à l'étude chez Maxair Sports, nous a-t-il été annoncé à l'occasion du Sun-'N-Fun 1983. Prix du Drifter : **5 500 US $.**

2-DIMENSIONS EXTERIEURES ET SURFACES
Longueur hors tout 19 ft, 5,79 m • Hauteur hors tout 7,6 ft, 2,32 m • Envergure (aile) 30 ft, 9,14 m • Corde constante 5 ft, 1,52 m • Dièdre 4° • Flèche 0° • Plan fixe horizontal, envergure 7,4 ft, 2,23 m • Hauteur plan fixe vertical 6 ft, 1,83 m • Surface alaire totale 152 ft^2, 14,1 m^2 • Surface du plan fixe vertical 15 ft^2, 1,39 m^2 • Surface du plan fixe horizontal 26 ft^2, 2,41 m^2 • Allongement 5,9/1 • Voie du train 6 ft, 1,83 m • Empattement 15,6 ft, 4,72 m • Diamètre de la roulette de queue 4 inches, 10 cm • Diamètre des roues principales 12 inches, 30 cm • Autres caractéristiques NC.

3-MOTORISATION
Moteur Kawasaki TA 440 A • Puissance maximale 38,5 CV à 6000 tr/mn • Diamètre et pas de l'hélice 58 x 36 inches, 1,47 x 0,91 m • Réducteur à courroie en V rapport de réduction 2,25/1 • Poussée statique maximale 230 lbs 104 kgp • Rapport puissance/surface alaire 3,94 hp/ft^2, 2,7 CV/m^2 • Carburant emporté 5 US gallon, 4,2 Imp gal., 18,9 litres.

4-MASSES ET CHARGES
Masse à vide 233 lbs, 106 kg • Masse maximale au décollage 505 lbs, 229 kg • Charge utile 272 lbs, 123 kg • Charge alaire maximale 3,32 lbs/ft^2, 16,2 kg/m^2 • Rapport poids/puissance 13,1 lbs/hp, 5,9 kg/CV • Facteurs de charges + 6 g — 3 g calculées, à rupture NC.

5-PERFORMANCES*
Vitesse maximale en palier 63 mph, 101km/h • Vne 63 mph, 101km/h • Croisière (maximale) 60 mph, 97km/h • Croisière (économique) 50 mph, 80km/h • Vitesse de décrochage 25 mph, 40km/h • Vitesse ascensionnelle maximale (au niveau de la mer) 1100 ft/min, 5,6 m/s • Taux de chute minimal 300 ft/min à 40 mph, 1,5 m/s à 64 km/h • Finesse maximale 9/1 à 42 mph, 68 km/h • Roulage au décollage 100 ft, 30 m • Roulage à l'atterrissage 100 ft, 30 m • Plafond pratique NC • Distance franchissable maximale 150 miles, 241 km.

*** Mesurées dans les conditions suivantes : Altitude QNH 1000 ft, 305 m • Température au sol 70° F, 21° C • Vent au sol 5 mph, 8 km/h • Poids du pilote 175 lbs, 79 kg.**
Avec moteur ci-dessus.

MEADOW-LARK ULTRALIGHT

Meadowlark Ultralight Corporation, P.O. Box 1524, Medford, Oregon 97501, telephone (503) 779-8284. Président Jim Higgs.

Meadowlark Ultralight
Meadowlark
(3 axes)

Monoplace monomoteur à l'aile haute, pilotage 3 axes conventionnel. Voilure sans flèche au bord d'attaque avec flèche inverse au bord de fuite, corde dégressive; empennage cruciforme. Tangage par gouverne de profondeur articulée sur le plan fixe horizontal; lacet par gouvernail de direction articulé sur la dérive; roulis par ailerons sur un tiers de l'envergure de l'aile; commande au manche pour le tangage et le roulis, palonnier pour le lacet. Voilure haubanée portée par des mâts; profil d'aile NC à double entoilage. Atterrisseur tricycle avec béquille arrière; suspension par ressorts sur toutes les roues. Roue avant directrice conjuguée au palonnier. Freins sur les roues du train principal. Structure en tubes de duralumin sans carénage de nez. Moteur monté au-dessus de l'aile, utilisé en tractif. Technologie : revêtement en Mylar transparent, commandes des gouvernes par l'intermédiaire de tubes.

1-Le prototype de cet intéressant monoplace a fait son apparition en fin 1982 et a été présenté dans la parution de février 1983 de *Glider Rider* avant d'être présent, le mois suivant, au Sun-'n-Fun de Lakeland, Floride, où il a rencontré un certain succès. C'est incontestablement l'un des mieux conçus parmi les 3 axes conventionnels présents actuellement sur le marché américain. Les commandes de ses gouvernes par tubes et une voilure portée par des mâts sans haubans permettent sa mise en œuvre en une vingtaine de minutes. Ses deux demi-ailes repliables le long du fuselage permettent son transport su remorque routière sans autre démontage. Le *Meadowlark* est actuellement équipé d'un moteur Cuyuna 430R avec un réducteur Arizona Air Sports. Il est disponible uniquement tout monté au prix de **6 575 US $.** Flotteurs Biam sur option : **975 US $.** Les autres options portent sur les instruments de vol et de contrôle moteur.

2-DIMENSIONS EXTERIEURES ET SURFACES
Longueur hors tout 19 ft, 5,79 m • Hauteur hors tout 7,3 ft, 2,21 m • Envergure (aile) 35 ft, 10,66 m • Corde à l'emplanture 5 ft, 1,52 m • Corde aux extrémités 3 ft, 0,91 m • Dièdre 3° • Flèche 0° • Plan fixe horizontal, envergure 8,6 ft, 2,59 m • Hauteur plan fixe vertical 3,4 ft, 1,01 m • Surface alaire totale 136 ft^2, 12,6 m^2 • Surface totale des ailerons 12 ft^2, 1,11 m^2 • Surface du plan fixe vertical 7,5 ft^2, 0,69 m^2 • Surface du gouvernail de direction 5 ft^2, 0,46 m^2 • Surface du plan fixe horizontal 14 ft^2, 1,30 m^2 • Surface totale des gouvernes de profondeur 7 ft^2, 0,65 m^2 • Allongement 9/1 • Voie du train 5 ft, 1,52 m • Empattement 5 ft, 1,52 m • Diamètre de la roue avant 19 inches, 48 cm • Diamètre des roues principales 23 inches, 58 cm • Flotteurs en option : 11 x 23,5 ft, 3,35 x 7,13 m.

3-MOTORISATION
Moteur Cuyuna 430R • Puissance maximale

30 CV à 5500 tr/mn • Diamètre et pas de l'hélice 54 x 27 inches, 1,37 x 0,68 m • Réducteur à courroie en V rapport de réduction 2/1 • Poussée statique maximale 197 lbs, 90 kgp • Rapport puissance/surface alaire 0,22 hp/ft², 2,4 CV/m² • Carburant emporté 3,7 US gallons 3,1 Imp gal., 14 litres.

4-MASSES ET CHARGES
Masse à vide 251 lbs, 114 kg • Masse maximale au décollage 550 lbs, 249 kg • Charge utile 299 lbs, 136 kg • Charge alaire maximale 4,04 lbs/ft², 19,7 kg/m² • Rapport poids/puissance 18,3 lbs/hp, 8,3 kg/CV • Facteurs de charges + 3,8 g — 1,5 g calculées, à rupture NC.

5-PERFORMANCES*
Vitesse maximale en palier 55 mph, 88km/h • Vne 60 mph, 97km/h • Croisière (maximale) 55 mph, 88km/h • Croisière (économique) 35 mph, 56km/h • Vitesse de décrochage 22 mph, 35km/h • Vitesse ascensionnelle maximale (au niveau de la mer) 1000 ft/min, 5,1 m/s • Taux de chute minimal 400 ft/min à 27 mph, 2 m/s à 43 km/h • Finesse maximale 8/1 à 30 mph, 48 km/h • Roulage au décollage 75 ft, 23 m • Roulage à l'atterrissage 100 ft, 30 m • Plafond pratique NC • Distance franchissable maximale 90 miles, 145 km.
*** Mesurées dans les conditions suivantes : altitude QNH 1330 ft, 405 m • Température au sol 59° F, 15° C • Vent au sol 0 mph, 0 km/h • Poids du pilote 180 lbs, 82 kg.**
Avec moteur ci-dessus.

MIDWEST MICROLITES

Midwest Microlites, 1351W Second Street, Oconomowoc, Wisconsin 53066, tél (414) 567-6663.

Midwest Microlites
HM-81 Tomcat Tourer
(3 axes)

Monoplace monomoteur monoplan à l'aile haute portée par ailes en V et avec plan canard, pilotage 3 axes non conventionnel (voir plus loin paragraphe 1); commande au manche pour le tangage et le roulis, palonnier pour le lacet; profil d'aile à double entoilage. Atterrisseur tricycle; suspension par caoutchouc du train principal. Roue avant directrice non conjuguée au palonnier. Structure en tubes de duralumin. Moteur monté sous l'aile, utilisé en propulsif. Technologie : structure en duralumin anodisé 6061-T6, cables en acier inoxydable 7 x 7 et entoilage Dacron.

1-Midwest Microlites est la nouvelle dénomination de Waspair Corporation, depuis le printemps 1983. Robin Haynes, fondateur et président de Waspair, a dessiné dès fin 1979 ce qui devait devenir le *Tomcat* après diverses appellations successives, les premiers modèles de série ayant été commercialisés sous le nom de ***The Baron.*** A Oshkosh en 1981, le HM-81 reçut le prix de l'EAA pour le nouveau dessin (aérodynamique) le plus exceptionnel. La configuration aérodynamique très particulière de cet appareil exige quelques explications supplémentaires. Comme le définit Robin Haynes lui-même (dans ***Glider Rider,*** février 1982), le ***Tomcat*** comporte trois éléments porteurs : l'aile principale (67 % de la portance totale), les deux ailes-poutres inclinées en V à 45° et avec 15° de flèche qu'il désigne sous le nom de ***Dihedral wings*** (18% de la portance) et le plan canard (environ 15 % du Cz). L'aile principale est fixe et démunie de gouvernes. Les ***Dihedral wings*** sont deux plans fixes inclinés dotés d'élevons comme un empennage en V. Le canard est mobile en inclinaison et peut se déplacer d'avant en arrière et inversement. Le ***Tomcat*** se pilote au manche seul, celui-ci agissant comme un mélangeur sur les « élevons » et le canard et dirigeant la roue avant.

Au début de 1982, Waspair Corp. proposait en version standard le ***Tomcat*** (chat de gouttière, matou, en français) équipé du bicylindre Cuyuna 430D 30 cv sans réducteur. Avec le 430R à réduction 1/2, l'appareil était désigné ***Tomcat Sport.*** En fin 1982, ce dernier devint la version standard. Cependant, était apparue aussi au début 1982 une version ***Tourer*** pour pilote plus lourd, avec structure renforcée et Cuyuna 430R. C'est ce dernier modèle qui reste commercialisé par Midwest Microlites et a été présenté comme version standard du ***Tomcat*** au Sun-'n-Fun a Lakeland, en mars 1983. En kit : **4 695 US $.** En « pré-construit », le ***Tomcat Tourer*** comporte un supplément de **1 150 US $.**

2-DIMENSIONS EXTERIEURES ET SURFACES
Longueur hors tout 12 ft, 3,66 m • Hauteur hors tout 10 ft, 3,05 m • Envergure (aile) 30 ft, 9,14 m • Corde à l'emplanture 4 ft, 1,22 m • Corde aux extrémités 3 ft, 0,91 m • Dièdre aile principale 0° • Flèche aile principale 0° • Envergure canard 8 ft, 2,43 m • Corde du plan canard 3 ft, 0,91 m • Surface alaire totale 175 ft², 16,3 m² • Surface aile principale 125 ft², 11,6 m² • Surface du plan canard 25 ft², 2,3 m² • Allongement aile principale 7,2/1 • Voie du train NC • Empattement 7 ft, 2,13 m • Diamètre de la roue avant 10 inches, 25 cm • Diamètre des roues principales 10 inches, 25 cm • Flotteurs en option, longueur 11 ft, 3,35 m • Skis en option, longueur 3 ft, 0,91 m.

3-MOTORISATION
Moteur Cuyuna 430R • Puissance maximale 30 CV à 5500 tr/mn • Diamètre et pas de l'hélice 54 x 36 inches, 1,37 x 0,91 m • Réducteur à courroie en V crantée rapport de réduction 2/1 • Poussée statique maximale 250 lbs, 113 kgp • Rapport puissance/surface alaire 0,17 hp/ft², 1,8 CV/m² • Carburant emporté 5 US gallons 4,2 Imp gal. 18,9 libres.

4-MASSES ET CHARGES
Masse à vide 235 lbs, 107 kg • Masse maximale au décollage 595 lbs, 270 kg • Charge utile 360 lbs, 163 kg • Charge alaire maximale 3,40 lbs/ft², 16,6 kg/m² • Rapport poids/puissance 19,8 lbs/hp, 9 kg/CV • Facteurs de charges + 6 g — 4 g calculées — + 8 g — 6 g à rupture.

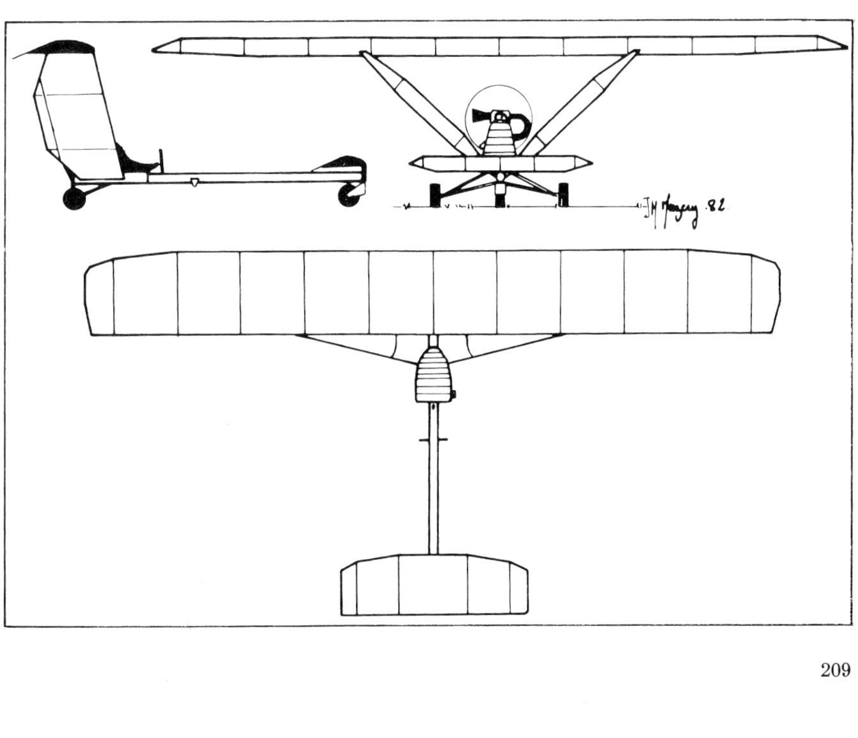

5-PERFORMANCES*
Vitesse maximale en palier 60 mph, 97km/h • Vne 65 mph, 105km/h • Croisière (maximale) 45 mph, 72km/h • Croisière (économique) 40 mph, 64km/h • Vitesse de décrochage 27 mph, 43km/h • Vitesse ascensionnelle maximale (au niveau de la mer) 800 ft/min, 4,1 m/s • Taux de chute minimal 250 ft/min à 30 mph, 1,3 m/s à 48 km/h • Finesse maximale 8/1 à 30 mph, 48 km/h • Roulage au décollage 90 ft, 27 m • Roulage à l'atterrissage 125 ft, 38 m • Plafond pratique 15000 ft, 4570 m • Distance franchissable maximale 125 miles, 201 km.

*** Mesurées dans les conditions suivantes : altitude QNH 0 ft, 0 m • Température au sol 86° F, 30° C • Vent au sol 0 mph, 0 km/h • Poids du pilote 175 lbs, 79 kg.**
Avec moteur ci-dessus.

Midwest Microlites
Tomcat Two-Place
(3 axes)

Description semblable à celle du *Tomcat Tourer* dont il est la version biplace côte à côte.

Glider Rider

1-La version biplace côte à côte du HM-81 *Tomcat* a été annoncée en fin 1981 et a fait son apparition au début de l'année suivante. Mais ce *Tomcat Two-Seater* ne peut pas être classé comme « ultralight » au regard de l'actuelle législation américaine et son constructeur n'a communiqué que peu d'informations sur cette machine. Son absence au Sun-'n-Fun de mars 1983 à Lakeland pourrait être interprétée comme de l'attentisme prudent; la plupart des constructeurs de biplaces aux USA ont choisi une semblable attitude, ne voulant pas se risquer à commercialiser des appareils nécessitant un brevet de pilote privé et une licence à jour.

2-DIMENSIONS EXTERIEURES ET SURFACES
Voir le *HM-81 Tomcar Tourer*.

3-MOTORISATION
Voir le *HM-81 Tomcat Tourer*.

4-MASSES ET CHARGES
Masse à vide 245 lbs, 111 kg • Masse maximale au décollage 605 lbs, 274 kg • Charge utile 360 lbs, 163 kg • Charge alaire maximale 3,46 lbs/ft², 16,8 kg/m² • Rapport poids/puissance 20,2 lbs/hp, 9,1 kg/CV • Facteurs de charges + 5 g — 3 g calculées, à rupture NC.

5-PERFORMANCES*
Vitesse maximale en palier 60 mph, 97km/h • Croisière (maximale) 45 mph, 72km/h • Vitesse de décrochage 24 mph, 38km/h • Vitesse ascensionnelle maximale (au niveau de la mer) 350 ft/min, 1,8 m/s • Finesse maximale 7/1 à vitesse NC. • Roulage au décollage 180 ft, 55 m • Autres caractéristiques NC.

*** Conditions du test non spécifiées.**

MITCHELL AIRCRAFT

Mitchell Aircraft Corp., 1900 South Newcomb, Porterville, California 93257; tél (209) 781 0778. Directeur : Don Mitchell.

Mitchell Aircraft
B-10 Mitchell Wing
(3 axes)

Monoplace monomoteur à l'aile haute, pilotage 3 axes non conventionnel. Voilure avec flèche au bord d'attaque et au bord de fuite, corde dégressive; sans empennage. Tangage et roulis par « stabilators », lacet par gouvernails de direction articulés sur les dérives; commande au manche pour le tangage et le roulis palonnier pour le lacet. Aile cantilever profil d'aile NACA 23015; à double entoilage. Atterrisseur tricycle; suspension sur toutes les roues. Roue avant directrice conjuguée au palonnier. Frein sur la roue avant sur option. Structure en tubes de duralumin en bois et en tube d'acier avec carénage sur option. Moteur monté sous l'aile, utilisé en propulsif.

1-Don Mitchell est l'une des figures de l'ultraléger motorisé aux Etats-Unis qu'émigrant de son Ecosse natale, il a rejointes dès 1922. Il s'inscrivit à la Boeing Scholl of Aeronautic d'où il sortit comme ingénieur aéronautique. La Seconde Guerre mondiale le verra œuvrer dans divers bureaux d'études et plus précisément chez Northrop où il participa à la conception des célèbres ailes volantes. Une trentaine d'années plus tard, un passionné de Vol Libre, le Dr H. Long, lui passa commande d'une aile de performances. Ce fut en 1975 la voilure de ce qui devint par la suite avec l'adjonction d'une motorisation, l'aile volante B-10, sans aucun doute le planeur ultraléger le plus performant de sa catégorie. Sa première version motorisée porte maintenant la désignation de B-10F (F pour *foot-launch*, expression qui signifie que les jambes du pilote tiennent lieu d'atterrisseur à l'ensemble) : il s'agit en effet d'une aile portant sous la voilure une cage rigide formée de deux ensembles latéraux de mâts en N et à l'arrière de laquelle est monté un moteur McCulloch MC-101 12 cv entraînant en prise directe une bipale propulsive. Très vite, Don Mitchell dota cette cage d'un atterrisseur tricycle avec roue avant conjuguée au palonnier. Une version plus élaborée de la B-10 fut présentée au rassemblement annuel de l'EAA à Oshkosh en août 1981, avec carénage en stratifié formant cabine ouverte et carénages du train principal. En 1980, déjà plus de 500 liasses de plans ou kits de B-10 des deux versions avaient été vendus, ce qui donne une idée du succès rencontré par son créateur. Précédemment commercialisée sous forme de liasses de plans ou en kit uniquement, la B-10 *Mitchell Wing* est aussi proposée montée en usine depuis septembre 1982.

La structure de chaque demi-aile se compose de cinq nervures centrales en treillis de bois que prolongent six nervures de chaque côté, elles aussi de fabrication tout à fait classique. Sur le longeron en contreplaqué épais, s'appuient tous les 11 cm des éléments en mousse polyuréthane en forme de D qui viennent recouvrir des feuilles de contreplaqué de 1 mm pour le bord d'attaque. Les gouvernes sont fabriquées de même, à l'exception de celles de direction dont le longeron est un tube métallique. Le revêtement se fait avec du dacron Ceconite de qualité Aviation. En plus du gouvernails de direction des extrémités d'aile, les A-10 et B-10 sont équipés de « stabilators » articulés au bord de fuite sur la moitié de l'envergure de chaque demi-aile. Commandés au manche, ces stabilators agissent différentiellement comme des ailerons et en conjugaison comme des gouvernes de profondeur. Les gouvernails de direction peuvent aussi faire office d'aérofreins. La B-10 *Michell Wing* a délaissé le MC-101 qui l'équipait en version standard pour un moteur Zenoah G25B de 242 cc, monocylindre développant 20 cv. D'après Mitchell Aircraft, sa construction exige 250 h de travail, chiffre qui vaut d'être multiplié par 3 ou 4 si l'on en juge par l'expérience déjà accumulée par des amateurs. Il est recommandé d'être détenteur d'un brevet de pilote privé avion au minimum pour la piloter mais ceci ne constitue pas une obligation.

Prix (avril 1983) : **6 995 US $** tout monté; kit « Economy » **1 995 US $,** hors moteur, instrument et train; kit « Homebuilder's » **1 295 US $,** incluant les matériaux bruts et les ferrures, mais sans moteur, train, peinture et colle. Ensemble de motorisation : **1 595 US $.** B-10 train : **495 US $.** Liasse des plans : **125 US $.** Une version biplace a été construite mais nous ne savons pas si elle sera ou non produite.

2-DIMENSIONS EXTERIEURES ET SURFACES

Longueur hors tout 6 ft, 1,83 m • Hauteur hors tout 4 ft, 1,21 m • Envergure (aile) 34 ft, 10,36 m • Corde à l'emplanture 6 ft, 1,83 m • Corde aux extrémités 2 ft, 0,61 m • Dièdre 6° • Flèche 12° • Surface alaire totale 136 ft^2, 12,6 m^2 • Allongement 8,5/1 • Diamètre de la roue avant 10 inches, 25 cm • Diamètre des roues principales 10 inches, 25 cm • Autres caractéristiques NC.

3-MOTORISATION

Moteur Zenoah G25 B-1 • Puissance maximale 23 CV à 6500 tr/mn • Diamètre et pas de l'hélice 44 x NC inches, 1,11 x NC m • Réducteur à courroie crantée rapport de réduction 3/1 • Poussée statique maximale 165 lbs, 75 kgp • Rapport puissance/surface alaire 0,17 hp/ft^2 1,8 CV/m^2 • Carburant emporté 3 US gallons, 2,5 Imp gal, 11,4 litres.

4-MASSES ET CHARGES

Masse à vide 185 lbs, 84 kg • Masse maximale au décollage 525 lbs, 238 kg • Charge utile 340 lbs, 154 kg • Charge alaire maximale 3,86 lbs/ft^2, 18,8 kg/m^2 • Rapport poids/puissance 22,8 lbs/hp, 10,3 kg/CV • Facteurs de charges calculées NC, + 4,2 g — NC à rupture.

5-PERFORMANCES*

Vitesse maximale en palier 55 mph, 88km/h • Croisière (maximale) 45 mph, 72km/h • Vitesse de décrochage 25 mph, 40km/h • Vitesse ascensionnelle maximale (au niveau de la mer) 300 ft/min, 1,5 m/s • Taux de chute minimal 225 ft/min à 35 mph, 1,1 m/s à 56 km/h • Finesse maximale 16/1 à vitesse NC. Roulage au décollage 175 ft, 53 m • Roulage à l'atterrissage 175 ft, 53 m • Plafond pratique 12 000 ft, 3648 m • Distance franchissable maximale 135 miles, 217 km • Autres caractéristiques NC.

* Conditions du test non spécifiées.

Mitchell Aircraft
XF-10 (ex SR-10)
(3 axes)

1-Aile volante monoplace monomoteur de pilotage 3 axes avec gouvernes non conventionnelles, le prototype de 1981 a été présenté par Mitchell Aircraft sous l'appellation originelle de SR-10, version modifiée de l'aile *B-10 Mitchell Wing* et destinée au marché militaire. Rebaptisé *XF-10* par la suite, cet appareil est aujourd'hui proposé par la firme sous forme d'un kit optionnel pour un supplément de **1 100 US $** à rajouter à l'achat d'une B-10. Par rapport à celle-ci, le XF-10 comporte des renforts structuraux et comporte en version standard le carénage du fuselage. Comme la B-10 standard actuelle, le XF-10 utilise le monocylindre Zenoah G25B1 poussé à 23 cv.

2-DIMENSIONS EXTERIEURES ET SURFACES

Voir *B-10 Mitchell Wing.*

3-MOTORISATION

Voir *B-10 Mitchell Wing* sauf : Carburant emporté 6 US gallons 5 Imp gal. 22,7 litres.

4-MASSES ET CHARGES

Masse à vide 200 lbs, 91 kg • Masse maximale au décollage 600 lbs, 272 kg • Charge utile 400 lbs, 181 kg • Charge alaire maximale 4,41 lbs/ft^2, 21,5 kg/m^2 • Rapport poids/puissance 26,1 lbs/hp, 11,8 kg/CV • Facteurs de charges NC.

5-PERFORMANCES*

Vne 80 mph, 50km/h • Vitesse de décrochage 25 mph, 40km/h • autres caractéristiques NC.

* Conditions du test non spécifiées.

Mitchell Aircraft
A-10 Silver Eagle
(3 axes)

Description semblable à celle de la B-10 *Mitchell Wing* dont l'A-10 *Silver Eagle* est une version de technologie tout métal.

1-Présenté en décembre 1982, le prototype de l'A-10 est une modernisation de l'aile volante B-10 tant au plan technologique qu'à celui des détails. C'est ainsi que le dernier-né de chez Don Mitchell a délaissé le manche au plafond de la B-10 pour le replacer, conventionnellement, entre les jambes du pilote. Les matériaux (bois et toile) de la voilure de cette dernière ont été abandonnés au profit de l'aluminium et d'une mousse développée par la NASA, dénommée *Honeyfoam* et désignée SB-502B, le B final indiquant l'emploi de bore. L'A-10 *Silver Eagle* est commercialisée tout monté, prêt à voler, y compris le carénage en stratifié de l'habitacle, les carénages des roues du train principal, le siège à harnais d'épaules et les instruments de bord; prix en avril 1983 : **5 995 US $.**

2-DIMENSIONS EXTERIEURES ET SURFACES

Longueur hors tout 8 ft, 2,43 m • Hauteur hors tout 5,6 ft, 1,67 m • Envergure (aile) 34,4 ft, 10,46m • Corde à l'emplanture 6 ft, 1,83 m • Corde aux extrémités 2 ft, 0,61 m • Dièdre 6° • Flèche 12° • Surface alaire totale 136 ft^2, 12,6 m^2 • Allongement 8,6/1 • Diamètre des roues principales 10 inches, 25 cm • Autres caractéristiques NC.

3-MOTORISATION

Moteur Zenoah G25B-1 • Puissance maximale

20 CV à 6500 tr/mn • Réducteur à courroie crantée • Poussée statique maximale 165 lbs, 75 kgp • Rapport puissance/surface alaire 0,14hp/ft², 1,58 CV/m² • Carburant emporté 3 US gallons 2,5 Imp gal., 11,4 litres • Autres caractéristiques NC.

4-MASSES ET CHARGES
Masse à vide 250 lbs, 113 kg • Masse maximale au décollage 553 lbs, 251 kg • Charge utile 303 lbs, 138 kg • Charge alaire maximale 4,06 lbs/ft², 19,8 kg/m² • Rapport poids/puissance 27,6 lbs/hp, 12,5 kg/CV • Facteurs de charges + 6 g — 6 g calculées, à rupture NC.

5-PERFORMANCES*
Vitesse maximale en palier 63 mph, 101 km/h • Croisière (maximale) 58 mph, 93 km/h • Vitesse de décrochage 26 mph, 42 km/h • Vitesse ascensionnelle maximale (au niveau de la mer) 650 ft/min, 3,3 m/s • Finesse maximale 18/1 à vitesse NC • Roulage au décollage 200 ft, 60 m • Roulage à l'atterrissage 200 ft, 60 m • Autres caractéristiques NC.

* Conditions du test non spécifiées.

Mitchell Aircraft
P-38 Lightning
(3 axes)

Monoplace monomoteur à aile médiane, pilotage 3 axes conventionnel. Voilure sans flèche au bord d'attaque et au bord de fuite, corde constante; empennage bidérive. Tangage par gouverne de profondeur monobloc; lacet par gouvernails de direction articulés sur les dérives; roulis par ailerons sur toute l'envergure de l'aile et utilisables aussi comme volets, commande au manche pour le tangage et le roulis, palonnier pour le lacet. Voilure haubanée suspendue par mâts, profil d'aile NACA 23015; à double entoilage. Atterrisseur tricycle avec béquille arrière; suspension par ressorts de la roue avant et suspension par lame en fibre de verre du train principal. Roue avant directrice conjuguée au palonnier. Frein sur la roue avant. Structure en tubes de duralumin, en bois et en tube d'acier sans carénage de nez. Moteur monté au-dessus de l'aile, utilisé en propulsif.

1-Ce P-38 a été dessiné par Jim Meade. Il est prénommé *Lightning* en évocation du célèbre chasseur bipoutre de la Seconde Guerre mondiale. Le prototype apparut en fin 1980 et les premiers P-38 furent commercialisés au cours du deuxième trimestre 1981. Ce prototype disposait d'une aile de 26 ft (7,92 m) d'envergure pour 4 ft de corde (1,22 m) et 104 sq.ft (9,67 m²) de surface alaire, utilisant le même profil NACA 23015 que la B-10; avec, déjà, 200 lbs (90,6 kg) de masse à vide et 450 lbs (203,8 kg) de masse maximale, ce n° 1 emportait 250 lbs (113,2 kg) de charge mobile avec une charge alaire de 4,32 lbs/sq/ft (21,07 kg/m²). Sur les modèles de série, l'envergure de l'aile a été portée à 36 ft (10,97 m) et la surface, pour une même corde constante, ressort donc à 112 sq.ft (10,41 m²). Equipé d'abord d'un moteur Honda *Odyssey* 250 cc 20 cv ou, sur option, du Zenoah G25B de 20 cv aussi, le P-38 est maintenant motorisé avec le bicylindre Cuyuna 430RR 30 cv. Ses caractéristiques et ses performances ne permettent pas son classement comme ULM tant aux USA qu'en Europe et il est donc nécessaire d'être titulaire d'un brevet de pilote privé Avion au minimum pour piloter le *Lightning*. Le kit complet, donné pour 80 h d'assemblage, comporte moins de 200 pièces, les composants principaux étant fournis prédécoupés et partiellement assemblés. Les nervures de l'aile viennent en bois et sont collées à l'époxy sur le longeron tubulaire en duralumin; les bords d'attaque sont en mousse polyuréthane marouflée avec du bouleau. Sur le P-38 les « flaperons » - de *flap*, volet, et aileron - sont construits avec une nervure les maintenant au profil tous les 15 cm. Comme les autres modèles de Mitchell Aircraft, celui-ci est aussi disponible en *economy kit* et sur plans seulement.

2-DIMENSIONS EXTERIEURES ET SURFACES
Longueur hors tout 17 ft, 5,18 m • Hauteur hors tout 5 ft, 1,52 m • Envergure (aile) 28 ft, 8,53 m • Corde constante 4,3 ft, 1,29 m • Flèche 5° • Surface alaire totale 120 ft², 11,2 m² • Allongement 6,5/1 • Voie du train 5 ft, 1,52 m • Diamètre de la roue avant 10 inches, 25 cm • Diamètre des roues principales 10 inches, 25 cm • Autres caractéristiques NC.

3-MOTORISATION
Moteur Cuyuna 430RR • Puissance maximale 35 CV à 5500 tr/mn • Rapport puissance/surface alaire 0,29hp/ft², 3,1 CV/m² • Autres caractéristiques NC.

4-MASSES ET CHARGES
Masse à vide 305 lbs, 138 kg • Masse maximale au décollage 700 lbs, 317 kg • Charge utile 395 lbs, 179 kg • Charge alaire maximale 5,83 lbs/ft², 28,4 kg/m² • Rapport poids/puissance 20 lbs/hp, 9,1 kg/CV • Facteurs de charges calculées NC, + 4 g — 4 g à rupture.

5-PERFORMANCES*
Vitesse maximale en palier 65 mph, 105 km/h • Croisière (maximale) 55 mph, 88 km/h • Vitesse de décrochage 32 mph, 51 km/h • Vitesse ascensionnelle maximale (au niveau de la mer) 500 ft/min, 2,5 m/s • Taux de chute minimal 400 ft/min. 2 m/s, a vitesse NC • Finesse maximale 7/1 à vitesse NC • Roulage au décollage • 210 ft, 64 m • Roulage à l'atterrissage 250 ft, 76 m • Plafond pratique 12.000 ft, 3660 m •
Distance franchissable maximale 110 miles, 177 km.
*** Conditions du test non spécifiées.**

Mitchell Aricraft
AG-38
(3 axes)

Version d'épandage agricole du Mitchell P-38 *Lightning*. La description de ce dernier s'applique aussi à l'AG-38 dont nous détaillons ci-après les particularités propres.

1-Le prototype de l'AG-38 a été présenté au public lors du rassemblement d'Oshkosh d'août 1982 au cours duquel il effectua des présentations remarquées. Il s'agit d'un P-38 *Lightning* modifié par l'adjonction d'un système évolué d'épandage agricole basé sur l'emploi des récents ajustages d'arrosage Micron X15-100 rotatifs à vitesse variable. Ces derniers répondent à la nouvelle méthode d'épandage connue aux Etats-Unis sous l'appellation de C.D.A., Controled Droplet Application, de pulvérisation controlée jusqu'au volume des gouttelettes du produit épandu et qui réduit considérablement les dépenses en produit chimique, énergie, travail et eau. L'AG-38 est muni d'un réservoir profilé qui emporte jusqu'à 16 US gallons (60 litres) de produit d'épandage. Ce réservoir est fixé sous le siège du pilote et l'aile centrale, entre les jambes du train principal. Une pompe électrique alimente les rampes d'épandage équipées de 19 pulvérisateurs et courant sur toute l'envergure de l'aile.

Pour un meilleur rendement, les deux rampes d'épandage sont placées au bord de fuite de l'aile, conventionnellement, mais à 9,5 inches (24 cm) sous le plan de celle-ci. A la vitesse de 50 mph (80 km/h), l'AG-38 couvre une largeur d'épandage qui est fonction de sa hauteur d'évolution au-dessus du champ traité et variant de 20 ft à 6 ft (6 m à 2 m/sol) jusqu'à 45 ft à 15 ft (14 m à 4,50 m).

Ce modèle utilise le moteur Cuyuna 430RR 30 cv du type P-38 de base dont il diffère par les caractéristiques et performances suivantes : **masse à vide 325 lbs (147 kg); masse maximale au décollage 700 lbs (317 kg); charge utile 375 lbs (170 kg); charge alaire 6,25 lbs/sq.ft (30,45 kg/m²); vitesse maximale en palier 65 mph (104,5 km/h); décrochage à la masse maximale à 25 mph (56 km/h); décollage en 275 ft (84 m) et atterrissage en 325 ft (99 m), à la masse maximale; vitesse ascensionnelle 500 ft/min (2,5 m/s); capacité 48 oz/acre (3,4 l/hectare); 37 acres (15 ha) par chargement toutes les 30 mn. Surface traitable maximale 6 oz/acre (0,42 l/ha), 300 acres (120 ha). Prix NC.**

Mitchell Aircraft
U-2 Super Wing
(3 axes)

Monoplace monomoteur à l'aile médiane, pilotage 3 axes non conventionnel. Voilure avec flèche au bord d'attaque et au bord de fuite, corde dégressive; sans empennage. Tangage et roulis par « stabilators », lacet par gouvernails de direction articulés sur les dérives; commande au manche pour le tangage et le roulis, palonnier pour le lacet. Aile cantilever profil d'aile Wortman modifié, à double entoilage. Atterrisseur tricycle; et suspension du train principal; roue avant directrice conjuguée au palonnier. Frein sur la roue avant. Structure en bois et en tubes d'acier habitacle fermé. Moteur monté au-dessus de l'aile, utilisé en propulsif.

1-Le prototype de l'U-2 *Super Wing* a effectué ses premiers essais dès le printemps de 1980 et fut présenté plutôt comme un motoplaneur apte au vol à voile qu'en tant qu'ULM. Initialement cette aile volante - formule aérodynamique chère à Don Mitchell - fut même prévue avec un train tricycle rétractable qui céda la place à un train principal entièrement caréné. Avec une finesse de 20 à 45 mph (72 km/h), l'U-2 se contente parfaitement d'une motorisation de faible puissance tel le monocylindre McCulloch MC-101 de 12 cv utilisé à 10 cv. Mais l'appareil a été calculé pour recevoir jusqu'à 30 cv de puissance et Michell Aircraft le propose en kit depuis 1981 avec, sur option, les moteurs Zenoah G25B 20 cv et Cuyuna 430R 30 cv. La technologie reste très proche de celle utilisée pour la B-10 *Mitchell Wing* mais s'appliquant à une machine plus complexe, le nombre des heures de main-d'œuvre nécessaires à l'assemblage d'une Super Wing a crû d'autant, donné pour 250 h pour le gros-œuvre et 100 h pour la finition. Sa classification en *Experimental* et non comme ultraléger motorisé aux USA (brevet de pilote privé Avion nécessaire), de même que des temps d'assemblage des kits de très loin supérieurs dans la réalité à ce qu'exigent les ULM peuvent aisément expliquer que cette machine aux remarquables performances ne soit pas plus répandue.

2-DIMENSIONS EXTERIEURES ET SURFACES
Longueur hors tout 9 ft, 2,74 m • Hauteur hors tout 3 ft, 0,91 m • Envergure (aile) 34 ft, 10,36 m • Corde à l'emplanture 6,2 ft, 1,87 m • Corde aux extrémités 2 ft, 0,61 m • Dièdre 6° • Flèche 12° • Surface alaire totale 136 ft², 12,6 m² • Allongement 8,5/1 • Diamètre de la roue avant 10 inches, 25 cm • Diamètre des roues principales 10 inches, 25 cm • Autres caractéristiques NC.

3-MOTORISATION
Moteur Zenoah G25B • Puissance maximale 20 CV à 6300 tr/mn • Diamètre et pas de l'hé-

La Mitchell U-2 Superwing aux ailes repliables

lice 52 x 27 inches, 1,32 x 0,69 m • Réducteur à courroie rapport de réduction 3/1 • Poussée statique maximale NC • Rapport puissance/surface alaire 0,14 hp/ft², 1,6 CV/m² • Carburant emporté 3 US gallons 2,5 Imp gal. 11,4 litres.

4-MASSES ET CHARGES
Masse à vide 240 lbs, 109 kg • Masse maximale au décollage 550 lbs, 249 kg • Charge utile 310 lbs, 141 kg • Charge alaire maximale 4,04 lbs/ft², 19,7 kg/m² • Rapport poids/puissance 27,5 lbs/hp, 12,5 kg/CV • Facteurs de charges NC.

5-PERFORMANCES*
Vitesse maximale en palier NC • Croisière (maximale) 60 mph, 97 km/h • Vitesse de décrochage 26 mph, 42 km/h • Vitesse ascensionnelle maximale (au niveau de la mer) 400 ft/min, 2 m/s • Roulage au décollage 200 ft, 61 m • Roulage à l'atterrissage 200 ft, 61 m • Distance franchissable maximale 180 miles, 290 km • Autres caractéristiques NC.

* Conditions du test non spécifiées.

MONNETT EXPERIMENTAL

Monnet Experimental Aircraft Incorporated, 895 W, 20 th Avenue, P.O. Box 2984, Oshkosh, Wisconsin 54903, telephone (414) 426.12.12 Président John T. Monnett.

Monnett Experimental *Monerai P*
(3 axes)

Monoplace monomoteur à aile médiane, pilotage 3 axes conventionnel. Voilure sans flèche au bord d'attaque et au bord de fuite, corde constante; empennage en V. Tangage et lacet par élevons; roulis par ailerons sur toute l'envergure de l'aile; commande au manche pour le tangage et le roulis, palonnier pour le lacet. Aile cantilever profil d'aile NC; à double entoilage. Atterrisseur monotrace avec roulette de queue sans suspension, roue non directrice. Sans freins. Structure en tubes de duralumin et en fibre de verre, habitacle fermé. Moteur monté au-dessus de l'aile, utilisé en propulsif.

1-John T. Monnett a fondé sa société pour diffuser les plans et certains composants de son racer de Formule V, le *Sonerai*, qui fut récompensé en 1971, au rassemblement de l'EAA d'Oshkosh, comme le meilleur de cette catégorie de monoplaces à moteur Volskwagen. J. Monnett s'est ensuite intéressé au Vol à voile avec un planeur monoplace de performances moyennes, le *Monerai*, donné pour 28 de finesse à 60 mph (96,5 km/h), un taux de chute de 159 ft/mn (0,81 m/s) et constructible en kit. Ce dernier est désigné *Monerai S* (pour sailplane, planeur) depuis l'extrapolation en motoplaneur *Monerai P* (pour *powered*, motorisé) du modèle initial. Ses caractéristiques (masse à vide et maximale, charge alaire) non plus que ses performances (vitesse maximale en palier ou minimale) n'ont pas permis le classement de cet appareil en ULM. Il faut donc le considérer comme un ATL et, plus précisément même, comme un planeur très léger à dispositif d'envol incorporé. Le *Monerai P* est disponible en kit au prix de **3 950 US $** (temps d'assemblage non précisé) ou sur plans seulement (**200 US $**). En version standard, le moteur proposé est le monocylindre Zenoah G25B 20 cv mais, depuis l'été 1982, celui-ci peut être remplacé par un bicylindre KFM-107 développant 25 cv à 7300 tr/mn.

2-DIMENSIONS EXTERIEURES ET SURFACES
Longueur hors tout 19,7 ft, 5,96 m • Hauteur hors tout 4,3 ft, 1,32 m • Envergure (aile) 36 ft, 10,97 m • Corde constante 2,2 ft, 0,66 m • Flèche 0° • Surface alaire totale 78 ft², 7,2 m² • Allongement 16,6/1 • Autres caractéristiques NC.

3-MOTORISATION
Moteur Zenoah G25B • Puissance maximale 20 CV à 6500 tr/mn • Réducteur à courroie rapport de réduction NC • Rapport puissance/surface alaire 0,26hp/ft², 2,8 CV/m² • Carburant emporté 1 US gallons, 0,8 Imp gal. 3,8 litres • Autres caractéristiques NC.

4-MASSES ET CHARGES
Masse à vide 270 lbs, 122 kg • Masse maximale au décollage 500 lbs, 227 kg • Charge utile 230 lbs, 104 kg • Charge alaire maximale 6,41 lbs/ft², 31,2 kg/m² • Rapport poids/puissance 25 lbs/hp, 11,33 kg/CV • Facteurs de charges calculées NC, + 5,2 g, — 5,2 g à rupture.

5-PERFORMANCES*
Vitesse maximale en palier 90 mph, 145 km/h • Vne 120 mph, 193 km/h • Croisière (maximale) 60 mph, 97 km/h • Vitesse de décrochage 40 mph, 64 km/h • Vitesse ascensionnelle maximale (au niveau de la mer) 300 ft/min, 1,5 m/s • Taux de chute minimal 160 ft/min à 55 mph, 0,8 m/s à 88 km/h • Finesse maximale 22/1 à 60 mph, 97 km/h • Roulage au décollage 500 ft, 150 m • Autres caractéristiques NC.

* Conditions du test non spécifiées.

Monnett Experimental *ARV Moni*
(3 axes)

Monoplace monomoteur à aile basse, pilotage 3 axes conventionnel. Voilure sans flèche au bord d'attaque et au bord de fuite, corde constante; empennage en V. Tangage et lacet par élevons; roulis par ailerons sur toute l'envergure de l'aile; commande au manche pour le tangage et le roulis palonnier pour le lacet. Aile cantilever profil d'aile NC; à double entoilage. Atterrisseur monotrace avec roulette de queue avec roulettes aux extrémités d'ailes; sans suspension, roue non directrice. Freins NC. Structure en tubes de duralumin et en fibre de verre habitacle fermé. Moteur monté au niveau de

l'aile, utilisé en tractif.

1-Présenté pour la première fois au rassemblements 1981 des Constructeurs Amateurs américains à Oshkosh, le *Moni* est défini par son créateur comme « véhicule de loisirs aériens » (ARV : *Air Recreational Vehicule*). Ce qui se comprend parfaitement quand on apprend que sa vitesse de décrochage se situe à 65 km/h, bien supérieure aux vitesses de croisière de la majorité des ULM actuels ! Néanmoins, une vitesse maximale de 195 km/h liée à une aérodynamique remarquablement pensée peut permettre sa classification comme ATL plutôt que comme monoplace léger de construction amateur.

Faisant suite au monoplace *Sonerai* de 1970 et au biplace *Sonerai II* de 1973, le *Moni* bénéficie très largement de cette expérience et, particulièrement, de celle du *Monex* de 1980 dont il reprend à la fois la configuration aérodynamique (aile basse rectangulaire, empennage en V à 110° et verrière sans décrochement dans la ligne du fuselage) et la technologie. Avec 322 km/h en palier pour 65 cv de puissance, le Monex chiffrait déjà de beaux résultats ! Il était équipé d'un moteur Zenoah bicylindre 2 temps de 440 cc. Le *Moni,* lui, fait appel à un moteur KFM-107, bicylindre à plat, 2 temps, de 294 cc de cylindrée et d'une masse de 20 kg, développé par la succursale Komet Flying Motors de la firme italienne IAME. Délivrant 22 cv à 6000 tr/mn, celui-ci entraîne en prise directe une bipale de 96 cm de diamètre qui, partant, avec quelque 300 m/s en bout de pales, doit s'avérer particulièrement bruyante et d'un faible rendement !

La voilure comporte un longeron en I en aluminium extrudé, doublé d'un faux-longeron sur lequel s'articulent des ailerons courant sur toute l'envergure et qui servent aussi de volets de courbure avec braquage jusqu'à —8° pour réduire la trainée en croisière. Le revêtement est formé d'une seule tôle enroulée autour du bord d'attaque, collée sur les nervures et rivetée sur le faux-longeron. Chaque demi-aile ne pèse que 50 lbs (22,6 kg) et reste démontable pour faciliter le garage du *Moni* et son transport sur remorque routière. Cet appareil n'est disponible qu'en kit **(6000 US $)**, aucun temps d'assemblage n'étant indiqué.

2-DIMENSIONS EXTERIEURES ET SURFACES
Longueur hors tout 15 ft, 4,57 m • Hauteur hors tout 3,3 ft, 0,99 m • Envergure (aile) 27,6 ft, 8,38 m • Corde constante 2,9 ft, 0,88 m • Flèche 0° • Surface alaire totale 75 ft², 7 m² • Allongement 10/1 • Autres caractéristiques NC.

3-MOTORISATION
Moteur KFM 107 • Puissance maximale 22 CV à 6300 tr/mn • Diamètre et pas de l'hélice 37 x NC inches, 0,96 x NC m • Sans réducteur • Rapport puissance/surface alaire 0,29 hp/ft², 3,2 CV/m² • Carburant emporté 4 US gallons 3,3 Imp gal. 15,1 litres • Autres caractéristiques NC.

4-MASSES ET CHARGES
Masse à vide 260 lbs, 118 kg • Masse maximale au décollage 500 lbs, 227 kg • Charge utile 240 lbs, 109 kg • Charge alaire maximale 6,66 lbs/ft², 32,4 kg/m² • Rapport poids/puissance 22,7 lbs/hp, 10,3 kg/CV • Facteurs de charges + 6 g — 4 g calculées, à rupture NC.

5-PERFORMANCES*
Vitesse maximale en palier 120 mph, 193 km/h • Croisière (maximale) 110 mph, 177 km/h • Croisière (économique) 80 mph, 129 km/h • Vitesse de décrochage 38 mph, 61 km/h • Vitesse ascensionnelle maximale (au niveau de la mer) 500 ft/min, 2,5 m/s •Finesse maximale 20/1 à 50 mph, 80 km/h • Roulage au décollage 400 ft, 122 m • Distance franchissable 320 miles, 515 km • Autres caractéristiques NC.
*** Conditions du test non spécifiées.**

NORTHSTAR LTD

Northstar limited, 5221 W. Montebello ⋕ 15 Glendale, Arizona 85301, telephone (602) 931-9462.

Northstar Ltd
Viking
(2 axes)

Monoplace monomoteur biplan, pilotage 2 axes. Voilure avec flèche au bord d'attaque et au bord de fuite, corde constante; avec plan canard. Tangage par plan canard monobloc mobile en incidence; lacet par gouvernails de direction monoblocs, commande au manche pour le tangage palonnier pour le lacet. Voilure haubanée par câbles et mâts; profil d'aile NC, à double entoilage. Atterrisseur tricycle; suspension de la roue avant et suspension par lame en fibre de verre du train principal. Roue avant directrice non conjuguée au palonnier. Frein sur la roue avant. Structure en tubes de duralumin sans carénage de nez. Moteur monté entre les ailes utilisé en propulsif.

1-Présenté au Sun-'n-Fun de mars 1983 à Lakeland, Floride, le *Viking* est une variation sur un thème bien connu, celui du célèbre biplan *Easy Riser* conçu par le regretté Larry Mauro (décédé sur un crash avec un prototype en octobre 1982) et qui, connu sous l'appellation d'*Icarus II* comme planeur ultraléger de Vol libre, fut l'un des premiers au monde à être motorisé, dès 1975, par John Moody. Alors que chez UFM of Kentucky, l'*Easy Riser* a été doté d'un empennage classique pour donner cours à l'*Aeroplane* (modèle 1983), Northstar Ltd a préféré un plan canard mobile en incidence et, donc, agissant aussi comme gouverne de profondeur, pour son *Viking*. Il faut signaler qu'au cours de l'été 1982, en France, la société CMV avait procédé à une semblable étude débouchant sur

Glider Rider

un prototype d'*Easy Riser* lui aussi additionné d'un plan canard, mais dont le premier vol s'acheva de façon scabreuse pour l'appareil, son pilote d'essai Béla Nogrady s'en tirant avec l'une des plus belles émotions fortes de sa vie ! Dans le genre, le Northstar *Viking* est, comparativement, un incontestable succès. Conçu pour le cross-country, il offre un remarquable confort à son pilote et une large fourchette des vitesses.

Son Kawazaki TA-440 est équipé d'un démarreur électrique ayant nécessité l'emport d'une batterie 12 volts. Le réservoir de carburant est moulé dans le dossier du siège à structure en fibre de verre et, entre autres détails permettant de situer son degré de finition, il faut noter une hélice bipale à pas variable ajustable au sol et un palonnier ajustable à la taille du pilote. Northstar Ltd fournit son *Viking* sous forme d'un kit donné pour 75 à 100 h d'assemblage et au prix de lancement price (mars 1983) de **5 395 US $.** Ce kit n'exige que des outils courants, l'assemblage s'effectuant principalement avec des rivets pop.

2-DIMENSIONS EXTERIEURES ET SURFACES
Envergure (aile) 32 ft, 9,75 m • Surface aile principale 170 ft², 15,8 m² • Diamètre de la roue avant 16 inches, 41 cm • Diamètre des roues principales 20 inches, 51 cm • Autres caractéristiques NC.

3-MOTORISATION
Moteur Kawasaki TA 440 • Puissance maximale 38,5 CV à 6000 tr/mn • Diamètre et pas de l'hélice 60 x ** inches, 1,52 x ** m • Réducteur à courroie en V rapport de réduction 2,25/1 • Poussée statique maximale 235 lbs, 107 kgp • Rapport puissance/surface alaire 0,22 hp/ft², 2,4 CV/m² • Carburant emporté 5 US gallons 4,2 Imp gal. 18,9 litres.

4-MASSES ET CHARGES
Masse à vide 244 lbs, 111 kg • Masse maximale au décollage 502 lbs, 228 kg • Charge utile 258 lbs, 117 kg • Charge alaire maximale 2,95 lbs/ft², 14,4 kg/m² • Rapport poids/puissance 13 lbs/hp, 5,9 kg/CV • Facteurs de charges + 5 g — 3 g calculées, à rupture NC.

5-PERFORMANCES*
Vitesse maximale en palier 54 mph, 87 km/h • Vne 55 mph, 88 km/h • Croisière (maximale) 45 mph, 72 km/h • Vitesse de décrochage 23 mph, 37 km/h • Vitesse ascensionnelle maximale (au niveau de la mer) 800 ft/min, 4,1 m/s • Finesse maximale 7/1 à vitesse NC • Autres caractéristiques NC.
*** Conditions du test non spécifiées.**
**** Pas variable au sol.**

OPTERYX ENGINEE RING

OpteryX Engineering Ltd, 11556 Coal Creek Heights Drive, Golden, Colorado 80403, téléphone (303) 642-7434.

OpteryX Engineering
OpteryX MX III

Monoplace monomoteur à l'aile haute avec plan canard. Tangage par plan canard monobloc mobile en incidence; lacet par gouvernails de direction monoblocs aux extrémités de l'aile; voilure haubanée sol par câbles, vol par câbles; atterrisseur tricycle; suspension par sandows de la roue avant et suspension par lame en fibre de verre du train principal. Roue avant directrice, freins sur option, structure en tubes de duralumin sans carénage de nez. Moteur monté sous l'aile, utilisé en propulsif.

1-Cet appareil a fait son apparition en fin 1982 sous forme d'un prototype mais n'a plus beaucoup fait parler de lui depuis. Cet *OpteryX MX III* s'inspire manifestement du Pterodactyl Ltd *Ptraveler.* Il affiche une indéniable ressemblance avec une autre copie de ce dernier, le Soleair *Phoenix,* la principale différence entre l'*OpteryX* et celui-ci restant que le *Phenix* est biplace.

En 1982, le prototype était équipé du bicylindre le plus répandu à l'époque aux Etats-Unis, le Cuyuna 430R de 30 cv, avec réducteur 2/1 à courroie. Nous ne savons pas s'il s'agit d'un 2 ou 3 axes d'après les renseignements fournis par la firme.

Attention à ne pas confondre cet *MX III* avec la série *MX* de Eipper Aircraft qui n'a aucun rapport avec elle.

2-DIMENSIONS EXTERIEURES ET SURFACES
Diamètre de la roue avant 20 inches, 51 cm • Diamètre des roues principales 20 inches, 51 cm • Autres caractéristiques NC.

3-MOTORISATION
Moteur Cuyuna 430 • Puissance maximale 30 CV à NC tr/mn • Diamètre et pas de l'hélice 52 x 27 inches, 1,32 x 0,69 m • Réducteur à courroie rapport de réduction 2/1 • Autres caractéristiques NC.

4-MASSES ET CHARGES NC

5-PERFORMANCES NC

PARAPLANE CORP.

ParaPlane Corporation, 5801 Magnolia Avenue, Pennsauken, New Jersey 08109.

ParaPlane Corp.
ParaPlane
(pendulaire)

Monoplace, bimoteur sous un parachute. Corde constante. Commande au palonnier pour le lacet. Le pilote est suspendu dans un chariot. Atterrisseur tricycle, suspension NC. Roue avant directrice. Sans freins. Chariot en tubes de duralumin sans carénage, moteurs montés sous l'aile en propulsif.

1-Un appareil plus qu'original puisque encore unique en son genre, que ce *ParaPlane* qui rentre dans la catégorie des *ultralights vehicles* aux USA mais qui est, en fait, un ...parachute motorisé ! Présenté au Sun-'n-Fun de mars 1983 à Lakeland, Floride, cette surprenante machine volante n'y vola qu'une seule fois du fait d'une météorologie scabreuse mais y remporta au moins autant de succès que le ballon à air chaud ultraléger *Drifter* présenté par Colt Balloons. Le *ParaPlane* utilise pour « aile » un parachute de 28,5 ft (8,69 m) d'envergure, 13 ft (3,96 m) de corde constante et 375 ft² (34,8 m²) de surface « portante ». Il peut aussi être équipé d'une voile de 36 ft (11 m) d'envergure et 450 ft² (42 m²) de surface. L'engin se pilote comme une voile parachute non motorisée, son pilote agissant sur les tuyères de celle-ci par l'intermédiaire de deux pédales auxquelles sont reliées les suspentes. Les roues du chariot tricycle sont donc laissées folles et démunies de freins.

L'appareil comporte une structure en tubes d'aluminium avec un siège constitué d'une bande de nylon, muni de ceintures et d'un harnais d'épaules. Derrière ce siège, un bâti porte les deux moteurs Solo 210 cc de 15 cv chacun accouplés à deux hélices bipales contrarotatives. D'une hauteur de 67" (1,70 m) pour 68" (1,72 m) de longueur, ce chariot pèse 79 lbs (36 kg) à vide. Il est repliable sur 50 x 20 inches (1,27 x 0,35 x 0,51 m). L'ensemble s'utilise comme un parachute ascensionnel, celui-ci étant déroulé derrière le chariot à l'arrêt et le décollage s'effectuant à 25 mph (40 km/h). Avec sa voilure, l'ensemble pèse à vide 170 lbs (80 kg) et, avec 355 lbs (161 kg) de masse maximale au décollage, peut emporter jusqu'à 185 lbs (84 kg) de charge utile. S'agissant d'un ultraléger utilisant un parachute pour voilure, le lecteur ne s'étonnera pas que Paraplane Corp. ne communique pas de vitesse de décrochage.

Le prix de vente du *ParaPlane* est de **3 750 US $.**

2-DIMENSIONS EXTERIEURES ET SURFACES
****Longueur hors tout 5,7 ft, 1,73 m • **Hauteur hors tout 5,6 ft, 1,70 m • Envergure (aile) 28,5 ft, 8,69 m • Corde constante 13 ft, 3,96 m • Surface alaire totale 375 ft², 34,8 m² • Autres caractéristiques NC.**

3-MOTORISATION
Moteurs 2 Solo 335 • Puissance maximale 15 CV chacun à NC tr/mn • Diamètre et pas de l'hélice 50 x NC inches, 1,27 x NC m • Rapport puissance/surface alaire 0,08 hp/ft², 0,86 CV/m² • Carburant emporté 4,5 US gallons 3,8 Imp gal. 17 litres.

4-MASSES ET CHARGES
Masse à vide 140 lbs, 64 kg • Masse maximale au décollage 355 lbs, 161 kg • Charge utile 215 lbs, 98 kg • Charge alaire maximale 0,95 lbs/ft², 4,6 kg/m² • Rapport poids/puissance 11,8 lbs/hp, 5,4 kg/CV.

5-PERFORMANCES*
Vitesse maximale en palier 30 mph, 48 km/h • Vne 30 mph, 48 km/h • Croisière (maximale) 30 mph, 48 km/h • Croisière (économique) 25 mph, 40 km/h • Finesse maximale 3/1 à vitesse NC • Distance franchissable maximale 41 miles 66 km • Autres caractéristiques NC

*** Mesurées dans les contitions suivantes : Altitude QNH 0 ft, 0 m • Température au sol standard • Vent au sol 0 mph, 0 km/h • Poids du pilote 170 lbs, 77 kg. Avec moteur ci-dessus.**
**** Sans voilure.**

1-Présenté pour la première fois en public à Oshkosh en août 1982, le *P-Craft* de D. Paup se présente comme un avion minimal dans la lignée directe des Kolb *Flyer* et Kimberley *Scout* des débuts de l'Aviation ultralégère. Celui-ci offre même le choix entre un pilotage 2 axes avec virage par roulis induit ou, doté d'ailerons (en option au kit standard), un pilotage 3 axes conventionnel : le longeron inférieur de son fuselage et le tube horizontal qui porte le siège du pilote se rejoignent, en effet, sur un tube horizontal qui leur est perpendiculaire et sur lequel peuvent s'articuler les pédales d'un palonnier. Paup Aircraft propose cet appareil en version 2 axes sous forme d'un kit donné pour 150 h d'assemblage, au prix de **3 395 US $**.

2-DIMENSIONS EXTERIEURES ET SURFACES
Envergure (aile) 32,5 ft, 9,88 m • Corde constante à l'emplanture 132 ft, 12,3 m • Allongement 8/1 • Diamètre des roues principales 20 inches, 51 cm • Autres caractéristiques NC.

3-MOTORISATION
Moteur Cuyuna 215D • Puissance maximale 20 CV à 6000 tr/mn • Diamètre et pas de l'hélice 36 x 12 inches, 0,91 x 0,30 m • Sans réducteur • Poussée statique maximale NC • Rapport puissance/surface alaire 0,15 hp/ft², 1,6 CV/m² • Carburant emporté 2,5 US gallons 2,1 Imp gal. 9,5 litres.

4-MASSES ET CHARGES
Masse à vide 165 lbs, 75 kg • Masse maximale au décollage 402 lbs, 182 kg • Charge utile 237 lbs, 107 kg • Charge alaire maximale 3,05 lbs/ft², 14,8 kg/m² • Rapport poids/puissance 20,1 lbs/hp, 9,1 kg/CV.

5-PERFORMANCES*
Vitesse maximale en palier 60 mph, 97 km/h • Vne 70 mph, 113 km/h • Croisière (maximale) 50 mph, 80 km/h • Croisière (économique) 35 mph, 56 km/h • Vitesse de décrochage 22 mph, 35 km/h • Vitesse ascensionnelle maximale (au niveau de la mer) 300 ft/min, 1,5 m/s •Roulage au décollage 75 ft, 23 m • Autres caractéristiques NC.

*** Mesurées dans les conditions suivantes : poids du pilote 150 lbs, 68 kg • Autres caractéristiques NC.**

PAUP AIRCRAFT

Paup Aircraft, Arthur New Airport, Carroll, Iowa 51401, téléphone (712) 792-5816.

Paul Aircraft
P-Craft
(2 axes)

Monoplace monomoteur à l'aile haute, pilotage 2 axes. Voilure sans flèche au bord d'attaque, avec flèche inverse au bord de fuite, corde dégressive; empennage cruciforme. Tangage par gouverne de profondeur articulée sur le plan fixe horizontal; lacet par gouvernail de direction articulé sur la dérive; (roulis par ailerons sur option) commande au manche pour le tangage et le lacet, palonnier pour le roulis, (sur option). Voilure haubanée portée par des mâts; profil d'aile NC, à double entoilage. Atterrisseur classique; suspension par sandows sur toutes les roues. Roue arrière directrice conjuguée au palonnier. Sans freins. Structure en tubes de duralumin et en tube d'acier; sans carénage de nez. Moteur monté sous l'aile, utilisé en propulsif. Technologie : structure en duralumin 2024T3 et acier 4130 traité au chrome molybdène.

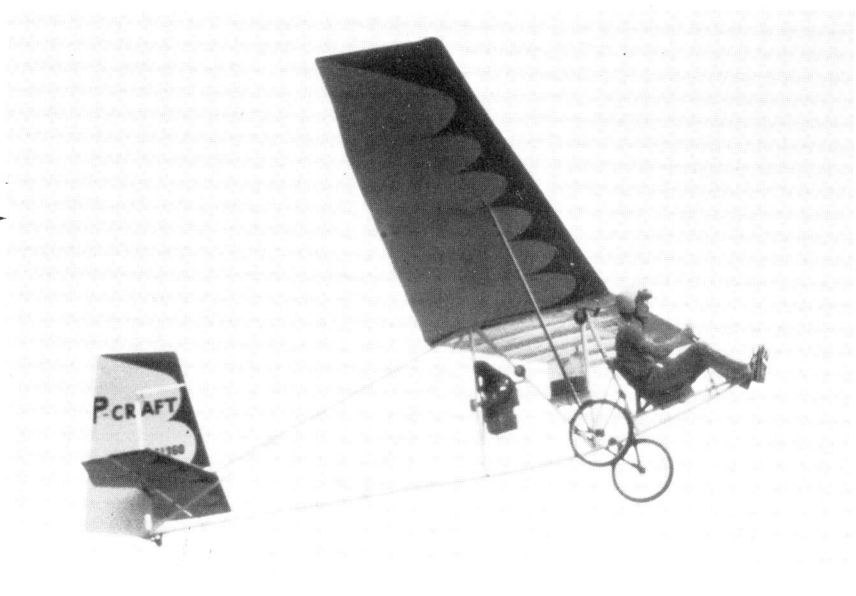

Glider Rider

PHANTOM AIRCRAFT

Phantom Aircraft Incorporated, 1450 N.E. 39 th Street, Ocala, Florida 32671, telephone (904) 629-5849.

Phantom Aircraft *Firecracker*

(3 axes)

Monoplace monomoteur à l'aile haute, pilotage 3 axes conventionnel. Voilure sans flèche au bord d'attaque et au bord de fuite, corde constante; empennage cruciforme. Tangage par gouverne de profondeur articulée sur le plan fixe horizontal; lacet par gouvernails de direction articulés sur les dérives; roulis par ailerons sur la moitié de l'envergure de l'aile; commande au manche pour le tangage et le roulis, palonnier pour le lacet. Voilure haubanée portée par des mâts; profil d'aile NC à double entoilage. Atterrisseur tricycle; suspension sur toutes les roues. Roue avant directrice conjuguée au palonnier. Freins NC. Structure en tubes de duralumin et en tube d'acier; avec carénage sur option. Moteur monté au niveau de l'aile, utilisé en tractif.

1-Peu de renseignements détaillés sur ce prototype qui subit encore actuellement un intensif programme d'essais. Shirley E. Dye, secrétaire-trésorier de Phantom Aircraft Inc. nous a exprimé ses regrets de ne pouvoir être plus précis et nous confirme, que la firme travaille actuellement sur un certain nombre d'autres prototypes à divers stades de développement. Duane Merchant, président de cette société est déjà connu depuis la moitié des années 60 pour ses activités de constructeur amateur et au sein de l'Experimental Aircraft Association. Rien d'étonnant, donc, à ce que Phantom Aircraft Inc. vise particulièrement les amateurs et prévoit la diffusion de ses appareils sous diverses formes de kits et même à partir d'une simple liasse de plans. Il semble cependant qu'au moins le *Firecracker* doive déboucher sur une commercialisation au cours de 1983, raison pour laquelle nous avons tenu à l'inclure dans cette première édition, tout en regrettant nous aussi de ne pouvoir donner de plus amples renseignements sur cette machine.

1-DIMENSIONS EXTERIEURES ET SURFACES
Longueur hors tout 17 ft, 5,18 m • Hauteur hors tout 7 ft, 2,13 m • Envergure (aile) 32 ft, 9,75 m • Corde constante 4,8 ft, 1,43 m • Flèche 0° • Surface alaire totale 150 ft², 13,9 m² • Allongement 6,8/1 • Autres caractéristiques NC.

3-MOTORISATION
Moteur Zenoah G25B • Puissance maximale 22 CV à 6500 tr/mn • Rapport puissance/surface alaire 0,14 hp/ft², 1,6 CV/m² • Carburant emporté 5 US gallons 4,2 Imp gal. 18,9 litres • Autres caractéristiques NC.

4-MASSES ET CHARGES
Masse à vide 216 lbs, 98 kg • Masse maximale au décollage 450 lbs, 020 kg • Charge utile 234 lbs, 106 kg • Charge alaire maximale 3 lbs/ft², 14,6 kg/m² • Rapport poids/puissance 20,5 lbs/hp, 9,3 kg/CV • Facteurs de charges calculées NC + 4,5 g — 3 g à rupture.

5-PERFORMANCES*
Vitesse maximale en palier 65 mph, 105 km/h • Croisière (maximale) 55 mph, 88 km/h • Vitesse de décrochage 25 mph, 40 km/h • Vitesse ascensionnelle maximale (au niveau de la mer) 600 ft/min, 3 m/s • Taux de chute minimal 290 ft/min, 1,5 m/s (vitesse NC) • Finesse maximale 10/1 à vitesse NC • Roulage au décollage 100 ft, 30 m • Roulage à l'atterrissage 125 ft, 38 m • Plafond pratique 10.000 ft, 3050 m • Distance franchissable maximale 165 miles, 265 km • Autres caractéristiques NC.

* Conditions du test non spécifiées.

PHASE 3

Phase 3, 1334 Lutheran Church Road, Dayton, Ohio 45427, telephone (513) 854-5266, 474-4946. Président : Gérald G. Weisen.

Phase 3
Eclipse
(3 axes)

Monoplace monomoteur à l'aile haute, pilotage 3 axes conventionnel. Voilure de forme : en plan elliptique. Corde dégressive; empennage en V inversé. Tangage et lacet par élevons; roulis par gauchissement de l'aile; commande au manche pour le tangage et le roulis palonnier pour le lacet. Aile cantilever profil d'aile NC, à double entoilage. Atterrisseur tricycle; suspension sur toutes les roues. Roue avant directrice conjuguée au palonnier. Sans freins. Structure en tubes de duralumin sans carénage de nez. Moteur monté sous l'aile utilisé en propulsif.

1-Conçu par J.Bruce Emmons, *L'Eclipse* aura été l'une des révélations du Sun-'n-Fun de mars 1983 à Lakeland, Floride, où cet appareil à l'aile d'une forme aussi rare qu'élégante (rappelant celle des fameux chasseurs britanniques d'antan Supermarine *Spitfire*), fut l'un des plus entourés - et pas seulement parce que cette voilure haute cantilever pouvait protéger les curieux des intempéries ! En effet, J.B. Emmons n'a pas craint les solutions originales : l' *Eclipse* est le premier avion avec une aile rigide à utiliser le gauchissement de celle-ci pour créer l'inclinaison. Cette solution n'était plus guère employée depuis la préhistoire de l'aéronautique et le monoplace de Phase 3 est incontestablement l'un des premiers ULM à en faire usage (volontairement, tout au moins !). De plus, pour l'*Eclipse,* l'accent a été mis sur la stabilité de vol : la documentation de la firme le met en évidence en faisant référence au système d'évaluation proposé par Michael A. Markowski et qui fait autorité en la matière (article intitulé *Planning the Purchase,* dans la parution de février 1983 de *Private Pilot).* Cependant, la résistance structurelle n'a pas été négligée pour autant. Cet ultraléger est donné pour avoir été testé statiquement jusqu'à + et — 9 g, plus qu'il n'est exigé d'un avion léger pour être classé en catégorie Voltige !

Autre atout sur lequel *Phase 3* met l'accent, l'*Eclipse* est une machine pratique : la voilure se sépare en deux demi-ailes raccordées au fuselage par trois écrous et, démonté, l'appareil se transporte sur remorque routière ou sur une galerie de voiture. Dernier point mais non des moindres, toutes les pièces du kit de construction sont livrées préformées, prédécoupées et les trous déjà forés. Vendu au prix de **5 495 US $**, ce kit est donné par Phase 3 pour seulement 30 h d'assemblage. Il est à noter que le constructeur prévoit de munir l'*Eclipse* de volet s hypersustentateurs dans l'avenir.

2-DIMENSIONS EXTERIEURES ET SURFACES
Hauteur hors tout 14 ft, 4,27 m • Hauteur hors tout 5 ft, 1,52 m • Envergure (aile) 32,2 ft, 9,80 m • Corde à l'emplanture 4 ft, 1,22 m • Corde aux extrémités 0 ft, 0 m • Dièdre 0° • Plan fixe horizontal, envergure 8 ft, 2,44 m • Surface alaire totale 114 hp/ft², 10,6 CV/m² • Surface totale des élevons NC • Allongement 9,1/1 • Voie du train 4 ft, 1,22 m • Empattement 6 ft, 1,83 m • Diamètre de la roue avant 11 inches, 27 cm • Diamètre des roues principales 11 inches, 27 cm.

3-MOTORISATION
Moteur KFM 107 • Puissance maximale 25 CV à 6000 tr/mn • Diamètre et pas de l'hélice 54 x 23 inches, 1,37 x 0,58 m • Réducteur à courroie en V rapport de réduction 2/1 • Poussée statique maximale 175 lbs, 79 kgp • Rapport puissance/surface alaire 0,22 mph, 2,4 km/h • Carburant emporté 5 US gallons 4,2 Imp gal. 18,9 litres.

4-MASSES ET CHARGES
Masse à vide 165 lbs, 75 kg • Masse maximale au décollage 465 lbs, 211 kg • Charge utile 300 lbs, 136 kg • Charge alaire maximale 4,07 lbs/ft², 19,9 kg/m² • Rapport poids/puissance 18,6 lbs/hp, 8,4 kg/CV • Facteurs de charges +6 g — 6 g calculées — + 9 g — 9 g à rupture.

5-PERFORMANCES*
Vitesse maximale en palier 63 mph, 101 km/h • Croisière (maximale) 55 mph, 88 km/h • Croisière (économique) 50 mph, 80 km/h • Vitesse de décrochage 25 mph, 40 km/h • Finesse maximale 15/1 à 35 mph, 56 km/h • Distance franchissable maximale 150 miles, 241 km • Autres caractéristiques NC.

* **Conditions du test non spécifiées.**

PIONEER INTER NATIONAL

Pionner International Aircraft, Incorporated, P.O. Box 631, Manchester, Connecticut 06040, telephone (203) 644-1581, telex 710-427-2994. Agent pour l'Europe : Mess und Fördertechnik, P.O. Box 800609, D-2050, Hamburg 80 RFA tél. : 040.725.50.183, télex 217931.

Pioneer Intern.
Flightstar
(3 axes)

Monoplace monomoteur à l'aile haute, pilotage 3 axes conventionnel. Voilure sans flèche au bord d'attaque, avec flèche inverse au bord de fuite, corde dégressive; empennage classique. Tangage par gouverne de profondeur articulée sur le plan fixe horizontal; lacet par gouvernail de direction articulé sur la dérive; roulis par ailerons sur toute l'envergure de l'aile; commande au manche pour le tangage et le roulis, palonnier pour le lacet. Voilure haubanée portée par des mâts; profil d'aile NC à double entoilage. Atterrisseur tricycle avec béquille arrière; suspension par sandows sur toutes les roues. Roue avant directrice conjuguée au palonnier. Freins NC. Structure en tubes de duralumin, en fibre de verre et en tube d'acier avec carénage sur option. Moteur monté au niveau de l'aile, utilisé en tractif.

1-Présenté à Oshkosh en août 1982, le prototype des *FlightStar* a effectué ses premiers vols au cours de l'été. Il comportait des ailerons de forme en plan trapézoïdale, leur corde s'amincissant vers les extrémités de l'aile et sur un peu moins de la moitié de l'envergure de chaque demi-aile. Ceux-ci ont été remplacés pour les appareils de série par des ailerons débattant sur toute l'envergure de chaque demi-aile. De plus, ce *FlightStar* de série présenté au Sun-'n-Fun de Lakeland, Floride, en mars 1983, était muni d'un carénage de nez en fibre de verre, surmonté d'un pare-brise montant jusqu'à la poutre portant la voilure. L'appareil a été développé par Flight Designs, filiale de Pioneer International Corporation qui construit et commercialise par ailleurs le monoplace *Jetwing ATV* de pilotage hybride et mène un programme de recherches sur un prototype de monoplace 3 axes désigné 440ST (voir à Flight Designs). En début 1983, Andrew N. Bohjalian, président du groupe, annonçait la reprise de la fabrication et de la commercialisation du *FlightStar* par une nouvelle filiale, Pioneer International Aircraft. Il faut rappeler que ce groupe bien connu pour ses activités dans les domaines aéronautique et spatial, inclut aussi Pioneer Parachute Company qui est l'un des leaders mondiaux dans ce secteur. Ce dernier point vaut au *FlightStar* d'avoir été conçu d'origine pour recevoir un parachute de secours avec voile de 29 ft (8,84 m) de diamètre et à déploiement ballistique, logé derrière son pilote, dans la partie arrière de la cage (sur option : **995 US $**). L'appareil est actuellement commercialisé sous forme d'un kit complet donné pour 20 h d'assemblage et au prix de **7 495 US $.** D'autres options portent sur des flotteurs, skis, carénages des roues, démarreur électrique pour le moteur Kawasaki TA-440, des roues de plus grand diamètre (16 et 20 inches, 40 et 50 cm), des housses de rangement et des instruments de bord.

Pioneer International Aircraft annonce par ailleurs la sortie en mai 1983 d'une version biplace de cet appareil, désignée sous le nom de *DualStar* et qui sera commercialisée sous forme d'un kit.

Le *DualStar* ne sera pas classé comme *ultralight Vehicle* aux USA mais devra être immatriculé comme *Experimental Aircraft* de construction amateur (brevet de pilote Avion nécessaire).

2-DIMENSIONS EXTERIEURES ET SURFACES
Longueur hors tout 16,5 ft, 5,03 m • Hauteur hors tout 7,5 ft, 2,29 m • Envergure (aile) 30 ft, 9,14 m • Corde à l'emplanture 4,8 ft, 1,46 m • Corde aux extrémités 4,5 ft, 1,37 m • Dièdre 2,5° • Plan fixe horizontal, envergure 8,2 ft, 2,50 m • Hauteur plan fixe vertical 4 ft, 1,22 m • Surface alaire totale 144 ft², 13,4 m²

• Surface totale des ailerons 26 ft², 2,41 m² • Surface du plan fixe vertical 5 ft², 0,46 m² • Surface du gouvernail de direction 7 ft², 0,65 m² • Surface du plan fixe horizontal 10 ft², 0,93 m² • Surface totale des gouvernes de profondeur 11 ft², 1,02 m² • Allongement 6,3/1 • Voie du train 5,1 ft, 1,55 m • Empattement 6 ft, 1,83 m • Diamètre de la roue avant 10 inches 25 cm • Diamètre des roues principales 10 inches, 25 cm.

3-MOTORISATION
Moteur Kawasaki TA 440A • Puissance maximale 38,5 CV à 6000 tr/mn • Diamètre et pas de l'hélice 58 x 27 inches, 1,47 x 0,68 m • Réducteur à courroie rapport de réduction 2/1 • Poussée statique maximale 270 lbs, 122 kgp • Rapport puissance/surface alaire 0,25 hp/ft², 2,9 CV/m² • Carburant emporté 5 US gallons 4,2 Imp gal. 18,9 litres.

4-MASSES ET CHARGES
Masse à vide 247 lbs, 112 kg • Masse maximale au décollage 500 lbs, 227 kg • Charge utile 253 lbs, 115 kg • Charge alaire maximale 3,47 lbs/ft², 16,9 kg/m² • Rapport poids-puissance 13 lbs/hp, 5,9 kg/CV • Facteurs de charges + 6 g — 4 g calculées — + 7,8 g — NC à rupture.

5-PERFORMANCES*
Vitesse maximale en palier 64 mph, 103km/h • Vne 75 mph, 121km/h • Croisière (maximale) 55 mph, 88km/h • Croisière (économique) 50 mph, 80km/h • Vitesse de décrochage 25 mph, 40km/h • Vitesse ascensionnelle maximale (au niveau de la mer) 850 ft/min, 4,3 m/s • Taux de chute minimal 350 ft/min à 30 mph, 1,7 m/s à 48 km/h • Finesse maximale 7,1/1 à 35 mph, 56 km/h • Roulage au décollage 100 ft, 30 m • Roulage à l'atterrissage 100 ft, 30 m • Plafond pratique 10.000 ft, 3050 m • Distance franchissable maximale 50 miles, 80 km.
*** Mesurées dans les conditions suivantes : altitude QNH 0 ft, 0 m • Température au sol 58° F, 14° C • Vent au sol 0 mph, 0 km/h • Poids du pilote 170 lbs, 77 kg. Avec moteur ci-dessus.**

PTERO-DACTYL LTD

Pterodactyl Ltd, P.O. Box 191, San Andreas Road, Watsonville, California 95076; tel (408) 724-2233. Président : Jack Mc Cornack, Secrétaire général T.A. James.

Pterodactyl *Pfledgling 430D* (hybride)

Monoplace monomoteur à l'aile haute, pilotage hybride. Voilure avec flèche au bord d'attaque et au bord de fuite, corde dégressive; sans empennage. Lacet par gouvernails de direction monoblocs aux extrémités de l'aile; pas de roulis séparé, commande au manche pour le lacet, par déplacement du centre de gravité pour le tangage. Voilure haubanée sol et vol par câbles; profil d'aile : Klauss Hill à double entoilage. Atterrisseur tricycle, suspension par sandows sur la roue avant par lame en fibre de verre sur les roues du train principal. Roue non directrice. Sans freins. Structure en tubes de duralumin, sans carénage de nez. Moteur monté sous l'aile et utilisé en propulsif.

1-Apparu en 1978, le monoplace *Pfledgling* (ou *Pfledge,* par abréviation) se targue d'avoir été le premier ULM américain conçu d'emblée comme un tout-terrain avec un train tricycle à grandes roues et une suspension efficace. L'appareil fut tout d'abord équipé d'un moteur allemand Sachs SA-340 développant 15 cv à 3500 tr/mn. Diverses modifications de la cellule donnèrent cours l'été 1979 à une version *Pfledgling O.R.* (Oshkosh Replica). Certains appareils furent déjà remotorisés avec un bicylindre Cuyuna 430D (sans réducteur) motorisation qui déboucha la même année sur le type *Pfledgling 430D.* La voilure utilisée restait toujours l'aile Manta *Fledge II B.*

Les *Pfledgling* sont commercialisés sous forme de kits qui, aux dires de Pterodactyl Ltd, n'exigent que de 40 à 60 h d'assemblage. Le moteur Cuyuna 429 est livré par son constructeur JLO-Rockwell à Pterodctyl Ltd qui lui apporte diverses améliorations, dont un vilebrequin à cinq paliers pour mieux supporter les efforts de l'hélice. Celui-ci est d'ailleurs assorti aux USA par Pterodactyl Ltd, d'une garantie portant sur une année ou 100 h d'utilisation. Le kit de base du *Pfledgling 430D* comporte, outre ce moteur et la cellule, un siège mobile avec harnais d'épaule, les housses de rangement (démonté, cet appareil se transporte sur une galerie de voiture), un anémomètre et un altimètre.

Sur le plan historique, il convient de rappeler qu'en février 1979, le créateur du *Pfledge,* Jack McCornack et Dan White effectuèrent un vol de 50 miles (80 km) d'une seule traite, entre Watsonville et Morgan Hill pour se rendre au Great Barnstorming Airshow. C'était l'un des premiers « voyages » en ULM et ce cross-country fut alors salué comme un véritable exploit, valant à l'appareil un prix (Best New Design Award) et des articles élogieux dans la presse spécialisée. La même année, en août 1979, Jack McCornack et Keith Nicely ralliaient en 71 h de vol Watsonville (Californie) à Oshkosh (Wisconsin). Ils utilisaient deux *Pfledge O.R.* avec moteurs Sachs et redécollèrent d'Oshkosh pour rejoindre Jack Peterson et Pat Hirst à Kitty Hawk, sur la côte Est des Etats-Unis. Ces derniers avaient rallié cette localité avec leurs propres *Pfledge* en direct de Los

Angeles (côte Ouest); ils réalisaient ainsi les premiers vols transcontinentaux de l'histoire de l'ULM, en l'honneur d'Orville et Wilbur Wright qui avaient décollé de Kitty Hawk leur fameux *Flyer* en 1903. Le premier *Pfledgling* transcontinental est maintenant présenté dans la collection du Smithsonian National Air and Space Museum américain.

Les Pfledge sont de pilotage hybride. Tenu dans un harnais, le pilote se déplace d'avant en arrière ou inversement pour agir sur l'axe de tangage, par déplacement du centre de gravité par rapport au centre de poussée. Il agit su les deux gouvernails de direction par l'intermédiaire d'un manche. Précédemment, ces appareils étaient équipés de deux manches, actionnant chacun une gouverne et placés sur chacun des tubes longitudinaux horizontaux de la cage. Les *Pfledge* récents ont adopté un manche unique pour les deux gouvernails, placé à main droite du pilote.

Prix du kit standard : **4 320 US $.**

2-DIMENSIONS EXTERIEURES ET SURFACES
Longueur hors tout 10 ft, 3,05 m • Hauteur hors tout 9,1 ft, 2,77 m • Envergure (aile) 33 ft, 10,06 m • Corde à l'emplanture 5,5 ft, 1,65 m • Corde aux extrémités 4,5 ft, 1,34 m • Surface alaire totale 162 ft², 15,1 m² • Allongement 6,7/1 • Diamètre de la roue avant 14 inches, 36 cm • Diamètre des roues principales 20 inches, 51 cm • Autres caractéristiques NC.

3-MOTORISATION
Moteur Cuyuna 430D • Puissance maximale 30 CV à 5500 tr/mn • Diamètre et pas de l'hélice 36 x 16 inches, 0,91 x 0,41 m • Sans réducteur • Poussée statique maximale 165 lbs, 75 kgp • Rapport puissance/surface alaire 0,19 hp/ft², 2 CV/m² • Carburant emporté 2,5 US gallons 2,1 Imp gal., 9,5 litres • Autres caractéristiques NC.

4-MASSES ET CHARGES
Masse à vide 165 lbs, 75 kg • Masse maximale au décollage 425 lbs, 193 kg • Charge utile 260 lbs, 118 kg • Charge alaire maximale 2,62 lbs/ft², 12,8 kg/m² • Rapport poids-puissance 14,2 lbs/hp, 6,4 kg/CV • Facteurs de charges calculées NC, + 4,4 g — 3,3 g à rupture.

5-PERFORMANCES*
Vitesse maximale en palier 55 mph, 88km/h • Vne 55 mph, 88km/h • Croisière (maximale) 45 mph, 72km/h • Croisière (économique) 35 mph, 56km/h • Vitesse de décrochage 23 mph, 37km/h • Vitesse ascensionnelle maximale (au niveau de la mer) 400 ft/min, 2 m/s • Taux de chute minimal 400 ft/min, 2 m/s (vitesse NC) • Finesse maximale 9/1 à (vitesse NC) • Roulage au décollage 125 ft, 38 m • Roulage à l'atterrissage 100 ft, 30 m • Plafond pratique 15,000 ft, 4570 m • Distance franchissable 125 miles, 201 km.

*** Conditions du test non spécifiées.**

Pterodactyl Ltd
Acro-Dactyl
(hybride)

1-Le 10 octobre 1978, Klaus Hill se tuait au cours des essais en vol d'un planeur ultraléger de sa conception, l'aile *Voyager* qu'il venait de motoriser. Il avait auparavant créé des ultralégers motorisés qui devinrent aussi célèbres que le *Hummer* et le *Humbug*, et - en ce qui nous concerne ici - une aile bidérive rigide de Vol libre de pilotage hybride : le *Fledgling,* connue surtout sous le nom de *Fledge,* par abréviation. Partant de cette voilure et l'adaptant au vol motorisé, James (Jack) McCornack conçut en 1978 le monoplace *Pfeldgling* (*Pfledge* en abrégé) et constitua la firme Pterodactyl Limited pour le commercialiser. Depuis, cette société californienne semble connaître un remarquable essor. Elle propose à sa clientèle une gamme d'ULM de pilotages hybride ou 3 axes, mono ou biplaces, baptisés le plus souvent d'un prénom issu d'un nom usuel auquel est ajouté la lettre P comme préfixe pour rappeler l'appellation Pterodactyl Ltd de la firme elle-même; cf. traveler (le voyageur) donne *Ptraveler* à Watsonville, comme *Fledgling* avait donné *Pfledgling.*

En ce qui concerne le type *Acro-Dactyl,* rappelons simplement pour rester le plus exhaustif possible qu'au cours de l'été 1981, Pterodactyl Ltd procédait aux essais de deux *Pfledgling* spécialement renforcés pour permettre la voltige élémentaire, mais nous sommes restés sans nouvelles depuis et ces deux prototypes ne paraissent pas encore devoir déboucher sur une commercialisation.

Pterodactyl
Ptraveler
(2 axes)

Monoplace monomoteur à l'aile haute, pilotage 2 axes. Voilure avec flèche au bord d'attaque et au bord de fuite, corde dégressive; avec plan canard, sans empennage. Tangage par plan canard monobloc mobile en incidence; lacet par gouvernails de direction monoblocs aux extrémités de l'aile; pas de roulis séparé, commande au manche pour le tangage et le lacet. voilure haubanée sol et vol par câbles; profil d'aile : Klauss Hill (Fledgling) à double entoilage. Atterrisseur tricycle, suspension par sandows sur toutes les roues. Roue avant directrice sur option, sans freins. Structure en tubes de duralumin. Moteur monté sous l'aile et utilisé en propulsif.

1-Les deux tubes latéraux horizontaux de la cage du *Pfledgling* ont été prolongés vers l'avant pour porter un plan canard. Mobile en incidence, celui-ci fait office de gouverne de profondeur. Ainsi modifié, l'appareil a été renommé *Ptraveler.* C'est donc un ULM de pilotage 2 axes avec un manche à main droite actionnant le plan canard au moyen d'un tube muni de rotules à ses extrémités et qui agit sur les gouvernails d'extrémités de l'aile par l'intermédiaire de câbles. Cependant, le « siège » reste la simple bande de toile de ses prédécesseurs et permet au pilote de ce *Ptraveler* de modifier en vol son centrage en se déplaçant lui-même.

Apparu en 1980, ce monoplace conservait le moteur Cuyuna 430DD sans réducteur. Hors le plan canard, la structure restait celle, inchangée, du *Pfledgling 430D* et l'on notait peu de différences avec les caractéristiques et performances de ce dernier. Nous nous bornerons donc à n'indiquer que les seuls paramètres du *Ptraveler* ayant subi une variation par rapport à ceux de son aîné. Prix : **4 926 US $.** Depuis février 1983, les spoilerons proposés sur option pour transformer les *Ascender* de 2 axes en 3 axes sont aussi adaptables sur le *Ptraveler.* Sur option aussi la roue avant directrice et un parachute.

2-DIMENSIONS EXTERIEURES ET SURFACES
Longueur hors tout 16,8 ft, 5,08 m • Hauteur hors tout 9,1 ft, 2,77 m • Envergure (aile) 33 ft, 10,06 m • Corde moyenne 5,5 ft, 1,65 m • Corde aux extrémités 4,5 ft, 1,34 m • Surface alaire totale 173 ft², 16,1 m² • Surface aile principale 162 ft², 15,1 m² • Surface du plan canard 11 ft², 1 m² • Allongement aile principale 6,7/1 • Diamètre de la roue avant 14 inches, 36 cm • Diamètre des roues principales 20 inches, 51 cm.

3-MOTORISATION
Voir le Pfledgling 430D.

4-MASSES ET CHARGES
Masse à vide 200 lbs, 91 kg • Masse maximale au décollage 465 lbs, 211 kg • Charge utile 265 lbs, 120 kg • Charge alaire maximale 2,87 lbs/ft², 13,9 kg/m² • Rapport poids-puissance 15,5 lbs/hp, 7 kg/CV • Facteurs de charges calculées NC, + 4,4 g, — 3,3 g à rupture.

5-PERFORMANCES*
Vitesse maximale en palier 55 mph, 88km/h • Vne 55 mph, 88km/h • Croisière (maximale) 40 mph, 64km/h • Croisière (économique) 35 mph, 56km/h • Vitesse de décrochage

U.S.A.

24 mph, 38km/h • Vitesse ascensionnelle maximale (au niveau de la mer) 400 ft/min, 2 m/s • Taux de chute minimal 400 ft/min, 2 m/s vitesse NC • Finesse maximale 8/1 à vitesse NC • Roulage au décollage 125 ft, 38 m • Roulage à l'atterrissage 50 ft, 15 m • Plafond pratique 15.000 ft, 4570 m • Distance franchissable maximale 120 miles, 193 km.

* Conditions du test non spécifiées.

Pterodactyl Ltd
Ascender II et *II+*
(2 ou 3 axes)

Importateur exclusif en France, non exclusif en Suisse, Belgique, Afrique francophone : Vol au Vent SARL.

Description semblable à celle du Ptraveler sauf : suspension par sandows de la roue avant et par lame en fibre de verre du train principal.

1-Le type *Ascender II* est apparu en 1982 et remplace depuis le premier « Grimpeur », auquel un record du monde d'altitude établi par Jim Campbell en 1981 avec 21.200 ft (6466 m) avait, sans doute, valu ce prénom. Le moteur est le Cuyuna UL II 02 qui le différencie des *Ptraveler* dont l'hélice reste en prise directe sur le 430 D. Cependant, le train tricycle a été remanié par rapport à ses prédécesseurs et l'*Ascender II,* bénéficie d'une voie plus large d'amortisseur à lame en fibre de verre et d'une roulette de nez au diamètre accru de 42 à 48 cm, et existe en 6 gammes de coloris. Ses caractéristiques et performances sont données ci-après. Prix juillet 83 : **55 000 FF TTC**, monté, testé; **50 000 FF TTC** en kit.
Une version *Ascender II +* à cage élargie pour pilote de plus forte stature est apparue la même année. Elle comporte des renforts structuraux pour permettre des atterrissages en terrains sommairement aménagés et fait appel à des tubes d'un diamètre plus important. De plus, ce type *II +* comporte de série un réservoir de 10 US gallons (37,8 litres) qui n'est qu'optionnel sur l'*Ascender II.* Prix juillet 83 : **58 500 FF TTC**, ou **53 500 FF TTC** en kit, le kit étant donné pour 75 h d'assemblage.

Depuis février 1983, Pterodactyl Ltd propose sur option pour l'*Ascender II +* un siège en fibre de verre avec rembourrage en mousse pesant 5 lbs (2,26 kg) de plus que le siège standard. De même, sur options, les *Ascender* peuvent être munis de spoilerons les transformant au pilotage 3 axes. Ces spoilerons sont des spoilers articulés pour pouvoir débattre comme des ailerons, vers le haut mais aussi vers le bas, sur un bâti mobile qui les hissent à 6 inches (15 cm) au-dessus de l'xtrados de l'aile. Autres options : train AV orientable, skis, flotteurs, parachute fusée. Lorsque les caractéristiques des 2 modèles diffèrent, celles de l'*Ascender II +* sont indiquées entre parenthèses dans les paragraphes 3 à 5.

2-DIMENSIONS EXTERIEURES ET SURFACES
Voir le *Ptraveler* sauf : Diamètre de la roue avant 16 inches, 41 cm.

3-MOTORISATION
Moteur Cuyuna UL II 02 • Puissance maximale 35 CV à 6250 tr/mn • Diamètre et pas de l'hélice 54 × 27 inches, 1,37 × 0,69 m • Réducteur à courroie en V rapport de réduction 2/1 • Poussée statique maximale NC • Rapport puissance/surface alaire 0,19 hp/ft², 2 CV/m² • Carburant emporté 5 US gallons, 4,2 Imp. gal., 18,9 litres.

La suspension du train principal du Pterodactyl Ascender II —

4-MASSES ET CHARGES
Masse à vide 218 (235) lbs, 99 (107) kg • Masse maximale au décollage 465 (535) lbs, 211 (243) kg • Charge utile 247 (300) lbs, 112 (136) kg • Charge alaire maximale 2,87 (3,30) lbs/ft², 13,9 (16,1) kg/m² • Rapport poids/puissance 15,5 (17,8) lbs/hp, 6.60 (6.94) kg/CV • Facteurs de charges calculées NC • + 4,4 (NC) g — 3,3 (NC) g à rupture.

5-PERFORMANCES*
Vitesse maximale en palier 55 (60) mph, 88 (97) km/h • Vne 55 (65) mph, 88 (105) km/h • Croisière (maximale) 45 (50) mph, 72 (80) km/h • Croisière (économique) 35 (40) mph, 56 (64) km/h • Vitesse de décrochage 24 (27) mph, 39 (43) km/h • Vitesse ascensionnelle maximale (au niveau de la mer) 1000 (900) ft/min, 5,5/5 (5) (4,6) m/s • Taux de chute minimal 425 (475) ft/min à NC (30) mph, 2,2 (2,4) m/s à NC (48) km/h • Finesse maximale 8/1 vitesse NC • Roulage au décollage 80 (90) ft, 25 (27) m • Roulage à l'atterrissage 50 ft, 15 m • Plafond pratique 21.000 (18.000) ft, 6400 (5490) m • Distance franchissable maximale 120 (200) miles, 193 (322) km.

* Conditions du test non spécifiées.

Pterodactyl Ltd
Ascender II + 2
(2 ou 3 axes)

Version biplace côte-à-côte de l'*Ascender II +*. Description semblable à celle de l'*Ascender II* standard sauf spécifications ci-après.

1-La firme de Watsonville s'est révélée prolixe au cours de 1982 puisque cette année-là est aussi apparue la version biplace côte-à-côte *II + 2* des *Ascender.* Le 17 octobre, dans le cadre des essais en vol de ce modèle, Jack Mc Cornack et Robyn Solair du magazine *Ultralight Flyer* décollait de Watsonville. Ils s'offrirent avec le prototype de l'*Ascender II + 2* un aller et retour jusqu'à la frontière mexicaine, totalisant 1025 miles (1649 km) de vol sur terrains variés, à des altitudes et par des températures extérieures différentes. A la suite de ce dernier test concluant, le 15 novembre 1982 fut lancée la production en série de ce biplace ; J. McCornack souligna que c'est devenu une tradition chez Pterodactyl Ltd de conclure sur de semblables raids la mise en commercialisation d'un nouveau modèle. En fait, le prototype avait fait sa première apparition dès 1980 et fut d'abord prénommé *Double Dactyl,* avant d'être proposé actuellement comme une simple modification optionnelle de l'*Ascender II +*. En effet, la règlementation américaine impose au pilote d'un biplace d'être détenteur d'un brevet de pilote privé Avion et que l'appareil lui-même soit certifié et immatriculé en catégorie *Experimental,* comme un avion léger de construction amateur. C'est donc aussi le cas pour l'*Ascender II + 2,* quoique J. McCornack ait visiblement voulu dédramatiser ces contraintes légales en présentant son biplace comme un monoplace avec side-car !

Du reste, le kit permettant la transformation d'un *II +* en *II + 2* en quelques minutes ne comporte que le second siège logeable dans la cage déjà élargie du modèle de base, six boulons d'attache et le nécessaire permettant de replacer la manette des gaz en position centrale. Prix (juillet 83) : **62000 F TTC** monté, **57000 F TTC** en kit.

2-DIMENSIONS EXTERIEURES ET SURFACES
Voir le *Ptraveler* sauf : Diamètre de la roue avant 16 inches, 41 cm.

3-MOTORISATION
Voir le *Ascender II.*

4-MASSES ET CHARGES
Masse à vide 250 lbs, 113 kg • Masse maximale au décollage 750 lbs, 340 kg • Charge utile

500 lbs, 227 kg • Charge alaire maximale 4,63 lbs/ft², 2,1 kg/m² • Rapport poids/puissance 25 lbs/hp, 9,71 kg/CV • Facteurs de charges NC.

5-PERFORMANCES*
Vitesse maximale en palier 60 mph, 97 km/h • Croisière (maximale) 50 mph, 80 km/h • Croisière (économique) 40 mph, 64 km/h • Vitesse de décrochage 32 mph, 51 km/h • Vitesse ascensionnelle maximale (au niveau de la mer) 400 ft/min, 2,2 m/s • Roulage au décollage 200 ft, 60 m • Roulage à l'atterrissage 50 ft, 15 m • Plafond pratique 12.000 ft, 3660 m • Distance franchissable maximale 82 miles, 132 km.**

*** Conditions du test non spécifiées.**
**** Avec réservoir standard. Double capacité en option.**

Pterodactyl Ltd
Ptiger
(3 axes)

Monoplace monomoteur à l'aile haute ; pilotage 3 axes conventionnel. Voilure avec flèche au bord d'attaque et au bord de fuite ; corde dégressive ; avec plan canard. Tangage par plan canard monobloc mobile en incidence ; lacet par gouvernails de direction articulés sur les dérives , roulis par spoilers ou sur option spoilerons ; commande au manche pour le tangage et le roulis, palonnier pour le lacet. Voilure haubanée sol par câbles, vol par câbles ; profil d'aile : Klaus Hill, Fledge ; à double entoilage. Atterrisseur tricycle ; suspension par lame en fibre de verre sur toutes les roues. Freins sur les roues du train principal. Structure en tubes de duralumin et en fibre de verre ; habitable partiellement fermé. Moteur monté sous l'aile, utilisé en propulsif. Description semblable à celle des *Ascender II* dont le *Ptiger* diffère principalement par l'adjonction de spoilers (ou spoilerons sur option) et son carénage complet de la base du fuselage, en fibre de verre, formant habitacle à ciel ouvert.

1-Présenté à Oshkosh en août 1982, ce *Ptiger* est la variation la plus récente sur le thème de la voilure *Fledge* développée par Pterodactyl Ltd. C'est le haut de gamme de la série des *Pfledgling* qui ont donné cours successivement aux *Ptraveler* et *Ascender* des divers types avec plan canard. Ce monoplace voit la voilure originelle *Fledge* dotée de spoilers qui le transforme en ULM de pilotage 3 axes conventionnel : le manche actionne ces spoilers et le plan canard mobile en incidence et qui fait office de gouverne de profondeur ; les gouvernails de diraction d'extrémités de l'aile sont commandés au palonnier. Ce dernier actionne aussi, différentiellement ou en conjugaison, les freins des roues du train principal. Comme les autres modèles de cette gamme, le *Ptiger* peut être muni des spoilerons proposés par Pterodactyl Ltd depuis fin 1982 en remplacement des spoilers. A noter qu'en poussant sur les deux pédales du palonnier en même temps, le pilote utilise conjointement les deux gouvernails de direction d'extrémités d'aile, ceux-ci agissant alors comme des aérofreins. Au sol l'appareil se dirige au moyen des freins agissant sur les roues principales, commandés par les pédales du palonnier, ces deux freins étant utilisables en conjugaison ou différentiellement.

La législation américaine ne pouvant assimiler ce *Ptiger* (tiger signifie tigre) à un *ultralight aircraft,* impose son immatriculation en tant qu'*Experimental* et un brevet de pilote pour le manier. Pour cette raison, Pterodactyl le livre sous forme de kit uniquement, ce dernier requérant — suivant ses dires — environ 100 h d'assemblage. Technologiquement, la cellule en tubes de duralumin 6061 T6 entoilée dacron ne diffère pas de celle des *Ascender* auxquels le train principal a aussi emprunté une lame en fibre de verre unidirectionnelle. Le carénage du fuselage vient en mousse polyuréthane et fibre de verre mais sans pare-brise. En option, sont disponibles des carénages pour le train principal. Prix (juillet 1983) : **59500 F TTC** monté, testé ou **54000 F TTC** en kit.

2-DIMENSIONS EXTERIEURES ET SURFACES
Longueur hors tout 14 ft, 4,26 m • Hauteur hors tout 9 ft, 2,74 m • Envergure (aile) 29 ft, 8,84 m • Surface alaire totale 150 ft², 13,9 m² • Diamètre de la roue avant 11 inches, 28 cm • Diamètre des roues principales 13 inches, 33 cm • Autres caractéristiques NC.

3-MOTORISATION
Moteur Cuyuna UL II 02 • Puissance maximale 35 CV à 6250 tr/mn • Diamètre et pas de l'hélice 54 × 27 inches, 1,37 × 0,69 m • Réducteur à courroie en V rapport de réduction NC • Carburant emporté 5 US gallons, 4,2 Imp gal., 18,9 litres • Autres caractéristiques NC.

4-MASSES ET CHARGES
Masse à vide 240 lbs, 109 kg • Masse maximale au décollage 550 lbs, 249 kg • Charge utile 310 lbs, 140 kg • Charge alaire maximale 13,5 lbs/ft², 8,3 kg/m² • Autres caractéristiques NC.

5-PERFORMANCES*
Vitesse maximale en palier 65 mph, 104 km/h • Croisière (maximale) 55 mph, 88 km/h • Croisière (économique) 40 mph, 64 km/h • Vitesse de décrochage 30 mph, 48 km/h • Vitesse ascensionnelle maximale (au niveau de la mer) 600 ft/min, 3 m/s • Taux de chute minimal 400 ft/min, 2 m/s vitesse NC • Finesse maximale 10/1 à vitesse NC • Roulage au décollage 150 ft, 45 m • Roulage à l'atterrissage 120 ft, 36 m • Plafond pratique 18.000 ft, 5490 m • Distance franchissable maximale 130 miles, 209 km.

*** Conditions du test non spécifiées.**

Le biplan à canard biplan Light Flyer de Pterodactyl Ltd, le premier venu de la série des (futurs) Early Birds

Pterodactyl Ltd
Light Flyer
(3 axes)

Monoplace monomoteur biplan, pilotage 3 axes conventionnel. Voilure avec flèche au bord d'attaque et au bord de fuite, corde constante; empennage bidérive et avec plan canard. Tangage par plan canard monobloc mobile en incidence; lacet par gouvernails de direction articulés sur les dérives entre les 2 ailes; roulis par ailerons sur les demi-ailes inférieures, commande au manche pour le tangage et le roulis, palonnier pour le lacet. Voilure haubanée sol et vol par câbles et mâts; profil d'aile NC, à double entoilage. Atterrisseur tricycle; suspension par câbles de la roue avant et suspension par lame en fibre de verre du train principal. Roue non directrice. Sans freins. Structure en tubes de duralumin sans carénage de nez. Moteur monté entre les 2 ailes, utilisé en propulsif.

1-Le prototype du dernier-né de Pterodactyl Ltd a fait sensation au Sun-'n-Fun de mars 1983 à Lakeland, Floride, où il était présenté pour la première fois publiquement. Avec ce *Flight Flyer* dont le nom évoque irrésistiblement le biplan à plan canard Flyer de 1903 d'Orville et Wilbur Wright, Pterodactyl Ltd s'éloigne résolument de ses précédentes productions. Le seul point commun entre celle-ci et le nouveau venu reste le plan canard. Curieusement, une première photographie qui nous était parvenue de *Light Flyer* le montrait avec deux gouvernails de direction portés derrière les ailes, dans le souffle de l'hélice. Des documents plus récents montrent que l'avion est maintenant muni de gouvernails de direction supplémentaires; ceux-ci sont articulés sur les mâts arrière d'entreplan aux extrémités des ailes. Le *Light flyer* doit être commercialisé sous forme d'un kit donné pour 125 h d'assemblage par Pterodactyl Ltd.

En avril 1983, le prix annoncé était de **5 420 US $.**

2-DIMENSIONS EXTERIEURES ET SURFACES
Longueur hors tout 15,7 ft, 4,78 m • Hauteur hors tout 7 ft, 2,13 m • Envergure (aile) 26 ft, 7,92 m • Surface alaire totale 174 ft², 16,2 m² • Autres caractéristiques NC.

3-MOTORISATIONS
Moteur Cuyuna 430R • Puissance maximale 30 CV à 5500 tr/mn • Diamètre et pas de l'hélice 54 x 27 inches, 1,37 x 0,69 m • Réducteur à courroie en V rapport de réduction 2/1 • Poussée statique maximale NC • Rapport puissance/surface alaire 0,17 hp/ft², 1,9 CV/m² • Carburant emporté 5 US gallons 4,2 Imp gal. 18,9 litres.

4-MASSES ET CHARGES
Masse à vide 240 lbs, 109 kg • Masse maximale au décollage 500 lbs, 227 kg • Charge utile 260 lbs, 118 kg • Charge alaire maximale 2,87 lbs/ft², 14 kg/m² • Rapport poids-puissance 16,7 lbs/hp, 7,6 kg/CV • Facteurs de charges NC.

5-PERFORMANCES*
Vitesse maximale en palier 55 mph, 88km/h • Vne 55 mph, 88km/h • Croisière (maximale) 45 mph, 72km/h • Croisière (économique) 35 mph, 56km/h • Vitesse de décrochage 24 mph, 39km/h • Vitesse ascensionnelle maximale (au niveau de la mer) 800 ft/min, 4,1 m/s • Roulage au décollage 110 ft, 34 m • Roulage à l'attérrissage 50 ft, 15 m • Plafond pratique 18.000 ft, 5490 m • Distance franchissable maximale 100 miles, 160 km • Autres caractéristiques NC.

* Conditions du test non spécifiées.

QUAD CITY ULTRA LIGHTS

Quad City Ultralights, 425 E. 59 th St. P.O. Box 2674, Davenport, Iowa 52807, telephone (319) 386-3578.

Quad City UL
Challenger
(3 axes)

Monoplace monomoteur à l'aile haute, pilotage 3 axes conventionnel. Voilure sans flèche au bord d'attaque et au bord de fuite, corde constante; empennage cruciforme. Tangage par gouverne de profondeur articulée sur le plan fixe horizontal; lacet par gouvernail de direction articulé sur la dérive; roulis par spoilers, commande au manche pour le tangage et le roulis, palonnier pour le lacet. Voilure haubanée portée par des mâts; profil d'aile NC; à double entoilage. Atterrisseur tricycle avec roulette de queue de sécurité; suspension sur toutes les toues. Roue avant directrice conjuguée au palonnier. Freins NC. Structure en tubes de duralumin habitacle partiellement fermé. Moteur monté au niveau de l'aile, utilisé en propulsif.

1-Un nouveau venu que cet intéressant *Challenger* qui fit partie des révélations du Sun-'n-Fun de mars 1983 à Lakeland, Floride. Un entoilage de l'ensemble du fuselage et l'avant de l'habitacle fermé par un pare-brise lui confèrent une excellente finesse maximale donnée pour 11/1 par le constructeur. Cependant, peu d'informations détaillées nous ont été fournies par Quad City Ultralights sur ce qui n'était encore qu'un prototype. La commercialisation du *Challenger* se fera sous forme d'un kit donné pour 50 h seulement d'assemblage, le temps de mise en œuvre lui-même étant précisé de l'ordre de 10 min par le constructeur. Renseignements directement auprès de celui-ci; quant au prix il est de **5 495 US $**, en option le démarreur électrique.

2-DIMENSIONS EXTERIEURES ET SURFACES
Longueur hors tout 18,8 ft, 5,72 m • Hauteur hors tout 6 ft, 1,83 m • Envergure (aile) 32 ft, 9,75 m • Corde constante 4 ft, 1,22 m • Flèche 0° • Surface alaire totale 128 ft², 11,9 m² • Allongement 8/1 • Autres caractéristiques NC.

3-MOTORISATION
Moteur KFM 107 ERV • Puissance maximale 25 CV à 6000 tr/mn • Diamètre et pas de l'hélice 52 x 24 inches, 1,32 x 0,61 m • Réducteur à courroie en V rapport de réduction 2/1 • Poussée statique maximale NC • Rapport puissance/surface alaire 0,20 hp/ft², 2,1 CV/m² • Carburant emporté 5 US gallons, 4,2 Imp gal., 18,9 litres.

4-MASSES ET CHARGES

Masse à vide 242 lbs, 110 kg • Masse maximale au décollage 530 lbs, 240 kg • Charge utile 288 lbs, 131 kg • Charge alaire maximale 4,14 lbs/ft², 20,2 kg/m² • Rapport poids-puissance 21,2 lbs/hp, 9,6 kg/CV • Facteurs de charges NC.

5-PERFORMANCES*

Vitesse maximale en palier 63 mph, 101km/h • Vne 70 mph, 113km/h • Croisière (maximale) 60 mph, 97km/h • Vitesse de décrochage 28 mph, 45km/h • Vitesse ascensionnelle maximale (au niveau de la mer) 700 ft/min, 3,6 m/s • Finesse maximale 11/1 à vitesse NC • Plafond pratique 10.000 ft, 3050 m • Autres caractéristiques NC.

* Mesurées dans les conditions suivantes : poids du pilote 170 lbs, 77 kg • Avec moteur ci-dessus • Autres caractéristiques NC.

RANGER AVIATION

Ranger Aviation Incorporated, P.O. Box 967 Bakersfield, California 93302, telephone (805) 399-1987.

Striplin Aircraft
Flac et Super-Flac
(3 axes)

Monoplace bimoteur à l'aile haute, pilotage 3 axes conventionnel. Voilure avec flèche au bord d'attaque, corde dégressive; sans empennage. Tangage et roulis par « stabilators », lacet par gouvernails de direction monoblocs aux extrémités de l'aile: commande au manche pour le tangage et le roulis, palonnier pour le lacet. Aile cantilever, profil d'aile : Worthmann FX-126, à double entoilage. Atterrisseur tricycle, roue avant retractable; Roue avant directrice conjuguée au palonnier pour le Flac. Pour le Super Flac la roue n'est pas directrice. Freins : NC. Fuselage en fibres de verre et mousse poluyréthane, habitacle fermé. Moteurs utilisés en propulsif.

1-Connu précédemment sous l'appellation de Striplin-Aircraft, cette société s'intitule depuis 1983 Ranger Aviation. Elle a tout d'abord diffusé les *Flac et Super Flac* qui ne sont actuellement plus produits. Nous avons cependant jugé que ces modèles présentent encore un intérêt, ne serait-ce qu'historique, et qui nous a incité à ne pas les omettre de cette première édition. Dessiné dès juin 1977, le prototype des Striplin Flac (Fpoot Launched Air Cycle; littéralement : bicyclette aérienne à décollage à pied) a effectué son premier vol le 24 octobre 1978. En plus des jambes de son occupant, cet ultraléger était muni d'un train tricycle auxilliaire.

Avions sans queue, à aile haute cantiler sans dièdre et calée à 3° d'incidence avec 8° de flèche, les *Flac* d'origne disposaient déjà de la cabine fermée en fibres de verre et mousse polyuréthane en pod sous la voilure. Les bords marginaux de cette dernière s'achevaient sur des dérives dotées de gouvernails de direction tandis que des élevons au bord de fuite faisaient office de profondeurs (utilisés en conjugaison) ou d'ailerons (différentiellement). Structure de l'aile en fibre de verre et époxy sur mousse et entoilée entre le longeron et le bord de fuite. Le train principal fixe était porté par des jambes en fibres de verre et la roulette avant, conjuguée au palonnier, devint ensuite manuellement rétractable vers l'arrière dans le nez du fuselage. Avec deux moteurs Chrysler *West Bend* de 9 cv chaque, le *Flac* croisait à 65 mph, (105 km/h), avec une Vne de 80 mph (129 km/h), un décrochage aux environs de 20 mph (32 km/h) et une vitesse ascensionnelle de 1628 ft/min (8,3 m/s). Ces performances étaient époustouflantes pour un ULM de 156 lbs (71 kg) de masse à vide, 386 lbs (175 kg) de masse maximale et, donc, 230 lbs (104 kg) de charge utile , Ajoutez à cela un rayon d'action de 200 m (322 km) avec 5 US gallons (19 litres) de carburant emporté, et vous obtenez le portrait d'un appareil des plus intéressants. D'ailleurs, en plus des deux prorotypes, cinq *Flac* avaient déjà volé en janvier 1980 et soixante-dix neuf étaient alors en cours de construction par des Amateurs.

Mais Kenneth Striplin ne s'en tint pas là et, au printemps 1980, il annonçait la sortie d'un *Super Flac*. Celui-ci conservait le profil Worthmann FX-126 de son predecesseur, la même voilure et les mêmes gouvernes sur les trois axes, mais il bénéficiait d'un fuselage plus spacieux : les jambes du pilote s'y logeaient plus facilement sans l'espace dévolu à la roue avant redevenue fixe. Les deux Chrysler avaient été abandonnées pour deux moteurs bicylindres Soarmaster de 23 cv accouplés sur une seule hélice propulsive de 48'' (1,22 m) de diamètre. La masse se ressentit de l'élargissement des proportions du fuselage mais la charge utile de 234 lbs (106 kg) et les perfos du *Super-Flac* demeurèrent sensiblement les mêmes que celles de son aîné. Pour mémoire, donc, nous rappelerons les paramètres de ce dernier tout en

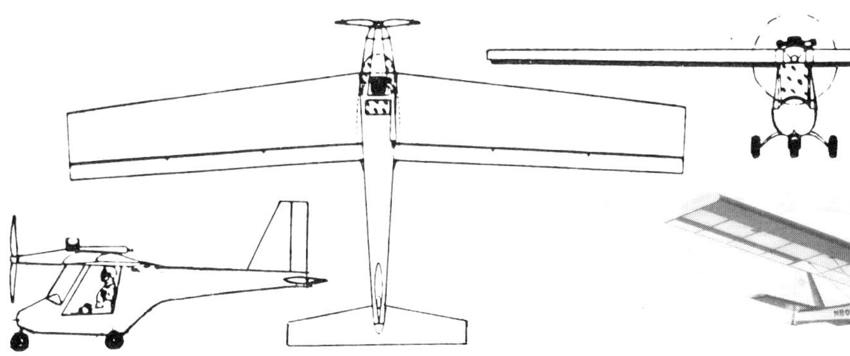

Le plan 3 vues du Silver Cloud, comparé à la photographie du Lone Ranger, montre les différences entre les deux

précisant qu'il eut la réputation d'être d'une relative instabilité et coûta la vie au propre fils de son concepteur.

2-DIMENSIONS EXTERIEURES ET SURFACES
Longueur hors tout 7 ft, 2,13 m • Hauteur hors tout 4 ft, 1,22 m • Envergure (aile) 32 ft, 9,75 m • Corde moyenne 4,9 ft, 1,47 m • Dièdre 8° • Flèche 0° • Surface alaire totale 155 ft², 14,4 m² • Allongement 6,6/1 • Autres caractéristiques NC.

3-MOTORISATION
Moteurs 2 Soarmaster • Puissance maximale 11,5 CV chacun à NC tr/mn • Diamètre et pas de l'hélice 48 x NC inches, 1,21 x NC m • Rapport puissance/surface alaire 0,15 hp/ft², 1,6 CV/m² • Carburant emporté 5 US gallons, 4,2 Imp gal., 18,9 litres • Autres caractéristiques NC.

4-MASSES ET CHARGES
Masse à vide 200 lbs, 91 kg • Masse maximale au décollage 434 lbs, 197 kg • Charge utile 234 lbs, 106 kg • Charge alaire maximale 2,80 lbs/ft², 13,7 kg/m² • Rapport poids-puissance 18,9 lbs/hp, 8,6 kg/CV • Facteurs de charges NC.

5-PERFORMANCES*
Vne 80 mph, 129 km/h • Croisière (maximale) 55 mph, 88 km/h • Vitesse de décrochage 24 mph, 39 km/h • Taux de chute minimal 180 ft/min à 36 mph, 0,9 m/s à 58 km/h • Finesse maximale 20 ft à 38 mph, 61 km/h • Roulage au décollage 150 ft, 45 m • Roulage à l'atterrissage 100 ft, 30 m • Autres caractéristiques NC.

*** Conditions du test non spécifiées.**

Ranger Aviation
Silver Cloud
(3 axes)

Monoplace monomoteur à l'aile haute, pilotage 3 axes conventionnel. Voilure avec flèche au bord d'attaque et au bord de fuite, corde dégressive; empennage classique. Tangage par gouverne de profondeur monobloc; lacet par gouvernail de direction articulé sur la dérive; roulis par ailerons sur toute l'envergure de l'aile; commande au manche pour le tangage et le roulis palonnier pour le lacet. Aile cantilever, profil d'aile NC; à double entoilage. Atterrisseur tricycle; et suspension sur toutes les roues. Roue avant directrice conjuguée au palonnier. Freins NC. Structure en tubes de duralumin en fibre de verre en fibre de carbone, habitacle fermé. Moteur monté audessus de l'aile, utilisé en tractif. Technologie : matériaux composites comprenant fibres de verre et de carbone, Kevlar, diverses sortes de mousses, résine époxy; ferrures en duralumin et acier.

1-Chez Ranger Aviation, les modifications, intervenues en fin 1982, début 1983, sont beaucoup plus profondes, qu'un simple changement de nom de la société précédemment intitulée Striplin Aircraft. En effet, s'il est évident pour les spécialistes que le monoplace *Silver Cloud* se situe dans la lignée directe du prototype *Lone Ranger* dont Striplin Aircraft avait entamé la commercialisation sous forme de kits, il est non moins évident que le nouveau venu comprend de très importantes modifications d'avec son prédécesseur : certaines sont d'ordre aérodynamique, d'autres visent à une commercialisation radicalement différente, le *Silver Cloud* devant déboucher très prochainement sur une production de masse le livrant prêt à voler à l'acheteur, première industrialisation aux Etats-Unis d'un ULM de technologie tout matériaux composites. (le lecteur notera que nous ne sommes pas d'accord avec les prospectus de Ranger Aviation le donnant comme le premier au monde à être produit de telle sorte : nous ne sommes plus sans ignorer que d'autres « tout composites » viennent de déboucher eux aussi sur une production industrielle et, notamment, en France le Nogrady AN-2 *Avionnette* biplace).

Le prototype du *Lone Ranger* de Kenneth Striplin a effectué son premier vol le 23 octobre 1980. Il s'agissait d'une extrapolation du *Super Flac* dont il reprenait intégralement le cockpit, y compris les trappes permettant le passage des jambes du pilote pour rester décollable à pied. Néanmoins, une masse à vide de 176 lbs (80 kg) rendait la manœuvre hypothétique et cet aménagement répondait aux impositions de la législation américaine alors en vigueur. Différence d'avec ses prédécesseurs, le *Lone Ranger* était prolongé vers l'arrière d'une poutre de section triangulaire portant un empennage classique et sa voilure était dotée d'ailerons. Dès 1981, ce monoplace fut commercialisé sous forme de kits, l'un donné pour 150 h d'assemblage (fast flight kit) et l'autre moins élaboré (economy kit). Après l'essai de diverses motorisations, le *Lone Ranger* aux standards de 1982 pouvait être équipé d'un Yamaha KT-100S 15 cv, d'un Zenoah G25B 20cv ou d'un Cuyuna 215R 20 cv.

Coup de théâtre au Sun-'n-Fun de mars 1983 à Lakeland où, tout en présentant en vol et en statique le prototype immatriculé N8016X des *Lone Ranger,* la société rebaptisée Ranger Aviation diffusait une documentation sur un monoplace lui aussi rebaptisé, le *Silver Cloud.* Les photos illustrant le prospectus sont celles du *Lone Ranger ;* cependant, le colonel Clair, vice-président de Ranger Aviation, nous a fort aimablement fait parvenir des informations plus précises sur le nouveau *Silver Cloud :* ses caractéristiques, ses performances et un plan 3 vues qui permet de différencier ce modèle du précédent *Lone Ranger.* Les principales modifications portent sur la voilure. Celle-ci est dotée d'un nouveau profil très porteur, testé en soufflerie puis en vol et qui a fait apparaître un coefficient de portance de 1,9 au lieu de 1,1 communément. De plus, l'aile de forme en plan rectangulaire (sans flèche) du *Lone Ranger* est abandonnée pour une voilure avec 7° de flèche, dont la corde diminue de l'emplanture vers les extrémités. Le *Lone Ranger* présenté au Sun-'n-Fun 1983 avait déjà abandonné les deux mâts en V portant chaque aile pour un mât unique qui, d'après le 3 vues qui nous est parvenu, disparaît lui-même sur le *Silver Cloud* dont la voilure devient cantilever, ce qui n'était qu'optionnel pour son prédécesseur.

Dernière modification apparente, les ailerons de ce dernier, ne débordant pas au bord de fuite de l'aile et intégrés dans le profil de celle-ci, sont remplacés par des ailerons courant sur toute l'envergure. Dotés du même nouveau profil que l'aile du *Silver Cloud* ils sont utilisables à la fois comme des ailerons conventionnels mais aussi, en conjugaison, comme des volets hypersustentateurs : abaissés à 30°, ils sont donnés par Ranger Aviation comme procurant un coefficient de portance de plus de 25 mph (40 km/h). Signalons, enfin, une modification au niveau de l'empennage qui apparaît sur le plan 3 vues du *Silver Cloud :* portée au-dessus de la poutre arrière du fuselage sur le Lone Ranger, la gouverne de profondeur monobloc du nouveau modèle est maintenant portée à mi-hauteur de cette poutre.

L'appareil doit être commercialisé en deux modèles différent : le *Silver Cloud* standard est classé comme Ultralight Véhicle aux USA, ses caractéristiques et performances que nous donnons ci-après, permettant son classement en tant que tel selon la législation actuellement en vigueur. Le second type, *Silver Cloud II* biplace est présenté plus loin. Le monoplace est vendu complet, prêt à voler pour **10 000 US $.** Les options portent sur les carénages des trois roues **(100 $)**, des roues de 16" (40 cm) de diamètre pour **105 $**, des skis **(150 $)**, des flotteurs **(750 $)**, des fenêtres latérales amovibles **(100 $)**, des instruments de bord, radio, un harnais d'épaule **(22 $)** et un parachute à extraction ballistique **(850 $).** Trois moteurs sont actuellement proposés pour ce *Silver Cloud* monoplace : Cuyuna 215R, 20 cv, Zenoah G25B 22 cv et un Rotax dont le type n'est pas précisé et donné pour 20 cv.

Un modèle avec des spécifications différentes de celui construit aux USA est fabriqué par un dealer européen de Ranger Aviation : voir Aero and Engineering Servives, Grande-Bretagne.

2-DIMENSIONS EXTERIEURES ET SURFACES
Longueur hors tout 16 ft, 4,87 m • Hauteur hors tout 7 ft, 2,13 m • Envergure (aile) 32 ft, 9,75 m • Corde à l'emplanture 4 ft, 1,22 m • Corde aux extrémités 3 ft, 0,91 m • Dièdre 5° • Flèche 7° • Surface alaire totale 120 ft², 11,14 m² • Allongement 8,6/1 • Voie du train 4 ft, 1,22 m • Empattement 4 ft, 1,22 m • Diamètre de la roue avant 8 inches, 20 cm • Diamètre des roues principales 8 inches, 20 cm • Autres caractéristiques NC.

3-MOTORISATION
Moteur Cuyuna 215R • Puissance maximale 20 CV à 5500 tr/mn • Diamètre et pas de l'hélice 54 x 27 inches, 1,37 x 0,68 m • Réducteur à pignons rapport de réduction 2,2/1 • Poussée statique maximale NC • Rapport puissance/surface alaire 0,17 hp/ft², 1,8 CV/m² • Carburant emporté 5 US gallons 4,2 Imp gal. 18,9 litres.

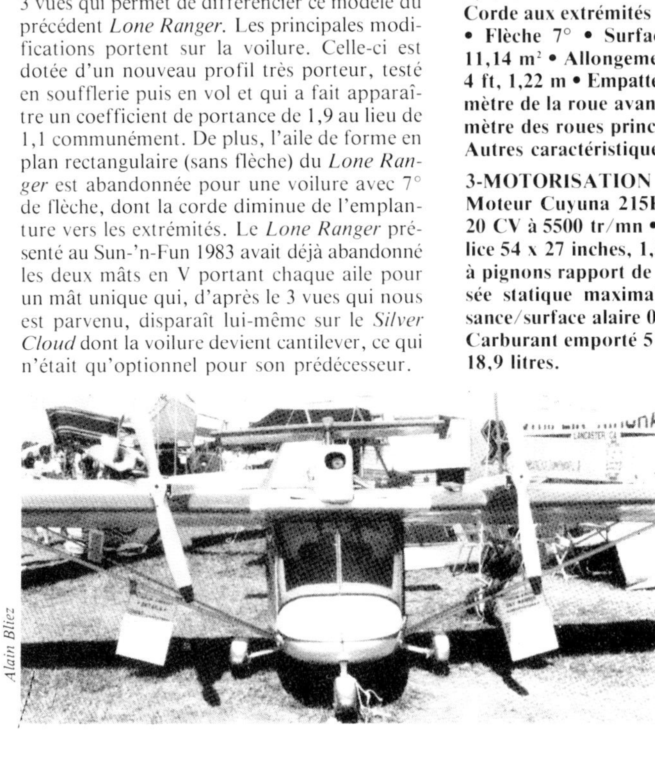
Alain Bliez

Oshkosh 1981 : le prototype du Sky Ranger avec ses deux hélices entrainées par un seul moteur

4-MASSES ET CHARGES
Masse à vide 245 lbs, 111 kg • Masse maximale au décollage 500 lbs, 227 kg • Charge utile 255 lbs, 116 kg • Charge alaire maximale 4,18 lbs/ft², 20,4 kg/m² • Rapport poids-puissance 25 lbs/hp, 11,3 kg/CV • Facteurs de charges + 6 g — 4 g calculées, à rupture NC.

5-PERFORMANCES*
Vitesse maximale en palier 63 mph, 101 km/h • Vne 80 mph, 129 km/h • Vitesse de décrochage 25 mph, 40 km/h • Vitesse ascensionnelle maximale (au niveau de la mer) 600 ft/min, 3,1 m/s • Finesse maximale 14/1 à vitesse NC • Roulage au décollage 75 ft, 23 m • Roulage à l'atterrissage 75 ft, 23 m • Distance franchissable maximale 210 miles, 338 km • Autres caractéristiques NC.

*** Conditions du test non spécifiées.**

Ranger Aviation
Silver Cloud II
(3 axes)

Biplace côte à côte monomoteur à l'aile haute, pilotage 3 axes conventionnel. Voilure avec flèche au bord d'attaque et au bord de fuite, corde dégressive; empennage classique. Tangage par gouverne de profondeur monobloc; lacet par gouvernail de direction articulé sur la dérive; roulis par ailerons sur toute l'envergure de l'aile; commande au manche pour le tangage et le roulis, palonnier pour le lacet. Aile cantilever, profil d'aile NC à double entoilage. Atterrisseur tricycle; suspension par lame en fibre de verre du train principal. Roue avant directrice conjuguée au palonnier. Freins NC. Structure en tubes de duralumin, en fibre de verre et en fibre de carbone habitacle fermé. Moteur monté au-dessus de l'aile, utilisé en tractif. Technologie : voir monoplace.

1-Là encore, le remaniement de Striplin Aircraft en Ranger Aviation se répercute directement sur cette production de Kenneth Striplin. Précédemment prénommée Sky Ranger, la version biplace du *Lone Ranger* est maintenant désignée *Silver Cloud II,* version biplace de l'ultraléger *Silver Cloud* et, de ce fait, classée aux Etats-Unis comme Experimental Aircraft (immatriculation et brevet de pilote nécessaires), suivant la législation en vigueur présentement. Le prototype du biplace côte à côte extrapolé par Ken Striplin du *Lone Ranger* fut présenté (en statique) dès août 1981 à Oshkosh, Wisconsin, à l'occasion du rassemblement annuel de l'EAA. Ce *Sky Ranger* différait principalement de son aîné par une voilure équipée de volets Fowler et un empennage en T. Ce dernier fut délaissé en 1982 pour un empennage classique qui est conservé pour le *Silver Cloud II.*

Au Sun-'n-Fun de mars 1983, c'était en fait son premier prototype de *Sky Ranger,* toujours immatriculé N4233V que présentait Ken. Cependant, cet appareil qui sert de banc d'essai volant, comportait non seulement l'empennage classique mais aussi une nouvelle voilure avec les flaperons (ailerons utilisables comme volets, décalés par rapport au bord de fuite et au plan de l'aile, et le nouveau profil destinés aux *Silver Cloud.* Cette voilure a elle aussi changé les deux mâts formant un V portant chaque demi-aile pour un mât unique; celle des modèles de série est annoncée comme cantilever. Le train d'atterrissage a été lui aussi redessiné pour augmenter la hauteur du fuselage au-dessus du sol. Dans sa première configuration, le *Sky Ranger* prototype comportait un moteur placé au-dessus de la cabine et entraînant deux hélices bipales tractives débattant de part et d'autre de cette dernière. Au Sun-'n-Fun 1983, il était équipé d'un moteur semblablement porté au-dessus de la cabine mais qui n'entraîne plus qu'une seule hélice tractive; un bâti profilé par un carénage permet à cette hélice de débattre devant le nez du fuselage, configuration retenue pour les deux modèles des *Silver Cloud.*

Lakeland 1983 : le Sky Ranger est devenu Silver Cloud II

Le moteur prévu en standard sur le *Silver Cloud II* biplace est un Rotax 503 46 cv. L'appareil est commercialisé complet et prêt à voler par Ranger Aviation au prix de **15 000 US $** avec, fourni en version standard, les carénages des roues, les fenêtres latérales amovibles, des harnais d'épaules, un tableau de bord équipé et un strobe light. Les options disponibles sont celles proposées pour le monoplace.

A noter, là-aussi, que le dealer européen de la firme produit un modèle avec des spécifications différentes de celui construit aux USA par Ranger Aviation (voir Grande-Bretagne, Aero and Engineering Services).

2-DIMENSIONS EXTERIEURES ET SURFACES
Longueur hors tout 16 ft, 4,87 m • Hauteur hors tout 8 ft, 2,44 m • Envergure (aile) 33,4 ft, 10,18 m • Corde moyenne 3,8 ft, 1,16 m • Dièdre 5° • Flèche 7° • Surface alaire totale 127 ft², 11,8 m² • Allongement 8,6/1 • Diamètre de la roue avant 8 inches, 20 cm • Diamètre des roues principales 8 inches, 20 cm • Autres caractéristiques NC.

3-MOTORISATION
Moteur Rotax 503 • Puissance maximale 46 CV à 6500 tr/mn • Diamètre et pas de l'hélice 60 x 36 inches, 1,52 x 0,91 m • Rapport puissance/surface alaire 0,36 hp/ft², 3,9 CV/m² • Carburant emporté 10 US gallons, 8,3 Imp gal., 37,8 litres • Autres caractéristiques NC.

4-MASSES ET CHARGES
Masse à vide 350 lbs, 159 kg • Masse maximale au décollage 1000 lbs, 453 kg • Charge utile 650 lbs, 295 kg • Charge alaire maximale 7,87 lbs/ft², 38,4 kg/m² • Rapport poids-puissance 21,7 lbs/hp, 38,6 kg/CV • Facteurs de charges NC

5-PERFORMANCES*
Vne 100 mph, 161km/h • Croisière (maximale) 80 mph, 129km/h • Vitesse de décrochage 29 mph, 47km/h • Vitesse ascensionnelle maximale (au niveau de la mer) 600 ft/min, 3,1 m/s • Finesse maximale 13/1 à vitesse NC • Roulage au décollage 150 ft, 23 m • Distance franchissable maximale 250 miles, 402 km • Autres caractéristiques NC.

*** Conditions du test non spécifiées.**

ROBERTSON AIRCRAFT

Robertson Aircraft Corporation, Snohomish County Airport C-72, Everett, Washington 98204, telephone (206) 355-8700.
Importateur en France : ULM Aéro Sport, 50, rue Pascal, 75013 Paris, Tél. : (1) 336.02.99.

Robertson Aircraft
B1-RD
(3 axes)

Monoplace monomoteur à l'aile haute, pilotage 3 axes conventionnel. Voilure sans flèche au bord d'attaque, avec flèche inverse au bord de fuite, corde dégressive; empennage cruciforme. Tangage par gouverne de profondeur articulée sur le plan fixe horizontal; lacet par gouvernail de direction articulé sur la dérive; roulis par ailerons sur la moitié de l'envergure de l'aile; commande au manche pour le tangage et le roulis, palonnier pour le lacet. Voilure haubanée sol par câbles, vol par câbles; à simple entoilage. Atterrisseur classique, suspension par corde en nylon sur toutes les roues. Roue arrière directrice conjuguée au palonnier. Sans freins. Structure en tubes de duralumin avec carénage sur option. Moteur monté au niveau de l'aile, utilisé en tractif.

1-La décision prise par Robertson Aircraft de se lancer dans l'Aviation ultralégère avec ce B1-RD est lourde de signification. En effet, c'est la première firme aéronautique américaine de cette importance qui s'aligne sur ce marché encore relativement nouveau. Créée dès 1921 par James L. Robertson aujourd'hui décédé et qui fut l'un des pionners du développement des avions à décollage et atterrissages courts (STOL), Robertson Aircraft s'est spécialisé dans des systèmes hypersustentateurs adaptables à de nombreux modèles d'avions mono ou multimoteurs (Cessna, Piper, Beech-craft, Learjet principalement). L'histoire de l'Aviation a retenu que R.A.C. fut le principal sponsor du vol transatlantique de Charles Lindbergh (20 mai 1927), qui fut lui-même plus tard le chef pilote de cette firme. Le B1-RD a été conçu par Glenn et Bruce Bashforth. Les premiers de série ont été livrés en juin 1982, leur production ayant débuté sur la base d'un appareil par jour. Ce monoplace à la vitesse de décrochage remarquablement basse pour un ULM à voilure semi-rigide - noblesse et R.A.C. obligent ! - est commercialisé soit prêt à volet pour **6 595 US $** soit

U.S.A.

sous forme de kit pour **5 995 US $**. Le B1-RD standard a d'abord reçu le moteur Cuyuna 215R 20 cv et ne recevait le 430R 30 cv qu'en option; celui-ci est maintenant proposé en version standard et devrait être sous peu remplacé par le nouveau type UL II-02 des Cuyuna. De nombreuses options sont proposées, portant notamment sur des roues principales de 20 inches (50 cm), un pare-vent en tissu (**50 $**) une voilure à double entoilage (**500 $**) et un ensemble regroupant instruments, flotteurs, parachute et housses de rangement.

Prix en France : **60 000 F ttc.**

2-DIMENSIONS EXTERIEURES ET SURFACES
Longueur hors tout 21 ft, 6,40 m • Hauteur hors tout 7,2 ft, 2,18 m • Envergure (aile) 32 ft, 9,75 m • Corde moyenne 5,1 ft, 1,54 m • Dièdre 3° • Flèche 0° • Plan fixe horizontal, envergure 10 ft, 3,05 m • Hauteur plan fixe vertical NC • Surface alaire totale 162 ft², 15,1 m² • Surface totale des ailerons 18 ft², 1,67 m² • Surface du plan fixe vertical 3 ft², 0,28 m² • Surface du gouvernail de direction 13 ft², 1,21 m² • Surface du plan fixe horizontal 30 ft², 2,79 m² • Surface totale des gouvernes de profondeur 15 ft², 1,39 m² • Allongement 6,3/1 • Voie du train 5 ft, 1,52 m • Empattement 16 ft, 4,87 m • Diamètre de la roulette de queue 5 inch, 13 cm • Diamètre des roues principales 16 inches, 40 cm.

3-MOTORISATION
Moteur Cuyuna 430R • Puissance maximale 30 CV à 5500 tr/mn • Diamètre et pas de l'hélice 72 x 36 inches, 1,83 x 0,91 m • Réducteur à courroie en V rapport de réduction 3,1/1 • Poussée statique maximale NC • Rapport puissance/surface alaire 0,19 hp/ft², 2 CV/m² • Carburant emporté 4 US gallons 3,3 Imp gal. 15,1 litres.

4-MASSES ET CHARGES
Masse à vide 220 lbs, 100 kg • Masse maximale au décollage 500 lbs, 227 kg • Charge utile 280 lbs, 127 kg • Charge alaire maximale 3,09 lbs/ft², 15,1 kg/m² • Rapport poids-puissance 16,7 lbs/hp, 7,6 kg/CV • Facteurs de charges + 3 g — 2 g calculées, à rupture NC.

5-PERFORMANCES*
Vitesse maximale en palier 50 mph, 80km/h • Vne 75 mph, 121km/h • Croisière (maximale) 38 mph, 61km/h • Croisière (économique) NC • Vitesse de décrochage 15 mph, 24km/h • Vitesse ascensionnelle maximale (au niveau de la mer) 850 ft/min, 4,3 m/s • Taux de chute minimal 300 ft/min à 30 mph, 1,5 m/s à 48 km/h • Finesse maximale 8,5/1 à 30 mph, 48 km/h • Roulage au décollage 75 ft, 23 m • Roulage à l'atterrissage 50 ft, 15 m • Plafond pratique 14 000 ft, 4270 m • Distance franchissable maximale 125 milles, 201 km.

*** Mesurées dans les conditions suivantes : altitude QNH 0 ft, 0 m • Température au sol standard • Vent au sol 0 mph, 0 km/h • Poids du pilote NC.**
Avec moteur ci-dessus.

Robertson Aircraft
B2-RD
(3 axes)

Description semblable à celle du B1-RD sauf spécifications ci-après : biplace; voilure avec flèche au bord d'attaque et flèche inverse au bord de fuite.

1-La version B2-RD de l'ultraléger BI-RD est principalement une extrapolation de ce dernier en biplace côte à côte de catégorie *Experimental Aircraft* au regard de l'actuelle législation aux Etats-Unis. Présenté pour la première fois publiquement au Sun-'n-Fun de mars 1983, à Lakeland, Floride, le B2-RD diffère principalement de son ainé par une aile d'envergure et de surface accrue. De plus, cet appareil est équipé d'un moteur Rotax 503 de 42 cv au lieu du Cuyuna 30 cv du type BI-RD. Cependant, Robertson Aircraft nous a communiqué (en avril 1983) que son biplace, ne serait d'abord vendu qu'aux concessionnaires de la firme uniquement, aux Etats-Unis tout du moins, dans un premier temps.

En France, ULM Aéro Sport commercialise ce biplace a un prix qui le situe comme un haut de gamme toutes catégories confondues (**80 000 F ttc**, août 1983). Un kit permet de transformer un monoplace B1-RD en bi-place B2-RD (2000 US $). Anecdote savoureuse, le B2-RD engagé par M. et Mme Besacier dans le Grand Prix de France ULM fut disqualifié... pour avoir été le seul à décoller de l'étape de Pau ! Les conditions météorologiques et les dimensions du campus de l'université de cette ville avaient fait annuler cette épreuve.

2-DIMENSIONS EXTERIEURES ET SURFACES
Longueur hors tout 18,4 ft, 5,61 m • Hauteur hors tout 8 ft, 2,44 m • Envergure (aile) 32,6 ft, 9,93 m • Corde à l'emplanture 7,3 ft, 2,21 m • Corde aux extrémités 5 ft, 1,52 m • Dièdre 3° • Flèche 0° • Plan fixe horizontal, envergure 10 ft, 3,05 m • Hauteur plan fixe vertical 3 ft, 0,91 m • Surface alaire totale 190 ft², 17,7 m² • Surface totale des ailerons 18 ft², 1,67 m² • Surface du plan fixe vertical 3 ft², 0,28 m² • Surface du gouvernail de direction 13 ft², 1,21 m² • Surface du plan fixe horizontal 30 ft², 2,79 m² • Surface totale des gouvernes de profondeur 15 ft², 1,39 m² • Allongement 5,6/1 • Voie du train 5 ft, 1,52 m • Empattement 16 ft, 4,87 m • Diamètre de la roulette de queue 5 inches, 13 cm • Diamètre des roues principales 16 inches, 41 cm.

3-MOTORISATION
Moteur Rotax 503 • Puissance maximale 42 CV à 6200 tr/mn • Diamètre et pas de l'hélice 72 x 36 inches, 1,83 x 0,91 m • Réducteur à courroie en V rapport de réduction 2,7/1 • Poussée statique maximale 320 lbs, 145 kgp • Rapport puissance/surface alaire 4,8 hp/ft², 2,4 CV/m² • Carburant emporté 7 US gallons, 5,8 Imp gal. 26,5 litres.

4-MASSES ET CHARGES
Masse à vide 325 lbs, 147 kg • Masse maximale au décollage 725 lbs, 328 kg • Charge utile 400 lbs, 181 kg • Charge alaire maximale 3,81 lbs/ft², 18,6 kg/m² • Rapport poids-puissance 17,3 lbs/hp, 7,8 kg/CV • Facteurs de charges + 3 g — 2 g calculées, à rupture NC.

5-PERFORMANCES*

Vitesse maximale en palier 55 mph, 88km/h • Vne 75 mph, 121km/h • Croisière (maximale) 48 mph, 77km/h • Croisière (économique) 35 mph, 56km/h • Vitesse de décrochage 24 mph, 38km/h • Vitesse ascensionnelle maximale (au niveau de la mer) 450 ft/min, 2,3 m/s • Taux de chute minimal 300 ft/min à 30 mph, 1,5 m/s à 48 km/h • Finesse maximale 5,5/1 à 30 mph, 48 km/h • Roulage au décollage 140 ft, 43 m • Roulage à l'atterrissage 100 ft, 30 m • Plafond pratique 12 000 ft, 3660 m • Distance franchissable maximale 110 miles, 177 km.

* Mesurées dans les conditions suivantes : altitude QNH 0 ft, 0 m • Température au sol 68° F, 20° C • Vent au sol 5 mph, 8 km/h • Poids du pilote 170 lbs, 77 kg.
Avec moteur ci-dessus.

ROTEC ENGINEE-RING

Rotec Engineering Incorporated, P.O. Box 220, Duncanville, Texas 75116, telephone (214) 298-2505, telex 791518 Rotec DCVL.

Rotec
Rally 2B et Rally 2B+
(3 axes)

Monoplace monomoteur à l'aile haute, pilotage 3 axes conventionnel. Voilure avec flèche au bord d'attaque et au bord de fuite, corde constante; empennage cruciforme. Tangage par gouverne de profondeur articulée sur le plan fixe horizontal; lacet par gouvernail de direction monobloc; roulis par spoilerons sur un tiers de l'envergure de l'aile; commande au manche pour le tangage et le roulis, palonnier pour le lacet. Voilure haubanée sol par câbles, vol par câbles; à simple entoilage. Atterrisseur classique suspension par cordes en nylon de la roulette de queue et suspension par sandows du train principal. Roue non directrice. Sans freins. Structure en tubes de duralumin sans carénage de nez. Moteur monté au dessus de l'aile, utilisé en propulsif.

1-Ancien ingénieur aéronautique chez Bell et ayant travaillé aussi pour la Division Hélicoptères de l'Aérospatiale française, William Adaska a dessiné le premier ultraléger de sa série Rally dès 1977. Sa dernière version est le type 2B, l'un des ULM les plus répandus actuellement. L'appareil est disponible en version 2B1 avec moteur 2 temps monocylindre 220 cc Solo avec réducteur 2,7/1 et développant 20 cv à 5 200 tr/min. Une version 2B2 tout d'abord dénommée Rally Marine aux USA et équipée en conséquence de flotteurs utilisait le bicylindre 292 cc Chapparal 30 cv qui a été remplacé par un Cuyuna 430R poussé à 35 cv à 5800 tr/mn. La version standard des *Rally 2B* de 1981 utilisait des ailerons débattant au bord de fuite des extrémités de l'aile sur un tiers de l'envergure. Cette solution a été abandonnée au profit de spoilerons portés au-dessus de l'extrados de l'aile et montés au premier tiers de la corde en partant du bord d'attaque. Les *Rally 2B* sont actuellement commercialisés pour **4 800 US $**, un discount à **4 300 $** ayant été offert à l'occasion du Sun-'n-Fun par Rotec Engineering. Précédemment, en janvier 1983, ce prix de vente avait déjà été ramené pour un temps à *3 800 US $*, baisse surprenante et qui aurait pu accréditer les rumeurs donnant Rotec Engineering comme connaissant certaines difficultés. Les options actuellement proposées portent sur les instruments de bord, des housses de rangement **(350 $)**, des flotteurs **(950 $)**, des skis **(280 $)**, un pare-brise **(72 $)** et des panneaux transparents pouvant remplacer le dacron sur le premier tiers de l'envergure de chaque demi-aile **(150 $)**. Enfin, monté, le **Rally 2B** est vendu **680 $** de plus. Avec une aile de forme différente vient le *Rally 2B+*.

2-DIMENSIONS EXTERIEURES ET SURFACES

Longueur hors tout 16,8 ft, 5,13 m • Hauteur hors tout 10,3 ft, 3,15 m • Envergure (aile) 31 ft, 9,44 m • Corde constante 5 ft, 1,52 m • Surface alaire totale 155 ft², 14,4 m² • Surface du gouvernail de direction 12,3 ft², 1,14 m² • Surface totale des gouvernes de profondeur 7,6 ft², 0,70 m² • Allongement 6,2/1 • Diamètre des roues principales 20 inches, 51 cm • Autres caractéristiques NC.

3-MOTORISATION

Moteur Cuyuna 430R • Puissance maximale 35 CV à 5500 tr/mn • Diamètre et pas de l'hélice 54 x 32 inches, 1,37 x 0,81 m • Rapport puissance/surface alaire 0,22 hp/ft², 2,4 CV/m² • Carburant emporté 3,5 US gallons 2,9 Imp gal. 13,2 litres.

4-MASSES ET CHARGES

Masse à vide 218 lbs, 99 kg • Masse maximale au décollage 466 lbs, 211 kg • Charge utile 248 lbs, 112 kg • Charge alaire maximale 3 lbs/ft², 14,7 kg/m² • Rapport poids-puissance 13,3 lbs/hp, 6,05 kg/CV • Facteurs de charges + 3 g —1,5 g calculées — + 3,8 g — 2 g à rupture.

Longtemps le cheval de bataille de Rotec Engineering, le monoplace Rally 2B est toujours produit

5-PERFORMANCES*
Vitesse maximale en palier 50 mph, 80km/h • Vne 55 mph, 88km/h • Croisière (maximale) 40 mph, 64km/h • Croisière (économique) 35 mph, 56km/h • Vitesse de décrochage 19 mph, 30km/h • Vitesse ascensionnelle maximale (au niveau de la mer) 680 ft/min, 3,5 m/s • Taux de chute minimal 275 ft/min, 1,4 m/s vitesse NC • Finesse maximale 7/1 à vitesse NC • Roulage au décollage 75 ft, 23 m • Roulage à l'atterrissage 50 ft, 15 m • Plafond pratique 10 000 ft, 3050 m • Distance franchissable 78 miles, 125 km.

* **Conditions du test non spécifiées.**

Rotec *Rally Sport*
(3 axes)

1-Le 1er mars 1983, un communiqué de presse émanant de Rotec Engineering nous informait de l'apparition du nouveau monoplace de Bill Adaska, le *Rally Sport*. « Cet appareil est un avion optimisé plutôt qu'une innovation », nous le présentait son concepteur. En fait, hors un incontestable air de famille, le *Sport* ne semble pas avoir grand chose en commun avec le monoplace *Rally 2B*. Ses caractéristiques le rendent tout à fait différent, ce que confirme certaines de ses performances telles un taux de roulis donné pour 150 par seconde. Sans cette précision de Bill Adaska, nous-mêmes n'aurions pas hésité à présenter ce *Rally Sport* comme un monoplace entièrement nouveau qui est, après une année d'essais par son constructeur, proposé comme un ULM de voltige. Rotec Engineering reste encore très discret sur ce nouveau venu, ne précisant là encore que la puissance (48 hp) du moteur qu'il utilise mais sans fournir d'autre indication sur cette motorisation. L'empennage utilise des gouvernes de profondeur aérodynamiquement équilibrées avec bords marginaux englobant les extrémités du plan fixe horizontal. Les canalisateurs de vortex (plans verticaux aux extrémités) sont standards pour l'aile du *Sport* et il convient de noter que, sur ce modèle, les spoilerons courent sur les 3/4 de l'envergure de chaque demi-aile, lui offrant un taux de roulis de plus de 150° par seconde. L'appareil est disponible sous forme de kit pour **5 600 US $** ou prêt à voler pour *680 US $* supplémentaires. Sur option, housses de rangement : *325 US $*.

2-DIMENSIONS EXTERIEURES ET SURFACES
Longueur hors tout 16,6 ft, 5,05 m • Hauteur hors tout 10,4 ft, 3,15 m • Envergure (aile) 27 ft, 8,23 m • Corde constante 5 ft, 1,52 m • Surface alaire totale 135 ft², 12,5 m² • Allongement 5,4/1 • Autres caractérisituqes NC.

3-MOTORISATION
Moteur Rotax 503 • Puissance maximale 48 cv à 6250 tr/mn • Diamètre et pas de l'hélice 60 x 28 inches, 1,52 x 0,71 m • Réducteur à courroie crantée rapport de réduction 2,3/1 • Poussée statique maximale 338 lbs, 153 kgp • Rapport puissance/surface alaire 0,36 hp/ft², 3,8 CV/m² • Carburant emporté 3,5 US gallons, 2,9 Imp gal., 13,2 litres.

4-MASSES ET CHARGES
Masse à vide 248 lbs, 112 kg • Masse maximale au décollage 468 lbs, 212 kg • Charge utile 220 lbs, 100 kg • Charge alaire maximale 3,46 lbs/ft², 16,9 kg/m² • Rapport poids-puissance 9,8 lbs/hp, 4,4 kg/CV • Facteurs de

Trois photos du Rotec Rally Sport ▲ tournant une boucle

charges NC + 6 g — 3 g à rupture.

5-PERFORMANCES*
Vitesse maximale en palier 60 mph, 97km/h • Vne 60 mph, 97km/h • Croisière (maximale) 50 mph, 80km/h • Vitesse de décrochage 20 mph, 32 km/h • Vitesse ascensionnelle maximale (au niveau de la mer) 1000 ft/min, 5,1 m/s • Finesse maximale 6,8/1 à vitesse NC • Roulage au décollage 70 ft, 21 m • Roulage à l'atterrissage 75 ft, 23 m • Plafond pratique 10 000 ft, 3050 m • Distance franchissable maximale 83 miles, 134 km • Autres caractéristiques NC.

* **Mesurées dans les conditions suivantes : altitude QNH 0 ft, 0 m • Température au sol NC • Vent au sol 0 mph, 0 km/h • Poids du pilote 175 lbs, 79 kg.**
Avec moteur ci-dessus.

Rotec *Rally 3*
(3 axes)

Description semblable à celle du *Rally 2B* sauf : biplace côte-à-côte ; roulis par spoilerons ; suspension par cordes de nylon sur toutes les roues.

1-La version biplace des *Rally* a été certifiée en catégorie Experimental par la FAA le 18 novembre 1982 après plus de douze mois d'essais par le constructeur. Les premières commercialisations sont intervenues dès janvier 1982, la firme de Duncanville annonçant qu'elle avait augmenté ses possibilités de production jusqu'à 200 *Rally 2B* et *Rally 3* par mois. Le biplace diffère principalement du monoplace par sa cage élargie avec un troisième tube coudé longitudinal et une envergure accrue de 32 ft (9,44 m) à 38 ft (11,58 m). La version importée en France du *Rally 3* a reçu en 1982 quelques modifications et est désignée sous l'appellation de *Rally 4B2S*, importée à la demande uniquement et remotorisée avec un bicylindre en ligne Hirth 275R, 493 cc, développant 36 cv à 6250, en remplacement du Cuyuna 430R alors standard pour la version d'origine aux USA. Comme pour le monoplace, le prix du *Rally 3* aux USA précédemment de **6 000 US $** en version standard, a été baissé jusqu'à **5 000 US $** en janvier 1983. Rotec Engineering justifia cette baisse surprenante par sa décision de maintenir de hauts niveaux de vente malgré la fin de la saison d'été ULM, tout en faisant économiser **1 000 $** à ses clients !

En fin 1982 est apparue une option **Jump Plane** du *Rally 3* permettant sa transformation en avion largeur pour un parachutiste. Cette *Jump Option* permet en fait de remplacer le palonnier de la place droite par une barre faisant office de trapèze, le siège du parachutiste passager étant monté sur une glissière. Enfin au Sun-'n-Fun de mars 1983, le *Rally 3*, fut annoncé par Rotec Engineering comme doté d'une nouvelle motorisation sur laquelle aucune précision n'a été communiqué, hormis le fait qu'il s'agit d'un moteur 2 temps, 2 cylindres et développant 48 hp de puissance maximale. Le modèle 1983 du biplace de Rotec Engineering comporte toujours le jumelage de 2 roues de part et d'autre de l'habitacle pour le train principal qui peuvent céder la place à des skis pour neige en acajou revêtu de fibre de verre (option : **320 US $**). Sur option aussi mais dont le prix n'a pas encore été communiqué, les extrémités de l'aile peuvent être garnies de plans fixes verticaux formant canalisateurs de vortex. Et, enfin, les gouvernes de profondeur avec bords marginaux englobant les extrémités du plan fixe horizontal, apparus l'année précédente sur le *Rally Sport* et aérodynamiquement équilibrées, deviennent standard sur le biplace. Classé Experimental Aircraft du fait de la législation américaine présentement en vigueur, le *Rally 3* n'est fourni que sous forme de kit aux USA pour **6 000 $**. Il est disponible tout monté pour les autres pays, pour **960 US $** de plus. Hormis les instruments de bord, les options spécifiques au biplace portent sur des housses de rangement **(450 $)**, des flotteurs **(1 250 $)** et un pare-brise **(116 $)**.

Dans sa version 4B2S française 1982, il a fait l'objet d'un essai en vol par Alain-Yves Berger dans le n° 104 de *Pilote Privé*.

U.S.A.

2-DIMENSIONS EXTERIEURES ET SURFACES
Longueur hors tout 17,3 ft, 5,28 m • Hauteur hors tout 10,7 ft, 3,25 m • Envergure (aile) 38 ft, 11,58 m • Corde constante 5 ft, 1,52 m • Surface alaire totale 190 ft², 12,7 m² • Allongement 7,6/1 • Diamètre des roues principales 16 inches, 41 cm • Autres caractéristiques NC.

3-MOTORISATION
Voir le Rally Sport sauf : Rapport puissance/surface alaire 0,25 hp/ft², 2,7 CV/m² • Carburant emporté NC.

4-MASSES ET CHARGES
Masse à vide 265 lbs, 120 kg • Masse maximale au décollage 695 lbs, 315 kg • Charge utile 430 lbs, 195 kg • Charge alaire maximale 3,66 lbs/ft², 17,8 kg/m² • Rapport poids/puissance 14,5 lbs/hp, 6,6 kg/CV • Facteurs de charges NC.

5-PERFORMANCES*
Vitesse maximale en palier 45 mph, 72 km/h • Croisière (maximale) 40 mph, 64 km/h • Vitesse de décrochage 20 mph, 32 km/h • Vitesse ascensionnelle maximale (au niveau de la mer) 450 ft/min, 2,3 m/s • Finesse maximale 7/1 à vitesse NC • Roulage au décollage 100 ft, 30 m • Roulage à l'atterrissage 80 ft, 25 m • Plafond pratique 10.000 ft, 3050 m • Distance franchissable maximale 100 miles, 161 km • Autres caractéristiques NC.

*** Mesurées dans les conditions suivantes : altitude QNH 0 ft, 0 m • Température au sol standard • Vent au sol 0 mph, 0 km/h • Poids du pilote et du passager 350 lbs, 159 kg. Avec moteur ci-dessus.**

SIMPSON

Simpson Midwest Ultralights, Route 1, Box 114, Fisk, Missouri 63940, tél (314) 686-3578.

Simpson *Little Bi*
(3 axes)

Monoplace monomoteur biplan, pilotage 3 axes conventionnel. Voilure sans flèche au bord d'attaque et au bord de fuite, corde constante; empennage cruciforme. Tangage par gouverne de profondeur monobloc; lacet par gouvernail de direction monobloc et gouvernail supplémentaire. Roulis NC, commande au manche pour le tangage et le roulis, palonnier pour le lacet. Voilure rigidifiée par des mâts d'entreplan contreventés par des haubans en X; profil d'aile NC, avec double entoilage. Atterrisseur tricycle, suspension par lame en fibre de verre pour la roue avant, suspension NC pour le train principal. Roue avant directrice conjuguée au palonnier. Freins : NC. Structure en tubes de duralumin, sans carénage de nez. Moteur monté au niveau de l'aile supérieure et utilisé en tractif.

1-L'idée motrice des concepteurs du *Little Bi* est d'offrir un biplan simple et fait pour s'amuser, plutôt qu'une machine prétendant à des performances élevées. Sa structure est donc à base de tubes de duralumin et ses ailes viennent avec des nervures en fibre de verre, de la mousse (styrofoam) et revêtues de Dacron à porosité nulle.

Bien qu'il ait effectué ses premiers vols avec un Yamaha KT-100S de 15 cv, le *Little Bi* est présentement fourni sous forme d'un kit livré sans la motorisation, celle-ci devant être achetée directement par l'acquéreur lui-même. Simpson Midwest Ultralights recommande l'emploi du cuyuna 215R de 20 cv avec une hélice de 1,37 m (54') mais précise que le Yamaha ou le Zenoah de 20 cv peuvent être utilisés avec réducteur.

Deux kits sont proposés, ni l'un ni l'autre ne comportant le perçage ou la soudure des tubes effectués : l'un, d'un prix de **2 845 $** est donné pour 50 à 60 h d'assemblage et l'autre, dit économique **(1 825 $)**, pour 100 à 120 h. Ce dernier impose à son acquéreur d'acheter lui-même divers matériels. Ces deux kits ne fournissent en fait que la structure du *Little Bi*, des pièces telles que le siège **(49,95 $)** et le réservoir de carburant **(65 $)** sont considérées comme des options. Pour le constructeur amateur qui souhaite étaler sa fabrication sur un certain laps de temps, il existe aussi la possibilité de se procurer le kit en 5 sous-ensembles, séparément.

Angela M Simpson

2-DIMENSIONS EXTERIEURES ET SURFACES
Envergure aile supérieure 24 ft, 7,32 m • Envergure aile inférieure 20 ft, 6,10 m • Flèche 0° • Surface alaire totale 178 ft², 16,5 m² • Autres caractéristiques NC.

3-MOTORISATION
Moteur Yamaha KT 100S • Puissance maximale 15 x NC tr/mn • Diamètre et pas de l'hélice 48 x NC inches, 1,22 x NC m • Réducteur à courroie rapport de réduction NC • Poussée statique maximale 75 lbs, 34 kgp • Rapport puissance/surface alaire 0,08 hp/ft², 0,9 CV/m² • Carburant emporté 4,3 US gallons, 3,5 Imp gal., 16,1 litres.

4-MASSES ET CHARGES
Masse à vide 190 lbs, 86 kg • Masse maximale au décollage 430 lbs, 195 kg • Charge utile 240 lbs, 109 kg • Charge alaire maximale 2,42 lbs/ft², 11,8 kg/m² • Rapport poids/puissance 28,7 lbs/hp, 13 kg/CV • Facteurs de charges NC.

5-PERFORMANCES*
Vitesse maximale en palier 50 mph, 80 km/h • Croisière 40 mph, 64 km/h • Vitesse de décrochage 20 mph, 32 km/h • Roulage au décollage 125 ft, 38 m • Autres caractéristiques NC.

*** Conditions du test non spécifiées.**

SKYHIGH ULTRA LIGHTS

Skyhigh Ultralights Incorporated, P.O.Box 64, Langhorne, Pennsylvania 19047.

Skyhigh Ultralights *Skybaby*
(3 axes)

U.S.A.

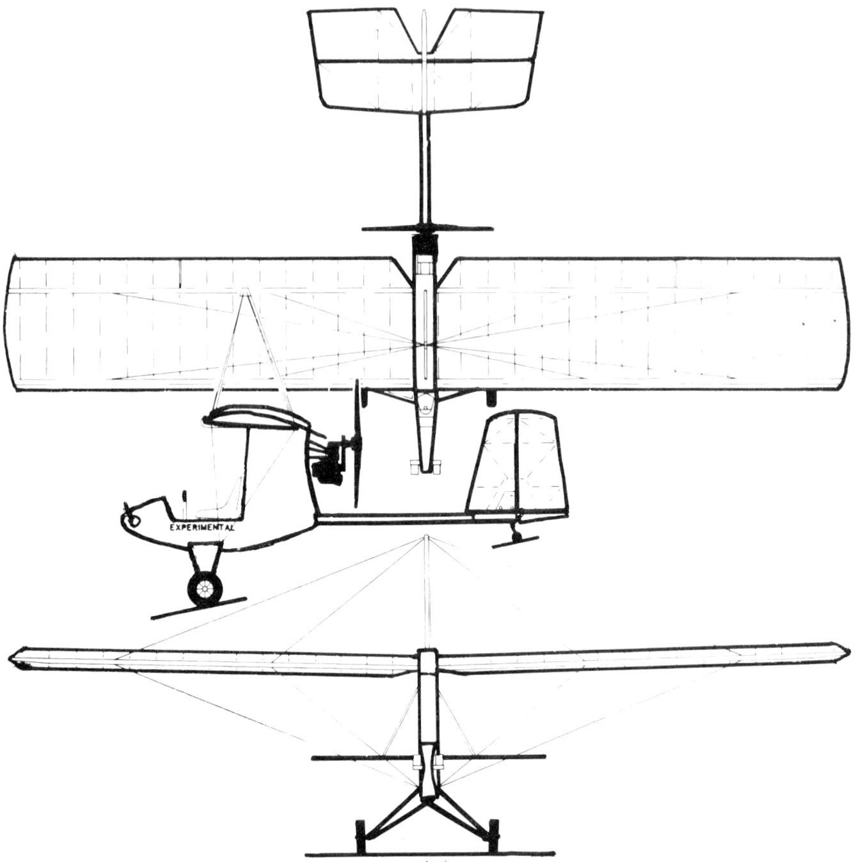

Monoplace monomoteur à l'aile haute, pilotage 3 axes conventionnel. Voilure sans flèche au bord d'attaque et au bord de fuite, corde constante; empennage classique. Tangage par gouverne de profondeur articulée sur le plan fixe horizontal; lacet par gouvernail de direction articulé sur la dérive; roulis par ailerons sur la moitié de l'envergure de l'aile; commande au manche pour le tangage et le roulis, palonnier pour le lacet. Voilure haubanée sol par câbles, vol par câbles; profil d'aile NC, à double entoilage. Atterrisseur classique et suspension par sandows du train principal. Roue arrière directrice conjuguée au palonnier. Sans freins. Structure en tubes de duralumin, en bois et en tube d'acier habitacle partiellement fermé. Moteur monté sous l'aile, utilisé en propulsif.

1-Ce monoplance *Skybaby* est un ULM destiné aux seuls constructeurs amateurs et qui n'est fourni que sous forme de plans. Il est prévu pour recevoir un moteur McCulloch MC-101 développant 12,5 cv à 9000 tr/mn ou, pour les pilotes plus lourds, un Yamaha KT-100 S de 15 cv à 10 000 tr/mn. Certaines parties sont disponibles chez Skyhigh Ultralights: train d'atterrissage, commande, réducteur, siège etc. Prix des plans : **55 US $.** Aux dires de Skyhigh Ultralights, la construction du *Skybaby* n'exigerait que 200 h de main-d'œuvre.

2-DIMENSIONS EXTERIEURES ET SURFACES

Longueur hors tout 17 ft, 5,18 m • Hauteur hors tout 5 ft, 1,52 m • Envergure (aile) 32 ft, 9,75 m • Corde constante 4 ft, 1,22 m • Flèche 0° • Surface alaire totale 128 ft², 11,9 m² • Allongement 8/1 • Autres caractéristiques NC.

3-MOTORISATION

Moteur Mc Culloch Mc-101 • Puissance maximale 12,5 CV à 9000 tr/mn • Rapport puissance/surface alaire 0,09 hp/ft², 1,1 CV/m² • Carburant emporté 3 US gallons, 2,5 Imp gal., 11,4 litres • Autres caractéristiques NC.

4-MASSES ET CHARGES

Masse à vide 155 lbs, 70 kg • Masse maximale au décollage 360 lbs, 163 kg • Charge utile 205 lbs, 93 kg • Charge alaire maximale 2,81 lbs/ft², 13,7 kg/m² • Rapport poids/puissance 28,8 lbs/hp, 13 kg/CV • Facteur de charges calculée NC; + 5 g, — 3 g à rupture.

5-PERFORMANCES*

Vitesse maximale en palier 40 mph, 64 km/h • Vne 50 mph, 80 km/h • Croisière (maximale) 35 mph, 56 km/h • Vitesse de décrochage 24 mph, 39 km/h • Vitesse ascensionnelle maximale (au niveau de la mer) 225 ft/min, 1,1 m/s • Finesse maximale 9/1 à vitesse NC • Roulage au décollage 200 ft, 60 m • Roulage à l'atterrissage 100 ft, 30 m • Autres caractéristiques NC.

*** Mesurées dans les conditions suivantes : poids du pilote 180 lbs, 82 kg • Avec moteur ci-dessus • Autres caractéristiques NC.**

SOAR MASTER

Soarmaster Inc., P.O. Box 4207, Scottsdale, Arizona 85261; tél (602) 948-7494.

Soarmaster
Trike/Rogallo
(pendulaire)

Monoplace monomoteur à voilure souple, pilotage pendulaire. Voilure type Rogallo. Le pilote est suspendu sous la voilure dans un siège harnais et utilise un trapèze de commande (pilotage par déplacement du centre de gravité par rapport au centre de poussée). Atterrisseur tricycle, suspension NC. Roue avant directrice non conjuguée au palonnier. Freins NC. Chariot en tubes de duralumin, sans carénage de nez. Moteur monté sous l'aile et utilisé en propulsif.

1-La firme Soarmaster a conquis une place de choix dans le cœur d'un bon nombre de pratiquants de l'ULM dans divers pays, où ses kits de motorisation directe de planeurs ultralégers précédèrent l'apparition des premiers chariots pendulaires. Cependant, quoique ce pionnier assure toujours la fabrication de ces fameux groupes motopropulseurs (le dernier en date est le *PP-106*) sa principale activité est maintenant la production de chariots pendulaires. Le chariot de soarmaster est d'ailleurs connu sous l'appellation de *Trike* (chariot). Divers moteurs peuvent l'équipier : monocylindre Solo 15 cv, Chrysler ou Lloyd bicylindre 23 cv. Ce dernier présente la particularité d'être équipé d'un démarreur à la fois électrique et manuel et ces trois moteurs sont utilisés avec réducteur. Ils sont, de plus, fournis avec des hélices faites par Soarmaster, en duralumin et avec pales remplaçables.

Avec le Lloyd, le prix était de **1 595 $** en octobre 1982 et il ne nous a pas été communiqué d'autre information depuis.

2-DIMENSIONS EXTERIEURES ET SURFACES

Diamètre des roues principales 20 inches, 51 cm • Autres caractéristiques NC.

3-MOTORISATION

Moteur Lloyd LS 400 (Solo) (Chrysler) • Puissance maximale 23 (15) NC x NC tr/mn • Réducteur à courroie rapport de réduction NC • Carburant emporté 1,2 US gallons, 1 Imp gal., 4,5 litres dans le réservoir principal 1,2 US gallons, 1 Imp gal., 4,5 litres en réservoir supplémentaire optionnel. Autres caractéristiques NC.

4-MASSES ET CHARGES NC.

5-PERFORMANCES NC

SPORT FLIGHT

Sport Flight Engineering, P.O. Box 2164, Grand Junction, Colorado 81502, tél (303) 245-3899. Président : Steven K Wood.

Sport Flight Engineering
Sky Pup.
(2 axes)

Monoplace monomoteur à l'aile haute, pilotage 2 axes. Voilure forme NC; empennage classique. Tangage par gouverne de profondeur arti-

culée sur le plan fixe horizontal; lacet par gouvernail de direction articulé sur la dérive; pas de roulis séparé, commande au manche pour le tangage, palonnier pour le lacet. Aile cantilever, profil d'aile NC, à double entoilage. Atterrisseur classique avec béquille arrière. Suspension NC. Freins NC. Fuselage en bois et mousse polyuréthane, habitacle partiellement fermé. Moteur monté au niveau de l'aile et utilisé en tractif.

1-Ce *Sky Pup* a fait son apparition au moment où nous achevons le présent ouvrage : c'est un appareil développé à partir du *Blue Light Special* de Steven Wood et pour lequel l'accent a été mis sur la simplicité et de bas coûts de construction. Sport Flight donne ce monoplace comme revenant à moins de **1 000 $** hormis la motorisation. Celle-ci s'effectue avec un Cuyuna 215RR entraînant par le biais d'un réducteur une hélice fournie par Sport Flight.

Au contraire de la plupart des ULM 2 axes, le *Sky Pup* ne se pilote pas au manche seul : ce dernier ne commande que les gouvernes de profondeur et un palonnier actionne le gouvernail de direction.

Les nervures et les panneaux du fuselage sont découpés dans de la mousse polyuréthane et collés sur l'armature et les goussets en bois. Le revêtement vient en peuplier pour les bords d'attaque et en toile pour le reste des surfaces portantes ou des gouvernes.

Prix de la liasse des plans (il n'est pas précisé de temps de main-d'œuvre nécessaire pour cette construction) **50 $** au USA, **52 $** au Canada et **56 $** pour les autres pays.

2-DIMENSIONS EXTERIEURES
ET SURFACES
Longueur hors tout 15,9 ft, 4,85 m • Hauteur hors tout 4,3 ft, 1,32 m • Envergure (aile) 31 ft, 9,45 m • Corde moyenne 4,2 ft, 1,28 m • Dièdre 6,5° • Surface alaire totale 130 ft², 12,1 m² • Allongement 7,4/1 • Autres caractéristiques NC.

3-MOTORISATION
Moteur Cuyuna 215RR • Puissance maximale 20 CV x 5500 tr/mn • Diamètre et pas de l'hélice 58 x 24 inches, 1,47 x 0,61 m • Réducteur type NC rapport de réduction 2,3/1 • Rapport puissance/surface alaire 0,15 hp/ft², 1,7 CV/m² • Autres caractéristiques NC.

4-MASSES ET CHARGES
Masse à vide 195 lbs, 88 kg • Masse maximale au décollage 400 lbs, 181 kg • Charge utile 205 lbs, 93 kg • Charge alaire maximale 3,08 lbs/ft², 15 kg/m² • Rapport poids/puissance 20 lbs/hp, 9,1 kg/CV • Facteurs de charges + 6 g, — NC g calculées; à rupture NC.

5-PERFORMANCES*
Vne 69 mph, 111 km/h • Croisière 55 mph, 88 km/h • Vitesse de décrochage 26 mph, 42 km/h • Vitesse ascensionnelle maximale (au niveau de la mer) 450 ft/min, 2,3 m/s • Finesse maximale 12/1 à vitesse NC • Autres caractéristiques NC.

* Conditions du test non spécifiées.

SR-1 ENTER PRISES

SR-1 Enterprises, Departement UP, 8732 Heron Avenue, Cottage Grove, Minnesota 55016, telephone (612) 646-3884.

SR-1 Enterprises *Hornet*
(3 axes)

Monoplace monomoteur biplan, pilotage 3 axes conventionnel. Voilure sans flèche au bord d'attaque et au bord de fuite, corde constante; empennage cruciforme. Tangage par gouverne de profondeur articulée sur le plan fixe horizontal; lacet par gouvernail de direction monobloc; roulis par ailerons sur la moitié de l'envergure de l'aile supérieure; commande au manche pour le tangage et le roulis, palonnier pour le lacet. Voilure haubanée sol et vol par câbles et mâts; profil d'aile NC à double entoilage. Atterrisseur classique; et suspension par sandows du train principal. Roue non directrice. Sans Freins. Structure en tubes de duralumin et en tube d'acier; sans carénage de nez. Moteur monté entre les ailes, utilisé en propulsif.

1-SR-1 Enterprises propose son *Hornet* depuis 1982 avec en version standard le bicylindre Cuyuna 430R, tout en précisant que chaque appareil est construit en fonction des souhaits précis de chaque acquéreur, ce qui reste l'avantage des fabrications artisanales. Sur option le *Hornet* peut être équipé d'un mélangeur permettant d'utiliser les ailerons en conjugaison, ceux-ci agissant alors, en plus, comme des volets hypersustentateurs. Prix prêt à voler : **6 450 US $.**

SR-1 Enterprises va proposer courant 1983 un autre biplan légèrement plus petit et moins lourd : le *Stinger* dont l'empennage sera cruciforme comme celui du *Hornet*.

2-DIMENSIONS EXTERIEURES
ET SURFACES
Longueur hors tout 18,3 ft, 5,56 m • Hauteur hors tout 6,7 ft, 2,03 m • Envergure (aile) 34 ft, 10,36 m • Corde constante NC • Surface alaire totale 218 ft², 20,3 m² • Diamètre des roues principales 20 inches, 50 cm • Autres caractéristiques NC.

3-MOTORISATION
Moteur Cuyuna 430R • Puissance maximale 30 CV x 5500 tr/mn • Diamètre et pas de l'hélice 45 x 33 inches, 1,14 x 0,84 m • Réducteur

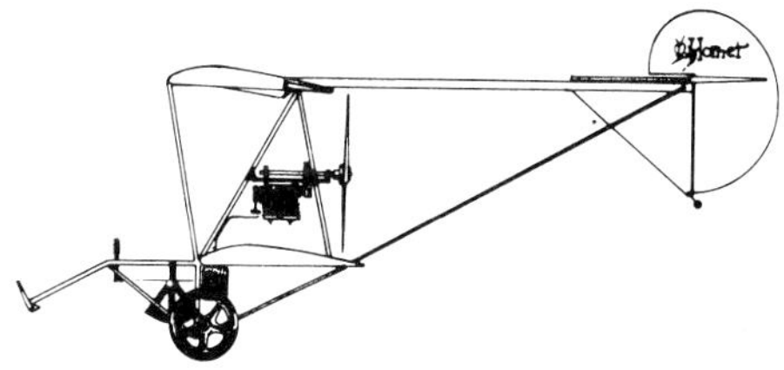

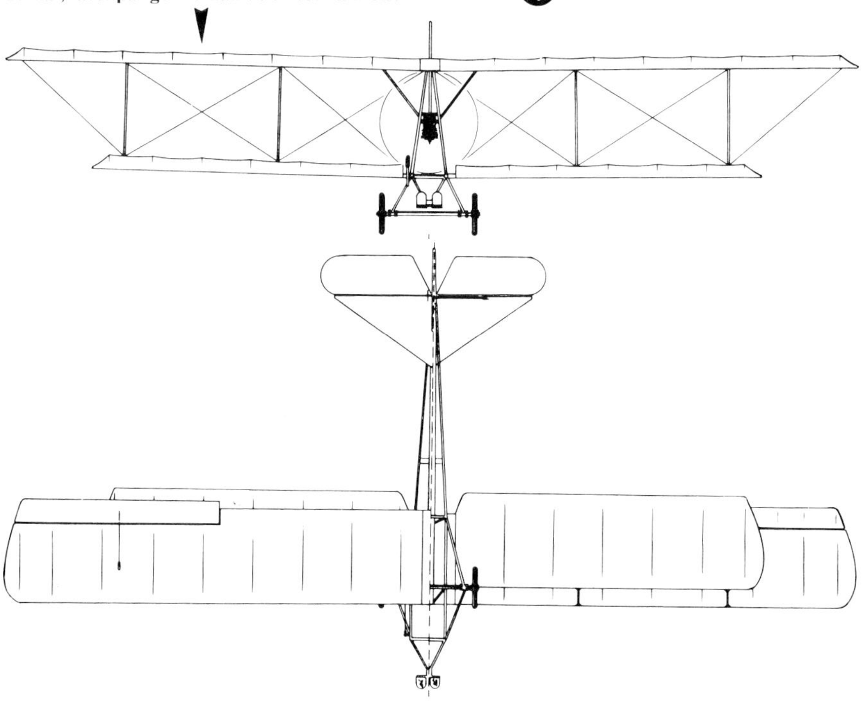

à courroie en V rapport de réduction 2/1 • Poussée statique maximale NC • Rapport puissance/surface alaire 0,13 hp/ft², 1,5 CV/m² • Carburant emporté 3 US gallons 2,5 Imp gal. 11,4 litres.

4-MASSES ET CHARGES
Masse à vide 200 lbs, 91 kg • Masse maximale au décollage 575 lbs, 261 kg • Charge utile 375 lbs, 170 kg • Charge alaire maximale 2,64 lbs/ft², 12,9 kg/m² • Rapport poids/puissance 19,2 lbs/hp, 8,6 kg/CV • Facteurs de charges calculées NC, + 5,5 g — 4,5 g à rupture.

5-PERFORMANCES*
Vitesse maximale en palier 60 mph, 97 km/h • Vne 65 mph, 105 km/h • Croisière (économique) 48 mph, 77 km/h • Vitesse de décrochage 21 mph, 34 km/h • Vitesse ascensionnelle maximale (au niveau de la mer) 800 ft/min, 4,1 m/s • Taux de chute minimal 250 ft/min à 33 mph, 1,3 m/s à 53 km/h • Finesse maximale 9,5/1 à 33 mph, 53 km/h • Roulage au décollage 75 ft, 23 m • Roulage à l'atterrissage 160 ft, 49 m • Autres caractéristiques NC.

*** Conditions du test non spécifiées.**

ST CROIX ULTRA LIGHTS

St Croix Ultralights, 5957 Seville Street, Lake Oswego, Oregon 97034, telephone (503) 636-4153.

St Croix Ultralights Excelsior
(3 axes)

Monoplace monomoteur à l'aile haute, pilotage 3 axes conventionnel. Voilure sans flèche au bord d'attaque avec flèche inverse au bord de fuite; corde dégressive; empennage classique inversé. Tangage par gouverne de profondeur articulée sur le plan fixe horizontal; lacet par gouvernail de direction articulé sur la dérive. roulis par spoilerons, commande au manche pour le tangage et le roulis, palonnier pour le lacet. Voilure haubanée portée par des mâts; à double entoilage. Atterrisseur classique avec béquille arrière; suspension sur toutes les roues. Roue avant directrice conjuguée au palonnier. Sans freins. Structure en tubes de duralumin, en fibre de verre et en tube d'acier habitacle fermé. Moteur monté au-dessus de l'aile, utilisé en propulsif.

1-L'Excelsior a été conçu par Chad et Charles Wille dont l'expérience remonte à la construction, en 1947, d'un Pietenpol *Aircamper* par Charles qui le redessina en 1977 en version biplan, l'*Aerial*. Cet *Excelsior* comporte un empennage d'une configuration assez rare avec la dérive formant quille sous l'empennage horizontal et sur laquelle s'articule le gouvernail de direction, celui-ci débattant entre des tubes qui forme une béquille d'étambot. L'hélice propulsive est placée derrière cet empennage, entraînée par un arbre très long qui la relie au moteur placé lui-même au-dessus de l'aile. L'ensemble comporte un amortisseur fléxidyne pour transmettre la puissance en éliminant les vibrations qu'implique une transmission aussi longue. L'*Excelsior* est commercialisé sous forme de plans pour **95 US $** ou en kit complet.

2-DIMENSIONS EXTERIEURES ET SURFACES
Longueur hors tout 6,1 ft, 1,83 m • Hauteur hors tout 17,5 ft, 5,33 m • Envergure (aile) 34,6 ft, 10,54 m • Corde moyenne 3,8 ft, 1,17 m • Flèche 0° • Surface alaire totale 133 ft², 12,4 m² • Allongement 8,9/1 • Voie du train 4,8 ft, 1,45 m • Autres caractéristiques NC.

3-MOTORISATION
Moteur Zenoah G25B • Puissance maximale 20 CV à 6500 tr/mn • Rapport puissance/surface alaire 0,15 hp/ft², 16,2 CV/m² • Carburant emporté 3 US gallons 2,5 Imp gal. 11,4 litres • Autres caractéristiques NC.

4-MASSES ET CHARGES
Masse à vide 200 lbs, 91 kg • Masse maximale au décollage 450 lbs, 204 kg • Charge utile 250 lbs, 113 kg • Charge alaire maximale 3,38 lbs/ft², 16,5 kg/m² • Rapport poids/puissance 27,5 lbs/hp, 10,2 kg/CV • Facteur de charges calculées NC + 4 g — 4 g à rupture.

5-PERFORMANCES*
Vitesse maximale en palier 75 mph, 121 km/h • Croisière (maximale) 70 mph, 113 km/h • Vitesse de décrochage 20 mph, 32 km/h • Vitesse ascensionnelle maximale (au niveau de la mer) 660 ft/min, 3,1 m/s • Finesse maximale 20/1 à vitesse NC • Roulage au décollage 200 ft, 60 m • Roulage à l'atterrissage 150 ft, 45 m • Autres caractéristiques NC.

*** Conditions du test non spécifiées.**

STAR FLIGHT AIRCRAFT

Star Flight Aircraft, Liberty Landing Port, Rt 3, Box 197, Liberty, Missouri 64068, telephone (816) 781-2250. Président Dick Turner.

Star Flight Aircraft *Starfire*
(hybride)

Monoplace monomoteur à l'aile haute, pilotage hybride. Voilure sans flèche au bord d'attaque et au bord de fuite, corde constante; empennage cruciforme. Lacet par gouvernail de direction monobloc; commande par déplacement du centre de gravité pour le tangage et le roulis. Le pilote est suspendu sous la voilure et utilise un trapèze de commande (pilotage par déplacement du centre de gravité par rapport au centre de poussée). Voilure haubanée sol par câbles, vol par câbles; à simple entoilage. Atterrisseur tricycle avec béquille arrière; suspension par lame en fibre de verre du train principal. Roue non directrice. Sans freins. Structure en tubes de duralumin sans carénage de nez. Moteur monté sous l'aile, utilisé en propulsif.

1-Jusqu'en début de l'année 1983, la firme Star Flight Aircraft de Dick Turner s'intitulait Starflight Manufacturing. Son modèle de base, le *Starfire*, a fait son apparition en 1982 et a été commercialisé sous forme d'un kit, donné pour 16 h d'assemblage. Cet appareil n'est plus produit actuellement et a été remplacé par le *Tristar*.

2-DIMENSIONS EXTERIEURES ET SURFACES
Longueur hors tout 9 ft, 2,74 m • Hauteur hors tout 16 ft, 4,87 m • Envergure (aile) 33 ft, 10,05 m • Corde constante 5 ft, 1,52 m • Dièdre 5° • Flèche 0° • Surface alaire totale 165 ft², 15,3 m² • Allongement 6,6/1 • Diamètre de la roue avant 16 inches, 41 cm • Diamètre des roues principales 16 inches, 41 cm • Autres caractéristiques NC.

3-MOTORISATION
Moteur Cuyuna 215R • Puissance maximale 20 CV x 6000 tr/mn • Diamètre et pas de l'hélice 52 x 24 inches, 1,32 x 0,60 m • Réducteur à courroie rapport de réduction 2,4/1 • Poussée statique maximale NC • Rapport puissance/surface alaire 0,12 hp/ft², 1,3 CV/m² • Carburant emporté 2,5 US gallons 2,1 Imp gal. 9,5 litres.

4-MASSES ET CHARGES
Masse à vide 175 lbs, 79 kg • Masse maximale au décollage 475 lbs, 215 kg • Charge utile 300 lbs, 136 kg • Charge alaire maximale 2,87 lbs/ft², 14 kg/m² • Rapport poids/puissance 23,8 lbs/hp, 10,83 kg/CV • Facteurs de charges NC.

5-PERFORMANCES*
Vitesse maximale en palier 42 mph, 68 km/h • Vne 55 mph, 88 km/h • Croisière (maximale) 30 mph, 48 km/h • Vitesse de décrochage 19 mph, 31 km/h • Vitesse ascensionnelle maximale (au niveau de la mer) 450 ft/min, 2,3 m/s • Finesse maximale 6/1 à vitesse NC • Roulage au décollage 100 ft, 30 m • Roulage à l'atterrissage 50 ft, 15 m • Autres caractéristiques NC.

*** Conditions du test non spécifiées.**

Star Flight Aircraft *Tristar*
(3 axes)

Monoplace monomoteur à l'aile haute, pilotage 3 axes conventionnel. Voilure sans flèche au bord d'attaque et au bord de fuite, corde constante; empennage cruciforme. Tangage par gouverne de profondeur articulée sur le plan fixe horizontal; lacet par gouvernail de direction monobloc; roulis par spoilerons, commande au manche pour le tangage et le roulis, palonnier pour le lacet. Voilure haubanée sol par câbles, vol par câbles; à double entoilage (30 %). Atterrisseur tricycle avec béquille arrière; suspension par lame en fibre de verre du train principal. Roue avant directrice conjuguée au palonnier. Sans freins. Structure en tubes de duralumin, en tube d'acier, sans carénage de nez. Moteur monté sous l'aile, utilisé en propulsif.

1-Le *Tristar* est lui aussi apparu en 1982 mais n'est pas simplement une version du *Starfire* avec pilotage 3 axes, avec spoilerons et gouvernes de profondeur rajoutés au gouvernail de direction de ce dernier. En effet, le fuselage du

U.S.A.

Tristar se révèle d'une structure très différente de celle du *Starfire* et Starflight Aircraft semble avoir fait un important effort de conception, ne se contentant pas d'extrapoler directement un 3 axes d'un hybride. Livré sous forme d'un kit nécessitant 25 h d'assemblage au prix de **4 750 US $**, le *Tristar* de version standard utilise le moteur Cuyuna 430R 30 cv. Sur option et pour **100 US $** de moins, il peut être équipé du Cuyuna 215R 20 cv. Les options portent sur des housses de rangement et des carénages de roues **($ 150)**.

2-DIMENSIONS EXTERIEURES ET SURFACES
Longueur hors tout 15 ft, 4,57 m • Hauteur hors tout 9 ft, 2,74 m • Envergure (aile) 33 ft, 10,05 m • Corde constante 5 ft, 1,52 m • Dièdre 5° • Flèche 0° • Surface alaire totale 165 ft^2, 15,3 m^2 • Allongement 6,6/1 • Diamètre de la roue avant 16 inches, 41 cm • Diamètre des roues principales 16 inches, 41 cm • Autres caractéristiques NC.

3-MOTORISATION
Moteur Cuyuna 430R • Puissance maximale 30 CV x 5500 tr/mn • Diamètre et pas de l'hélice 52 x 27 inches, 1,32 x 0,69 m • Réducteur à courroie rapport de réduction 2/1 • Poussée statique maximale NC • Rapport puissance/surface alaire 0,18 hp/ft^2, 2 CV/m^2 • Carburant emporté 2,5 US gallons, 2,1 Imp gal. 9.5 litres dans le réservoir principal; 2,5 US gal., 2,1 Imp gal, 9,5 litres en réservoir supplémentaire optionnel.

4-MASSES ET CHARGES
Masse à vide 220 lbs, 100 kg • Masse maximale au décollage 470 lbs, 213 kg • Charge utile 250 lbs, 113 kg • Charge alaire maximale 2,85 lbs/ft^2, 13,9 kg/m^2 • Rapport poids/puissance 15,7 lbs/hp, 7,1 kg/CV • Facteurs de charges calculées NC, + 5 g — 3 g à rupture.

5-PERFORMANCES*
Vitesse maximale en palier 55 mph, 88 km/h • Vne 55 mph, 88 km/h • Croisière (maximale) 38 mph, 61 km/h • Croisière (économique) 35 mph, 56 km/h • Vitesse de décrochage 21 mph, 34 km/h • Vitesse ascensionnelle maximale (au niveau de la mer) 750 ft/min, 3,8 m/s • Taux de chute minimal 350 ft/min, 1,8 m/s à vitesse NC • Finesse maximale 7/1 à vitesse NC • Roulage au décollage 75 ft, 23 m • Roulage à l'atterrissage 100 ft, 30 m • Plafond pratique 10 000 ft, 3050 m • Distance franchissable maximale 60 miles, 97 km.

*** Mesurées dans les conditions suivantes : Altitude QNH 720 ft, 219 m • Température au sol 78° F, 26° C • Vent au sol 0-3 mph, 0-5 km/h • Poids du pilote 195 lbs, 88 kg.**
Avec moteur ci-dessus.

Star Flight Aircraft
TX 1000
(3 axes)

Description semblable à celle du *Tristar* sauf : suspension sur la roue avant et frein sur la roue avant.

Le *TX 1000* est vendu sous forme d'un kit donné pour 40 h d'assemblage et vendu **5 195 US $.**

2-DIMENSIONS EXTERIEURES ET SURFACES
Voir le *Tristar* sauf : Hauteur plan fixe vertical 8 ft, 2,44 m • Surface totale des gouvernes de profondeur 25 ft^2, 2,32 m^2.

3-MOTORISATION
Moteur Rotax 377 • Puissance maximale 34 CV x 6500 tr/mn • Diamètre et pas de l'hélice 54 x 27 inches, 1,37 x 0,69 m • Réducteur à courroie rapport de réduction 2,1/1 • Poussée statique maximale 250 lbs, 113 kgp • Rapport puissance/surface alaire 0,20 hp/ft^2, 2,2 CV/m^2 • Carburant emporté 4,5 US gallons 3,8 Imp gal., 17 litres.

4-MASSES ET CHARGES
Masse à vide 252 lbs, 114 kg • Masse maximale au décollage 502 lbs, 228 kg • Charge utile 250 lbs, 113 kg • Charge alaire maximale 3,14 lbs/ft^2, 14,8 kg/m^2 • Rapport poids/puissance 14,8 lbs/hp, 6,7 kg/CV • Facteurs de charges calculées NC, + 5,8 g — 3,6 g à rupture.

5-PERFORMANCES*
Vitesse maximale en palier 60 mph, 97 km/h • Vne 75 mph, 121 km/h • Croisière (maximale) 45 mph, 72 km/h • Croisière (économique) 32 mph, 51 km/h • Vitesse de décrochage 21 mph, 34 km/h • Vitesse ascensionnelle maximale (au niveau de la mer) 800 ft/min, 4,1 m/s • Taux de chute minimal 320 ft/min à 30 mph, 1,6 m/s à 48 km/h • Finesse maximale 7,1/1 à 32 mph, 51 km/h • Roulage au décollage 50 ft, 15 m • Roulage à l'atterrissage 50 ft, 15 m • Plafond pratique 12 000 ft, 3660 m • Distance franchissable maximale 90 miles, 145 km.

Valérie Guillierme

1-Le prototype du *TX 1000* a été présenté pour la première fois au public au Sun-'n-Fun de mars 1983 à Lakeland, Floride. Situé par Dick Turner comme une extrapolation issue du *Tri-Star*, ce nouveau venu en reprend la voilure avec 5° de dièdre et double entoilage sur 30% de la corde. Cependant, outre une motorisation différente, le TX 1000 fait appel à une structure considérablement renforcée : longerons de bord d'attaque de l'aile de 2'' (50.8 mm) de diamètre, tubes de compression de 1/2'' (38 mm). Autre différence d'avec le *Tri-Star*, l'empennage hirozontal est rigidifié vol par des mâts en V et sol par un câble en acier inoxydable alors que celui de son prédécesseur ne l'était que par câbles. Sur ce modèle, le frein sur la roue avant directrice vient en version standard. Toutes les parties visibles de la structure viennent en revêtement noir à l'epoxy.

*** Mesurées dans les conditions suivantes : altitude QNH 760 ft, 232 m • Température au sol 70° F, 21° C • Vent au sol 0 mph, 0 km/h • Poids du pilote 200 lbs, 91 kg.**
Avec moteur ci-dessus.

ST CROIX ULTRA LIGHTS

St Croix Ultralights, 5957 Seville Street, Lake Oswego, Oregon 97034, telephone (503) 636-4153.

St Croix Ultralights *Excelsior* (3 axes)

Monoplace monomoteur à l'aile haute, pilotage 3 axes conventionnel. Voilure sans flèche au bord d'attaque avec flèche inverse au bord de fuite; corde dégressive; empennage classique inversé. Tangage par gouverne de profondeur articulée sur le plan fixe horizontal; lacet par gouvernail de direction articulé sur la dérive. roulis par spoilerons, commande au manche pour le tangage et le roulis, palonnier pour le lacet. Voilure haubanée portée par des mâts; à double entoilage. Atterrisseur classique avec béquille arrière; suspension sur toutes les roues. Roue avant directrice conjuguée au palonnier. Sans freins. Structure en tubes de duralumin, en fibre de verre et en tube d'acier habitacle fermé. Moteur monté au-dessus de l'aile, utilisé en propulsif.

1-L'Excelsior a été conçu par Chad et Charles Wille dont l'expérience remonte à la construction, en 1947, d'un Pietenpol *Aircamper* par Charles qui le redessina en 1977 en version biplan, l'*Aerial.* Cet *Excelsior* comporte un empennage d'une configuration assez rare avec la dérive formant quille sous l'empennage horizontal et sur laquelle s'articule le gouvernail de direction, celui-ci débattant entre des tubes qui forment une béquille d'étambot. L'hélice propulsive est placée derrière cet empennage, entraînée par un arbre très long qui la relie au moteur placé lui-même au-dessus de l'aile. L'ensemble comporte un amortisseur fléxidyne pour transmettre la puissance en éliminant les vibrations qu'implique une transmission aussi longue. L'*Excelsior* est commercialisé sous forme de plans pour **95 US $** ou en kit complet.

2-DIMENSIONS EXTERIEURES ET SURFACES
Longueur hors tout 6,1 ft, 1,83 m • Hauteur hors tout 17,5 ft, 5,33 m • Envergure (aile) 34,6 ft, 10,54 m • Corde moyenne 3,8 ft, 1,17 m • Flèche 0° • Surface alaire totale 133 ft², 12,4 m² • Allongement 8,9/1 • Voie du train 4,8 ft, 1,45 m • Autres caractéristiques NC.

3-MOTORISATION
Moteur Zenoah G25B • Puissance maximale 20 CV à 6500 tr/mn • Rapport puissance/surface alaire 0,15 hp/ft², 16,2 CV/m² • Carburant emporté 3 US gallons 2,5 Imp gal. 11,4 litres • Autres caractéristiques NC.

4-MASSES ET CHARGES
Masse à vide 200 lbs, 91 kg • Masse maximale au décollage 450 lbs, 204 kg • Charge utile 250 lbs, 113 kg • Charge alaire maximale 3,38 lbs/ft², 16,5 kg/m² • Rapport poids/puissance 27,5 lbs/hp, 10,2 kg/CV • Facteurs de charges calculées NC, + 4 g — 4 g à rupture.

5-PERFORMANCES*
Vitesse maximale en palier 75 mph, 121 km/h • Croisière (maximale) 70 mph, 113 km/h • Vitesse de décrochage 20 mph, 32 km/h • Vitesse ascensionnelle maximale (au niveau de la mer) 600 ft/min, 3,1 m/s • Finesse maximale 20/1 à vitesse NC • Roulage au décollage 200 ft, 60 m • Roulage à l'atterrissage 150 ft, 45 m • Autres caractéristiques NC.

* Conditions du test non spécifiées.

STERNER ULTRA CRAFT

Sterner Ultracraft, P.O. Box 811, Sterling Heights, Michigan 48078; tél (313) 268-1882.

Sterner Ultracraft *Sky Walker* (3 axes)

Monoplace monomoteur à l'aile haute, pilotage 3 axes conventionnel. Voilure sans flèche au bord d'attaque et au bord de fuite, corde constante; empennage cruciforme. Tangage par gouverne de profondeur articulée sur le plan fixe horizontal; lacet par gouvernail de direction articulé sur la dérive; roulis par ailerons, commande au manche pour le tangage et le roulis palonnier pour le lacet. Voilure portée par des mâts; profil d'aile NC; à double entoilage. Atterrisseur tricycle, suspension NC. Roue avant directrice conjuguée au palonnier. Freins NC. Structure en tubes de duralumin, sans carénage de nez. Moteur monté sous l'aile et utilisé en propulsif.

1-Ce *Sky Walker* (promeneur du ciel) se présente comme un tubes-toile traditionnel, à voilure haute et empennage cruciforme et toujours équipé du Cuyuna 430 qui, à notre avis, sera vite échangé pour un UL II-02 du même moto-

riste si ce n'est déjà fait. Cependant, ce monoplace a choisi de remplacer le haubanage vol et sol avec des câbles par des tubes contreventant l'aile. De plus, il est doté de volets hypersustentateurs à quatre positions et qui permettent de réduire de 5 km/h sa vitesse minimale.

Prix : **5 495 $.**

2-DIMENSIONS EXTERIEURES ET SURFACES
Longueur hors tout 18 ft, 5,49 m • Hauteur hors tout 9 ft, 2,74 m • Envergure (aile) 32 ft, 9,75 m • Corde constante 4,4 ft, 1,33 m • Flèche 0° • Surface alaire totale 140 ft², 13 m² • Allongement 7,3/1 • Autres caractéristiques NC.

3-MOTORISATION
Moteur Cuyuna 430 • Puissance maximale 30 CV à 6600 tr/mn • Diamètre et pas de l'hélice 54 x 24 inches, 1,37 x 0,61 m • Réducteur à courroie en V rapport de réduction 2.1/1 • Poussée statique maximale NC • Rapport puissance/surface alaire 0,21 hp/ft², 2,3 CV/m² • Carburant emporté 5 US gallons 4,2 Imp gal. 18,9 litres.

4-MASSES ET CHARGES
Masse à vide 253 lbs, 115 kg • Masse maximale au décollage 510 lbs, 231 kg • Charge utile 257 lbs, 117 kg • Charge alaire maximale 3,64 lbs/ft², 17,8 kg/m² • Rapport poids/puissance 17 lbs/hp, 7,7 kg/CV • Facteur de charges calculée NC + 5 g — 3,5 g à rupture.

5-PERFORMANCES*
Vitesse maximale en palier 62 mph, 100 km/h • Vne 80 mph, 129 km/h • Croisière (maximale) 62 mph, 100 km/h • Croisière (économique) 50 mph, 80 km/h • Vitesse de décrochage 21 mph, 34 km/h • Vitesse ascensionnelle maximale (au niveau de la mer) 600 ft/min, 3,1 m/s • Finesse maximale 11/1 à vitesse NC • Autres caractéristiques NC.

* **Conditions du test non spécifiées.**

STRATOS AVIATION

Stratos Aviation, 21200 Superior Street, Chatsworth, California 91311, telephone (213) 882-5500.

Stratos Aviation
Stratos
(3 axes)

Monoplace monomoteur à aile médiane, pilotage 3 axes conventionnel. Voilure sans flèche au bord d'attaque et au bord de fuite, corde constante; empennage cruciforme. Tangage par gouverne de profondeur articulée sur le plan fixe horizontal; lacet par gouvernail de direction articulé sur la dérive; roulis par spoilers sur un tiers de l'envergure de l'aile; commande au manche pour le tangage et le roulis, palonnier pour le lacet. Voilure haubanée portée par des mâts; profil d'aile NACA série 23000, à double entoilage. Atterrisseur tricycle; suspension sur toutes les roues. Roue avant directrice conjuguée au palonnier. Freins NC. Structure en tubes de duralumin avec entoilage et en tube d'acier avec carénage sur option. Moteur monté au niveau de l'aile, utilisé en propulsif.

1-Le prototype du *Stratos* a effectué ses premiers vols au cours de l'été 1982. Il a été conçu et construit par Larry Burke, ingénieur spécialisé dans les problèmes de fatigue et de rupture des matériaux au Lawrence Livermore National Laboratory. Entamant l'étude de ce monoplace en décembre 1981, Larry inclut dans son cahier des charges des facteurs de charge calculés à +6 g-3 g pour 500 lbs (226,5 kg). Le *Stratos* a été dessiné avec un trellis poutre tubulaire qui porte son pilote devant l'aile pour lui assurer une visibilité sur 360°. L'appareil a été prévu pour une commercialisation tout monté en été 83 et Stratos Aviation fait état d'un appareil biplace qui entrera, lui, en catégorie Experimental Aircraft aux USA. Le *Stratos* monoplace est actuellement équipé d'un Cuyuna 430R mais son constructeur précise que d'autres motorisations seront proposées ultérieurement sur option.

2-DIMENSIONS EXTERIEURES ET SURFACES
Longueur hors tout 19 ft, 5,79 m • Hauteur hors tout 4,5 ft, 1,37 m • Envergure (aile) 33 ft, 10,05 m • Corde constante 5 ft, 1,52 m • Flèche 0° • Surface alaire totale 166 ft², 15,4 m² • Surface totale des spoilerons 4 ft², 0,36 m² • Allongement 6,5/1 • Autres caractéristiques NC.

3-MOTORISATION
Moteur Cuyuna 430R • Puissance maximale 30 CV à 5500 tr/mn • Diamètre et pas de l'hélice 50 x 32 inches, 1,27 x 0,81 m • Réducteur à courroie rapport de réduction 2/1 • Poussée statique maximale NC • Rapport puissance/surface alaire 0,18 hp/ft², 1,9 CV/m² • Carburant emporté 5 US gallons, 4,2 Imp gal. 18,9 litres.

4-MASSES ET CHARGES
Masse à vide 250 lbs, 113 kg • Masse maximale au décollage 500 lbs, 226 kg • Charge utile 250 lbs, 113 kg • Charge alaire maximale 3,01 lbs/ft², 14,6 kg/m² • Rapport poids/puissance 16,7 lbs/hp, 7,5 kg/CV • Facteurs de charges + 6 g — 3 g calculées, à rupture NC.

5-PERFORMANCES*
Vitesse maximale en palier 63 mph, 101 km/h • Vne 70 mph, 112,5 km/h • Croisière ** 63 mph, 101 km/h • Vitesse de décrochage 27 mph, 43 km/h • Vitesse ascensionnelle maximale (au niveau de la mer) 750 ft/min, 3,8 m/s • Taux de chute minimal 250 ft/min à 35 mph, 1,3 m/s à 56 km/h • Finesse maximale 8/1 à 35 mph, 56 km/h • Roulage au décollage 100 ft, 30 m • Roulage à l'atterrissage 100 ft, 30 m • Plafond pratique 16 500 ft, 5030 m • Distance franchissable maximale 150 miles, 241 km.

* **Conditions du test non spécifiées.**
** **à 50% puissance.**

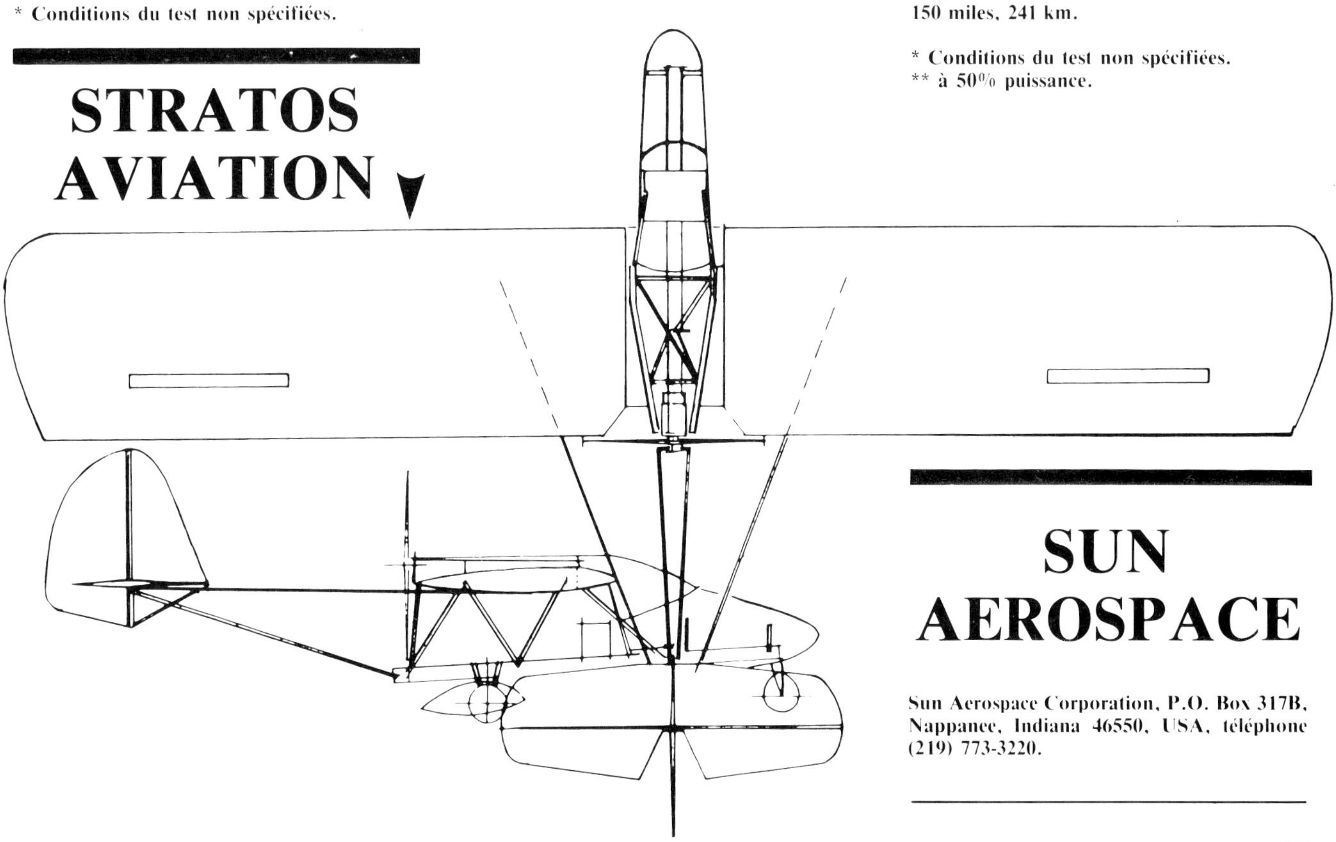

SUN AEROSPACE

Sun Aerospace Corporation, P.O. Box 317B, Nappanee, Indiana 46550, USA, téléphone (219) 773-3220.

Sun Aerospace
Sun Ray
(3 axes)

Amphibie monoplace monomoteur de pilotage 3 axes conventionnel avec manche à faible débattement monté latéralement. L'aile à profil laminaire se compose de deux demi-ailes extrêmes affectées d'un fort dièdre positif et d'une aile centrale en V inversé formant pod moteur et portant l'hélice propulsive. L'aile centrale et les ailes extrêmes se rejoignent au niveau de deux poutres parallèles au fuselage; celles-ci assurent la rigidité de l'ensemble en se raccordant, vers l'avant, au plan canard porté sur le nez du fuselage et s'achève, à l'arrière par un empennage bidérive de forme trapézoïdale, avec dérives et gouvernails de direction faiblement inclinés vers l'extérieur. Le fuselage forme coque à l'aide d'un flotteur supplémentaire et les deux poutres parallèles jouent aussi le rôle de ballonnets; ce flotteur et les ballonnets restent détachables, uniquement pour répondre à l'actuelle législation américaine, suivant laquelle le poids des flotteurs n'entre pas dans les limites des 254 lbs (115 kg) de masse à vide autorisés aux ULM. Le train tricycle est entièrement rétractable, avec des freins agissant différentiellement sur les roues principales et roue avant directrice (sur option). L'habitacle peut être utilisé à ciel ouvert ou entièrement fermé par une verrière profilée. La technologie est inconstablement l'une des plus avancées qui soient actuellement employées dans le domaine de l'Aviation ultralégère, confinant au spatial avec l'emploi intensif du kevlar développé par Dupont de Nemours, matériau plus résistant et plus léger que la fibre de verre et qui permet de développer des volumes aussi élaborés tout en offrant un impeccable fini de surface.

1-Comme le lecteur vient de le constater, le *Sun Ray* (rayon de soleil) de Sun Aerospace n'entre qu'assez difficilement dans le canevas standard que nous avons établi pour décrire les différents ULM en vous permettant de les comparer, en complément de leurs caractéristiques et performances. Il faut avouer que nous-mêmes, à voir publier par *Glider Rider* les premières photographies prises du *Sun Ray* au repos sur un plan d'eau, nous nous sommes demandés d'emblée s'il s'agissait vraiment d'un ULM ou si Hollywood ne préparait pas un nouveau film de la série de *La Guerre des Etoiles !* Russ McDonald, de Sun Aerospace a annoncé que les essais en vol de ce prototype, purement révolutionnaire tant au plan aérodynamique qu'au plan technologique, seraient menés à partir du mois de mars 1983, l'appareil devant être présenté en août à Oshkosh. Le *Sun Ray* s'est aligné sur les rangs des concurrents visant le prix de **10 000 US $** offert par DuPont pour promouvoir l'emploi de nouveaux matériaux légers en construction aéronautique et de nouveaux concepts aérodynamiques. Peu d'informations chiffrées, encore, sur cet ULM de l'Espace dont le programme d'essais en vol n'a débuté qu'en mars 1983, ce qui nous vaut de devoir préciser que les performances qui nous ont été communiquées ne sont que des données calculées, bien sûr. Les options proposées par Sun Aeropace porteront sur des freins différentiels pour le train principal, une verrière intégrale, les flotteurs et une instrumentation VFR complète. D'autres options sont encore à l'étude portant sur un équipement d'épandage agricole, notamment. Par ailleurs, Sun Aerospace a en cours de développement actuellement deux avions légers biplaces extrapolés du dessin du *Sun Ray*. Pour ce dernier, des prix de vente ont déjà été communiqués lors du Sun-'n-Fun en mars 1983 : kit de base **7 595 US $**, plans **60 US $**.

2-DIMENSIONS EXTERIEURES ET SURFACES
Longueur hors tout 13,3 ft, 4,06 m • Hauteur hors tout 6 ft, 1,83 m • Envergure (aile) 32 ft, 9,75 m • Envergure canard 8 ft, 2,44 m • Surface alaire totale 126 ft², 11,7 m² • Autres caractéristiques NC.

3-MOTORISATION
Puissance maximale 30 CV à NC tr/mn • Rapport puissance/surface alaire 0,24 hp/ft², 2,6 CV/m² • Autres caractéristiques NC.

4-MASSES ET CHARGES
Masse à vide 250 lbs, 113 kg • Masse maximale au décollage 510 lbs, 231 kg • Charge utile 260 lbs, 118 kg • Charge alaire maximale 4,05 lbs/ft², 19,7 kg/m² • Rapport poids/puissance 17 lbs/hp, 7,7 kg/CV • Facteurs de charges NC.

5-PERFORMANCES*
Vitesse maximale en palier 63 mph, 101 km/h • Vne 85 mph, 137 km/h • Croisière (maximale) 56 mph, 90 km/h • Croisière (économique) 43 mph, 69 km/h • Vitesse de décrochage 27 mph, 43 km/h • Vitesse ascensionnelle maximale (au niveau de la mer) 600 ft/min, 3,1 m/s • Plafond pratique 13500 ft, 4100 m • Distance franchissable maximale 145 miles, 233 km • Autres caractéristiques NC.

* **Conditions du test non spécifiées.**

U.S.A.

Le Swallo B de Swallo Airplane

U.S.A.

SWALLOW AEROPLANE

Swallow Aeroplane Company, Pistol Shop Road, Box 1, Rockfall, Connecticut 06481, telephone (203) 347-9543.

Swallow Aéroplane
Swallow A
(3 axes)

Monoplace monomoteur ou bimoteur à l'aile haute, pilotage 3 axes conventionnel. Voilure sans flèche au bord d'attaque et au bord de fuite, corde constante; empennage cruciforme. Tangage par gouverne de profondeur articulée sur le plan fixe horizontal; lacet par gouvernail de direction articulé sur la dérive; roulis par ailerons sur un tiers de l'envergure de l'aile; commande au manche pour le tangage et le roulis, palonnier pour le lacet. Voilure haubanée sol par câbles, vol par câbles; à double entoilage. Atterrisseur tricycle avec béquille arrière; suspension par ressorts de la roue avant et suspension par lame en fibre de verre du train principal. Roue avant directrice conjuguée au palonnier. Sans freins. Structure en tubes de duralumin carénage de nez sur option. Moteur (s) monté (s) au niveau de l'aile, utilisé en propulsif.

1-Chet Fludge, créateur du *Swallow* l'a nommé ainsi en souvenir du célèbre biplan américain de 1928 qui fut l'un des meilleurs avions de l'époque. Swallow Aeroplane Co. (précédemment intitulé Aeroplane Marketing) commercialise deux versions de ce monoplace : le *Swallow A* bimoteur classé comme un *ultralight* aux USA et le *Swallow B* monomoteur classé comme un *Experimental* de construction amateur (immatriculation et brevet de pilote obligatoires). Le bimoteur utilise deux monocylindres Yamaha KT-100S de 15 cv chaque, accouplés en V inversé au même réducteur par des embrayages séparés permettant de désaccoupler l'un ou l'autre moteur en cas de panne. Il semble que ces deux moteurs puissent être prochainement remplacés par un unique Rotax 277 de 26,5 cv. Avec ses deux Yamaha, le *Swallow A* (masse à vide 225 lbs, 102 kg) a fait l'objet d'un essai par Doug Barth dans la parution de décembre 1982 de *Glider Rider,* où cet auteur le comparait élogieusement à une BMW dans un ciel empli de Chevrolet, pour fixer l'extraordinaire finition de cet appareil.

Le kit du *Swallow A* standard avec les deux moteurs Yamaha est vendu **5 475 US $.** Options : deux carénages pour les roues du train principal **115 US $**; roue avant directrice **360 US $**: freins hydrauliques **388 US $**; attache pour flotteurs **456 US $.**

2-DIMENSIONS EXTERIEURES ET SURFACES
Longueur hors tout 18,1 ft, 5,51 m • Hauteur hors tout 8 ft, 2,44 m • Envergure (aile) 34,4 ft, 10,49 m • Corde constante 4 ft, 1,22 m • Flèche 0° • Surface alaire totale 138 ft², 12,8 m² • Allongement 8,6/1 • Autres caractéristiques NC.

3-MOTORISATION
Moteur Rotax 277 • Puissance maximale 28 CV à 6200 tr/mn • Diamètre et pas de l'hélice 52 x 34 inches, 1,32 x 0,86 m • Réducteur à courroie crantée rapport de réduction 2/1 • Poussée statique maximale 170 lbs, 77 kgp • Rapport puissance/surface alaire 0,20 hp/ft², 2,2 CV/m² • Carburant emporté 3,8 US gallons 3,2 Imp gal. 14,3 litres.

4-MASSES ET CHARGES
Masse à vide 253 lbs, 115 kg • Facteurs de charges + 4 g — 3 g calculées à rupture NC • Autres caractéristiques NC.

5-PERFORMANCES*
Vne 60 mph, 97 km/h • Finesse maximale 8/1 à vitesse NC • Autres caractéristiques NC.

* Conditions du test non spécifiées.

Swallow Aeroplane
Swallow B
(3 axes)

Description semblable à celle du *Swallow* sauf : roue avant directrice sur option; freins sur les roues du train principal sur option; pas de carénage en option. Photo page précédente

1-Aux Etats-Unis, le *Swallow B* est trop lourd pour être classé « ultralight » quoiqu'il pourrait être considérée comme un ULM bon teint dans d'autres pays (masse à vide 290 lbs, 131 kg) particulièrement en Europe. Il s'agit, basiquement, du même appareil que le *Swallow A* bimotorisé mais équipé d'un unique Cuyuna 430R sous un carénage en fibre de verre principalement destiné à en améliorer le refroidissement.

Avec ce carénage, l'appareil est vendu **5 790 $.** Les options proposées sont les mêmes que pour le précédent.

2-DIMENSIONS EXTERIEURES ET SURFACES
Voir le Swallow A sauf : Diamètre de la roue avant 10 inches, 25 cm • Diamètre des roues principales 10 inches, 25 cm.

3-MOTORISATION
Moteur Cuyuna 430R • Puissance maximale 30 CV à 5500 tr/mn • Diamètre et pas de l'hélice 52 x 34 inches, 1,32 x 0,86 m • Réducteur à courroie crantée rapport de réduction NC • Poussée statique maximale NC • Rapport puissance/surface alaire 0,21 hp/ft², 2,3 CV/m² • Carburant emporté 3,8 US gallons 3,2 Imp gal. 14,3 litres.

4-MASSES ET CHARGES
Masse à vide 290 lbs, 131 kg • Masse maximale au décollage 585 lbs, 265 kg • Charge utile 295 lbs, 134 kg • Charge alaire maximale 4,23 lbs/ft², 20,7 kg/m² • Rapport poids/puissance 19,5 lbs/hp, 8,8 kg/CV • Facteurs de charges NC.

5-PERFORMANCES*
Vitesse maximale en palier 70 mph, 113 km/h • Croisière (maximale) 60 mph, 97 km/h • Vitesse de décrochage 28 mph, 45 km/h • Vitesse ascensionnelle maximale (au niveau de la mer) 780 ft/min, 4 m/s • Taux de chute minimal 550 ft/min à 45 mph, 2,8 m/s à 72 km/h • Roulage au décollage 75 ft, 23 m • Roulage à l'atterrissage 125 ft, 38 m • Distance franchissable maximale 137 miles, 220 km.

*** Mesurées dans les conditions suivantes : altitude QNH NC • Température au sol NC • Vent au sol 0 mph, 0 km/h • Poids total 481 lbs, 218 kg.**
Avec moteur ci-dessus.

TEMAN AIRCRAFT

Teman Aircraft Incorporated, P.O. Box 1489, Hawaiian Gardens, California 90716, telephone (213) 402-6059.

Teman Aircraft
Mono-Fly
(3 axes)

Monoplace monomoteur à l'aile haute, pilotage 3 axes conventionnel. Voilure sans flèche au bord d'attaque et au bord de fuite, corde constante; empennage classique. Tangage par gouverne de profondeur monobloc; lacet par gouvernail de direction monobloc; roulis par ailerons sur un tiers de l'envergure de l'aile; commande au manche pour le tangage et le roulis, palonnier pour le lacet. Voilure haubanée portée par des mâts; profil d'aile : Clark Y modifié avec 6° d'incidence à l'emplanture et 3° aux extrémités de l'aile; double entoilage. Atterrisseur tricycle avec béquille arrière; suspension par ressorts de la roue avant et suspension par sandows du train principal. Roue avant directrice conjuguée au palonnier. Freins sur les roues du train principal. Structure en tubes de duralumin, en fibre de verre et en tube d'acier; sans carénage de nez. Moteur monté sous l'aile, utilisé en propulsif.

1-Bob Teman a travaillé en tant que spécialiste des structures sur des appareils de pointe comme la navette spatiale et le missile de croisière. Ces dernières années, il a conçu et construit divers avions comprenant un appareil à propulsion humaine. Son *Mono-Fly* a été présenté comme le résultat de cinq ans d'essais et de développement, durant lesquels la poutre principale du fuselage fut le seul élément qui ne subit pas de changement. Les études débutèrent en janvier 1976 et le premier vol fut effectué en juillet 1979, la certification FAA en catégorie Experimental ayant été accordée le 7 juillet 1980. Trois voilures différentes ont été construites et ce prototype apparut même comme un biplan à un moment donné ! Trois motorisations furent employées, quatre type de suspension, deux empennages, etc. Ayant commencé par vendre son *Mono-Fly* sur plans seulement aux constructeurs amateurs, Bob Teman fut vite débordé par la demande et dut constituer Teman Aircraft pour s'y consacrer entièrement. Cette société commercialise maintenant le *Mono-Fly* sous forme de plans **(40 US $)** nécessitant environ 300 h de main-d'œuvre et approximativement **1 910 US $** de matériaux, moteur compris.

En version standard, ce dernier était un bicylindre 4 temps Onan, développant jusqu'à 22 cv de puissance maximale et utilisé en transmission directe, sans réduction. Bob Teman a ensuite proposé en option le Kawasaki TA-440 de 38,5 cv tout en achevant la mise au point d'un prototype motorisé avec le Rotax 503 de

46 cv, devenu la motorisation standard depuis mars 1983. A noter que ses caractéristiques et performances ne permettent pas le classement en ULM du *Mono-Fly* aux USA; une carte d'élève pilote stagiaire y est nécessaire pour le piloter.

Au Sun-'n-Fun 1983 à Lakeland, Floride, où le *Mono-Fly* effectua diverses présentations très remarquées, Teman Aircraft précisait aussi les prix de vente de son monoplace. Hormis les plans déjà cités, cet appareil est maintenant disponibles sous forme de deux kits : l'un, dit Material Kit offre le *Mono-Fly* complet moins peinture et batterie pour **3 540 US $** ou **2 155 US $** sans la motorisation, donné pour environ 150 h d'assemblage; l'autre, dit Fast-build kit, avec 80 h d'assemblage suivant Teman Aircraft, est vendu **3 900 US $** complet ou **2 515 $** sans la motorisation. Ce dernier offre en plus du précédent les tôles, cornières et tubes découpés et pré-forés. Le *Mono-Fly* est conçu avec des ailes démontables pour faciliter transport et garage, l'assemblage s'effectuant sans outils et en 10 min pour une personne.

2-DIMENSIONS EXTERIEURES ET SURFACES

Longueur hors tout 17,2 ft, 5,23 m • Hauteur hors tout 6,6 ft, 2,01 m • Envergure (aile) 30,8 ft, 9,37 m • Corde constante 4 ft, 1,22 m • Dièdre 3° • Flèche 0° • Surface alaire totale 124 ft², 11,5 m² • Surface totale des ailerons 8 ft², 0,74 m² • Surface du gouvernail de direction 10 ft², 0,93 m² • Surface totale des gouvernes de profondeur 14 ft², 1,30 m² • Allongement 7,6/1 • Autres caractéristiques NC.

3-MOTORISTION

Moteur Rotax 503 • Puissance maximale 46 CV à 6500 tr/mn • Diamètre et pas de l'hélice 52 x 34 inches, 1,32 x 0,86 m • Réducteur type NC rapport de réduction 2/1 • Poussée statique maximale 300 lbs, 136 kgp • Rapport puissance/surface alaire 0,37 hp/ft², 4 CV/m² • **Carburant emporté 5 US gallons 4,2 Imp gal. 18,9 litres.

4-MASSES ET CHARGES

Masse à vide 250 lbs, 113 kg • Masse maximale au décollage 550 lbs, 249 kg • Charge utile 300 lbs, 136 kg • Charge alaire maximale 4,43 lbs/ft², 21,6 kg/m² • Rapport poids/puissance 12 lbs/hp, 5,4 kg/CV • Facteurs de charges calculées NC + 10 g — 10 g à rupture.

5-PERFORMANCES*

Vitesse maximale en palier 63 mph, 101 km/h • Croisière (maximale) 45 mph, 72 km/h • Vitesse de décrochage 20 mph, 32 km/h • Vitesse ascensionnelle maximale (au niveau de la mer) 1000 ft/min, 5,1 m/s • Roulage au décollage 100 ft, 30 m • Autres caractéristiques NC.

* Conditions du test non spécifiées.
** en option: 6 US gal., 5 Imp. gal, 22,7 litres.

Teman Aircraft *Super-Fly Twin*
(3 axes)

Biplace en tandem monomoteur de pilotage 3 axes conventionnel. Le descriptif du *Mono-Fly* s'applique aussi à sa version biplace. Le second siège a été logé entre les deux poutres verticales portant la voilure. La poutre principale inférieure formant fuselage s'est vue prolongée vers l'avant, accroissant ainsi considérablement l'empattement du train tricycle. Vers l'arrière, cette poutre reçoit deux tubes de renfort s'appuyant sur le train principal pour porter l'empennage classique.

1-Le prototype du *Super-Fly* a été présenté à Oshkosh en août 1982 mais ne semble pas devoir déboucher sur une commercialisation. Avec une masse à vide de 350 lbs (158 kg), cet ATL classé en catégorie *Experimental* aux Etats-Unis était motorisé avec le même bicylindre 4 temps Onan 22 cv qui équipait le monoplace en version standard 1982. Mais sans doute ne s'agissait-il là que d'une motorisation destinée à permettre de premiers essais en vol. Peu d'informations ont été délivrées sur cet appareil, donné pour une vitesse de croisière entre 45 et 65 mph (72 et 104,5 km/h) et atterrissant à 25 mph (40 km/h). Selon une source bien informée, le prototype du *Superfly* ayant révélé l'apparition d'un sévère phénomène de flutter dû à son empennage, Teman Aircraft aurait pris la sage décision de le démanteler.

TERATORN AIRCRAFT

Teratorn Aircraft, 1604 South Shore Drive, Clear Lake, Iowa 50428, téléphone (515) 357-7161.

Teratorn Aircraft *Teratorn*
(hybride)

Monoplace monomoteur à l'aile haute, pilotage hybride. Voilure sans flèche au bord d'attaque et au bord de fuite, corde constante; empennage cruciforme. Lacet assisté par gouvernail de direction monobloc; roulis assisté par spoilerons sur un tiers de l'envergure de l'aile; commande par déplacement du centre de gravité pour le tangage, le roulis et le lacet. Le pilote est suspendu sous la voilure dans un siège-harnais et utilise un trapèze de commande (pilotage par déplacement du centre de gravité par rapport au centre de poussée) avec les gouvernes en complément. Voilure haubanée sol par câbles, vol par câbles; à double entoilage (1/3 de la corde). Atterrisseur classique; suspension par sandows du train principal. Roue non directrice. Sans freins. Structure en tubes de duralumin sans carénage de nez. Moteur monté au-dessus de l'aile, utilisé en propulsif.

U.S.A.

1-Précédemment dénommée Motorized Gliders of Iowa, cette firme s'intitule maintenant Teratorn Aircraft. Teratorn est le nom grec signifiant « l'oiseau merveille » qui désigne un oiseau préhistorique dont on peut penser qu'avec 72 kg de masse (160 lbs) pour 7,60 m (25 ft) d'envergure il s'adonnait plutôt au vol à voile qu'au motorisé et qui serait ainsi l'un des grands ancêtres de nos actuels planeurs ultralégers ! Le *Teratorn* lui, est aussi assez ancestral puisqu'apparu en même temps que la première version motorisée du célèbre *Quicksilver* avec lequel il présente une analogie certaine. La motorisation du *Teratorn* fut jusqu'en 1982 le monocylindre Yamaha KT-100S de 15 cv avec réducteur 5/1, devenu depuis optionnel et remplacé sur la version standard par un bicylindre Bombardier-Rotax de 28 cv avec réducteur 2,5/1. Note originale, Teratorn Aircraft a choisi une anodisation de couleur noire pour les tubes de son hybride dont les câbles sont gainés de vinyl noir. Le *Teratorn* est livré sous forme de kit nécessitant de 20 à 25 h d'assemblage, aux dires du constructeur, et disponible pour **3 895 US $** avec moteur Rotax. Les options portent sur les instruments de bord, skis, flotteurs en Kevlar et le choix du Yamaha KT-100S occasionnant une remise de **400 US $**. . L'appareil est transportable sur remorque routière ou sur galerie de voiture, se repliant en ce cas sur 4,87 x 1,52 x 0,30 m. (16 x 5 x 1 ft). Un kit permettant de le convertir en *Teratorn TA* de pilotage 3 axes (voir ci-après) est aussi disponible.

2-DIMENSIONS EXTERIEURES ET SURFACES
Longueur hors tout 18 ft, 5,49 m • Hauteur hors tout 9 ft, 2,74 m • Envergure (aile) 32 ft, 9,75 m • Corde constante 5 ft, 1,52 m • Flèche 0° • Surface alaire totale 160 ft², 14,9 m² • Allongement 6,4/1 • Diamètre de la roulette de queue 3 inches, 7 cm • Diamètre des roues principales 16 inches, 41 cm • Autres caractéristiques NC.

3-MOTORISATION
Moteur Rotax 300 • Puissance maximale 28 CV à 6200 tr/mn • Diamètre et pas de l'hélice 60 x 24 inches, 1,52 x 0,61 m • Réducteur type NC rapport de réduction 2,5/1 • Poussée statique maximale NC • Rapport puissance/surface alaire 0,18 hp/ft², 1,9 CV/m² • Carburant emporté 3,3 US gallons, 2,8 Imp gal. 12,5 litres.

4-MASSES ET CHARGES
Masse à vide 212 lbs, 96 kg • Masse maximale au décollage 474 lbs, 215 kg • Charge utile 262 lbs, 119 kg • Charge alaire maximale 2,96 lbs/ft², 14,4 kg/m² • Rapport poids/puissance 16,9 lbs/hp, 7,7 kg/CV • Facteurs de charges calculées NC + 3 g — 3 g à rupture.

5-PERFORMANCES*
Vitesse maximale en palier 50 mph, 80 km/h • Vne 55 mph, 88 km/h • Croisière (maximale) NC • Croisière (économique) 35 mph, 56 km/h • Vitesse de décrochage 15 mph, 24 km/h • Vitesse ascensionnelle maximale (au niveau de la mer) 600 ft/min, 3,1 m/s • Taux de chute minimal 250 ft/min à 25 mph, 1,3 m/s à 40 km/h • Finesse maximale 8/1 à 25 mph, 40 km/h • Roulage au décollage 50 ft, 15 m • Roulage à l'atterrissage 75 ft, 23 m • Plafond pratique 10 000 ft, 3050 m • Distance franchissable maximale 70 miles, 113 km.

* Conditions du test non spécifiées.

Teratorn Aircraft
Teratorn TA
(trois axes)

Monoplace monomoteur à l'aile haute, pilotage 3 axes conventionnel. Voilure sans flèche au bord d'attaque et au bord de fuite, corde constante; empennage cruciforme. Tangage par gouverne (s) de profondeur articulée sur le plan fixe horizontal; lacet par gouvernail de direction monobloc; roulis par spoilerons sur un tiers de l'envergure de l'aile; commande au manche pour le tangage et le roulis, palonnier pour le lacet. Voilure haubanée sol par câbles, vol par câbles; à double entoilage. (1/3) Atterrisseur classique suspension par ressorts de la roulette de queue et suspension par sandows du train principal. Roue non directrice. Sans freins, en tubes de duralumin. Moteur monté sous l'aile utilisé en propulsif.

1-Version de pilotage 3 axes du *Teratorn* standard hybride, le type *TA* est apparu en 1982 avec le moteur Yamaha KT-100S 15 cv devenu aujourd'hui optionnel, l'appareil ayant reçu le Rotax 300 de 28 cv. Donnée pour 25 mn sur le précédent modèle, le temps de mise en œuvre l'est pour 30 mn par deux personnes pour celui-ci. Le *Teratorn TA* est commercialisé sous forme ne nécessitant que 20 h d'assemblage, aux dires du constructeur, et pour **4 595 US $**. Les options portent sur le moteur Yamaha (**300 US $** de moins), des flotteurs construits en Kevlar, des skis et les instruments de bord.

2-DIMENSIONS EXTERIEURES ET SURFACES
Voir le Teratorn.

3-MOTORISATION
Moteur Rotax 300 • Puissance maximale 28 CV à 6200 tr/mn • Diamètre et pas de l'hélice 60 x 24 inches, 1,52 x 0,61 m • Réducteur type NC rapport de réduction 2,5/1 • Poussée statique maximale NC • Rapport puissance/surface alaire 0,18 hp/ft², 1,9 CV/m² • Carburant emporté 3,3 US gallons 2,8 Imp gal. 12,5 litres.

4-MASSES ET CHARGES
Masse à vide 227 lbs, 103 kg • Masse maximale au décollage 489 lbs, 222 kg • Charge utile 262 lbs, 119 kg • Charge alaire maximale 3,06 lbs/ft², 14,9 kg/CV • Facteurs de charges calculées NC + 4 g — 3 g à rupture.

5-PERFORMANCES*
Vitesse maximale en palier 50 mph, 80 km/h • Vne 55 mph, 88 km/h • Croisière (maximale) 45 mph, 72 km/h • Croisière (économique) 35 mph, 56 km/h • Vitesse de décrochage 17 mph, 27 km/h • Vitesse ascensionnelle maximale (au niveau de la mer) 600 ft/min, 3,1 m/s • Taux de chute minimal 270 ft/min à 28 mph, 1,4 m/s à 45 km/h • Finesse maximale 8/1 à 28 mph, 45 km/h • Roulage au décollage 50 ft, 15 m • Roulage à l'atterrissage 75 ft, 23 m • Plafond pratique 10 000 ft, 3050 m • Distance franchissable maximale 70 miles, 113 km.

* Conditions du test non spécifiées.

Teratorn Aircraft
Tierra
(3 axes)

Monoplace ou biplace côte à côte monomoteur à l'aile haute, pilotage 3 axes conventionnel. Voilure sans flèche au bord d'attaque et au bord de fuite, corde constante; empennage cruciforme. Tangage par gouverne (s) de profondeur articulée sur le plan fixe horizontal; lacet par gouvernail de direction articulé sur la dérive; roulis par ailerons sur toute l'envergure de l'aile; commande au manche pour le tangage et le roulis, palonnier pour le lacet. Voilure portée par des mâts; profil d'aile NC à double entoilage. Atterrisseur classique, suspension par cordes de nylon de la roulette de queue et par sandows pour le train principal. Pas de roue directrice. Sans freins. Structure en tubes de duralumin, sans carénage de nez. Moteur monté sous l'aile et utilisé en propulsif.

1-L'une des révélations du sun-'n-Fun de mars 1983 à Lakeland, Floride, que ce prototype *Tierra* avec lequel MGI fait une entrée remar-

Glider Rider

Glider Rider

Glider Rider

Le Tierra peut être équipé sur option d'une cabine entièrement fermée. En cartouche, la version standard

quée dans le secteur des ULM concurrents directs de l'avion léger traditionnel. Cet appareil offre la particularité d'être utilisable en ULM monoplace ou transformable en biplace par l'adjonction d'un second siège. Le problème du centrage est résolu par le positionnement du siège unique au centre de l'habitacle ou des deux sièges en côte à côte. Le manche unique étant central et le *Tierra* comportant deux palonniers, il est à doubles-commandes en utilisation biplace. Le réservoir de carburant est logé derrière le ou les sièges, dans le bas et à l'arrière de cet habitacle qui se ferme astucieusement avec des fermetures Eclair, pour les panneaux latéraux aux surfaces transparentes venant jusqu'au longeron inférieur de la cabine. Ceux-ci sont disponibles sur option et une autre option propose des panneaux d'isolation de l'habitacle disposables à la fois à l'arrière de ce dernier et au-dessus de la partie centrale de l'aile. La structure du *Tierra* est composée de trièdres. Les manchons des tubes, au niveau de leur jonction, sont à base de mousse polyuréthane à haute densité insérée en force à l'intérieur des tubes, qui absorbe les vibrations et évite le contact métal contre métal. La documentation du constructeur présente cet appareil comme « conçu pour être l'ULM le plus sécurisant du monde... avec la structure la plus solide proposée actuellement sur le marché ». Le moteur lui-même est porté au-dessus de la cabine par un bâti dyna-focal d'emploi courant en aéronautique classique. Ce Rotax 368 cc est équipé d'un réducteur avec embrayage de type Flexidyne développé par MGI. Enfin, accessoire encore rare dans notre Aviation ultralégère, l'empennage horizontal du *Tierra* est muni d'un trim permettant d'optimiser sa stabilité en vol en fonction de la charge embarquée et de sa répartition.

2-DIMENSIONS EXTERIEURES ET SURFACES
Longueur hors tout 18,5 ft, 5,64 m • Hauteur hors tout 6 ft, 1,83 m • Envergure (aile) 31,5 ft, 9,60 m • Corde constante 4,5 ft, 1,37 m • Flèche 0° • Surface alaire totale 142 ft^2, 13,2 m^2 • Allongement 7/1 • Autres caractéristiques NC.

3-MOTORISATION
Moteur Rotax 377 • Puissance maximale 36 CV à 6600 tr/mn • Diamètre et pas de l'hélice 60 x 36 inches, 1,52 x 0,91 m • Réducteur à courroie crantée rapport de réduction 2,6/1 • Poussée statique maximale 245 lbs, 111 kgp • Rapport puissance/surface alaire 0,24 hp/ft^2, 2,7 CV/m^2 • Carburant emporté 5 US gallons 4,2 Imp gal. 18,9 litres.

4-MASSES ET CHARGES
Masse à vide 253 lbs, 115 kg • Masse maximale au décollage 550 lbs, 249 kg • Charge utile 297 lbs, 135 kg • Charge alaire maximale 3,87 lbs/ft^2, 18,9 kg/m^2 • Rapport poids/puissance 15,3 lbs/hp, 6,9 kg/CV • Facteurs de charges calculées NC + 6 g — 3 g à rupture.

5-PERFORMANCES*
Vitesse maximale en palier 63 mph, 101 km/h • Vne 63 mph, 101 km/h • Croisière 50 mph, 80 km/h • Vitesse de décrochage 25 mph, 40 km/h • Vitesse ascensionnelle maximale (au niveau de la mer) 800 ft/min, 4,1 m/s • Taux de chute minimal 300 ft/min, 1,5 m/s à vitesse NC • Finesse maximale 10/1 à vitesse NC • Roulage au décollage 50 ft, 15 m • Autres caractéristiques NC.

* Conditions du test non spécifiées.

THOSE FLYING MACHINES

Those Flying Machines, 1911W 139 th Street, Gardena, California 90249; tél (213) 532-2030.

Those Flying Machines *Pegasus I et Pegasus II*

(hybride)

Monoplace monomoteur à l'aile haute, pilotage hybride. Voilure avec flèche au bord d'attaque, corde dégressive; avec plan canard, sans empennage. Tangage par gouverne de profondeur articulée sur le plan canard; lacet par gouvernails de direction monoblocs aux extrémités de l'aile; pas de roulis séparé, commande par déplacement du centre de gravité pour le tangage, par barre pour le lacet. Voilure haubanée sol et vol par câbles, profil d'aile NC; à double entoilage (30 %). Atterrisseur tricycle, suspension par lame en fibre de verre sur les roues du train principal. Roue avant directrice non conjuguée au palonnier. Sans freins. Structure en tubes de duralumin sans carénage de nez. Moteur monté sous l'aile et utilisé en propulsif.

2-DIMENSIONS EXTERIEURES ET SURFACES
Longueur hors tout 15,4 ft, 14,70 m • Hauteur hors tout 9,9 ft, 3 m • Envergure (aile) 35,2 ft, 10,72 m • Surface alaire totale 182 ft^2, 16,9 m^2 • Autres caractéristiques NC.

3-MOTORISATION
Moteur Cuyuna 430 • Puissance maximale 35 CV à 5800 tr/mn • Diamètre et pas de l'hélice 54 x 36 inches, 1,37 x 0,91 m • Réducteur à courroie en V rapport de réduction 2,2/1 • Poussée statique maximale 238 lbs, 108 kgp • Rapport puissance/surface alaire 0,19 hp/ft^2, 2,1 CV/m^2 • Carburant emporté 4,2 US gallons 3,5 Imp gal 15,9 litres.

4-MASSES ET CHARGES
Masse à vide 203 lbs, 92 kg • Masse maximale au décollage 503 lbs, 228 kg • Charge utile 300 lbs, 136 kg • Charge alaire maximale 2,76 lbs/ft^2, 13,5 kg/m^2 • Rapport poids/puissance 14,4 lbs/hp, 13,5 kg/CV • Facteurs de charges calculées NC + 6 g — 2 g à rupture.

5-PERFORMANCES*

U.S.A.

D'une conception très proche de celle du Ptérodactyl Ltd Eagle, le Pegasus I de Those Flying Machines

Vitesse maximale en palier 60 mph, 97 km/h • Vne 55 mph, 88 km/h • Croisière 37 mph, 59 km/h • Vitesse de décrochage 25 mph, 40 km/h • Vitesse ascensionnelle maximale (au niveau de la mer) 450 ft/min, 2,3 m/s • Finesse maximale 7/1 à vitesse NC • Autres caractéristiques NC.

* Conditions du test non spécifiées.

UFM OF KENTUCKY ➤

Ultralight Fling Machines (UFM) of Kentucky, Incorporated, 2700 Freys Hill Road, Louisville, Kentucky 40222, telephone (502) 245-0779.

Valérie Guillierme

UFM of Kentycky *Aeroplane*

(2 axes)

Monoplace monomoteur biplan, pilotage 2 axes. Voilure avec flèche au bord d'attaque et au bord de fuite, corde constante; sans empennage avec seulement gouverne de profondeur. Tangage par gouverne (s) de profondeur, lacet par gouvernails de direction monoblocs aux extrémités de l'aile; pas de roulis séparé, commande au manche pour le tangage et le lacet. Voilure rigidifiée par des mâts d'entreplan contreventés par des haubans en X, profil aile NC à double entoilage. Atterrisseur tricycle, suspension par sandows sur toutes les roues. Roue avant directrice non conjuguée au palonnier. Frein sur la roue avant. Structure en tubes de duralumin, sans carénage de nez. Moteur monté entre les 2 ailes et utilisé en propulsif.

1-Dessiné par Larry Mauro sous l'appellation originelle d'*Icarus II* comme planeur ultraléger, ce célèbre biplan fut l'un des premiers appareils de pilotage hybride du Vol libre à être motorisé (en 1975, par John Moody). Il poursuivit ensuite une remarquable carrière sous le nom d'*Easy Riser* - en 1981, plus de 900 volaient aux USA - construit à partir des plans du regretté Larry (décédé en octobre 1982 en essayant un prototype) ou commercialisé sous forme de kits par différentes firmes dont, précisément, UFM of Kentucky. Dès 1981, cette société le proposait avec une gouverne de profondeur ajoutée à l'arrière de la cabane et, déjà sous le nom d'*Aeroplane* de pilotage 2 axes, motorisé d'un Cuyuna 30 cv et avec un siège fixe pour le pilote, le pilotage hybride avec déplacement de ce dernier dans un siège harnais ayant été abandonné. Les gouvernails de direction, sur l'*Aeroplane* standard, sont articulés sur les mâts d'entreplan arrière aux extrémités de l'aile. Le moteur est le Cuyuna 215R de 20 cv qui peut être, sur option **(300 US $)**, remplacé par le 430R de l'*Aeroplane XP*, sa version de pilotage 3 axes. L'*Aeroplane* est commercialisé soit prêt à voler pour **5 200 US $**

soit en kit donné pour 150 h d'assemblage pour 3 995 US $. Les options portent sur des flotteurs (900 US $), des housses de rangement (250 US $), des skis, un parachute de secours et des instruments de bord.

2-DIMENSIONS EXTERIEURES ET SURFACES
Longueur hors tout 11 ft, 3,35 m • Hauteur hors tout 8 ft, 2,44 m • Envergure (aile) 30 ft, 9,14 m • Corde constante 3,4 ft, 1,04 m • Dièdre 15° • Flèche 15° • Surface alaire totale 170 ft², 15,8 m² • Surface aile supérieure 102,5 ft², 9,52 m² • Surface aile inférieure 67,5 ft², 6,27 m² • Allongement aile supérieure 8,8/1 • Allongement aile inférieure 5,8/1 • Voie du train 4,5 ft, 1,37 m • Empattement 4,5 ft, 1,37 m • Diamètre de la roue avant 20 inches, 51 cm • Autres caractéristiques NC.

3-MOTORISATION
Moteur Cuyuna 215R • Puissance maximale 20 CV à 5500 tr/mn • Diamètre et pas de l'hélice 54 x 20 inches, 1,37 x 0,51 m • Réducteur type NC rapport de réduction 2/1 • Poussée statique maximale NC • Rapport puissance/surface alaire 0,12 hp/ft², 1,3 CV/m² • Carburant emporté 5 US gallons 4,2 Imp gal. 18,9 litres.

4-MASSES ET CHARGES
Masse à vide 180 lbs, 82 kg • Masse maximale au décollage 400 lbs, 181 kg • Charge utile 220 lbs, 100 kg • Charge alaire maximale 2,35 lbs/ft², 11,5 kg/m² • Rapport poids/puissance 20 lbs/hp, 9,1 kg/CV • Facteurs de charges + 6 g — 4 g calculées — + 10 g — 5 g à rupture.

5-PERFORMANCES*
Vne 50 mph, 80 km/h • Autres caractéristiques NC.

* Conditions du test non spécifiées.

UFM of Kentucky
Aeroplane XP
(3 axes)

Description semblable à celle de l'*Aeroplane* standard dont le *XP* est la version de pilotage 3 axes. Voir modifications ci-après.

1-La seule gouverne de profondeur monobloc de l'*Aeroplane* a été remplacée sur le type *XP* par un empennage classique, avec plans fixes verticaux et horizontaux, gouvernail de direction et gouvernes de profondeur. L'*Aeroplane XP* a abandonné les gouvernails de direction d'extrémités d'aile de son prédécesseur. Il est, de plus, équipé de spoilerons sur l'extrados de l'aile supérieure. Son pilotage est conventionnel : le manche latéral actionne les spoilerons et la profondeur; un palonnier actionne le gouvernail de direction. La roue avant est conjuguée au palonnier et munie d'un frein. Les spoilerons peuvent être commandés en conjugaison, simultanément, et font alors office d'aérofreins. Les options proposées sont les mêmes que pour l'*Aeroplane*, le moteur Cuyuna 430R étant standard pour le *XP*. Au Sun-'n-Fun de mars 1983, UFM of Kentucky annonçait comme nouvelle option un carénage du cockpit.
Prix de l'appareil : **4 500 US $.**

2-DIMENSIONS EXTERIEURES ET SURFACES
Voir Aeroplane sauf : plan fixe horizontal, envergure 8,5 ft, 2,59 m • Hauteur plan fixe vertial 3,5 ft, 1,07 m.

3-MOTORISATION
Moteur Cuyuna 430R • Puissance maximale 34 CV à 6000 tr/mn • Diamètre et pas de l'hélice 54 x 30 inches, 1,37 x 0,76 m • Réducteur à courroie en V rapport de réduction 2/1 • Poussée statique maximale 250 lbs, 113 kgp • Rapport puissance/surface alaire 0,20 hp/ft², 2,2 CV/m² • Carburant emporté 5 US gallons, 4,2 Imp gal. 18,9 litres.

4-MASSES ET CHARGES
Masse à vide 225 lbs, 102 kg • Masse maximale au décollage 475 lbs, 215 kg • Charge utile 250 lbs, 113 kg • Charge alaire maximale 2,79 lbs/ft², 13,6 kg/m² • Rapport poids/puissance 14 lbs/hp, 6,3 kg/CV • Facteurs de charges + 6 g — 4 g calculées — + 10 g — 5 g à rupture.

5-PERFORMANCES*
Vitesse maximale en palier 55 mph, 88 km/h • Vne 55 mph, 88 km/h • Croisière (maximale) 50 mph, 80 km/h • Croisière (économique) 40 mph, 64 km/h • Vitesse de décrochage 22 mph, 35 km/h • Vitesse ascensionnelle maximale (au niveau de la mer) 1200 ft/min, 6,1 m/s • Taux de chute minimal 290 ft/min à 30 mph, 1,5 m/s à 48 km/h • Finesse maximale 8/1 à 28 mph, 45 km/h • Roulage au décollage 75 ft, 23 m • Roulage à l'atterrissage 100 ft, 30 m • Plafond pratique 18 000 ft, 5490 m • Distance franchissable maximale 125 miles, 201 km.

*** Mesurées dans les conditions suivantes : altitude QNH 0 ft, 0 m • Température au sol 65° F, 18° C • Vent au sol 0 mph, 0 km/h • Poids du pilote 200 lbs, 91 kg.**
Avec moteur ci-dessus.

ULTAVIA AIRCRAFT

Ultavia Aircraft Incorporated, P.O. Box 3116, Las Vegas Municipal Airport, Las Vegas, New Mexico 87701, téléphone (505) 425-7048.

Ultavia Aircraft
Ultavia
(3 axes)

Monoplace monomoteur à l'aile haute, pilotage 3 axes conventionnel. Voilure avec flèche au bord d'attaque et au bord de fuite, corde constante; avec plan canard. Tangage par plan canard monobloc mobile en incidence; lacet par gouvernails de direction monoblocs aux extrémités de l'aile; roulis par spoilers, commande par volant pour le tangage et le roulis, palonnier pour le lacet. Voilure haubanée sol par câbles, vol par câbles; à simple entoilage. Atterrisseur tricycle; suspension par lame en fibre de verre du train principal. Roue avant directrice conjuguée au palonnier. Frein sur la roue avant. Structure en tubes de duralumin avec carénage. Moteur monté sous l'aile, utilisé en propulsif. Technologie : plan canard et gouvernails de direction sont revêtus de tissus Stitts.

1-Prototype ayant effectué ses premiers vols en fin de l'été 1982, l'*Ultavia* achève à peine son programme d'essais à l'heure où nous mettons sous presse. La firme n'a donc pu nous communiquer qu'une documentation encore incomplète sur cette intéressante machine et, in extremis, ses prix pour une commercialisation maintenant imminente. Le prototype utilisait le moteur KFM 107ER donné par Ultavia Aircraft pour 25 cv à 6300 tr/mn et devenu optionnel sur les modèles de série, ceux-ci venant en version standard avec un Cuyuna 430D; le système de réduction 2/1 adaptable sur le type 430R est lui aussi optionnel, pour **300 US $** de supplément. L'*Ultavia* est équipé d'un volant préféré à un manche. Ses spoilers peuvent être utilisés différentiellement pour agir en roulis et en conjugaison, pour faire office d'aérofreins. Cet appareil vient en version standard avec un carénage de nez en fibre de verre muni d'un pare-brise en Lexan transparent. L'accent est mis par le constructeur sur une mise en œuvre et un démontage rapides. Sa voilure à simple surface de Dacron imprégné de résine peut s'enrouler autour des longerons et se ranger dans une housse, telle une voilure de PUL pendulaire.
L'**Ultavia** devrait être disponible au cours de l'été 1983 sous forme d'un kit donné pour moins de 30 h d'assemblage, au prix de **4 595**

US $ (avec Cuyuna 430D) ou assemblé par l'usine pour **5 395 US $**. Les options portent sur les instruments de bord et le moteur KFM 107ER (**640 US $**).

2-DIMENSIONS EXTERIEURES ET SURFACES
Longueur hors tout 32 ft, 9,75 m • Corde constante 5 ft, 1,52 m • Surface aile principale 155 ft², 14,4 m² • Allongement 6,6/1 • Diamètre de la roue avant 11 inches, 28 cm • Diamètres des roues principales 11 inches, 28 cm • Autres caractéristiques NC.

3-MOTORISATION
Moteur 430R • Puissance maximale 30 CV à 5500 tr/mn • Diamètre et pas de l'hélice 54 x 17 inches, 1,37 x 0,43 m • Réducteur à courroie rapport de réduction 2/1 • Poussée statique maximale NC • Rapport puissance/surface alaire 0,19 hp/ft², 2,1 CV/m² • Carburant emporté 5 US gallons 4,2 Imp gal. 18,9 litres.

4-MASSES ET CHARGES
Masse à vide 230 lbs, 104 kg • Masse maximale au décollage 480 lbs, 217 kg • Charge utile 250 lbs, 113 kg • Charge alaire maximale 3,09 lbs/ft², 15,1 kg/m² • Rapport poids/puissance 16 lbs/hp, 7,2 kg/CV • Facteurs de charges NC.

5-PERFORMANCES*
Vne 55 mph, 88 km/h • Vitesse de décrochage 24 mph, 39 km/h • Finesse maximale 10/1 à vitesse NC • Roulage au décollage 150 ft, 45 m • Plafond pratique 13 000 ft, 4000 m • Autres caractéristiques NC.

*** Conditions du test non spécifiées.**

ULTRA EFFICIENT PRODUCTS

Ultra Efficient Products, 1637 7th Street, Sarasota, Florida 33577, telephone (813) 955-0710.

Ultra Efficient Products *Invader MkII et Invader MkIII*
(3 axes)

Monoplace monomoteur à aile médiane, pilotage 3 axes conventionnel. Voilure sans flèche au bord d'attaque et au bord de fuite, corde constante; empennage en V. Tangage et lacet par élevons; roulis par ailerons sur un tiers de l'envergure de l'aile; commande au manche pour le tangage et le roulis, palonnier pour le lacet. Aile cantilever, profil d'aile NC, à double entoilage. Atterrisseur tricycle (MKIII), classique (MKII). Suspension sur toutes les roues. Roue avant directrice non conjuguée et au palonnier. Freins NC. Structure en bois, mousse polyuréthane et en tube d'acier, habitacle partiellement fermé. Moteur monté au-dessus de l'aile, utilisé en propulsif. Technologie : entoilage en Mylar.

1-Conçu par Nick Leighty, le prototype des *Invader* a été présenté pour la première fois lors du Sun-n-Fun de 1982, à Lakeland, Floride. Il s'y vit discerner le prix de l'appareil le plus exceptionnel, décision du jury que ratifie l'incontestable succès du bébé de Nick à chaque fois qu'il apparaît en public. Un vieil adage français de l'Aviation des années 20 veut qu'un bel avion vole forcément bien, a priori plus romantique que technique mais qui s'applique fort bien à l'*Invader*. Comme le *Lazair* canadien, celui-ci est revêtu de Mylar dont la transparence permet de détailler tout le squelette de l'avion, ce qui s'avère être un impact certain en matière de marketing et explique, en dehors même de leurs qualités de vol, le succès de ces deux machines. Tout comme le fameux avion léger *Ercoupe* des années 40, les *Invader* ne se pilotent qu'au manche seul en version standard : un mélangeur répartit les actions sur le manche entre les ailerons et les élevons de l'empennage en V. Il est cependant possible de construire ce monoplace en le dotant de commandes conventionnelles, avec un palonnier. Le type *MK III* à train tricycle est d'ailleurs muni d'une barre de contrôle aux pieds actionnant la roue avant directrice, celle-ci existant aussi en version *MK II* à train classique pour diriger la roulette de queue. La voilure se compose d'une partie centrale sur laquelle se raccordent les ailes et les commandes des ailerons, celles-ci étant démontables pour faciliter le transport et le garage de l'avion. Les *Invader* sont actuellement proposés sous forme d'une liasse de plans pour **60 US $**. Le coût d'un appareil est évalué à **1 500 US $** de matériaux et donné pour 300 à 400 h de main d'œuvre. Nick Leighty apparente la fabrication d'un *Invader* à celle d'un gros modèle réduit, faisant largement appel à des technologies simples : nervures en mousse découpée à chaud renforcées avec des semelles en spruce, par exemple. La sécurité n'a pas été négligée pour autant et sa structure géodésique assure une excellente rigidité à l'aile cantilever, tandis que l'habitacle vient en tubes d'acier 4130 au chrome-molybdène, soudés. Cependant, ce qui fera bondir les constructeurs amateurs européens encore peu habitués à la notion d'avion « consommable » et à durée de vie limitée, ces nervures sont données pour une longévité d'environ 4 années - si l'avion est garé ou couvert lorsqu'on ne l'utilise pas.

A Sun-'n-Fun de mars 1983, Ultra Efficient Products confirmait son intention de commercialiser ses *Invader* sous forme de kits dès cette année. L'appareil est prévu pour recevoir un moteur Yamaha 14 cv avec réducteur ou un Zenoah G25B de 20 à 22 cv utilisé en prise directe. Une verrière carénant l'habitacle est aussi prévue pour l'avenir.

2-DIMENSIONS EXTERIEURES ET SURFACES
Longueur hors tout 18 ft, 5,49 m • Hauteur hors tout 4 ft, 1,22 m • Envergure (aile) 31 ft, 9,44 m • Corde constante 4,5 ft, 1,37 m • Flèche 0° • Surface alaire totale 140 ft², 13 m² • Allongement 6,9/1.

3-MOTORISATION
Moteur Yamaha • Puissance maximale 14 CV à NC tr/min • Rapport puissance/surface alaire 0,10 hp/ft², 1,1 CV/m² • Carburant emporté 2,5 US gallons 2.1 Imp gal. 9,5 litres.

4-MASSES ET CHARGES
Masse à vide 165 lbs, 75 kg • Masse maximale au décollage 380 lbs, 172 kg • Charge utile 215 lbs, 98 kg • Charge alaire maximale 2,71 lbs/ft², 13,2 kg/m² • Rapport poids/puissance 27,1 lbs/hp, 12,3 kg/CV • Facteur de charges + 4 g — 4 g calculées à rupture NC.

5-PERFORMANCES*
Vitesse maximale en palier 55 mph. 88 km/h

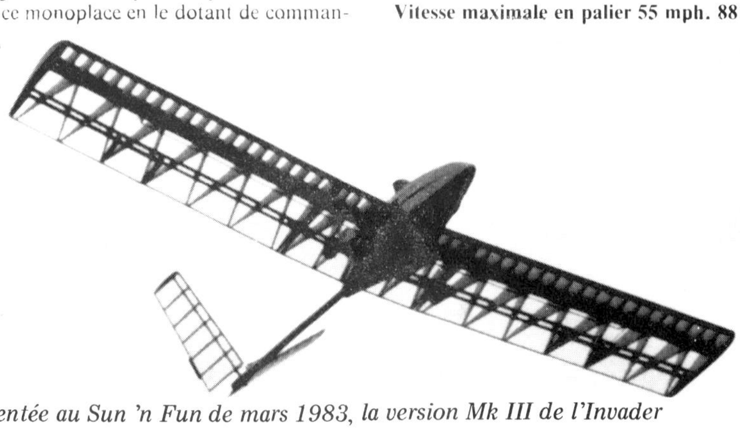
Valérie Guillerme

Présentée au Sun 'n Fun de mars 1983, la version Mk III de l'Invader

• Vne 60 mph, 97 km/h • Croisière (maximale) 40 mph, 64 km/h • Croisière (économique) NC • Vitesse de décrochage 20 mph, 32 km/h • Vitesse ascensionnelle maximale (au niveau de la mer) 500 ft/min, 2,5 m/s • Taux de chute minimal 250 ft/min à 40 mph, 1,3 m/s à 64 km/h • Finesse maximale 14/1 à 40 mph, 64 km/h • Roulage au décollage 150 ft, 45 m • Roulage à l'atterrissage 175 ft, 53 m • Plafond pratique 4000 ft, 1220 m • Distance franchissable maximale 100 miles, 161 km • Autres caractéristiques NC.

* Conditions du test non spécifiées.

Norman Burr

Gros plan sur le Kawasaki du Mirage Mk II et son échappement en élytre d'insecte bizarre

ULTRA LIGHT FLIGHT

Ultralight Flight Incorporated, 480 Hayden Station Road, Dept. GR, P.O. Box 645, Windsor, Connecticut 06095, telephone (203) 683-2760. Importateur GB : Skyrider, Halesfield 19, Telford, Shropshire TF7 4QT, téléphone (0952) 587825, telex 35292.
Importateur France : Pour le *Mirage* : Avulnor aérodrome de Granville-Bréville, 50290 Bréhal, téléphone (33) 90.65.13.

Ultralight Flight *Mirage MkII*
(3 axes)

Monoplace monomoteur à l'aile haute, pilotage 3 axes conventionnel. Voilure sans flèche au bord d'attaque et au bord de fuite, corde constante; empennage cruciforme. Tangage par gouverne (s) de profondeur articulée sur le plan fixe horizontal; lacet par gouvernail de direction articulé sur la dérive; roulis par spoilers, commande au manche pour le tangage et le roulis, palonnier pour le lacet. Voilure haubanée sol par câbles, vol par câbles; profil d'aile NC à double entoilage. Atterrisseur tricycle avec béquille arrière; suspension sur toutes les roues. Roue avant directrice conjuguée au palonnier. Structure en tubes de duralumin avec carénage sur option. Moteur monté au-dessus de l'aile, utilisé en tractif. Technologie : tout matériaux certifiés Aviation.

1-Inspiré du *Humbug* de Klaus Hill et d'une structure très proche du *Vector 600* (sur lequel avait travaillé Franklyn, le *Mirage* a remporté un vif succès dès sa première présentation publique, au Sun-'n-Fun de 1981 à Lakeland, Floride. Il y remporta le prix du dessin le plus exceptionnel parmi les nouveaux ULM disponibles. Les premiers *Mirage* étaient équipés de deux moteurs Yamaha KT-100S (15 cv chaque) montés en V inversé pour être accouplés à une seule hélice bipale. L'appareil reçut ensuite en version standard un Cuyuna 430R 30 cv qui s'est vu remplacé sur le *Mirage MkII* apparu en 1982 par un Kawasaki TA-440A de 38,5 cv, le Cuyuna 430RL devenant optionnel. Sur ce modèle, le réducteur est monté sous carter et la commande par câble des gouvernes de profondeur a été remplacée par un Teleflex. Ultralight Flight Inc. insiste sur le fait que seuls des matériaux agréés Aviation sont utilisés dans la fabrication des *Mirage*. Le *MkII* est commercialisé sous forme de kit nécessitant 40 h d'assemblage, aux dires de U.F., et au prix de **4 795 US $.** Les options portent principalement sur les instruments de bord, des flotteurs (Seabord **1 095 US $,** Spaulding **1 295 US $**), des carénages de roues **(117 US $),** la roue avant directrice **(165 US $).**

2-DIMENSIONS EXTERIEURES ET SURFACES

Longueur hors tout 19,5 ft, 5,94 m • Hauteur hors tout 8,6 ft, 2,61 m • Envergure (aile) 32 ft, 9,75 m • Corde constante 4,5 ft, 1,37 m • Dièdre 8° • Flèche 0° • Plan fixe horizontal, envergure 8 ft, 2,44 m • Hauteur plan fixe vertical 4,7 ft, 1,43 m • Surface alaire totale 144 ft², 13,4 m² • Surface totale des spoilerons 2,3 ft², 0,21 m² • Surface du plan fixe vertical 4,1 ft², 0,38 m² • Surface du gouvernail de direction 9,5 ft², 0,88 m² • Surface du plan fixe horizontal 11,7 ft², 1,09 m² • Surface totale des gouvernes de profondeur 11,7 ft², 1,09 m² • Allongement 7,1/1 • Voie du train 4 ft, 1,22 m • Empattement 5,6 ft, 1,70 m • Diamètre de la roue avant 10 inches, 25 cm • Diamètre des roues principales 10 inches, 25 cm.

3-MOTORISATION

Moteur Kawasaki TA 440A • Puissance maximale 35 CV à 5600 tr/mn • Diamètre et pas de l'hélice 58 x 27 inches, 1,47 x 0,69 m • Réducteur à courroie en V rapport de réduction 2/1 • Poussée statique maximale 215 lbs, 98 kgp • Rapport puissance/surface alaire 0,24 hp/ft², 2,6 CV/m² • Carburant emporté 4 US gallons 3,3 Imp gal. 15,1 litres.

4-MASSES ET CHARGES

Masse à vide 246 lbs, 112 kg • Masse maximale au décollage 500 lbs, 227 kg • Charge utile 254 lbs, 115 kg • Charge alaire maximale 3,47 lbs/ft², 16,9 kg/m² • Rapport poids/puissance 14,3 lbs/hp, 6,5 kg/CV • Facteurs de charges calculées NC + 5,6 g — 2,8 g à rupture.

5-PERFORMANCES*

Vitesse maximale en palier 65 mph, 105 km/h • Vne 70 mph, 113 km/h • Croisière (maximale) 50 mph, 80 km/h • Croisière (économique) 45 mph, 72 km/h • Vitesse de décrochage 25 mph, 40 km/h • Vitesse ascensionnelle (au niveau de la mer) 1000 ft/min, 5,1 m/s • Taux de chute minimal 430 ft/min à 29 mph, 2,2 m/s à 46 km/h • Finesse maximale 8/1 à 26 mph, 42 kmh • Roulage au décollage 100 ft, 30 m • Roulage à l'atterrissage 100 ft, 30 m • Plafond pratique 14 000 ft, 4420 m • Distance franchissable maximale 105 miles, 169 km.

* Conditions du test non spécifiées.

Ultralight Flight *Phantom*
(3 axes)

Monoplace monomoteur à l'aile haute, pilotage 3 axes conventionnel. Voilure sans flèche au bord d'attaque et au bord de fuite, corde constante; empennage cruciforme. Tangage par gouverne (s) de profondeur articulée sur le plan fixe horizontal; lacet par gouvernail de direction articulé sur la dérive; roulis par ailerons sur toute l'envergure de l'aile; commande au manche pour le tangage et le roulis, palonnier pour le lacet. Voilure haubanée sol par câbles, vol par câbles; profil d'aile NC, à double entoilage. Atterrisseur tricycle avec béquille arrière; suspension par sandows sur toutes les roues. Roue avant directrice conjuguée au palonnier. Freins sur les roues du train principal (sur option). Structure en tubes de duralumin avec carénage, moteur monté au dessus de l'aile, utilisé en tractif.

1-Conçu sous la direction de John Dempsey, le *Phantom* a réédité en 1982 l'exploit du *Mirage* l'année précédente au Sun-'n-Fun de Lakeland, Floride, où il a remporté le prix récompensant l'avion le plus exceptionnel. Dans son essai en vol publié dans le numéro de janvier de *Glider Rider,* Douglas Barth a parfaitement situé cet appareil comme « un avion qui sort agréablement de l'ordinaire mais conçu pour des pilotes ordinaires ».
Quoique Ultralight Flight se refuse à le vendre en tant que tel, son *Phantom* a bel et bien été conçu en tant qu'ULM de voltige. Ses performances le prouvent éloquemment : il est capable d'un taux de roulis extraordinaire pour un *ultralight,* passant de 45° d'inclinaison sur une aile à 45° d'inclinaison sur l'autre aile en 1,5 sec ! Sa voilure a été testée jusqu'à + 9 et — 6,6 Gs à rupture avec l'avion à la masse de 420 lbs (190 kg), ce qui lui confère une enveloppe de + 6 et — 4,4 Gs à l'emploi. Ces tests ont été menés avec des câbles de section 3/32" alors que, sur les appareils de série, ceux-ci ont été accrus jusqu'à 1/8". L'appareil est livré en kit donné pour 35 h d'assemblage au prix de **5 995 US $.** Les options portent principalement sur des flotteurs, des carénages de roues, des instruments de bord et, comme pour le *Mirage,* sur le moteur Cuyuna 430RL puisque le *Phantom* est lui aussi équipé du Kawasaki TA-440A en version standard aux USA. En Europe, par contre, avec réservoir de 5 US gallons (18,9 litres), l'appareil est doté de *moteurs* Fuji-Robin. Prix en France : en kit avec Fuji-Robin EC34PM 32 cv, **49 800 F t.t.c;** avec EC44PM 50 cv, **51 000 F t.t.c.;** montage et test par l'importateur, **3 500 F t.t.c.** (l'appareil n'est fourni en kit qu'aux professionnels).

2-DIMENSIONS EXTERIEURES ET SURFACES

Longueur hors tout 16,5 ft, 5,02 m • Hauteur hors tout 8,8 ft, 2,69 m • Envergure (aile) 28,5 ft, 8,68 m • Corde constante 5 ft, 1,52 m • Dièdre 2° • Flèche 0° • Plan fixe horizontal, envergure 7,9 ft, 2,40 m • Hauteur plan fixe vertical 5 ft, 1,52 m • Surface alaire totale 142 ft², 13,2 m² • Surface totale des ailerons

Skyriders

19,8 ft^2, 1,84 m^2 • Surface du plan fixe vertical 5,8 ft^2, 0,54 m^2 • Surface du gouvernail de direction 8,6 ft^2, 0,80 m^2 • Surface du plan fixe horizontal 11,8 ft^2, 1,10 m^2 • Surface totale des gouvernes de profondeur 9,8 ft^2, 0,91 m^2 • Allongement 5,7/1 • Voie du train 3,4 ft, 1,05 m • Empattement 3,7 ft, 1,14 m • Diamètre de la roue avant 10 inches, 25 cm • Diamètre des roues principales 10 inches, 25 cm.

3-MOTORISATION
Moteur Kawasaki TA 440A • Puissance maximale 38,5 CV à 6000 tr/mn • Diamètre et pas de l'hélice 58 x 27 inches, 1,47 x 0,69 m • Réducteur à courroie en V crantée rapport de réduction 2,4/1 • Poussée statique maximale 210 lbs, 95 kgp • Rapport puissance/surface alaire 0,27 hp/ft^2, 2,9 CV/m^2 • Carburant emporté 3,7 US gallons 3,1 Imp gal. 14 litres.

4-MASSES ET CHARGES
Masse à vide 250 lbs, 113 kg • Masse maximale au décollage 510 lbs, 231 kg • Charge utile 260 lbs, 118 kg • Charge alaire maximale 3,59 lbs/ft^2, 17,5 kg/m^2 • Rapport poids/puissance 13,8 lbs/hp, 6 kg/CV • Facteurs de charges + 6,6 g — 4,4 g calculées — > + 9,9 g — >6,6 g à rupture.

5-PERFORMANCES*
Vitesse maximale en palier 61 mph, 98 km/h • Vne 100 mph, 161 km/h • Croisière (maximale) 50 mph, 80 km/h • Croisière (économique) 40 mph, 64 km/h • Vitesse de décrochage 26 mph, 42 km/h • Vitesse ascensionnelle (au niveau de la mer) 800 ft/min, 4,1 m/s • Taux de chute minimal 490 ft/min à 35 mph, 2,5 m/s à 56 km/h • Finesse maximale 7/1 à 38 mph, 61 km/h • Roulage au décollage 100 ft, 30 m • Roulage à l'atterrissage 100 ft, 30 m • Plafond pratique 14500 ft, 4420 m • Distance franchissable maximale 130 miles, 209 km.

*** Mesurées dans les conditions suivantes : altitude QNH 0 ft, 0 m • Température au sol standard • Vent du sol 0 mph, 0 km/h • Poids total 510 lbs, 231 kg.**
Avec moteur ci-dessus.

ULTRALITE SOARING

Ultralite Soaring (US) Incorporated, 3411 N.E. 6 th Court, Pompano Beach, Florida 33064, telephone (305) 785-7853. Sky-Tractor of America, Rt.3, Box 336, Montgomery, Alabama 36110, Mr Daryl Greer.

Ultralite Soaring *Wizard I*
(pendulaire)

Monoplace monomoteur à l'aile haute, pilotage pendulaire. Voilure sans flèche au bord d'attaque et au bord de fuite, corde constante; empennage cruciforme; commande par déplacement du centre gravité pour le tangage, le lacet et le roulis. Le pilote est suspendu sous la voilure et utilise un trapèze de commande (pilotage par déplacement du centre de gravité par rapport au centre de poussée). Voilure haubanée sol par câbles, vol par câbles; à simple entoilage. Atterrisseur tricycle avec béquille arrière; et suspension sur toutes les roues. Roue non directrice. Sans freins. Structure en tubes de duralumin sans carénage de nez. Moteur monté sous l'aile, utilisé en propulsif.

1-Ultralite Soaring Inc. a été fondé par Bruce Gray qui commença ses activités dans l'Aviation ultralégère aux tout débuts de celle-ci, en fabriquant des trains d'atterrissage pour les planeurs ultralégers *Quicksilver* (voir Eipper Aircraft). Cette firme propose aujourd'hui toute une série d'appareils qui ont en commun l'appellation de *Wizard* (le magicien, en français dans le texte) et de semblables configurations et technologies. Cette variation sur un même thème permet d'assortir l'appareil en fonction des goûts particuliers de l'acquéreur. Pour plus de clarté dans la présentation de cette gamme très complète, nous ne respecterons pas l'ordre alphabétique habituel, lui préférant une présentation logique. Celle-ci part du modèle de base le *Wizard I*, monoplace de pilotage pendulaire, pour aborder ensuite les *Wizard J-2*, monoplace hybride, *Wizard J-3* trois axes, *Sky-Tractor* monoplace agricole et, enfin, le *Wizard T-38* biplace.

Tous les appareils des types W-I, J-2 et J-3 peuvent recevoir soit un moteur Yamaha 15 cv et sont alors désignés W-IY, J-2Y et J-3Y, soit un Kawasaki 38,5 cv avec, en ce cas, la désignation de W-IK, J-2K et J-3K. Les bâtis moteur sont standards aux divers moteurs et permettent de changer de motorisation en moins de 5 minutes. U.S. Inc. propose d'ailleurs des ensembles moteurs complets incluant hélice, réducteur, réservoir de carburant, démarreur électrique et batterie : Yamaha KT-100S 15 cv **1 500 US $**; Rotax-277 28 cv **1 800 $**; Rotax-377 34 cv **2 050 $**; Rotax-503 46 cv **2 225 $** et Kawasaki TA-440A 38,5 cv **2 225 $** (prix mars 1983).

Le modèle de base est le *Wizard W-1*, de pilotage pendulaire pur, sans gouvernes d'appoint. Cet appareil qu'on peut juger comme d'une configuration très proche des *Quicksilver* monoplaces de Eipper Aircraft, en diffère cependant beaucoup au plan de la structure. Il a en effet été directement conçu en tant qu'ULM, ce qui n'était pas le cas des premiers *Quick*, planeurs ultralégers de pilotage pendulaire au départ et motorisés par la suite. Il est vrai aussi que ceux-ci le furent dès 1978 alors que le *Wizard* n'est apparu que postérieurement. En version standard le *Wizard W-1* comporte une suspension du train principal par barre de torsion ajustable. Les options portent sur des flotteurs, une roue avant directrice, des freins et le montage du moteur au-dessus de la voilure. Il est commercialisé sous forme de kit au prix de **1 800 US $** sans motorisation, donné pour 45 minutes d'assemblage seulement.

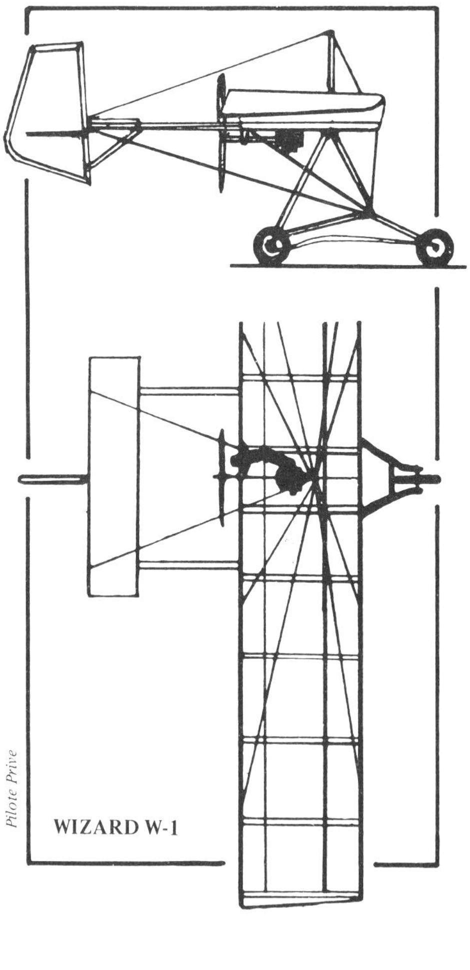

Pilote Privé

WIZARD W-1

2-DIMENSIONS EXTERIEURES ET SURFACES
Longueur hors tout 17 ft, 5,18 m • Hauteur hors tout 10,4 ft, 3,17 m • Envergure (aile) 32,3 ft, 9,86 m • Corde constante 5 ft, 1,52 m • Dièdre 12° • Flèche 0° • Surface alaire totale 162 ft^2, 15 m^2 • Allongement 6,5/1 • Diamètre de la roue avant 16 inches, 41 cm • Autres caractéristiques NC.

3-MOTORISATION
Moteur Yamaha KT 100S • Puissance maximale 15 CV à 10000 tr/mn • Diamètre et pas de l'hélice 48 x 20 inches, 1,22 x 0,51 m • Réducteur à courroie rapport de réduction 3/1 • Poussée statique maximale NC • Rapport puissance/surface alaire 0,09 hp/ft², 1 CV/m² • Carburant emporté 3,2 US gallons 2,7 Imp gal. 12,1 litres.

4-MASSES ET CHARGES
Masse à vide 167 lbs, 76 kg • Masse maximale au décollage 450 lbs, 204 kg • Charge utile 283 lbs, 128 kg • Charge alaire maximale 2,79 lbs/ft², 13,6 kg/m² • Rapport poids/puissance 30 lbs/hp, 13,6 kg/CV • Facteurs de charges NC.

5-PERFORMANCES*
Vitesse maximale en palier 42 mph, 68 km/h • Vne 65 mph, 105 km/h • Croisière (maximale) 35 mph, 56 km/h • Vitesse de décrochage 17 mph, 27 km/h • Vitesse ascensionnelle (au niveau de la mer) 300 ft/min, 1,5 m/s • Finesse maximale 9/1 à vitesse NC • Roulage au décollage 100 ft, 30 m • Roulage à l'atterrissage 50 ft, 15 m • Plafond pratique 12500 ft, 3800 m • Autres caractéristiques NC.

* Conditions du test non spécifiées.

Ultralite Soaring
Wizard J-2
(2 axes)

1-Le type **J-2** est la version de pilotage 2 axes du *Wizard W-1*, modifié par une option assistant les déplacements du pilote dans son siège harnais avec des spoilerons et une gouverne de profondeur de faible surface. Prix hors moteur : **1 900 US $**; avec moteur Rotax 277, **3 895 US $.**

2-DIMENSIONS EXTERIEURES ET SURFACES
Voir le *Wizard W—1.*

3-MOTORISATION
Moteur Rotax 277 • Puissance maximale 28 CV à 6000 tr/mn • Diamètre et pas de l'hélice 58 x 30 inches, 1,47 x 0,76 m • Réducteur à courroie crantée rapport de réduction 2,4/1 • Poussée statique maximale 185 lbs, 84 kgp • Rapport puissance/surface alaire 0,17 hp/ft², 1,9 CV/m² • Carburant emporté 4,3 US gallons 3,5 Imp gal. 16,1 litres.

4-MASSES ET CHARGES
Voir le *Wizard W-1* sauf : masse à vide 175 lbs, 79 kg • Charge utile 273 lbs, 124 kg.

5-PERFORMANCES*
Vitesse maximale en palier 40 mph, 64 km/h • Vne 65 mph, 105 km/h • Croisière 35 mph, 56 km/h • Vitesse de décrochage 19 mph, 31 km/h • Vitesse ascensionnelle (au niveau de la mer) 500 ft/min, 2,5 m/s • Autres caractéristiques NC.

* Conditions du test non spécifiées.

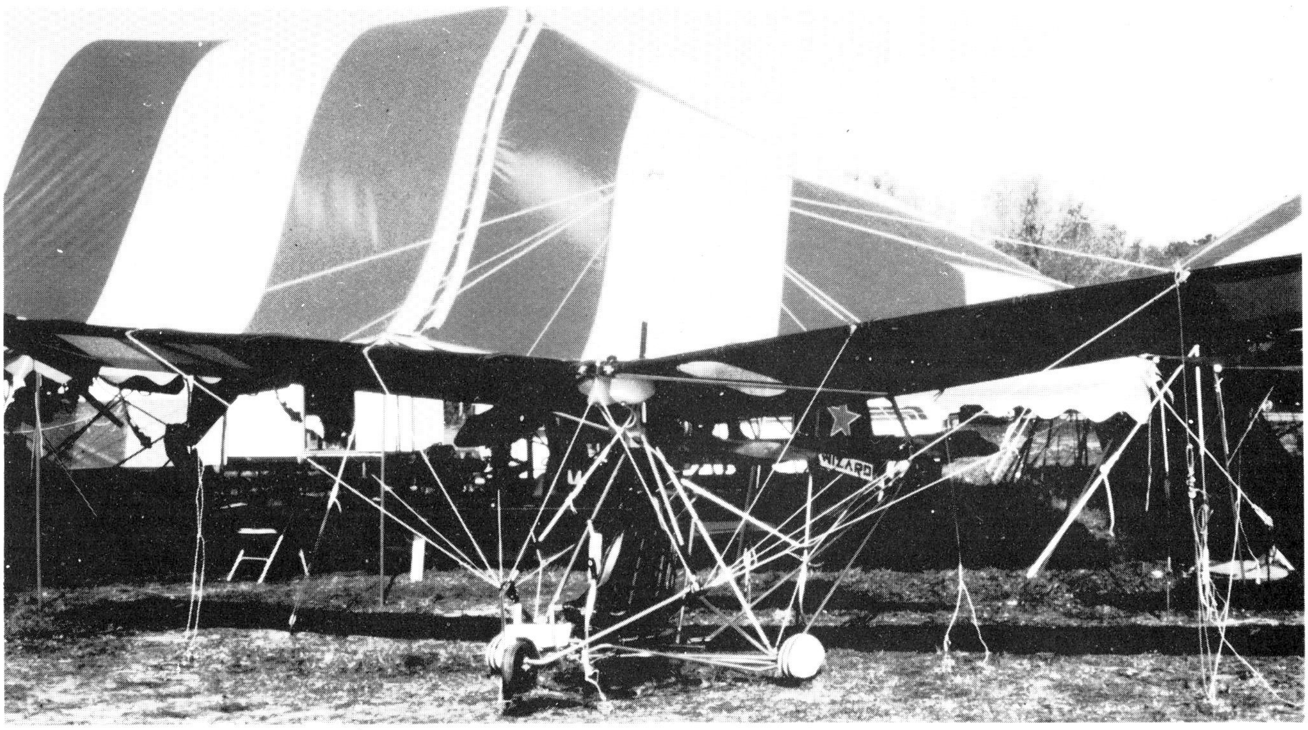

Valérie Guillierme

Ultralite Soaring ▲
Wizard J-3
(3 axes)

Monoplace monoteur à aile haute, pilotage 3 axes conventionnel. Voilure sans flèche au bord d'attaque et au bord de fuite, corde constante; empennage cruciforme. Tangage par gouverne de profondeur monobloc, lacet par gouvernail de direction monobloc articulé sur une quille, roulis par spoilerons (pour le Wizard J3), par ailerons (pour le Wizard J3 magnum); commande au manche pour le tangage et le roulis, au palonnier pour le lacet. Voilure haubanée sol et vol par câbles, profil d'aile NC à simple entoilage. Atterrisseur tricycle avec béquille arrière; suspension par barre de torsion sur toutes les roues. Sur option roue avant directrice conjuguée au palonnier. Frein sur la roue avant et sur option freins sur les roues du train principal. Structure en tubes de duralumin, avec carénage de nez sur option. Moteur monté sous l'aile (au dessus de l'aile sur option) et utilisé en propulsif.

1-Bien que très proche de conception des *W-1* et *W-2*, le *Wizard J-3* comporte un certain nombre de modifications par rapport à ces deux précédents modèles. S'agissant d'un monoplace 3 axes de pilotage conventionnel, le siège de son pilote est fixé rigidement et l'appareil, doté d'un manche et d'un palonnier. Son empennage a été redessiné rendant le *J-3* facilement reconnaissable avec son gouvernail de direction monobloc en L inversé, débordant au-dessus de l'empennage horizontal.

En version standard, l'appareil est équipé d'un frein sur la roulette de nez, des freins sur les roues principales restant optionnels. Sur option aussi, il peut être transformé en *J-3 Magnum* avec le remplacement des spoilerons du *J-3* standard par des ailerons. Les autres options proposées sont les mêmes que pour le *Wizard W-1*. La parution de novembre 1982 de *Glider Rider* présentait un essai du J-3 par Joel Strait.

Le kit de la version standard est donné pour 25 h d'assemblage et vendu **2 500 $** sans la motorisation. Avec le Kawasaki TA-440A de 38,5 cv, le prix (juin 1983) est **4 720 $.**

2-DIMENSIONS EXTERIEURES ET SURFACES
Longueur hors tout 17 ft, 5,18 m • Hauteur hors tout 10,2 ft, 3,09 m • Envergure (aile) 32,3 ft, 9,86 m • Corde constante 5 ft, 1,52 m • Dièdre 12° • Flèche 0° • Plan fixe horizontal, envergure 9 ft, 2,74 m • Surface alaire totale 162 ft², 15 m² • Surface totale des spoi-

lerons 7,6 ft^2, 0,70 m^2 • Surface du gouvernail de direction 12 ft^2, 1,11 m^2 • Surface du plan fixe horizontal 18 ft^2, 1,67 m^2 • Surface totale des gouvernes de profondeur 8 ft^2, 0,74 m^2 • Allongement 6,5/1 • Voie du train 6,6 ft, 2 m • Empattement 6 ft, 1,83 m • Diamètre de la roue avant 8 inches, 20 cm • Diamètre des roues principales 8 inches, 20 cm.

3-MOTORISATION
Moteur Kawasaki TA 440A • Puissance maximale 38,5 CV à 6000 tr/mn • Diamètre et pas de l'hélice 58 x 30 inches, 1,47 x 0,76 m • Réducteur à courroie crantée rapport de réduction 2,4/1 • Poussée statique maximale 245 lbs, 111 kgp • Rapport puissance/surface alaire 0,24 hp/ft^2, 2,56 CV/m^2 • Carburant emporté 4,3 US gallons 3,5 Imp gal. 16,1 litres.

4-MASSES ET CHARGES
Masse à vide 250 lbs, 113 kg • Masse maximale au décollage 550 lbs, 249 kg • Charge utile 300 lbs, 136 kg • Charge alaire maximale 3,39 lbs/ft^2, 16,6 kg/m^2 • Rapport poids/puissance 14,3 lbs/hp, 6,5 kg/CV • Facteurs de charges NC.

5-PERFORMANCES*
Vitesse maximale en palier 50 mph, 80 km/h • Vne 65 mph, 105 km/h • Croisière (maximale 40 mph, 64 km/h • Croisière (économique) 35 mph, 56 km/h • Vitesse de décrochage 20 mph, 32 km/h • Vitesse ascensionnelle (au niveau de la mer) 900 ft/min, 4,6 m/s • Taux de chute minimal 500 ft/min à 30 mph, 2,5 m/s à 48 km/h • Finesse maximale 9/1 à 30 mph, 48 km/h • Roulage au décollage 50 ft, 15 m • Roulage à l'atterrissage 50 ft, 15 m • Plafond pratique 12500 ft, 3800 m • Distance franchissable maximale 100 miles, 161 km.

* Mesurées dans les conditions suivantes : altitude QNH 0 ft, 0 m • Température au sol 70° F, 21° C • Vent au sol 0 mph, 0 km/h • Poids du pilote 185 lbs, 84 kg.
Avec moteur ci-dessus.

Ultralite Soaring
Wizard Sky-Tractor
(3 axes)

Même description que pour le *Wizard J-3* ci-avant dont le *Sky-Tractor* est une version d'épandage agricole.

1-Révélé à l'occasion du Sun-'n-Fun de mars 1983 à Lakeland, Floride, ce *Wizard Sky-Tractor* reste un *Ultralight* avec une masse à vide de 222 lbs (100,5 kg) hors équipement spécial. Ce qui lui vaut de rester pilotable sans brevet de pilote aux USA. Il est équipable en appareil d'épandage agricole avec deux pulvérisateurs atomizers sous chaque aile. Son prix restant fonction des besoins spécifiques du client, nous renvoyons le lecteur intéressé à l'adresse de Sky-Tractof of america qui se charge de la diffusion de cet appareil. Celui-ci est équipé en version standard du moteur Rotax 503 de 46 cv.

2-DIMENSIONS EXTERIEURES
ET SURFACES
Voir le *Wizard J-3* sauf : hauteur hors tout 10,3 ft, 3,14 m • Diamètre de la roue avant 10 inches, 25 cm • Diamètre des roues principales 12 inches, 30 cm.

3-MOTORISATION
Moteur Rotax 503 • Puissance maximale 46 CV à 6500 tr/mn • Diamètre et pas de l'hélice 60 x 30 inches, 1,52 x 0,76 m • Réducteur à courroie crantée rapport de réduction 2,4/1 • Poussée statique maximale 325 lbs, 147 kgp • Rapport puissance/surface alaire 0,28 hp/ft^2, 3,1 CV/m^2 • Carburant emporté 4,3 US gallons 3,5 Imp gal. 16,1 litres.

4-MASSES ET CHARGES
Masse à vide 300 lbs, 136 kg • Masse maximale au décollage 600 lbs, 272 kg • Charge utile 300 lbs, 136 kg • Charge alaire maximale 3,72 lbs/ft^2, 18,1 kg/m^2 • Rapport poids/puissance 13 lbs/hp, 5,9 kg/CV • Facteurs de charges NC.

5-PERFORMANCES NC.

Ultralite Soaring
Wizard T-38
(3 axes)

Biplace côte à côte monomoteur à l'aile haute, pilotage 3 axes conventionnel. Voilure sans flèche au bord d'attaque et au bord de fuite, corde constante; empennage cruciforme. Tangage par gouverne (s) de profondeur articulée sur le plan fixe horizontal; lacet par gouvernail de direction monobloc; roulis par spoilers sur un tiers de l'envergure de l'aile; commande au manche pour le tangage et le roulis, palonnier pour le lacet. Voilure haubanée sol par câbles, vol par câbles; à simple entoilage. Atterrisseur tricycle avec béquille arrière; suspension sur toutes les roues. Roue avant directrice conjuguée au palonnier. Freins N.C. Moteur monté sous l'aile, utilisé en propulsif.

1-Le prototype de la version biplace des *Wizard* a effectué ses premiers vols en fin 1982 et est commercialisé sous la dénomination de *T-38* depuis janvier 1983. S'agissant d'un biplace, cet appareil est bien sûr classé *Experimental Aircraft* aux USA ce qui impose son immatriculation et un brevet de pilote stagiaire au minimum pour son pilote. Le *T-38* est commercialisé par US Inc. sous forme de kits donnés pour 1 h 30 d'assemblage et disponible en deux versions: avec deux sièges séparés et équipé de doubles commandes, pour **4 800 US $**; avec simple commande et une banquette unique, pour **4 600 US $**. Ces prix ne comprennent pas la motorisation qui, pour ce modèle, est le Rotax 503 de 46 cv.

2-DIMENSIONS EXTERIEURES
ET SURFACES
Voir le *Wizard J-3* sauf : hauteur hors tout 10,3 ft, 3,14 m • Envergure (aile) 38 ft, 11,58 m • Surface alaire totale 190 ft^2, 17,7 m^2 • Allongement 7,6/1 • Diamètre de la roue avant 10 inches, 25 cm • Diamètre des roues principales 10 inches, 25 cm.

3-MOTORISATION
Voir le *Wizard Sky-Tractor* sauf : Rapport puissance/surface alaire 0,24 hp/ft^2, 2,6 CV/m^2

4-MASSES ET CHARGES
Masse à vide 330 lbs, 150 kg • Masse maximale au décollage 750 lbs, 340 kg • Charge utile 420 lbs, 190 kg • Charge alaire maximale 3,94 lbs/ft^2, 19,2 kg/m^2 • Rapport poids/puissance 16,3 lbs/hp, 7,4 kg/CV • Facteurs de charges NC.

5-PERFORMANCES*
Vitesse maximale en palier 45 mph, 72 km/h • Vne 65 mph, 105 km/h • Croisière (maximale) 40 mph, 64 km/h • Croisière (économique) 35 mph, 56 km/h • Vitesse de décrochage 26 mph, 42 km/h • Vitesse ascensionnelle (au niveau de la mer) 600 ft/min, 3,1 m/s • Taux de chute minimal 600 ft/min à 35 mph, 3,1 m/s à 56 km/h • Finesse maximale NC • Roulage au décollage 150 ft, 45 m • Roulage à l'atterrisage 75 ft, 23 m • Plafond pratique 10000 ft, 3050 m • Distance franchissable maximale 50 miles, 80 km.

* Mesurées dans les conditions suivantes : altitude QNH 0 ft, 0 m • Température au sol 70° F, 21° C • Vent au sol 0 mph, 0 km/h • Poids du pilote 185 lbs, 84 kg • Poids du passager 185 lbs, 84 kg.
Avec moteur ci-dessus.

WARPATH AVIATION

Warpath Aviation, Box 225, Piggott, Arkansas 72454, téléphone (501) 598-3041. Société en cours de réimplantation : nouvelle adresse encore inconnue.

Warpath Aviation
Mohawk
(3 axes)

Monoplace bimoteur à l'aile haute, pilotage 3 axes conventionnel. Voilure sans flèche au bord d'attaque et au bord de fuite, corde constante; empennage bidérive. Tangage par gouverne (s) de profondeur articulée sur le plan fixe horizontal; lacet par gouvernails de direction articulés sur les dérives; roulis par ailerons sur la moitié de l'envergure de l'aile; commande au manche pour le tangage et le roulis palonnier pour le lacet. Voilure haubanée portée par des mâts; à double entoilage. Atterrisseur classique avec 2 roulettes de queue, suspension par ressorts des 2 roulettes de queue et suspension par lame en fibre de verre du train principal. Roue non directrice. Freins sur les roues du train principal. Structure en tubes de duralumin, en fibre de verre en bois avec entoilage et en tube d'acier, habitacle fermé. Moteurs montés au niveau de l'aile, utilisés en tractif.

1-Conçu par Bobby Baker, le prototype du Warpath *Mohawk* a effectué son premier vol en novembre 1981. Il est indisponible depuis fin 1982 sous forme d'une liasse de plans pour les constructeurs amateurs (**100 US $**) ou en kit donné pour 400 h d'assemblage et pour **1 750 US $** hors les moteurs. Cependant, Warpath Aviation a aussi prévu la commercialisation de cet appareil livré construit. Le Mohawk est transportable sur remorque routière, sa mise en œuvre ou son pliage nécessitant 20 min pour 2 personnes.

2-DIMENSIONS EXTERIEURES
ET SURFACES
Longueur hors tout 16,3 ft, 4,95 m • Hauteur hors tout 6,8 ft, 2,08 m • Envergure (aile) 30 ft, 9,14 m • Corde constante 4,5 ft, 1,37 m • Dièdre 0° • Flèche 0° • Surface alaire totale 130 ft^2, 12,1 m^2 • Allongement 6,9/1 • Voie du train 5 ft, 1,52 m • Autres caractéristiques NC.

3-MOTORISATION
Moteurs 2 Cuyuna 215R • Puissance maximale 20 CV chacun à 5500 tr/mn • Diamètre et pas

de l'hélice 33 x 10 inches, 0,84 x 0,25 m • Réducteur à courroie rapport de réduction 2,1/1 • Poussée statique maximale 300 lbs, 136 kgp • Rapport puissance/surface alaire 0,31 hp/ft^2, 3,3 CV/m^2 • Carburant emporté 5 US gallons, 4,2 Imp gal., 18,9 litres.

4-MASSES ET CHARGES
Masse à vide 240 lbs, 109 kg • Masse maximale au décollage 550 lbs, 249 kg • Charge utile 310 lbs, 141 kg • Charge alaire maximale 4,23 lbs/ft^2, 20,6 kg/m^2 • Rapport poids/puissance 13,8 lbs/hp, 6,2 kg/CV • Facteurs de charges NC.

5-PERFORMANCES*
Vitesse maximale en palier 64 mph, 103 km/h • Vne 80 mph, 129 km/h • Croisière (maximale) 50 mph, 80 km/h • Croisière (économique) 40 mph, 64 km/h • Vitesse de décrochage 22 mph, 35 km/h • Vitesse ascensionnelle maximale (au niveau de la mer) 500 ft/min, 2,5 m/s • Roulage au décollage 250 ft, 75 m • Autres caractéristiques NC.

* Conditions du test non spécifiées.

Warpath Aviation
Mohawk X
(3 axes)

Version monomoteur et à train tricycle avec 2 roulettes de queue du Mohawk standard. Le moteur est monté au niveau de l'aile et utilisé en propulsif.

1-Bobby Baker a annoncé l'apparition pour avril 1983 d'un modèle baptisé *Mohawk X*, différant principalement d'avec la version standard par l'adoption d'un train tricycle à roue avant rétractable dans un fuselage allongé vers l'avant. Le *Mohawk X* n'emploiera qu'un seul moteur Cuyuna 430R avec réduction 1/3, utilisé en tractif et logé sous carénage au dessus de l'aile, à l'avant de celle-ci. La voilure comportera des volets hypersustentateurs entre les ailerons et les deux poutres portant l'empennage bidérive, ces dernières venant en tube d'aluminium ainsi que les longerons de l'aile (en matériaux composites et bois sur le modèle standard). Les ailes extérieures pourront pivoter pour venir se ranger le long de l'empennage bipoutre et faciliter le transport sur remorque routière. La structure du type *X* sera entièrement redessinée pour permettre une construction plus rapide. La commercialisation est prévue sous forme d'un kit donné pour 60 h d'assemblage et d'un prix estimé à **5 800 US $** ou l'avion livré presque prêt à voler, avec 20 h d'assemblage et d'un prix estimé à **6 800 US $.**

2-DIMENSIONS EXTERIEURES ET SURFACES
Longueur hors tout 16,3 ft, 4,95 m • Hauteur hors tout 8 ft, 2,44 m • Envergure (aile) 32 ft, 9,75 m • Voie du train 5 ft, 1,52 m • Autres caractéristiques NC.

3-MOTORISATION
Moteur Cuyuna 430 • Puissance maximale 35 CV x NC tr/mn • Diamètre et pas de l'hélice 60 x NC inches, 1,52 x NC m • Réducteur type NC rapport de réduction 3/1 • Autres caractéristiques NC.

4-MASSES ET CHARGES
Masse à vide 250 lbs, 113 kg • Masse maximale au décollage 550 lbs, 249 kg • Charge utile 300 lbs, 136 kg • Charge alaire maximale 15,7 lbs/ft^2, 7,1 kg/m^2 • Autres caractéristiques NC.

5-PERFORMANCES*
Vitesse maximale en palier 64 mph, 103 km/h • Autres caractéristiques NC.

* Conditions du test non spécifiées.

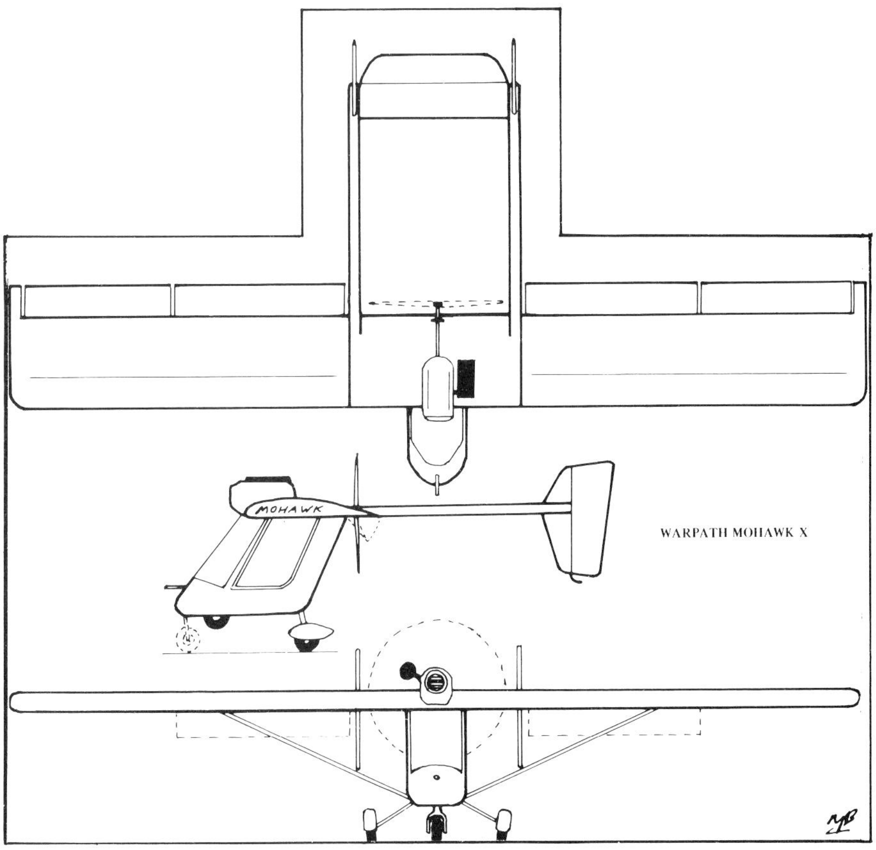

WEED-HOPPER OF UTAH

Weedhopper of Utah Incorporated, P.O. Box 2253 G, Ogden, Utah 84404, telephone (801) 621-3941.
Importateur : Weedhopper Europe, 34, Square Vergote, 1030 Bruxelles, Belgique.

Weedhopper of Utah
JC-24C Weedhopper
(2 axes)

Monoplace monomoteur à l'aile haute, pilotage 2 axes, voilure flèche au bord d'attaque flèche inverse au bord de fuite, corde dégressive; empennage cruciforme. Tangage par gouverne (s) de profondeur articulée sur le plan fixe horizontal; lacet par gouvernail de direction articulé sur la dérive; commande au manche pour le tangage et le lacet. Voilure haubanée portée par des mâts; à simple entoilage. Atterrisseur tricycle; sans suspension. Roue avant directrice non conjuguée au palonnier. Sans freins. Structure en tubes de duralumin sans carénage de nez. Moteur monté au niveau de l'aile, utilisé en tractif.

U.S.A.

Premier 2 axes biplace commercialisé, le JC 31 A Wheedhopper Two ▲

1-Weedhopper of Utah fut fondé en 1977 par John Chotia. Celui-ci avait demandé à Klaus Hill (créateur par ailleurs des *Hummingbird, Hummer* et du célèbre PUL *Fledgling)* de concevoir un ultraléger motorisé d'un prix de revient minimal. Ce design ne fut pas accepté tel. Il s'agissait d'une aile volante. Dotée d'un empennage par John Chotia, celle-ci donna cours au JC-24 qui fut le type de base des *Weedhopper,* John s'étant pour sa part inspiré de la fameuse *Demoiselle 20* de Santos-Dumont. Deux prototypes subirent un programme d'essai élaboré qui débouchèrent sur deux appareils de présérie en février 1978. En novembre 1979, un nouveau prototype effectua ses premiers vols, différant des appareils commercialisés à cette époque de par une surface alaire accrue.

En 1981, Weedhopper of Utah proposait trois modèles différents, issus de ces recherches menées par John lui-même, ancien ingénieur de la NASA, spécialisé dans les résistances des matériaux et qui avait déjà conçu divers planeurs ultralégers et avions légers. Le modèle standard à l'époque restait encore le JC-24B *Weedhopper :* version à structure simplifiée par rapport à celle des prototypes et du JC-24 premier commercialisé, celui-ci pouvait être sur option muni de spoilers le transformant en ULM de pilotage 3 axes. Il fut remplacé par le type JC-24C apparu cette année-là, doté d'un bâti moteur redessiné et avec une finition plus poussée : tubes anodisés noir, siège plus confortable. Le troisième modèle de 1981, enfin, fut tout d'abord désigné JC-24BL *Weedhopper Two,* appellation qui sera ensuite reprise pour le modèle biplace de la firme : il s'agissait d'une version « Soaring » (vol à voile) du modèle de base, avec une voilure d'envergure et de surface augmentées et des renforts structuraux; doté de spoilers, ce JC-24BL ne connut qu'une diffusion très restreinte. Pour les passionnés d'histoire, signalons encore une version CJ-24P *Pingouin,* modèle du JC-24C dont les ailes avaient été rognées pour l'interdire de vol; destiné aux dealers de Weedhopper of Utah, ce type JC-24P se résumait en fait à un kit de voilure diminué et était censé faciliter l'apprentissage du pilotage... au sol.

Ayant effectué ses premiers vols en 1980, commercialisé dès mars 1981 le type CJ-31A biplace côte à côte reprit par la suite l'appellation de *Weedhopper Two* du JC-24BL. Il fut d'abord réservé aux dealers de la firme avant d'être commercialisé sans autre restriction et n'a rencontré qu'un succès très relatif. John Chotia s'est tué le 27 octobre 1981 au cours d'un vol sur un prototype de sa conception, le JC-35 *Rocket.* Le 30 décembre 1982, Weedhopper of Utah a été déclaré en faillite, ce qui au regard de la législation américaine, ne signifie pas pour autant la fin de cette société. Susan Boman, veuve de John Chotia, continue à assumer la présidence de Weedhopper of Utah pendant la réorganisation de la firme qui a axé sa production sur le seul JC-24C monoplace, le JC-31 biplace n'étant actuellement plus produit. Le vice-président de la firme, Dick Jones, annonçait cependant, en début 1983 qu'un nouveau biplace était en cours de développement et que d'autres motorisations seraient proposées pour le JC-24C que le seul moteur Chotia 460. Celui-ci fut le premier moteur au monde conçu dès le départ pour un ULM mais sur la fiabilité duquel les avis demeurent toujours très partagés. Issues de l'expérience acquise avec le type JC-24BL des extrémités d'ailes rallongées de 3 ft (0,91 m) sont disponibles pour accroître les performances du *Weedhopper* en vol plané; cette transformation inclut des spoilers pour contrôler l'appareil en roulis. Sur option, aussi : roues de 16'' (40 cm) de diamètre **(75 US $)**, aile à double surface **(200 $)**, frein de roue avant **(35 $)** et housses de rangement **(80 $)**. Le JC-24C est vendu en kit donné pour 40 h d'assemblage, au prix de **4 095 US $.**

2-DIMENSIONS EXTERIEURES ET SURFACES
Longeur hors tout 18,5 ft, 5,64 m • Hauteur hors tout 6 ft, 1,83 m • Envergure (aile) 28 ft, 8,53 m • Corde moyenne 6 ft, 1,83 m • Surface alaire totale 168 ft², 15,6 m² • Allongement 4,7/1 • Diamètre de la roue avant 11 inches, 28 cm • Diamètre des roues principales 11 inches, 28 cm • Autres caractéristiques NC.

3-MOTORISATION
Moteur Chotia 460D • Puissance maximale 25 CV x 3700 tr/mn • Diamètre et pas de l'hélice 44 x 19 inches, 1,11 x 0,48 m • Sans réducteur • Poussée statique maximale NC • Rapport puissance/surface alaire 0,14 hp/ft², 1,6 CV/m² • Carburant emporté 3,5 US gallons 2,9 Imp gal. 13,2 litres.

4-MASSES ET CHARGES
Masse à vide 160 lbs, 73 kg • Masse maximale au décollage 380 lbs, 172 kg • Charge utile 220 lbs, 100 kg • Charge alaire maximale 2,26 lbs/ft², 11 kg/m² • Rapport poids/puissance 15,2 lbs/hp, 6,9 kg/CV • Facteurs de charges calculées NC + 5 g — 2 g à rupture.

5-PERFORMANCES*
Vitesse maximale en palier 50 mph, 80 km/h • Vne NC • Croisière (maximale) 40 mph, 64 km/h • Croisière (économique) 30 mph, 48 km/h • Vitesse de décrochage 20 mph, 32 km/h • Vitesse ascensionnelle maximale (au niveau de la mer) 600 ft/min, 3,1 m/s • Taux de chute minimal 350 ft/min, 1,7 m/s vitesse NC • Finesse maximale 7,3/1 à vitesse NC • Roulage au décollage 100 ft, 30 m • Roulage à l'atterrissage 75 ft, 23 m • Plafond pratique 10 000 ft, 3050 m • Distance franchissable maximale 90 miles, 145 km.

*** Conditions du test non spécifiées.**

WOLFE

Wolfe Aviation, P.O. Box 59, Elyria, Ohio 44036; tél. : (216) 324-7621. Concepteur Bruce Wolfe.

Wolfe
WAT
(pendulaire)

Monoplace, monomoteur à voilure souple, pilotage pendulaire. Voilure type Rogallo. Le pilote est suspendu sous la voilure dans un siège-harnais et utilise un trapèze de commande (pilotage par déplacement du centre de gravité par rapport au centre de poussée). Atterrisseur tricycle; suspension NC. Roue avant directrice non conjuguée au palonnier. Freins NC. Chariot en tubes de duralumin, avec carénage sur option. Moteur monté sous l'aile et utilisé en propulsif.

1-*WAT* est l'abréviation de Wolfe Aviation Trike. Ce chariot est difficile à décrire avec précision parce que Bruce Wolfe offre cet appareil avec de très importantes modifications d'une machine à l'autre, pour satisfaire aux goûts de ses clients. Sa conception de base est assez simple, avec un mât vertical unique en tubes de duralumin de section carrée et de 5 cm de côté, réglables en hauteur pour pouvoir s'adapter à différentes voilures. Mais, hors cette généralité, le *WAT* varie d'un modèle à l'autre et Bruce propose une large variété de moteurs, avec ou sans réducteur, diverses options de sièges et toute une sélection de trains d'atterrissage et de suspensions différentes. L'un de ces atterrisseurs reste encore unique en son genre sur un chariot pendulaire, puisque faisant appel à un train principal rétractable devant le moteur pour réduire la traînée de l'ensemble ! Le *WAT* est aussi disponible avec une double roue avant et un carénage en tissu peut lui être adapté.

Le moteur standard reste cependant le Cuyuna 215R avec lequel nous le détaillons ci-après autant qu'il est possible. Avec ce 215 cc et un réducteur, le *WAT* coûte **1 690 $.**

2-DIMENSIONS EXTERIEURES ET SURFACES
****Longueur hors tout 5 ft, 1,52 m • **Hauteur hors tout 7 ft, 2,13 m • Autres caractéristiques NC.**

3-MOTORISATION
Moteur Cuyuna 215 • Puissance maximale 22 CV x 6000 tr/mn • Diamètre et pas de l'hélice 50 x 20 inches, 1,27 x 0,51 m • Réducteur à courroie en V rapport de réduction 2/1 • Poussée statique maximale 160 lbs, 73 kgp • Rapport puissance/surface alaire NC • Carburant emporté 2 US gallons 1,7 Imp gal. 7,6 litres.

4-MASSES ET CHARGES
****Masse à vide 110 lbs, 50 kg • Autres caractéristiques NC.**

5-PERFORMANCES NC
****Chariot seulement.**

WREN AVIATION

Wren Aviation Incorporated, 1901 E. 51st Street South, Wichita, Kansas 67216, téléphone (316) 522-3055.

Wren Aviation
WREN
(3 axes)

Monoplace monomoteur à l'aile haute, pilotage 3 axes conventionnel. Voilure sans flèche au bord d'attaque, et flèche inverse au bord de fuite, corde dégressive; empennage classique. Tangage par gouverne (s) de profondeur articulée sur le plan fixe horizontal; lacet par gouvernail de direction articulé sur la dérive; roulis par ailerons sur la moitié de l'envergure de l'aile; commande au manche pour le tangage et le roulis, palonnier pour le lacet. Voilure haubanée portée par des mâts; profil d'aile NC à double entoilage. Atterrisseur classique béquille arrière; suspension du train principal. Roue non directrice. Freins. Fuselage en fibre de verre habitacle fermé. Moteur monté sous l'aile utilisé en tractif. Technologie : construction à base de matériaux composites essentiellement (fibre de verre, kevlar, mousse, epoxy) avec utilisation de bois.

1-Le monoplace *Wren* est un prototype dont le développement a été entrepris par Mark Calder dès 1981, en collaboration avec Stan Williams. Celui-ci dit avoir principalement axé son étude sur la sécurité passive : « crash survivability » - la survie en cas d'accident. En janvier 1983, Mark Calder annonçait qu'il allait faire subir un programme d'essais statiques à l'appareil, le prototype ayant effectué ses premiers vols au cours de l'année précédente. Les spécialistes en histoire aéronautique noteront que cette intéressante machine tire son nom du motoplaneur English Electric *Wren* qui fut l'un des vainqueurs du célèbre concours de Lympne en Grande-Bretagne, en octobre 1923. Peu d'indications sont actuellement données par Mark Calder sur sa création, d'un esprit et d'une configuration très proches du Goldwing Ltd *Nexus :* envergure 36 ft (10,97 m) ; surface alaire 140 ft² (13 m²) ; allongement 8/1; masse à vide 240 lbs (108,7 kg); masse maximale au décollage 450 lbs (204 kg); charge utile 210 lbs (95,3 kg) ; charge alaire maximale 3,21 lb/ft² (15,69 kg/m²). Avec un moteur Zenoah G25B utilisé à 20 CV avec un réducteur conçu par Mark Calder, les performances données avec un pilote de 170 lbs (77 kg) sont les suivantes : vitesse maximale en palier 60 mph (96,5 km/h); vitesse de décrochage 25 mph (40 km/h) et vitesse ascensionnelle 500 fpm (2,5 m/s).

Une première série de 20 appareils a été entamée en avril 1983. Le *Wren* est maintenant proposé sous forme de kit pour **4 400 US $** avec le moteur Zenoah et pour **4 700 US $** avec le Kawasaki. Monté, peint avec une seule couleur de base et essayé en vol avant livraison, il est vendu *6 200 US $* avec le Zenoah et **6 500 US $** avec le Kawasaki. Les options portent sur des carénages des roues (**100 $**), un habillage de l'intérieur de l'habitacle (**125 $**), le démarreur électrique (**150 $** avec batterie comprise), des flotteurs (**1 500 $**) et des skis (**100 $**).

2-DIMENSIONS EXTERIEURES ET SURFACES
Envergure (aile) 36 ft, 10,97 m • Corde moyenne 3,9 ft, 1,19 m • Allongement 9,3/1 • Voie du train 4,7 ft, 1,42 m • Autres caractéristiques NC.

3-MOTORISATION
Moteur Zenoah G25B • Puissance maximale 18 CV x NC tr/mn • Rapport puissance/surface alaire 0,13 hp/ft², 1,4 CV/m² • Autres caractéristiques NC.

4-MASSES ET CHARGES
Masse à vide 240 lbs, 109 kg • Masse maximale au décollage 450 lbs, 204 kg • Charge utile 200 lbs, 95 kg • Charge alaire maximale 3,21 lbs/ft², 15,7 kg/m² • Rapport poids/puissance 25 lbs/hp, 11,3 kg/CV • Facteurs de charges calculées NC + 8,5 g — 5 g à rupture.

5-PERFORMANCES*
Vitesse maximale en palier 60 mph, 97 km/h • Croisière 60 mph, 97 km/h • Vitesse de décrochage 25 mph, 40 km/h • Vitesse ascensionnelle maximale (au niveau de la mer) 500 ft/min, 2,5 m/s • Autres caractéristiques NC.

*** Mesurées dans les conditions suivantes : Poids du pilote 170 lbs, 77 kg • Autres caractéristiques NC.**
Avec moteur ci-dessus.

MOTEURS

AIR OU EAU, 4 TEMPS OU 2 TEMPS

Avant d'aborder ce chapitre sur les moteurs il convient peut-être de revenir sur quelques détails techniques.

Les moteurs que nous vous présentons sont soit à 2 soit à 4 temps. Les avantages traditionnels du 2 temps restent sa simplicité de fabrication (moins de pièces que pour le 4 T) son poids, sa facilité d'entretien, et, surtout son prix. Jusqu'à présent, ces avantages avaient complètement écarté le 4 temps du marché de l'Aviation Ultralégère. Mais, pour des raisons de fiabilité et aussi de puissance, différents motoristes dans plusieurs pays présentent en cette année 1983 les premiers 4 T conçus spécialement pour l'ULM. Les éléments en faveur du 4 T sont loin d'être négligeables. Ce type de moteur permet tout d'abord une plus faible consommation de carburant. L'utilisation d'un mélange huile/essence fastidieux à effectuer et dont l'oubli peut être plus que fâcheux, n'est plus requis. Au plan de l'environnement, le 4 T s'avère moins bruyant (on peut monter des échappements beaucoup plus simplifiés que sur les 2 T). Mais l'un des éléments essentiels est sans doute le potentiel élevé : en effet, beaucoup de 2 T n'offrent que quelques centaines d'heures d'utilisation potentielle. Dernier point important, la chaleur dégagée par un 4 T est moindre : les problèmes de refroidissement s'amenuisent d'autant et les risques de serrage aussi. Restent néanmoins quelques inconvénients. L'entretien est rendu plus complexe : carter d'huile à vidanger, pièces en mouvement plus nombreuses et, aussi, plus fragiles (soupapes). Les moteurs 4 T présentés dans cet annuaire ont presque tous vaincu l'obstacle du poids qui constituait jusqu'alors un handicap essentiel; de plus certains proposent une puissance importante pour un nombre de tours faible supprimant ainsi le réducteur. Mais l'ennemi majeur du moteur 4 temps reste son prix : avec un moteur plus cher, le prix de l'ULM va encore augmenter et risque de rejoindre celui de l'avion léger... !

Les moteurs 2 temps représentant l'essentiel de notre marché 1983, nous allons nous y attarder plus longuement.

On distingue 2 grandes familles : les moteurs refroidis par air et ceux qui le sont par eau. Le problème du refroidissement est très important pour ce type de moteur car s'ils chauffent, ils risquent vite de serrer, de gripper ou de fondre leurs bougies. Le refroidissement par eau est considéré comme le plus efficace car régulier quel que soit le climat; de plus, il occasionne de moindres déformations du cylindre et, fait non négligeable, rend le moteur moins bruyant. Mais à l'encontre de cela, il alourdit et complique l'ensemble par l'adjonction d'un circuit d'eau, d'un radiateur, d'une pompe et de durites (exemple : le Fuji Robin 34 PL à eau pèse 31 kg 68,2 lbs, tandis que le Fuji Robin 34 PM à air reste à 28,8 kg soit 63,5 lbs). Le refroidissement par air (beaucoup plus souvent employé) demeure d'une grande simplicité : les cylindres sont pourvus d'ailettes qui augmentent la surface à refroidir; parfois, pour les moteurs tournant très vite, on adjoint une turbine qui canalise l'air sur les cylindres. La température ambiante joue un grand rôle dans ce type de refroidissement, de même que l'emplacement de l'hélice : un moteur monté en tractif refroidit mieux que le même utilisé en propulsif.

Afin de vous permettre d'interpréter les renseignements donnés pour chaque moteur, il convient de revenir sur quelques termes et de faire quelques comparaisons.

- **Le taux de compression** est un rapport volumétrique prenant en compte la cylindrée unitaire et le volume de la chambre de combustion au point mort haut. Concrètement, il peut vous indiquer l'essence à employer pour votre mélange : pour des taux de compression situés entre 7:l et 8,5:l on utilisera de l'ordinaire; au-dessus, on emploiera du super.
- **Le carburateur** est le sous-ensemble qui effectue le mélange essence-air nécessaire à la combustion. Les ULM utilisent principalement 2 types de carburateurs. Le carburateur à membranes avec pompe à essence incluse reste le plus répandu. actuellement; il est léger et compact mais souvent difficile à régler sur toute la plage des régimes. Le carburateur à boisseau et à cuve à niveau constant, aussi appelé carburateur à flotteur, est réglé d'avance par le constructeur, mais nécessite un changement de gicleur pour les vols à haute altitude, l'air s'y raréfiant).
- **Le dispositif d'allumage** est, lui aussi, très important puisqu'il donne l'étincelle à la bougie qui permet ainsi la combustion. Les types d'allumage les plus employés sont des volants magnétiques soit à rupteurs soit électroniques. L'allumage par volant magnétique à rupteurs fournit des étincelles très chaudes et très puissantes, ce qui permet, concrètement, de démarrer le moteur avec un simple lanceur manuel; mais il faut changer ce rupteur toutes les 200 h environ. L'allumage par volant magnétique électronique reste très fiable et très pratique : le rupteur est remplacé par un petit aimant. Mais pour donner l'étincelle suffisante, le moteur doit tourner à 300 ou 400 tr/mn, ce qui n'est guère obtensible que par le biais d'un démarreur électrique (ce qui implique batterie, alimentation de celle-ci et donc augmentation du poids total).

Pour de plus amples renseignements techniques, le lecteur francophone peut se reporter au chapitre des moteurs traité par Jacques Buchoux dans l'ouvrage ULM Tome 2, *publié aux Editions Gallimard par Alain-Yves Berger. Les lecteurs anglophones se reporteront avec tout autant d'intérêt à l'ouvrage de Glenn Brinks :* Ultralight Propulsion.

ABEC 2.H.157

constructeur : Société SOFRELMO
importateur : France : ABEC Marine et Industries Tour Objectif 2 rue Louis Armand 92606 Asnières Tél. : 799.66.66
moteur : 2 temps
cylindrée : 157 cc (9,58 cu. in.)
alésage X course : 62 X 52 mm 2,44 X 2,04 in.
nombre de cylindres : 1
puissance maximale : 10 cv à 6 500 tr/mn
taux de compression : 9,6/1
vilebrequin monté sur : roulement à billes
poids : 7,2 kg (15,8 lbs)
consommation : N-C
carburateur : à membranes muni d'une pompe
allumage : volant magnétique avec bobine 12 V 40 W
refroidissement : air
démarrage : manuel avec soupape de décompression à commande par cable.
options : filtre à air, pot d'échappement démarreur électrique, moyeu de porte hélice.
carburant : mélange à 4 %

AEROMOTION TWIN

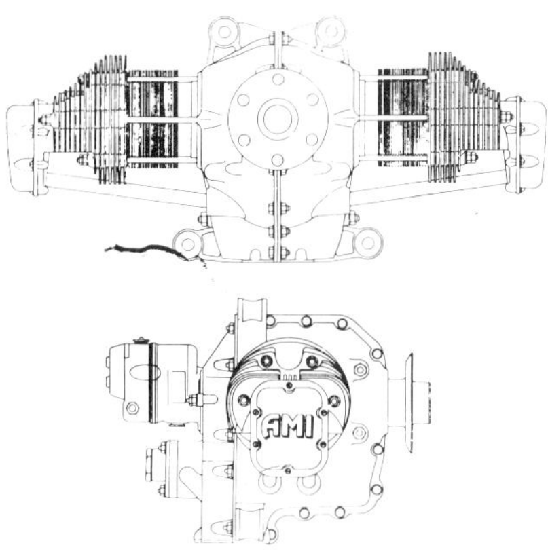

adresse : AeroMotion Inc, 1224 W. South Parc Ave., Oshkosh WI 54901 USA. Tél. (414) 233.07.73.
moteur 4 temps.
cylindrée : 1650 cc (100 cu. in)
course x alésage : 101,6 x 101,6 mm 4 x 4 in
nombre de cylindres : 2 opposés
poids : 34,9 kg (77 lbs)
puissance maximale : 50 CV à 2850 t/mn
allumage : double allumage : 2 bougies, 2 volants magnétiques Slick
refroidissement : air
dimensions : 463,6 x 294,6 x 787 mm 18,25 x 11,6 x 31 in

AIR DELTA - HIRO 22 (MK 1)

constructeur : AIR DELTA SRL, Via Visconti di Modrone 19, 20122 Milano Italy Tél. : (02) 70.46.97
importateur :
USA : Yarnall Techtonics Inc., Canandaigua Airport 2440 Brickyard Rd - Canandaigua, New-York 14424
GB : Hiway, Sirhowy Hill, Tredegar, Gwent G.-B.
France : KDA Aérodrome d'Avignon Caumont 84140 Montfavet Tél. : (90) 22.09.14
moteur : 2 temps
cylindrée : 125 cc (7,62 cu. in.)
alésage X course : 54 X 54 mm 2,125 X 2,125 in
nombre de cylindres : 1
puissance maximale : 22,5 cv à 8 400 tr/mn
taux de compression : 7 : 1
poids : 20 kg sans échappement ni hélice ni radiateur
consommation : 5 l/h en croisière
carburateur : Dellorto 24 avec pompe à membranes
échappement : pot de détente avec absorption
allumage : électronique à avance variable
refroidissement : eau avec pompe
démarrage : électrique 12 V
rotation : sens des aiguilles d'une montre
réduction : par engrenage à bain d'huile rapport 1/3,3
dimensions L X l X h 400 X 450 X 600 mm - 15,7 X 17,7 X 23,6 in.
options : lanceur à main, hélice, batterie
carburant : mélange à 2 %

AIR DELTA - HIRO 30 (MK 11)

constructeur voir HIRO 22 MK 1
importateur voir HIRO 22 MK 1
moteur 2 temps
cylindrée : 220 cc (13,42 cu. in.)
alésage X course : 74 X 54 2,913 X 2,125 in
nombre de cylindres : 1
puissance maximale : 32 cv environ à 7 000 tr/mn
taux de compression 6 : 1
poids : 24 kg (53 lb)
consommation : 6 l/h en croisière
carburateur : 1 Tillotson ou Dellorto
échappement : pot de détente avec absorption
allumage : électronique, alternateur.
refroidissement par eau
démarrage : électrique : 12 V
réduction par engrenage à bain d'huile rapport 2,5 : 1

BRIGGS ET STRATTON

constructeur : Briggs et Stratton USA
importateurs France et GB : concessionnaires Briggs et Stratton
moteur 4 temps
nombre de cylindres : 2 opposés
puissance maximale : 18 CV à 3600 tr/mn
refroidissement : air

CATIC HS 16

constructeur CATIC Chine
importateur : USA Seaborne Trading
moteur 2 temps
cylindrée 280 cc (17,08 cu. in.)
alésage X course : 40 X 42 mm 1,574 X 1,653 in
nombre de cylindres : 4 horizontalement opposés
puissance maximale : 16 cv à 6 000 tr/mn
taux de compression 7 : 1
vilebrequin monté sur : aiguilles et roulements à billes
poids : 12 kg (26,5 lbs)
consommation : 6,4 l par heure (1 3/4 g/h)
carburateur : 2 carburateurs à boisseau
allumage : volant magnétique
refroidissement : air
dimensions L X l X h 460 X 320 X 274 mm 18,1 X 12,6 X 10,8 in

CATIC HS-26

constructeur CATIC Chine
importateur :
USA : Seaborne Trading Company 21 Columbus Ave, San Francisco CA 94111 Tél. : (415) 362.2900
moteur 2 temps
cylindrée : 512 cc (31,24 cu. in.)
alésage X course : 56 X 52 mm 2,204 X 2,047 in
nombre de cylindres : 4 horizontalement opposés

puissance maximale : 26 cv à 5 500 tr/mn
taux de compression : 7 : 1
vilebrequin monté sur : aiguilles et roulements à billes
poids : 19 kg (42 lbs)
consommation : 6,4 l par heure
carburateur : 2 carburateurs à boisseau
allumage : volant magnétique
refroidissement : air
dimensions L X l X h 500 X 287 X 350 mm 19,7 X 11,3 X 13,8 inches

CHOTIA 460 D

constructeur Weedhopper of Utah P.O. Box 2253 Ogden, UT 84404 USA
moteur 2 temps
cylindrée 456 cc (27,83 cu. in.)
alésage X course : 88 X 76,2 mm 3,46 X 3 in
nombre de cylindres : 1
puissance maximale : 28 cv à 4 100 tr/mn
vilebrequin monté sur : 3 paliers
poids : 15,4 kg (34 lbs)
consommation : 5,7 l/h
carburateur : 1 Mikuni 36 mm à cuve avec pompe
allumage : batterie, bobine, 2 bougies
refroidissement : air
démarrage : manuel
dimensions L X l X h 325 X 178 X 394 mm 12,8 X 7 X 15,5 in
options : silencieux, carburateur, démarreur avec retour automatique.
carburant . mélange à 2,5 %

CHRYSLER 820

constructeur CHRYSLER
importateur Chrysler concessionnaires
moteur 2 temps
cylindrée 134 cc (8,17 cu. in.)
alésage X course : 64 X 41 mm 2,519 X 1,614 in
nombre de cylindres : 1
puissance maximale : 10 cv à 8 000 tr/mn
vilebrequin monté sur : 2 paliers
poids : 6,1 kg (13 1/2 lbs)
consommation : 3,8 l/h 1 g/h
carburateur : à membrane avec pompe ; admission par clapet
allumage : volant magnétique
refroidissement : air
démarrage : lanceur à main avec retour automatique
réduction : nécessaire
carburant : mélange à 4 %

CGS Powerhawk « 152 »

constructeur CGS Aviation 4252 Pearl Road Cleveland OHIO 44109 USA
Tél. : (216) 398.5272
moteur 2 temps
cylindrée : 380 cc 23 cu. in.
alésage X course : 52 X 62 mm (2,037 X 2,44 in)
nombre de cylindres : 2 en ligne Zuber
puissance maximale : 20 cv à 5 500 tr/mn
poids : 26,5 kg (59 lbs)
consommation : 5 l à l'heure
allumage bobine développant 100 W à 19 V (radio possible)
refroidissement : air
démarrage manuel à retour automatique
réduction : réducteur à courroie en V
options pipe d'échappement
carburant mélange à 2,5 %

CHAPPARAL

distributeur : CHAPPARAL - USA
moteur 2 temps
cylindrée : 460 cc (28.08 cm in)
nombre de cylindres : 2
puissance maximale : 36 CV à 6500 tr/mn
refroidissement : eau
poids : 36 kg (79 lbs).

CITROEN VISA

constructeur : automobiles Citroën, 133 Quai André Citroën 75015 Paris.
importateurs GB : concessionnaires Citroën
moteur 4 temps
cylindrée : 652 cc (39,8 cu. in)
alésage x course : 77 x 70 mm - 3.03 x 2.76 in.
nombre de cylindres : 2 opposés
puissance maximale : 35 cv DIN à 5250 tr/mn
taux de compression : 9 : 1
carburateur : 1 Solex 26/35 CSIC 238
allumage : électronique
refroidissement : air par turbine
démarrage : électrique 12 V
réduction : aucune
carburant : essence automobile 98 octanes

CUYUNA 215/R

constructeur :Cuyuna Developpement Co, Box 116, Crosby Mn 56441 USA
adresse importateur :
GB The Aerolite Aviation Co, long Marston Airfield, long Marston Warks.
France SCFF-BP 127-06334 grasse cedex
Tél. : (93) 70.03.19
moteur 2 temps
cylindrée 214 cc (13,06 cu. in.)
alésage X course : 67,5 X 60 mm (2,658 X 2,362 inch)
nombre de cylindres : 1
puissance maximale : 20 cv à 5 500-6 000 tr/mn
taux de compression : 12,5 : 1
vilebrequin monté sur : 2 roulements à billes
poids : 17,7 kg (39 lb)
consommation : 3,8 l/h à 4 000 tr/mn (1 g/h)
carburateur : 1 Mikuni à cuve
échappement : 1
allumage : volant magnétique à rupteurs Bosch
refroidissement : air à turbine
démarrage : manuel avec retour automatique
rotation : opposée aux aiguilles d'une montre
réduction pour le 215 R.
dimensions L X l X h 324 X 325 X 366 mm - 12,7 X 12,8 X 14,4 in.
carburant : mélange à 2,5 %
Le modèle 215 D est utilisé en montage direct de l'hélice sur l'arbre de sortie
options : 3e roulement à billes, système d'alimentation pot d'échappement

CUYUNA 340 R/D/T

voir Cuyuna 215 R
moteur 2 temps
cylindrée 339 cc (20,69 cu. in.)
alésage X course : 60 X 60 mm (2,362 X 2,362 in)
nombre de cylindres : 2 en ligne
puissance maximale : 25 cv à 5 500-6 000 tr/mn
taux de compression : 12,5 : 1
vilebrequin monté sur : 4 doubles roulements à billes
poids : 28,2 kg (62 lbs)
consommation : 6,6 l/h à 4 500 tr/mn 1,75 g/h
carburateur :1 Mikuni à cuve

allumage : volant magnétique à rupteurs Bosch
refroidissement : air par turbine
démarrage : manuel avec retour automatique
rotation opposée aux aiguilles d'une montre
réduction 340 R
dimensions L X l X h 430 X 325 X 366 mm - 16,9 X 12,8 X 14,4 in.
carburant mélange à 2,5 %
options comme le Cuyuna 215 R + allumage à volant magnétique électronique et démarreur électrique : 340 T. Le modèle 340 D présente le même montage direct de l'hélice que le 215 D

CUYUNA 430 R/D/T

voir Cuyuna 215 R
moteur 2 temps
cylindrée 428 cc 26,12 (cu. in.)
alésage X course : 67,5 X 60 mm (2,658 X 2,362 in)

nombre de cylindres : 2 en ligne
puissance maximale : 35 cv à 6 200 tr/mn 13 cv à 4 000 tr/mn
taux de compression : 12,5 : 1

vilebrequin monté sur : 4 doubles roulement à billes
poids : 29,5 kg (65 lbs)

consommation : 9,45 l/h à 4 500 tr/mn (2,5 g)
carburateur : comme le Cuyuna 340 R
échappement : comme le Cuyuna 340 R

allumage : comme le Cuyuna 340 R
refroidissement : comme le Cuyuna 340 R

démarrage : comme le Cuyuna 340 R
rotation : comme le Cuyuna 340 R
réduction : comme le Cuyuna 340 R

dimensions L X l X h : 373 X 290 X 366 mm 14,7 X 11,4 X 14,4 in
options : comme le Cuyuna 340 R. Il existe aussi un 430 D et un 430 T.
carburant mélange à 2,5 %

CUYUNA UL II 02

adresses comme Cuyuna 215 R
moteur 2 temps
cylindrée : 428 cc (26,12 cu. in.)
alésage X course : 67,5 X 60 mm (2,658 X 2,362 in.)
nombre de cylindres : 2 en ligne
puissance maximale : 35 cv à 5 200 tr/mn. Comparé au 430 R le UL II 02 se distingue en donnant 18 cv à 4 000 tr/mn au lieu de 12 cv
taux de compression : 12,5 : 1
vilebrequin monté sur 4 doubles rangées de roulements
poids : 26,3 kg (58 lbs)
carburateur : Mikuni à flotteur
échappement : complet mais livré en kit
allumage : décharge par condensateur — 12 V 150 W
refroidissement : par air avec turbine
démarrage : manuel à retour automatique
rotation : opposée aux aiguilles d'une montre
options : démarreur électrique, régulateur/rectifieur pour l'alternateur ; turbine à air spéciale.

DAF

constructeur :Volvo Car BV, Steenovenweg, Helmond Netherland.
Importateurs France et G.-B. : concessionnaires Volvo
moteur 4 temps
cylindrée 850 cc (51,87 cu. in.)
nombre de cylindres : 2 à plat
puissance maximale : 34 cv DIN à 4 500 tr/mn
poids : environ 40 kg (88 lbs)
consommation : 6-8 l/h 1,5-2 g/h
carburateur : Solex à flotteur avec pompe
allumage : batterie 12 V
démarrage : électrique
carburant . essence automobile

DIRK : 2-500 a

constructeur Loch Laird Engineering Pty. Ltd Unit 22 c, 78 Gibson Ave., Padstow NSW 2211 Australie Tél. : (02) 774.3645
moteur 4 temps
cylindrée 514 cc (31,38 cu. in.)
alésage X course : 66,7 X 69,9 mm 2,63 X 2,75 in
nombre de cylindres : 2 opposés
puissance maximale : 41 cv à 6 400 tr/mn
poids : 19,5 kg (43 lbs)
allumage : 2 volants magnétiques
refroidissement : air
options : turbo compresseur.

FUJI-ROBIN EC 25 PS

constructeur Fuji Heavy Industries, Shinjukuku, Tokyo Japon
importateur :
USA : Delta Wing Kites and Gliders, PO. Box 483 Van Nuys, California 91408 Tél. : (213) 785.2474
GB : Nicklow Engineering, 7 Cattle End, Silverstone Towcester, Northants Tél. : 0327 857418
France : Moteurs Robin 9 rue Maryse Hilsz 92300 Levallois Perret Tél. : 739.32.40
moteur 2 temps
cylindrée : 244 cc (14,88 cu. in.)
alésage X course : 72 X 60 mm 2,834 X 2,362 in
nombre de cylindres : 1
puissance maximale : 18,5 cv à 6 000 tr/mn

vilebrequin tournant sur 2 roulements à billes
poids : 18,5 kg sans l'échappement
consommation : N-C
carburateur : Mikuni horizontal à cuve pompe à diaphragme
allumage : volant magnétique électronique 12 V 15 W.
refroidissement : air avec turbine
démarrage : manuel à retour automatique
rotation contraire aux aiguilles d'une montre
dimensions L X l X h : 331 X 344 X 383 mm 13 X 13.5 X 15,1 in
options : démarreur électrique, réducteur à courroie crantée complet avec fixation, hélice, échappement, filtre à air.
carburant mélange à 2,5 %

FUJI-ROBIN : EC 34 PM

voir FUJI-ROBIN EC 25 PS
moteur 2 temps
cylindrée : 333 cc 20,32 cu. in.
alésage X course : 61,7 X 55,6 mm 2,43 X 2,19 in
nombre de cylindres : 2 en lignes
puissance maximale : 32 cv à 6 500 tr/mn
vilebrequin monté sur : 5 roulements à billes
poids : 28,8 kg (63,5 lbs) sans l'échappement.
consommation : 9 l/h (2,4 g/h) à 5 500 tr/mn
carburateur : 2 Mikuni horizontaux à cuve avec pompe à membrane
allumage : volant magnétique électronique ; 12 V 75 W
refroidissement : air par turbine
démarrage : lanceur manuel à retour automatique
rotation : contraire aux aiguilles d'une montre
dimensions L X l X h : 425 X 327 X 349 mm (16,7 X 12,9 X 13,7 in) hauteur sans les bougies
options : démarreur électrique, réducteur complet avec fixation, hélice, échappement, filtre à air
carburant : mélange à 2,5 %

FUJI-ROBIN 34 PL

adresse voir FUJI-ROBIN EC 25 PS
moteur 2 temps
cylindrée : 333 cc (20,32 cu. in.)
alésage X course 61,7 X 55,6 mm 2,429 X 2,188 in
nombre de cylindres : 2
puissance maximale : 55,5 cv à 8 500 tr/mn
poids : 31 kg (68,2 lbs)
carburateur : 2 Mikuni horizontaux à cuve avec pompe à membrane
allumage : volant magnétique électronique 12 V 90 W
refroidissement : par eau
démarrage : manuel avec retour automatique
dimensions L X l X h : 437 X 341 X 353 mm 17,2 X 13,4 X 13,9 in
options : ce moteur n'est pas encore disponible
carburant : mélange à 2,5 %

FUJI-ROBIN EC 44 PM 2

voir FUJI-ROBIN EC 25 PS
moteur 2 temps
cylindrée : 432 cc (26,36 cu. in.)
alésage X course : 67,72 X 60 mm 2,66 X 2,36 in
nombre de cylindres : 2
puissance maximale : 53 cv à 6 750 tr/mn
taux de compression : N-C
poids : 30 kg (66 lbs)
carburateur : comme le EC 44 PM
échappement : comme le EC 44 PM
allumage : comme le EC 44 PM
refroidissement : comme le EC 44 PM
démarrage : manuel
rotation : comme le EC 44 PM
réduction : comme le EC 44 PM
dimensions L X l X h : 443 X 338 X 354 mm 17,4 X 13,3 X 13,9 in
options : comme EC 44 PM
carburant : mélange à 2,5 %

FUJI-ROBIN EC 44 PM

adresses voir FUJI-ROBIN EC 25 PS
moteur 2 temps
cylindrée : 432 cc (26,36 cu. in.)
alésage X course : 67,72 X 60 mn 2,66 X 2,36 in
nombre de cylindres : 2
puissance maximale : 50 cv à 7 000 tr/mn
vilebrequin monté sur 5 roulements à billes
poids : 39 kg (85,8 lbs)
consommation : N-C
carburateur : 2 Mikuni horizontaux à cuve avec pompe à membrane
allumage : volant magnétique électronique 12 V 75 W
refroidissement : air par turbine
démarrage : électrique batterie 12 V
rotation : sens inverse des aiguilles d'une montre
dimensions L X l X h : 461 X 377 X 380 mm hauteur moins les bougies 18,1 x 14,8 x 15 in
options : réducteur complet avec fixation, hélice, échappement, filtre à air.
carburant : mélange à 2,5 %

VARIANTES FUJI-ROBIN EC 44

Bien que le EC 44 PM et le EC 44 2PM (souvent appelé EC 44 2 P1) utilisent les mêmes composants, ils doivent être considérés comme 2 moteurs séparés. Le EC 44 PM, le plus ancien, est moins puissant et plus lourd (4 kg quand il y a un démarreur électrique) que le EC 44 2 PM, mais ils sont toujours en production.
De nombreux utilisateurs vont sans doute changer de version de ce moteur, aussi les appareils utilisant l'un ou l'autre de ces moteurs sont décrits comme utilisant un EC 44.

FUJI ROBIN EC 488

adresse : voir Fuji EC 25 PS
moteur 2 temps
cylindrée : 488 cc
course et alésage : 72 x 60 mm - 2,834 x 2362 in.
nombres de cylindres : 2
puissance maximale 65 CV. (nombre de tours : NC)
refroidissement à air

FUJI-ROBIN EC 51 PL

voir FUJI ROBIN EC 25 PS
moteur 2 temps
cylindrée : 500 cc (30,51 cu. in.)
alésage X course : 61,8 X 65,6 mm 2,433 X 2,582 in
nombre de cylindres : 3
puissance maximale : 75 cv à 8 000 tr/mn
poids : 45 kg (99 lbs)
carburateur : 3 Mikuni horizontaux à cuve avec pompe à membrane
allumage : volant magnétique électronique 12 V 120 W
refroidissement : eau
démarrage : lanceur à retour automatique
dimensions L X l X h : 551 X 355 X 337 mm 21,7 X 14 X 13,3 in
options : ce moteur n'est pas encore disponible
carburant : mélange à 2,5 %

GEMINI/ PARTNER K 1200

constructeur Gemini International Inc. 75 Bank Street Sparks, Nevada 89431 USA. Tél. (702) 331.36.38.
moteur 2 temps
puissance maximale : 8 cv
vilebrequin monté sur : 2 roulements à billes
allumage électronique volant magnétique
refroidissement air
réduction : réducteur à courroie
carburant : 48 de 100 LL pour 1 d'huile.

GLOBAL MACHINE TOOL

adresse : Global Machine Tool Corporation 140 Ashwood Road, Hendersonville N.C. 28739 U.S.A. Tél. (704) 692.2744.
moteur 4 temps
cylindrée 782.6 cc (47.79 cu. in)
alésage x course : 85 à 92 x 69 mm - 3.34 to 3.62 x 2.716 in
nombre de cylindres : 2 opposés
poids : 33,5 kg (74 lbs)
taux de compression : 9.5 : 1
puissance maximale : 25 à 35 cv à 3250 t/mn
refroidissement : air
dimensions L x l x H : 762 x 304 x 330 mm 30 x 12 x 13 in.
consommation : 6,3 l/h (1,7 g/h)
carburant : essence.

HIRTH 261

adresse constructeur Göbler-Hirthmotoren 7141 Benningen, Postfach 20 West Germany, Tél. : 07144 6074
adresse importateur : France : Loravia, Aérodrome, 57110 Yutz, Tél. : (8) 256.63.71
moteur 2 temps
cylindrée : 380 cc (23 cu. in.)
nombre de cylindres : 2 opposés
puissance maximale : environ 25 cv à 4 200 t/mn
poids : 26 kg (57 lb)
carburateur : 2
refroidissement : air

HIRTH F 22 AI

adresse : voir Hirth 261
moteur 2 temps
cylindrée : 383 cc (23,37 cu. in.)
alésage X course : 66 X 56 mm 2,59 X 2,20 in
nombre de cylindres : 2 à plat
puissance maximale : 18 cv à 4 400 tr/mn
taux de compression : 9,5 : 1
poids : 20 kg avec démarreur électrique, sans échappement (44 lbs)
carburateur : 2 Bing
allumage : volant magnétique Bosch 123 W 12 V
refroidissement : air
démarrage : électrique
rotation : opposée aux aiguilles d'une montre
options : silencieux : 3 kg

HIRTH F 263 R

voir HIRTH 261
moteur 2 temps
cylindrée 383 cc (23,37 cu. in.)
alésage X course : 66 X 56 mm 2.59 X 2,20 in
nombre de cylindres : 2 en ligne
puissance maximale : 22 cv à 3 900 tr/mn
taux de compression : 9,5 : 1
poids : 24 kg avec le démarreur électrique sans échappement (52,8 lb)
carburateur : Bing
allumage : Bosch, volant magnétique 123 W. 12 V.
refroidissement : air
démarrage : manuel ou électrique
rotation : opposée aux aiguilles d'une montre
options silencieux : 2,5 kg

HIRTH 276 R

voir HIRTH 261
moteur 2 temps
cylindrée : 438 cc (26,72 cu. in.)
alésage X course : 66 X 64 mm 2,59 X 2,52 in
nombre de cylindres : 2 en ligne
puissance maximale : 40 cv à 7 000 tr/mn
taux de compression 11 : 1
poids : 32,8 kg avec carburateur, démarreur et pot d'échappement (70,5 lb)
consommation : 16 l/h à 5 250 tr/mn (4,2 g/h)
carburateur avec buse d'aspiration
échappement : pipe d'échappement
allumage : volant magnétique à rupteurs Bosch
refroidissement : air par turbine

démarrage : manuel ou électrique : 2,7 kg
rotation opposée aux aiguilles d'une montre
options : Hirth - Loravia France propose le HL 276 RR avec réduction mécanique 1,79/1.

HIRTH 2 701 R

voir HIRTH 261
moteur 2 temps
cylindrée : 493 cc 30,08 cu. in.
alésage X course : 70 X 64 mm 2,75 X 2,52 in
nombre de cylindres : 2 en ligne
puissance maximale : 43 cv à 6 750 tr/mn
taux de compression 11 : 1
poids : 33 kg (70,5 lb)
consommation : 21 l/h à 5 200 tr/mn 5,5 g/h
carburateur : comme le HIRTH 276 R
échappement : comme le HIRTH 276 R
allumage : comme le HIRTH 276 R
refroidissement : comme le HIRTH 276 R
démarrage : comme le HIRTH 276 R
rotation : comme le HIRTH 276 R
réduction : comme le HIRTH 276 R
options Hirth-Loravia France propose le HL 2 701 RR 179 : 45 cv à 3 600 tr/mn avec réduction mécanique à 9 600 F.

HONDA/BOWEN HONDA 125

constructeur Bob Bowen 3 301 Opal St. Torrance CA 90503 U.S.A. Tél. : (213) 328.1563
moteur Honda 2 temps
cylindrée : 124 cc 7,57 cu. in.
alésage X course : 56 X 50 mm 2,20 X 1,97 in
nombre de cylindres : 1
puissance maximale : 28 cv à 9 000 tr/mn
poids : 13,6 kg (30 lbs)
carburateur : 1 Keihin à flotteur
allumage : volant magnétique avec décharge par condensateur
refroidissement : par air
réduction : réducteur à courroies en V
options : réducteur.

HUNTING HS 260 A

constructeur : Hunting Industrial Plastics Limited, Engine Division 2-4 Latimer Street, Anstey Nr Leceister G.-B.
importateur GB : Skyhook Sailwings Ltd., Vale Mill, Chamber Road, Hollinwood, Oldham OL 84 PG Lancs G.-B.
moteur 2 temps
cylindrée : 260 cc (15,86 cu. in.)
alésage X course : 72 X 64 mm 2835 X 2,52 in
nombre de cylindres : 1
puissance maximale : 25 cv à 6 000 tr/mn
taux de compression : 10 : 1
vilebrequin tournant sur : 3 roulements à billes
poids : 20 kg (44 lb)
carburateur : 1 Amal 28 mm pompe séparée incluse
échappement : non inclus
allumage : volant magnétique électronique Motoplat 2 bougies dynamo Motoplat
refroidissement : air
démarrage : électrique
rotation : contraire aux aiguilles d'une montre
dimensions L X l X h : 290 X 330 X 380 mm 11,4 X 13 X 15 inches
options : démarrage manuel, pot d'échappement
carburant : mélange 2,5 %

HUNTING HS 525 A

constructeur Hunting Industrial Plastics Limited, Engine Division 2-4 Latimer Street, Anstey Leics G.-B. Tél. 053.721 2613
importateur GB : Skyhook Sailwings Ltd., Vale Mill, Chamber Road Hollinwood, Oldham OL 84 PG Lancs G.-B. Tél. : 061.624 8351
moteur 2 temps
cylindrée : 525 cc (32.03 cu. in.)
alésage X course : 72 X 64 mm 2,834 X 2,52 in
nombre de cylindres : 2 en ligne
puissance maximale : 45 cv environ à 6 000 tr/mn
taux de compression : 10/1
vilebrequin tournant sur : 5 roulements à billes
poids : 33 kg (73 lb)
carburateur : 2 Amal 28 mm avec une pompe chacun
échappement : non inclus
allumage : volant magnétique électronique Lumenition : 2 bougies, 2 bobines et un alternateur.
refroidissement : air
démarrage : électrique
rotation : contraire aux aiguilles d'une montre
dimensions L X l X h : 470 X 350 X 400 mm 18,5 X 13,8 X 15,7 inches
options : démarrage manuel
carburant : mélange 2,5 %

J.C.V.

constructeur : Butterfly Company 2 avenue du Château 1080 Bruxelles, Belgique. Tél. : (02) 428.91.66.
moteur 2 temps
cylindrée : 274 cc
nombre de cylindres : 2 opposés
puissance maximale : 22 CV à 6 800 tr/mn
refroidissement : air
options : réducteur rapport de réduction 1,8/1.

JPX - PAL-640

adresse constructeur : JPX, B.P. 13, 72320 Vibraye France, Tél. : (43) 936174
adresse importateur :
Canada : Zenair 236 Richmond St. Richmond Hill, Ontario Canada L 4 C 3 Y 8
France : JPX, B.P. 13, 72320 Vibraye France
moteur 2 temps
cylindrée : 636 cc (38,81 cu. in.)
alésage X course : 66 X 62 mm 2,59 X 2,44 in.
nombre de cylindres : 3 en étoile
puissance maximale : 30 cv à 4 000 t/mn
taux de compression : 8,2 : 1
vilebrequin monté sur : aiguilles
poids : 21 kg sans l'échappement (46,2 lb)
consommation : 8,5 l/h en croisière (2,2 g/h)
carburateur : Dell'Orto à boisseau
allumage : volant magnétique à rupteur 3 allumages indépendants
refroidissement : air
démarrage : électrique 12 V 400 W
rotation : opposée au sens des aiguilles d'une montre
dimensions : 300 X 520 X 430 mm 11,8 X 20,5 X 16,9 in.
carburant : mélange à 2,5 %

JPX - PUL-425

voir JPX PAL-640
moteur 2 temps
cylindrée : 424,3 cc (25,89 cu. in.)
alésage X course : 66 X 62 mm 2,59 X 2,44 in
nombre de cylindres : 2 à plat
puissance maximale : 26 cv à 4 600 tr/mn
taux de compression : 8 : 1
vilebrequin monté sur : aiguilles
poids : 17,3 kg avec résonateurs (38 lb)
consommation : 4,5 à 8 l/h selon le régime (1.2-2,1 g/h)
carburateur : admission par clapets
échappement : résonateurs
allumage : volant magnétique à rupteurs
refroidissement : air
démarrage : manuel
rotation : sens des aiguilles d'une montre
dimensions L X l X h : 300 X 430 X 400 mm 11,8 X 17 X 15,7 in
options : pompe à membranes, hélice

JPX - PUL 212

adresses : voir JPX - PAL 640
moteur 2 temps
cylindrée : 212 cc (12,93 cu. in.)
alésage X course : 66 X 62 mm 2,59 X 2,44 in.
nombre de cylindres : 1
puissance maximale : 15 cv à 6 000 t/mn
taux de compression : 8,3 : 1
vilebrequin monté sur : aiguilles
poids : 7,9 kg (17 lbs) complet
carburateur : Tillotson diamètre 22 mm
échappement : résonateur
allumage : volant magnétique Novi + charge batterie 1,5 A
refroidissement : air
démarrage : lanceur manuel spécial
rotation : opposée au sens des aiguilles d'une montre
dimensions L X l X h : 145 X 320 X 365 mm 5,7 X 12,9 X 14,4 in.

JPX PAL-1300

adresses : voir JPX PAL-640
moteur 2 temps
cylindrée : 1297 cc (79,18 cu. in.)
alésage X course : 84 X 78 mm 3.307 X 3.07 in.
nombre de cylindres : 3 en étoile
puissance maximale : 50 cv à 3 200 t/mn
taux de compression : 9,15/1
vilebrequin monté sur aiguilles
poids : 35 kg (77 lbs) tout équipé
consommation : 10 l/h (2,6 g/h) en croisière
carburateur : Dell'Orto OVC 37-40 à boisseau et disque rotatif avec pompe à membrane Dell'Orto.
allumage : 3 allumages électroniques séparés, autonomes ; alternateur 12 V 120 W
refroidissement : air
démarrage : électrique 600 W, 12 V
rotation : opposée aux aiguilles d'une montre
dimensions L X l X h : 680 X 550 X 180 mm 26,8 X 21,6 X 7 in. (hauteur au-dessus de l'axe de l'hélice)
carburant : mélange 2 %

KAWASAKI 340

adresse importateur
U.S.A. : Richard Avalon, 1590 W Clare Avenue, Porteville, California 93257
GB : Speed Promotions, 8 Lisle Avenue, Kidderminster Worcs DY 117 DL G.-B. Tél. 0562 742 401.
moteur 2 temps
cylindrée : 339 cc
alésage X course NC
nombre de cylindres : 2
puissance maximale : 28 cv à 6 500 tr/mn

KAWASAKI TA 440

voir Kawasaki 340
moteur 2 temps
cylindrée : 436 cc (26,61 cu. in.)
alésage X course : 68 X 60 mm 2,68 X 2,36 in.
nombre de cylindres : 2 en ligne
puissance maximale : 38,5 cv à 5 000 tr/mn sans accessoires 50 cv à 6 000 tr/mn avec échappement et carburateur appropriés
poids : 22 kg (49 lbs) moteur nu 35 kg (78 lbs) (avec démarreur éléctrique, réducteur...)
carburateur : 34 mm Mikuni avec pompe (en option)
allumage : volant magnétique avec décharge par condensateur
refroidissement : air pulsé (écoulement transversal)
réduction : réducteur standard : taux de réduction = 1,93 : 1
dimension : 406 X 254 X 300 mm (16 X

10 X 13 in) sans carburateur ni échappement
options : démarreur électrique, réducteur à 4 courroies, canalisations et filtre, pot d'échappement Fisher QHP, carburateur avec pompe.

KAWASAKI Invader 440

adresse voir Kawasaki TA 440
moteur 2 temps
cylindrée 436 cc (26,61 cu. in.)
alésage X course : 68 X 60 mm (2,68 X 2,36 in.)
nombre de cylindres : 2 en ligne
puissance maximale : 65 cv à 7 800 tr/mn
poids : 25 kg (55 lbs) moteur nu
carburateurs : 2 Mikuni à flotteur
allumage : volant magnétique avec décharge par condensateur
refroidissement : par liquide
réduction : nécessaire
dimensions : comme le TA 440
options : démarreur électrique, réducteur, pot d'échappement, radiateur, carburateur.

KFM 107

constructeur KFM Aircraft Motors Division of IAME S.P.A., 24040 Zingonia, Via Lisbona, 15-Italy
importateur
U.S.A. : KFM Inc. Orange County Airport R.D. 2 Box 8 Montgomery NY 12549-Tél. : 914.457.3188
GB : Ferrari Racing Services 66-69 Linck House, Fruit and vegetable Market, New Covent Garden Market London SW 8 Tél. : 01.720 8677
France : Sovame 132, rue Leopold Rechossière 93300 Aubervilliers
moteur 2 temps
cylindrée : 294 cc (17,94 cu. in.)
alésage X course : 60 X 52 mm 2,362 X 2,047 in
nombre de cylindres : 2 opposés
puissance maximale : 25 cv à 6 300 tr/mn
taux de compression : 11 : 1
vilebrequin monté sur : 3 roulements dont 2 à billes
poids : 15,2 kg (33,5 lbs)
consommation : 6,8 l/h à 75 % du régime (1,8 g/h)
carburateur : à membrane avec pompe
échappement : standard
allumage : volant magnétique électronique Motoplat 12 V 130 W
refroidissement : air
démarrage : électrique 12 V
rotation : opposée aux aiguilles d'une montre
dimensions (Lxlxh) 432 X 440 X 253 mm 17 X 17,3 X 10 in
options : réducteur à courroie crantée taux de réduction 2 : 1 ou réducteur à courroie en V taux de R 2,1 : 1
carburant : mélange à 2,5 %

KFM 105

adresses voir KFM 107
moteur 4 temps
cylindrée : 916 cc (56 cu. in.)
alésage X course : 90 X 72 mm 3,543 X 2,834 in.
nombre de cylindres : 2 opposés
puissance maximale : 40,5 bhp à 4 000 tr/mn
taux de compression : 9,2 : 1
poids : 40 kg (88,1 lb)
consommation : 7,4 l/h en croisière (2 g/h(carburateur : Dell'Orto DHBL 32 avec pompe
allumage : 2 volants magnétiques Slick 4 201
refroidissement : air
démarrage : manuel
dimensions (Lxlxh) : 665 X 466 X 398 mm 26,2 X 18,3 X 15,7 in.
options : démarreur électrique sur KFM 105 E

KIRK X4

constructeur : Kirk Engines of Illinois P.O. Box 864 Waukegan IL 60085 U.S.A.
moteur 2 temps
cylindrée : 413 cc (25,2 cu. in)
alésage x course : 58,7 x 38,1 mm - 2,31 x 1,50 inches
nombre de cylindres : 4 en étoile
puissance maximale : 25 cv à 5 000 tr/mn
taux de compression : 7/1
vilebrequin monté sur 4 roulements à billes
poids : 27,2 kg (60 lbs)
carburateur : 29 mm à injection Posa
allumage : Vertex volant magnétique
refroidissement : air
dimensions (L x diamètre) : 787 x 414 mm - 31 x 16,3 in

KÖNIG SC 430

constructeur KÖNIG-Motorenbau KG, Friedrich Albricht Damm 72 1000 Berlin 13, West Germany Tél. :(030) 344.3071
importateur :
U.S.A. : König Aircraft Engines-US. Division of Pocono Aeroplane Works P.O. Box 832, E. Stroudsburg, PA 18301 Tél. : (717) 424.0806
GB : Chris Applebee Engineering 471 Rayleigh Road Thundersley, Benfleet, Essex, Tél. : (0268) 776642
Canada : Micro Aviation 9 A Chemin des Erables Limbour, (Gatineau) Quebec J8V 1C1, Tél. : (819) 827.1908
moteur 2 temps
cylindrée : 430 cc (26,24 cu. in.)
alésage X course : 66 X 42 mm 2,60 X 1,653 in
nombre de cylindres : 3 en étoile
puissance maximale : 24 CV à 4 200 tr/mn
vilebrequin monté sur : 3 principaux roulements à billes
poids : 16 kg tout compris (35,2 lbs)
consommation : 0,5 l par cv par heure (1 pint)
carburateur : Bing de 22 mm de diamètre, distribution par boisseau rotatif.
échappement : pot d'échappement avec silencieux
allumage : par magneto sans électrode avec 3 modules de décharge par condensateur.
refroidissement : air
démarrage : électrique 12 V
dimensions (L x diamètre) : 264 x 400 mm - 10,4 x 15,7 in
options : hélice, réducteur à courroie crantée taux de réduction 1,75 : 1
carburant : mélange à 3 %

KÖNIG SD 570

adresses : voir KÖNIG SC 430
moteur 2 temps
cylindrée : 570 cc (34,78 cu. in.)

alésage X course : 66 X 42 mm 2,60 X 1,653 in
nombre de cylindres : 4 en étoile
puissance maximale : 28 CV à 4 200 tr/mn
vilebrequin monté sur : 3 principaux roulements à billes
poids : 18,5 kg tout compris (40,7 lbs)
consommation : 0,5 l par cv/h (1 pint)
carburateur : comme KÖNIG SC 430
échappement : comme KÖNIG SC 430
allumage : par magnéto sans électrode avec 4 modules de décharge par condensateur
refroidissement : air
démarrage : électrique 12 V
options : voir KÖNIG SC 430
carburant : voir KÖNIG SC 430

LIMBACH L 275 E/ULTRA 275 E

constructeur Limbach Motorenbau Kotthausener Str 5 D 5330 Koenigswinter 21-West Germany, Tél. : 02244-2322.
importateur :
U.S.A. : Ultra Engines 10226 Sagemark DR Dept 203 Houston Texas, Tél. : (713) 645-8106
GB : Norvic Racing Engines Ltd, the Airfield Little Staughton, Bedford MK 44 2 BN Tél. : 023.602 700
moteur 2 temps
cylindrée : 274 cc (16,72 cu. in.)
alésage X course : 66 X 40 mm (2,60 X 1,57 in.)
nombre de cylindres : 2 opposés
puissance maximale : 20-25 cv à 7 300 tr/mn
taux de compression : 10 : 1
vilebrequin monté sur : aiguilles
poids : 7,5 kg (16,5 lb)
carburateur : 2 à membrane
allumage : Batterie Bosch transistorisée (12 V)
rotation : sens des aiguilles d'une montre
refroidissement : air
carburant : mélange à 4 %

LIMBACH 2755 ULTRA 275 S

adresse voir LIMBACH L 275 E
moteur 2 temps
cylindrée : 275 cc (16,72 cu. in.)
alésage X course : 66 X 40 mm 2,60 X 1,574 in.
nombre de cylindres : 2 opposés
puissance maximale : 20-25 cv à 7 300 tr/mn
taux de compression : 10 : 1
vilebrequin monté sur : 3 roulements à billes
poids : 7 kg (15,5 lb)
consommation : (4,5 l/h en croisière) (1 gal/hr)
carburateur : 2 à membranes avec pompe
allumage : volant magnétique avec décharge par condensateur
refroidissement : air
démarrage : manuel avec retour automatique
rotation : sens des aiguilles d'une montre
réduction : nécessaire
options : réducteur à courroies en V (taux de réduction 2,5 : 1) pot d'échappement
carburant : mélange 4 %

LLOYD LS 400

constructeur Lloyd Motoren Werke D 28 Bremen Duckwitzstrasse West Germany
moteur 2 temps
cylindrée : 386 cc (23,55 cu. in.)
alésage X course : 61,9 X 64 mm 2,44 X 2,52 in.
nombre de cylindres : 2
puissance maximale : 22 cv à 5 500 tr/mn
taux de compression : 6 : 1
vilebrequin monté sur : 5 paliers
poids : 21,7 kg (48 lbs)
carburateur : à membrane avec pompe Tillotson
allumage : volant magnétique Bosch-75 W-12 V
refroidissement : air
démarrage : manuel avec retour automatique + lanceur de réserve
rotation : opposée aux aiguilles d'une montre
options : démarreur électrique
carburant : mélange à 2,5 %

Mc CULLOCH Mc 101

USA-GB-France : concessionnaires Mc Culloch
moteur 2 temps
cylindrée : 123 cc (7,5 cu. in.)
alésage X course : 58 X 45 mm (2,28 X 1,835 in.)
nombre de cylindres : 1
puissance maximale : 12,5 cv à 9 000 tr/mn
vilebrequin monté sur : 2 paliers
poids : 5,6 kg (12,3 lbs)
consommation : 3,8 l/h (1 gph)
carburateur : Mc Culloch BDC avec pompe à 2 étages
allumage : volant magnétique fly wheel magneto ignition
refroidissement : air
réduction : nécessaire
options : démarreur avec retour automatique
carburant : mélange à 5 %

Pong Dragon : DRAGON 35-1,4

adresse : First Class Aircraft Inc. P.O. Box 2677 Redmond WA 98052 U.S.A., Tél. : (206) 882.2952
moteur 4 temps
cylindrée : 1 400 cc (85,47 cu. in.)
alésage X course : 81 X 45 mm 3,189 X 1,77 in.
nombre de cylindres : 6 : 2 rangées de 3 en étoile
taux de compression : 9,5 : 1
puissance maximale : 35 CV à 2 450 t/mn

poids : 17,2 kg (38 lbs)
carburateur : Triple carburation
échappement : 6 pots d'échappement connectés à un unique pot détente
allumage : double volants magnétiques et 2 bougies par cylindre
refroidissement : air
carburant : essence minimum 80 octanes

ONAN

moteur utilisé sur l'avion léger américain Quickie et disponible à Quickie Aircraft P. Box 786 Mojave Californie 93501 U.S.A., Tél. : 805.824.4313
moteur 4 temps
nombre de cylindres : 2 opposés
puissance maximale : 22 cv à 3 400 t/mn
poids : 38 kg (84 lbs) complet
refroidissement par air

REBEL Twin-2-205

constructeur : Rebel Experimental Engines, Inc. P.O. Box 805 Russellville, Arkansas 72801, Tél. : (501) 968.5444 U.S.A.
moteur 2 temps
cylindrée : 410 cc (25 cu. in.)
alésage X course : 67,5 X 57,2 mm 2,657 X 2,250 in.
nombre de cylindres : 2 opposés
puissance maximale : 25 cv à 3 500 tr/mn
taux de compression : 8,5 : 1
vilebrequin monté sur : 3 roulements à billes
poids : 16 kg tout compris : hélice, échappement... (35,3 lbs)
carburateur : 1 Mikuni à flotteur
échappement : option
allumage : volant magnétique électronique avec condensateur de décharge
refroidissement : air
démarrage : options
rotation : sens des aiguilles d'une montre
dimensions L X l X h : 311 x 455 x 279 mm 12,25 x 17,9 x 11 in.
options : démarreur électrique ou manuel avec retour automatique, pot d'échappement, hélice, tàchymètre, thermocouple alternateur.
carburant : mélange à 2,5 %

ROTAX 503

constructeur : BOMBARDIER-ROTAX GMBH. Motorenfabrik A 4623 GUNSKIRCHEN - Austria, Tél.: (07246) 271.0
Canada : Ron Shettler, Site 4, comp. 19, R.R. 8, Vernon, BC Canada VIT 8 L 6, Tél. : (604) 542.4151
U.S.A. : Motorized Gliders of Iowa 16 04 S. Shore Drive Clear Lake, IA 50428 Tél. : (515) 357 7161
GB : - Andover Norton Limited West Portway Andover, Hants SP 10 3 LF, Tél. : (0264) 61411
France : - AD' air, ZI, 17, rue des Rochettes 91150 Morigny-Champagny, Tél. : (6) 494.46.36
moteur 2 temps
cylindrée : 496,7 cc (30,31 cu. in.)
alésage X course : 72 X 61 mm 2,834 X 2,40 in.
nombre de cylindres : 2 en ligne
puissance maximale : 51 cv environ à 6 600 tr/mn
taux de compression : 10,8 : 1
poids : 37 kg avec carburateur et échappement (82 lbs)
carburateur : 2 Bing 36 avec pompe Mikuni
échappement : standard
allumage : volant magnétique Bosch-12 V. 140 W.
refroidissement : air par turbine
démarrage: manuel à retour automatique
dimensions L X l X h : 420 X 343 X 330 mm 16,5 X 13,5 X 13 in.
options : démarreur électrique, 1 seul carburateur.
carburant : mélange super/huile 2 %

ROTAX 185/ ULTRAFLIGHT 185

adresse constructeur : voir Rotax 503
adresse importateur : Ultraflight Sales Ltd., Box 370, Port Colborne Ontario, Canada L 3 K 1 B 7 Tél. : (416) 735-8352
moteur 2 temps
cylindrée : 185 cc (11,3 cu. in.)
alésage X course : 62 X 61 mm 2,44 X 2,40 in.
nombre de cylindre : 1
puissance maximale : 9,5 cv à 5 800 tr/mn
poids : 11,3 kg (25 lbs)
carburateur : 1 Tillotson à membrane
allumage : volant magnétique Bosch
refroidissement : air par turbine
démarrage : manuel avec retour automatique
dimensions L X l X h : 381 X 203 X 229 mm 15 X 8 X 9 in.

ROTAX 277

adresses voir Rotax 503
moteur 2 temps
cylindrée : 268 cc (16,35 cu. in.)
alésage X course : 72 X 66 mm 2,834 X 2,60 in.
nombre de cylindres : 1
puissance maximale : 26,5 cv à 6 000 tr/mn
taux de compression : 11,8 : 1
poids : 23,9 kg avec carburateur et échappement (52,6 lbs)
carburateur : 1 Bing 36 mm alimentation pompe Mikuni
échappement : standard
allumage : volant magnétique Bosch (12 V 140 W) à rupteurs.
refroidissement : air par turbine
démarrage : manuel à retour automatique
dimensions L X l X h : 427 X 388 X 304 mm 16,8 X 15,3 X 12 in.

ROTAX 300

adresses : voir Rotax 503
moteur 2 temps
cylindrée : 300 cc (18.31 cu. in)
nombre de cylindres : 2 en ligne
puissance maximale : 28 cv à 6 000 tr/mn
poids : 19 kg (42 lbs) sans carburateur et pot d'échappement
carburateur : 1 Mikuni à flotteur
allumage : volant magnétique Bosch
refroidissement : air
option : réducteur

ROTAX 377

adresses voir ROTAX 503
moteur 2 temps
cylindrée : 368,3 cc (22,47 cu. in.)
alésage X course : 62 X 61 mm 2,44 X 2,40 in.
nombre de cylindres : 2 en ligne
puissance maximale : 34 cv à 7 000 tr/mn
taux de compression : 11,6 : 1
poids : 34 kg (75 lbs) avec carburateur et échappement
carburateur : Mikuni VM 32 alimentation par pompe
allumage : volant magnétique Bosch à rupteurs 12 V - 140 W
refroidissement : air avec turbine
démarrage : manuel à retour automatique
dimensions L X l X h : 358 X 343 X 330 mm 14,1 X 13,5 X 13 in.
options : démarreur électrique, réducteur
carburant : mélange super/huile 2 %

MOTEURS

SACHS SA-340

constructeur Sachs-Fichtel AG, 8720 Schweinfurt West Germany
importateur : France : Nauder, 10, place des Etats-Unis 75016 Paris
moteur 2 temps
cylindrée : 336 cc (20,50 cu. in.)
alésage X course : 75,5 X 75 mm 2,97 X 2,95 in.
nombre de cylindres : 1
puissance maximale : 23 cv à 5 250 tr/mn
taux de compression : 9 : 1
poids : 22 kg sans pot d'échappement ni moyeu porte hélice (48,4 lbs)
consommation : 5 l/h à 4 000 tr (1,3 g/h)
carburateur : à membrane Bing
allumage : volant magnétique
refroidissement : air
démarrage : manuel
carburant : mélange à 4 %

SACHS RC 30 E

adresse constructeur : Sky-Riders, Tallweg 31, 479 Paderborn-Marienloh Allemagne de l'Ouest Tél. : 05 254 6129
moteur rotatif
cylindrée : moteur Wankel équivalent à 303 cc (18,50 cu. in.)
nombre de rotor : 1
puissance maximale : 23 cv à 5 000 tr/mn
taux de compression : 8 : 1
poids : 18 kg (39,9 lbs) y compris le carburateur et l'alternateur mais sans l'échappement, le réducteur, et le démarreur électrique
consommation : 4-6 l-h, 1,1-1,6 g/h)
carburateur : 1 Tillotson à membrane HL 268 A, 22 mm, avec pompe et système empêchant la formation de givre
échappement : standard
allumage : volant magnétique Bosch à rupteurs
refroidissement : air
démarrage : démarreur électrique
réduction : réducteur à courroie crantée (taux de réduction 2 : 1)
options : différentes hélices
carburant : mélange à 4 %

SKYLARK Mark II

constructeur : Icarus Aviation P.O. Box 182, North Balwyn Victoria 3104 Australia
moteur 2 temps
cylindrée : 320 cc 19,53 cu. in.
alésage X course : 61,4 X 54 mm 2,42 X 2,13 in.
nombre de cylindres : 2 opposés
puissance maximale : 24 cv à 5 200 tr/mn
taux de compression : 8 : 1
vilebrequin monté sur : 3 roulements à billes
poids : 14 kg sans réducteur 31 lb
consommation : 5,6 l/h 1,5 g/h
carburateur : à membrane Tillotson 34 mm ou Mikuni 27 mm avec pompe
allumage : volant magnétique électronique Skylar
refroidissement : air
démarrage : manuel à retour automatique
options : pot d'échappement, starter à cable avec décompresseur automatique, réducteur à courroie crantée
carburant : mélange à 5 %

SOLO 335

constructeur : SOLO Flightline Division, Dietrich CTA, Albstrasse 7000 Stuttgart 70, West Germany Tél. : (0711) 766313
importateur :
U.S.A. et GB : concessionnaires petits moteurs
France : Solo Moteurs : 194, rue des Ambassadeurs 95610 Eragny S/Oise, Tél. : (3) 037.22.80
moteur 2 temps
cylindrée : 210 cc (12,81 cu. in.)
alésage X course : 70 X 55 mm 2,755 X 2,165 in.
nombre de cylindres : 1
puissance maximale : 19,9 cv à 6 900 tr/mn
vilebrequin sur roulements à billes
poids : 17,3 kg (38 lbs) sans l'hélice
consommation : 3,9 l/h à 5 200 tr/mn (1 g/h)
carburateur : Bing à flotteur de 22 mm de diamètre
allumage : volant magnétique avec rupteur
refroidissement : air à turbine
démarrage : manuel
réduction : réducteur à courroie en V
dimensions L X l X h : 300 X 487 X 573 mm 11,8 X 19,2 X 22,6 in.

SOLO 209

adresses : voir SOLO 335
moteur 2 temps
cylindrée : 220 cc (13,4 cu. in.)
alésage X course : 71,12 X 54,1 mm (2,8 X 2,13 in.)
nombre de cylindres : 1
puissance maximale : 16,6 cv à 6 600 t/mn
taux de compression :
poids : 9,5 kg sans carburateur ni silencieux (21 lbs)
carburateur : Tillotson à membrane HR 19 M ou équivalent
allumage : volant magnétique Bosch
refroidissement : air
démarrage : manuel
rotation : sens des aiguilles d'une montre
carburant : mélange à 4 %

MOTEURS

SOLO 424 Minor

adresses : voir SOLO 335
moteur 2 temps
cylindrée : 210 cc (12.81 cu. in.)
nombre de cylindres : 1
puissance maximale : 19 cv à 6 500 t/mn
consommation : 4,2 l/h (1,1 g/h)
carburateur : Bing 28 mm à flotteur
échappement : résonateur
allumage : volant magnétique à rupteurs
refroidissement : air

SOLO TWIN

adresses : voir SOLO 335
moteur 2 temps
cylindrée 430 cc (26,2 cu. in.)
nombre de cylindres : 2 en ligne
puissance maximale : 22 cv à 5 500 t/mn
carburateurs : 2
refroidissement : par air
allumage : électronique
rotation : opposée aux aiguilles d'une montre
carburant : mélange à 4 %

SPITFIRE 220 LC

constructeur : Advanced Engine Design, 4709 Highland Road, Pontiac Mi 48054, U.S.A., Tél. : (313) 673-8800
moteur 2 temps
cylindrée : 219,5 cc (13,4 cu. in.)
alésage X course : 68,5 X 59,6 mm 2,7 X 2,35 in.
nombre de cylindres : 1
puissance maximale : 30 cv à 9 300 tr/mn à 42 cv à 10 500 tr/mn : voir options.
taux de compression : 7 : 1 à 10,5 : 1 selon l'option
vilebrequin monté sur : 4 roulements à billes
poids : 19,5 kg (43 lb)
carburateur : 1 Mikuni à flotteur (32,36 ou 42 mm)
échappement : pipe d'échappement
allumage : électronique par volant magnétique (12 V)
refroidissement : eau avec pompe et thermostat
démarrage : manuel
réduction : nécessaire
options :
— le 220 LC RV a une puissance de 30 cv à 9 300 tr/mn et un taux de compression de 7 : 1
— le 220 LC STD fait 35 cv à 9 200 tr/mn
— le 220 LC RPO fait 42 cv à 10 500 tr/mn ; le taux de compression : 10,5 : 1
matériel option : démarreur électrique, volant magnétique double allumage, alternateur, réducteur.

SPITFIRE 250 FA

adresses voir SPITFIRE 220 LC
moteur 2 temps
cylindrée : 219,5 cc (13,4 cu. in.)
alésage X course : 68,5 X 59,6 mm 2,7 X 2,35 in.
nombre de cylindres : 1
puissance maximale : 28 cv à 8 100 tr/mn
vilebrequin monté sur : 4 roulements à billes
poids : 17 kg (38 lbs)
consommation : 4,7 l/h à 7 250 tr/mn 1,25 gph
carburateur : voir spitfire 220 LC
échappement : voir spitfire 220 LC
allumage : voir spitfire 220 LC
refroidissement : air
démarrage : manuel
options : comme le Spitfire 220 LC

SPITFIRE 440 LC

adresse : voir Spitfire 220 LC
moteur 2 temps
cylindrée : 440 cc (26,86 cu. in.)
alésage X course : 68,5 X 59,6 mm 2,7 X 2,35 in.
nombre de cylindres : 2 opposés
puissance maximale : 60 cv à 8 500 tr/mn
poids : 25 kg (55 lbs)
refroidissement : liquide
carburateur : 2 Mikuni 32 mm à flotteurs
allumage : volant magnétique avec décharge par condensateur
démarrage : manuel
réduction : nécessaire
options : démarreur électrique, volant magnétique, alternateur double allumage

SUZUKI GT 185

adresse constructeur : Suzuki Motor Compagny Limited, 300 Kamimura Hamagun-Shizouka-ken Japon
moteur 2 temps
cylindrée : 185 cc (11,29 cu. in.)
nombre de cylindres : 2 en ligne
puissance maximale : 20 cv à 6 800 t/mn
refroidissement : air
démarrage : électrique

TECHNOPOWER TWIN

constructeur : Technopower II Inc. 16650 S 104 th Avenue Orland Park IL 60462 USA Tél. (312) 349.19.98
moteur 4 temps
cylindrée : 1 638 cc (100 cu.in)
alésage x course : 101,6 x 101,6 mm - 4 x in
nombre de cylindres : 2 opposés
puissance maximale : 50 cv à 3000 tr/mn
poids : 35 kg (77 lbs)
carburateur : 1 posa Fuel à cuve
allumage : 2 volants magnétiques slick
refroidissement : air
dimensions L x l x h : 787 x 464 x 295 mm 31 x 18,3 x 11,6 in.

WAM WAE 342 / ULTRA WAM 342C

adresse constructeur : Weslake Aeromarine Engines Limited, Westland Works, Yeovil, Somerset BA 202 YD GB Tél. : 0935 75181
adresse importateur :
U.S.A. : Ultra Engines 10 226 Sagemark Dr Dept. 203 Houston, Texas Tél. : (713) 645.81.06
GB : Norvic Racing Engines Ltd. the Airfield Little Staughton, Bedford MK 44 2 BN Tél. : (023062) 700
moteur 2 temps
cylindrée : 342 cc (20,87 cu. in.)
alésage X course : 66 X 50 mm 2,60 X 1,968 in.
nombre de cylindres : 2 opposés
puissance maximale : 30 CV à 7 000 tr/mn
taux de compression : 9,2 : 1
vilebrequin monté sur : 3 roulements à billes
poids : 8,4 kg (18,5 lbs)
consommation : 3,8 l/h à 5 600 tr/mn (approx. 1 g/h)
carburateur : à membrane Dell'orto alimentation par clapet
allumage : à volant magnétique électronique
refroidissement : air
démarrage : manuel
rotation : opposée aux aiguilles d'une montre
dimensions L X l X h par rapport au milieu de l'axe : 375 X 181 X 140 mm 14,8 X 7,1 X 5,5 in.
carburant : mélange à 4 %
options : échappement, réducteur à courroies en V, démarreur électrique.
Les moteurs construits par Weslake et vendus par Ultra aux U.S.A. sont légèrement différents il est donc conseillé de s'adresser pour plus de précision aux 2 dealers mentionnés plus haut.

WATSON 1/2 VW

constructeur : Gary Watson Route 1 Newcastle TX 76372 USA (G. Watson vend les plans pour avionner les moteurs Volkswagen).
moteur 4 temps
cylindrée : dépend du modèle VW utilisé (seule la moitié du moteur est nécessaire)
alésage x course : voir cylindrée
nombre de cylindres : 2 opposés ou en ligne
puissance maximale : approximat. 30 cv à 4500 tr/mn
poids (80-90 lbs) 36,2 - 40,7 kg
allumage : volant magnétique ou batterie + bobine.
refroidissement : air
options : carburateur, pot d'échappement vilebrequin.
Ce type de moteur est utilisé pour des avions de construction amateur.

WESLAKE W 40/50-73-02

constructeur : Weslake and Compagny Limited, Harbour Road, Rye Harbour, Sussex TN 31 7 TH England, Tel. : 07973 2755
moteur 4 temps pas encore commercialisé
cylindrée : 1192 cc (72,8 cu. in.)
alésage X course : 95 X 84,1 mm 3,74 X 3,31 in.
nombre de cylindres : 2
taux de compression : 9,5 : 1 (9,5 : 1)
poids : 38,5 kg (85 lbs) avec démarreur
carburateur : à membrane avec pompe
échappement : silencieux
allumage : électronique
refroidissement : air
démarrage : électrique
rotation : opposée aux aiguilles d'une montre
dimensions L X l X h : 394 X 692 X 243 mm
(15,5 X 27,25 X 9,55 inches)

WHEELER « Pixie Major »

constructeur : Ron Wheeler Aircraft Pty Ltd, 152 Belle vue Parade, Carlton, NSW 2218 Australie. Tél. : 546 2501
importateur GB : Skycraft Ltd 79/81 Prestwick Road Ayr KA8 8LH Tél. : 0292 82685
moteur 2 temps
cylindrée : 173 cc (10,56 cu. in.)
nombre de cylindres : 1
puissance maximale : 14 cv à 6 500 t/mn
poids : 8,6 kg (19 lbs) avec l'échappement et le carburateur
carburateur : Tillotson à membranes
refroidissement : air
rotation : opposée aux aiguilles d'une montre
carburant : mélange à 4 %

YAMAHA 350

moteur 2 temps de moto adapté à l'ULM par des amateurs
cylindrée : 347 cc (21,81 cu. in.)
alésage X course : 64 X 65 mm 2,52 X 2,55 in.
nombre de cylindres : 2 en ligne
puissance maximale : 39 cv à 7 500 t/mn
taux de compression : 6,6 : 1
vilebrequin monté sur 4 roulements à billes
poids : environ 40 kg tout équipé (88 lbs)
consommation : 3,8 l/h en croisière (1 g/h)
carburateur : 2 Mikuni à flotteur
allumage : alternateur + batterie
refroidissement : air
démarrage : électrique
réduction : nécessaire

YAMAHA KT 100 S

moteur 2 temps
cylindrée : 97,6 cc (6 cu. in.)
alésage X course : 52 X 46 mm 2,05 X 1,81 in.
nombre de cylindres : 1
puissance maximale : 15 cv à 10 000 tr/mn
taux de compression : 7,9 à 10 : 1
poids : 10,4 kg (22,9 lbs) moteur nu
carburateur : 1 à membrane avec pompe
allumage : volant magnétique
refroidissement : air
réduction : nécessaire
options : silencieux
carburant : mélange à 4 %

ZENOAH G 25 B

constructeur : Komatsu Zenoah Co. 24144 Sumac Drive, Golden, Colorado 80401 U.S.A. Tel. : (303) 526.1250
moteur 2 temps
cylindrée : 242 cc (14,78 cu. in.)
alésage X course : 72 X 59,5 mm 2,835 X 2,343 in.
nombre de cylindres : 1
puissance maximale : 20 cv à 6 500 tr/mn
taux de compression : 6,5 : 1
poids : 17,5 kg pour le G 25 B1 38,6 lbs 16 kg pour le G 25 B2 35,3 lbs
consommation : 9,5 l/h 2,5 g/h
carburateur : à membrane
allumage : volant magnétique
refroidissement : air
démarrage : manuel avec retour automatique pour le G 25 B1 ; non compris pour le G 25 B2
rotation : opposée aux aiguilles d'une montre
dimensions L X l X h : G 25 B1 : 312 X 333 X 377 mm (G 25 B1 : 12,28 X 13,11 X 14,84 in.) G 25 B2 : 260 X 332 X 376 mm (G 25 B2 : 10,23 X 13,07 X 14,80 in.)
options : carburateur à flotteur, turbine de refroidissement
carburant : mélange à 4 %

INDEX

INDEX

INDEX

INDEX

Cet index comprend uniquement les modèles et fabricants.
Les moteurs sont classés alphabétiquement dans le chapitre « moteurs »

Cet ouvrage a été imprimé en décembre 1983
sur les presses de l'Imprimerie S.I.P. à Argenteuil